日本史（修订版）

王仲涛　汤重南　著

国别史系列

THE HISTORY OF

JAPAN

人民出版社

日本的自然

绳文时代的各种土偶

弥生时代的铜铎

古坟时代的埴轮

两界曼荼罗胎藏界

源氏物语

小 袖

茶 壶

中将能面

浮世绘版画

北野天神缘起绘卷

东北新干线（1982 年通车）

修订说明

《日本史》一书在2008年出版后不到两年时间，库存告罄，说明它受到读者的欢迎。我们以为，可能是因为本书篇幅适中、结构灵活、叙述通俗和有大量关于日本文化的内容，还具有作者的新视角、新观点吧。这对本书作者，是极大的鼓舞和鞭策。

本书从面世以来，承蒙同仁、读者提出不少宝贵意见和希望。而且本书也的确存在一些不足和错漏。况且，本书出版至今也已五年有余，日本当代史又有不少新的内容理应补充。对学界专家、同仁及读者的种种指教和鼓励，我们在此由衷的表示深深的谢意！

这次人民出版社领导和责编杨美艳主任决定，给予本书修订再版的宝贵机会。对此，我们在这里表示由衷的感谢！

这次出版的修订本，主要有以下几方面的修改和增补。

第一，尽力改正了本书文字和插图的错误、疏漏；对历史人物生卒年代重新核查和订正。

第二，增补了2007—2013年的日本史正文内容以及附录的大事年表、日本内阁一览表的内容。

第三，增加了关键人名、地名和专有名词的索引。

当然，限于时间和作者的水平，本书修订本仍会存在很多缺陷，甚至错误，诚望学界专家、学者和同仁，以及广大读者继续批评赐教。

作者于2013年11月4日

目　录

前　言

何谓日本？恐怕一千个人有一千种答案，这大概就是所谓对日认识的“千人千面”吧。这也说明要弄懂日本实在不易。写一部日本通史恐怕就更难了。

但我们作为中国学人，只能知难而上。因为日本对中国来说实在太重要了。不仅因为两国为一衣带水的近邻，而且两国有着从远古以来，两三千年割不断、理还乱的千丝万缕的密切关系：不仅从古代到现代有五次友好的文化交流高潮，而且也有过古代三次战争和近代两次战争；不仅有邦交正常化以来35年空前规模的人员来往和空前广泛深入的各方面全方位关系的密切发展，而且又有充满摩擦、对抗和斗争的不断升级，特别是当前中日关系中的三大原则问题［正确认识和对待日本侵略的历史问题、台湾问题、领土主权（钓鱼岛归属及相关的东海经济区划界问题）问题］和日本向何处去的问题。近代以来，中国人中出过“汉奸”，更涌现出不少民族英雄，一般说来，有“亲日”、“媚日”、“惧日”和“反日”、“仇日”及“蔑日”之分。但我们主张，在现今国内外大潮下，既不作“亲日派”，也不作“仇日派”，而是做真正的知日派。而要知道日本的现在，就要知道日本的历史；要知道日本的未来，就要知道日本的历史和现在。我们这本日本史，就是对从十数万年前的日本原始时代到21世纪初的当代日本试作较为简明的铺叙的一本史书。并且尝试以讲说往事的笔法，尽量通俗易懂，以轻松活泼的话语深入浅出地向读者讲说日本过去的事情，就是尽力把日本的时代更替、重大历史事件和社会政治、经济、文化的主要方面都说明白。我们当然严格遵守叙史最重要的原则：科学性、客观性，保证其内容一定准确、真实，但也不妨碍我们广泛联系当时的世界及周边国家的状况，所谓看似“信手拈来”、“旁征博引”，其实是经过我们消化庞杂的资料，先弄明白后，再用最简明的话语写出来的，除了讲清实际情况外，还夹叙夹议地随时表明我们的态度和看法。是否合适，实在不敢说有多少自信，就恭请学界师友、同人和读者批评指教了。

众所周知，古代日本很长时间称倭、倭国。那么什么时候才有日本这一称谓呢？日本自己的古代历史，除考古实物外，相当一段时间要依据中国史书文献的记载。而中国最早记载日本的文献是成书于战国、西汉时期的古代地理书《山海经》，其“海内北经”第十二称：“盖国在钜燕之南，倭北，倭属燕。”此处的倭是否就指日本实难判断，也无定说。学术界比较占主流的认识是，最早记载日本的当属写于公元1世纪的《汉书·地理志》。这本书记有一句著名的，被引用过无数次的话，即：“夫乐浪海中有倭人，分为百余国，以岁时来献见云。”较为系统地记述日本情况的则是公元289年陈寿所著的《三国志·魏书·乌丸鲜卑东夷传·倭人条》（通称《魏志·倭人传》）。这是中国正史中第一篇记述日本的传，此后中国官方正史中均对日本立传记述。但直到《旧唐书》之前，均称日本为倭、倭国、倭人。《旧唐书》首次出现日本称谓时，亦是倭国、日本两称并用的。《旧唐书·日本传》记述道：“日本国者，倭国之别种也。以其国在日边，故以日本为名。或曰：倭国自恶其名不雅，改为日本。或云：日本旧小国，并倭国之地。”《新唐书·日本传》则更明确记载道：“日本，古倭奴也。”“恶倭名，更号日本。使者自言：‘国近日所出，以为名。’”据研究，这是对日本国名最早的记述。据考，公元702年，遣唐使到唐朝，“使者自言”所指则为701年。故中日史学界将701年定为日本国号元年，当然也有不同的看法。就是说，日本国名的称谓，是依据中、日、朝鲜三国史书的记载才考定的，且是从701年才使用的。引起中日两国史学界轰动的2004年10月西北大学披露的新闻称：西安发现唐代日本留学生井真成（734年卒）墓碑。其墓志文首句为“公，姓井，字真成，国号日本”。这是首次发现的使用“国号日本”的日本留唐学生的墓碑，堪称历史之最的实物，也证实了中国正史记述之正确。

如果翻检除日本、朝鲜、中国的其他国家的环球通史、世界史类著作，对古代日本的记述实在少得可怜，只有对天皇、大化改新、武士、江户幕府等最简单的记述。就是说，在古代世界舞台上几乎看不到日本。似乎古代日本被撇出了世人的视线，很少受到世人的关注。

然而，从1868年日本明治维新开始，世人对日本的认识发生了根本的转折。一百四十多年来，日本不仅成了东亚、亚洲各民族，而且成了全世界所关注、重视的国家。因为日本是在亚洲甚至整个东方唯一取得资本主义现代化成功，并发展为帝国主义强国的国家。明治维新后的日本，其兴极速，犹如“彗星那样登上世界舞台”，骤然于19世纪末叶出现在东方，划破了屡受欧美西方列强殖民侵略而笼罩着东方的沉寂黑夜，放射出耀眼的光芒，给沉沦中的东方各国、各民族带来了希望。东方各国、各民族的志士仁人，在惊叹日本的迅速崛起之余，更纷纷全方位地效法日本，欲使本国、本民族能像日本一样，有成效地学习西方，走上现代化发展道路，实现本国、本民族的振兴、腾飞。然而，在现代化途程上遥遥领先的日本，打破了东方各国人士学习日本的良好愿望。新兴的日本帝国，不仅与西方列强为伍，欺凌压迫东方弱小国家，且比其有过之而无不及。跃登“东洋霸主”地位后的日本，竟炮制和抛出“大东亚共荣圈”的狂妄计划，其侵略铁蹄践踏了东亚、东南亚各国，更妄图与德、意法西斯分霸全世界。曾几何时，骄横一世的日本帝国，在世界反法西斯力量的沉重打击下，终于在1945年8月迅速崩溃败亡，“又像彗星那样消失了”。日本走上军国主义、法西斯道路，既是日本现代化扭曲发展的必然，又是使日本六七十年现代化成果几乎丧失殆尽的重要原因。

战后，日本又奇迹般地迅速复兴和崛起，不仅补上了政治民主化等现代化的缺课，而且令人惊异地走入了现代化发展的最高阶段，转型为“大众社会”，跃登世界第二经济大国的地位，被称为世界经济中“耀眼的太阳”。西方国家又说它是“亚洲的凤凰”、“亚洲新巨人”，创造了“日本奇迹”、“日本神话”等等，怀着亦喜亦惧的心情注视着日本。《日本的全球出击》、《日本名列第一》等英美学者撰写的著作一时成为风靡世界的畅销书。然而，从1991年开始，日本泡沫经济的崩溃，到1999年仍无法摆脱国内经济发展的低迷状态。于是又出现了“太阳也会西沉”、“日本模式的破灭”、“日本正走向衰败”、“日本奇迹只是神话”等种种议论。从进入21世纪开始，日本经济增长势头突显，进入良性发展阶段和稳定增长时期。又令世人震惊了。而且，从20世纪80年代开始，日本正式提出了以经济实力为基础争做政治大国的战略目标。从此，日本全面大国化趋势日益明显和迅速。日本的大国战略，备受中国及东亚其他国家的警觉和关注。于是，“站在十字路口的日本”、“日本21世纪将走向何方”等著述应运而生。

本书就是要以图文并茂的形式力图将一个真实、完整、全面的日本立体展现在读者面前。是否做到了，很难说。只能说：“我们尽力了！”错讹疏漏之处，诚望不吝赐教指正。

本书能够出版端赖人民出版社领导及编辑杨美艳女士的鞭策帮助。在进入正文叙述前，首先对出版社领导及编辑室乔主任和杨编辑表示最诚挚的敬意和深深的谢意！也需在这里，对协助翻拍、制作图片的商务印书馆的文虹、王齐等人表示衷心的感谢！

本书为两人合著，全书提纲先由两人分别列出，再进行协商拟定。全书由王仲涛（序章、正文及附录）、汤重南（仅第九—十二章的一些部分）执笔，汤重南统改定稿。

期待学术界师友、同人及广大读者提出宝贵的批评意见。

汤重南

2005 年 8 月 1 日拟稿

2007 年 10 月 8 日改定

序　章

日本历史演进的自然环境

在影响人类历史的诸多因素中，自然条件可能是最重要的。因为它相对稳定持久，并且无时无刻不在人类的生活中起着作用。这里指的自然条件可分为三个部分：一是气候；二是地理环境；三是地质条件。气候对人们生产生活的巨大影响是不言而喻的，热带地区和温带地区因气候不同，种植的粮食作物也迥然而异，种植的方法以及为实施这一方法的人类的生产组织形式、劳动方式也自然不同，从而使社会结构及人们的意识情感随之改变、形成，才有了那么多形态、内容各异的不同文化和文明。而气候的整体变化对人类的影响就更大了。譬如，从 19 世纪起，全球气候变暖，引起了农作物丰收，人口骤增，生产力得以发展，使整个世界改变了面貌。

不光是天气重要，大地同样可以改变人类的命运。所以，地理对一个国家、一个地区的影响非同小可。在一个交通不便的山区，人们的交流因之而困难，语言各不相同，所谓“十里不同言”，难以产生共同的文化。而平原地区就截然相反，中国东北方言的差异就远比南方山区的要小得多，当然这里面还有个移民的时间问题。

我们看看沙漠地区的人们与拥有良田沃野的人们的生活和文化的差异，对地质条件的重要性就会一目了然。不论是维系人们生命的食物抑或住宅、衣服和交通工具，截然不同，宛如两个星球的人一样。

除了以上的自然条件外，在研究某一国或一个地区的历史时，如果再加上它的国土面积和在自然环境中形成、发展起来的人民就更能完整地说明自然条件的影响力。

因此，我们这本关于日本历史的书就要从其自然条件开始阐述。

日本的气候 日本属于温带海洋性季风型气候，雨量充沛，东京的年降水量为1460毫米，比几乎和其同纬度的我国上海1044毫米的降水量要多。四季分明，人们在那里可以清楚地感受到大自然均衡的节奏。夏天，日本的大多数地方气候闷热，特别是在8月份。而冬天大多数地方并不暖和。北海道的温度达-10℃左右。在本州岛北部有大量降雪，日本人将这一带名之为雪国，那里的降雪可达数米之深，能压弯学校操场上的单杠。不过，这样的时期不过几个月而已，大部分时间的气候比我国的北方或南方更宜人，也很适合耕种农作物。这也是为什么日本的可耕地只占有其国土的15%，却能拥有庞大人口的一个重要原因。另外，不能不提到的是频繁袭击日本的台风，和地震并列，是威胁日本的二大自然灾害。

日本的国土 日本四面环海，是个岛国，海岸线长达3.4万公里。全国由四个较大的岛屿和数十个小岛构成。这四个大岛屿名叫本州、九州、四国和北海道，是日本国的主体。其中本州岛最大，有22.74万平方公里，占全国总面积的61%。首都东京、繁华的商业城市大阪，著名的古都京都都在这一岛上，在后面讲到的日本历史的发展也大多是发生在这里，可以说是日本历史的主体地域；北海道是日本的第二大岛，面积约为7.8万平方公里，虽说是第二大岛，但社会经济发展和日本其他地方相比要落后一些，人口密度也最低，但资源却是最丰富的；第三个岛是九州岛，面积约为3.65万平方公里，在历史上是日本通向大陆的门户，如今那里的北九州工业区也是很有名的，是唯一的不在本州岛的工业基地；第四个岛是四国岛，面积约为1.82万平方公里，是个风光秀丽的地方。人们常说的日本四岛就是指这四个大岛屿。还有一个较大的岛屿是冲绳岛，面积约为1185平方公里，这个岛的历史比较特殊，我们会在正文中讲述。这些领土相加，日本的国土总面积约为37万平方公里。与我国相比显然小得多，因此，在中国人眼里，日本是个小国。但如果和东南亚的大多数国家以及韩国、朝鲜等相比，毋宁说日本是个大国。其面积比欧洲的英国（24.4万平方公里）、德国（35.7万平方公里）、意大利（30.1万平方公里）都要大，仅次于法国。从另一个角度，即人口数量上看，日本有一亿两千万人口，在世界上也堪称大国。至于经济实力，自20世纪80年代以来，日本的GDP一直为世界第二，也是世界最大的债权国。

由于四面环海，日本在历史上的一个重要特点就是孤立。和同是岛国的英国相比，由于没有被来自大陆的军事力量占领过的历史（直至第二次世界大战结束，被美军占领）和中世纪后期（即日本史上的近世）长达约220年的“锁国”，日本和大陆的人员、文化的交流融合要差得多。这也是日本民族比较单一（只有少量的阿伊努族人），文化有其特殊性的由来之一。

从日本内部的地理条件看，它是个狭长的国家，南北距离长达3000公里，而东西最窄处只有几十公里。日本人有赏樱花的习俗，有些人从南到北追逐转瞬即谢的樱花，竟然可以在一个多月里都能看到五彩缤纷、美不胜收的盛开的花朵。

日本的地理　日本多山，平原小而且分散，仅占国土面积的24.8%，最大的本州岛上的关东平原也只有一万平方公里。而土地肥沃的平原不到国土面积的五分之一，因此适宜耕种的土地很少。所以，即使在现在，旅行者们从飞机上看到的日本景象，除了葱郁的山脉外，就是挤在山谷、盆地等平原上的密密麻麻的房子和农田。

日本多火山，象征日本壮美景色的富士山就是一座活火山，它最后一次喷发是在18世纪。火山多，温泉也就多，日本人极其喜爱温泉浴，甚至说他们的文化是温泉文化。除了多山外，日本的河流也不少，但都不长，且落差大，水流湍急，不宜作为交通、运输的脉络。因此，日本的内陆水路运输是靠着环绕着日本的拥有众多天然良港的大海来运行的。这样的地理条件造成了日本虽然隔离于大陆之外，且国土面积也不算太大，但内部却很难统一。在日本历史上地方（藩国）割据不仅很严重，而且几乎持续到了近代。也正因为如此，日本虽然是单一民族但方言的差异还是很大的，主要被划为本土方言和琉球方言，而本土方言又被划分为三大语言区和13种方言，今天日本人使用的共同语是以东京语为基础的。虽然日本的国土比我国要小得多，人口也少得多，电视等传播媒体比我国发展得要早，国内交通十分发达，但方言却并没有消失。

日本的资源　日本，即使在平原，其土地也相对贫瘠，种植的作物主要是水稻。这使日本的农业很早就走向大规模的组织化、集约化生产。因为少数人是不可能完成种植水稻所需要建设的水利工程的。因而，人们不得不打破家族，甚至村落的限制，互相配合，调节劳动力，兴修水利，提高粮食的单产面积。这和欧洲的粗放式轮耕制农业及我国北方以自耕农为主的零散土地的农业生产组织方式有很大不同，同时也影响到日本人的社会结构和观念。他们的家庭和外部社会的界限并不分明，而且日本的家庭比较重视社会上的批评和对自己的看法，具有一种社会优于家庭的观念。此外，日本人和中国人相比，对血缘并不太重视，更看重与他人的合作。至今我们在日本的所谓团队精神上还能看到这种观念活跃的影子。

从矿产等资源来看，日本是很贫乏的，在工业化了的今天，日本的原材料、能源等几乎全部依靠进口。但它国内有丰富的水资源，而且海产品丰盛，沿海能食用的鱼类据说达五十多种，18 世纪欧洲人到日本时，对日本的普通人能吃上金枪鱼感到十分吃惊。这和欧洲贫乏的地中海恰成对照。可以这样说，地中海是人们的交通、贸易渠道，因此在古代，地中海的商业航运就十分发达。而日本的海是粮仓，丰富可口的海产品提供给这里的人们以充足的动物蛋白质，至今日本人的菜肴及部分主食还是以鱼虾等海产品为主。这在农耕时代是很重要的。

自然条件固然重要，但我们只将其作为历史的自然环境，而通常讲的历史则是指人类社会发生、发展的过程，日本史就是讲日本民族起源及社会的演进、发展进程。日本国，古称“大和”。古代中国称日本人为“倭”、“倭人”，称日本国为“倭国”。公元 7 世纪后半期（学术界确定日本国号元年为 701 年）起以“日本”为国名，寓“日出之国”意。19 世纪末起称“大日本帝国”。第二次世界大战后，改以日本国相称，亦简称“日本”。日本史，即叙述从远古发展至当今日本的历史。那么，我们就先以原始日本人为开篇，看看这个国家和民族是如何迈出他们的步伐的。

第一章

古代社会的形成

（远古—公元645年）

第一节　原始时代的日本

“上帝之手”被捉

2000年11月5日，日本著名大报《每日新闻》头版头条发表了一条震动整个日本的新闻，揭露了日本不久前在宫城县上高森出土的70万年前旧石器时代的石器，实际上是有人事先埋藏的赝品。后来，日本的电视又播映了一段录像。画面是这样的：在夜里，一个人影走进上高森的遗址现场，将一些东西埋进土中。第二天，一个振奋人心，甚至是历史性的发现就问世了，这个神秘的黑影不是别人，正是发掘该遗址的调查团团长、日本东北旧石器文化研究所副理事长、日本前期旧石器的发现者藤村新一。此人在日本可谓大名鼎鼎。他起初不过是业余考古爱好者，但从1981年后，他的发掘屡次刷新日本旧石器文化时代的最早记录，使日本存在前期旧石器成为定论。奇怪的是，别人挖不着的，他就能挖到，因此人们称他为“上帝之手”（神之手）。当然，学术界也有不少人怀疑他，有人对其进行调查，于是就出现了电视上的那一幕。①

这位神奇人物造假骗局的败露，给日本考古界乃至全国的教育界带来巨大的损害。它使1980—2000年日本考古界所建立的关于前、中期旧石器时代编年体系轰然崩塌；②使日本国民和各国学术界对日本的旧石器考古成果的信任度大幅度下降；使以往日本关于前、中期旧石器所定的年代均靠不住，不可信了。伪造考古遗物事件也促使日本学术界进行了反思，勇敢地面对科学，推倒以前作伪所得出的故意推前年代的旧石器时代编年体系，用最新科技重新核查，确定年代。有不少工作至今还不能说已完成。因此，我们这本书只好仍使用过去确凿的考古资料。

原始日本人

日本在数十万年以前还和大陆相连，那时肯定就有原始日本人居住。至于日本是否有过前期旧石器，虽然由于上述的造假事件，使人们对其存在产生了极大的疑问，但也不能轻易否定，还有待于科学核查和深入研究。这是因为日本土质的关系，石器易被腐蚀，或许真有更古远的石器，但没有存留下来。最早发现原始日本人化石是在1931年。早稻田大学教授、考古学者直良信夫在兵库县明石市的西八木海岸洪积层中，发现了一个古人类的腰骨(战争中被毁，现存石膏模型)，应该说是重大的发现，被称作明石原（猿）人。但对这个腰骨化石不仅当时就有学者质疑，就是现在对其是否是原（猿）人的腰骨化石还有争论。1950年在栃木县安苏郡的葛生町发现六片人类遗骨化石，取名为“葛生人”。

后来在1957年于爱知县丰桥市牛川町发现的牛川人化石也只有上腕骨片和大腿骨片化石。这被认为是旧人。其特征近于尼安德特人，③身长134.8厘

① 关于藤村新一的骗局请参阅徐建新：“透视日本旧石器时代考古造假事件”，载《世界历史》2002年第6期。另见《日本每日新闻》2000年11月5日刊。

② 现已证明在宫城县上高森、马场坛、国史迹的“座散乱木遗迹”中均被埋上了绳纹时代的石器。

③ 史前人的一种，被认为属于早期智人，其化石于1864年在德国的尼安德特峡谷被发现。其特点是颅容量比现代人小，已经使用火，并有多种石器。在其灭绝后其地被另一人种的克鲁马农人居住。

米，属于俾格米人。[①] 而 1959 年在静冈县西南部三日市发现的三日人或此后又在滨北市发现的滨北人则属于新人，身长 145 厘米。三日人惹人注目的是其头骨片化石被磨薄，有加工过的痕迹，也许是想将其作为装饰品。

由于藤村新一考古造假事件被揭露，日本是否存在前期和中期旧石器文化的老争论又重新开始。目前确凿的证据是日本存在过后期旧石器时代。大量已被发现的石器，主要为打制石器，部分为磨制的。这些石器是原始日本人类用来采集、狩猎的。其中有手锤（手斧）、刀型石器、尖头石器和细石器。有的日本学者将其分为四个文化阶段。其中尖头石器是用来刺扎的突刺器，可能被使用于狩猎，所以其意义十分重大。

绳纹文化

旧石器文化一直持续（从约二百万年前开始）到更新世（洪积世，从约一万年前开始）终结，在约一万年前，由于地壳变动，冰河消融，海水上涨，日本从大陆分离，成为现在的海岛。其后，在距今七至八千年前的冲积世，住在日本列岛上的人们开始制造和使用陶器，因为出土陶器外表上饰有草绳条纹，被称为“绳纹陶器”，因此，这一时期的文化被称作“绳纹文化”。这一文化期延续了四至五千年，本来考古界将其分为早期、前期、中期、后期、晚期等五个阶段。但第二次世界大战后，使用了放射性碳元素 C_{14} 测定考古文物的年代，有些地方的陶器被测定为 12165 ± 60 年前，因此有人将早期以前的时期定为草创期，但也有学者根据历来的考古学方法认为草创期在公元前 4500 年。这一争论至今尚未解决。

制造并使用这些陶器的是所谓绳纹人，他们大部分居住在日本东部。早期的他们体质羸弱，身材矮小，中期渐渐结实起来，和现在的日本人相比，个头稍矮一些，肌肉发达，骨骼强健。绳纹人以及后来的弥生人是从什么地方来的？是已发现的原（猿）人进化的产物吗？进一步说，日本民族的祖先又是从何处来的呢？对此，历史学家从各个方面进行了考察和猜想。有的认为日本有

① 现代人类学将男性平均身高不足 150 厘米的人种称作俾格米人。非洲的俾格米人群体最为有名，但亚洲的和非洲的俾格米人在生物学起源上没有联系。

原住民阿伊努人，后来又进来了外来民族，两者混合而成为现在的日本民族。也有人认为日本人是从海外来的，和原住民没有什么关系。至于从何处来的，更有多种说法，考古学家樋口隆康就提出五条途径说，即北路、南洋路、朝鲜路、东中国海路和冲绳路。而一般认为是从欧亚大陆上迁移来的和从日本南部的太平洋漂流过来的。这两种人所带来的文化分为北方文化和南方文化系统，而与这南北文化系统相对应，日本人也分为两种，一种是西日本人，一种是东日本人，现在日本人就是这两者的混合。

日本人的北方文化系统在语言上可以得到证明。日语在语言学分类中属于黏着语，在语系上被认为属于乌拉尔—阿尔泰语系，在长期的历史发展中，形成了独特的日语，在弥生时代日本又接受了东北亚的原始宗教。而对北方文化系统的东日本人的踪迹，日本学者也在千方百计地查找。比如，日本有种家犬的舌头上有块黑斑，据查这是绳纹时代就驯养的狗。根据这一特点，日本人遍寻东南太平洋诸国，后来在我国的台湾省和其他一些东南亚国家发现了这种狗。这个可以作为绳纹人和东南亚一带的人在种族上的关系的一个旁证（又如绳纹人的牙齿也和东南亚一带的人一样，属于南方型人，而弥生时代的人则是中国型的）。同时，东南亚的种稻文化也传入了日本，如日本的祈年祭、新尝祭①等即属于南方文化。我们在观察现代日本人的长相时，也会发现大体可分为两种类型。最近的研究认为亚洲人中有“古蒙古人种”和“新蒙古人种”，绳纹人即东日本人是属于古蒙古人种，而弥生人即西日本人则是新蒙古人种，后者是典型的后来的移民系统。而且这两种人在头骨、血型（东部人的A型遗传因子的比例小于西部人）和HB抗原上也有区别，即在东日本人中和东南亚人相同的类型比较多，而西日本人则像中国人和朝鲜人。但是东日本人在文化上却属于北方文化系统，西日本人则属于南方文化系统，即在人种和文化的对应关系上有矛盾，所以这个问题还有待于研究探讨。上面举出的证据虽然不能充分地说明和最后解决日本民族的起源问题，但我们可以说，日本民族来自周边各个地区，大体分为南北两边迁移而来（绳纹人是从南边，从南太平洋、东南亚过来的，而弥生时代的日本人则多从中国大陆、朝鲜半岛来）；和世界上其他大多数民族一样，是混血的民族，而不是有人认为的血

---

① 祭即节、节日。祈年祭是在农历二月四日，为祈祷五谷丰收的节日。新尝祭是感谢收获并祈祷来年丰收的节日。

统单一的民族。

绳纹时代的日本人已发明了弓矢，以此来猎取野猪、鹿等大型动物，并采集植物的种籽，这是他们重要的生活资料。在海上和内河，他们使用骨角制成的钓钩或渔叉等打鱼，同时也采集贝类，日本著名的贝塚（沿海原始部落的垃圾场）就是其确凿的证据。这时他们已经有了磨制石器，可用来采伐树木。总之，在绳纹时代生产力的进步是很明显的。但是，捕鱼、狩猎、采集仍是绳纹时代人们的主要生产方式。虽然，有人认为中期已经有了农耕，但也有人认为晚期才出现了农业，莫衷一是。而后者因在福冈县的板付遗址发现了绳纹晚期种植水稻的遗址，似乎有更大的说服力。但是这并不能推翻中期就有农业的推断。而且对绳纹时期是否有农业的考古研究及推论尚不成熟。

绳纹文化是因陶器命名的，可见当时已有很多陶器。陶器在日本出土数量颇丰，说明日本人已吃上了熟食（这和在美索不达米亚发现的陶器有所不同，那里的陶器主要用于盛装食物等，而在绳纹陶器的底部发现有火烤过的痕迹，可以认为这种陶器已被用于烹饪）。这对人类文明的发展无疑具有重要的意义。此外，陶器还被用于祭祀。目前发现的女土偶和石棒，分别象征着男女生殖功能。原始的宗教也是人类文明的一个标志，绳纹时期的日本人在相当大的程度上摆脱了野蛮和蒙昧。但是，这种陶器不过是在400℃较低温度下烧制的，并不像高温烧制的陶瓷器一样结实耐用，说明当时的文明是较低级、很初始的。

绳纹人尚不懂得建造房屋，只是居住在简陋的竖穴或山洞中，而且大部分是在地面以下一米左右的竖穴。这些竖穴围绕着中央的广场呈环形分布，构成一个个集落。这种集落的遗迹目前发现的最大的是青森县的三内丸山遗迹，此外，存在集落的另一个确凿证据就是贝塚。在集落遗迹的挖掘中，发现有一些农作物、鱼干、牡蛎（这是在海里养殖的）等。另外还有一个重要的发现，就是以35公分为单位的绳纹尺（量具）。说明工具的制造随着生产力的发展有了质的变化。在集落这个空间里当然和其他原始社会的人群聚集的地方一样，有祭祀场所、坟地等。这些考古成果说明那时人们的生活在一定程度上已经稳定，生活也有了安全感。

“生存或者死亡，这是一个问题。”莎士比亚的名言告诉我们，死亡始终是人们不得不面对的一个重要问题。人们对死亡的畏惧就产生了对永生的期望和灵魂与肉体的观念。因此就有了宗教和墓葬。而生存不仅是维持自身的生命，如同所有的生物一样，人类也具有使自己种族存续下去的自然本能，这样，生殖力量的崇拜就成为原始宗教的一个特征。当时的日本正是这样。它在宗教方面还很原始，人们做了女性的土偶，用石棒来象征男性，祭祀和崇拜着这些既有现实意义又象征着自然力量的神灵。

如同埃及金字塔所展示的那样，墓葬说明那个时代的人对死亡的看法。绳纹时期前期的墓葬是曲肢葬，中期和后期又有了直肢葬。一般认为曲肢葬是源于人们对亡灵的畏惧，而有的尸骨上似有被捆绑过的痕迹，表明日本人和其他人类一样对人的死亡是恐惧的（害怕亡灵返回生的世界作祟）。那么，是不是中后期人们对亡灵的惧怕就减少了呢？对此，尚未有定论。当时埋葬的方式是土葬，还有瓮棺葬或室内埋瓮墓。瓮棺葬在前期就有，中期有了发展，晚期达到极盛。室内埋瓮墓顾名思义就是将墓埋在家里，瓮上有小洞，是为了便于灵魂出来和家人团聚，多是儿童的墓葬。此外，还有特殊的复葬等。

绳纹时期人类尚处于原始时代，生产力不发达，其经济生活也是原始共产主义式的，没有阶级分化，墓葬自然也不分贵贱。

第二节 弥生时代

弥生文化

1884 年在日本东京都弥生区（今东京都文京区）发现纹样简洁、外观美丽、精致光滑的陶器，称之为“弥生陶器”，遂将制造和使用弥生陶器的时期称为“弥生时代”。弥生时代（约公元前 300—公元 300 年）可分为前期、中期、后期三个时期，但关于每个分期的时间段众说纷纭，难以确定，一般认为应将纪元前后作为中期的中叶。弥生时代与绳纹时代有明显的不同，开始了种植水稻，使用金属工具、器皿、武器等及大陆系统的磨制石器。经济上有了贫富之差，社会结构上出现了阶级，形成了现代日本的雏形。

和前一时代的这种巨大差异是怎样发生的，尚不十分清楚。但弥生人的体型显然不同于绳纹人。据出土的人骨测量，身长竟达 162. 8 厘米。显然这人骨不是以前绳纹人的。因此，日本学者猜想这新的人种可能是从朝鲜半岛漂流到此的。[1] 也许是他们带来了大陆的先进文化和生产力［中国在春秋（公元前 722—公元前 481 年）战国（公元前 475—公元前 221 年）时期就有了铁器，秦（公元前 221—公元前 206 年）汉（公元前 206—公元 220[2] 年）时代，铁器文化到达高峰］，从而极大地改变了日本人的生活方式。从绳纹文化和弥生文化的中心地区看，两者也不相同。绳纹文化主要分布在日本本州的东部地区，在那里达到了鼎盛。而弥生文化最发达的是在西部地区。也许正是因为西部地区在绳纹文化时的落后才更容易接受新的更发达、更进步的文化，这似乎在人类的文明进步史中并不罕见（落后的地区因新生产力的引进而超过先进地区），而从以后的日本政治历史进程中也可以看出这种趋向。本州的关东和关西地区由于接受的文化、经济发展程度和社会结构的差异，使得政治权力形态及中心的变化总是表现在地域（东西）间的来回移动。

尽管弥生时代的日本人已经种起了水稻，进入农耕社会，但渔猎经济也同时存在。打猎时，弥生人用弓箭、石枪和投掷石弹。这些打猎的工具同时也被用于战争。由于当时生产力发展，已经出现阶级分化，也就有了集落（部落）团体间的战争。大的集落有了统治者的首长（酋长），率领着集落的人征战、吞并小的集落，势力逐渐强大，从而成为政治统治者。另外，从出土的人骨看，多有被武器伤害的痕迹，这是集团间的战争才能造成的，绳纹人骨虽然也有这种伤痕，但都是分散、个别的，属于纯粹个人间的争斗。

捕鱼工具在此期间也有了发展，方式还是以前就有的钓鱼、叉鱼、网鱼。鱼钩已有了铜铁制造的，鱼叉也有铁制的。渔网用的坠子，有石坠、陶坠，可能已经有了专业的捕鱼集团。

当然，弥生时代生产力最大的变化是普遍种植水稻，近年来的研究成果证实水稻是从中国大陆江南直接传到日本的。虽然挖掘到的水田遗迹不是很多，但能清楚地区分其前期和后期的差异。前期水田所在地是在低洼地，人们利用这种自然条件来造田，自然人工费得较少，但产量较低。后期水田有静冈县登吕遗迹。水田面积有了很大扩展，由高地向低洼地伸延，人为的力量更大了。

① 从西日本弥生文化前期发现身材较高的尸骨，有学者推断是朝鲜来的移民和当地原住民的混血人种。

② 此外在北九州的弥生前期文化中，有朝鲜制作的青铜武器和磨制石器，还有和朝鲜南部的支石墓相同的坟墓，可以推定是受到大陆文化的影响。

虽然尚不得知其产量，但扩大耕种面积无疑是一个巨大的进步。生产工具虽然还是木制的，但十分齐全，有锹、锄头等，几乎囊括了以后所有水田农具的种类。人们的耕种方法是直接播种稻种，收割时是用石刀将稻穗割下来，脱谷是用臼和杵，粮食被收藏在高脚的仓库里。农耕是以家族为单位，男子从事耕作，女子主要是做收割和脱谷的工作。

在种水稻的同时，也耕种旱田，有大麦、小麦、谷子、稗子、绿豆、大豆、甜瓜等。也是在那时起开始饲养猪和鸡，但猪在奈良时代（公元710—794年）就不再养了，鸡和鸡蛋在进入近代前也没有成为普通的食物。这一有趣的现象似乎并非由于佛教的关系，而是海产品取代了肉食，成为日本人摄取动物蛋白质的源泉。

弥生时期有了外来的水稻，生产力得到巨大的发展，如前所述，已经产生了阶级。与此同时，人口繁衍得很快，居住形成的集落也有了变化，规模更大了，像在佐贺县吉野里发现的遗迹那样，周围有了巨大的壕沟。但由于前期缺乏考古资料，得不到实证的证明。现有中期和前期的遗迹，根据地区不同有方形的，有圆形的。但这并非一成不变，至少在中期和后期，近畿（本州西部，包括现在的京都、大阪和滋贺、兵库、奈良、和歌山、三重等六县）与九州地区有了改变，这说明集落住居形式是有地方特色的，同时也说明人口在流动。我们在这里可以看到文化传播的一个小小的例证。到了后期，居住的集落在不断演变后，九州变成方形住居的地带，而近畿地区则保持着圆形。

弥生人不但在人世间的生活上发生了巨大的变化，他们也更重视死亡和死后。这在形形色色的墓葬中可以看出来。他们有木棺墓、石棺墓、土坑墓，墓坑的大小大体和人体差不多，因此，就很少有陪葬品。只是在九州北部有所不同，有成人瓮棺墓，也有陪葬品。此外，关东、东北地方有放进骨灰土陶器的再葬墓。

既然是墓地就不会是由单独的墓葬构成的，而是集体墓地，并且是有意识地划分出来，有的四周有方形壕沟，有的虽没有发现有划分标记，但墓地却集中在一起，和现在的情况相类似。这些墓地是由集落构建的，有的一个集落只有一块墓地，有的集落按住所群分，有几块墓地，像登吕遗迹就是如此。观察墓地，使我们不仅可以知道当时的人对死亡的看法，也可以由此了解当时作为生存的人的集合生活方式。

擦纹文化

值得指出的是，虽然弥生文化以其先进的生产力占据了日本文化的主流，但绳纹文化并没有消失。在北海道，人们还是在绳纹文化中生活着。这被称作“续绳纹文化”。这里的人们一边靠采集生活，一边也种植农作物，如黍子、稗子、荞麦等，而大米则是从本土交换而来的。在续绳纹文化之后出现了擦纹文化。陶器被木头擦出花纹，因此被称作“擦纹文化”。在擦纹文化时代，这里的人们还是进行着渔猎采集，但已经使用铁器，粮食作物的种类也多了起来。有谷子、黍子、稗子、大麦和小麦。

穿民族服装的现代阿伊努人

为什么在那个被称作虾夷岛的北海道（北海道一名是1869年明治政府改称的）上有不同的文化呢？当然，地理位置是个因素，但还有一个原因，就是这个岛上居住的不是日本主要民族，而是日本唯一的少数民族阿伊努人（曾被称为“虾夷”①。据1985年调查住在北海道的大约有25000人，在其他地方还有，所以具体人口数量不能精确确定）。这是个独特的民族，高鼻深目、波浪状的头发、双眼皮、长腿，和日本主要民族长相是不一样的，语言也不同。他们是属于什么

① 虾夷原是古代日本中央政府对本州中部以北原住民的蔑称。随着中央权力的扩大，虾夷所指也在变化。平安时代（公元794—1192年）将东北以北地方的原住民称作虾夷。到了近世（16世纪）则指阿伊努人，其居住地仅限于北海道及其以北地区。

种族及其起源尚不清楚。而且擦纹文化和阿伊努文化的关系也不十分清楚，因为人们发现擦纹文化中并没有阿伊努文化中的熊祭，这都是有待探讨的问题。

日本和中国的交往

上文说过，弥生时代已经有了阶级，同时又形成了许多不同的集落。而集落之间在利用水利上发生纠纷，互相争斗，战胜的集落就进行集落的兼并，形成集落联合。后来北九州各地的集落联合的头领们向朝鲜和中国派遣使者，吸收先进文化，这样就有了较正规的国际交往。在写于公元1世纪的中国史籍《汉书·地理志》中简单地记述了当时的情况："乐浪[①]海中有倭人，分为百余国。以岁时来献见云。"

应该注意，这是日本首次进入文献的世界中（虽在中国古代地理书《山海经》中提到了"倭"，称"倭属燕"。因此处所指的"倭"是否指日本尚难判断，故以《汉书》所记为最早记载）。从中我们可以知道中国将日本人称作"倭人"，这是带有蔑视的意思，不过和其他更不开化的民族相比，日本人在中国人的眼中还是具有一定的文化和文明的（当时中国对更不开化民族的表示称谓的汉字偏旁不用人字边）。所谓百余国是按中国的理解，将日本的那些集落联合体看作"国"。在这里应该指出的是，虽然以前没有关于日本的史料，但估计在汉朝以前，中日之间就有了交往。在中国的《史记》和《淮南子》中都记载了秦始皇命方（道）士徐福去海外仙山寻找长生不老仙草之事，日本的《今昔物语》中也提到了这一传说，但《今昔物语》可能是受中国史书的影响，难以为凭。据说那海外仙山就是日本，徐福登陆的地点据说在日本的熊野，现在那里还有徐福的墓。但这些均为中国宋代以后所传、所建，亦难为确证。

在我国东汉时期（公元25—220年），日本和中国的交往就更加密切了。日本的文明也更发达了。《后汉书·东夷传·倭》曾记载，"倭之奴国"在建武

① 汉武帝于元丰三年（公元前108年）置乐浪郡，在今朝鲜北部，辖境约为今天的朝鲜平安南道、黄海南北道、江原道和咸镜南道，治所在今平壤市南，西晋末年被并入高句丽。

中元二年（公元57年）来朝贡，来使自称大夫，汉光武帝赐以印绶。大夫是中国的官职，日本来使自称大夫，说明至少对中国的政治制度有了一定程度的了解。

在汉安帝的永初元年（公元107年），倭国“国王”帅升等向中国进贡“生口百六十人”。这些所谓的“生口”就是奴隶，说明当时日本的阶级分化是很明显的，而这些奴隶可能是被俘的集落联盟的人民。

总之，在弥生时代由于阶级分化，集落之间产生了战争，从出土的石镞和石枪来看，战争的规模是越来越大了，在战争中集落又结成更大的集落联盟。弥生时代的后期，日本国内正处于这种集落联盟之间的激烈战争中，互相都想更强大一些，也正因为如此，日本和中国大陆发生了政治上的交往（都欲借助中国的权威）。这在东亚国际关系史上无疑是重要的一个阶段。

弥生时代的出土文物

和绳纹时代一样，弥生时代也有宗教信仰，其祭祀用具为青铜器，有铜铎、铜剑、铜锋（即铜戈）、铜镜等。这些祭祀用品大多是陪葬品，因为那时普通人的墓很小，一般和人体同大，所以有这些陪葬品的墓大概是那些所谓的国王墓葬。铜铎从前期末到后期均作为祭祀乐器使用，开始时是有声音的，但以后的那些大型的铜铎则是不能发出声音，只是作为一种装饰。这些铜铎在日本东部和西部均有分布，出土了约三百五十多个。铜剑、铜锋开始是作为利器引进的，中期以后逐渐大型化，成为祭祀用品。铜锋主要分布在沿海一带，估计和祭祀海神有关。

铜镜主要是中国西汉和东汉的铜镜，有作为陪葬品的，有祭祀用的，是相当珍贵的器具。

这些青铜制品来自于中国，也有日本仿造的。说明日本和中国的交往已经相当频繁，中国的工业技术已经传到日本，使日本的生产力和技术有了很大的发展。

由于我们就要乘着时间机器经过邪马台国进入日本的古坟时代，所以读者在漫长的旅途中不要忘了弥生人的墓葬，这是后来古坟时代壮丽交响乐的前奏曲。

第三节 邪马台国之谜

中国史书中的邪马台国

我们进入了邪马台国，不过，这不是个准确的说法，因为邪马台国是个既不知道准确的地点，又不知道在何时形成的神秘国度。这使得无数历史学家绞尽了脑汁，徘徊在片段的历史资料的迷雾之中。这一切是由中国著名史书《三国志》中的《魏书・乌丸鲜卑东夷传・倭人条》[①] 的一篇约两千字的记录造成的。不过，应该承认像所有的中国史书的描述方法一样，《倭人传》文字简约，但却相当精确地表现出古代日本素描似的面容。

据《魏志・倭人传》说，“倭人在带方东南大海之中，依山岛为国邑。”和中国交往的有“三十国”，邪马台国是其中最强大的。它离古代中国的带方郡（今朝鲜西海岸，平壤和汉城之间）有“万二千余里”。统治或控制多个小国，有七万多户居民。国王是女性，叫卑弥呼。本来这里是男人为王的，但不过七八十年就发生了内乱，“相攻伐历年”，乃共立卑弥呼为王了。她之所以能当国王，大概是因为她或许是个具有超自然神性的女巫，书中说她“事鬼道，能惑众”。她不嫁人，有个“男弟佐治国”。她是个威严而且奢侈的女王，有婢女千人侍候，不过，她能成功地统治国家，并使之免于内乱，这就不光是靠装神弄鬼了。虽然我们不知道她在国内的具体统治方式，但她在汉景初三年（公元 239 年），[②] 派遣使者给当时的魏国进献“男生口四人，女生口六人，班布二匹二丈”，换来了魏国对她的承认，让她做“亲魏倭王，假金印紫绶”。以当时中国在东亚国际秩序中的地位，承认卑弥呼，就如同现在的独立国家被联合国承认一样重要。卑弥呼从中国这个大帝国的威望中得到了无可争议的权威，可见她是一个有头脑、有见识的统治者。

邪马台国的政体似乎是联邦式的国家，下面有二十余小国。这些小国的王

① 学术界通称作《三国志・魏志・倭人传》，简称“魏志・倭人传”。

② 《倭人传》记为景初二年，有误，二年应为公元 238 年，景初三年方为 239 年。

按今天的说法，应该是部族或部落的酋长。这些国向人民征收税赋，监管交易。邪马台国对它们严密监控，所谓“自女王国以北，特置一大率，检察诸国，诸国畏惮之”。这些国和社会中的统治阶级是王和大人，被统治者是“下户”和“生口”。他们构成“……尊卑，各有差序，足相臣服”的有阶级区分的家族集团，并形成集落。社会上也和宗族内部一样，有着严格的阶级差异。“下户与大人相逢道路，逡巡入草。传辞说事，或蹲或跪，两手据地，为之恭敬。”

在阶级统治的国家中肯定是有法律的。虽然书中没有邪马台国实行的是何种法律和法律条文，但提到：“其犯法，轻者没其妻子，重者灭其门户及宗族。”

和邻国相比，邪马台国的经济比较发达。像在去邪马台国的途中经过的一些小国，有的只靠捕鱼为生，粮食要去国外买，有的虽然有农业，但粮食不能自给。而邪马台国估计农业的比例已经占到整个经济的75%，但人们还从事渔猎。经济作物有苎麻、蚕桑，用来纺线织布。此外，书中还提到邪马台国的兵器种类有“矛、盾、木弓”。箭是竹箭，箭头是铁制或骨制的。

在书中记述最多的是当地的风俗。那里的男人不论老少都文身黥面，据说他们潜水捕鱼时，文身可以吓退大鱼、水禽。文身的图样还有地位尊卑的差别。在文身的上面，穿着横幅的、无缝的衣服。女人的衣服则是把整幅布从中间开个口，钻过头去披在身上。日本的传统服装是和服，是学我国唐朝时的服装式样，而这时日本的服装还极其简单。在头部的装饰上，男人露出发髻，罩着棉布，女人披着头发，梳着弯曲的发髻。她们的化妆是用朱丹涂身，和中国人施粉一样。由于气候温暖，人们冬夏吃生菜，不穿鞋。他们的餐具是竹盒和木盒。当时现在日本人用的筷子还没有从中国传去，吃饭要用手抓。邪马台人爱喝酒。这使人不由得联想到现代的日本，东京从华灯初上开始，酒精就像水一样流进现代日本人的胃中，看来爱饮酒似乎是日本的传统。邪马台人住有屋室，父母兄弟分别卧息。但平常的活动，则父子男女没有差别。

当代的日本人的寿命不论男女，均为世界第一。这和他们的饮食习惯、温和的气候条件及发达的医疗保险制度有关。前面的两个原因使得邪马台国人也长寿，文中说：“其人寿考，或百年，或八九十年”（但有学者指出可能是当时计数和现在或当时中国不同，因此，邪马台国人没有那么长寿）。

邪马台人在婚姻方面，实行的是一夫多妻制，不仅“大人”有四五房妻室，连“下户”也娶两三个妻子。

邪马台人相信占卜，这可能也是卑弥呼统治的精神基础之一。要做什么事，就用灼骨的占卜方法，这个方法就是看灼骨产生的纹路走向占卜吉凶。人死后实行土葬，“有棺无椁，封土作冢”。丧葬的仪式相当隆重，要停丧十几天，不吃肉，丧主自然悲哀哭泣，吊丧的则歌舞饮酒，葬后，全家人要去沐浴。

这就是中国史书中所描述的有相当文明程度的邪马台国，其文明可能大部分是来自于中国大陆，正如上文所述，在此之前，“倭人”就经常和中国来往。文中说：“汉时有朝见者”，还说：“自古以来，其使诣中国，皆自称大夫”。

这个国家以后又如何了呢?《魏志·倭人传》在最后只留下了很少的信息。强有力的女王卑弥呼生前雍容尊贵，死后也极尽哀荣：“大作冢，径百余步，殉葬者奴婢百余人。”她的位置看来是很难替代的，特别是男人。国人在她死后又立了男王，但“国内不服，更相诛杀，当时杀千余人”。以一个“七万余户”的小国竟然被杀死了一千余人，可见内乱程度之严重。于是，人们又立卑弥呼的女儿，只有13岁的壹与，树立起马克斯·韦伯所说的传统权威，国内就平静了。壹与继承了女王创建的国际关系战略，向魏“献上男女生口三十人，贡白珠五千，孔青大句珠二枚，异文杂锦二十匹”，取得了中国的承认。

邪马台国之谜的两大焦点

后人根据这篇《魏志·倭人传》，结合考古和日本后来的史书从各个方面对邪马台国进行了分析研究，各抒己见。但最关键的争论是邪马台国的地理位置。因为日本历史学家认为从其位置上可以考察出当时古代日本国家疆土的统一和性质，进而得知日本国家形成、发展和统一的时期。如果按《魏志·倭人传》的记载的方向和距离，则过了一个海，又是一个海，距带方郡一万二千里，那么邪马台国应该沉没在日本南面遥远的大海里，那里的居民只有水族。正因为其所记距离里数和方向不可靠（也有学者认为是可靠的，只是当时方位和里数标准不同），才引出许多争论。其主要的观点有两个：一是认为在畿内（今奈良），一说是在北九州。在畿内，说明日本从畿内向西已组成了一个联合国家；如果按北九州说，则统一仅仅局限在北九州一隅。近年来，又出现了四国说，更使人感到扑朔迷离。但不管是哪个说法，都存在某些缺陷，也缺乏足够的证据支持。①

这个争论和所有的历史之谜一样，还会长期争论下去。而我们毋宁把眼光放在日本的社会文化的发展程度上。一个孤立的岛国会有那样的文明程度，光靠到中国和朝鲜半岛学习取经恐怕是不够的，一定有大陆的人移居日本。同时，我们也注意到尽管应该有外来的移民，但并没有取代当地的日本人。文中说下户见到大人口里说着“噫”，显然作者正是因为不懂日本的语言才将其按照发音记录下来。这也说明日本还保持着本国语言的独自性。

邪马台国之谜也突出反映在另一个焦点上，即邪马台国究竟是个什么样的社会。有的学者认为邪马台国是从原始社会向奴隶社会过渡的集权的部落联盟。有的则认为邪马台国是日本列岛上的第一个国家政权。我们依据《魏志・倭人传》的记叙和恩格斯《家庭、私有制和国家的起源》所提出的国家特征，认为邪马台国已具有国家的基本特征，是一个由原始公社制进入到初期奴隶制的国家。即使我们表明了我们的看法，也认为这还是一个比较合理的猜想，但也还存在着诸多未能合理解释的问题。如“下户”是什么身份？女国王是否表明邪马台国当时处于母权制社会？所以，持有各种观点的人对《魏志・倭人传》的解读不同，一时难以取得一致的结论。

神秘的邪马台国正因为其神秘性才驱使人们对其不断进行探究，并使人强化了对自身历史的好奇心。如同人们对星空感到好奇才产生了天文学一样，正是这种对历史的好奇心让人们更想揭开邪马台国神秘的面纱。在这探索、寻踪的路上，如果更加注意地将文献资料与考古成果结合起来，那么或许会意外地发现新的事实、获得新的知识。

① 此外，原来人们认为后汉书记载的是邪马台国（やまたいこく）是笔误，应念做“やまと”（和大和同音），但近年来又有人认为并非笔误，尚无定论。

第四节　日本金字塔——古坟文化

日本的古坟

几乎没有任何历史遗迹比古埃及的金字塔更让人们着迷的了。埃及法老的骄奢淫逸、生产技术的发达、人民的智慧和无与伦比的创造力让今人叹为观止，而他们共同的神秘信仰，对生和死的看法及对彼岸世界的追求，难道不是今天人们依然会遇到的人生问题吗？这凝结着人类精神，以宏伟的物质形态表现出来的金字塔也赫然耸立在南美的玛雅文明中，而令人难以想象的是，东亚也有这一奇迹——古坟，更令人不可思议的是，它既不在高度发达的世界帝国中国，也不是在离中国最近，文明开化早于日本的朝鲜半岛，而是被发现于相对与世隔绝的孤立的日本。

古坟的形态正如它的另一种说法，叫前方后圆坟，这种奇异的形态至今是日本独有的，[①] 所以也把古坟时代叫做“前方后圆坟时代”。它出现在公元 3 世纪末，消失在 7 世纪，历时四百余年，从日本的历史看，这是一段不短的时期。对它的分期一般分为古式古坟和后期古坟，古式古坟的年代是从 3 世纪末到 5 世纪后半叶，从 5 世纪后半叶到 7 世纪为后期古坟。其中，坟的形状有过变化，如方形坟、圆形坟等等。古坟建造的地点在畿内[②]，是当时日本最发达的地域。古坟的外观相当宏伟，4 世纪时最大的古坟是在奈良的景行陵（景行天皇的陵墓。据《日本书纪》说景行天皇为第 12 代天皇，在位时间达 60 年），它长 300 米。在大阪府堺市大仙町发现的 5 世纪时大阪的仁德天皇[③] 的仁德陵则长达 486 米，后圆径长 249 米，前方宽 305 米，有三重壕沟，比中国的秦始皇陵和埃及最大的金字塔的底边还要长，据说建造这一陵墓需要动员 140 万人

① 前方后圆坟的说法是江户时代后期的著作《山陵志》中提出的，关于其起源如今没有定论，有人认为在中国和朝鲜半岛也有这样形式的坟墓，但没有资料表明日本是受了这一影响才修建的。

② 日本古代的行政区划。古代中国将王城周边的地区称为畿内，或畿内道。日本大化改新时，仿照中国，将京都周边的大和、山城、河内、摄津，后来还有和泉等五个藩国划为畿内。

③ 据《日本书纪》记载仁德天皇为第 16 代天皇，在位时间达 87 年，所以说《日本书纪》不是可靠的历史典籍。

次的劳动力。

古坟上面一般有圆筒明器，周围有壕沟，坟的内部是竖穴式石室、黏土椁。黏土椁一般宽一米，长度为七米左右。棺材有木制的或各种石制的，有镜、玉、剑等祭祀品和刀剑、铜镞、铁镞等兵器及硬玉的勾玉、锹形石等石制品，这基本上是4世纪古坟的状态。到了5世纪，古坟扩大了，周围挖了壕沟，坟上有了葺石和明器等，日本最大的古坟应神陵和仁德陵就是这个时期建造的，陪葬品除了镜、玉、剑外，还有甲胄、马具及石头仿制的物品。从陪葬品看，墓的主人可能是军事贵族。同时，从4世纪到5世纪的古坟集中在畿内地区，但四国、北九州、关东等地都有古坟，这或许说明了统一日本的步伐是从畿内开始的。从5世纪后半叶到6世纪初，古坟引进了朝鲜的坟墓样式，竖穴式石室变成了横穴式石室，棺材从长形石棺变成家形石棺，① 并陪葬一种叫须惠② 的古陶器。

到7世纪，原来的厚葬变成了薄葬，具体的原因不清楚，可能是受大陆薄葬的影响，此外，也许是因为墓主人的经济能力下降。总之，古坟随着薄葬，渐渐走向衰落，大化改新后政府发布了“大化薄葬令”，火葬便普及开来，取代了古坟。

古坟中的文化

从死者的坟墓中可以窥见当时活着的文化。考察日本的文明程度如何，这古坟主人的陪葬品是绝好的证明资料。在古坟的陪葬品中镜子是很重要的，有的坟墓出土了几面，有的则陪葬了几十面。镜子是用青铜和白铜制造的，种类繁多。从背面的花纹看可分为三角缘神兽镜、方格规矩镜、内行花纹镜、兽带镜、铃镜、海兽葡萄镜等等。这些铜镜有的是从中国来的，叫舶载镜（即舶来之义），有的是仿制的，叫仿制镜。古坟的时代跨度大，所以进口的中国铜镜有东汉的、三国时代的乃至魏晋南北朝的。有的镜子后面还刻有年号，但不知道是否是表示制造时期。

① 棺材盖仿照房顶的形状的棺材。

② 属于新罗陶器系统，用1000℃以上的还原火烧制而成，为灰色或灰黑色，叩击时有金属音。

在古铜镜中，三角缘神兽镜是争论较多的，一是这种铜镜是进口的还是仿制的，二是它是用统一铸模浇灌生产的，还是仅仅为同型的，目前尚无定论。陪葬品还有翡翠、硬玉、玛瑙、琥珀、玻璃、滑石等各种玉石类。这些玉有的是首饰，有的则是明器。有的石器的用途现在尚未弄清楚。其中，玉是很引人注目的。对玉石的尊崇在世界古代文明中只有中国（先是明器，后又成为佩饰）。中国人认为玉有坚硬、圆润和纯净的品质，象征着人（士）的品德。而在日本的古坟中也出土为数不少的玉制品，更说明了中国文化对日本的影响之巨。

此外，比较常见的陪葬品就是金属服饰。用金、银、铜制作的首饰或服饰陪葬盛极一时。戒指、耳饰极为普遍。也有冠、腰带饰物等，其中有的制作手法、样式和朝鲜新罗的古坟中同类产品类似。

古坟的主人应是军事贵族，因此，陪葬品中武器是不可或缺的。古坟中的武器主要是铁制的，有刀剑、枪矛、弓矢、甲胄、盾等。刀是单刃直形的。剑为双刃，枪矛据估计约有四五米长。弓是木弓，但也有铁弓出土，铁弓自然不能用于实战，不过是一种象征性武器。前期古坟中的镞也有铜制的，后来就主要是铁镞了。甲胄是皮革和铁片制成的，有的很华丽。盾则是铁或皮革做的。

中期以后的陪葬品中有马具。辔鞍蹬及将其安放在马上的皮索等，一应俱全。证明墓的主人过的是真正的戎马生涯。

陶器有前面提到的须惠陶器，还有叫土师陶器的陶器，[①] 这两者截然不同，最大的区别是须惠陶器是硬质的。

墓中还有农具和工具。农具大多为铁制，还有木工工具、铁匠工具和渔具。

陪葬品中最有考古价值的当属明器，这是祭祀用的器具，分为在坟丘或周围放着的圆筒明器和表现人、动物、住房等的形象明器。后者是很好的史料。可以看到当时人们的衣食住行以及他们饲养的家畜和经常食用的鱼。

对亡者寄托哀思、让死者复生或在彼岸世界能像在尘世一样生活，也有因惧怕亡灵侵扰，这些都是人们进行殡葬仪式和祭祀的原因。而全世界的殡葬仪式和祭祀之多、之复杂，恐怕没有人能悉数记录下来。从古坟人在坟头摆明

① 是从弥生陶器直接继承下来的陶器，烧制温度为850℃左右。

器，就知道他们是做殡葬仪式并且进行祭祀的。但具体的做法和时间的长短尚不得而知。

第五节　大和国统一日本

大和国和“国”

前面说过，远在邪马台国时代之前，大约在纪元前后，日本由于生产力的发展，产品有了剩余，阶级分化，形成一个个有统治阶级和被统治者的小集落。这些集落由于各种原因，当然最主要是因为经济利益，互相攻战和互相联合，强有力的集落吞并掉较弱小的，形成所谓的“国”。读者要注意，日本的这个历史上的“国”不是现代意义上的国家，但这一称呼却一直沿袭使用到现代。诺贝尔文学奖得主日本小说家川端康成在其名著《雪国》的开头部分，就写道，列车过了“国境”。这国境一词曾使许多翻译家困惑不解，其实指的就是江户时代分封的诸侯国的国境。而在大和国时，更是小国林立，邪马台国就是在战争中强大起来的。但日本是否是由邪马台国统一的，则不能肯定。因为后来中国史书对日本的记载很少，而日本古代史的史料全部来自于中国。4 世纪的史料则全是空白。但 8 世纪时，日本官方编纂了《古事记》和《日本书纪》，以神话般的故事叙述了日本的统一。因为这两部书带有天皇朝廷自我宣扬的政治色彩，难以为凭。但像《圣经》一样，或许其中一些有现实的原型，我们不妨看看。在日本神话中，诸神中地位最高者为天照大神。天照大神命孙子琼琼杵尊统治日本，并给了他日后有名的三种神器：八尺勾玉、神镜和草薙之剑，这成为以后天皇正统的象征，有些像中国皇帝的玉玺。琼琼杵尊死后，由彦火火出见尊即位。他就是日本天皇之祖神武天皇，这一年据《日本书纪》称，是纪元前 660 年的辛酉，其实这并非事实，是编纂者按中国谶纬学说杜撰出来的。神武即位后，派遣部下东征西讨，平定天下，统一国土，甚至征讨朝鲜半岛的新罗，并任命了国造、县主等地方官。

根据考古资料，畿内确实出现了强大的政权，是那些地方豪族们的联合政权，即所谓的大和国（也叫大和朝廷），前面提到的古坟年代、位置及规模就可以说明这一点。而北九州及中部的酋长们和这个大和政权也有着紧密的政治联系。虽然如此，但当时日本是否已是统一国家，还不能轻易定论。

日本的扩张

从4世纪后半叶开始，日本为了新技术和铁矿向朝鲜半岛扩张。公元366年，日本和当时朝鲜半岛三国之一的百济开始交涉，翌年，百济派遣使者到日本，目的似乎是想和日本结盟，请日本出兵帮忙。公元369年，日本和百济的联军进攻朝鲜半岛的另一个国家新罗，取得了胜利。日本在朝鲜半岛占领了一块土地，即任那。① 这块土地长时间地被置于日本统治之下，其地位类似于近代的殖民地。此后，朝鲜半岛上最强盛的国家高句丽和百济交战，百济一度进攻高句丽的首都平壤，高句丽王战死。据《日本书纪》记载，百济王献给日本用谷那铁山的铁制作的“七支刀”②，这七支刀现存于日本石上神宫。看样子日本也参加了这次攻击战争。因为，强大的高句丽想吞并百济，对日本不利，而百济和日本联盟可以有效地对抗敌人。此后，据高句丽王广开土王碑（亦称好大王碑）文记载，日本军队在“辛卯年”(391年）渡海进攻朝鲜半岛，直至“甲辰年”(404年）还和高句丽的军队时有交战。据碑文记载，新罗、百济原是高句丽的属国。但日本渡海破百济，侵占新罗，与《日本书纪》的记载不同。那时称进入朝鲜的日本军队为“倭”，有人认为这个“倭”不一定

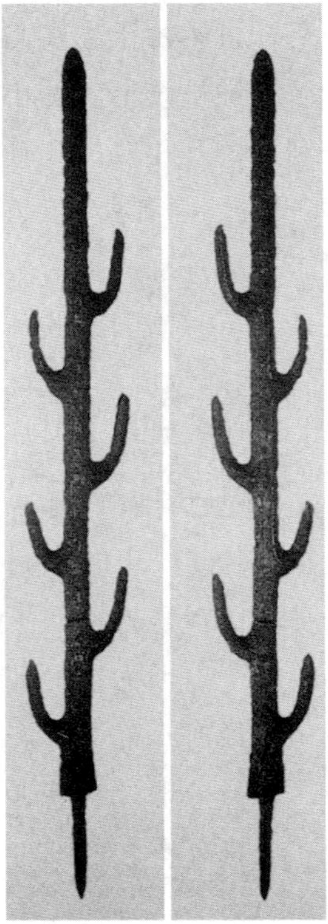

七支刀中的一口
表面（右）和背面（左）

① 任那是否是日本的殖民地，韩国史学家有不同的看法。韩国学者崔锡亨作了广泛的考证，认为任那不是日本的殖民地。

② 七支刀究竟是百济王下赐给日本的，还是供献给日本的，说法不一。

就是所谓的大和朝廷，也许是日本的那些小国。

倭五王与中国

还是中国的史书记载了5世纪时日本的一些政治情况。据南北朝时宋国的史书《宋书·倭国传》说，从公元413年至502年，日本曾有五个王朝贡南朝，请求封号。用中国的称谓，这五王叫赞、珍、济、兴、武。据史学家的研究，济、兴、武三王相当于日本的允恭、安康、雄略三个天皇。而赞和珍是谁还有争论，但赞大体上等于应神、仁德或履中天皇，而珍不是仁德天皇就是反正天皇。

倭五王不断遣使中国讨封，一方面说明倭的五王和卑弥呼、壹与一样希望得到帝国的承认，以此加强自己在国内的地位，另一方面，也可以看出大和朝廷的政治、军事和经济力量的增强。同时他们在和中国交往中能够吸收先进的文化和技术，使自身的实力进一步得到加强。古坟的主人中就有称“大王”的。比如埼玉县稻荷山古坟出土的铁剑铭文写着“获加多支卤大王”，即雄略天皇，这更进一步地表明了皇权的日益强大。而不可忽略的是，日本讨封的目的之一，也包含着国际政治战略，他们需要在中华帝国的国际秩序下，在名义上压倒朝鲜半岛的各国。当然他们部分人达到了目的，济和武被命为“使持节都督倭新罗任那加罗奏韩慕韩六国诸军事”，封号也在不断升级：“安东将军”、“镇东将军”、“征东将军”，但始终没有被册封为王，不像离中国更近、交往更频繁的高句丽和百济的国王都被封了王号。

日本和朝鲜

5世纪中叶，高句丽的力量愈益增强，新罗和百济难以对抗，日本在朝鲜的殖民地任那也反抗日本的统治。日本在朝鲜势力日蹙。475年，高句丽进攻百济，攻陷京城汉城，百济请日本援助，但日本已是有心无力了。于是，百济请日本割四县给百济，日本只好同意。这是日本势力在朝鲜半岛受到的第一次重大打击。

另一方面，新罗的势力强大起来，并采取了南进的军事战略，不断占领任那地域，日本虽然企图挽回颓势，但最终没能成功，丢掉了任那。

日本古代在朝鲜半岛上有块殖民地的历史（虽然现在是有争议的），对日本以后的对外战略产生了重大的影响，不仅历代天皇都想再次进攻朝鲜，就是在近代对日本的大陆政策也并非毫无影响。当然，任何政治、军事的战略都是根据当时的环境和条件制定的，但是，以历史上的往事为根据，可以使这个现实的战略蒙上传统的外衣，获得虚假的正当性，更能蛊惑人心，煽动起沙文主义的野心。

宫廷和权臣

日本在朝鲜半岛势力的消长的原因如同现代的国家一样，是国内的政治状况决定着国际战略，至少大部分是这样。那么这时，日本国内发生了什么呢?大和政权在发展，豪族势力也在发展。这些豪族拥有许多部民和田庄（下文将详述），有直接问鼎王位的力量。于是，王宫里便充满着阴谋诡计、颠覆活动，手足相残司空见惯，就像亨廷顿认为现代南美的政权更迭是以军事政变的方式一样，当时宫廷政变似乎是正常的王位继承方式。由于宫廷政治的封闭性质，更让人觉得那是个血腥的年代。据《古事记》和《日本书纪》记载，履中天皇①(在位期间400—406年）即位时，便和同母兄弟的住吉仲皇子争夺王位，并予以讨伐；安康天皇（在位期间453—456年）在允恭天皇（在位期间412—453年）死后，讨伐了木梨轻太子后才登基。之后又听信谗言，杀了大草香皇子，而自己则被大草香皇子的儿子眉轮王杀死。

这样激烈地残杀，受损失最大的是当时最有权势的葛城氏（下文将详述氏族和品部制），大和政权管理朝鲜半岛事务的大连的大伴氏也因为日本在朝鲜的失败，在6世纪中叶失势。新的实力人物大连的物部氏是伴造②，掌管了军事和刑罚，另一个权臣苏我氏则主管财政。

---

① 天皇的称号那时还没有。根据出土的木简，天皇一词大约出现在天武天皇(在位时间662—671年)至持统天皇（在位时间687—697年）期间。亦有文献记明在推古天皇时期（592—628年）已出现。

② 伴是人的意思，造是统率，即统领人的人。他们是中下层的中央豪族，世袭各品部的首领。

氏姓制度和品部制

6世纪中叶，佛教从百济传到日本。物部氏代表日本传统的原始宗教反对新事物佛教，有些像现代的保守派，而苏我氏和外来移民联合起来，拥护新的宗教。二者势成水火，最终掌握着财政大权，并和皇室联姻的苏我氏获胜。在587年，由苏我氏的首领苏我马子（？—626年）消灭了物部氏的物部守屋，独执朝廷政治之牛耳。

在一个专制政权的国家中很少有来自下面的叛乱，只有上层出现了分裂，地方或下层才会出现动荡甚至暴乱。朝廷激烈的权力之争，使得日本各地叛乱蜂起。朝廷毫不手软地予以镇压，同时在制度上作出重大修改。向各地派出名代①、子代②等部，加强对地方的控制，朝廷也完善了品部制，国家政治体制趋于统一。

读者也许对上面提到的苏我氏、物部氏等名称感到陌生。在这里要讲一下大和国家的政治体制。本来大和政权就是葛城氏、和珥氏等强大的豪族联合起来成立的政权。在这些豪族之下，军事、祭祀、手工业生产等部门都是由一些氏族世袭执掌的（如军事上是大伴氏、物部氏；祭祀是中臣氏、忌部氏；手工业生产是土师氏、镜作氏、锻冶氏等），他们被称作“伴造”。在5世纪后半叶，大和政权的大王在这些伴造的支持下，想压制住葛城氏等大豪族。就建构了大和国家主要政治支配体制的氏姓制度和部民制。

氏就是原来的氏族，是基于血缘或拟制血缘的组织，天皇氏族也是其中之一。每个氏族都有自己的神，叫做氏神。氏族集团的首领（氏上）负责氏神的祭祀，他们在政治上也是氏族的统治者。与此同时，他们利用自己的势力去朝廷做官，是一群能参与朝政的特权阶级，这些进入中央的氏族也叫豪族。朝廷用赐姓的方式给这些氏族（伴造）以社会地位，即“姓”。“姓”原本是氏族集团内部被统治者对统治者的尊称，但朝廷却用于表示各个氏族社会地位的高下，当然是和该氏族是否强大有关。当时朝廷封了许多姓，有臣、连、君、造、直、首等。在姓中地位最高的是臣和连，“臣”主要是大和（今奈良

① 名代是赋予天皇、皇后、皇子名字的部，为皇室私有。一般是从国造统率的民中分出来的，是人的集团单位。在中央政府有舍人部等，大化改新后成为公民。

② 和名代一样，是大化改新前的皇室直属民，是天皇为皇子设立的。

县）盆地及周边的拥有强大势力的豪族，而“连”作为统率特定的职业集团（品部）为朝廷服务。在其中占有领导地位的被叫做大臣、大连。大臣是由葛城、平群、巨势、苏我等氏族担任；大连出自于物部、大伴氏族。而连、造、首是中小氏族。这就是氏姓制度。在这里应该提请读者注意，和中国的所谓“氏以别贵贱，姓以别血缘”不同，日本的姓才是别贵贱的。更需要指出的是，这个“姓”是日本汉字，并非姓名的意思。相当于中国姓名的姓，日本使用的汉字是“苗字”。

在经济上，这些氏族拥有私有土地（大和王权的直辖土地叫做田庄），靠着部曲、族民和奴婢为他们劳动和服务。部曲从事农业或手工业，有为主人赋役的义务，其中包括以职业技能为特点的品部和从事农业生产的私有民。他们是否是奴隶，历来是有争论的，但现在一般认为他们不是奴隶。族民在被剥削上和部曲的地位是同样的，但他们和氏族的首领是有血缘关系的，奴婢是家庭内部的奴隶。这些部曲、族民和奴婢都属于特定的氏族，如今得到了朝廷的首肯，有了法律上的地位。此外，大和政权还将氏族统治的一部分人民指定为御名代、子代，专门为皇室贡纳和服劳役，由朝廷任命的官吏国造① 来统领（国造负责地方上的行政事务，并向朝廷贡纳一部分产品）。这样被编成为大和王权(皇族和豪族）所需的贡纳和劳役服务的人民就叫做部民，这就是部民制。

在部民中有一部分被冠以职业(除农业外的手工业等服务业）名称的部民，叫做品部（过去人们认为品部就是部民的别称，因为品部中也有从事农业的，但一般而言指的是农业以外的部民)，这是个非常有意思的组织，值得一说。上文说过大和朝廷前有伴造，他们统率着叫“伴”的下级官僚世袭分掌朝廷的各项事务，在部民制时期，他们掌管的朝廷事务被编进各种特定的品部。这是因为品部是各种职业集团，如扫部是打扫宫殿的，门部是守卫皇宫大门的，久米部是专门做朝廷警备工作的，中臣部是负责祭祀事务的，还有锦织部、锻冶部等移民的手工业专门技术集团。这样就形成了上有臣、连、伴造，下有品部的金字塔形的统治体制，这就是品部制。据说这一制度是仿效百济的制度，开始时兴起于移民的工匠中，大约形成在 5 世纪下半叶。

① 大化改新前，中央政府任命的地方官，他们的统治方式和伴造相对，管辖的是土地。在 7 世纪前是任命地方豪族来担当的，以此确立中央对地方的统治，同时朝廷给国造以姓。大化改新后被废除，但这些人仍被优先任命为郡司，拥有该国的祭祀权，其社会地位还是很重要的。

品部制分三种类型。第一种类型是贡纳型，有山部、海部、土师部（制造陶器的），贡纳其产品；第二种类型是上番型，就是定期给朝廷出劳役的品部，其中有饲马部、锻冶部等；第三种类型是服务型，有舍人部和膳部等。从整体上说，品部制的发展是从第一个类型向第二个类型演变。

这时的日本政治体制大都是自己创造的，虽然也引进和参照了百济的政治制度。[①] 可以说，大和朝廷的政治体制是相当严密实用的，随着国土的统一，中央的权力也在逐步强化，氏姓制度和部民制就是其明证。如果没有这个政治基础和土壤，我们很难想象能在以后的时代引进中国的中央集权的皇权政治。当然，日本的中央集权政体最终成为有名无实的空架子，但它毕竟实行了相当一段时期，不能不说，中央政府的权力在此期间得到了关键性的加强。

第六节　圣德太子改革与遣隋使

圣德太子和苏我氏

从中国人的眼光来看，日本古代政治的特点应该叫权臣政治[②]，这一特色一直延续到前近代（江户时代）。大概苏我氏就是日本国家最初的权臣。上文提到的苏我马子在除掉了物部守屋后，大权在握，进而于公元592年暗杀了崇峻天皇（在位期间587—592年）。593年即位的是日本历史上第一个女皇推古天皇（在位期间593—628年）。推古天皇和苏我氏有血缘关系，她并不亲自执政，而是让她的外甥当太子，并让他总摄朝政，这就是日本历史上有名的圣德太子（574—622年）。在旧的日本一千日圆纸币上的人像

① 中国的汉魏及唐朝都有隶属于豪强的部曲，其身份比奴婢要高。而在百济的政治机构中，有构成外官、内官的各部组织。所以也有人认为部民制的根源出自中国。

② 日本有学者指出，在后来的摄关政治时期，最终掌握大权的还是天皇，因此，不能高估权臣的势力和影响。但这是相对而言。此外，他们不像中国的太监那样，是皇权的代表，代替皇帝管理某些朝政，而是公开、直接地管理朝政。

就是这位伟大的太子。他和苏我马子合作想建立以天皇为中心的中央集权制国家，并实施了几项政治改革，史称“推古朝改革”。

圣德太子的改革

603年，圣德太子制定了冠位十二阶，即大德、小德、大仁、小仁、大礼、小礼、大信、小信、大义、小义、大智、小智，组成十二位阶，又以紫、青、赤、黄、白、黑各色按浓淡分别为冠，表示位阶和在朝中的地位，但冠位不能世袭。这个冠位十二阶是针对以前日本官吏的世袭制而来的，旨在打破世袭门阀制度。如果个人有功劳和能力可以根据这个制度被登用。但是，最有权势的苏我氏却没有被授予冠位，这说明这种冠位制对旧有的权臣影响并不大，而且也只适用于畿内及其周围地区出生的人。不过，一切事物都要有开端，虽然冠位十二阶收效甚微，但它毕竟为以后仿效中国的律令位阶制开辟了道路。

604年，圣德太子制定了十七条宪法，和今天宪法的意义不同，这是让官僚必须遵守的政治道德和修养，其中有儒家理论，还有佛教和法家、墨家的思想，看起来有些杂乱无章，但这从另一个侧面说明中国文化对日本影响之广泛，也可以看出日本人是如何渴求知识，如何吸收先进文明的。十七条宪法特别强调“国靡二君，民无二主”，为臣者必“背私向公”、“承诏必谨”，和中国的君臣大义没有什么不同，一言以蔽之，就是强调皇权的至尊，让臣下绝对服从君主。这也为以后引进中国的中央集权的皇权政治作了理论和意识形态上的铺垫。从这里我们可以看出圣德太子的改革主要是参照中国的政治理念和

圣德太子

原则。此外，还提出“以和为贵”、“笃敬三宝”等，显然是倡导信仰佛教，并以佛教的理念来教育臣子。

同时，为了从意识形态上加强天皇制，圣德太子又主持编纂了《天皇记》、《国记》等书。据说，神武天皇登基之日正是圣德太子杜撰的。

圣德太子在加强天皇制的中央集权方面作出了他的贡献。他的一系列改革（虽然其效果与其说是制度的巨大变革，不如说是思想上的解放）为日后日本成为一个中央集权的古代天皇制国家迈出了决定性的一步。或许可以说没有他，其后的日本走向是难以确定的。

遣隋使

圣德太子的这个历史功绩是与他学习具有当时世界最先进文明之一的中国分不开的。他是怎么知道中国的事情呢？具体情况不得而知。但他派遣的遣隋使无疑起了最重要的作用。

589年，隋王朝统一中国，日本因中国内战，和中国断绝了一个世纪的外交复活了。据《隋书》和《日本书纪》记载，600年“倭王”曾派遣使者，《日本书纪》也说607年派遣了小野妹子赴隋朝。小野妹子做遣隋使是中日外交关系史上的一件大事，不仅是因为小野实有其人（注意，这个小野妹子的汉字名字往往会让人产生误解，其实他不是女性），而且因为信件中著名的那句话，即《隋书》上说的：“日出处天子致书日没处天子，无恙。”显示出这时的日本因国力强盛，国家意识高涨，有与隋争强，想和中国平起平坐的雄心，而大帝国中国的隋朝皇帝自然是不情愿的。在答复日本的国书中，可能有居高临下的表达，小野妹子担心天皇生气，迁怒于自己，就索性声称将中国的国书丢失了。

但在国家意识提高的同时，日本还是实行着现实的外交政策。其时，日本急欲恢复自己在朝鲜的殖民地任那。实际上，与608年（共两次）、610年、614年的遣隋使相加，日本共六次遣使入隋，除了第三次外，多是和中国交涉朝鲜半岛的外交事务。和以前中日之间的交流不同，遣隋使团来中国的还有留学人员，这是日本国家由官方向中国派遣留学生之始。这些遣隋的留学生回日本时带去了中国的先进文化和现实状况的最新信息，这影响了圣德太子的改革并推动了其后的日本大化改新。

第七节　飞鸟文化

国土统一、中央集权政府的确立，日本在推古朝前后发生了飞跃性的变化，它的文化也像在清明的天空中的鸟一样展翅高飞。这一时期的文化，史称“飞鸟文化”。

飞鸟文化时期是在以推古朝廷为中心点的前后约一百年的时间段内，即6世纪后半叶到7世纪前半叶，其名称的由来是因为舒明天皇的飞鸟冈本宫、皇极天皇的飞鸟盖本宫等主要是建在奈良县的飞鸟地区。

天寿国绣帐（部分）

建筑、雕塑、绘画

在飞鸟地区有飞鸟寺（法兴寺）、四天王寺、法隆寺[①] 等宏伟的大寺庙，有代表飞鸟文化的佛像和绘画。这是日本最早的贵族的佛教文化，寺庙的柱子是

① 据说为圣德太子所建，是世界上现存的最古老的木制建筑。现存有金堂、五重塔、中门、回廊，但是否是当时的建筑，还是在火灾后重建的有争论。

凸肚式的，承衡木呈云形，它源于中国。当时的中国正处于南北朝时代，众所周知，北朝的拓跋魏朝和南朝的梁王朝都是以崇佛闻名的。其佛教艺术中有许多是从印度、中亚学来的。日本的飞鸟文化也是这样，其佛像艺术中有西亚、印度、波斯文化的印记。飞鸟文化中有现存世界最古老的木制建筑法隆寺，里面有传说是止利法师（鞍作鸟，生卒年不详）制作的金铜的释迦三尊像。木制佛像有法隆寺的百济观音像和梦殿救世观音像及广隆寺和中宫寺的半跏思惟像。半跏思惟像据说塑的是弥勒菩萨，那娴静、温和的表情和自然、优雅的姿态和中国南北朝的佛像很相似，实为不可多得的杰作。绘画和工艺品有法隆寺的金花虫[①]佛龛板绘、中宫寺的天寿国绣帐和密陀油画（不是西洋的油画）的金花虫佛龛须弥座绘等精品。

法隆寺五重塔（日本最古老的五重塔）

佛教传入

除了这些物质的文化外，飞鸟文化也指从大陆传入了佛教、儒教和道教等精神思想文化。不论从当时的影响及直至现在也构成日本文化中的重要因素来看，佛教传入日本无疑是最重要的。日本的佛教主要是从朝鲜半岛传入的。据史书记载高句丽的佛教传入是在 372 年，百济的佛教是从中国的东晋传入的，时间为 384 年。佛教进入新罗较晚，大约是在 528 年或 527 年，来自于高句丽。日本的公传佛教是由百济传入的，具体时间有三种说法，一是 538 年，二是 548 年，三是 552 年，这叫做公传年，对此是有争论的。但是，在这之前不能排除民间佛教的传入，在北九州等地可能就有民间传入进来的。佛教内容宏大，并非一个公传就能完全扎根并吸收，它如同大潮一样，一波接着一波涌入

① 也叫吉丁虫，翼翅有色彩，将其取下做装饰。

日本，极大地改变了日本的文化。

任何一种新的宗教并非能和接受它的当地的政治、经济、社会体制等条件完全契合，同时，旧有的宗教势力势必加以抵制。日本和中国一样，也有崇佛、排佛的争论。但不像中国那样，佛教即使在传入后也曾屡遭排挤。这似乎和民众的接受能力没有多大关系，主要是统治者的态度。中国每逢王朝更迭，或者换个皇帝，就能在很大程度上影响佛教的兴衰，而日本所谓的"万世一系"的天皇和贵族们对佛教始终是采取宽容态度的，就是在"乱世"，那些出身低微的武士们也最终接受了佛教，虽然是日本化的朴素的佛教（净土宗）。据传圣德太子就撰写了注释法华经、胜鬘经、维摩经的《三经义疏》。

624 年，日本学习新罗和百济，建立了"僧正、僧都、法头"的制度，为以后"僧纲制"的张本，佛教正在走向被国家承认并有制度保证或约束的方向。

精神变物质，佛教传入日本自然就带来了寺院的兴建和兴盛。出现了寺工、瓦工和画工，建筑技术和艺术取得了长足的进步。工具也有了发展，特别是高句丽的僧人昙徵制作了纸、墨和画具。不言而喻，恐怕没有比这对日本的书法和绘画艺术更大的影响了。

正是因为佛教的不断深入和普及，人们逐渐接受了火葬，古坟的消失和这并非没有关系。而古坟里的陪葬物也变俗为佛了，飞鸟寺的塔心中就发掘出勾玉、管玉、刀子、杏叶形金属饰物等。

儒学传入日本

早在佛教进入日本之前的公元 285 年（也有人认为应是 405 年），百济博士王仁① 就将《论语》、《千字文》带入日本，揭开了日本引进和传播儒学的序幕。在佛教传入日本期间，强大的儒教更不甘示弱。朝鲜半岛的"三国乐"、支乐等传入日本，百济的五经博士段杨尔、高句丽五经博士高安茂、中国五经博士王柳贵等于 513 年后也远渡重洋从百济奔赴日本，像近代基督教的传教士一样宣传儒家思想和以儒家为主的中国学术思想。

① 传说他是从百济赴日的汉高祖的后裔，在 4 世纪末应神天皇时期到了日本，带去《论语》十卷，《千字文》一卷。后其子孙也以书文服务于日本朝廷。

道教的传入

过去有一种说法，日本近代以前的文化几乎都是从中国或大陆输入的，日本人学习、模仿了中国的一切，只有科举制、太监和道教没有被采纳。但是，经学者们通过研究，认为日本不仅引进了道教，而且道教的信仰也曾流传过。602年，从百济去日本的叫观勒（生卒年不详，带去了历书、天文地理书及遁甲方士书）的僧人，他将历法和“方士之书”带入日本。① 和道教有关的采药表演也成了日本宫廷中的庆典之一。历来认为日本原有宗教吸收了佛教的因素逐渐成了日本的神道教。但是，道教和原有的宗教相融合，也是毋庸置疑的。譬如，《日本书纪》中记载的一种常世神信仰和道教也有很深的关系；神道这一名称就是来源于道教；还有人说，连“天皇”这个称呼也是取自于道教中的一尊神祇。其他的道教信仰，如“庚申信仰”等，② 在中国已经失传，但日本如同一个巨大的标本保存室，将这化石般古老的信仰保留在了民间。

园林建造

有了一定的物质基础，人们就更产生了精神的需求。佛教、儒教和道教的接踵而至从一个侧面说明日本的生产力有了巨大的进步。正如飞鸟文化中的世俗文化所表现的那样，至少在日本的上流社会奢靡之风已悄然兴起。这主要表现在园林的建造上。

据《日本书纪》记载，权臣苏我马子在飞鸟川岸边的家中建造庭园，开凿人工湖，在湖中修建岛屿，因此被人称作“岛大臣”。武王曾在宫南之地掘池，栽种杨柳，池中有人工岛，模仿“方丈仙山”。方丈仙山是道教中的说法，这也表明道教对日本上流社会的影响之巨。

---

① 谶纬说也传到日本。其中关于干支年的说法，即60年（甲子或辛酉年）一革命，而21个辛酉年必有最大之事发生等说法也给日本以很大的影响。上文说到神武天皇即位是在公元前660年，就是根据谶纬说，由公元601年向上推21个辛酉年，即1260年所杜撰出来的。

② 日语叫“庚申待”。起源于道教的“守庚申”，是一种禁忌。道教认为若在庚申日的夜晚睡觉的话，人的寿命将会缩短，而谨身不眠，则会消灾祛难。在日本信仰“庚申待”的人们组成了团体“庚申讲”。

1999年1月18日，飞鸟石制物之谜被破解，在推测为飞鸟净御原宫的地方发掘出了大规模的池苑遗迹，有石制喷泉、石制水槽，池中有岛状石堆、探出来的护岸等。

日本的历史和文明就是这样在大陆文明的影响下，一步步地从野蛮走向文明的古代社会。从日本的自然条件来看，它的最主要的特点是相对的孤立，文明的传播比较困难，但是，日本人确实是模仿的天才，同时也是改进和创造的好手。从穴居到古代文明不过几百年的时间，日本至少在上流社会，其文化、文明程度已经不次于东亚的任何地方，其发展速度之快、质量之高是任何一个文明或文化都难以企及的。同时，正因为它的孤立，又促使它能对外来事物进行适合国情的改造，逐渐形成日本自身的特色，就是在今天的日本，模仿和改进乃至创造仍像古代一样在循环重复着。而尤其重要的是我们不能忽视日本人在模仿中的创造，古代的日本文化是这样，今天的日本科技和工业也是如此。让我们看看现在的日本，其发明创造名列世界前茅，又有谁能断言日本人只会模仿不会创造呢？

第二章

天皇集权时期

（公元 646—1192 年）

第一节　大化改新

苏我氏的灭亡

在圣德太子的一系列改革后，日本全面效仿中国的氛围业已形成，但是历史的必然并非那么一帆风顺。圣德太子死后，他的合作者苏我马子没有了制约，越来越走向独裁专制。接替他成为大臣的他的族人苏我虾夷（？—645 年）权势炙手可热，居然在决定推古天皇的皇嗣时，独断专行撤掉了圣德太子的儿子山背大兄王的继承权，拥立田村皇子为天皇，是为舒明天皇（在位时间 629—642 年）。虽然山背大兄王已失势，但依然和朝廷主流派苏我氏抗争，成为反对派的核心。卧榻之旁岂容他人酣睡，643 年，苏我虾夷之子苏我入鹿（？—645 年）在斑鸠宫袭击了山背大兄王，让他的家族自戕灭亡。虾夷成为一个真正的日本统治者，一个无冕之王。据《日本书纪》记载，他在家中举行只有天皇才可以欣赏的八佾之舞，并修建也是只有天皇才能享受的墓葬——双陵，号“大陵、小陵”。日本古代和中国不同，天皇和皇后不葬在一个坟里，而是分葬，当然皇后的墓是在天皇陵墓旁边。这种公然和天皇权威分庭抗礼的做法自然会引起统治集团中的一些人的不满，而且天皇毕竟是神权和世俗权力的结合体，特别是在圣德太子的改革后，天皇的权威有了极大的提高。所以，即使苏我氏势力再大，但想名正言顺地替代天皇的传统权威几乎是不可能的。反苏我氏势力的核心人物是中大兄皇子（626—671 年，后来的天智天皇）和中臣镰足（藤原镰足，614—669 年）。这时留学隋唐两朝的留学生和留学僧高向玄理（？—654 年）、南渊请安（生卒年不详）、僧旻（？—653 年）等回国。他们告诉了人们东亚国际的新形势和隋唐两朝高度完善精密的中央集权的政治制度和构成这一政治制度基础的唐朝律令制以及初唐时中国的强盛状况。当然，当时的唐朝是世界性的帝国，综合国力鲜有其匹，不论在文化、经济、资源等各方面，日本都不能望其项背，加之，圣德太子时的向中国学习的改革也是远远不够的。于是，本来就在朝廷中有一席之地的改革派，在这些留学生和留学僧的宣传鼓动下，试图进一步学习唐朝，再次进行改革，朝廷中求新图变的气氛顿时热烈起来，因此舆论对改革派是有利的。645 年，中大兄皇子和中臣镰足合谋发动政变，利用皇极天皇要在太极殿接见三韩使臣的仪式，诱使苏我入鹿出席，乘机杀了他。苏我入鹿的父亲苏我虾夷听说后，惊慌失措，计无所出，在徘徊转侧之后，第二天纵火焚宅自尽，中大兄皇子就这样夺取了权力。

大化改新

苏我氏垮台后的第二天，中大兄皇子就扶持孝德天皇（在位时间 645—654 年）即位，自己则作为皇太子掌握实权。他立刻开始了改革。当然和任何改革一样，首先要解决人事问题。他组织了新政府，撤销了过去的大臣、大连，设置了最高职位左大臣、右大臣，分别由曾多年在唐朝学习做官的有名的阿倍仲麻吕（698—770 年，未到任）和苏我石川麻吕（？—649 年）担任。又任命有功之臣中臣镰足为内臣，高向玄理、僧旻为国博士，这相当于最高政治顾问，在这些人的谋划下推行改革。接着仿效中国制定年号为大化，并迁都难波（在今大阪地区）长柄丰碕宫（日本古代的改革往往是以迁都为象征）。

646年，即大化二年新政府发布改革诏书，实行新政。诏书内容为首先废除皇室、豪族的私地私民，大夫以上者食封，以下的官员、百姓赐以布帛。其次，划分行政区划，将全国分为畿内七道，建立京师、国、郡、里等功能性地方行政组织；完善军事、交通制度，组织中央集权的全国性行政组织。再次，编制户籍、账目，制定班田收授法，同时确定官马、兵器、仕丁（劳役的一种方式，每50户选所谓正丁两名服劳役）、采女（侍候天皇的宫女，主要是膳食等，由郡司进献）等制度。我们现在看到的这个诏书的内容记载于《日本书纪》上，有许多是后人修改过的（因而有人认为没有诏书），这在日本史学界几成定论。但即使被修改完善过，也不能否认大化改新确实是日本以中国唐朝为摹本的政治经济的大变革。

大化改新是日本古代史上的一次重大变革，天皇制的中央集权国家由此而建立。这说明日本的社会经济有了巨大的发展或变化，天皇氏族的力量已经可以凌驾于所有的氏族之上。当然我们也应该看到这样重大的改革不是一蹴而就的，大化改新的皇权至上和王民制（即将过去的部民制意识改为王民制意识）的思想在推古朝（圣德太子）的改革中已经取得了质的发展，那时的部民制的制度就为王民制（或公民制）打下了坚实的基础，因为部民制是皇权所许可的，也就是说得到皇权的承认才有正统性，所以部民制就很难说是豪族们的私有制了。在这一基础上，律令制下的公民制的建立就顺利得多。如果一个重大的改革没有这样社会制度上的铺垫，那么获得成功的希望微乎其微。加之，佛教在日本传播，统一的宗教已经形成，也就是说至少在日本上层阶级中，在意识形态上起码有了共同的认识。而且唐朝的强有力的大一统政权成为日本仰慕的榜样。这些都构成了大化改新的契机和内容。

大化改新的内容是仿效唐朝的政治经济制度的，但在一些地方还是进行了适合日本国情的改变。这样牵涉各个方面的改革不可能是在一朝一夕完成的，因此在大化改新的时期方面，认为从645年到650年是革新期的说法有失偏颇，应该是到701年大宝律令制定后这一改革才告结束。

日本在朝鲜的失败

齐明天皇（皇极天皇重祚，在位时间655—661年）继孝德天皇（在位时间 645—654 年）即位后，骄奢淫逸，大兴土木，引发了有间皇子的叛乱，最终有间皇子被处死（658 年 11 月）。实际上这为中大兄皇子继位创造了有利的条件。在此之前，中大兄皇子已经消灭了与苏我氏瓜葛很深的异母兄长古人大兄皇子（？—645 年）。

国内不稳定，国际上也有危机，新罗在 660 年反抗百济的压迫，和唐朝联盟灭了百济。百济遗臣鬼室福信等求助于日本，日本派出大军增援，但 663 年在锦江河口的白村江（今锦江口）被唐朝和新罗联军打得大败，不得不从朝鲜半岛撤军。668 年，新罗灭了高句丽统一了朝鲜半岛。中大兄皇子十分恐惧，在对马、壹岐、筑紫布置了所谓防人（防守海岸的部队）和烽火台，在大宰府以北修筑水城以抵御中国唐朝和新罗可能的攻击。667 年又迁都近江大津宫，翌年，他正式即位做了天皇，是为天智天皇（在位期间 662—671 年，668 年前没有正式即位）。天皇制定了近江令，编制成了全国性规模的户籍（庚午年籍）。大化改新推行的改革在稳步前进。

壬申之乱

这在日本古代史上是一次著名的内乱。敌对双方是大海人皇子和大友皇子。本来，天智天皇将大海人皇子（？—686 年）封为皇太弟，但大友皇子（648—672 年）长大成人后，天智天皇又想将皇位传给大友皇子，任命他为太政大臣，这是类似于我国古代宰相一级的高官。大海人皇子为避祸隐居在叫吉野（奈良县南部的山区）的地方。671 年，天智天皇辞世，两皇子的皇位之争不可避免地爆发了。672 年，大海人皇子偷偷离开吉野到了美浓（美浓国，今岐阜县南部），在那里设立了大本营。他在伊势、尾张、美浓等地的地方豪族的支持下，征募东国之兵。在这里请读者记住东国这一地域名称。东国是指从畿内看的本州东部地方，期间地域概念多有变化，大概相当于除了北陆（北陆道，日本古代的五畿七道之一，相当于现在的本州中部和近畿地方的沿海一带）之外的中部、关东地区。由于经济发展不平衡，社会结构的差异，这一地区在日本历史上总是和以京都为中心的西部地区相抗衡，在政治和军事上争夺着实权。大和地方的大伴氏、坂上氏等豪族也倾向于大海人皇子。两个皇子在各地展开激战，最后近江朝廷军队在濑田战败，大友皇子自尽身亡，壬申之乱结束。

位阶制

大海人皇子成为天武天皇（在位时间 671—686 年）后，沿袭天智天皇的路线政策，不过，他不设左右大臣，大权独揽。他重用皇族（被称之为皇亲政治），确立天皇的无上权威。这是因为在壬申之乱中畿内的大豪族们没落下去，而支持天皇的中下级豪族们成长了起来。在天武天皇强有力的领导下，大化改新以来仿效唐朝制度的诸项改革加速进行，强大的豪族支配的部曲、山野被强迫为国家所有，对逃避课役的人们穷追不舍，致力于公地公民制的建立。

684 年，制定了真人、朝臣、宿祢、忌寸、道师、臣、连、稻置等八色姓，这是从姓的政治身份、地位及在“壬申之乱”中立的功劳出发，将过去的姓的身份秩序重新加以改造，成了以天皇为中心的等级制。第二年，又制定了新的位阶制，诸王为十二阶，诸臣为四十八阶，皇族显然要高人一等。天武天皇又制定了飞鸟净御原律令，并开始试图编纂《古事记》（720 年成书）、《日本书纪》（712 年成书）等史书，虽然如上文所述，《日本书纪》不是可靠的史书，而且是为天皇正统张目，但在文化的发展上还是有一定意义的。

天武天皇是个有作为的皇帝，他有明确的政治目标，即建立以天皇为中心的中央集权的国家，这当然是仿效唐朝的，而在日本与中国迥异的政治、经济和社会条件下，是很难做到这一点的。但天武天皇凭借地方中央和豪族的支持，采取了一系列的措施，终于奠定了古代天皇制国家体制的基础。

天武天皇去世后，由皇后继任，即持统天皇（在位时间 687—697 年），她对天武天皇的政策是萧规曹随，689 年，实施飞鸟净御原令，制定户籍，692 年进行口分田的班给等，为加强天皇和朝廷的权威，天皇在大和三山围绕的地方模仿唐朝都城修建了宏伟的藤原京，并于 694 年迁都。

在这两代天皇的励精图治下，以律令制为基础的日本古代的天皇国家的建立基本完成。

第二节　古代天皇制的建立

日本古代天皇制是和近代天皇制性质截然不同的政体，所谓“万世一系”，不过是天皇家族的血缘继承（这个血缘也有人为的痕迹，据学术界研究，天皇家族的血缘曾中断过三次），其实和政治制度无关。但有些人为了宣扬天皇制的权威性，将“万世一系”变成一个政治概念，这是不对的。古代天皇制的基础一言以蔽之就是律令制。这是从中国唐朝引进的制度，目的是建立与唐朝同样的以皇帝为中心的中央集权专制制度。现在我们看中国的这一制度在国情完全不同的日本如何建立又如何衰落及至名存实亡，是很有启示的。同时，也从一个侧面看出日本在移植先进文明时所做的不懈努力。

律 令 制

这个制度的最高法是刑部亲王、藤原不比等（659—720 年）等人在 701 年（大宝元年）制定的“大宝律令”和在 718 年（养老二年）由不比等等人在“大宝律令”的基础上稍加修改而成的“养老律令”，并在 757 年(天平宝字元年)实施。它是模仿唐朝的永徽律令和垂拱格式（为修改律令而临时发布的诏敕和官符，称为格；律令和格的施行细目称为式）的，但唐朝是当时世界上最先进的文明国度，幅员辽阔，人口众多，需要大量的官员和严密的国家组织，这对相对贫穷弱小的日本来说是没有能力接受的。于是，日本人在这个基础上进行了某些修改和变通，将大化改新前的一些惯例和制度吸收了进去，把那些归属于豪族大姓的部民制机构也变成了官僚制下的基层机构。地方豪族的地位和特权虽然有所削弱，并且确实与中央官僚和中央贵族的地位权力差距甚大，但也没有彻底取消，他们的权力有点儿像现在某些亚洲国家中的部族酋长。当然我们也应当牢记一点，就是大化以前的日本政治制度也是大部分来自于中国的，不过和日本的国情结合起来并变化了。此外，在中国唐朝皇帝是至高无上的，科举制使得贵族们的特权被限制，寒门子弟也能当上高官，从而使皇权更加强大（不过即使如此，在元代以前贵族们还是相当有实力的）。但日本在学习中国时，虽然是尽数照搬，但也有两种制度或事物没有模仿，一是太监，二是科举。它的中央贵族的世袭特权在法律上和律令制以外的官制上① 被承认，并且在官职、位阶和封禄方面受到相当的优待。这自然就会和皇权至上的封建官僚制度产生矛盾，而这也是律令制在日本最终消亡的一个重要原因。

律令制的内容是律令格式，所谓律是“以惩肃为宗”，即法律，令则是“以劝诫为本”，是道德上的约束。格是“量时立制”，式为“拾遗补阙”。这里可以看出教化与法治并行的中国儒法两家结合的政治理念。而体现教化理念的具体人物莫过于太政大臣了。职员令规定太政大臣的人选必须是天子师范，“四海之仪形”的有德之人，“经邦论道，调和阴阳”，如果没有这样的人宁愿空缺，因此太政大臣也被称为“则阙之官”。这是重视道德教化的儒家思想的体现，同时，律令制也侧重礼仪秩序，以确定身份等级的差别。但是，这种中国社会的产物用在日本就显得有些勉强了。

律令制下的官制

在国家政治的具体运作上，参与最高决策的是太政大臣和左大臣、右大臣和四个大纳言，由他们商议决定政策和实施方法。715 年，大纳言改为两人，其他由三个中纳言来顶替。702 年设立的参议，即参议朝政的官职，没有定编。中纳言、参议都是令外之官，是议政之官。这些人是由传统的有名望的氏族为代表，一个氏族选一个，这两套官制就是新与旧融合的结果。而藤原不比等则任右大臣，统率政务，这样一来，藤原氏就有两个人参与政权，因此在平安时代藤原氏比其他氏族要占有优势。

中央政府的机构由神祇和太政官府组成。太政官府下属有左右弁官两个机构，左弁官有中务（管理诏书的起草和担任侍从）、式部（管理文官的人事和学问等事宜）、治部（管理贵族、僧尼的身份及外交）、民部（管理户籍和租税）；右弁官有兵部（管理武官的人事和军事）、刑部（管理审判和监狱等）、大藏（管理财政的出纳和物价等）、宫内（管理宫中事务）等共八省。其他的独立机构

① 即不属于律令制中规定的官职，后文的关白、摄政就是其典型的例子。

有监察机关的弹正台和军事警察部门的卫门、左右卫士、左右兵卫等五府。这太政官府相当于唐制的尚书省，尚书省有六部，而太政官府有八省。在唐朝，与尚书省同级的中书省在日本变成了附属于太政官府的中务省。在唐朝，中书省是直属皇帝的秘书官府，证明天子的权威至高无上，但在日本却进行了修改，虽然日本让中务省长官在级别上高于其他省的同僚，但却没有什么实权。这微小的差别映射出日本和中国的皇权之间微妙的差异。

在令中，将神祇官府放在太政官府之前，似乎显示出神权的强大，其实不然，神祇官府不仅规模比太政官府小，而且官府之长神祇官伯的官品不过是从四位，比大纳言的正三位都低。

弹正台完全是模仿唐朝的，是独立的监察机关，但是很快便衰落了，取而代之的是从 9 世纪开始设置的检非违使，但不过只是行使其一部分权限。

五卫府是天皇的御林军，其中卫门府是继承了大化前期大伴氏率领的韧负部的宫门守卫、禁卫，左右兵卫府是国造、郡领的子弟当天皇的近侍，起护卫作用。左右卫士府是从公民中征兵来的军团士兵中选拔出来的卫士，担负着宫城内的守卫和天皇行幸的护卫。

属于令外官府的中卫府设于 728 年，765 年又设近卫府。这都是天皇的亲卫军，比其他五卫府要更受重视，807 年被改编为左右近卫府，其首脑左右近卫大将后来是武官中的最高级别。808 年废除卫门府，合并为左右卫士府，811 年左右卫士府改为左右卫门府。后来这些武官由著名的日本武士担任。现在人们从日本人的名字中常可以看到叫“兵卫”、“左卫门”、“右卫门”的人，这就是以官职作为名字的遗留。

和现代的职位与级别不一定符合，古代日本的官职和官位有固定的连带关系，每个官职都有固定的位。在皇族四阶、臣下三十阶中，[①] 有正一位到从八位及初位等不同等级差异，五位以上的是根据天皇的敕命叙官，叫敕任官，六位到八位是根据太政官的上奏叙职的官，叫奏任官，初位是由太政官裁量的官，叫判任官。三位以上被称作“公卿”，一般而言，五位以上就是贵族。直到近代的明治时期，天皇的宫中座次还是沿袭位阶的等级差别。官职化的位阶不仅是名义上的身份等级，也有其现实的利益，根据位阶官职的大小可以得到

① 详细说来，皇族（亲王）有一到四品四个等级；臣子有从一位到初位的九位，其中从一位到三位有正、从，从四位到八位有正、从、上、下，初位有大、小、上、下，加起来共 30 个等级。此外，正五位以下还有内位和外位的区别。

位田、职田、位封、职封、位禄、季禄的封禄和“资人”、“事力”等劳动力。而三位以上被称作“贵”，其封禄十分优厚，六位以下则封禄甚少。

律令制下的官衙都是由四等官制构成，官僚的职阶制、选才的考选制由有体系的实定法来进行行政运作。还有完善的户籍制度，地方行政区划的国、郡、乡、里制，传递邮件的驿传制、条理制[①]等。古代日本国家的管理几乎和我国唐朝一样是相当规范的。

但在考选官吏时，日本是重视门第的，贵族有荫子制，享有特权。而官衙下面的基层组织中还有伴部、品部、杂户制，虽然都是大化前期遗留下来的部民制的残余，但这是现实的需要，因为这些部民有专门技术，给皇族和贵族们生产礼仪用品、奢侈品等等。

律令制下的地方制度

上面讲的是律令制下的中央政府的组织机构的构成。在地方制度上，和中国一样也没有司法官，行政长官行使司法权力。最下级行使司法权的地方长官是郡司，其上是国司，这和刚大化改新后建立的制度不同，那时地方行政长官没有司法审判的权力。在司法审判中，首都的京职和诸司等有下级审判权，刑部省是诸司、诸国的上级审判部门，太政官府是国司、刑部省、大宰府、摄津职[②]等的上级审判部门，如果不服裁决可经过中务省向天皇申诉。天皇是最高的审判官。后来庄园制发展了，大庄园有不输不入[③]的特权，同时也有了审判权，于是代表中央政府的地方官和这些地方势力常为司法权产生矛盾和斗争。

---

① 是一种土地的区划。将一边约654米的正方形土地作为一里或者一坊，以此作为郡或几个郡的单位，从南北数叫一条、二条，从东西数叫一里、二里。里中还划分坪或沟。以此能清楚地表示土地或住址的所在地。

② 摄津职是掌管摄津国（今大阪府、兵库县的一部分，为五畿内之一）内政的地方官，和其他地方的国司相同。因摄津国从古代就设置了难波官，是外交上的重地，因此这里的地方官是准京官。平安迁都后，难波官被废除，793年摄津职也被废除。

③ 庄园贵族享有不向国家缴租（不输）、不让国家官吏进入庄园（不入）的特权，从而瓦解了以公地公民为基础的律令制下的班田制。

基层官僚中的郡司优先任用原来的国造[①]，这和中央重用传统贵族的性质是一样的，国造都是地方上的名门大族。他们是终身制，有职田。其中大领六町[②]、少领四町，主政、主帐各两町。奈良中期以后，他们积聚了庞大的财富，平安时代，很多郡司率领百姓反抗国司。但是，即便如此郡司也没有形成气候，因为他们的权力小，门第也不显赫，而后来日本社会的中坚力量的武士都是中央的名门贵族的后裔。从这一点来说，在重视门第出身这一点上，日本的社会政治制度和我国元朝以前是很相像的。

国司在地方上有行政、司法等广泛的权力，类似于我国明清时的封疆大吏。他们工作的好坏关系到国家的兴衰，并且他们在地方上拥有的莫大权力使中央政府不得不对他们的行为十分注意。此外，他们也是关系到中央权力是否牢固、行之有效的关键人物。因此，国司都是从中央选拔的有德行的人才，送到地方上。他们的任期开始时是六年，后来大体上是四年。他们的职田比郡司要少（大国的是二町六段），但有替他们耕种的劳役，还有耕种空闲地的权利，比京官待遇要好，因此后来国司的官位纯粹成为中央贵族们获利的工具。

班田制和租庸调

任何政权都要有经济基础做支持，律令制的日本中央集权国家，自然要有与以前截然不同的经济制度。土地被公有化，然后作为口分田再分配给所谓公民，这就是班田收授制。即六年一次将土地班给老百姓。六岁以上的良民、官户、官奴婢的男子每人两段，女子是其 2/ 3；家人、私人奴婢是良民男女的 1/ 3。这是仿照唐朝的土地制度的，但和唐朝不同，不负担庸调的妇女、儿童和老人也给口分田，这也是为了适合日本国情做的一点修改。在 792 年班田班给的数量不够，把给良男的班田班完后，剩下的再给良女，给奴婢的干脆就废除了。而奴婢大约占全部人口的 5%—10%，可见占有的口分田绝非小数。但在 10 世纪初，奴婢的法的身份被废除了。

---

① 上文说过，国造是大化改新前的地方官职，任用自古以来的地方豪族，并赐予臣、君、公、连等姓，实际上起到了加强中央集权的作用。虽然大化改新予以废除，但其势力仍在。

② 町，町步的简称。日本丈量土地、山林面积的单位，约合 99.2 公亩，即 9918 平方米。一町分为十段（亦称反）。

当时，据估算日本人口大约在500—600万人左右，农田的总面积约为100万町步，其中口分田大约86—100万町步，乘田(公田）约14—16万町步，按复杂的计算，口分田的租子大约占收获量的5%左右。这在丰收或平常的年景下，农民是承受得起的，但当时生产力低下，遇到荒年饿死人并不罕见。因为当时运输工具落后，粮食很难运到灾区。于是政府便设置了义仓，储存的粮食叫“义仓谷”，这是用附加税一样的形式从农民手里征来的，后来政府在708年又创设了称为不动仓的用于救灾的粮仓，在全国很多郡衙所在地都有这种粮仓。其中存储的叫“不动谷”的数量是30年的租子，按租子为3%计算，就是大约一年收成的90%左右。这应该说是很充足的赈灾粮了。但是从8世纪到9世纪，政府大兴土木，特别是大修寺院，如各地的国分寺[①]。此外还有长冈京、平安京的京城建设，这比今天中国修建楼堂馆所还要严重，不仅支出浩大，而且没有任何经济效益(有人认为封建社会和资本主义社会的一个区别，就是封建社会将钱都投入到没有任何经济回报的事业上去了)。在做无谓的工程的同时，政府还在征讨虾夷的战争上花费了巨大的军事费用。这还不算，宫廷贵族的生活也越来越奢侈，于是就动用了不动谷。地方官员也是腐败透顶，经常盗用不动谷，为了消灭罪证便放火烧仓，名之为“神火”。这样到9世纪中叶，不动谷变得有名无实，政府财政业已枯竭。

租不过是百姓负担的一种，另外还有“庸”和“调”。负担这两项课役的人叫“课口”。课口分正丁（21—60岁的男子)、次丁（61—65岁的男子)、中男（17—20岁的男子)。庸是给政府出劳役，正丁在一年中出10天，次丁是5天，中男和京畿的课丁名义上被免除庸，但实际上要做雇役（强制雇用）或杂徭。代替服劳役的是上缴麻布，正丁是2丈6尺布，次丁减半。706年政府将庸减少了一半，大宰府[②]管内全免，此外在使用劳役时，如果超过时间满30天，租调全免，但不许超过40天。

“调”分田调和户调，前者是缴纳土特产，以绢、粗绸、丝、绵为主，只缴纳其中的一种，后者缴纳布。如果缴纳绢、粗绸时，正丁一人缴8尺5寸，

① 奈良、平安时代在各国设立的官寺，有僧寺和尼寺，合称国分二寺。是7世纪以后，日本国家推进以祈祷来保证国家安宁的佛教政策的结果。

② 大宰府是在律令制下设置的官府，地点在福冈县的大宰府町，主管对外交涉、对外防御及九州的行政。本来按律令制的原则，地方政府为中央政府直辖，但对九州，却在中央政府和国之间特意设立大宰府，以示中央对外交等的重视。

六个人正好是一匹(长5丈1尺，宽2尺2寸)，根据地方不同也有缴纳铁、锹、盐、水产品等。还必须缴纳调的附属产品（附加税）的手工艺品等等。次丁缴纳的数额是正丁的一半，中男再减半。同样，京畿是受优待的，课口只缴纳地方的一半，缴纳的是调布。706年，京畿停止了按人征收调，改为按户征收。

调和庸原则上是运到京城，供上层使用，而运费也要由缴纳者负担。

在租庸调之外，政府还有乘田（公田）的收入。将公田租给公民，其租子叫地子，地子都使用精米，用于太政官府的口粮和费用，地子是收获量的20%，计算下来有18万石之多。

地方租税

上面就是中央政府的财政来源，而地方财政靠的只有租。租征收上来后被地方直接使用。租可分为三块，一是大税，二是粮谷（即上述的不动谷），三是郡稻。奈良中期以后，大税被称为正税，和各郡的郡稻一起使用，使用的大税和郡稻贷给百姓，收取利息作为地方财政的经费。大税以谷物为主，郡稻以颖稻为主，而正税的利息稻谷有超过地租的，因为贷出而有了丰厚的积蓄。郡稻除了地方上的政治费用外，还用来购买当地特产进贡给朝廷。734年以后正税和郡稻混合使用，这是因为朝廷的奢侈生活，需要地方大量的进贡，而地方财政收入光靠郡稻难以维持，只好用起了正税。

贷出正税最初是为了救济在春天时吃完了去年的粮食，连种子都没有的贫苦农民，但在大化前期豪族已经利用这种救济收取利息，名之为“贷稻”。如今国家将这视为强大的财源，有时在夏季也贷出，但夏天不种粮食，可能是没有粮食的农民将这作为食粮。令制中以杂令定公私贷给之法，稻粟的公贷给要收取五成的利息稻谷。722年为了民生大计，政府将利息额减到三成，这似乎是暂时性的，到了奈良时期又恢复到五成，795年朝廷再次下令减到三成。此外，法律规定私人贷给的利息不得超过十成，而私人贷给是使百姓困苦的主要原因之一，所以在711年，政府命令私人贷给利息不得超过五成，当然这肯定是因为有人阳奉阴违，如果不是这样的话，朝廷也不会屡次发出禁令。

在一级行政区划的“国”中有行政首脑国司的公廨稻，将公廨稻贷出收取的利息作为官员的俸禄和官衙的费用。大国的公廨稻为40万束（十把稻子为一束），上国30万束，中国20万束，下国10万束，这是从正税中分出来出贷的。而这些利息是作为国司俸禄，关系到他们的切身利益，所以国司们对出贷十分积极，而民众却为支付正税的利息压得喘不过气来。正税的出贷是按国内的课丁估计其贫富来进行的，这是一条原则。但后来按耕地数量以每段（也称反。面积单位，约合10公亩）五束的数量来强制借贷，名为“班举”。没有必要借贷的百姓也要支付利息，结果就从对人的税收变为对土地的税收了。从朝廷来看，这也是没有办法的事，因为户籍虚假，课丁的话是收不到预想得到的钱，所以就用容易掌握的土地面积来收税，以取得利益。从另一方面讲，这样做对拥有土地，特别是占有土地较多的农民是不利的。

力　役

正役的庸是对中央政府服的劳役，而在地方也有国司需要的劳役，这就是杂徭制。杂徭是一年不超过60天的劳役，由课丁来完成。60天是个很长的时间（是否占用农忙时间不得而知），所以对课丁来说是沉重的负担。有些日本历史学家因此认为当时农民的地位应该是农奴。

在这沉重的力役中，最苦的是往京师搬运调庸或精米的脚夫，他们除去背负产品外，还要自备路上的干粮，道路条件可以想见是很不好走的，也没有住宿休息的地方，由于饥饿和长途跋涉的疲劳，不少脚夫就死在路上。著名的僧侣行基等人在街道上修建了叫布施屋的小旅店，供这些疲惫不堪的脚夫使用，也算是一件了不起的善举。

在劳役中还有雇役，雇役是徭役不足时使用的，除了食粮外原则上以庸布支付工钱。雇役不得使役50天以上，农忙时不得超过30天。雇役一半是在京师兴建大工程时使用，如在修建难波京时，就使用了雇役。

课役中除了劳役外还有最苛酷的兵役。士兵是在一户的正丁中三抽一，一般以一千人编成一个军团，粮食、装备均自理。此外，还要在士兵中选出一年当值的卫士，三年当值的防人。这对百姓来说简直是场灾难。

日本古代天皇制国家的经济基础就是靠以上的租庸调和各种杂役支撑着的。老百姓的生活可以说是相当贫困、严酷的，他们用艰辛的劳动养活着宫廷和地方上的贵族。而朝廷过大的工程开支和贵族骄奢淫逸的生活及各级官吏的腐败更加重了农民的负担，也加速了律令制的崩溃，这一点在后面我们将会详细讲到。

第三节　奈良时期与唐风文化

白凤文化

学习唐朝，建立律令制是日本史上一桩前无古人的改革，阻力之大是可想而知的，但充满了朝气，想改变日本落后面貌的改革派终于取得了胜利。他们在引进唐朝的政治制度和经济体制的同时，也在文化上向往并学习着唐朝。683—707 年（期间有天武、持统、文武等天皇在位），这段时期被称作“白凤文化时期”①。

高松冢古坟的壁画（白凤时代）

白凤文化主要是摄取初唐的文化成果，由于当时日本国家正处于上升时期，改革派的贵族们对前途充满信心，因此在美术或文学方面都透出刚健、大胆的风格。在建筑上有药师寺②的三重塔，造型别致、生动，充分反映了初唐的建筑艺术。在雕刻艺术上有同寺的药师三尊像和圣观音像，还有兴福寺的佛头。美术作品有法隆寺金堂的壁画和高松冢古坟的壁画，手法灵活圆熟，一改飞鸟时代的古朴稚拙，这些美术作品不光是唐朝的影响，其源流在印度。

① 白凤是后人传说的天武天皇时代的年号，事实上根本没有这个年号。

② 药师寺先建在飞鸟，后迁都平城京，又在平城京修建了药师寺，今位于奈良的西京。三重塔和本尊的药师三尊像据认为是从飞鸟迁来的，但也有人认为是新建的。

汉诗有了进一步发展，受其影响创立了五七调的长歌和31音节的短歌（长歌、短歌统称和歌）。这是了不起的文学体裁的创造，其后和歌不仅成为日本文化的代表，而且至今日本撰写和歌的还大有人在。其长歌的代表人物是柿本人麻吕（？—707年？）。

东大寺和寺内大佛

天平文化

古代天皇制国家体制确立后，天皇在权臣藤原不比等的鼓动下决定迁都奈良，即所谓的平城京，这时产生的文化就是所谓的天平文化。① 天平文化是朝廷贵族的文化，其内容主要是佛教和与佛教密切相关的艺术，甚为辉煌。同时，这一时期在日本古代文学的发展史上也是值得瞩目的时期。

四天王立像

《万叶集》和《怀风藻》

《万叶集》是诗歌集，收录了短歌、长歌约4500首，除了有著名歌人柿本人麻吕（生卒年不详）、山部赤人（生卒年不详）、山上忆良（660？—733年？）、大伴旅人（665—731年）、大伴家持（718？—785年）的作品外，

① 天平是圣武天皇所用的年号之一（公元724年圣武天皇的年号为神龟，729年改元天平，直到圣武天皇于749年让位止）。天平文化即指天平年间（729—749年）前后极为繁荣的奈良时代（日本以奈良为都的时期，710—784年）的文化。

上至天皇下至农民歌咏的和歌也被收了进来（日本的天皇不像中国的皇帝那样“尊贵”，他们也经常歌咏、写作一些乡俚小曲）。高雅与纯朴并存，欢乐和悲伤共融。此外，还收有用东国方言歌咏的东歌，去九州边防的防人的歌等。值得注意的是，虽然天平文化的主流是唐风文化，但《万叶集》却是日本的“土产”，这难道不意味着日本独自的文化已经有了底蕴吗？

与此相对的是《怀风藻》。这是日本最古老的汉诗（中国古代的诗）诗集。自天智天皇以来，汉诗在日本非常兴盛，不过这只限于那些有高雅修养的贵族们。这部诗集就收录了从那时以来贵族们创作的汉诗。其风格受中国南北朝和唐朝诗歌的影响。

佛教的发展

在飞鸟文化时代以后，佛教在日本扎下了根。圣武天皇（在位期间 729—749 年）在公元 740 年在河内的知识寺拜卢舍那佛时许下建造大佛的宏愿。圣武天皇的想法由来已久，他先让各国造释迦三尊像，抄写“大般若经”，然后再让各国建造金光明寺、法华寺，在奈良建造了著名的东大寺。他的目的是让佛教成为镇护国家的宗教。同时，在“养老律令”中有“僧尼令”，将本来由佛教团体管理的戒律以国家法制的形式管理，基于信仰的剃度也要由国家进行公验，佛教完全成为国教。而全国上下都信仰同一个宗教，无疑至少在文化领域会对维护中央集权的体制起到很大的作用。如同天皇要高于地方官一样，所以圣武天皇发了愿，要修建最雄伟与最精致的寺庙和佛像。

在这修建庙宇的热潮中，留下很多壮丽的寺院，如东大寺法华堂、唐招提寺金堂等建筑都堪称建筑中的杰作。此外用校仓造① 式样的东大寺正仓院也是很有名的。佛像除了金铜像和木像以外，还有干漆像② 和塑像等。其中东大寺戒坛院的四天王像，造型威猛生动，栩栩如生。此外，东大寺的执金刚神像、日光菩萨像、月光菩萨像，兴福寺的阿修罗像等都是精品。

① 用原始的方法，不用柱子，将木材堆积而成，用于仓库的建造。

② 干漆像是以漆为原材料的雕像，有两种制作方法。一为脱活干漆，以土为原型，唐招提寺的鉴真像是其代表作；二为木芯干漆，以木为原型，法隆寺的“六观音”像就是用的这种技法。这是从唐朝学来的技术，但费用昂贵，后来就不常用了。

除了这些硬件外，佛学研究有了长足的发展，形成了三论宗、成实宗、法相宗、俱舍宗、华严宗、律宗等所谓南都六宗。众所周知，佛学在古代的学术中是很深奥的学问，日本能在短期间内形成学派，当然一方面是受中国佛学的影响，另一方面也说明了日本文化在这一期间质的飞速发展。

在这国家佛教的发展过程中，也有作为个人信仰与其对抗的。著名僧侣行基（668—749 年）就是其中有名的一个。他一生中修建了“行基四十九院”，其经费都是靠他人的布施。他在自己建造的布施屋中救助了不少运送“调”的脚夫，让他们作为建寺的劳动力，另外，由于他是高僧，所以有不少崇拜者，其中有私度僧和归化人等有技术的团体，他们一道修建了灌溉用的池塘和沟渠，这对那些正逐渐将公田转为私田的地方官员和豪族是有利的。而他又靠着这些豪族和建寺人的布施来修建庙宇。

但是，即使国家将佛教作为国教，但这只是文化人类学中所说的“大文化”（或者称“精英文化”），与此相对的“小文化”（或者称“世俗文化”），即下层人民的文化又是怎样的呢？显然，大多数民众开始并没有将佛教作为自己的信仰。而使民众接受佛教是通过由归化人的豪族所领导的民间运动才得以实现的。这是由高僧道昭（629—700 年）[①]、行基、万福等人的活动肇始，从而形成了民间的佛教运动，对这一运动作出贡献的还有经他们宣传而私度出家的僧侣们。这些所谓的私度僧中有很多人去山林修行，他们所进行的是苦行。然后他们回到民间，一面请求布施，一面宣传佛教。和一切宗教宣传一样，都是从实用的看病等开始的。本来日本的原始信仰中就有把山神降到人间看作是吉利的传统，私度僧巧妙地利用了这一点，将民众组织起来。不久以这些私度僧为主靠布施在村里建起佛堂，展开了造佛写经、放生架桥的慈善活动，同时也产生了在家信徒（中国称“居士”）。

私度僧的这一活动当然不会被想将佛教信仰纳入国家管理并起到维护天皇政权作用的朝廷所允许，政府以“僧尼令”压制这些活动。这在《日本灵异记》一书中多有记述。虽然这是本佛教的说话集，但近年的考古发掘和研究表明书中很多记录有极高的史料价值。

① 法相宗之祖，行基之师。653 年赴唐朝，师事高僧玄奘。660 年回日本，讲唯识学。

传统宗教

在天平文化中除了佛教信仰的兴盛，民间还信仰着日本传统的宗教。和其他民族一样，进入农耕社会的日本也信仰对农业生产影响最大的自然的力量，就是崇拜太阳和雨。弥生时代从中国传入的铜镜就被作为太阳的象征而加以祭祀。氏族的神话形成后，虽然将神赋予了人格和人的名字，但原始信仰依然如旧。天照大神就具有太阳神的性质。相信太阳向水稻求婚，于是产下了他们的孩子，就是稻谷，信仰这种说法的人们在冬天进行给太阳以元气的祭祀活动，这就是日本著名的春祭的起源。在雨水不足的年头，就举行祈雨的仪式，其祭祀对象是分水岭的水分神社或祭祀河流的丹生川上神社。卑弥呼以来的大王、天皇具有雨师的性质，因此他们要向名山大川祈雨，向水神供奉红色和黑色的马，民众也制造土马在山丘或河边祈雨。就像我国祭祀龙王一样。

在天皇有着祭祀权的时代，国家管理着神祇。天皇一方面掌握着佛教，另一方面又是传统信仰的主体，这自然对神佛合一创造了极其有利的条件。再者，日本的传统信仰认为疫病等灾害可以附着人体，要进行祓除，他们做了不让魔鬼缠住新生儿的叫做天儿的东西，由此也产生了对污秽之物的厌恶，进而发展到对污秽的禁忌。这和佛教的戒律是很容易结合的，后来就由此出现了修验道①。

美术、音乐

雕塑和绘画是不可分的，在佛像艺术发展的同时，绘画在这一时期也有了质的飞跃，其中药师寺的吉祥天画像和正仓院的鸟毛立女屏风都是扬名百代的传世之作。

在音乐方面除了过去传入的新罗、百济、高句丽等朝鲜半岛的音乐外，

① 具体而言是日本原始的山岳信仰和佛教密宗相结合的宗教。信徒登山修行，体会咒语的力量，再做加持（念咒）祈祷。在日本的民间信仰中属于影响较大的一种。

唐乐[①]、渤海乐、林邑乐[②]都传入日本，在朝廷和寺庙里演奏。精通这些技艺的波斯人、印度人也到日本。一个封闭的、落后的岛国在不断学习外国，并且进行了改革之后，面貌大大改观，其文化也蒙上了世界性的光环。

乐器、玻璃、纺织品

接受与佛教相关的艺术也取得了惊人的发展。现在日本东大寺的正仓院收藏着一万多件文物，是世界艺术文化的宝库。这里面有许多是渡来人（海外移民）带来的，其中乐器尤其引人注目。

保存的琵琶中有中国文献中记述的“螺钿紫檀五弦琵琶”，保存完好，没有一点破损。琵琶源于印度，所以上面画着骑骆驼的胡人。还有波斯的四弦琵琶，式样具有西亚典型的特征，即骑马狩猎图。此外，还有以我国南北朝时的艺术手法画的骑象的乐人像。在弦乐器中有月琴、和琴、新罗琴、七弦琴等，其中最宝贵的是残缺的竖琴，这种琴起源于亚述，经由波斯、中亚、中国、朝鲜传入日本，这是古代亚洲竖琴中迄今为止唯一的一件。

在玻璃艺术品中，有有名的罗马杯的“碧琉璃碗”，材质是碱性石灰玻璃，底部是镂刻着六角放射状的忍冬花花纹的镀金银质的碗座。另有相似的“白琉璃碗”，还有大概是远在伊朗制作的雕花杯。

在纺织品艺术中，有“绿地狩猎文锦”。在蔓藤式花纹和连珠花纹围着的图案中有四组相同形象的骑马狩猎的人物，这是萨珊朝典型的波斯图案。还有中亚游牧民族使用的羊毛毛毯等。

这些罕见的文物都是通过我国的“丝绸之路”传到日本的，原产地已不可寻，但这些实物一方面说明了日本和外界的交流，另一方面也为世界文化遗产增加了宝贵的财富。

奈良时代的文化十分繁荣，说其灿烂亦不为过。但是，要指出的是这些

① 日本雅乐中的主体，原是指中国唐朝的艺术音乐，后扩大为广义的唐乐。广义的唐乐指凡从中国传入日本的音乐（其中包括西域、印度、越南的音乐）。另一种传入的音乐是广义的高丽乐，指经由朝鲜半岛的音乐加上渤海乐（7世纪至10世纪跨越中国东北、朝鲜、苏联一部分的唐朝东北地方政权渤海国的音乐）。这两种音乐传入的时间大约从5世纪到9世纪。

② 林邑相当于今越南，林邑乐是东南亚的音乐，是日本雅乐中的一个部分。有人认为是从东南亚直接传入日本的，但目前认为是经中国传入的。

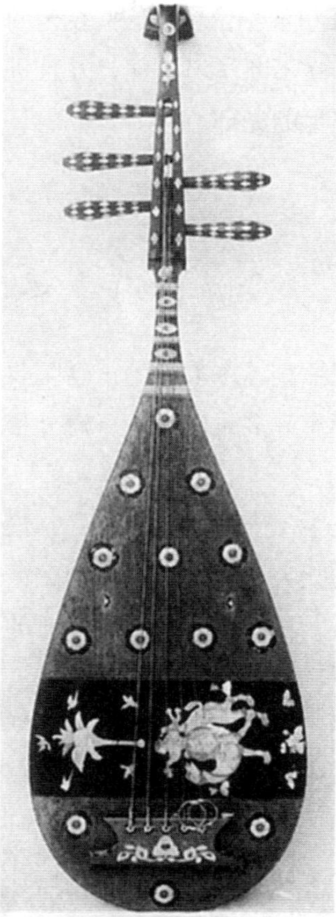

文化大多是从国外引进或学习来的。这里遣隋使、遣唐使、遣唐僧等起了十分重要的作用，他们不仅促进了日本文化对中国文化的吸收、消化，并在此基础上得以发展，而且也为两国之间的友好交流作出了贡献。比如著名的阿倍仲麻吕不仅在唐朝做过官，和我国的大诗人李白、王维等有很深的交往，而且在中国逝世后，被日本追赠为正二品的极高官位。为这辉煌的文化作出贡献的不仅有日本本国人，外来的移民也起了不可替代的作用。他们大多是专业人才，担负着建筑、工艺等技术工作。此外，也有中国僧侣到日本传播佛教，著名的高僧鉴真和尚就是其中之一。他五次渡日不成，直到双目失明后，于 754 年第六次东渡，历尽艰难险阻，终于到达日本。他不仅为日本的圣武天皇授菩萨戒，而且也为五百余名日本僧侣受戒，传授佛教的律宗信仰。而且还带去了中国先进

琵琶、日用品

鉴真坐像

的建筑技术和中药知识（他的遗像是日本最古老的人体肖像）。如果没有上述的人和他们的活动的话，我们一定不会理解历史不长、文明开化程度很低的日本为什么会在那么短的时间里迅速走向文明（即使再善于模仿），也是因为以上这些特征，一般将这一时期的文化命名为“唐风文化”，即中国式的文化。而真正的、能称得上有强烈的日本特色的文化的建立尚需时日。

复原的遣唐船

第四节　平安时期与国风文化

日本的佛教

如果认为日本的文化只限于模仿或者日本的文明化只是文化传播的结果，那这种认识至少是不全面、不准确的。实际上，日本在学习的基础上，和本国的国情相结合创造了独具特点的日本文化。平安时期就是日本历史上第一次出现的日本自身文化的时期，为以后日本文化之滥觞。但是过分强调日本文化的独特性就像一把双刃剑，同样也容易给人造成日本文化是孤立的印象，似乎是无源之水，无本之木。其实不然。我们应该这样理解，即日本文化在文化的种属上应该是东亚或者说是大中华文化的一支，但由于地理环境的关系，它又不像大陆各地域的文化有那么多的一致性和统一性。就像物种在不同的环境下进化成各种形态一样，孤岛的日本文化和其他地域的东亚文化是有所区别的。

现代的日本人总说日本是信仰各种宗教的国家，因此也可以说日本人不相信任何宗教。但是，如果没有佛教，日本的文化，特别是传统文化就无从谈起。虽然佛教文化不是日本的本土文化，但自传播到日本后，由于和本地宗教相结合，逐渐出现了日本式的佛教。而这日本式佛教的开创年代应该是在平安京的国风文化时期①。

净土宗的兴起

本来王朝的贵族们信仰的是天台宗和真言宗。天台宗的高僧最澄（767—822 年）从唐朝回来后，在比睿山创建了延历寺，致力于建立教团，不仅光大了天台宗，而且使人们加深了对天台宗的理解。而空海（弘法大师，774—835 年）从唐朝回来后，在高野山的金刚寺和京都的东大寺扩展真言宗。这两位高僧传道的目的由于是镇护国家，因此受到政府的支持。尤其是空海倡导加持祈祷②，受到贵族们的欢迎。有上层的强力支持，这两个宗派自然在社会上得到极大的发展。而信徒众多就会对信仰有不同的理解，因此从真言宗就分出了益信、圣宝派，后来又有了新义真言宗。

天台宗也出现了被称作“比睿山天台宗中兴之祖”的良源（912—985 年），他致力于授徒并发展教团。但是比睿山的天台宗也明显地世俗化了。在贵族社会日益腐朽，社会生机奄奄一息的时候，必然会有新的宗教信仰形成。这种现象在历史上是屡见不鲜的。1052 年社会上相传是进入佛教的末法之年。于是，人们开始产生了对净土的向往。高僧空也（903—972 年）早就开始宣扬“念佛”的方法，认为念佛就会在死后进入净土之界。而良源的门下源信撰写了《往生要集》，宣传净土世界的好处，并详细地介绍了往生的方法。“厌离秽

① 国风文化时期是在平安时代（公元 794—1192 年）中期之后。

② 佛教用语。本来加持在佛教密宗中是指如来的大悲和众生的信心，但在这里加持和祈祷是同义复用。加持祈祷就是掐诀念咒进行祈祷。

土，欣求净土”的说法广泛传播，一时间《往生传》[①]不断出现。这就是所谓的净土宗。同时，末法思想流行起来。末法思想是将释迦牟尼死后佛法流行传道分为法、像、末三个时期，进入末法时期，即末世，佛教将会衰微并走向灭亡。这是从中国传入的思想。中国认为进入末世的时间是公元552年，而日本认为末世来临是公元1052年，这是因为关于正法和像法时期时间长短不同而造成的（一种说法认为正法是500年，像法是1000年；另一种说法认为正法和像法均为1000年）。于是，社会上充溢着颓废、消极的思想，人们更加向往净土。净土宗主要是受到中小贵族的支持，反映了他们和大贵族之间的矛盾以及他们的惶恐不安感。但是其内容和以后的法然（1133—1212年）、亲鸾（1173—1262年）的学说不同，对现实世界并没有加以任何批判。

最澄、空海

任何一种新的信仰都不是一个人所能建立的，在源信宣传净土宗时，社会上有许多游离于大寺院之外的僧人及一些对佛教世俗化感到失望并再次出家的人，他们试图成为沙弥、圣人和仙人。他们在寺院外努力贯彻自己的信仰，对新信仰的形成无疑起到了重要作用。

新的净土宗的兴起不过是国风文化的一部分，而且可以说是并不重要的部分。在国风文化中扮演最重要角色的则非文学莫属。在谈文学之前，我们应该先看看佛教和日本传统宗教的融合。

① 是记录向往极乐净土的人们生前的传记，唐朝初期弘法寺迦才撰《净土论》卷下收录了20个往生者的传略，这是往生传的起源。日本最初出现的往生传是庆滋保胤有感于源信在985—987年撰写的《日本往生极乐记》，后又有大江匡房的《续本朝往生传》、三善为康的《拾遗往生传》等多种，对以后的说话文学影响甚大。

“神佛习合”和“本地垂迹”

佛教是外来的宗教，虽然比日本的传统宗教要复杂得多，有人认为这是一种高级宗教。但信仰传统宗教的人毕竟是大多数，而且民众们也很难理解外来的宗教。这样，当一种外来宗教在一个国家或地区传播时，往往会遇到旧有宗教的抵抗，上文说过日本是有传统的原始宗教的，苏我马子就是和物部氏为佛教的引进而火并冲突，最终是苏我马子战胜了保守派的物部氏。但认为一种新的外来宗教或者意识形态靠杀几个保守派就能顺利地引进并扎下根来的想法太过幼稚，也不符合真实的历史。佛教能在日本立足，并成为日本化的宗教和那些佛教僧侣的贡献是分不开的。在8世纪时，佛教僧侣们就在各国传教，并通过水利技术结交当地的豪族，在各地神社的境内修起了佛寺，这叫神宫寺。这便是“神佛习合”（神道和佛教的融合）的开始。

到了9世纪，传统信仰中的神被冠以佛的称号，如八幡神被称作“八幡大菩萨”①。随着八幡神成了菩萨后，日本的诸神也都纷纷加入了佛和菩萨的行列，他们被剃了头，成了和尚，被称之为“权现”。而这种将神变成佛的形态的说法就是本地垂迹说。后来在关于神道教中神的起源就有了两个说法，一是神佛习合说，二是本地垂迹说。实际上本地垂迹说不过是神佛习合说的发展而已。直到日本的近代之前，本地垂迹说是一直被信奉的，以至于或在神社里建立五重塔，或由僧侣来管理神社的现象不足为怪。不过，不要以为传统宗教的神道教就绝灭了，或者被佛教的光环遮蔽住了，其实神道教一直存在，神道教中的“行事”（仪式、活动）由于和人民的休闲娱乐紧密地联系在一起，虽然失去了不少宗教的色彩，但始终是充满了活力的。所以，在日本各地神社和寺庙并立。这和欧洲的基督教是有很大不同的，欧洲的蛮族在接受了基督教后，便彻底放弃了原始的传统宗教，而日本却两教并存，这也是日本宗教的一个特色。

佛教也进入了传统宗教的仪式中，譬如本来日本的传统宗教中有“盆供养”的仪式，为的是祭祀祖先，而这后来成了僧侣作的法事；葬礼仪式也逐渐变成

① 对八幡神的信仰被称作“八幡信仰”。八幡神是原始宗教中的诸神之一，被广泛信仰。开始时是谷物的神灵，后来变成了铜神，在制作东大寺大佛时，他又摇身一变成了传达神谕的神，从而进入了中央政府的信仰中。被封为八幡大菩萨后，又多有变化，因此其神庙成为仅次于伊势神宫的日本朝廷的第二宗庙。

完全的佛教仪式，甚至坟墓都被造成五轮塔的样式。佛教真有渗透力，也正是这样，这一外来宗教才能在日本真正地扎下根来。

汉字的传入

讲明了佛教和传统宗教的融合后，我们来看看最辉煌灿烂的日本文学。不过，要说起日本的文学就不能不谈谈文学的载体——文字。日本人原来是没有文字的民族。据说，前面提过的百济博士王仁在285年传入中国文字，但其实要更早，一般认为大约在公元前后汉字就已经传入日本。汉语和日语本来不是同一个语系，其差异之大不亚于印欧语系和汉藏语系的差别，按日语的发音和语法体系，最合理的文字应该是拼音文字。但是，阴差阳错，日本的文化源流却是中国。于是，日本人就直接引进了汉语的文字系统。如果说日本在学习异文化时是最优秀的学生，那么对引进中国文字的做法就很难评论了。首先中国文字的写法是世界上最难的一种书写方法；其次，表意的中国字在日本却被用来当作拼音文字，一部分还被直接当作词汇，这就造成了日语书写体系的复杂和混乱，实际上直至近代日本的书写体系一直是不规范的。但是，这并不能说日本人是毫无批判地学习他人，只会模仿不能创造。这样的说法不是历史主义的。试想在那遥远的古代世界，交通不发达，各个国家、各个民族之间的交流是十分有限的。特别是日本又是个岛国，就更加闭塞了。在没有别的文字的比较下，日本人也只好引进不符合自身语言体系的汉字。有总比没有好，引进的汉字虽说有些别扭，但却作为文明或文化的载体促进了日本文明的成长，应该说是利大于弊的。

引进汉字后，特别是在天皇集权的中央政权建立后，宫廷贵族们都用汉语写诗、作文章，用汉语写的诗被称作“汉诗”。虽然赖肖尔认为这些汉诗很拙劣，因为它不是日本人的母语。① 但写汉诗主要是显示贵族们的教养，就像19世纪的俄国贵族都使用法语交流一样（或许发音不怎么正确），至于其是否拙劣，他们自己或许有自己的评定方法，用外国人（包括中国人）的眼光是很难评定的。

① 请参阅：Edwin O. Reischauer, *Japan: the story of a nation*。

“假名”和《源氏物语》

这样的汉语水平如果能写出好的文学作品来，岂非天方夜谭。其实，日本人是意识到这一点的，在书写《万叶集》时，就只用汉字的发音表示日语的音，这被后人称作“万叶假名”。而后又创造出了真正的日语文字，这就是被称为“平假名”的日语字母。平假名是从中国的草书转化出来的，如“阿”的发音，就用汉字草书的“阿”字。这确实是个十分了不起的发明，后来日本人又创造了叫做“片假名”的字母，其使用的是汉字的偏旁或一部分，现在则用来标识外来语。如上文所指出的那样，假名如现在这样规范化，即一字一形、一字一音是近代以后的事。宫廷的贵族妇女正是用这样的平假名写下了不朽的名篇《源氏物语》。

这部当时世界上最长的小说的作者叫紫式部（生卒年不详），是宫廷中的女官。她在这本书中通过贵族光源氏的爱情生活，描写了当时贵族妇女的喜怒哀乐，特别是她们那催人泪下的不幸的爱情生活。其中那纤细、优雅、高贵、寂寞而又美丽的情感表现影响了后来日本的美学观念。同时，这也是一部现实主义的小说，充分反映了当时歌舞升平的日本以及宫廷贵族的生活。

除了这部文学史上的高峰之作外，还有许多小说，即所谓的物语[①]。其类别主要有两个：一个是歌物语，其源流是和歌（日本的一种诗歌，共五句，各为五、七、五、七、七字；长歌、短歌的总称也叫和歌）。以和歌的抒情性为中心，将其散文化，其代表作是著名的描写贵族的《伊势物语》（作者不详）。另一个则来源于口头传说的传奇故事，如

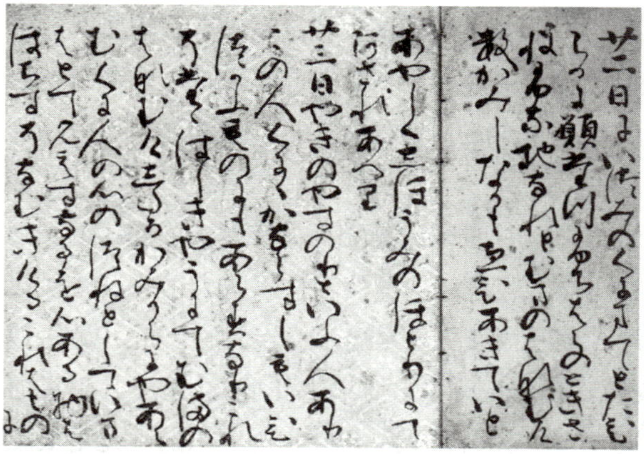

《土佐日记》藤原定家书

① 日本小说的一种体裁。狭义的是指《源氏物语》。

《竹取物语》（成书时间大约是9世纪后半叶到10世纪初，作者不详）、《宇津保物语》（9世纪末成书）等。

各种文学作品

这些优秀的古典小说确实为日本文化增添了无与伦比的光辉和特色。值得特别一提的是当时的日记文学，其开山之作是纪贯之（？—946年）的《土佐日记》，而藤原兼家的妻子的《蜻蛉日记》是日记文学代表性的作品，细腻地描写了在一夫多妻制社会里贵族妇女的苦恼和伤感。后来还有《和泉式部日记》、《紫式部日记》、《更级日记》（大约在1059年左右成书，作者是上总介菅原孝标的女儿）等一大批优秀之作。这些日记写的都是主人公个人的内在感受，十分真实动人。近代以后，日本出现了西方式的现代小说体裁，并在这一基础上创造了日本纯文学中独特的一种，即“私小说”。如果要寻找它的根，恐怕只有在日本古代的日记文学中才能看到。

此外，贵族妇女清少纳言的《枕草子》是一部表现独特、感觉细腻的随笔，人们认为是可以和《源氏物语》并列的杰作。

在后面要论述的摄关政治全盛时期，出现了描写藤原道长的荣华富贵历史的《荣华物语》以及对此稍加批判的《大镜》，可算得上是历史文学了。而特别是《大镜》开以后的“镜物”（历史文学）之先河，[①] 值得评价。

还有一部日本老幼皆知的文学作品，叫做《今昔物语集》。这是佛教的说话集，内容庞大丰赡，提供了许多史料。

诗　歌

和歌是日本的诗歌，为民间口头传唱，在平安时代开始时一度衰落，但后来进入了后宫的社交界，成为宫廷文学。纪贯之负责编写的著名的敕撰《古今和歌集》论述了和歌的本质，也有序文并将其内容加以分类，成为后来敕撰集

① 《大镜》和其后的《水镜》、《増镜》、《今镜》合称为“四镜”。

的样板。在内容和格调上虽不及《万叶集》那样兼收并蓄、风格质朴，但却由于是贵族的诗歌，因此风格优雅、技巧高超，被称为“古今调”，在其后很长一段时期内是和歌的楷模。此外还有集录后白河上皇[①] 作的《梁尘秘抄》的诗歌集。

这承载着文学上的辉煌的主体是日本的贵族阶层的妇女。由于她们既有文化又有在男性社会压迫下感受的苦闷和烦恼，才能创造出为日本文化增光添彩的文学杰作。就是在今天的日本，也有大量的妇女作家，而且写出很多有影响的作品。如在我国为许多人所知的山崎丰子、曾野绫子等，难怪有人说：“日本文化在妇女。”妇女创作似乎已经成为日本的传统之一。

建筑、雕刻、绘画、书法

在文学发展的同时，造型艺术也出现了国风化。在建筑上贵族们大量建造“寝殿造”。这是一种贵族住宅的建造式样，院子的中央有朝南的正房，叫“寝殿”，东西北各有房舍，面临着前面院子中间的池塘上有叫做“渡殿”的渡廊连接，中间设有中门。房子是由桧树皮做成，地板是木板，随处都有坐席。在大门上根据式样区分官阶地位，这种建造样式不仅华丽而且实用，其建造风格一直延续到江户时代。同时贵族们信仰净土宗，阿弥陀佛大受欢迎，于是，在“寝殿造”的影响下，建造了阿弥陀堂，里面有阿弥陀佛“来迎”的绘画。日本著名的平等院的凤凰堂（现在日本10日圆硬币就用的是平等院凤凰堂的图像）就是其代表作，日野的法界寺、平泉的中尊寺中还有

阿弥陀像　定朝作

① 也称为太上天皇、太上皇，是让位的天皇的称号，如上皇出家则称为太上法皇、法皇。687年持统天皇让位，成为日本历史上第一位上皇。如让位天皇多，即上皇多的话，则分别以一院、本院、新院等称呼区别。

平等院凤凰堂

其建筑。这些建筑和以前的不同，不再是模仿照抄，而已经充满了日本人的美学眼光和趣味。

雕刻是建筑中不可或缺的装饰，这时出现了著名的雕刻艺术家定朝（？—1057年）。他创造了真正的日本式雕刻，其刀法柔和，造型明朗，极具日本特色。定朝使用了"寄木造"① 的雕刻技术，扩大了佛像的尺寸，并使这门技术在日本扎下了根。平等院凤凰堂中的本尊阿弥陀像就是定朝的作品。

和雕刻一样，绘画也向着日本式的方向发展着。中国传去的绘画，日本人称作"唐绘"，而日本式的叫做"大和绘"。并出现了画派，如巨势派。贵族家中的屏风上就画着这个画派的画。在佛教绘画上，净土宗美术代替了密宗美术，上文说过阿弥陀"来迎"图很是流行。这方面的画家有著名的源信（942—1017年）。世俗的绘画有"绘卷物"，其中"源氏物语绘卷"、"信贵山缘起绘卷"、"伴大纳言绘词"、"鸟兽戏画"等是其佼佼者。将工艺美术综合起来的作品有在广岛的严岛神社的"平家纳经"。

① 也叫"木寄造"，是制作雕刻木像的技法之一。头部和身体部分分别用木头雕刻成，然后再将其掏空，拼接在一起。

此外，在贵族们的家具或日常用品中流行“莳绘”。这是先用漆画出图样，再抹上金、银、铜、锡、铅等金属或雌黄，是日本独特的绘画技术，中国管这叫描金。现存最古老的遗作是藏于仁和寺的《法文帖册子箱》。

中国古代的书法和绘画有密不可分的关系，而由于日本使用汉字，又学习中国的绘画，因此书法的形成是很自然的。在这一时期，小岛道风（894—966年）、藤原佐理（944—998年）、藤原行成（972—1027年）的书法作品作为日本式书法的代表作享有很高的声誉，被称之为“三迹”。顺便说一句，日本的书法传统一直沿袭下来，直到今天日本书法家也是大有人在，而且其风格和中国书法作品相比也有独特之处。

服装、生活

服装是人类独有的创造物，在人们看来服装既是最简单实用的，又是最复杂和富有文化色彩的。今天，时装发布会依然大受欢迎，服装模特在演艺界中是收入最高的人，时装设计师也称得上是艺术家。日本当今也有不少著名的服装设计师，日本人的服装也以做工精良、造型规范著称，特别是日本始终保留着和服，女孩子在成人节时一定要穿上雍容华贵、富丽炫目的和服。而这和服来源于中国的唐代，是经过日本人的改造产生的。将唐朝的服装日本化的时期正是在这国风文化的时代。

贵族们的礼服是男子“束带”或“衣冠”。由冠、袍、裾、袴、袜构成，手里还要拿着笏。平常则穿着叫做“直衣”或“狩衣”的便袍或便装。女贵族的正装叫做“唐衣”或“裳”（俗称“十二单”），由唐衣、裳、裙、单、表著等组成，头发梳成叫“平额”的样式。虽然很烦琐，但不失华贵，充分体现了贵族的身份和生活状态。平时穿的服装有内着的小夹衣和裙子等。与此相对，劳动人民为了干活，穿不了贵族大袍阔袖的衣装，他们的衣服简朴实用，上层的农民穿的叫“水干”，下层穿的则更简单实用，叫“直垂”。

在这个时代，由于农业生产力的发展，有了剩余产品，商业自然就出现了。在京都的七条附近有专门接受定做工艺品的手工业者，随着律令制的崩溃，这些手工业者不仅为国家进贡而生产，还制作许多高级服装、“莳绘”等。

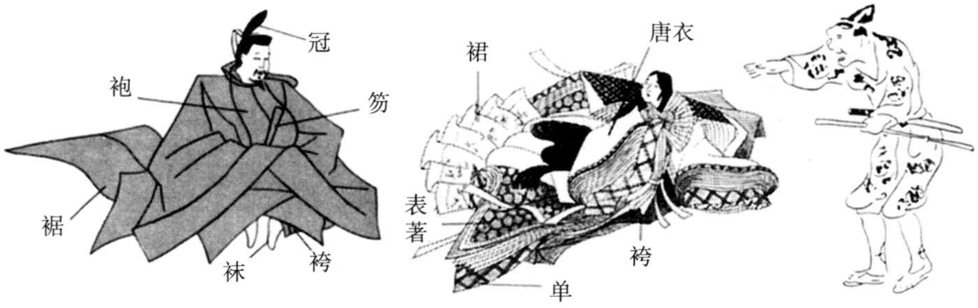

束带（左）十二单（中）直垂（右）

在地方上，那些专业手工业者为豪族所雇佣，生产出很多有特色的地方产品，如常陆的绫、能登的锅、但马的纸等。

在平安京有固定商店和东西市场，货物摆出来销售，很有些商业氛围，而流动的商贩也很多，商品交易和物资流通是相当发达的。在农村，豪族们住着宽大的住宅，拥有广袤的良田，使用下人们耕作土地，自己家织布，自己家造酒，生活豪奢富足，但农民们住的则很差，吃的自然不好。

那时，日本的家庭生活还在流行着“妻问婚”，即结婚后，丈夫住在妻子家，这自然就造成了妻子的独立性强的状态。在继承家业上，实行的是分割继承。女人也有可能当庄园的领主。总之，对妇女的歧视不像后来的日本社会那样强。当然这是一般的家庭，而在贵族的家里，妻子的独立性就弱得多了，以致经常惧怕丈夫住在家里。此外，男人们可以拥有多个妻子，而妻子和别人私通也不会受到严厉的制裁或社会舆论的非议，这和后来的对妇女通奸的态度有相当大的不同。

第五节　皇权旁落与摄关政治

藤原氏和宠臣专权

律令制的日本古代天皇国家完全是中国唐朝的仿制品，而且是非常优异的仿制品。至少从现有的史料来看，掌握了政权的日本统治者并没有考虑到中日之间的差异，他们只是为了加强天皇的统治，并为先进的中华文化所吸引，就开始了日本历史上空前一次大改革（当然也是有一定的社会和经济基础的），其意义和规模恐怕只有明治维新和战后日本改革能与之相比，不过产生矛盾也在所难免。

和经济一样，政治的运作也没有能像中华帝国的唐朝那样顺利运转。武士阶层的兴起充分说明了中央集权对地方势力的失败，当然即使具有构思精致、面面俱到的唐朝中央政权，对地方势力也是最头疼的。而日本甚至在中央也没能建立起唐朝那样强有力的皇帝独裁政治，更不要说是有效地压制地方势力了。

在中国封建王朝的历史上，皇帝和臣子的权力斗争有时是很激烈的，即所谓“皇权”和“相权”的矛盾或争执。这种统治阶级内部的矛盾不可轻视，它既反映了社会矛盾的激化，反过来又促进了社会矛盾的发展，往往可以倾覆一个王朝。而在日本情况有所不同，天皇制古代国家没有引进中国的科举制，也就没有真正中国意义上的官僚。政府的社会基础依旧是地方豪族、富裕农民等，而官吏却是由原有的贵族来担任。贵族世袭而无需通过考试，又有自己的经济基础，比中国科举制的官员要有更大的独立性，而天皇的权力也因此不像中国的那样大。譬如，天皇之所以能杀掉权臣苏我氏，若是没有大贵族们的帮助是不可想象的。也就是说，天皇制政权从开始的那一天就是贵族和天皇共同执政的，虽然律令制下天皇的权力比过去和贵族共治时要强大得不可同日而语。特别是像前述的大贵族藤原镰足，在清除苏我氏时是毋庸置疑的第一功臣，其子藤原不比等是大宝律令的制定者，其权势可以想见。而藤原家族无疑是想利用自身的地位扩张家族的势力。虽然他们的势力已经足以睥睨所有豪门贵族，但却面临着皇族的竞争。对此，藤原家族的竞争手段就是做皇室外戚。不比等的女儿宫子就嫁给了文武天皇，并生下了后来的圣武天皇。但是，权力是最可口的佳肴，谁不想分得一杯羹，特别是皇亲集团是不能相让的。而太政官府首位官吏知太政官事是由皇亲的刑部亲王、穗积亲王担任，即所谓“皇亲政治”。不比等为打破皇亲想一统天下的梦想，遂建议迁都平城京，即现在的奈良。迁都后，以藤原氏为代表的贵族便和皇族展开了权力斗争。长屋王（684—729 年）事件就是其代表性的事例。

长屋王是典型的皇亲贵族。他先任大纳言，后任右大臣，圣武天皇即位后，他成为左大臣，掌握了太政官的实权。他和参议朝政的不比等的次子房前发生了竞争，长屋王十分不满藤原家族的做法。在对圣武天皇的生母，即藤原不比等的女儿宫子的称号问题上，长屋王以皇族的身份蔑视藤原家族的地位，拒绝承认“大夫人”的称谓，以致得罪了圣武天皇。公元729年，藤原氏遂以诬告的手段迫使长屋王自尽。随后，又停止了诸官员对知太政官事的皇族中的元老舍人亲王的下座礼仪①。遂废止了持统皇朝以来的皇亲政治。

宫廷内部的权力斗争也在一定程度上反映了社会的变化和施政方针的不同。皇亲政治的掌权者实行了“三世一身法”(723年政府发布的土地法，旨在鼓励开垦荒地，新造沟池开垦土地的可享受三代的使用权，修复旧有沟池的只享受一代。实际上开垦荒地可以得到私有土地)，这一做法动摇了律令制土地制度②，引发了贵族们的不满，这也是皇亲政治终结的原因之一。

长屋王事件后，藤原氏取得了绝对的优势，成立了所谓藤原（藤原不比等的四个儿子，即武智麻吕、房前、宇合、麻吕）四子政权。但是在737年日本发生了“天花”大流行，藤原四子均死于这场不可抗拒的灾难（在人类历史上，疾病或瘟疫往往改变了历史或者历史的走向，比如欧洲的黑死病就是一个最好的例子，我国在对历史上的瘟疫或疾病的研究方面尚嫌薄弱），而光明皇后的异父兄长橘诸兄（684—757年）成了太政官的首席长官。这次天灾的瘟疫不仅使上层的掌权者有所改变，而且由于许多人被夺去生命，国家财政受到巨大的打击，律令制固有的内在矛盾由此而凸现出来。

在瘟疫横行和政权更迭的状态下，社会愈发不稳定。740年，藤原宇合（694—737年）之子广嗣（？—740年）不满诸兄政权，且因为自己被降职而发动叛乱，这就是所谓“广嗣之乱”。天皇政府用极大的兵力才将其镇压下去。

同年10月，圣武天皇不知因何缘故，突然去了伊势，并且在叛乱平息下去后也不回奈良，而是在山城国相乐郡的恭仁地方修建了行宫。此后五年间，天皇就在恭仁、近江国紫香乐行宫、难波行宫搬来搬去，这种荒诞古怪的行为

① 即离开座位，行跪拜礼的规矩。

② 也有学者认为开垦土地并私有化也属于律令制的一部分，譬如唐朝就是如此。但这至多可以说是律令制的补充，并非主流。

使日本的政局更加混乱了。之所以出现这种情况主要是因为天皇对时局拿不出办法来，而宠臣们的骄横跋扈更加深了政局的动荡不稳。745 年，在多数官员和各大寺院僧人的同意下，天皇决定还都平城。

圣武天皇回到平城京后，并没有振作起来，反而由于患了重病，信仰起了宗教，无意于政治，实权归于光明皇后。而藤原武智麻吕之子藤原仲麻吕（706—764 年）利用光明皇后的权力和政局的不明朗，成功地扩张了自己的权势。

藤原仲麻吕是日本古代史上有名的政治家，他的权术谋略可以和任何国家、任何时代的政治阴谋家相媲美。744 年，他暗杀了圣武天皇的皇子安积亲王。749 年，圣武天皇引退，孝谦天皇（在位期间 749—758 年）即位，仲麻吕当上了新设的紫薇中台令。这个职位是由光明皇后的后宫职位发展而来的，拥有和太政官相同规模的官员数量，掌管着国家权力的核心，中央政府居然出现了两套班子。这只有在宠臣专制的时代才会有这种新设的机构和官职。

756 年，圣武天皇驾崩，随后橘诸兄也死了。藤原仲麻吕立自己的食客大炊王为皇子，并出任紫薇内相，掌管了兵马大权。他在镇压了对不满自己的贵族叛乱（橘奈良麻吕之变）后，建立了自己的专制体制。他效仿中国，实施了所谓的唐风政策，并实行了不比等制定的养老律令。在他统治期间，由于频繁的迁都和铸造东大寺有名的大佛①，政府财政开支浩大，民怨沸腾，他便将中男、正丁的年龄分别上调了一岁，并将徭役减半。

758 年，大炊王即位，是为淳仁天皇（在位期间 758—764 年），仲麻吕也成了太师。这时，不论在名义上或是实质上他都是最有权势的人。但好景不长，同年 6 月，光明皇后驾崩，皇室的宗长权转移到孝谦上皇手中，仲麻吕的权势迅速走向衰亡，宠臣道镜（？—772 年）掌握了实权。仲麻吕于 764 年发动了反对上皇的叛乱，但被官军镇压下去，他和家族均被处死，支持他的淳仁天皇也被流放到淡路地方，孝谦上皇重新即位，即称德天皇（在位期间 764—772 年）。这就是所谓的藤原仲麻吕之乱。

道镜是个僧侣，虽然是地方豪族，但和仲麻吕相比，出身低微，这反映了

① 743 年圣武天皇下诏建卢舍那佛。在奈良的东大寺铸造了高达 15 米，重 250 吨的铜佛，752 年完成并举行了大佛的“开眼供养会”。

佛教对日本朝廷的巨大影响。在道镜专权时代，朝廷对寺院僧侣经济待遇优厚自不待言，对地方豪族也是予以优待。743年，制定了垦田永世私财法，这就是说允许垦地永远归私人所有。这当然进一步破坏了律令制土地原则，但也说明了班田制度终究不适应日本的国情，而道镜的政策却是适应了生产方式变化了的实际情况的。但这样一来，却加速了土地私有化和班田农民的分化及地方豪族和富裕农民的发展。

从藤原不比等到道镜专权，这一段时间在统治权力上层的统治方式上被称作“宠臣专权”。除了藤原不比等及藤原四子外，藤原仲麻吕和道镜在统治阶级内部并没有基础，只是靠投靠皇后或女帝来取得大权，因此，一旦天皇更迭，他们如日中天的权势瞬间就会土崩瓦解。所以说，奈良时代还是天皇有着巨大的权力和至上权威，所以谁为皇嗣决定着一个家族的兴亡荣衰，这就是藤原家族和其他皇亲贵族争夺政权的焦点，一切上层的政治斗争也都是围绕着这一点展开的。

迁都平安京

794年，恒武天皇（在位期间781—806年）放弃了建造了一半的长冈京，迁都平安京，即今天的京都。直到镰仓幕府建立历时约400年，史称“平安时代”。

一般来说，天皇决定迁都是因为朝廷的施政走进了困境，这自然是因为律令政治日益窘迫的缘故，但恒武天皇迁都还有一个原因是，自780年伊治呰麻吕叛乱后，日本东北地区秩序一直混乱，迁都是为了随时可以镇压东北地方可能出现的叛乱，即所谓征夷（征讨虾夷，7世纪前不服天皇朝廷管辖的日本东北地方原住民，近世后称阿伊努为“虾夷”）。而平安京又是居“水陆之便”的地理位置，既沿着西日本动脉的淀川—濑户内海的水路，又和由东日本干线的东海（日本古代的七道之一，今本州中部和关东地区的太平洋沿岸）、东山（七道之一，今本州中部、关东、东北地方的山地地带）、北陆[①]（七道之一，今本

① 在律令制下日本的地方行政区划为五畿七道。邻近都城的大和、山城、河内、摄津、和泉等五国为畿内，其他各国分为东海、东山、北陆、山阴、山阳、南海、西海七道。每个道都有道路通向京城。

州中部地方和近畿地方的一部分，沿日本海地带）三条要道汇集的近江国（今滋贺县）相接，在征夷的战略上是无与伦比的好位置。在古代天皇制时代，征夷和迁都是重要的政治课题。

但长冈迁都的计划先是遭到贵族们的反对，而且迁都第二年建都的中心人物藤原种继（737—785 年）即遭暗杀，并发展到皇太子早良亲王被废，接着就是歉收和瘟疫，而征讨东北地方的虾夷的军队也吃了败仗。于是，恒武天皇（在位时间 781—806 年）在 792 年进行了兵制改革。因为原来军队主力的诸国军团由于班田农民的分化而战斗力下降，所以兵制改革废除了原来的兵士制，设立了由郡司子弟组成的健儿军，即以豪族势力为主力。他们在田村麻吕的率领下击败了虾夷军队。同时，恒武天皇于 799 年设立了勘解由使的官职，加强了对国司交接的监督。这两项政策当然是为了挽救每况愈下的律令政治，并取得了一定的成功，因此成为平安初期的基本政治路线。

继任恒武天皇的平城天皇（在位时间 806—808 年）为休养因迁都和征夷而穷困的百姓，对地方政治实行了整肃，进行官制改革，淘汰冗官等。在他之后的嵯峨天皇（在位时间 808—823 年）则对律令制进行了较大的修正。一是设置所谓令外官，如藏人所（等于天皇的秘书机关）、检非违使（负责首都内外的治安）等。二是编纂"格"和"式"。如前所述，"律"和"令"是基本法典，"格"是补充法，"式"是实施细则。嵯峨天皇命藤原冬嗣（775—826 年）等编纂了 10 卷的"格"，40 卷的"式"。830 年完成了"弘仁格式"，后来的天皇也继承了这一事业。

823 年，在小野岑守（778—830 年）太宰府管内的九国二岛试行公营田制度①，引进了当时民间的新农业经营方式，即初期庄园制，试图保护律令制的租庸调的征收，而 879 年进行的畿内官田制等也是同样性质的改革。这些政治和经济上的改革一直持续到 902 年。这一方面说明了律令制和社会经济基础的巨大矛盾，另一方面也看出统治者为了维护旧有的制度真是殚精竭虑，耗费了所有的心血。从事这些改革的是所谓的新官僚。他们精明强干，也确实有些办法，使得中央政府日薄西山的权威和权力延缓了不少时日，但最终还是在历史的潮流前一败涂地。

① 这里的公营田特指小野岑守改革的土地制度。小野将太宰府管内的一万町良田作为公营田，使用了六万多徭丁，每五人耕种一町，免除徭丁的调、庸和租子，并供给徭丁食物，剩余的则为朝廷收入。

摄关政治

律令制的衰落及社会经济形势的变化，反映在国家上层权力上的变化就是日本历史上有名的摄关政治，即藤原北家[①]的系统垄断了中央权力。上文讲过，藤原家族是律令制的拥护者，在很大程度上也是律令制的创建者之一，可以说是和天皇、贵族共治这个唐朝的仿制品。他们升入到权力核心后，如上文所述，为了压倒皇帝集团，他们采取了外戚策略。

平安时代后，藤原家的这一策略更是显露无遗。迁都的领导人藤原种继和皇后乙牟漏都出自藤原式家。而平城天皇又宠爱种继的女儿药子，药子和其兄仲成掌握了大权，但拥护嵯峨天皇的藤原北家的冬嗣将他们杀害（810 年的药子之变），北家取得了胜利。从 842 年起，冬嗣之子良房（804—872 年）连续罗织罪名，排除异己，使名门豪族的橘、伴（大伴）、纪等和反对自己的天皇纷纷倒台，自己则在 857 年担任了太政大臣，866 年担任摄政。这是日本历史上第一个摄政。其养子基经（836—891 年）作为外戚也当了阳成天皇（在位时间 877—884 年）的摄政，但不久和天皇反目，废了阳成天皇，换上了光孝天皇（在位时间 884—887 年）。那时的基经坐镇官府，领行万机，天下之事必先“咨禀”于他。权势炙手，为天下第一人。这实际上就是以后关白的起源。其后，宇多天皇（在位时间 887—899 年）即位，两次下诏任命基经为关白。良房、基经父子在世时击败了所有的老氏族，建立了甚至凌驾于天皇的地位。但这并非法律上承认的地位，因此在基经死后，宇多天皇任用菅原道真(845—903 年)，试图压制住藤原家族的势力。但羽翼已然丰满的藤原氏立刻展开反击，使菅原道真下台。在醍醐天皇（在位时间 899—933 年）时代，还是藤原家的藤原时平（871—909 年）当上了左大臣，他又一次企图力挽狂澜，保持住律令制。但由于饥荒频仍，社会动荡，其政策还是以失败而告终。律令制像个病入膏肓的垂死之人，只是在苟延残喘，同时脱离律令制国家的贵族政治正在发展。

930 年，醍醐天皇驾崩，幼帝朱雀天皇（在位时间 933—947 年）即位，

① 藤原不比等的四个儿子被分为四家，即南家、北家、式家、京家，除了北家外，其他三家都在政治斗争中衰落了。

时平的弟弟忠平（880—949年）当上了摄政，在天皇成年后，又担任关白。从这时起天皇幼小时设置摄政，成年后设置关白，在制度上予以承认。这就是有名的摄关政治。其后，虽然村上天皇（在位时间为947—969年）一度亲政，但在圆融天皇（在位时间969—984年）时忠平的儿子实赖又成了摄关。摄关政治正式确立。

摄政是在天皇幼年时辅佐天皇的。可以“内览”群臣的上奏，并加以批复，在举行仪式时帮助天皇。其权力实质是代行了天皇的一切大权。而关白则是因为天皇已经成年，所以只是“内览”群臣的上奏，批复文件则由天皇自己署名，但换汤不换药，实际上关白和摄政的权力是同样的。

中国古代外戚当政的例子不少，如汉朝的窦皇后家族、唐朝的武则天家族等等。但日本的外戚当政和中国及世界上其他国家不同，它是由某个特定家族的族长来行使的，这个家族就是藤原家族——一个有势力、有根基、有历史的老氏族；同时由于天皇家族一直处于统治上层的核心，因此藤原氏的当政就要稳定、长久得多，不像中国频繁地改朝换代，王朝变了，外戚也跟着改变一样。于是，就像中国晋朝时的以王谢二族为代表的贵族和皇帝共同统治一样，藤原家族作为贵族和天皇家族共同执政，当然其权力要大过王谢二族。日本古典文学作品《愚管抄》① 中附会说天皇和藤原家族的这一关系是天照大神和春日天神约定的。当然如前所述，藤原家族也是依靠外戚的谋略才将竞争对手们一一击败的。

在摄关政治的体制下，政权的运营是这样来进行的。律令制时的太政官依然存在，其他官衙也无改变。日常事务由太政官的议政官“公卿会议”议定，叫做“阵定”，上卿汇总会议结果，向天皇、摄关禀报，以官符、宣旨来实施。但是，和先前正式的律令制度相比，这些官府的作用流于形式化。贵族们的国家意识很弱，所以当时国务活动的主要内容不过是贵族、官员的叙位，除目（任命大臣以外官员的仪式）、恒例和临时的法事等。这样就产生了没有国家意识的私人贵族政治，特别是宫廷政治。

这种国事活动的变化反映在制度上就是宫廷内部机构和官员的膨胀。不仅关联着宫廷生活的内藏寮、大炊寮、主殿寮、修理职等被扩大了，而且新设了

① 为镰仓初期的僧人、歌人、史学理论家慈圆（1155—1225年）所著的史书，1220年成书。共七卷，其中两卷为年代记，本文四卷，附录一卷。为中世代表性的史书。后文还将提到。

侍从所、内竖所、进物所、御厨子所、酒殿、赘殿等为宫廷服务的机构。先前说的藏人所的藏人们兼任给宫廷日常生活运送物品的内藏寮的官员及御厨子所的官员，藏人所本来就是宫廷机构的中心，这一来地位就更加提高了。太政官的行政事务集中在外记和弁官身上，这些官位都变成了某些家族的世袭职位，而将天皇、摄关和太政官联系在一起的却是那些藏人们。如果说中国的皇帝任用宦官集团是为了和臣子（相权）作斗争，伸张皇权的话，那么天皇亲信藏人却是因为其对朝廷的支配力和影响力日蹙，只有缩小到侧近集团。这种现象在历史上是屡见不鲜的：一旦皇权萎缩到不能命令官吏的时候，皇帝的侧近集团就会扩张。

地方政治的变化

中央官制的变化不能不影响到地方。进入 10 世纪，传统的郡司统治已经没落，取而代之的是新兴的豪族、富裕农民等当地的政治力量。国司在这一新形势下，建立了一个新的地方统治体制。就是将原来郡司的行政机构集中到国司，国司的国衙里有政所、税所、调所、检田所、细工所、御厩等，招来当地有势力者分担行政事务，这些人被称作“在厅”。到了 11 世纪，国司不到任，即被叫做“遥任”已是司空见惯（赴任的国司被称之为“受领”，他们的工作就是如何去捞油水），国司将他私人的代表派到任上，叫做“目代”。他们在叫“留守所”的机构内统辖在厅官员，处理政务。

摄关政治期间，从中央到地方原有的官僚机构都不断缩小，日渐式微，同时也产生了新的统治体制。但这种新的统治体制的产生不是革命性的，而是在政治、社会经济等情况的变化下，逐渐形成的，是在原有的框架内根据现实状况改良过的。所以，新的体制并没有否定传统的旧体制，而是在律令制的框架下形成、发展，起到补充完善、修正的作用。

摄关政治的全盛期是藤原道长（966—1027 年）时期，而当他在 1027 年死去后，其子赖通（992—1074 年）继任三代天皇的关白。但是，他送往后宫的女人们都没有生孩子。1068 年，后三条天皇（在位时间 1068—1072 年）即位。自宇多天皇让位以来，历经 12 代天皇 171 年以来，藤原家族第一次没有成为外戚。

上皇和院政

藤原家族的这一变化自然对日本的权力结构有着重大影响，后三条天皇虽然让藤原教通当关白，但其实是他在亲政。他任用大江匡房（1041—1111 年）等能吏，试图刷新国政。并发布了上文所述的庄园整顿的命令，并遏制豪门贵族，再一次向世间展示天皇的无上权威。整顿庄园在当时的情况下，已属不可为而为之的举措，收效自然甚微。但重新建立天皇的威信还是有些效果的，后三条天皇的继任者白河天皇(在位时间 1072—1086 年）继续个人亲政达 14 年，如上文所述，他在让位后，试图让自己的儿子继位，就创建了院政。院政是退位的上皇代替天皇处理国政，如同中国清代慈禧太后的垂帘听政一般。但和中国不一样，慈禧太后的"垂帘听政"，利用的是原有的统治机器，而院政则有自己的办公机构，就是所说的院。而且不像中国垂帘听政不过是一时的权宜之计，或者说是异例，没有法律或制度上的规定，日本的院政却自白河天皇（或白河上皇）后，相沿成习，延续数百年。院政是日本历史上比较有特色的国家权力的行使方式。其直接原因是白河天皇为了子嗣着想而创立出来的，但在这之前若没有仿效的对象或一种习惯的话，是不会持久的。这种惯例或效仿的模式就是摄关政治。

在摄关政治之下，天皇不过是傀儡般的帝王，而院政不过是把摄关的权力归于上皇。从这个意义上可以说是以上皇为族长的天皇家族把统治大权从藤原家族的族长手中夺了回来。而如上所述，这种做法是得到贵族支持的，因为王朝的贵族试图以天皇的名正言顺的权威和权力压制住势力与日俱增的武士阶层。

但是，院政并非按贵族们的主观意志行使权力；相反，院政比摄关政治要开明，在官吏的任用上，不拘泥于门第、身份高低，政治上有影响、有能力的武士、僧侣及精通官僚事务的人受到提拔和重用，经济上有实力的领主们也受到任用。这些人被称作"院的近臣"。在某种意义上讲，院政是试图摆脱麻木不仁、没有效率的旧有的律令制机构，但这样一来，就使得律令制的统治机器更加瘫痪。可以说，院政在客观上加速了律令制的崩溃。

院政开始的方针还是整顿庄园，但引起领主和大寺院僧侣们的强烈不满，为镇压他们，只好使用武士的力量，而武士有了朝廷的名义，其势力更加壮大。到鸟羽院政时期（1129—1156 年），院政发生了变化。鸟羽上皇试图和摄关家和好，并且加紧扩大天皇家族的资产，没收和开发了大量的庄园。朝廷贵族竞相仿效，摄关家的庄园也在不断增加。由此引起了皇族内部的经济纠纷，最终发展为政治斗争。上皇不得已依靠武力雄厚的武士们，结果就出现了后面将要讲到的平氏政权，及后来由镰仓幕府建立日本第一个武士的政权。院政即天皇家族的统治在历史舞台上淡出，成为名义上的日本国王。

在院政后期，一种新的制度开始实行，即知行国制（也叫沙汰国、给国）。这一制度是将一国的租税以确定的年限给知行国主（这些国主几乎都是公卿子弟），知行国主可以任命自己的人当国司，这样一来，知行国内的国衙领地就成了知行国主的私人领地。上皇握有分配知行国的权力，自己也乘机弄到几个知行国，让近臣去当国司。这极大地破坏了律令制下国家官职的权威，真是搬起石头砸了自己的脚。当然这也是不得已的，因为国司制度已然崩溃。

古代天皇制国家的制度、法律是从中国移植而来的，这当然和日本当时的生产力水平及社会发展不相适应。但移植中国政治制度，意味着日本统治阶级上层确定了以中国为仿效对象的方针，反对的人被清除，这无疑为中国文明在日本扎下根来，提供了政治上的保证，同时日本也由此获得了长足的发展。中国的文字、科学技术、艺术和建筑被大量引进到日本，虽然很多是不符合日本国情的，但正面的影响是如此巨大，如果读者去日本参观旅游，看到当时的建筑、艺术等遗迹或遗存，一定不会相信此前不久日本人还过的是穴居生活，而且日本独自的文化也大部分是以此为基础的。

日本也因为移植唐朝的皇权体制使得国家得以统一，散乱的地方性贵族被集中在最强有力的天皇家族周围，天皇取得了至高无上的权威和权力。虽然其地位和统治都不像中国的皇权那样强大有力，大权还经常旁落到外戚之手，后来干脆转移到武士阶层手中。但天皇的政治、宗教的权威毕竟建立了起来，天皇成了所谓“万世一系”的君主，在没有外族入侵的情况下，没有哪个幕府能推翻其名义上的统治，虽然在江户幕府时，德川家康曾一度想在传统权威上与天皇家族平起平坐。到了近代和现代天皇制又一次次地被创造和改建，天皇的权威也一次次地被利用和被树立，影响不仅限于国家的政治体制，而且对社会的影响也是极其巨大的，如明治维新后，忠君被提高到价值观的最高点，天皇成了国家的大家长，上行下效，百姓的家庭也是家长说了算。不论其结果是好是坏，性质或内容是否改变，天皇制的这一政治体制和意识形态在历史上均发挥了巨大的作用。

第六节 庄园的形成和武士的产生

庄园的形成

庄园是从 8 世纪到 9 世纪形成的，一直持续到 15 世纪末。在不同时期、不同地区，其内容和形式不尽相同。庄园和所谓公田不同，庄园是私有产业，为领主所有。但是，应当指出的是，这种土地私有制和近现代的土地私有不同。近现代的土地私有制是地主拥有自己的土地，而那时庄园主的意识尚未达到这一认识阶段，他们拥有的是这块土地所生产的产品，庄园不过是生产产品的场所而已。庄园的形成主要来自两个方面，一是包括天皇在内的豪族原有的私田，如屯仓、田庄等；还有神社和寺庙所有的田产，叫做寺田、神田。随着庄园的扩大，渐渐形成以管理土地为主，亦包括庄园住宅等建筑物在内的庄园。二是开垦的田地，即新田。政府曾经鼓励人们开荒，以补充口分田的不足。于是，神社、寺院、中央贵族及地方豪族都积极地扩大田产，连皇室也大量开垦，叫做“敕旨田”。这些开发者在开垦的土地上设立管理的场所，叫“庄所”及仓库等，这就形成了垦田型庄园。

庄园的劳动力主要是在周围居住的班田农民和流浪者及庄园主的奴婢。应当指出的是庄园不仅光是私田和新开垦的田地，而且班田农民的口分田及零散的开发耕地，由卖给或“寄进”（进献）给权门而成为私有土地的也是庄园组成的一部分；更有地方豪强为了确保自己土地支配权，逃避政府的租税和行政干涉，采取将土地“寄进”给中央贵族和寺院、神社的做法，使他们成为名义上的庄园拥有者（领家），而自己做庄官，仍掌握全部实权。这类庄园被称为“寄进型庄园”。

在庄园的初级阶段，其土地一般都是缴纳租子的，这叫做“输租”。耕种庄园土地的农民向领主缴纳租子，并通过领主向国家缴纳租税。也就是说，属于庄园的农民或佃农要受到双重的压榨。到了 10 世纪，不论公私土地都要缴纳以前的由租庸调转化的“临时杂役”。于是，庄园领主强调自己庄园的公益性，而向朝廷申请太政官符或民部省符，想得到不缴租税和杂役的特权。得到这种特权的庄园叫“官省符庄”。[①] 但这些特权仅限于官省符明确记载的田地(就是所谓的“本田”)，新开垦的田地不在此列。另外，朝廷的地方长官国司加强了检查田地的权力，而他们可以指定不纳租税的田地，这就叫“国免庄”。这些不缴纳租税的庄园所享有的权利叫做“不输权”。

在农耕社会，自给自足是根本的生产方式。庄园也不例外。除了耕地外，村落和山野河流等也被纳入庄园的范围内，俨然一个在经济上自我独立的小王国。前述的垦田型庄园是由领主直接经营的，但到了 9 世纪，这种类型的庄园急速没落。而较发达地区的原来的口分田或零散的新开垦耕地形成的庄园，则由住在周围的班田农民或住在庄园里的流浪者们耕种、经营。这些人叫“田堵”。也就是说，庄园的经营成为间接经营了。而“田堵”对自己所租佃耕种的土地的权利也日益强化了，以至于领主也不得不承认他们的权利。到了 11 世纪后半叶，一部分富裕起来的“田堵”，在自己所耕种的土地上冠以自己的名字，以示对土地的所有权，这种土地叫“名田”，其主人称为“名主”（自耕农，后转化为官职）。这是一种新型的土地私有，而作为年贡或公共事务的赋役单位，实际上得到了朝廷的承认。此外，朝廷将在庄园内的居民按其居住地来掌握，使之负担公共事务或夫役。

在这里我们看到庄园制的二重结构，一是领主对朝廷的实际私有，实际上是破坏了公田公民制，二是实际从事耕作的“名主”和所有者庄园领主的矛盾，管理者的名主成为了实际上的掌权者。从第一层结构而言，朝廷自然不喜欢这样的庄园了。于是，在 1045 年（宽德二年）以后，朝廷屡次发布庄园整理令，想将名义不明确的庄园收归国有。但在另一面却恰恰承认了已有庄园的合法性，而这一举措使得庄园领主为了逃避赋役和保证庄园的存在，将其“寄进”给朝廷的有权势的大官僚贵族或寺院，结果政府的政策反而使庄园的数量增加了，以致全国的土地被简单地区分为“公领”（乡，即国家领地和国衙领地）和庄园。而在领域型的庄园甚至有不让国司、国衙等进入其领地检查田地的“不入权”，这和上述的“不输权”被统称为“不输不入权”。并且领主的裁

---

① 官指太政官，省指民部省。就是说这些庄园是经过这两个机构批准的。在律令制下这种庄园的特权是最强大的。

判权也得到承认。这就是说，庄园再不是一个单纯的经济组织，它还具有了与其经济力量相应的政治权利。

如上所述，这种脱离国家控制的庄园自然会产生其具体的经营和管理者，这就是武士的雏形。庄园的扩大使朝廷不能坐视不管。朝廷知晓国司的苛政，即他们进行超过国家正常赋役的掠夺是使庄园扩大的一个原因，因此在 1040 年，政府又实施了一系列的国制改革，进行了郡、乡制的改组及采用了“别名制”①，指定了每段三斗的地税（段别见米三斗）率法和一国平均役② 的赋课等。地方行政、征税体系由此发生了巨大的变化。但这并没能阻止庄园制的发展，正是那些朝廷的地方官在其卸任之前，为谋私利，将国家土地变为庄园，寄进给摄关家，其实成为自己的土地；有的则免除权门土地租税，使其庄园化。所以虽然朝廷屡次对庄园进行整顿，但具体执行者却是这些地方官，这无异于与虎谋皮。庄园制正是在这种政治、经济政策的转换中不断发展。与此同时，所谓公领（国家领地和国衙领地）也同样发生了变化。天皇、摄关家通过知行国制将这些土地变成他们的私人领地，其统治结构和庄园没有什么区别，在院政时期这种土地制度确立起来了。和后文讲述的庄园被公认一道成为日本中世时期特有的土地制度——庄园公领制。③

武士和武士团的产生与形成

提起武士，对许多中国人来说是耳熟能详的名称，虽然负面的印象较深。特别是武士道，由于近代的侵略战争更是臭名昭著。不过，历史上的武士及武士道和后来日本军国主义宣传的武士或武士道是大相径庭的。武士是日本特有的阶层，虽然和欧洲的贵族、骑士有相同之处，但其间还是有区别的。④ 现在就让我们看看日本武士是如何出现并兴起的。

---

① 国衙为了防止公领庄园化，不得不向想保卫自己私有庄园的庄园主妥协，承认其开发，但要承包向官府缴纳地税和徭役等，这种税率化的措施是想将这些土地纳入国家的支配之下，因此，还为这些新的开发领主设置了新的行政单位（郡、乡、保），将其纳入国衙的管理范围内。

② 在进行所谓国家事业时征收临时杂役，其中不管国家土地还是庄园，一律征收的杂役。

③ 参见佐佐木润之介等著：《概论日本历史》第 50—51 页，吉川弘文馆，2000 年。

④ 如马克・布洛赫认为，和欧洲的骑士同时效忠于数名主人不同，日本武士只效忠于一个主人（《封建社会》中译本，商务印书馆 2004 年版）。

伴随着庄园的形成和发展，武士、武士集团亦随之产生和迅速兴起。庄官（庄园管理人）、名主（即地主，江户时代为村长）等地方豪族，为防止其他庄园的武力侵入和维持庄园的安全，或为了武装兼并其他庄园，纷纷从庄民中培养训练习武的兵士，称为“家子”、“郎党”等，这些人逐渐成为专事守卫征战，脱离生产的武士；公领的国司也开始雇佣精于弓马骑射的兵士，称之为“押领使”、“追捕使”等，成为武士的又一起源；此外，朝廷也设置武士以警卫宫廷。这后两种武士多为在地领主。这些领主的来源亦十分复杂，有国司演变成的在地的中下级贵族，有出身于原来的当地豪族和富裕农民的，有从所谓“名主”的地主阶层转变过来的。他们共同的特点就是住在农村，支配当地的“田堵”，即农民。他们开发新的领地，自号为“开发领主”或“根本领主”。当时奖励在国衙领地复原荒废的田地和开垦处女地，称开垦的田地为“保”或“别名”，并给予免除一部分贡品或免除临时杂役的优惠政策，所以这些在地的地主们竞相开发新田，并得到了“保司”或“名主”的官职，成为在地领主。还有的将开发的新田寄进给权门或寺院，使之庄园化，而自己则得到庄官的职位，也成为在地领主。

但是，这些在地领主为什么也会被称为“武士”，而且成为武士的中坚力量呢？他们并没有军职，也没有打过仗。这是因为政府，即国衙给这些人赋予一定的军役，如当守卫宫廷的警卫、国衙的宿卫、一宫等国内大神社祭祀时充当军事礼仪的执行者等，接近了上层统治者，因此也被称作“侍”，即侍者的意思。

各类武士势力不断增强、扩大，迅速发展成了强有力的武士集团，称为“武士团”。最初武士团以亲族关系结成，以桓武平氏、清和源氏出身者为核心集结起来，接着在全国各地形成。武士团有大有小，将小领主纳入而组成大武士团者，给小领主等从者以保护和土地，而从者对主君须绝对效忠，并尽军事义务。像滚雪球一般，武士团的规模日益扩大。这样，武士、武士团的形成和发展便成为巨大的社会势力，并必将登上政治舞台。平将门、藤原纯友两大武士叛变，则是武士团欲反叛朝廷甚至夺取政权的先声。

平将门·藤原纯友之乱

随着平安时代律令国家势力的衰微，贵族骄奢淫逸，地方豪族对政府日益失望和不满。全国的治安情况普遍恶化，盗贼、海盗横行。濑户内海从 9 世纪中期开始，海盗猖獗，妨碍船只的正常航行。而在关东各地，私营田领主们和原来朝廷派来的国司互相争斗并抵制国衙的统治。935 年（承平五年），关东的桓武平氏之孙平将门（？—940 年）掀起叛乱。平将门是以下总国（今千叶县北部和茨城县的一部分）北部为根据地的势力浩大的私营田领主。开始时这不过是家族内的私斗，但不久就发展成为对抗国衙的武装斗争，939 年（天庆二年），平将门袭击烧毁了常陆（今茨城县大半部）的国衙，公然反抗朝廷，自称新皇，并一时要支配整个关东地区。940 年，他的同族平贞盛（生卒年不详）和下野国（现在的栃木县）押领使藤原秀乡（生卒年不详）受朝廷命令镇压了这场叛乱。平将门的支持者是关东地区南部的私营田领主们，力量不可谓不强大，但由于军事组织尚欠成熟，终至失败。936 年，将濑户内海的海盗，实际上是从事内海交易，获取暴利的土豪、富裕农民们组织起来的前伊予（现在的爱媛县）掾藤原纯友（？—941 年）在西国掀起叛乱，率船千余艘劫掠沿海各处，不论官私财物一并掠走，驱逐国司，火烧官府衙门，一时势如燎原之火。941 年，朝廷的追捕使小野好古（884—968 年）、源经基（916—961 年）等将其镇压，史家一般认为藤原纯友的这次失败也是由于反叛者在组织上有所欠缺。

具有讽刺意味的是，镇压东国、西国两大叛乱武士的朝廷的武力也来源于武士，不久这些听命于朝廷的武将们更组成了在中央有根基，又与地方紧密联系的大武士团，自己为长，成为所谓武士的栋梁。这作为有历史意义的武士集团的新发展，标志着武士们已经开始进入中央统治阶层的上层。

镇压平将门、藤原纯友之乱的平贞盛和源经基的子孙们作为武士出身而服务于中央政权，和那些掌权的贵族自然是不同的，这些充满了活力的武士们精明强干、野心勃勃。在律令制的六卫府软弱无力及后来维持首都治安的检非违使军事力量不充足的情况下，权势之家和神社、寺庙为了自身的安全和保护领地开始豢养私兵。9 世纪末，宫廷中也有了天皇的护卫，这是设置在“藏人所”的“龙口的武者”，[①] 上皇的院中有北面武士。同时，平贞盛的儿子将大本营设在伊势，号“伊势平氏”，源经基的子弟满仲、赖光、赖信等在摄津（现在的大阪和兵库县的一部分）、河内（现在的大阪的南中北河内的三郡）设置大本

① 其住宿在皇宫清凉殿的东北部，是宫中流水落下的地方，因此称之为“龙口的武者”。

营，被称作“摄津源氏”、“河内源氏”，他们是院或摄关家的护卫，并成为武士阶层中的中流砥柱。

关东武士团

1028 年（长元元年）关东地区发生了前上总介平忠常（967—1031 年）之乱，其规模超过了一个世纪前的平将门之乱，声势十分浩大。1030 年，甲斐（今山梨县）守源赖信（968—1048 年）受命平乱，平忠常却不战而降。据说因为忠常早就是赖信的家臣。中央的武士和地方土豪之间就是这样结成主从关系，即封建性的身份关系的。在平忠常之乱后的关东地区，一边是在地领主制的形成，另一边就是结成封建性主从关系的武士团正在不断产生和壮大。源赖信的子孙就是自上而下地组织了武士团。

1051 年，在陆奥（现在的福岛、宫城、岩手、青森等四县）发生了“俘囚”之长安倍氏的暴乱，赖信的儿子陆奥守赖义（988—1075 年）苦战不胜，后来得到了出羽豪族清原武则（生卒年不详）的支援，才在 1062 年将暴乱镇压下去，史称“前九年之役”。其后，清原氏发生家族内部的纷争，1083 年再起战乱，介于其中的赖义之子义家（1039—1106 年）得到了在东北地方有实力的藤原清衡（1056—1128 年）的帮助，1087 年消灭了清原氏，史称“后三年之役”。其后东北地方就成了藤原家族的势力范围，名叫奥州（即陆奥）藤原氏。赖义、义家父子在这两场征战中，和其他的关东武士结下了深厚的情谊，为后来夺取政权奠定了坚实的基础。

院政时期的武士

然而，武士作为统治阶级的主要力量出现在历史舞台上，还是要到日本历史上著名的“院政时期”。上文说过 1068 年（治历四年）和藤原氏没有关系的后三条天皇即位，藤原教通虽然依旧是关白，但大权却回归到天皇手中。

天皇即位后，立刻任用所谓贤能的官吏，试图革新国政，1069 年（延久元年）公布了所谓的延久庄园整理令。该令终止了宽德以后新建立的庄园，而在此之前的庄园若是契约文件不清楚，或妨碍国务的一律没收。同时，设置了审查庄园文件的机构“记录庄园券契所”，虽然这要征求领主和国司的意见，认为是正当的庄园就发给太政官牒予以保护，但朝廷的权门贵族及大神社、大寺院也需要太政官牒，他们只好听从天皇的命令。因此，延久庄园整理令实际上是在强化天皇的权威，使之成为超越了贵族的至高无上的权威。不过，这些整顿庄园的措施，还造成了另一个后果，即被认为是正当的庄园就取得了公开的法的承认，它们的地位和公领一样，由国家土地账簿掌握，被征收一国平均役（庄园公领制）。

前文说过，继承后三条天皇的是白河天皇，他亲政 14 年，于 1086 年（应德三年）让位给善仁亲王，由于他想让自己的亲生子女继承皇位，就实施了强有力的摄政权，并由此开创了“院政”。

白河院政依然实行严厉的庄园整顿政策，在洛北（指京都北部）白河之地接连建立了所谓的“国王的氏寺”的法胜寺、善胜寺、最胜寺、圆胜寺等御愿寺，并给予了大量封户，将庄园的寄进压缩限制在最小的程度。但这一举措无疑受到大庄园主们的反抗。所谓南都（兴福寺）、北岭（延历寺）等大寺院屡次以僧兵上告。为此，院的武力也开始了发展和完善。在院的所在地的北面开设的“院北面”，开始是院的近侍们集中的地方，但到了 12 世纪初，白河上皇就组建了所谓“北面武士”的武士团。“北面武士”的成员是畿内近国（邻近京都的 17 国）成长起来的当地的小武士团或由领地阶层率领的地方的“国侍”（小武士）等，但不久当地的小武士团中就产生了上皇的近臣、获得领地的军事贵族。其中就有伊势平氏的平正盛（生卒年不详）。

平氏[①] 的兴起

平正盛在 1097 年将自己二十余町的领地寄进给白河院上皇的爱女，以此接近了上皇，历任各国的受领（国司的别名，和“遥任”相对，指在领地内具体实行管理的国司）并镇压僧兵。其子平忠盛（1096—1153 年）也从事镇压

① 平氏是天皇赐姓的家族，分为恒武平氏、仁明平氏、文德平氏和光孝平氏四大家，其中恒武平氏据说是恒武天皇的子孙。天皇赐姓是指天皇的子孙成为臣籍后，天皇赐姓给他们。

僧兵和追捕濑户内海的海盗等武力活动，受到朝廷的青睐，1132年甚至给了他“宫内上殿”的特权，作为武士这是从未有过的特例。

同时，河内源氏的源义家在前九年、后三年战役中加强了和关东武士的纽带关系，各国百姓纷纷将土地寄进给他。白河上皇为抑制源氏的势力禁止人们这样做，但同时又起用义家追捕僧兵和保卫皇室。从这里可以清楚地看到中央政府和武士之间微妙的关系。当时源氏① 的势力是十分强大的，在武士中几乎是首屈一指。但是，义家之子义亲因犯法被流放到隐岐，在那里他又杀害了出云（现岛根县的东半部）的朝廷官吏，被平正盛追讨。因此源氏家族的力量稍逊于与其竞争的平氏家族。而后来的保元之乱使平氏家族爬上了统治权力的巅峰。

1129年，鸟羽上皇实行院政，权势更加强大。但其政治方针和白河院政有所不同。鸟羽上皇对摄关采取了怀柔政策。同时，过去支撑院政的受领阶层的比重下降，原因是在整顿庄园时，院所属的庄园急剧增多，在经济上已经形成了坚实的自我基础。而最重要的是鸟羽上皇及统治者已经意识到以前的整顿庄园政策是压制不了地方领主的，所以就放弃了。

这样一来，寄进土地的庄园急剧增多，形成了中世纪的庄园体制划时代的阶段。而院本身就是大庄园主。摄关家族的藤原忠实也积极地扩张领地，并进行统编，形成了以摄津、河内及和泉（现在大阪的南部）为中心的所谓“殿下渡领”，而畿内近国的许多免除杂役的神社、寺院的庄园也组成了完整的集村形态。

统治阶层经济上的膨胀并没有带来政治上的安定；相反，为了继承权，皇室内部和摄关家族内部的纷争反而强烈起来。1156年（保元元年），鸟羽上皇死去，矛盾爆发了。皇室中后白河天皇和崇德上皇矛盾激化，摄关家中的忠通和后白河天皇结成一势，而赖长却和崇德上皇站在一起，他们动员源平两氏的武士进行战争，史称“保元之乱”。战争以后白河天皇的胜利而告终。崇德上皇被流放到赞岐，赖长死，跟随上皇的武士首领源为义、平忠正等被处以极刑。

后白河天皇不是个识大势的人，他发布了有七个条例的“保元新制”，又

① 源氏是天皇赐姓之一，据说在赐姓中源氏是最多的。武士中的清和源氏始祖是清和天皇之孙基经王。

将庄园整顿的政策捡了起来。这更加剧了贵族政权内部的矛盾。但炮制“保元新制”的藤原通宪（1106—1159 年）权势却如日中天，平清盛（1118—1181 年）利用他和通宪的关系，势力日张。和通宪对抗的藤原信赖（1133—1159 年）和武士首领源义朝(1123—1160 年）于 1159 年(平治元年）趁平清盛外出之机，发动政变，囚禁了天皇和上皇，并迫使通宪自尽。政变似乎取得了成功，但平清盛即刻返回，打败了政变军队，斩了信赖，杀死源义朝，是为“平治之乱”。这时，首都的政治舞台上再也不是贵族的天下，统治权的争夺是在武士阶层中进行的。那些往日皇族、贵族的雇佣军已经成为自己命运的主宰，同时也成为真正的政治上的主流力量。

平氏政权的建立

武士出身的平清盛战胜了敌人后，被一路擢升，1167 年当上了太政大臣，营造了巨大的宅第。他的晋升本来是后白河天皇的主张，但桀骜不驯的平清盛不久就和天皇发生了矛盾，1179 年，平清盛发动政变，软禁了天皇，罢免了和院有关系的反平氏的官员，建立了军事独裁政权。这是武士们在中央首次建立自己的政权，被人叫做“平氏政权”或“六波罗政权”(因为平氏的宅第建在都城的六波罗)。

平氏政权确实是具有强大军事力量的武士政权，平时忠（1127—1186 年）曾经说过在日本历史上著名的话：“非平氏者非人。”但其夺取政权在很大程度上是利用了地理条件。拥戴平氏的是西国、近国（邻近京都的 17 个国）的名主一级的中小武士团，由于和首都京都近，能很快动员起来。但其和率领东国武士集团的源氏相比实力不仅要弱，并且东国武士团内部更加团结，对主君也更忠实。加之，由于平氏夺取政权太快，没有广泛地组织好当地的中小武士团，在组织力量上又输源氏一筹。虽然平氏政权试图设立地头，但却没有充分地贯彻下去。最终，平氏集团还是沿袭着掌握知行国和庄园及日本与宋朝贸易这种贵族政权的旧有政策。

任何把持着统治权力的集团首先是要有自己的经济基础，不管是平时还是战时，有强大的经济力量就是胜利的最终保证。平氏集团也不例外。当时，平氏有三十多个知行国，几近全国的一半，构成了平氏集团最大的经济基础。平清盛将自己的家族分配到各知行国，又让自己的家人担当目代（地方官的代理官员，是私设的）。而没有利用国衙这样的律令制下的政府机构去组织当地的武士，旧瓶装新酒，这对一个改良性的政权来说，无疑是事半功倍的好事，但平氏政权却没有这样去做，而是继承了过去的朝廷管理方式，高高在上地管理武士。这样一来就和当地武士发生了对立，各国武士对平氏政权是相当不满意的。

平氏自己没收的公共领地有五百多处，开始是院的领地等，但在掌握了政权后，就用强制的手段获取庄园，如将摄关家的庄园收归已有，这就招致了庄园领主的贵族或神社、寺院的不满。武士和贵族这两大集团，总要靠上一方，但平氏政权则两头都得罪。其在国内的支持基础自然日益衰落。

此外，在日本和宋朝的贸易中，平氏集团修缮港口、开通内海航线，将以前只有太宰府才有权经营的和中国宋朝船只的贸易改在他所控制的兵库港进行，从而得到了巨大的利益，这虽然强化了自己的经济力量，但也因其垄断这种赚钱的贸易而为贵族、武士们所忌恨。

虽然平氏在血缘上和源氏一样是皇族或藤原家族的后裔，但他们作为武士阶层毕竟是起于草莽，见识短浅，行为粗俗野蛮，和受过中国文化熏陶的文雅高贵的中央贵族在教养上相去甚远，朝廷贵族十分鄙夷他们。

就是这样，从武士到中央贵族，平氏不断地失去人心。平氏政权在外表的豪华奢侈、不可一世之下，实际上已经孕育着崩溃的危机，处于风雨飘摇之中。源氏政权取而代之只是个时间问题。

第三章

武家政治时期

（1192—1868 年）

第一节　镰仓幕府和元军侵袭

平氏的败亡

上文说过，平氏政权没有强大的组织基础，在施政上既得罪了仍然在文化和威望上有影响的王朝贵族，又没有博得新兴武士们的强有力的支持。而同样是武士出身的源氏却有强大的实力。在经过一段蛰伏期后，源氏家族的首脑源赖朝（1147—1199 年）于 1180 年 8 月 17 日在伊豆半岛的蛭小岛举兵，当时是三岛神社举行法事的夜晚。他先讨伐了兵力单薄的伊豆的目代山本兼隆。但接着在 23 日于相模国（今神奈川县）石桥山被大庭景观等在正式战斗中打得大败。赖朝的准备虽然很充足，但还是吃了败仗，不过，这和以前的平将门之乱不一样，与其说是组织得不好，不如说是战争的偶然性，或者对方将领的指挥得当。

险些丧生的赖朝逃到了安房国（今千叶县安房郡）平北郡猎岛，在这里和北条时政（1138—1215 年）等武士首领汇合，并受到安西、上总、千叶等地有实力的武士们的支持，成了名副其实的武士团的栋梁，同时也掌握了各国的在厅机构。而见风使舵的在石桥山攻击过赖朝的关东的强大的武士团也投奔到他的麾下。10 月 6 日，源赖朝率军进入镰仓。

平清盛接报后大为震惊，派遣平维盛（1158—1184 年）为招讨使。但平维盛在奔战关东的途中，闻听赖朝的力量日见增长，不禁胆寒，丧失了斗志。

1180 年 10 月 20 日，两军在富士川的贺岛对峙。平维盛的军队极度惊慌，以致当他们刚一听到水鸟扑翅而起的声音时就已溃不成军。读者们肯定知道中国古代的“淝水之战”，被打得大败的苻坚曾说过：“望八公山上，草木皆类人形”，由此就有了中国成语：“草木皆兵”，而在日本这就叫做“水鸟之音”。这就是日本史上著名的富士川会战。赖朝想趁此千载难逢的时机直捣京都。但被部下劝止，只好继续留在镰仓。虽然部下的意见有一定道理，因为源赖朝部队的后面还有强大的敌对的武士。但从军事上说，源赖朝的主张更可取。不过，当时他的威望尚不足以压服部下，就是那些相对独立的武士们，只好听从他们的建议。

源赖朝

而另一武士团的首领木曾的源义仲（即木曾义仲，1154—1184 年）于 1180 年 9 月 7 日在信浓（今长野县）起兵。1181 年闰 2 月 4 日，平氏政权的首脑平清盛死去，1182 年发生饥荒。木曾义仲在 1183 年 5 月于越中（今富山县）砺波上击败了平氏的军队，7 月进入京都。平氏带着安德天皇仓惶逃出都城，而后白河法皇（上皇出家时就叫法皇，和上皇没有什么区别）却留在都城，迎接木曾义仲进城，但随后不久两者就产生了矛盾，后白河法皇使用计谋，使木曾义仲在 11 月失败于宫廷政变，法皇同时命赖朝讨伐义仲，当时赖朝还是被处以“配流”（流放）的罪人。他向法皇要求承认他在东国的政治和军事统治权，得到允诺后，便派弟弟范赖（？—1193 年）和义经（1159—1189 年）征讨义仲。义仲不敌，于 1184 年在近江的粟津战死。

这时，关东的源赖朝政权却日益稳固，这在很大程度上得益于反对平氏的武士和僧人集团。1180 年 12 月，平清盛不得不分兵讨伐东国的源氏各支，同时还要去攻打兴福寺，而木曾义仲又将其逐出京都。源赖朝静观其变，坐收渔翁之利。

1184 年，奉命讨伐木曾义仲的源氏的精锐军队，在杀死了木曾义仲后，乘势进攻平氏。在一谷之战中，平氏丧失了大多数武将，带着幼小的安德天皇败走屋岛。这时曾经叱咤风云、不可一世的平氏集团已经沦落为地方的小小政权了。1185 年 2 月，源氏的源义经发动奇袭，平氏只好逃到海上。在长门坛浦进行了最后的一战，平氏败北。平氏见大势已去遂大多投海自尽，其中也有幼帝安德天皇，大将宗盛（1147—1185 年）被擒获，平氏就这样彻底灭亡了。

平氏一族的遭遇被写成著名的文学作品《平家物语》。人们将同情心放在了失败的悲剧性的英雄一方，但从平氏属于武士阶层这一点来说，源氏政权是其继承者。

源氏政权的建立

关于源赖朝何时已经掌握了全国军政的实权，有几种说法。一种说法认为 1183 年 10 月赖朝得到宣旨，被赋予东海、东山两道的庄园公领的沙汰权（执行权），并被解除了“敕勘”（天皇曾对他的惩罚）。就是说，得到朝廷的认可，获得了朝廷给予的权力，其意义是巨大的。而有人认为当时平氏虽不在京都，但并未灭亡，同时正是木曾义仲在京都掌权的时候，因此 1183 年的说法缺乏说服力。而另一种说法认为应该在平氏灭亡以后，即 1185 年 11 月京都朝廷答应了赖朝要求设置守护、地头的要求时。因为源赖朝这时才真正地有可能掌握全国的军事警察权。

1190 年（建久元年）11 月，已经握有日本最大权力的源赖朝第一次进入京都，被朝廷任命为权大纳言、右近卫大将军，成为公卿的一员。但源赖朝根本不满意这样的官职，一个月后，他便提出辞职，实际上是威胁朝廷，可是，后白河法皇不肯轻易答应他要当征夷大将军的要求。1192 年法皇死，赖朝就任了征夷大将军职①。镰仓幕府(幕府原意是征夷大将军的营幕，亦转称将军本

① 征夷大将军原为征讨虾夷而任命的临时官职。794 年开始，811 年以后中断。1184 年又恢复此职。

人，在史学上是指武家政治的中央）的统治正式确立起来。此后的幕府政权效仿源赖朝的先例，幕府首脑均为征夷大将军，因此也被称作“幕府将军”。

镰仓幕府和御家人

源氏政权的政治机构在镰仓，但其形式多沿用律令制的官职组织。从他要当征夷大将军这一律令制下的官员可见其一斑。

将军所有的法的权力是可以将御家人任命为地头，而且，其作为日本国总追捕使，还可以在诸国任命守护。这样，赖朝就将他的私人武装转换为国家正式的权力组织或机构。而基于同样的原因，幕府的中枢机构公文所（进行一般的公务管理，1191 年改为政所）的长官是天皇政权的事务官僚，另一机构问注所（仲裁御家人土地纠纷的机构）的长官也是朝廷的事务官僚。这是赖朝想借助熟悉律令制下的行政管理人员，巩固自己的政权。

但镰仓幕府是武士的军事政权，必须有能支配、管理武士的机构。这是在所有行政部门中最重要的组织，那就是“侍所”。

源赖朝并没有忘记能威胁自己权力的朝廷，他设置了京都守护的职位，监督朝廷，不使那些强悍、难以驯服的御家人和京都朝廷直接发生关系。

镰仓幕府的统治基础是将军的私人武装御家人，这些御家人为什么要当地头或守护呢？守护和地头又是什么样的官职呢？1185 年，赖朝最信任的武士团首领之一的北条时政，按赖朝的指示，向朝廷要求在各国补任守护、地头，以便“不论权门势家庄公，必须课以兵粮米”。这使得朝廷贵族很是恐慌。因为守护和地头等于得到了一国一处的知行权。但朝廷是压制不住武士们的要求的，守护和地头最终还是设立了。

守护是一国一名，均为源氏部下最有实力的御家人。他们的权限有对大番[①]催促、谋反、杀人等所谓三条大罪有处置权。大番催促是带领所属国的御家人轮流警卫皇宫。谋反、杀人的罪犯不论在公领还是庄园，守护均可以自由进行逮捕、处罚。此外，在战争时期要指挥管区内的御家人参战，幕府和御

① 大番即大番役，是平安、镰仓时代警卫京都御所（天皇等人的住所）、摄关家和幕府的军役。镰仓幕府将京都大番役作为御家人的军役，给予充分的重视。1225 年建立了镰仓大番役，室町幕府时废除。

家人之间的上情下达或下情上达也是由他们作为中介。但守护和御家人没有主从关系。

地头是在全国的庄园、公领设置的职务，其权限有三，对土地的管理权、征税权和警察权，还可以从年贡、地税中提取兵粮米。不论公领抑或庄园均设置地头，这自然会引起朝廷贵族和僧院的抵制。他们和地头的冲突不断，赖朝只好让步，将地头设在没收的官领、谋反人的遗留地上。但各地的地头经常越权，使朝廷十分不满，赖朝为了避免公武[①]间的纷争，对地头的行为严加管束。

源赖朝的镰仓幕府虽然在形式上采用了过去的律令制国家的结构，但执行国家事务的人却变了，不是王朝的贵族或天皇的官员，而是所谓的御家人。

御家人的出现是和保护地主们的土地所有权（日语叫“本领安堵”）分不开的。地方的豪族们在镰仓幕府成立前最大的苦恼和担忧就是自己的土地不知何时被朝廷没收。他们或者将土地寄进给权门势族，或者自己做“在厅官人”。而源赖朝正是在这一点上保护他们并消除了他们的担心。富士川会战后，源赖朝在相模的国府先进行了试点。其形式就是靠所谓的“御恩”和“奉公”。御恩就是保护领主们的领地，同时领主们要奉上名簿宣誓效忠而成为幕府的家人，即御家人。御家人在将土地转让给自己的子孙时，要定下总领，即直系的财产继承人，这要经幕府的承认。其他的孩子是庶子，是非御家人。而奉公就是御家人要为幕府承担义务，其内容包括服军役、京都的大番役、镰仓番役（在镰仓的军事轮值）等，简而言之，要为幕府在军事上效忠。这种以御恩和奉公结成的主从关系是镰仓幕府统治的最基本结构。在这里，我们看到这和中国的封建国家的支配方式不同，应该说日本的这种私人的主从关系和欧洲的封建制度更为相似。此外，这种御家人制度起源于东国。当时日本东部和西部的发展不平衡，自进入弥生时代后，西部日本在吸收外来技术和制度上比在绳纹时代发达的东部要快得多，社会结构也相应地比较进步，但相对落后的东部却建立了完善的御家人体制。这种牢固的主从关系是和东部由于经济不发达，农民或家庭的个体化尚未形成有很大关系。而恰恰是这种落后的经济社会结构使东部在这次政治、社会的大变动中占据了优势。有些像罗马帝国后期，蛮族们打败了先进的罗马一样，这样的例子在历史上是很常见的。

① 公即天皇朝廷、公卿，武是武士及其首脑，亦称武家，也有时指幕府。公武纷争是指天皇朝廷和幕府间的权力斗争。

承久之变和北条氏

1199年，源赖朝去世，其子赖家（1182—1204年）继位。他没有其父的威望和统治力量。内部产生了纷争，其母北条政子（1157—1225年）是个刚毅的女人，她统治了家族。并让她的父亲北条时政等13名强大的御家人组成了集体领导体制。后来赖家的弟弟源实朝（1192—1219年）当上了将军，此人不好政治，实权还是掌握在北条时政父女手中。

在此期间，北条家族几经争斗，将源氏手下的那些有实力御家人一一击败。1203年，北条时政当上了执权（兼任政所、侍所的首脑并总体管理幕府行政的官职），实际上掌握了实权。后又经过几番权力斗争，北条时政的儿子北条义时（1163—1224年）终于又夺取了执权的官位。而这时赖家的儿子暗杀了将军源实朝，源氏的正统血缘断了，义时和政子将源氏家的远亲九条赖经（1218—1256年）迎来做将军，成了一个北条家族希望的傀儡。这就像天皇大权旁落一样，镰仓幕府的源氏家族的大权也被外戚北条氏篡夺了，北条家族之所以继续拥立源氏家族只是因为源氏家族出身高贵（皇族·藤原氏的血统，天皇赐姓），是所谓“贵种”，在当时，武士们是很重视出身的，而北条家族原来不过是伊豆的一个小小的地方豪强。

1232年，执权北条泰时（1183—1242年）制定了“御成败式目”（贞永式目）这一武家的根本法典，目的是保护御家人的身份及财产，并解决他们和庄园之间的纷争。这部法典之所以重要，是因为不管是朝廷贵族、庄园领主、庄园的具体管理者，甚至天皇，他们之间的矛盾斗争无非都是为了土地，而新兴的武士们是不能指望传统的权威来保护他们。因此，武士们对幕府最大的期望就是能够保护他们得之不易的身份和财产。而且该法典内容十分丰富，涉及行政、民事、刑事等法的领域。

朝廷的天皇被夺权后，自然不甘寂寞，后鸟羽上皇在暗中进行着“讨幕”计划，在“北面武士”之后又设置了所谓的西面武士。① 上皇看到镰仓幕府政局不稳，接到源实朝被杀的消息后，认为机会到了，遂利用要求给自己的宠姬

① 也叫院西面，为院的西面武士的简称，为院司之一，任命武艺超群的关东武士十名，除了警卫院之外，还担负保护上皇和追捕盗贼等任务。

封地并改换地头的时机，于1221年（承久三年）发出了“追讨”北条义时的“院宣”[①]，这就引发了日本历史上著名的“承久之变”。

听到上皇的宣旨，本来对北条家族有反心的御家人立刻拥护上皇，畿内近国的14国的御家人纷纷投奔朝廷，兵力达七千多骑。但被称作尼将军的源赖朝的妻子、勇敢的北条政子做了极具说服力的演讲，关东武士万众一心，以19万人马的雄厚兵力，分三路大军西征，杀奔京都。上皇只有失败一途。

承久之变后，后鸟羽上皇、顺德上皇（1195—1231年）、土御门上皇（1197—1242年）均被流放，仲恭天皇（1218—1234年）被废，因为他们都是反对幕府的。投靠院方的贵族、武士受到严惩，被没收了三千余所庄园。这些庄园土地被分配给立了战功的御家人。这些新获得土地的地头被称作新补地头，以别于源赖朝时的本补地头。新补地头一段（反）地有五升的加征米（在正常赋税之上加征的课赋），11町地有1町的免除捐税的地。北条家族通过承久之变和武士们形成了新的御恩和奉公的关系。而且通过领地的没收，幕府的地盘前所未有地扩大了，势力进入了西日本。不仅如此，幕府的大将北条时房（1175—1240年）、北条泰时（1183—1242年）当上六波罗探题，驻在京都。六波罗探题这个官职是代替过去的京都守护，担负京都的警备或监视朝廷的，而且负责尾张（今爱知县西半部）以西各国的御家人关系之间的裁判，这就彻底地压制住了朝廷。北条氏的执权政治在承久之乱后，更加巩固了。

此后，支撑北条家族的地头御家人们的力量也随之更为强大。他们先染指年贡，进而承包年贡。这就触犯了庄园主，主要是贵族们的利益。贵族们用尽各种方法与之对抗，而幕府在中间调解。但经济利益的冲突是很难解决的，日本上层国家权力出现了很紧张的关系。

元军侵犯

一个国家如果在没有外部压力的情况下，正统的政权是很难被取代的，虽然在北条氏的执权政治中，出现了贵族和武士之间的不和，但这个政权还能够维持下去。不过，一次日本历史上没有过的几乎就要成功的外族入侵，意外地

① 院宣是院司奉上皇或法皇的命令发布的文书，形式上是上皇的私人文书。

打击了镰仓幕府。

在承久之变后过了半个世纪，日本遭遇了第一次外族的威胁，这就是在中国建立起的蒙古族统治的元朝。1268 年，元世祖忽必烈遣高丽使者送去国书，要求日本臣服。执权北条政村（1205—1273 年）闻报大惊，他一边上报朝廷，决心不予答复，一边将执权的位置让给北条时赖（1227—1263 年）的儿子，只有 18 岁的北条时宗（1251—1284 年）。尽管元朝数度恐吓威胁，但北条时宗在家族的支持下，态度强硬，不惜一战。

1274 年（文永十一年）10 月，元朝和高丽的联合军队约二万三千人乘 900 艘战船经对马海峡到达日本的博多湾，20 日登陆作战。日本迎击元军的主力军是西国的御家人。这些武士们和当时西方骑士们的战法相似，是单骑决斗，而蒙古军队则不仅熟练地运用了令西方人闻风丧胆的蒙古弓箭和战无不胜的集团冲锋的战术，而且还使用了日本从没见过的火器，就像用骑兵队伍和坦克集团作战一样，日本军队自然不是对手，吃了败仗，被迫退到大宰府的水城①。但是至今不知何故(也有学者提出是因为元朝统治阶级内部纷争，元军又不习惯水上生活，故自行撤退；也有说是因为暴风雨，船只受到极大的损失而不得不撤退）蒙古军队却在早晨撤退了，这就是“文永之役”。

1275 年，顽强不屈的幕府为防御元军的再次入侵，在博多湾沿岸构筑工事，费用由九州的御家人和非御家人负担，在北九州沿岸布防，命九州的御家人担任警戒防守，北条时宗还表示要亲自给将士送饭送水，鼓舞士气。

1279 年，元灭南宋，忽必烈又派使者要求日本臣服。日本杀了来使，表示不惜一战也绝不屈服的决心。1281 年（弘安四年）5 月，元朝和高丽联军以 14 万士兵、4400 艘船只再次侵袭日本。在经过几次小的战斗接触后，联军在肥前国（今不包括壹岐、对马的佐贺和长崎县）伊万里湾口集结，一场大战即将开始，日本军队虽然斗志高涨，准备得也很充分，两个月没让元军登陆。但遇到强大的、有着新式装备的元军恐怕结局是胜少负多。在这危急关头，据说一场台风及时降临。7 月 30 日夜刮起了台风，（亦有学者考证当时并无台风。应该说台风的影响恐怕还在其次，可能主要是元军内部不和，譬如，前南宋的军队就没有及时赶到）联军受到巨大的损伤，日本军队趁势进攻，联军损

① 水域是为军事作战而建筑的土垒，是 664 年为防卫大宰府而建的，现有留存的遗迹。土垒的底部宽 37 米，高 14 米，有两个城门。但如何装满水及其目的目前还不清楚。

兵折将，损失了七八成，是为“弘安之役”。文永之役和弘安之役后来被日本史家合称为“元寇袭来”或“蒙古来袭”。所传当时刮起的台风就是日本史上常常提到的“神风”，因为台风拯救了日本。神风的神话一直持续到第二次世界大战时期，日本对美国开战后，建立了所谓“神风攻击队”的空军作战部队，以自杀式的攻击方式进攻美军，妄图利用神话的力量挽救日本帝国覆灭的命运。

镰仓幕府的灭亡

文永之役后，北条氏更进一步扩大了自己的势力，九州、山阴道（七道之一，今日本中国地方①的沿海一带）、山阳道（七道之一，今日本中国地方濑户内海的沿海地带）、北陆道（七道之一，今中部地区和近畿地区的沿海地带）诸地区的守护一职悉数落入北条家的手中。但防御元朝也给御家人带来巨大的经济损失，他们要承担军事费用，而且在和元军作战，即使胜利后也得不到封赏。和封建时代甚至近代的所有战争一样，参加战争的人是要有好处的，特别是那些将领，至少要通过战争的掳获来弥补人员和财物的损失。因此，这种战争对武士来说，毫无意义。西部御家人的境况更惨，甚至有因借钱而破产的。同时，原来就有的御家人中的分化也因战争而愈演愈烈，强大的御家人并吞了弱小的御家人，把他们编成自己的御家人。而且，御家人的继承制度是分割继承，连女子也能分到遗产，这样，那些“总领”对家族的控制就愈发困难。而沉重的“奉公”②是这些零散的御家人难以承受的。加之，御家人在京城或镰仓服役，受到城市奢侈生活的感染，回去后依然大量消费，但他们拮据的财力支撑不起这种豪华的生活。

由于以上各种原因，小的零散的御家人日益贫困起来。御家人是幕府的统治基础，他们的穷困潦倒，特别是大量借贷引发的破产，自然要影响到政治的稳定，于是，幕府便在1297年（永仁五年）颁发了《德政令》（永仁德政令），试图将御家人的债务一笔勾销，命令将御家人典当的土地无偿还给他们。但遭

---

① 中国地方指日本冈山、广岛、山口、岛根、鸟取五县，不是我国的国名。

② 奉公是指从者对主家的服务，这时武士的奉公就是给主家负担军事义务。

到商人和高利贷者（借上）的强烈抵制，并阻塞了货币的正常流通，造成金融上的混乱，第二年，幕府不得已取消了《德政令》。对眼前发生的情况幕府真是一筹莫展。

不光是这些小的御家人处境糟糕，就是那些势力大的御家人也开始对幕府怨恨不满，他们的不满主要是因为政治上的原因。当时幕府由北条得宗家一支垄断权力，得宗一支是总领家，势力强大，属下的御家人叫御内人，骄横跋扈，权势炙手，引起其他御家人强烈的不满。1285 年 11 月，实力强大的御家人安达泰盛（1231—1285 年）终于起兵造反，史称“霜月骚动”。很多御家人起兵响应，虽然幕府将其镇压，但受到的冲击却是极大的。幕府的权威受到了挑战。

统治阶级内部的纷争在很大程度上是反映了社会矛盾的加剧，也就是从 13 世纪末开始，畿内和九州出现了所谓“恶党”的起义。这些恶党其实是御家人的家族或豪强们，他们以暴力反抗庄园领主，以及守护、幕府。幕府命令守护们予以严厉镇压，但这些强悍的恶党们不是那么容易对付的，守护们见硬的不行，就转而和他们勾结起来，壮大自己的力量。连地方上最重要的统治支柱的守护都敢不听命，可见幕府权威和统治能力衰落到了何种程度。

进入 14 世纪，政变或试图推翻幕府的阴谋接踵不断。一贯见机行事、以求一逞的朝廷自然不会放过这样的机会，反对幕府的空气逐渐浓烈起来，幕府对此不是不知晓。当时皇室在后嵯峨天皇（在位时间 1242—1246 年）之后分为两个系统，一个是持明院统（这个名字来源于后深草天皇让位后住在持明院中），另一个是大觉寺统（后宇多天皇让位后住在大觉寺）。这两个系统为皇位的继承和皇家的庄园领地而不断发生激烈的内斗。幕府便利用皇室中的对立，插手干预，要求他们“两统迭立”（就是让两个系统的人轮流继承皇位），以此来控制朝廷。同时，公卿们也为财产继承等争讼不断，这也和皇位的继承联系了起来，幕府的“两统迭立”也可以对公卿们施以相当大的影响力。当大觉寺统的后醍醐天皇（在位时间 1319—1339 年）即位后，废除了院政，重新启动记录所（记录所的工作是一般政务及公家或寺院为当事人的诉讼等），开始亲政。一方面是天皇的想有所作为，另一方面是当时执权北条高时的颟顸无能，于是在 1324 年后醍醐天皇和近臣们商议倒幕，但事前就泄露了出去，政变失败（正中之变）。但天皇紧接着在 1331 年（元弘元年）再次阴谋倒幕，寺院的势力也被发动起来，集中在皇子护良亲王（1308—1335年）麾下，但是被六波罗探题侦察到了，幕府捉住了天皇，将其流放，史称“元弘之变”。

虽然幕府取得了一时的胜利，但不满幕府的强大的武士们纷纷起兵反抗。河内（今大阪府的一部分）的楠木正成（？—1336年）等畿内近国的武士们响应天皇的倒幕，这些武士们主要是反对幕府的庇护御家人，维持庄园现状的政策。而1333年2月后醍醐天皇从流放地跑了出来，计划夺回京都。幕府派遣足利源氏的嫡系子孙足利高氏（后改名足利尊氏，1305—1358年）率兵征讨京都，但足利高氏却举起反旗。新田源氏的嫡传子孙新田义贞（1301—1338年）响应高氏，攻陷了镰仓，北条高时等所有的北条家族全被消灭。1333年5月镰仓幕府灭亡。

在镰仓幕府统治期间，日本的经济得到长足的发展，灌溉广泛普及，农业技术得到改善，牛马耕种相当普及，在畿内和山阳道（今中国地方沿濑户内海一带）有了稻子和小麦的二茬种植。海产品出产丰盛，伊势、志摩、濑户内海的渔民们向上进贡盐和鱼类、介类等，并组成了专门的进贡组织，叫供御人或者寄人，从事商业买卖。经济作物也很发达，白苏（苏籽油的原料，用来做灯油）、葡蟠（皮可以做纸张原料）、做染料的蓼蓝等都被广泛栽培。农业有了大量的剩余产品。因而促进了社会分工，在农村出现了铁匠、陶器制造者等半工半农的劳动者。城市中有了专门职业，手工业的发展更是惊人。铁匠铺遍及全国，农业工具都成了铁制的。商品交换也很发达，在镰仓时代末期城市中甚至有了固定的店铺。同时，行业组织的“座”也出现了。

幕府或领主们让守护或检非违使们修缮桥梁、港口等交通设施，并为了祭祀或仪式的需要，在这些交通要地或附近建立了“市”（市场），随之就出现了专门从事演艺的艺人们。

城市中道路畅通，居民被分为保或户，由政府官吏管辖，大街小巷遍布着住宅或小商店，被称作“町众”的市民阶层正是那时产生的。在地方上的国衙驻地或庄园里开设了一个月三次的“三斋市”（类似于我国的集市或庙会），进行大米、布匹、鱼、鸟、木材等的交易，而流动商人从京都、奈良等工业发达地区将优质的农具运来贩卖。

如此发达的城市生活和商品交易，自然促使在城市中生活的领主们需要大量的金钱。他们要求用货币来支付年贡或其他庄园内公共事务的费用，连临时税也要求用货币缴纳。因此，在镰仓时代最引人注目的是货币的使用。当时使用的货币是从中国宋朝进口的钱币，叫做“宋钱”。货币流通的发达造成了金融业的发展，有了专门从事金融业的商人，他们从事被称作“替钱”① 的货币汇兑等业务。这就更促进了商品的全国性流通，使流通业得到巨大的发展和完善。

第二节　南北朝和室町幕府

建武中兴

后醍醐天皇于 1333 年在镰仓幕府垮台后回到京都，废了光严天皇（在位时间 1331—1333 年），不设摄政和关白职务。1334 年改元建武，天皇的这次亲政被称作“建武中兴”。

建武新政在机构上进行了改革，但与其说是改革不如说是增设了许多新机构。如包括上次亲政时期的处理朝政大事的记录所、办理奖赏的恩赏方、处理领地纠纷的杂诉决断所、警卫京都的武者所等。在诸国设守护和国司，又在陆奥（陆奥国，大国之一。今福岛、宫城、岩手、青森四县，属东山道）和镰仓设将军府。这些机构的首脑不分公家（朝廷贵族）和武家，都是论功行赏当上的。

但是公武不和是由来已久的问题。这回天皇的做法又是偏向公家，给武家的封赏要少，还想让武家服从新政权，再加上他们所有的领地都要由天皇重新认可，而天皇在处理这个问题时又无视过去的习惯和武士的门第，自然引起武士们的对立情绪（后不久便撤销这个决定）。而且又大兴土木，让地头来负担费用，同时滥发纸币，在处理领地纷争时不公平等等。这些做法使得社会经济混乱，不仅地方上的武士和农民，就是公家和寺院等都对建武政权失去了信

① 镰仓时代，庄园向京都进贡年贡时，将现金支付给被称作“替钱屋”或“割符屋”的商人，他们用汇兑支票（割符）将钱送去。商人们之间建立了信用关系，因此相隔两地也可以做生意。在室町时代这种商品交易的方式就更发达了。

任。统治阶级内部矛盾激化，建武中兴其寿不永。

足利高氏应天皇之命改名为足利尊氏。[①] 他是源义家的子孙，贵胄出身，且在颠覆镰仓幕府时功居第一。但由于他和同是源氏子孙的新田义贞[②] 对立，并和公家的实权人物护良亲王（1308—1335 年）不和，处境不利。但护良亲王和天皇也发生了对立，[③] 于是，足利尊氏乘机进谗言，让天皇将护良亲王软禁起来。1335 年，尊氏利用讨伐北条氏残党叛乱的机会，出了都城，并举兵讨伐新田义贞（1301—1338 年），公然反叛建武政权。1336 年，足利尊氏打败了日本史上备受赞颂的忠臣楠木正成[④]，攻陷了京都，囚禁了后醍醐天皇，另立光明天皇(在位时间 1336—1339 年)，并制定《建武式目》(式目即法规之意)，确定了他的施政方针。天皇的建武新政只存在了三年。

室町幕府的建立和南北朝

1338 年，足利尊氏被光明天皇封为征夷大将军，并在京都开设了幕府。应该说足利尊氏已经成为日本真正的统治者。但是，后醍醐天皇从囚禁中脱逃，到了吉野，主张恢复公家政治，并声称自己的皇位才是正统，这就是“吉野朝”，日本的历史也因此进入南北朝时代。顺便说一句，南北朝何为正统，在一部分研究皇室的人中是有争论的。在日本第二次世界大战战败后的 1945 年秋天，名古屋市有个叫熊泽宽道的人给占领军司令麦克阿瑟写了一封信，请求将南朝后亀山天皇的曾孙信雅亲王在八幡神社合祀，他认为南朝是正统，并到处发表演讲，一时间搞得沸沸扬扬，后来他还向法院起诉裕仁天皇当天皇不合格（法院没有受理），成为日本战后的一大闹剧。

---

① 后醍醐天皇名尊治，赐足利以尊字，故名足利尊氏。

② 当时有名的武将，曾参与攻击、灭亡镰仓幕府。建武政权授予他上野、越后（今新潟县）、播磨三个知行国。

③ 护良亲王想自己成为征夷大将军统率武士，这是和足利尊氏对立的想法，而由于天皇也想亲自统领武士，因而也和天皇发生了对立。

④ 楠木正成是日本史上有名的人物。在 1331 年后醍醐天皇逃亡时，应召举兵勤王倒幕，促进了各地倒幕军的兴起。1333 年与足利尊氏一起攻入京都，迎天皇回京都而成为建武中兴的功臣和建武政权的重臣。1335 年，率军围剿反叛的足利尊氏，大败足利尊氏。1336 年，率军与足利尊氏决战于大阪凑川，兵败，与其弟相互对刺自杀身亡，死前曾说要永远效忠天皇，“七生报国”。后被推崇为忠臣的典范。

南北朝时代持续了五十多年，其中抗争不断，但南方朝廷一直处于下风，[①]统治地域不过是近畿南部和九州的一部分，而北朝的朝廷实际上在足利尊氏的支配之下，所以，与其说是皇室之间的对立不如说是武家和公家的对立。足利氏在南北朝对立中，对南朝是占尽了优势。但在刚治理国家时并不顺利。先是尊氏和弟弟足利直义[②]（1306—1352 年）内讧，实力强大的守护和武士们也随之一分为二，而他们自己的家中也因为庶子和总领的争斗，乱得一塌糊涂。于是，农民们就延误向庄园交租，武士们更侵入庄园，自立为领主。当时足利氏家族的人很多都是地方上的守护，他们试图恢复秩序。但是各地联合起来，发动了所谓的国人（国人就是地方武士）起义，抵抗守护。足利尊氏没有办法，在 1352 年 7 月下达了《半济令》，[③]就是守护将庄园年贡的一半作为自己的兵粮费给国人，才算将混乱平息下去。之后在尊氏以后的义诠（1330—1367 年）、义满（1358—1408 年）两代将军的努力下，才最终确立了室町幕府的最高权威和权力。

1392 年，苟延残喘的南朝后亀山天皇（在位时间 1383—1392 年）不得不同意足利氏的三代将军义满的建议，回到京都，让位给北朝的后小松天皇（在位时间 1382—1412 年）。南北朝时代就此结束。

足利义满

1378 年，义满在京都室町建造了豪华的幕府，后世亦将足利幕府叫做室町幕府。

1394 年，义满将将军的位置让给了儿子足利义持（1386—1428 年），自己则去做太政大臣。这次他以太政大臣的名义将朝廷的公卿贵族们掌握在自己的

① 后醍醐天皇到了吉野后，将皇子们派到各处发动对足利氏的战争，但他的大将败的败，死的死，始终不是足利氏的对手。

② 足利尊氏的同母弟，曾在 1335 年杀死护良亲王，并催促兄长起兵，足利幕府建立后，开始时辅佐尊氏，后与尊氏的权臣不和，进而反对尊氏，1352 年被足利尊氏毒死。

③ 指缴纳一半年贡。这是对内乱最严重的近江、美浓、尾张三国下达的，后又有扩大。

手中。以前属于公家政权管理的庄园领主之间的裁判权、检非违使厅（机构）和京都的警备等都被幕府接管，天皇、公卿们的权力衰落到了极点。而且足利义满将那些不是自己家族的强大的守护们一一消灭，彻底树立起室町幕府的权威。

室町幕府在政治机构上继承了镰仓幕府的体制，在中央有管领，管领下有侍所等常设机构，主要是辅佐将军管理政务，地位和镰仓幕府的执权相当，但也许是接受了镰仓幕府大权旁落的教训，管领的权力不及执权。侍所的长官叫所司，负责管理武士、京城一带的治安及山城的公家武家的领地和神社寺院的领地，是仅次于管领的官职。从三代将军义满以后，管领由足利家族的斯波、细川、帛山三氏选任，而所司一职则从足利家族或创业的功臣山名、一色、赤松、京极四氏中选任，号称三管领、四职。此外，由政所掌管幕府的财政事务，问注所只掌管文书记录，失去了裁判权。评定众是些元老，但已不是合议裁决的机构了。引付众也叫内谈众，负责领地的诉讼。

地方机构有镰仓府·奥州探题①、羽州探题、九州探题等。在镰仓，尊氏的子孙统治着关东及伊豆、甲斐等十国，下面设关东管领，由尊氏母亲的家族上杉氏世袭。而那些探题们也都是由足利家族的人担任。此外，每国都设置守护，重要的国的守护由足利家族的成员担当。他们成为将军权力的主要支柱。

幕府的财政收入除了自家领地（将军在各地设立叫做御料所的直辖领地）的收入外，还向全国征收赋税②，并对商业和金融业征税，如对造酒业者和从事当铺及金融业的商人们征收酒屋役和土仓役；在京都的主要要道关口征收所谓的“关钱”。此外，对中国明朝的贸易也是幕府的巨大收入之一。

守护大名

室町幕府和镰仓幕府虽然都是武士政权，而且室町幕府在机构上完全沿

① 探题，亦称探题博士。原为佛教中讲经法会确定选题，评判优劣的最高权威之硕学者。后转义为裁决重大政务者。在镰仓、室町幕府时是在广大的地域内具有以裁判权、军事指挥权为主的管领权的重要政职，亦是对幕府派出机构长官的称呼。室町幕府时，除了幕府和关东府的管领、执事外，其他地区的有管领权的职务均被称作探题，如管领九州的就被称作九州探题等。

② 主要是临时税。如段钱（按每段土地征收的临时税，大多按特定的国来征收）、栋别钱（对每家征收的临时税）。

袭镰仓幕府（虽然在对朝廷的控制上比镰仓幕府更加严密），但其统治的结构和基础是完全不同的。镰仓幕府的权力支柱是御家人，即将军和御家人之间的恩赏和奉公的私人利害关系。这些御家人在地方上担任守护或地头。而室町幕府时代，守护的权力强大起来，他们将其管理的地方逐渐变成了自己的领地，所以被称作“守护大名”。大名是日语词汇，有诸侯的含义，可见其势力之强大。他们雄霸一方，像是独立王国一样，这种制度被称为“守护领国制”。足利氏只有依靠他们才能进行统治。也就是说室町幕府是守护大名的联合政权。

守护大名的强大和幕府的政策是有关的。上文说过，室町幕府经历了南北朝的对立，对朝廷势力更加警惕，因此，就极力削弱朝廷的权力，而这就要依靠守护们。于是，幕府在战胜了南朝后，赐给这些守护们（包括自己家族的守护）巨大的权力。如可以取缔不法收割他人的田地的人，可以派使节去执行幕府的裁决等。用一种势力打击另一种势力的政治权术是把双刃剑，如此大的权限使得守护壮大起来，特别是时间一长，这些守护经过长期经营，具有了在一定程度上和幕府对抗的力量，他们还将地头、御家人和土豪们组织成自己的被官①，以此管理领地，即吸收了国衙的一部分功能，就像幕府在中央控制住了朝廷一样。

上文讲过，1352年，幕府发布《半济法》，守护们可以将神社寺庙领地的年贡的一半作为兵粮费，而守护又把这权限分给了被官们，由此就组成了以主从关系为基础的家臣团，而且对庄园的侵蚀也更加猖狂了。庄园小领主们苦于武士们的侵蚀，纷纷起来抵抗，影响到年贡的正常缴纳。将军便采用了守护承包的政策。将庄园的管理、经营完全委托给守护，每年不论丰收还是荒歉均要缴纳年贡，连已经庄园化的国衙（律令制的国的政厅）领地也是一样。这成了守护侵占庄园最好的手段。他们将自己管理地域的庄园变为自己的领地，成为称雄一方的封建大领主。可对商定的承包合同，守护们以军事力量为后盾，当然不会履行了。

这些守护大名中，强大的拥有几国的领地。虽然如此，但他们的统治实际上未必稳定。守护大名们由于长年住在京都，将领地的事务交给自己的同族来

① 也叫被管，在律令制时代是直属上级官厅的下级官厅，镰仓时代指的是直属御家人的武士，而在室町幕府时则指成为守护、大名们的家臣的地方豪强，其和守护、大名之间的隶属强度不及后来江户幕府时代的主从关系。

管理，这样就存在着内部纠纷。还有独立性较强的被称作“国人”、农民的富农阶层，这些人是敢于和大名抗衡的。因此，守护大名的意志即使在自己的领地内也不能很好地贯彻。

幕府是清楚这些守护大名的力量的，为了压制他们，幕府将有实力的国人们编组成将军直属的家臣，叫奉公众，以此加强自己的亲卫军，但守护大名们也不示弱，更加扩充自己的实力。在自称是日本国国王的统治力量最强大的第三代将军义满死后，第四代将军义持（1386—1428 年）继位，不久就发生了家族内部的纷争，在守护们的协助下将军虽然平定了叛乱，但同时幕府的权力也更进一步削弱了。在守护们的压力下，甚至将军连后继者的六代将军都不能指定，最后是用抽签决定的。第六代将军义教（1394—1441 年）试图挽回幕府的权威，对守护大名采取了极端的压服措施，但被守护大名赤松满右（1381—1441 年）暗杀。当时连讨伐弑君的人都没有。这就是 1441 年（嘉吉元年）的嘉吉之乱。这一事件充分显示出幕府已经不能制服羽翼丰满的守护大名了。

对外贸易、倭寇

这里应该讲一下室町幕府时代有名的“勘合贸易”。中国明朝为了限制来华贸易（朝贡）的外国船只，颁发证明来船是被允许的正式贸易船只的“符丁”（勘合符，即贸易证），到对方国家贸易时，只带着船只数量的勘合符和该国持有的底簿对照，就叫勘合。所以说勘合贸易就是明朝和日本政府允许的正式的对外贸易。这一贸易是从第三代将军义满开始的。因为勘合贸易不仅是室町幕府的巨大财源，而且也涉及日本和中国及朝鲜的关系，十分重要。同时，幕府在从事这一贸易时，可以垄断从中国进口的铜钱，进而掌握国内货币经济的基础。

从足利尊氏时起，倭寇[①] 的侵掠范围已从朝鲜半岛扩展到中国沿海，明太祖朱元璋向日本提出剿灭倭寇的要求，而李氏朝鲜也向义满提出同样的要求，

---

① 倭寇这一名称最先出现于404年的高句丽广开土王碑文中，原意有日本人入寇或日本强盗的意思。后来倭寇主要指在我国明朝时，日本九州、濑户内海等沿海的豪强和平民组成武装船队。他们侵袭我国和朝鲜沿海一带，烧杀抢夺，掠人为奴，危害极大。

并出兵袭击了倭寇根据地之一的对马岛。

义满渴望着和明朝展开贸易，他以“日本准三后”的名义向明惠帝呈上上表文，明惠帝将他称作“日本国王源道义”。这样，义满就服从于中国的皇帝，以朝贡的形式开展起对明朝的贸易了。当时，明朝是采用册封体制的，受到册封的国家的国王可以以朝贡的形式对明朝进行贸易活动，但普通的商船则不被允许。勘合制度就是明朝为检验是否是允许的船只的一种手段。1404 年明朝给义满日本国王印和勘合符 100 道，定为十年一贡，两艘船，200 名乘员，贸易地点仅限于宁波港，此后，勘合船到 1547 年为止共发了 17 次 85 艘船。

第四代将军义持（1386—1428 年）对明朝采取了强硬的姿态，断绝了和明朝的交往。13 年后，义教（六代将军，1394—1441 年）又恢复了勘合贸易。商定十年一贡。三艘船，乘员 300 名。但这时和义满时代不同，幕府已没有力量独自垄断该贸易了。守护大名、神社寺院及博多和堺的商人们都加入进来。在 1467（应仁元年）—1477 年的应仁之乱后，港口城市堺的商人承包了遣明船。后来又被和博多商人联合的大名大内氏垄断了，直到大内氏灭亡。

勘合贸易的出口物品主要是刀剑、军事装备、硫黄、屏风、扇子等。在中国自唐代以来日本刀就颇受好评，宋代诗人欧阳修名诗《日本刀歌》赞誉日本刀。诗曰：“宝刀近出日本国，越贾得之沧海东。鱼皮装贴香木鞘，黄白间杂香与铜。”这是因为铸造日本刀时所用的水的性质特异，使得日本刀锋利精巧，重量轻。多的时候曾一次向中国出口三万七千多把。而从中国进口的有铜钱、生丝、丝绸、书籍、名画等。如上所述，铜钱对日本经济发展的影响是极其巨大的，是商品流通中不可或缺的货币。从中国进口的产品被日本人称作“唐物”，相当珍贵。值得注意的是有很多文化商品亦传至日本，这对室町时代的文化起到了积极的推动作用。

同时，日本和朝鲜的贸易显然比和中国的更自由也更发达。幕府、管领、九州探题等守护大名和商人都去朝鲜进行贸易，他们使用和勘合符相同的通信符做买卖，还有不少人定居在朝鲜。当时，贸易的发展不仅限于中国和朝鲜，就是独立的王国琉球也在日本和南海之间进行中介贸易，将胡椒、苏木等出口到日本。

第三节　群雄割据与织丰政权

“土一揆”和应仁之乱

如上所述，室町幕府的权威日益衰落，这和当时的社会结构的变化是分不开的。本来中世庄园的地域和当地农民的生活没有关系。这对农民的生活产生了诸多不便，如耕种的土地太远等。但从南北朝开始到室町幕府，领主对庄园的统治力量衰落下来。农民以生活为基础分成各个地区而集中起来。这时，过去的下人等也从地头或有钱的名主那里承包了土地，和农民一样耕种，这就扩大了耕作农民的数量。农民的自治组织也应运而生。他们创造了乡村的镇守神，自己则作为氏子（共同祭祀的人）来祭祀，由此便又创立了祭祀组织的宫座。在宫座中召开村民会议，选举出乙名、年寄、沙汰人（大多是富裕农民）等负责人，建立村子的章程，共同管理共用地，分配用水，仲裁纠纷，对违反章程者予以重罚，其实已经接管了本属于领主的司法权，这种自治性的组织叫“总”（村），几个村落的联合叫“乡”（村）。这样的自治性组织之所以能成为农村中的主流，是因为当时农业有了飞跃的发展，这成为支持农民政治力量发展的经济基础。除了总的内部事务由村民选举的人管理外，这些负责人还率领着农民和领主交涉，承包年贡，与邻村争斗，总的功能简直无所不包，同时，领主的势力就这样被逐渐排挤出去。

有了自治能力和组织的农民开始反抗守护、地头等违法的苛捐杂税，要求减免年贡和段钱①，或者罢免代官②，并开始对抗渗透到农村的高利贷势力，因为这些高利贷逼迫许多农民破产。他们袭击商人，让他们宣布借贷关系无效。若是他们用武力反抗时，便被称为“土一揆”，也叫“德政一揆”（因为一揆的目的是要求幕府发布废除借贷关系的《德政令》）。这类似于我国的农民起义，而且一揆的组织已经越过了庄园或郡的地域限制，往往是几个地方联合起来，

① 一种临时课赋。在天皇即位、让位或将军继任时，朝廷、幕府征收的按田地面积，即以段为基准、以人为客体的赋税。在室町幕府时代成为幕府较大的收入来源。

② 主君的代理人。到江户幕府时，成为一种地方官。

还有领导人。1428 年的“土一揆”攻进了京都，动摇了室町幕府的统治，意义十分重大。接着在 1429 年、1441 年都爆发了大规模的一揆，其后一揆方兴未艾，频繁发生，极大地动摇了幕府的统治。

祸不单行，在农民不断起义的同时，幕府的权力也发生了重大的危机。这是因将军继嗣问题引起的。1449 年，14 岁的义政成为第八代将军，但由于社会动荡，农民起义不断，幕府已经没有实力了。真正的实权掌握在细川胜元①（1430—1473 年）、山名持丰②（1404—1473 年）等守护大名手里。1464 年义政因为没有子嗣，让弟弟义视做继承人。但第二年义政有了孩子。将军夫人想依靠山名持丰，继承将军的位置，与支持义视的细川发生对立。

这时守护大名的家族中也发生了同样的继嗣争夺问题。当时武家社会正处于从分割继承向单独继承转化的过程中。由谁来继承的问题又和家臣团的对立相结合，愈发难以调和。而有势力的管领家的畠山、斯波两族的争执分外激烈。这两家族的对立的继承人又和细川、山名分别联合起来。于是细川家族和山名家族的矛盾趋于白热化。

1467 年（应仁元年），畠山家的继承人之一的义就和另一名争夺者政长之间发生了战争，“应仁之乱”由此开始。帮助政长的细川胜元集合了 24 国 16 万的兵力，在京都北面直至东北面列下阵势，被称为东军；支持义就的山名持丰率 20 国 9 万士兵在京都西面列阵，被称为西军。8 月，守护大名大内政宏应山名之邀，领兵两万参战。

东西两军实力难分上下，也没有进行大的战役，可能是因为都没有战胜对方的把握，结果就是在对峙中不断发生小冲突、放火、劫掠，并互相扰乱对方的后方。

战乱逐渐波及全国各地，促进了土豪的发展和“土一揆”的发生，使幕府、守护大名及残存的庄园制迅速瓦解。

1473 年，山名持丰和细川胜元相继亡故，东、西两军的内部约束力减弱，并且在诸将的领国中家臣和土豪发生了争斗。鉴于这种情况，很多将领就回去了。12 月，将军继嗣得到了解决，由义政之子九岁的义尚做第九代将军。第二年 4 月，两军缔结了和议。

① 室町时代中期的著名武将，曾三度成为管领。

② 室町时代的著名武将，被赐予将军足利义持的持字（日本称此为偏讳）。

1477 年，京都内的战斗也结束了。繁华的京都在历时 11 年的战乱中，大半成为焦土。

“下克上”、战国大名、战国时代

应仁之乱后，战乱在全国范围内发生，室町幕府完全丧失了统治能力，而守护大名由于不直接参与领地的管理，也失去了实际权力。代之而起的是当地有实权的统治者。农民起义又此起彼伏，其中有名的宗教团体一向宗（净土真宗，也叫时宗）的一向一揆，以及京都市民的町众的起义等。家臣、农民在起义的风潮中也反抗守护大名，出现了著名的“下克上”，这一现象在现代历史时期的日本军队少壮派法西斯分子反对军队上层时，也被称为“下克上”。日本的历史随之进入了战国时代。

在激烈的“下克上”中，真正有力量的统治者出现了。这就是所谓的“战国大名”。1491 年出现了一个叫北条早云（1432—1519 年）的武将。他先统治了伊豆，在 1495 年又袭击了小田原，统治了相模。接着北条氏的儿子和孙子又驱逐了有名的大名上杉的势力，统治了关东的南半部，在小田原建立了城下町，对领国进行集权统治。他被认为是战国大名的先驱。接着北陆地方落入了打倒了主家上杉氏的长尾为景（？—1536 年）的手中，甲斐国有武田信玄①（1521—1573 年），东海地方有今川氏，美浓地方有商人出身的斋藤氏，等等。真是名副其实的群雄割据。

战国大名在前半期是那些地方的名门望族，而进入后半期，守护大名由于自身的分裂及“下克上”，逐渐没落。除了武田、今川、大友、岛津等诸名门之外，大名的出身都是守护代（守护代理）、被官等国人（小领主）阶层。这说明了日本的社会发生了天翻地覆的变化，统治阶级的成员有了极大的改变。

战国大名由于处于乱世之中，随时有覆灭的危险。所以他们对领国的统治十分周密。他们将小领主等武士编制成家臣，时刻准备作战。家臣中有四种类型。即一门众（一族众）、谱代、外样、直臣。

① 战国时有名的武将，先为甲斐国（今山梨县）大名，后扩充势力，成为战国大名。其用兵如神为人称道。

大名和家臣之间的关系还是御恩和奉公的关系，给家臣领地，家臣负担军役。家臣的领地用贯高（钱）的单位来表示，这就是“贯高制”。贯高制是把土地的课税额换算为钱（永乐钱），再用这税额（用贯文来表计算）表示土地的面积，在此之上，征收年贡或课以军役。

正因为这样，战国大名必须确实地掌握土地的面积，于是便有了“检地”，即丈量土地。检地决定了年贡额和年贡负担者，为以后的兵农分离奠定了基础。战国大名为了增强力量，自然要发展领地内的经济。他们保证农民的耕作权，兴修水利，统一年贡。同时，他们为了筹措军费，制造兵器，大量开采矿山，并引进了新的冶炼方法，促进了生产的发展。

为了加强对领地的管理，他们按《御成败式目》制定了家法，叫做“分国法”。分国法的目的是为了支配、管理武士和农民，其中规定了主君的绝对权威，对家臣的婚姻及继承等纯属内部事务也可以管理。还有著名的“喧哗两成败”（喧哗在日语中是吵架、打架之意）的规矩，即只要是争斗，不管谁有理，都要各责五十大板。对农民规定了缴纳年贡及杂役，但由于是契约性质的东西，所以也防止了主君的滥施权力。

战国大名就是这样对内部进行整顿，建立自己的绝对权威，进而向外部扩张。强大有力的大名的政治目的是要以朝廷或幕府的权威统一全国。而当时的畿内是经济上最发达的地区，有很多在全国有交易网络的所谓豪商，聚敛了大量的财产，堺市还能造枪。所以夺取这块富裕的地区是战国大名统一全国的前提条件。

织田信长和室町幕府的灭亡

首先进入这一地区的是尾张（今爱知县的西部）的大名织田信长（1534—1582 年）。他用合纵连横等手段，进行武力征服，先统一了尾张。1560 年，信长在尾张的桶狭间袭击了前来进犯的势力强大的大名今川义元（1519—1560 年），杀死了今川。声名大震，他刻了一枚印章，上书“天下布武”，显露出他欲用武力统一天下的雄心壮志。接着信长于 1568 年平定了北伊势、近江（今滋贺县），以修缮禁城、再兴室町幕府的名义拥戴足利义昭（1537—1597 年）进京，为第十五代将军。但足利义昭却和近江的浅井氏、越前（今福井县北部）的朝仓氏、甲斐（今山梨县）的武田氏、大阪的本愿寺联络，试图包围信长。于是，信长先烧毁了延历寺，于1573年将义昭从京都流放，室町幕府就此灭亡。

织田信长之所以能获得成功，除了他个人的资质外，还在于他的领国是所谓浓尾（浓是美浓，今岐阜县南部，尾是尾张）地区，地处战略要地，农业经济发达，而且有大量的脱离生产的豪农。这些人被织田信长成功地编组成了家臣团（常备军）。此外，日本的战国时代的大名之间的战争正如孟子说中国春秋时期的诸侯战争是“无义战”一样，没有什么正义和非正义之争，因此，武器就成了战争中决定性的因素。那时西方的火枪传到了日本（关于枪支传到日本将在后文叙述），近畿地方是主要的制造地，织田信长的主要根据地正在这里，因此，他拥有大量的枪支，其常备军主力就是使用枪支的所谓足轻铁炮（火枪）队，在战斗中又使用集团战术。这样无论是在武器装备方面还是在战术方面织田信长都胜人一筹，自然无往而不胜了。日本导演黑泽明执导的著名影片《影子武士》和另一部历史题材的电影《天与地》，都讲的是战国时期著名军事战略和战术家甲斐的武田信玄的事，武田信玄治军有方、部勒严整，是织田信长的劲敌，他死后，其儿子信赖和信长作战，信长就是用火枪将信玄苦心经营的精锐部队击败的。

室町幕府灭亡后，织田信长消灭了浅井氏、朝仓氏两大家族。1575年，击败了武田胜赖（1546—1582年），翌年，在近江修筑了安土城，并迁往那里。他已经具备了统一全国的力量，而且也为结束战国纷争，统一日本奠定好基础。但在他面前还横亘着一股巨大的力量，故终未能由他完成统一大业。这巨大的力量就是前文说到过的一向一揆。从15世纪后半叶开始的一向一揆势力与日俱增，四处与领主们展开作战，一向宗的主寺本愿寺的法主开始时以不和现世权力争斗的宗旨制止门徒们，但在不能制约的形势下，也参与进来。从本愿寺10世法主证如开始，和战国大名们发生了联盟关系，并参与大名之间的争斗。证如的部下数量众多，有说10万的，也有说20万的，总之是股强大的军事力量。在11世法主显如（显如光佐，1543—1592年）的领导下，修筑了石山本愿寺城，将门徒按家臣对待，俨然一方诸侯。

织田信长对此安能坐视。他开始向石山本愿寺进攻。石山本愿寺在部分大名和其他一揆力量的支持下，坚决抵抗。战事进行了近10年，最后在朝廷的调停下，以石山本愿寺的降服才结束战事，这是在1580年。1582年，雄才大略的织田信长在本能寺被部下明智光秀袭击，在叛军包围中切腹自杀。即日本历史上有名的“本能寺之变”。他的统一大业没能完成。

织田信长在统一的过程中，由于军事或政治的需要，对中世以来的各种制度进行了改革。他实行了所谓的“指出”① 制度，强制不属于自己领地的领主申报，而将最高所有权归于自身。1580 年他对兴福寺支配的大和就是这么做的。在他死前，这种所谓的指出检地使他的领地不断扩张，庄园领主和寺社势力受到了巨大打击。他还同时采用了以收获量表示领地，根据收获量分配知行土地等政策。

在工商业方面，他向摄津（今大阪和兵库县的一部分）、和泉（今大阪南部）的城市及寺社征收矢钱（军事费）、札钱（入场费）、家钱（房屋费）。以前对矢钱有免除权的寺社被重课。当堺市和尼崎市拒绝缴纳时，他便将这两个工商业最发达的城市作为直辖领地。为了保证军事物资和军队行动的畅通，他废除了各国之间的关卡，并将生野的银矿山接收。在修筑安土城时，他发布了乐市、乐座令②，否定了权门势族和寺社的特权，支持自由的工商业发展，并以免除杂役等优惠政策吸引别处的工商业者来经商。这些政策虽然在实际贯彻中有不彻底之处，而且对工商业的政策最终还是以自己便于管理为目的的，但在否定中世的权威，使工商业更有活力及商品流通更通畅方面起到了积极的作用。

丰臣秀吉的崛起

织田信长的继承人是出身寒微（农民出身）的羽柴秀吉（1536—1598 年，最早的名字叫木下藤吉郎，当织田信长部将时更名为羽柴秀吉，后又改名为丰臣秀吉）。织田信长虽然也是靠“下克上”才成功的（他是一个小大名），但他毕竟是大名家世，而羽柴秀吉不过是织田信长家的一名下级武士（足轻）。但此人精明强干，在织田信长进行的战争中，显露了非凡的才能。当信长被刺身

① 是大名领主让自己的家臣申报他们所知行（掌握）的土地面积、佃农人数、收获量的一种检地方式（从战国时代到安土桃山时代）。信长强制领主们申报，俨然将他们当作自己的家臣。

② 本来在工商业中有座的组织，类似于行会，拥有专卖权，但有很多不属于座的商人，为了统治这些新兴商人，织田信长对他们免除了市场税、商业税，进而废除了座。

死后，正在前方作战的秀吉立刻停战议和并迅速回军，杀掉了叛将明智光秀。接着又战胜并消灭了不服从他的信长手下的大将柴田胜家（1522—1583 年），基本获得大权。

1583 年他便在大阪建城，巩固根据地。1584 年，织田信长的儿子织田信雄（1558—1630 年）和关东实力第一的大名德川家康联合反对秀吉，双方在尾张的小牧・长久手一带作战，战争呈胶着状态，后言和，信雄也归顺了秀吉。1585 年，他平定了纪伊（今和歌山县和三重县的一部分）的根来、加贺一揆，控制了畿内，1587 年平定九州，1590 年平定关东、奥羽，奠定了统一全国的基础。同时，他又积极做朝廷的工作，不断晋升，1586 年已被允许姓丰臣，同年又当上了太政大臣。在当时日本的统治职位和正统的观念中，他已位极人臣。他还将天皇邀请到他的叫聚乐第的府邸做客，并召集了大名们，让他们在宣誓向天皇效忠的同时也效忠于他。

丰臣秀吉在扩张领土时，总是保护大名们的旧领地或者改换领地，而他却将其中的一部分作为自己的领地，即所谓的“藏入地”。1598 年丰臣的藏入地约达全国土地的 10. 7%。京都、大阪、伏见、大津、奈良、堺、博多、长崎等主要城市和贸易港及佐渡、石见等主要的金矿、银矿都成了他的直辖领地。他在这些城市里，继承织田信长的政策，彻底废除了权门、寺社过去的特权，将工商业者纳入自己的管理之下，推进免交地子（地租）等特权，以加强和城市工商业的结合，并废除关卡，铸造金币、银币，使商品流通更加顺畅。他还对堺、博多的豪商给予优惠政策，因为那里有他需要的军事物资。在海外贸易方面他也是很积极的。

有了钱，军事方面就好办了。他组成了常备军，执掌了近江和堺的枪支制造厂。他可动员的兵力飞快地增长着。在上文说到的 1584 年的小牧・长久手战役中他有六万兵力，1590 年在小田原战役① 中就有了 15 万兵力，在 1592 年侵略朝鲜时，他居然动员了二十多万兵力。而在他的力量加强的同时，大名们因他修建大阪城和服军役，削弱了自己的力量，不得不依靠中央。这样一来，就更促进了全国统一的事业。于是，丰臣秀吉完成了日本统一大业。他采取了多项有利于社会稳定、生产发展的措施，也为向后来的德川家康的统一的幕藩

① 亦称小田原征伐。丰臣秀吉在征伐九州后，动员各个大名对关东地区势力最大的北条氏进行讨伐，在小田原城将北条氏包围，7 月将其消灭，从而统一了日本。

体制过渡奠定了良好的基础。

丰臣秀吉在国内实施的政策，主要有二。一是所谓的“刀狩”（1588年颁布《刀狩令》）。即收取战乱时农民手中的武器，军事方面则由武士们独自担当。这就为以后的兵农分离，进而社会分层奠定了基础；二是检地。丰臣秀吉最高的官号为太阁。因此，人们称他的检地为“太阁检地”。

太阁检地从1582年开始持续到他死的1598年。在检地中他统一了全国土地的丈量单位，并将东国的贯高制和西国的刈高制（以生产额表示土地面积的制度）统一为石高制①。将田地划分为上、中、下、下下等等级，按照收获量来负担年贡。而且在每村都作成检地账（即土地丈量簿册）。确定土地面积和标准生产量，登记了的百姓有耕作权，并负担缴纳年贡的义务。为了防止中间盘剥，他废除各种在同一土地上的多种征税权，规定了一地一农制，领主直接从农民身上征税。于是村子的主体就只有农民了，武士们不移居城市，就得做农民，这也为以后江户时代的兵农分离制奠定了基础。同时，他对赐予大名的土地也进行了检地，掌握大名的财政情况，这是江户幕府时代大名知行制的开端。

太阁检地无论对日本的全国统一还是对以后的社会经济结构和统治方式都具有重要的历史意义。对此的研究很多，观点也不尽相同。有的认为太阁检地是封建的反动，有的认为是相对的革新，还有的认为是封建革命。众说纷纭，但其重大的历史意义是不容否定的，特别是在统一日本方面有着极其重要的意义。

镇压基督教和侵略朝鲜

日本在古代接受的是佛教这一外来的宗教，而在16世纪上半叶，另一种强大的宗教力量登上了日本的土地，这就是基督教。1549年，耶稣会的传教士弗朗西斯科·萨维埃尔（Francisco.Xavier，1506—1552年，是耶稣会的创始人之一）踏上了鹿儿岛，开始传播基督教，后来到了京都，受到大内义隆

① 水田、旱田、宅基地的面积乘以石盛计算出的收获量。石盛也叫斗代，是规定的田地和宅基地的每反（每反约十公亩）的收获量。这一制度为江户幕府继承和发展，江户时代用的就是石高制。

（1507—1551 年）和大友宗麟（1530—1587 年）等战国大名的保护，在西国传教。萨维埃尔走后，葡萄牙的传教士接踵而至，他们不光是传教，而且是为葡萄牙当时的重商主义政策张目，因此，只要有商人的地方就有传教士的影子。

当时贸易兴盛，而对外贸易和传教是密不可分的，试图扩张贸易的大名们对传教士也表现出友好的态度，积极地建立教堂，有的还入了教，被称之为“基督大名”，1582 年大名们还派遣了四名少年使节去罗马晋见教皇，是为“天正遣欧使节”。有统治者的支持，基督教的传播就容易多了，于是，基督教以九州为主迅速传播开来。织田信长对此采取了容忍的态度，积极发展贸易的他知道传教和贸易的关系。丰臣秀吉开始时也抱着宽容的态度，但当他的权势日益强大并且日益巩固和增强时，他的野心也日益膨胀，独裁专制开始控制着他的头脑。这也体现在他的对外政策上。

1587 年，他不知为何原因（可能是因为基督教的信徒不分身份等级，难免破坏封建的等级制度）突然颁布了《巴特林驱逐令》①，第二年他又没收了长崎的教会领地，这可能是因为他害怕教会领地上的日本人信了教后，会像一向一揆那样反抗他的统治。但他并没有停止对外贸易，还邀请西班牙商人到日本经商。

1591 年，他分别向印度的葡萄牙政厅和吕宋的西班牙政厅送交国书，要求他们来朝贡。1593 年又要求我国台湾朝贡。

他的野心并未到此终止，居然想到要征服明朝。他狂妄地宣称：“必图朝鲜”，“征讨中华”，“直捣大明国”，甚至要迁都北京，“占领天竺”，气焰十分嚣张。1592 年，他先向朝鲜出兵 17 万，发动了所谓的“文禄之役”。战争开始时，日军占领了朝鲜的京城，俘虏了两名王子，国王逃跑。但在朝鲜民众的抵抗下，战争进入相持阶段，日军粮草匮乏，明朝的军队也来支援。而朝鲜名将李舜臣又在海战中获取了胜利，断了日军的粮道。日军中的大名们也开始分裂。处于进退两难境地的丰臣秀吉只好进行停战交涉。1596 年，明朝的册封使来到日本，神宗皇帝的诰命中说：“封尔为日本国王，赐之诰命。”夜郎自大的丰臣秀吉大怒，再次出兵 14 万侵朝，即 1597 年的“庆长之役”。这次日军在各地遭遇到激烈的抵抗，士气低落，到处弥漫着厌战的情绪，第二年丰臣秀

① 巴特林，日本汉字写作伴天连，是葡萄牙语 padre 的日语译音，有的辞典译为传教士，实际上是司祭或神父，但巴特林驱逐令放逐的是外国传教士，自然不管其职务了。日本的基督教信徒没有成为巴特林的。

吉死去，日军可耻地全面撤退。

丰臣秀吉的对外侵略战争不仅使朝鲜人民遭受了苦难，也由于他的穷兵黩武，加重了日本人民人力物力财力的负担，也是他的政权最终垮台的重要原因之一。

从室町时代到战国时代再到织丰政权，日本的政局始终不稳，后来就是战乱连年，似乎生产和经济没有发展的条件。但实际情况不是这样。正是大名们为发展自己的力量才采用了鼓励农耕的政策，同时，农业的生产技术也有了长足的进步。

战国时代的经济

在室町时代，优良的稻种被采用，还有从中国引进的稻种（大唐米）。稻种的品种也多了起来，有早稻、中稻、晚稻等。一年两熟在日本基本普及，在长崎则是一年三熟。为此，农民使用了能将水田水排干（为了种旱田）的龙骨车。牛马的饲养普及起来，肥料用的是厩肥和草木灰等有机肥料。农具有犁和马锹，使深耕成为可能。这些进步使得粮食收获量相对稳定，因此农民富裕起来。在粮食作物之外，经济作物的发展也是相当引人注目的。桑、白苏、蓼蓝、葡蟠及其加工产品产量大为提高，各地根据不同的条件逐渐形成了特产品，比如在美浓、尾张等地的养蚕业和丝绸业就很闻名，这些特产品被拿到市场上销售，促进了商品经济的发展。除了这些传统的经济作物外，日本还从中国引进了茶，并在镰仓等地栽培。

有句俗话说："人巧不如家什妙"，任何产业的发展都离不开工具。在日本的室町时代由于农业的飞速发展，需要的农具也增多了，由此生产农具的作坊式手工业十分发达。农具的进步又促进了农业的剩余产品的增加，而农业剩余产品反过来更进一步促进了分工和专业化。生产中的良性循环就是这样互相促进，一潮高过一潮。

在室町时代和战国时期，日本的手工业相当发达，金属业已经有了订货的形态。纺织业生产的高级绸缎成为人们向往的对象，而京都的纺织技术高手们也为避战乱纷纷迁移到堺市。在从明朝进口原料的同时，明朝的精于纺织的技术人员也远渡重洋进入日本。

在那一时期，战乱和和平的生活是交替着的，那些在各地活跃的铁匠们似乎最懂得这一点。他们一边铸造着老百姓用的锅等日用品（其中有名的有筑前锅、能登锅等），也制造着精良的刀剑（如备前刀等）。

棉布的普及是从战国时代开始的，原来依靠从朝鲜进口棉花（日本本国只有丝棉），后来在镰仓等地栽培，获得成功。这无疑对普通民众来说是个莫大的福音。

瓷器，这一既有观赏性又有实用性的使西方人叹为观止的中国发明的产品，这时在日本发展得十分繁荣昌盛，出现了不少名牌产品，像濑户烧（烧在这里有瓷器的含义）、常滑烧、备前烧、越前烧等，这些产品流通全国，成为日本人的日常饮食器具。

物质文化的充实自然带来精神文化的发展，纸张的需求量大了起来，出现了不少名牌纸。这些名牌纸如今还在日本销售。

由于农业生产品的充足引起了工商业的发展，镰仓时代的商业被继续并发展着。村落中有三斋市和六斋市，集市开张的次数增加了，商人们也更加活跃，输送着各种产品，大名们对此是持积极支持的态度的，对这些市场采取了保护措施。

特别引人注目的是日本城市的发展。城市是工商业发展的一个空间和时间的载体。这时的城市发展和过去靠庄园制支撑的城市不同。主要有城下町、港町、门前町、寺内町和自由城市堺与博多。城下町是大名们修建的，命令其家臣住在那里，有政治城市的味道。但为了军事需要，大名们在那里招商，就成为兼具经济功能的城市。例如，现在东京的小田原市就是当时闻名的城下町。港町就是港口城市，除了著名的堺和博多外，还有播磨（今兵库县大部）的兵库津、伊势的桑名、越前的敦贺、小滨津等。此外，海上交通的中转城市也发展为港口，如越后的直江津、武藏（即武藏国，今东京都、埼玉县和神奈川县东部）的品川、神奈川等。门前町或寺内町类似于我国北方的庙会或江南的香会。开始时只不过是人们参拜寺庙而形成的集会。从战国时期起这些集会成了固定的，由此而生成了小小的城市。石山本愿寺的寺内町规模很大，完全是城市的管理方式。

自由城市堺和博多使人想起意大利文艺复兴时期的自治城市。以堺为例，堺一开始因掌握了对我国明朝的贸易大权而兴盛起来的。1419 年，堺南庄从相国寺获得了承包权，被承认有自治权。堺市的自治权掌握在所谓“会合众”

的大富商手里。织田信长想将堺收归已有，堺市当时是准备抵抗的，但最终还是屈服于信长的淫威之下，成为信长的直辖地，失去了自由城市的称号和内容。

当时那些大城市的风貌是很繁华的，商店和住宅鳞次栉比，在各种专门市场上卖着远方来的货物和商品。京都的米市、淀(今属京都市伏见区）的鱼市，规模巨大，闻名全国。这些商品之所以能集中在几个大城市，无疑蒙受了交通运输业的蓬勃发展的恩惠。海路交通有北陆、濑户内海的船运，陆路有从小滨、敦贺通京都的道路，淀和京都间也有道路。在这些大道过往着被称作“马借”（用马背运货的运输业者）和“车借”（用车运送物资的运输业者）的专门运送商品的人，他们精神抖擞地将农业、手工业商品运到城市，赚取利润。

但是，和这些费力挣钱的人相比，金融业的商人利润就更大了。镰仓时代开始的“替钱”、“割符”等汇兑业由于商品经济的进一步发展而更加繁荣，成为室町时代金融业的主流。他们赚了大量的金钱，成为被称作“町众”的新城市市民的主流，具有很强的社会力量。

在这里应该指出的是，虽然手工业和商业如此红火，但日本毕竟是农耕社会，奉行的还是以农为本的政策，在人们的意识和观念中，商人和手工业者是“末业”，特别是手工业者。在制造武器的手工业者中，居然还有被称作“犬神人”的类似于贱民身份的人。到了近世的江户时代，封建统治者索性将人分为士、农、工、商四个等级，商人最终被排在末位。

第四节　中世的文化

佛教革新

如上所述，在镰仓幕府、室町幕府和战国时代，日本的经济社会发展非但没有因元军入侵、社会动荡及连年兵燹而停滞不前，反而出现了兴盛和繁荣，并有了自由城市，日本人民的活力确实让人钦佩。在这样繁荣的经济之下，文化的进步可想而知。

伯特兰·罗素说过，所谓西方文化的支柱之一就是基督教，而我们谈到日本文化首先就要想到佛教。任何宗教的形成或变化都是和当时的社会、经济、政治状况分不开的，是当时代人思想意识的反映，同时至少在客观上可以成为统治者的工具。镰仓时代是武家（武士）取代公家（天皇及公卿贵族）大变动的时期。对武士们来说需要自己的宗教或意识形态，这样可以有思想意识或感情的纽带，加强他们之间的团结和协作，也可以以此强化武士阶层对民众的统治，过去公家的佛教已经不适用了。这是因为公卿贵族的出身教养和武士们大不一样，粗鲁的武士们很难理解那么复杂的教义，而且，过去的佛教在很大程度上是被公卿贵族所垄断，成为了他们的一个象征。另外，失败或者失意的公家则产生了对历史的迷惑和失落感，并深刻体会到佛教说的世事无常。他们开始更加关注个人的心灵和世界。镰仓的佛教就是在这样一种社会心理中发生了变化以及产生了巨大的革新。

在平安时代兴盛的净土教由于两个杰出人物的出现而正式作为宗派确立了起来。一个是天台宗的僧人法然（源空，1133—1212 年），他宣扬的是“他力本愿”[①]，即只要相信阿弥陀佛，光是口中念着“南无阿弥陀佛”就能够往生净土。这真是一个简单的方法，不仅那些武士们认为这样可以救赎罪孽，立地成佛，就是贵族中也有不少人相信。不过，正如一个新的宗教的出现往往会受到传统势力的打击和迫害一样，法然也遭到了延历寺等旧的佛教势力的迫害。

但是，净土宗的信徒们并没有屈服，法然的弟子亲鸾（1173—1262 年）接过师父的旗帜，继续传道。他在法然学说的基础上进一步发展了净土宗的信仰。他说只要相信阿弥陀佛是绝对的他力，人就能得救。连念佛都不必了，多简单！因为佛本来就是要拯救罪孽深重的众生的，而且佛的愿望不光是对善人，而更是要让恶人往生。这就更有吸引力了，特别是对没有文化的民众。亲鸾长期住在关东的农村，在那里布教，后来他的这一派成了净土真宗（一向宗）。

此外，还有净土宗出身的一遍（1239—1289 年）创立了时宗[②]，他云游全国各地，跳舞念佛。而另一个著名高僧日莲（1222—1282 年）又开创了法华宗（日莲宗），日莲认为要想得救只有信仰《法华经》，只要口诵“南无妙法莲

① 据说阿弥陀佛有救济众生的誓愿，这就是本愿。阿弥陀佛救济的本愿是他力，就是说依靠本愿的他力来救济自己。

② 时宗是净土宗的一个流派，要求信徒一天念六次佛，时间是规定好的。这样的信徒集体被称作六时念佛众或六时众，念一遍佛及其弟子被称为时众。在室町时代这一宗派获得了极大的发展。

华经”就能成佛。这个教派主要在关东的御家人之间传播。这些新宗教具有日本的特点，和从中国传来的佛教大不相同，可以看作是日本式的佛教。

与此同时，由于日本和中国的宋朝有交往，中国独有的佛教——禅宗也来到了日本。荣西（1141—1215 年）传播临济宗，道元（1200—1253 年）引进了曹洞宗。讲究坐禅顿悟的禅宗也不需要那么多的佛学理论，在实用性上与注重实践上和净土宗有相同之处，而且，禅宗是超然物外的，和过去的祈祷国家安宁，为朝廷服务的佛教不同，这和净土宗也很相似，因此可以在日本得到弘扬。幕府将军北条时赖就曾邀请高僧兰溪道隆（1213—1278 年）到日本，修建了建长寺，北条时宗则请无学祖元（1226—1286 年）到日本，建圆觉寺，禅宗就这样渗透到镰仓武士们的内心世界，在日本扎下了根。

在新佛教咄咄逼人的进展下，旧佛教中有见识的僧人们也不甘认输。法相宗的贞庆（解脱，1155—1213 年）、华严宗的高弁（明惠，1173—1232 年）、律宗的俊芿（1168—1227 年）都对旧佛教堕落的现状不满，提出严厉的批判，试图恢复严格的戒律。同时，也吸收了净土宗几乎没有仪式的单纯质朴的特点，尽力使信仰简练化。律宗的睿尊（1201—1290 年）及其弟子忍性（1217—1303 年）更是深入民间，从事今天所说的社会慈善事业。睿尊致力于救援贱民，而忍性则为患了当时被视作“洪水猛兽”的恶疾——麻风病的人们进行医治。

在后来的南北朝、室町幕府、战国和织丰时代，佛教依旧以势不可挡之势发展着，特别是净土宗和禅宗。由于武家社会的上层基本上是禅宗信徒，因此在南北朝动乱时，京都、镰仓的禅宗寺庙得到保护，而且还产生了后文将要讲到的五山文学。

在室町幕府时代，亲鸾的净土真宗（一向宗）的觉如（1270—1351 年）在南北朝时于京都创建了本愿寺。在将军足利义政时，又出现了莲如（1415—1499 年），他在近江、越前等地传教，扩展着本愿寺教团的势力，其信徒多是农民。日莲宗的高僧日亲（1407—1488 年）到畿内传教，虽然受到了迫害，但他不屈不挠，在京都和堺的町众（即市民）中获得了大量信徒。禅宗的发展也是引人注目的。曹洞宗为许多地方武士所信仰，在各地都建立了许多寺庙。顺便说一句，现在东京的驹泽大学就是曹洞宗创立的大学，不过，它可不是佛学院，在学科设置和教育方式等方面和现代的大学没有什么不同。和曹洞宗势力日张的同时，临济宗则受到上层社会的青睐，被置为保护对象。

神道教的发展

一个大的社会变动，不只是影响到一个方面或者一个事物。佛教在武士统治下相应地变化着，那么，日本传统的神道教又怎样了呢？在国家政治权力易替和神道教自身源流的发展以及佛教的刺激下，神道教在镰仓时期出现了新的动态。过去神道教是没有经典和教义的，这一点和佛教相比再明显不过了，也是一个最大的弱点。因此，神道教的神官（神社里的祭司）们试图从佛教等宗教理论中创立自己的教义。伊势神宫的外宫[①]的神官度会家行（1256—1351年?）提倡以神为主、以佛为从的教义，反对本地垂迹说，建立了伊势神道。值得注意的是，伊势神道的教义不光是受到佛教的影响，也吸收了中国的阴阳道的一些理论。此外，上面说过的修验道也有了很大的发展。

在室町时代后期，京都吉田神社的神官吉田兼俱（1435—1511年）认为和儒佛道相比，神道具有唯一的纯粹性，反对本地垂迹神道和神佛习合神道，主张神道教要统一在他的吉田神道（也叫唯一神道）中。他的教义中充斥了各种宗教的教义及哲学学说（如儒教、佛教、老庄哲学、道教阴阳五行说等）以及室町时代社会上流传的许多宗教理论和信仰。

军旅文学

宗教对我们无神论者来说只能作为一种文化现象来看待。即使像净土宗那样简单的宗教，其吸引力也不是很大的。与此相比，文学则更是个有趣的广阔天地。让我们看一下，在武士们的统治下，日本的文学是什么样的状况。

如上所述，镰仓时代是日本历史上第一个武士政权，镰仓的御家人和主君结成了恩赏和奉公的关系。因此，其文学作品中有大量赞颂为主君尽忠，重视个人名誉（家名）的思想，当然也有宣扬佛教无常观的。像最著名的、在中国也为许多人所知的军旅文学《平家物语》（对作者何人有争论，该书

① 伊势神宫也叫伊势大神宫，在三重县伊势市。分内外两宫，内宫供奉的是天照坐皇大御神，外宫供奉的是丰受大御神。

主要是靠一个叫琵琶法师的盲目僧人到处说书才流行起来)。平氏那如日中天的权势顷刻之间就土崩瓦解，挥金如土的奢华生活曾几何时便成为过眼云烟，不能不让人觉得一切荣华富贵都是暂时的，这兴衰更替没有引发出更积极的生活态度，而是在倾诉着虚无主义式的颓丧和悲哀。也许是《平家物语》的影响，也许是武士们过的是刀光剑影的生活，而军旅文学是最能反映这种充满了武勇精神和战斗场面的生活，因此，军旅文学作品不断出现，不过已经和《平家物语》中的人生感悟不同了。这些作品有《保元物语》(是描写保元之乱时的战争，作者不详，可能是在镰仓时代前期成书，用的是汉文和日文的混合文体)、《平治物语》(是写1159年的平治之乱的军旅文学作品，作者不详，成书大约在镰仓时代前期，用的是汉文和日文的混合文体)、《源平盛衰记》(和《平家物语》同样写的是平氏的兴亡，但同时也描述了源氏的兴起，内容庞大，文字大约为《平家物语》的三倍，估计是镰仓时代的某僧人的作品）等。

在南北朝动荡时期，出现了能和《平家物语》并列的军旅文学作品《太平记》(40卷，作者不详)。在笔调细腻、文字讲究上虽然输《平家物语》一筹，但其构思开阔、场面恢弘、气势磅礴，生动地描写出在接连不断的战斗、战役中活过来的人们的顽强勇敢精神，称得上是史诗性的伟大作品。

其他文学

一个阶层兴起，一个阶层衰落，生活在阶级社会的人的所言所行都在反映着自身所属的阶级或阶层的兴衰。和镰仓时代生气勃勃的为武士们所欣赏的军旅文学相对，朝廷贵族们则只有哀叹命运的不公平。在平安末期和镰仓初期，鸭长明（1153—1216年）的随笔《方丈记》就是用佛教的无常观概括了公卿贵族对变幻莫测的世界无可奈何的心理。而出身高贵（摄关家）的天台座主慈圆（慈镇，1155—1225年）则观察着日本的历史，撰写了《愚管抄》，认为可以用“道理”来解释流动不息、变化万端的历史进程。

同时在公卿贵族中兴起了一股研究古典的风气，这和我国清代由于“文字狱”的关系，大多数学者埋在故纸堆里大搞训诂有些相似，现实的残酷使得贵族们只有在古典中自得其乐了。他们研究的是《万叶集》、《日本书纪》、《源氏物语》等经典，还进行“有职故实”① 的研究。此外，僧人虎关师炼（1278—1346 年）撰写了日本第一部佛教史《元亨释书》（1322 年成书）。

和歌在平安时代已经形成范式，在平安末期到镰仓初期出现了天才的歌者西行（1118—1190 年），给和歌增添了新的生命力。他致力于讴歌自然的寂静美和对人生的感悟，情感质朴，文笔写实，留下了传世之作《山家集》。公卿藤原定家（1162—1241 年）和藤原家隆（1158—1237 年）奉后鸟羽天皇之命编写了《新古今和歌集》，创立了讲求技巧性，情感充沛的新古今调（和原有的古今调相对）。

此外，佛教的说话作品也很多，有《宇治拾遗物语》（大约是在 1220 年前后成书，编者不详）、《古今著闻集》（1254 年成书，橘成季编）、《十训抄》（1252 年成书，作者未确定）、《沙石集》（1283 年成书，无主编）等。而这时也产生了阿佛尼（？—1283 年）的《十六夜日记》等游记文学。特别要提的是吉田兼好（1283？—1350 年？）的随笔集《徒然草》。吉田兼好既有传统的贵族式的高雅情趣，又能跟上时代的步伐，敏锐地抓住了社会的变化以及新的风尚，他的作品不愧为日本文学史上的杰作。

史 学

在史书方面，南北朝时期继承了《大镜》以来的史学传统。出现了一些很有价值的史书。其中有站在足利家族立场上的《梅松论》（大约在 1352 年成书，作者不详），该书虽然是以军旅文学的形式写成的，但史料确凿可信，比较完整地记述了足利家族获取权力的经过，对研究武士们的历史观是很重要的史料。还有站在公家方面撰写的史书《增镜》（成书时间不详，作者未确定，大概是公卿二条良基），该书用编年体方式描写了 1180—1333 年间的公武关系，和《大镜》、《水镜》、《今镜》并称“四镜”。

还有北畠亲房（1293—1354 年）的《神皇正统记》（1339 年成书），提纲挈领，简明扼要地叙述了自天神时代以来到后村上天皇即位（1339 年）期间

① 在朝廷举行仪式时，总要举出历史上的典故或范例，这就叫“故实”，符合古来的规矩的话，就叫“有职”。后来由于武家和公家的分离，武家就有武家的有职故实。于是，在多数情况下，管武家的叫“故实”，公家的叫“有职”。

的日本历史，宣扬天皇的绝对权威。在通史著作中占有重要地位，而且作者使用的掺杂着假名的文体，文风简练有力，具有很高的文学价值。

从事以上的文学创作或学术研究的不是贵族就是至少在思想和教养上属于贵族的人。那么，武士们在夺取政权之后，对文化又是怎样一个态度呢？说实话，文化修养不是一朝一夕能培养出来的，舞枪弄棒是武士们的专长，让他们拿起笔来可就费劲了，而且他们也自认为不如公卿贵族们，至少在镰仓时代是这样。

由于禅宗临济宗的影响，武士上层对中国文化产生了兴趣，他们通过禅宗僧人学习中国宋代的儒学等。北条实时（1224—1276年）在自己的领地武藏金泽创建了“金泽文库”，收藏日本和中国的书籍。北条时赖抄写了唐朝的《贞观政要》，也许是受其影响，幕府命家臣们编纂了镰仓幕府建立以来的第一部政务及其他事情的记录《吾妻镜》（也叫《东鉴》，目前是研究镰仓时代政治史和武士社会史的最重要的史料）。而将军源实朝是个文武兼备的人，他善于写万叶调的和歌（据说他可以读懂一部分用万叶假名写的《万叶集》），并留下了著名的《金槐和歌集》。

但是，正如武士并不是天生的武夫一样，他们的文化修养也要靠后天的培养，从南北朝时期起，武士们终于逐渐走向文化的主流，五山文学便是其嚆矢。

五山文学

镰仓时代禅宗的佛教新教派到了南北朝和室町幕府时代已经渗入到普通百姓中去了。其中临济宗从镰仓时代（临济宗主要是北条氏信奉）开始就受到幕府的保护，将军足利尊氏也是武家的衣钵传人，所以他皈依了禅僧梦窗疎石（1275—1351年），并为后醍醐天皇修建了天龙寺。足利义满则模仿中国南宋的官寺制定了五山、十刹①，其中的规矩也是照搬南宋的。这些寺庙的住持由幕府任命，都是和官府有着很深关系的僧人。其中义堂周信（1324—1388年）、绝海中津（1336—1405年）等其实是做义满政治外交顾问的，有的禅僧还参

① 即五山。是日本仿照我国南宋的官寺制度所定的五大禅宗寺院，由政府来任命住持。其间五山禅寺屡有更改。五山之外，于禅林中又定十刹（次于五山的十大寺院）。

加日本和明朝的贸易。他们对中国文化移植日本作出了巨大贡献。

这些禅僧是有很高修养的人，精通中国的诗文，他们创作的文学被称为“五山文学”。五山文学以中国的汉诗、汉文为主，有僧人的日记、语录等。代表作有虎关师炼的《济北集》等。这些作品不少是应公家和武家之邀而作，而且是汉文作品，对纯日本文学贡献不大，但其中也具有很高文学价值的作品。喜爱看动画片的人都知道在我国放映的日本电视剧《一休》，那个机智淘气的小和尚一休就是五山文学创作派别中的一员。此人叫一休宗纯（1394—1481年），他生前过着狂放不羁的生活，逛妓院、喝酒，完全是一个花和尚。人们说他疯狂，他干脆就自号“狂云”。他认为超越了凡人就归于禅，而超越了禅就回到了凡人。他有诗曰：“昨日俗人今日僧”。他的诗集命名为《狂云集》，充满了对教团的批判，率情任性地发挥着他的个性。

五山文学虽然不尽如人意，可以说是武士们在没有自己独具特色的文化之前，只好从中国找来高深难懂的汉诗进行补充的一个阶段，但这些文学作品却具有重要的史料价值。

五山文学后，室町幕府终于创立了北山和东山文化，不过在其之前，我们先来看看室町时代的民间文化。

民间文化

日本的文化始终是受佛教影响的，但民间也有世俗文化。猿乐能①、御伽草子②就是其代表。猿乐能是日本的戏剧，后来演变为能乐，至今还作为日本的文化遗产在演出着。其开始为寺院的法会演出，后来便固定在寺院中，称之为“座”，即剧团（至今日本的戏剧团体仍然称为座）。在足利义满时期，猿乐能艺人中出现了至今被人称颂的观阿弥（1333—1384年）和世阿弥（1363—1443年）父子。他们不仅吸收了一些其他的民间曲艺和音乐，使猿乐能真正成熟起来，而且对日本的戏剧表演理论作出了重大贡献，所谓的自然式表演就

① 猿乐能来源于猿乐，猿乐是曲艺、杂耍，语源来自唐朝，原来在宫廷中表演，镰仓时代添加进了歌舞的要素，叫做猿乐能，有些类似于音乐剧，而另一方面发展为滑稽的道白剧，就是猿乐狂言。

② 御伽草子狭义的是指江户时代编辑的带图画的23编的《御伽文库》，广义的是指室町时代的小说、草子（故事、随笔、日记等）。

是世阿弥提出的。猿乐能是戴着面具表演的，而面具没有任何变化的表情，以此来表现人物的情感活动和丰富的内心世界确实很难，但这却是日本文化的一大特点，世阿弥对此贡献良多。他的“阑之位”被认为演出了幽玄美，这和武士的文化相符合。

银阁

如果说猿乐能表达的是精英的武士文化，那么世俗文化的代表性的表现形式就是狂言。狂言是种滑稽戏，以幽默讽刺为其风格，表现了庶民的生活。另一种同样表现庶民生活的文学形式就是上面所说的御伽草子。御伽草子文风明快易懂，里面有不少是描写民众朴素情感和对美好生活憧憬的，比如《一寸法师》中的主人公一寸法师至今也是日本人民喜爱的童话人物。在室町时代群众性的大型娱乐活动多了起来，日本有名的盂兰盆会[①]舞大为流行，百姓们走上街头，女人们穿着华美，戴着讲究的首饰，尽情舞蹈，表达着内心的欢快，至今日本还在跳盆舞，已经成了一年一度固定的民间娱乐活动了。而京都的市民们更兴起了大

金阁寺

① 盂兰盆会是佛教大法会，以农历七月十五为中心，祭祀祖先的亡灵，也是从中国传去的，民间简称“盆”。

规模的娱乐祭祀活动，即至今仍在持续的祇园祭。① 这种祭祀活动原来只是朝廷才举办，但京都的市民制造了巨大的彩饰花车，参与进来，使这一祭祀活动热闹非凡，活力奔放。这股风气很快传播到了各地，以后祇园祭就成了民间的带有娱乐性质的活动。

书院造

民间的文化质朴地反映着民众的生活和心理，他们的喜怒哀乐在上面说的各种文化活动和文学、文艺中表现得淋漓尽致，人们常说日本人严肃，没有幽默感，只知道工作，其实日本人和其他民族的人一样，是喜欢娱乐的，今天的日本人还有这个传统。那么和这些大众的文化相比，统治阶级的武士们又创造出了什么样的文化呢？在室町幕府时期，武家文化的代表就是北山和东山文化。

北山·东山文化

将军足利义满晚年时在北山山庄修建了金阁②，这就是北山文化的象征，而将军义政（1436—1490 年，室町幕府的第八代将军），在东山山庄修建了银阁，③ 这一时期的文化就被称为“东山文化”。

北山文化的主要承担者还是五山文学中的那些禅僧们，他们不仅对汉诗、

① 祇园祭是园信仰的祭祀仪式，祇园信仰是崇拜牛头天王的一种日本民间结合佛教创造出来的信仰，传说牛头天王是有名的祇园精舍的守护神，对瘟疫和疾病有特殊的镇服力量。9 世纪后半叶到 10 世纪兴起于平安京，后来传播到各地。

② 也叫金阁寺。在京都鹿苑寺，有三层楼阁，第一层是寝殿造的阿弥陀佛水院，第二层是被称作潮音阁的武家观音殿，第三层是被称作究竟顶的唐朝式建筑，建筑整体被金箔覆盖，因此被称作金阁。1950 年被纵火烧毁，如今的建筑是复原再建的。

③ 也叫银阁寺。京都市东山净土寺山足利义政的别墅，现在指慈照寺的观音殿，这座殿是 1489 年完成的，有两层，本来计划用银箔覆盖，故俗称银阁。

汉语有很高的造诣，而且擅长绘画。其绘画风格和手法习自中国宋朝和元朝的水墨画，他们喜欢用象征性的手法表示禅的境界，代表性的画家有可翁（生卒年不详）和默庵（生卒年不详）。

山水图 雪舟作

东山文化和北山文化的富丽堂皇相比，则更注重于闲寂的氛围。其书院造[①]的建筑式样、茶室、装饰壁龛的插花（当时叫立花，是插花的原型）、画轴、家具绘画等莫不是以闲寂为基调的。关于东山文化中的绘画等我们将在后面详述。

在东山文化时期，不管是上层社会还是下层社会最兴盛的一种文学形式就是所谓连歌。连歌是从镰仓幕府时期起就开始的一种歌咏活动。其形式就是数人将上句（五、七、五言）和下句（七、七言）交相歌咏，联缀而成的诗歌，本来是和歌的一支。这一时期的连歌被二条良基（1320—1388年）和宗祇（1421—1502年）编集成《兔玖波集》和《新撰兔玖波集》，成为日本古典名著。连歌是集体创作，需要许多人集合在一起，这和当时大名想与部下之间加强团结的想法或意图是有关联的。

爱莲图 狩野正信作

① 书院造是从室町时代直到安土桃山时代才完成的武家住宅样式。书院，顾名思义就是读书的院落或地点，后来被纳入寝殿造的一种。住宅中有门厅、隔板、壁龛和书房，大体上形成了日本式的标准住宅样式。现在园城寺的劝学院、光净院是其遗留下来的建筑。

弥勒佛坐像　运庆作

与此同时，下层的民众也发展了属于自己的连歌，和宗祇所谓的正统连歌相对，山崎宗鉴编集了《新撰犬筑波集》，产生了自由奔放、轻松幽默的俳句连歌。

另一种文化就是众所周知的日本茶道。日本饮茶的风俗是奈良时代由中国唐朝传入的，在南北朝时代成为风尚，15世纪时日本创立了品茶之道。茶道是由公家、武家、僧侣中的斗茶（即品定茶的质量的比赛）和庶民在一起时相互换茶喝的“茶寄合”的习俗结合而成的。由于茶道的流行，茶具和茶室里挂的画轴都讲究华丽奢侈，许多是从中国进口的，被称为“唐物”，价格十分昂贵。但是，当时禅宗的影响很大，茶道是不能脱离这个大的文化背景的，于是就出现了佗茶，佗在日语中有寂寞的意思，符合当时闲寂的时尚。佗茶的创始人是村田珠光（？—1502年），形式是在四块席子大小的房间里品茶，追求心灵的安详和平静。这种饱含禅意的佗茶受到将军义政的保护，后来武野绍鸥（1502—1555年）将其继承下来，并予以发展。在中世后期茶道流派很多，最有名的当属千利休（1521—1591年）为创始人的“三千家”。

中世文化上承传统的贵族文化，以佛教文化为主，但平民们创造出自己的文化，如能（能开始时是为上层人士演出的，但其形式的创作却是民众的发明，并且自世阿弥以后，能在京都市面上的舞台公开演出，更成为大众娱乐）、狂言、茶道等。这又渗透到了上层中去，小文化影响到大文化，互相渗透、影响，说明当时的社会发生了如何大的变化。

美　术

在文艺发达的同时，中世的美术也有了变化。其主要特点是反映了武士们的欣赏和好恶，而且因中国的宋朝和元朝的文化传入，出现了新的表现方式。

镰仓时代的美术，首先是大和绘扎下根来，其内容有佛教传说、战争、寺院的缘起（起源）等，其绘画手法还是过去的浪漫主义的。这些画有浓彩画和白描画两种。著名的有紫式部日记绘卷、北野天神缘起绘卷（绘卷在镰仓幕府之前就有了，镰仓时代继承和发展了这种美术形式）等。此外，镰仓时代还出现了人物肖像画，叫做“似绘”，藤原隆信（1142—1250 年）和藤原信实（1177—？年）父子是似绘的最优秀画家。在佛画中一个显著的变化是画师们引进了宋元的技法，有的直接模仿宋元的画。其中《十二天图屏风》最为著名。

室町时代的绘画和镰仓时代有所不同，主要是出现了水墨画（北山文化时期）。水墨画是我国宋元的绘画形式，先被镰仓时代的禅宗寺院所引进。至室町幕府时代大放异彩。由于作画的画师是僧人，所以日本的水墨画中渗透了禅宗的旨趣。而信仰禅宗的将军和武士们对此十分欣赏，由此又进入民间社会。15 世纪后半叶，水墨画进入了守护大名们的地方城市（东山文化时期），其中出现了卓越的画家雪舟等扬（1420—1506 年）和狩野正信（1434—1530 年）。雪舟特意到明朝学习水墨画，回日本后，遍游各地的名山大川，用写实的手法描绘自然景致，使水墨画从禅画的单一品种中脱离出来，创立了日本式的水墨山水画，这在日本绘画史上是个划时代的贡献。狩野则是著名的狩野派[①] 的创始人，他和其子狩野元信（1476—1559 年）一道改革了传统的大和绘，将水墨画的粗线条引了进来，同时保留下大和绘的明艳色彩，两者和谐交融，相得益彰，使狩野派的绘画技巧富于个性。同时，这一时期的水墨画已经越过了画轴的界限，成为了室内装饰的一部分。

雕　塑

和绘画有着相同性质的是雕刻。自从平安末期以来，日本和中国宋朝的来

① 狩野派是模仿中国的宋元画法的日本画最大的流派，一直存续到明治时代。在江户时代这一画派的画家为幕府的御用画师，以正统自居。

往密切起来。众所周知，宋，特别是南宋是中国封建社会发展的顶峰，其经济、文化、科学在当时世界上是数一数二的，因此，对日本的影响也特别大，如前面讲过的禅宗，而在雕塑方面也极大地影响了日本的艺术家。在镰仓时代，雕刻的代表作是佛像，雕刻家中最有名的是大佛师康庆（生卒年不详）和其子运庆（？—1223 年）及康庆的徒弟快庆（生卒年不详）。康庆在重建兴福寺时，塑造了南圆堂尊不空绢索观音坐像、法相六祖像、四天王立像，他吸收了宋朝的雕刻技法，改变了以前柔和和优美的特色，创造出了写实、雄健的风格。特别是在写实方面，和似绘一样写实的肖像雕塑在当时是很兴盛的。运庆和快庆继承了师父的风格，创作了著名的兴福寺的无著像（无著是印度高僧，和其弟世亲一道被奉为法相宗的始祖）和金刚力士像。还创作了东大寺的金刚力士像，他威猛雄壮、吊眉怒目，衣服上的飘带似乎随风而动，栩栩如生。

建 筑

在建筑艺术方面，镰仓时代有将从唐移植过来的建筑式样经过日本改造的和样（样即样式之义），和在寺院建筑上从宋朝新学来的禅宗样（过去也叫唐样）、大佛样（过去也叫天竺样）。禅宗样用于禅宗的寺院，追求质朴闲寂，超

大行寺大仙院庭园及龙安寺石庭

东大寺金刚力士立像 运庆、快庆作

凡脱尘，因此不使用任何色彩和装饰，圆觉寺的舍利殿虽说是室町时代的建筑，但将禅宗样的风格和韵味体现得淋漓尽致。今天日本游客来中国观光时，经常为中国寺庙中的佛像和庙宇的华丽所震惊，认为和日本的不同。但其实日本佛像和寺院（禅宗）却是受中国的影响，日本保留了这一风格，中国却有了新的变化，这样的历史变迁是很耐人寻味的。大佛样是用简单的组合方式建造规模宏大的寺院，东大寺的南大门是其代表作。

和样也吸收了大佛样和禅宗样的技法、式样，以致到镰仓中期已经看不见纯粹的和样建筑了。在这新旧建筑样式的综合基础上产生了新和样和折中和样，前者是吸收了禅宗样的一些建筑特色，如横木的使用等。后者则在整体比例及组合上摄取了禅宗样的技术。同时禅宗样和大佛样也接受了和样的一些建筑方法，如用丝柏树皮葺顶等。新和样（或折中和样）和禅宗样最盛时期是在南北朝时代和室町幕府的前期。

15 世纪初代表日本中世建筑风格的佛寺建筑停止了发展，而新的建筑式样是住宅，有禅僧居住的住宅和上文说到过的将军武士们的书院造。

值得指出的是，在室町幕府时代，日本的园林建造技术和风格有了很大的变化。平安时代的寝殿造实际上是其开端，室町时代在僧人居住的寺院和书院造的前院出现了庭园。如天龙寺、西芳寺、金阁和银阁的庭园利用自然地势，池中放上水，天然和人工融为一体，这也成为后来日本庭园的一个特色。而大德寺大仙院则纯粹为人工所为，将气势磅礴的在山谷中奔涌的河流，只用静穆、不动的石头来表示，完全是象征主义的艺术表现手法。此外，龙安寺的石庭使用的也是这种艺术手法，而且更为简洁。这种象征主义的艺术表述，很大程度上是受到水墨画的影响，特别是余白的理论和意象。

在这一时期，我们不管是在绘画、建筑还是庭园中都能看到孤独、内向、质朴的禅宗的影子。为此，庭园一改前代奢侈和华丽，而表现的是淡泊的意趣，叫做“枯山水庭园”。其主要装饰物就是像大德寺大仙院那样，使用自然、简朴的石头，后来日本的庭园就是以组合石头为主。

武士的社会、生活及习俗

武士是一个新兴的阶层，是日本中世纪时期的主流阶层。他们的文化、习俗不仅在当时是大文化的主体，而且对以后的日本文化影响甚巨，特别是日本人对武士道的宣传（如新渡户稻造所著《武士道》一书，至今也为许多人所爱读）使得武士和他们的文化充满了神秘色彩。那么，现在就让我们看看这些武士们生活的真相。

首先要说的是镰仓时代。在这个时期，武士(御家人）当上了地头，当时，庄园的实际管理者和领主们展开了对土地和年贡的争夺，领主们一面派去了精通业务的庄官，一面让地头们担当仲裁者。国家为了确保年贡，就让地头们承包年贡，就是所谓的“地头请”，地头开始染指年贡，这种做法是对这些蛮横武士的让步；还有将庄园的领地分一半给地头，让他们保证不再侵蚀领主的另一半土地，这叫“下地中分”，更是绥靖政策。可见这些武士地头们的力量如何之大，而且还在不断增长着。

兴福寺金刚力士像

武士阶层和公卿贵族等势力相对地在壮大和成长，而他们内部又是怎样的呢？武士们的领地到处都有，全都是家族经营。他们实行的是嫁入婚姻制，妻子嫁到夫家似乎妇女的地位要低了，但是妻子和女儿都有财产继承权，并且不会因为性别而阻止她们成为主要继承人，因此，地头是女人的情况并不鲜见。虽然继承方式还是分割继承，人人有份，但总归要有主要继承人，他是家长，被称为“总领”。这个总领不见得是长子，而是家族选举出继承人中有威信的一个，这时其他的儿女们就被称作“庶子”，但和中国庶子的含义不同。庶子们分担御家人的义务，被称作“一分地头”。总领是选举出的，当然具有很高的权威性，以他的权威来使家族团结。这样，武士们向上对主君尽义务，而内部就是靠这种横向的关系紧密联合起来。但是，分割继承使得那些成不了家长的家族也有独立的财产，让他们听家长的话是很困难的。特别是那些住得较远的庶子们。他们的独立性越来越强，后来就和同一地区的家族们互相协作、互相声援，形成上文说过的党，以此来控制当地的政治、经济等。

穿小袖的女人

日本宫廷的公卿贵族像所有奴隶社会或封建社会的统治阶级一样，由于不用打仗或做体力劳动，所以穿着华贵笨拙，而武士是从民间兴起的，所谓草莽之士，他们不仅要作战，而且下级武士们还从事一定的农业耕作。因此，他们穿得很简朴实用，其实就是王朝时代那些庶民的服装。平常他们穿着“直垂”，礼服就是“水干”。不过，在盔甲方面他们则很考究，不仅实用而且美观，最终制造出了色彩斑斓的大铠。

他们的住宅也讲究实用，有武士必不可少的武器库、部下的武士们的守候室、马厩等。房间里有草席（塔塔米），但和现在日本房间里铺满着的草席不一样，他们的草席像是椅子，可以移动，是供人坐的。

武士们是靠武力得到一切的，所以他们重视武勇并不足怪。但战争不是常发生的，特别是镰仓时代，和后来的南北朝、室町幕府时代和战国时代相比，相当和平宁静。武士们为了不荒废武艺，保持他们的战士精神，就举行

武士的住宅

大铠

各种带有军事性质的娱乐活动。如狩猎、流镝马①、笠悬②、犬追物③等。总之，武士们提倡的是刚健质朴的作风和勇猛无畏的战斗精神，武士道就是沿着这个方向被逐渐培养起来的。

到了室町时代，武士们的礼服直垂被简化为素袄，将其再简化就是武士便服的肩衣（无袖上衣）和裙子，过去男子（平民也是）戴帽子，但这时一般都不戴帽子了，代之以扎起发髻，将头部其余部分剃光，就像我们在日本历史题材的电影里看到的那些武士们的古怪发型一样，不过，这倒不是像现代的“庞克”那样为了标新立异、彰显个性，而是具有很强的实用性，因为有发髻的发型易于戴头盔。女人们在过去穿的小袖（分上下装的衣服）上再加上一件

① 是种骑射比赛活动，起源不详，平安末期出现在武士中，供皇族和公卿贵族观赏。骑士5到16人左右，在飞奔的马上射靶。靶子是方形的，有三个。室町时代后一度中断，德川幕府时又兴起，明治以后彻底绝迹。不过，现在镰仓鹤冈八幡宫还保留着。

② 一种骑射比赛活动。就是骑马射斗笠。

③ 全称犬追物射。从马上用弓箭俯射奔跑的狗。比赛方式是用长38米多的绳子围成一个圆圈，参加的射手有36人，平均分为三队，每队再平均分为三组，一组是四个人，他们进圈子里射放出来的狗。这项运动据说是对射技、骑术最实用的练习方法，为武士们所喜爱。

外衣（着流）。

日本人这时的饮食是一日两餐，做菜时用食物油，这是从中国学去的，同样，也是受中国的影响，人们吃豆腐和带馅的馒头，还饮茶、吃糖。

武士在练武

阿伊努的文化

上文曾说过北海道有擦纹文化，而且那里有日本唯一的少数民族阿伊努人。经过这样长的历史发展，如今他们怎么样了呢？由于过着渔猎生活的阿伊努人没有文字，其详细情况不十分清楚，只知道在12世纪前半叶擦纹文化在和邻近的鄂霍茨克文化相融合的同时，日本内地的产品也大量涌进这日本最寒冷的岛屿，因此在14—16世纪时，阿伊努的社会文化和生活发生了巨大的变化，日本产品已经渗透到阿伊努人的生活之中，自然，日本内地的精神文化也随之传播开来并产生了深远的影响。

镰仓幕府建立后，对虾夷岛（北海道）十分关注，通过津轻的豪族安东氏（安藤氏）和秋田城介的官职建立了对北海道的支配体系。13世纪以后，日本人（“和人”）开始进入虾夷岛，15世纪时，阿伊努人由于日本来的移民侵占他们的生产、生活的场所（主要是产鱼的河流等），起而反抗，引发了战争。

在这一期间，口传文学作品《由卡拉》（音译）完成了，这是一部神话和英雄的史诗，是在阿伊努自己的宗教词曲的基础上编写的，是了解阿伊努的宗教、社会及文学艺术最好的史料，现已被翻译成日语。

阿伊努人擅长工艺，他们的木制工艺品造型独特，做工精细，其服装和日本的和服大相径庭，其花样也极富民族特色。

第五节　幕藩体制和对外“锁国”

丰臣氏的灭亡

丰臣秀吉的政权表面看来十分强大，但实际上有不少弱点。他的藏入地虽然有巨大的收获，但由于很多是没收来的，因此散在全国各地，不便管理。秀吉就将这些藏入地委托给当地的大名们，他直接能支配的不过是畿内地区的。而这些大名们是否对他忠心就是个大问题了。此外，织田信长的统治基础是他手下的“谱代家臣团”。这些家臣和信长结成了主从关系，而秀吉没有这样的家臣团。他是靠征用地方的武士和豪农来组织成自己的军队。这些人和秀吉家族没有关系，只是听从秀吉本人的号令。再者，秀吉野心膨胀，不仅在国内大兴土木，弄得大名们怨声载道，还出兵侵略朝鲜，结果鸡飞蛋打，民怨沸腾。秀吉本人不是没有完全意识到这一点。他临终前将政权托付给自己的心腹，即所谓五大老（官职名）、五奉行（官职名）。但他一旦死去，各个大名之间的矛盾就激化了。

德川家康的崛起

大名中最有实力的是五大老的首席关东的德川家康（1542—1616 年）。德川氏是从三河（今爱知县东部）松平乡土豪起家的战国大名，1566 年改称德川氏。德川家的庶族，号称“十八松平”的对德川家康的势力扩充作出了巨大的贡献。这十八松平是德川氏的中坚力量，在这一基础上德川家康吸收了大量新的家臣。和丰臣秀吉不一样，家康大力发展自己的直属家臣，和家臣们结成牢固的主从关系。

德川家康在战乱时期致力于自己领地的经略，和织田信长结盟灭掉了甲斐

（今山梨县）的大名武田氏，1582 年成为五国的领主。1584 年和秀吉作战，虽然初期取得了很大的战果，但后来变成长达八个月的持久战，他意识到自己的领地和实力尚嫌薄弱，不足以和秀吉争锋，遂和秀吉握手言和。

1590 年，秀吉将家康转封到关东八国。这就意味着德川家康苦心经营多年的领地将丧失掉。但老谋深算的家康还是服从了秀吉的命令，进入了江户城（今东京）。在那里他实行集权式的统治，暗中积蓄力量。由于没有参加对朝鲜的侵略战争，家康的兵力、财力完好无损。在秀吉死时，家康已经是有领地 250 万石的最强最大的大名了。

这时，秀吉委托的五奉行之间产生了矛盾，石田三成（1560—1600 年）、小西行长（？—1600 年）等主要管理行政事务的被称之为“文治派”的奉行人和主抓军事的“武断派”加藤清正（1562—1611 年）、福岛正则（1566—1624 年）政见不合，互相对立，德川家康乘机拉拢武断派，打击文治派。双方的斗争愈来愈激烈，最后发展为战争。

1600 年，两个对立的大名阵营终于开战了，这就是日本史上著名的“关原（在美浓）之战”。这一年的 6 月，德川家康以征讨曾经和石田三成结成一伙的会津（今福岛县一部）的上杉景胜（1555—1623 年，也是五大老之一）为名东下，意在挑衅。最终要和支持丰臣秀吉家族的石田三成决一雌雄。石田三成也不示弱，纠集起西国的大名于 7 月举兵，是为西军。9 月 13 日，家康的东军决定向大阪进军，西军得知这一情况后，便在 15 日清晨一时左右冒雨将主力开进关原。上午七时左右，两军拉开战幕。

关原是个小盆地，东西长四公里，南北宽两公里，而参加战役的东军有九万余人，西军八万余人。战斗进行得十分激烈。由于西军的小早川秀秋反水，下午两时左右东军大获全胜。石田三成等人被俘虏，10 月 1 日被处以极刑。

德川家康获胜后，将西军的大名 90 家除封、减封，没收领地 622 万石，乘机扩大了直辖领地。又在国内实行了大名的转封，将关原之战前不属于家康的大名，即外样[①] 大名转封到边远地区，他的家族（被称之为“亲藩”）和谱代大名（即在关原之战前就忠于德川氏的大名）们都被分到全国的要地。秀吉曾经实行过这一政策，目的是不让大名和自己领地的人民有太紧密的联系。而德

① 外样一词起源于镰仓时代，握有实权的北条得宗家的被官被称为“御内人”，而直属将军家族的普通御家人被称为外样御家人，两者之间有很深刻的矛盾。室町幕府时代，外样表示大名的门第，所谓外样众是指和幕府较疏远的大名。

川幕府更是变本加厉，一方面排除异己，另一方面试图控制大名，直到第三代将军家光时一直在进行大量的改易（即改变领地）、除封、加封、减封等。

德川家康在关原之战后，实际上已经成为日本的统治者。这时他面临的最大敌人就是丰臣秀吉的儿子丰臣秀赖（1593—1615 年）。秀吉死时，秀赖只有六岁，显然是个尚不懂事的孩子。关原之战后，丰臣家族已经衰落为一个 65 万石的大名了，主要据点是大阪城。但一方面是丰臣秀吉生前的威信和影响，另一方面许多主君被消灭或离开主君家的武士（被称之为“浪人”）同情秀赖，加之对德川家不满的大名们，他们纠集在秀赖周围，形成一股反德川的势力。卧榻之侧岂容他人酣睡，德川对此是不能坐视的。他寻衅滋事，要求秀赖转封，搬出大阪，秀赖自然不会答应。于是，战争便开始了。这就是日本史上著名的“大阪之阵”。

1614 年 11 月 15 日，德川家康调兵遣将，集 20 万大军出二条城向大阪进发，秀赖有军队 10 万，虽然兵力远不如家康，但大阪城工事坚固，家康久攻不下，双方只好言和，这就是“大阪的冬之阵”。当时讲和的条件之一就是将大阪城的外壕埋掉，但家康使用诡计，将城池的内壕也一起掩埋了。于是，固若金汤的大阪城就失去了最重要的屏障。翌年的 1615 年 4 月 29 日。家康再起战事，“大阪的夏之阵”开始。没有壕沟的城内守军采取了出城作战的战术，但强弱悬殊，进行野战，秀赖不可能取胜。5 月 7 日大阪陷落，秀赖母子自杀。丰臣氏最后灭亡。

德川幕府的建立

已经成为名副其实的日本统治者的德川家康于 1603 年被任命为征夷大将军，在江户开设幕府。征夷大将军一职一直由源氏家族担任，信长和秀吉都没能当上。而家康却假托是新田源氏的子孙，得到了这一其实是最高统治者的位置。

德川幕府建立后的首要任务是加强对大名们的支配权。灭了丰臣秀赖后，家康便发布了一国一城令，除了大名们居住的城以外，其他的城池一律毁掉，家臣团因而被集中到城中，兵农分离政策以此完成。并且这也意味着幕府已经取得了绝对的权力，过去的临战体制可以休矣。然后又发布了武家诸法度、禁中并公家诸法度、诸宗本山本寺诸法度等。武家诸法度是针对大名和武士们的，有13条，限制大名城池的新建和改造；没有幕府的许可，大名之间的婚姻不能成立；邻国之间要互相监视；各大名在原则上要一年住在领地，一年住在江户，这就是有名的“参觐交代”，大名的妻子儿女要留在江户，实际上变为人质。如有违反，将被处以改易等严厉惩罚。原来幕府和大名之间的关系是靠武力和实力来结合的，而现在已经成为法律制度的关系。武家诸法度在后来的诸代将军手里都经过了修改，1635年在家光当将军的时代，扩充到21条，变得更严格、更完善了。

德川家康

禁中并公家诸法度是限制天皇和朝廷贵族的法令，从天皇的服装、任免官吏的标准及继承人、授予僧侣的荣誉、改元和年历的制定等都作了相当严格的规定，而且由幕府的机构京都所司代监督。武士政权用法制来限制并支配天皇和朝廷贵族。可想而知，天皇朝廷的力量衰落到何种程度。其实天皇已经彻底地失去了政治上的权威，不过是个象征性的摆设。与之相适应，天皇的财政也少得和一个小大名一样。他的领地只有所谓的“禁里御领”，其他收入则是靠在按幕府的指示赐予武士官衔时，武士们送的谢礼。尽管如此，但天皇毕竟是权威正统，当家康取得对丰臣政权的彻底胜利后，他和亲信们曾经对如何对待天皇进行过议论，有的人建议将天皇和公家迁到伊势做太神宫的宫主，这就意味着废除天皇的世俗权力。但有的大臣不同意，认为这样一来，大名们就要造反。德川家康接受了后者的建议，保留了天皇传统的正统权威和部分权力。和中国屡次改朝换代不同，在一个没有被外族侵占过的国家里，传统权威是很难被取消的。而德川家康为了更进一步利用和控制天皇，也效仿藤原家族实行了外戚策略，让自家外甥当上了天皇。此外，公卿们为了生计，变成了神道、文学、文艺等特定家业的宗家，也算是用上了一技之长。

对在中世时有着庞大势力的寺院神社，幕府也用个别的法令在法律上予以了严格的限制和管理。特别对寺院，幕府居然干涉其教义，让僧侣们做学问和学习仪式，目的是让他们不要参与政治，而且加强了本寺和末寺（即寺院之间的等级分层）之间的关系，这样一来，幕府在管理上就方便多了。幕府的对宗教的这些政策使得寺社完全成了世俗政权的附属品。

在制度化统治的同时，幕府对大名实行更严格的控制。日本全国共有 260 名左右的大名，其领地名为藩。幕府将这些大名分为亲藩、谱代和外样，亲藩上文曾提及，是德川家族的人；谱代是德川氏从三河时代开始到关原之战前一直为德川氏服务的武士并成为大名的，是家康的亲信大名，地位仅次于亲藩；而外样则是关原之战后臣服德川氏的大名，另外还有类似于亲兵的旗本武士。幕府对这些大名实行上文说的大名参觐交代制（著名的大名行列就是地方大名参见将军时列的队伍）。大名为这无益的旅途消耗了不少的财力，而且，要大名们出钱修建日光东照宫等幕府的寺社，还有临时的河川改造和修建工程，用意在削弱大名们的财力。这种集权式的统治方法也为各地的大名们所效仿（对自己的家臣也用这种方法）。

上面说过这些大名的领地仿效中国被称作“藩”，大名们也被称作“藩主”。藩有屏护王室的意思，因此，德川幕府体制也被叫做“幕藩体制”。

上面讲的是幕藩体制的基本建制和对统治阶级中其他阶层在法律上的控制。下面我们再来看看幕藩体制中统治阶级内部的经济关系和政治关系。

德川将军把全国的政治、经济、军事上的重要地区划归已有，将剩下的分配给家臣的大名和旗本，叫做“知行地”。这是作为“御恩”赐予的，因此大名和旗本们必须尽义务，即御奉公，这样就结成了封建的主从关系。

幕府的直辖领地叫做“天领”，大名或旗本的领地叫做“私领”，被称作“知行所”，幕府的收入超过 400 万石，直属家臣的旗本约有 160 万石，加起来为全国领地的四分之一，而江户时代最大的大名前田氏不过 100 万石，德川幕府的经济实力可以想见。

这里和古代日本一样，所谓私有权并不是近代意义上的，大名和旗本的私领不过是领有支配权，即所谓知行权。即有从其领地的人民身上征收租税的权力，也有对领地人民的司法、行政权。只要大名服从幕府的全国性权力，在领地内就可以实行独裁统治。

大名们亦有家臣，他们和家臣之间的关系就像幕府将军和他们的关系一样，是封建的主从关系，大名也给家臣们知行地。但是对下级家臣则不给予土地，而是给米。前者叫“知行取”，后者叫“藏米取”。如果家臣们有了知行取，就会出现历史上的直接和间接统治的矛盾，因此，大名们都尽量将这些知行取收到自己手中。在17世纪后半叶，确立了将军、大名对领地的直接统治。

被统治的农民对将军或大名的权力绝对服从。他们耕作的田地叫公田。幕府禁止田地的买卖，但现实中，由于农民阶层分化，土地被买卖着，但耕地是作为御恩被贷出的，即是借给农民的，因此农民也是在这种意识下买卖土地的。

德川家族经过多年的经营和不断的战争，终于成为日本最高统治者。在经济上对各个大名有着绝对的优势，在军事力量上德川幕府也没有丝毫的懈怠。在将旗本、御家人编成将军的直属军队之外，还对各个大名按照知行地的收获量课以军役①，并且能够随时动员。

在统治机构上，德川幕府的最高统治核心是由全面管理幕府行政的4—5名老中和辅佐老中的若年役(官职名）以及负责监察工作的大目付、监督旗本、御家人的目付和三奉行（管理寺院的寺社奉行、管理江户市政的町奉行和管理天领的勘定奉行）组成。这些职务自然是由幕府的亲信谱代大名和旗本们来担任。在地方政府机构方面，幕府在京都设置了所司，一方面管理市政，另一方面监视朝廷的动向；其他主要城市由城代、奉行来管理；在天领设置郡代、代官，不受奉行的管辖。

这样，德川幕府在经济、政治和军事方面均建立了绝对的统治，其国家机器较之以前的武士政权更臻完备。

幕藩体制对农民的统治

近世封建社会的根基是土地，统治者的收入来自于土地的租税和年贡，特别是武士不参加生产，成为居住在城下町的纯粹的消费者后，土地的生产就更重要了。因此，和中国及其他国家的封建社会一样，重农主义是国策，农民有时甚至被称之为“国宝”。

那么幕藩体制是如何支配农民的呢？首先，经过在前文中叙述过的太阁检

① 按照江户初期制定的军役规定，知行地收获量若是200石就要出5名军役，10万石的要出2155名军人，同时还要给这些士兵配备相应的马匹、武器等。

地，土地的面积、收获量等划一了，一地一人的耕作权受到保护，同时有缴纳年贡的义务。这些耕作者被称作“本百姓”。本百姓不仅缴纳年贡、租税，而且还负担夫役，但也有用水权和入会（参加村里的组织）权，并参加村落的行政管理。但他们还称不上是自耕农。

除了本百姓这种农民阶级的主体外，还有佃农和对地主有隶属关系的隶属农民。这些人在检地账上是不予登记的。

幕藩体制对这种制度是尽力维持的。为了防止土地集中到富农手里，幕府曾颁发了《田地买卖永久禁止令》，并为了不让分割继承造成土地的零散化，颁布了《分地限制令》。但实际上农民大多耕种小片土地，备受统治者盘剥、压榨，负担十分沉重，受尽了苦难。

在行政上，幕藩体制禁止农民移居、转换职业，譬如在村里设五人组，类似于中国的保甲制，而农民缴纳年贡租税的义务则由村子负责，每个农民出钱作为村子的自治费用。这样领主们就利用了中世以来农村的村落自治，将农民的自治能力为自己所用。

在加紧对农民控制的同时，幕府展开了残酷的剥削，在掌握收取年贡的程度上，实行着所谓“要符合让百姓不死不活之点上”。在1649年幕府颁布了《庆安御触书》，对年贡缴纳、农耕技术指导、农民生活的控制等作了详细的说明，成为江户时代统治农民的根本原则。

对町人的统治

上文已经说过町人就是长住城市里的市民阶层。由于战国时期城市（城下町）飞速发展，已经成为政治、经济及军事的中心，商人和手工业匠人等町人已经成长为一个不可忽视的阶层。而为了供应武士们所必需的生活用品，町人们按职业进行了分工，工作地点也有了划分。这工作地点就是町，类似于今天的某某商品一条街。集中销售水产品的区域被称作“鱼町”，还有染坊町、锻冶町（锻冶就是冶炼，主要是指铁匠）、木工町等。这些商人和手工业匠人受商人司和职人（手工业匠人）头的管理。

随着幕藩体制的建立，实行兵农分离，大量武士脱离农业生产，住进了城下町，城下町的发展就更快了，而这时的城下町的功能也有了变化和进展。它成了领国经济中农产品和其他产品交换的重要场所，因此新的行业增加了，从事这些行业的人也进了城。以前统治和管理町的商人司和职人头被换成了在町奉行领导下的町名主和町年寄（管理町的官吏名称），由他们来运营町政（町的行政）。能参加町政的只限于有地（地主）、有房子（房东）的町人，也就是说，是町人中的富裕阶层。他们按房屋或土地的正面宽度缴纳“地子”，还负担运上金、冥加金① 等杂税费。由于统治者为了繁荣城市，往往免除地子，因此町人的负担比不死不活的农民要轻得多，还可以聚敛财富。当然和其他阶级社会一样，町人们中也有穷人，像租借宅基地的“地借”、租借房子的“店借”等町人的生活很不稳定。幕府或大名们就是通过对町政的管理，控制着町人们。

身份制

在社会层面，德川幕府实行赤裸裸的等级支配制度，即身份制。所有的人被划为士农工商四个等级。士是武士，为最高身份，他们享有带刀权、姓氏权等（其他阶层的人只要被赋予武士资格，也可以享受这一特权）。其他阶层的人见到他们要行礼。这就是为什么日本的大多数人在明治维新以前没有姓氏（但并不是说所有人，其实给自己起姓氏的情况，封建时代也在发展着）。当他们有权为自己取姓氏时，往往按自己的职业或所住的环境起名，如在田间耕作的，就叫“田中”，住在大树下的，就叫“木下”等。这样一来，日本的第一大姓就是田中，因为农民毕竟是多数。同时由于没有像中国那样，基本由血缘来传承姓氏的悠久历史，日本的姓氏非常多，不仅给学习日语的人带来很大不便，就是日本人也不能正确地叫出汉字姓氏的正确发音，这也是日本姓氏的一个特色。武士之下便是农民、手工匠人和商人。和其他农耕社会的国家一样，重农抑商也是德川幕府的一贯政策。在四民以外，还有所谓秽多、非人等贱民。这些人是因他们的职业被人看不起而成为贱民，比如秽多就是从事处理死马、死牛工作的，因为这个活儿不干净而被人们歧视。

这样，日本社会就被划出了明显的等级。在统治阶级内部有亲疏之别、奉

① 运上金是根据营业规模缴纳的一定税率的税。而冥加金是为了得到营业许可或受到保护的钱，不是税，类似于今天的费。

公和恩赏关系，在整个社会中又是这些统治者作为最高等级来统治民众。

镇压基督教和锁国体制的形成

以上是德川幕府在国内的施政。对外政策方面，幕府则采取了有名的锁国体制。自丰臣秀吉时代起，为了进行军事战争所需要的经费，秀吉鼓励工商业的发展，对对外贸易也采取了积极的态势，就是他创立了朱印船贸易。德川家康取得全国的主导权后，向安南（越南）、吕宋（菲律宾）、柬埔寨等送交了国书，通告了朱印船制度的建立，请各国政府对朱印船在各处的贸易给予方便。朱印船贸易便发展了起来。

朱印船，顾名思义就是那些船要持有朱印证明，而这朱印证明是幕府下发的。持有朱印的有大名、留日的外国人，京都、大阪、堺、长崎等城市的商人。他们进行国外贸易的对象有交趾（越南）、柬埔寨、暹罗（泰国）、吕宋（菲律宾）等，许多日本人就居住在那里，称为“日本町”，就像今天在世界各国的唐人街一样。出口商品有银、铜、铁、硫磺、樟脑及杂货，进口商品有生丝、丝绸品、棉布、兽皮、砂糖等。这些贸易获利巨大，纯利竟达十成以上。在年贸易额最盛时和葡萄牙不相上下，这不禁使我们想起现代日本贸易之盛。

朱印船贸易有许多大名参加，特别是西南大名，这些人不是幕府的亲信（是外样大名），而且幕府不愿意看到他们因贸易而强大起来，于是便对朱印船进行了严格的控制。1612 年颁发了禁止基督教的禁令，让西南大名退出了朱印船贸易，和幕府关系疏远的商人们也纷纷退出。贸易权力集中在和幕府关系密切的少数商人手中，同时进行贸易的朱印船的数量也逐年减少。

1631 年，幕府又在朱印证明之外，要求要有老中（德川幕府的官职，是直属将军，统辖政务的最高官职，可以比作中国古代的宰相）奉书（近侍者奉主君的命令下达的文件）的渡航许可证，叫做“奉书船制”。1633 年禁止奉书船以外的船只出海贸易，1635 年禁止日本人去海外，在海外的日本人也不许回国。沸汤泼雪，一时如火如荼的海外贸易就此了结。

在对外贸易中有一种特殊的贸易，叫做“丝割符贸易”。丝是生丝，原来由葡萄牙人以中国的澳门为基地进行交易。生丝当时是日本最重要的进口商品，利润极大，商人们竞相以高价购进。德川幕府自然不会放过这块肥肉。

1604年在确立了朱印船制度后，幕府又创立了丝割符制度。就是让堺、京都、长崎的富商们组成丝割符仲间（类似行会的组织）的垄断组织，仲间在日语中是伙伴的意思，由这些伙伴们决定价格来全部买进，然后再分配给每个商人（割在日语中有分配之意）。实际上他们自始至终垄断着价格，这样大量的利润就跑到幕府和这些特权商人的手中了，葡萄牙的商人们自然受到了重创。

同时，德川家康在1609年允许荷兰通商，1613年许可英国进行自由贸易。结果在这三国间发生了激烈的竞争。家康在1609年和朝鲜签订了《己酉条约》，在釜山建了倭馆，和朝鲜进行贸易。第二年又试图和明朝恢复勘合贸易，但明朝政府没有允许，所以和中国的贸易是靠中国的私船来进行的。

然而在1616年，幕府的政策发生了重大的改变，取消了荷兰、英国在日本内地的自由商业权，贸易港也仅限于平户和长崎。这是取缔基督教和丝割符商人们活动的结果。而英国在贸易战中输给了荷兰，1623年关闭了在平户的商馆。第二年，幕府又和西班牙绝交。

荷兰在1624年侵占了中国的台湾，以此为据点利用朱印船贸易，和日本船只经常发生摩擦。1628年，幕府扣押了荷兰的商船，封闭了平户的荷兰商馆，两国间贸易一时中断。1632年，日本和荷兰又恢复了贸易，但1635年发布了禁止日本人海外渡航的命令后，朱印船便消失了。当然这也是因为镇压基督教的政策所致。

另一个重要的贸易伙伴葡萄牙，和幕府之间也是纠纷不断。1634年，幕府为了将葡萄牙人和日本人隔离，修建长崎港的出岛，以让葡萄牙人住在那里。

日本的对外贸易在江户时代从初期的繁盛很快就走进衰落，这和镇压基督教的政策关系最大。家康为了贸易上的利益，直到晚年对基督教都是宽容的，所以在1605年日本的基督教徒达75万之众，主要是天主教徒，不少大名（特别是西南大名）们都是信奉者。但是，在宗教信仰、政治、经济等诸方面和葡萄牙对立的荷兰和英国进入了日本，他们说天主教有将日本殖民化的野心，这种说法肯定对德川幕府的政策改变起了一些作用，但更重要的还是取决于德川家康对基督教传播对其统治所产生的影响的看法。事实上，基督教的兴盛和基督徒的增多无疑对德川幕府的专制统治形成威胁（让我们想想丰臣秀吉对基督教传播的看法，就会理解德川家康的所思所为）。于是，家康先对直辖领地发出了禁教令，翌年在全国禁教。开始镇压教徒，放逐传教士。

1616年，德川秀忠（在位时间1605—1623年）亲政，对基督教的镇压变本加厉，将贸易港仅限于平户和长崎，其实就是禁止外国人进入内地传教。1620 年，有两名传教士乘葡萄牙船只企图潜入日本。幕府大为震惊，将两名传教士处以火刑，并在长崎展开了被称作“大殉教”的镇压行动。

踏绘

幕府为了保证政权的稳固，不惜以牺牲对外贸易的利益为代价，锁国政策日益加强，德川家光（在位时间 1624—1656 年）上台伊始便相信荷兰商人说葡萄牙和西班牙觊觎日本领土，传教不过是个幌子的说法，禁止西班牙船来日本（1624 年），又先后于 1633—1639 年连续五次发布锁国令。这就是上文说过的禁止奉书船以外的日本船出海到外国，接着又禁止日本人出海国外及不许国外的日本人回来，甚至对以前不加限制的明朝船只的进港也限定在平户和长崎（1635 年），简直是胡子眉毛一把抓。1636 年，葡萄牙人被迁往修建好的长崎出岛，隔绝了他们和日本人的接触。

家光对国内基督徒进行了更为严厉的镇压。让教徒们踩踏耶稣或圣母玛丽亚的画像，即踏圣像，日语叫做“踏绘”，不愿踏绘的人则被认为是基督教徒，要被处以极刑，或强制信徒们改宗等。日本著名作家远藤周作还以此为题材写了著名小说《踏绘》。为了彻底清除基督徒，幕府还奖赏给告密者奖金。1614—1636 年据说全国有约 28 万教徒被处刑。

岛原之乱

尽管幕府使用了如此残酷、严厉的手段，但传教士还是不断地潜入日本，教徒们也未见减少，幕府只好继续加强镇压。这种铁腕政治和对民众的超经济压迫使得官民之间的矛盾越来越激化，终于酿成了大起义。

1638年岛原藩（肥前岛原半岛）的农民为反抗藩主的残酷压迫和对基督徒的镇压举起了义旗，同时天草领地（肥后天草岛）的人民也响应岛原举行了起义。他们的领导人是只有16岁的基督徒益田四郎时贞。2月初，起义人数达三万多人，包围了岛原半岛南端的岛原城，幕府全力镇压，派出了12万大军，并在荷兰船只的炮击协助下，好不容易将起义镇压下去。

岛原之乱使幕府的锁国和镇压政策更加严厉。1639年幕府禁止了葡萄牙船只到日本（这被认为是完成锁国的最后举措）。1641年将荷兰的商馆也搬到出岛，将荷兰人全部隔离在那里。从那时起能到唯一的贸易港长崎的只有荷兰和中国的商船。

同时，原来西国大名的对外自由贸易也被禁止，幕府垄断了对外贸易和交往，从这里可以看出幕府禁教、锁国的目的之一是压制住大名的力量，特别是不许他们从贸易中获得财富。

在幕府的严厉镇压下，日本的基督教消失了，虽然还有一些被称为“隐切支丹”（隐是隐秘的意思，切支丹是葡萄牙语天主教徒的日语音译）。日本进入了锁国的时代。

第六节　江户文化的繁荣

安土·桃山文化

在我们走进江户辉煌的文化大道散步之前，先要通过一条虽然很短，但却春意盎然、鲜花繁茂的小径，这就是近世文化出发点的安土·桃山文化。安土指的是织田信长建造的安土城①，而桃山则是丰臣秀吉建造的桃山城(今京都伏见一带)。因此，安土·桃山文化就是织丰政权时期的文化。其历史跨度从织田信长拥戴足利义昭进京的1568年9月到关原之战后，约为三十多年。在整

① 在今天的滋贺县。1576年织田信长从岐阜迁移筑城。为了招商引资，给商人以乐座、乐市的特权，街道等城市构图为近世城下町的原型。后织田信长被杀，城池被烧毁。

个日本历史分期上被划入近世。

在织丰政权下，工商业得到发展，城市繁荣，在文化方面也出现了多姿多彩的景象。特别是在否定中世权威的政治风潮下，新的文化方式和内容如萌芽破土，不断被创造出来。

建筑、绘画

首先在建筑方面，中世以前的城郭都采用军事要塞的形式，利用天险、山丘建城，但自从有了枪炮，采用了集团战术后，城池的建设被转移到平原地区。这就需要有高超的建筑技术，还要修建高大的建筑物作为瞭望台，即日本城池中的天守阁。安土城的天守阁是五层七重的，打破了原来的规矩。那些傲然耸立、炫耀着城主权势和力量的著名天守阁，如织田信长的安土城、丰臣秀吉的大阪城、伏见城，那些当时建筑工艺、建筑美术的最高杰作今天已荡然无存，现存的天守阁的最杰出代表是姬路的白鹭城。

大名们住的是书院造的宅第，豪华奢侈是其特点。里面的樀扇、墙壁、屏风等都贴有金箔，画有各种浓墨重彩的樀扇画。画的内容种类繁多，有梧桐栖

姬路城天守阁

凤、龙虎之战，象征着吉祥和瑞兆。另外也像中国一样有松竹梅等象征高洁的植物画，还有樱花和枫树等。画这些画的大多是狩野派的画家，如代表狩野派艺术巅峰的狩野永德（1543—1590 年）、狩野山乐（1559—1635 年）等。狩野派的画色彩丰富艳丽，线条有力，表现力强。另一方面继承雪舟画特色的海北友松（1533—1615 年）、长谷川等伯（1539—1610 年）等也留下了杰作。因为当时是武将们的天下，同时有钱的大商人过着挥金如土的生活，酿成了豪放刚健的社会风气和心理，因此海北友松和长谷川等伯的水墨画也展现出刚劲有力的画风。

此外，宅第里的柱子用粗大的方柱，天花板是黑漆的，栏间的雕刻是金色或色彩强烈的圆形雕刻。这些样式影响到江户初期的寺院神社建筑。

市民文化

豪奢、威猛、自由这些社会氛围并不符合佛教的教义，从这里我们可以看出佛教文化和艺术的衰落，世俗文化却占了上风，世俗文化的代表就是城市中的所谓町众文化，即市民文化。但这些町众却主要是佛教法华宗的信徒。

町众文化中最重要的是茶文化。茶道有三大家，今井宗久、津田宗及和著名的千利休。他们都是为信长和秀吉服务的所谓茶头。当时在公家、武家和町众之间经常开设茶会，信长和秀吉也通过茶会掌握豪商们。他们所欣赏的是极尽奢靡的茶室、茶具等，丰臣秀吉就有金茶室和豪华的游乐园，名为聚乐苑（现已无存）。但千利休却受禅宗的影响，接受并发扬光大了村田珠光创立的简朴淡泊的佗茶，但秀吉很不喜欢这样的风格，后来千利休因触怒了秀吉被命自尽。

和歌、连歌继续为町众们所喜爱，16 世纪中叶从琉球传来了中国的三弦，经过日本艺人的改造，成为日本的民族乐器“三味线”，与此相应便有了净琉璃木偶戏①，在江户和京都演出。

能还是很受欢迎，有在大街小巷为民众公演的辻能（辻在日语中是十字路

① 是日本中世以来的一种说唱曲艺，其中净琉璃姬和牛若的恋爱故事《净琉璃物语》在音乐和内容上都受到好评，因此这种说唱曲艺被称作“净琉璃”。后来有了三味线，又添加了木偶，使之风靡一时。

口、街头的意思）等。城市老百姓们还爱哼唱一种叫隆达节的小曲①。

在文艺方面有出云巫女阿国（？—1613年）创造的阿国歌舞伎。这是在念佛舞上稍加改造的戏剧，和过去的舞蹈不同，歌舞伎不戴假面具，舞蹈动作程式化，很受人们的欢迎。

南蛮文化

这一期间最受人瞩目的是欧洲传入的“南蛮文化”（南蛮是对葡萄牙人的称呼）。日本在历史上一贯是吸收以中国为主的大陆文化，也通过中国接受了印度等地的文化。欧洲文明对日本人还是个陌生的事物，但日本的历史传统和地理位置赋予日本人一大特点，就是能够睁开眼睛看世界，所以接受欧洲文化对他们来说并无太大障碍，当然只要统治者不干涉的话。

南蛮文化在日本的传播和传教士有密不可分的关系。耶稣会在各地建立神学校，教授哲学、神学、拉丁语、音乐、绘画等，并传授西医。还用带来的金属活字印刷机编辑文典、辞书，普及拉丁语和日语的教科书。

传教需要使用最易为人看懂的图画形式，因此，西洋的油画和铜版画便出现在民众的眼前，同时传教士们也为信徒们演奏西洋的音乐和宗教戏剧。

人们一旦成为信徒就要按基督徒的方式生活，礼拜天休息，这样就要使用太阳历，因此也就知道了地球说（大地是个球形）。而造船、航海术等自然科学的新知识更为居住在岛国，并且当时正从事着繁荣的海上贸易的日本人所容易接受。

在基督教的道德说教下，信徒们身体力行着一夫一妻的生活，并懂得了西方的贞操观（即保持处女的贞洁）。同时，一些日本人也穿着或使用西方人的帽子、裤子、床、眼镜、表等，至今日本的不少外来语就是来自于葡萄牙语，如面包等。在这里应该指出的是，南蛮文化是南欧拉丁语系的宗教文化，虽然里面有不少先进的事物，但和后来江户时代的洋学则不同，洋学是北欧的科学文化。

① 也叫隆达小歌，是近世初期堺市药铺老板的儿子高三隆达附上节拍的小曲，有509首，歌词主要是隆达撰写的，内容多以爱情为题材。为近世小曲的先驱。

风靡一时，几乎像佛教一样将要在日本立足的基督教及其带来的南蛮文化在秀吉的取缔政策和江户幕府的锁国政策下，不久便烟消云散了。日本人要等近三百年才能看到西方文明的大举进入。

服装和民众生活

安土・桃山时代还没有结束战国的混乱，虽然人们在某种程度上有了自由，思想也更开放，但一个事物或是现象总是有两面性的，在豪放、自由、开放的另一面，就是人们对变化万端的形势和难以预测的未来感到束手无策，这使得人们放弃了长远的目光，及时行乐的价值观应运而生。那时，不论是大商人、大名，抑或是平民百姓都很讲究享受。高级丝绸成为人们追求的目标之一，因此丝织业也就发达起来。

在城市中经常举行热闹的宗教仪式，盆舞流行。盆舞时女人们不穿裙子，将裙带显露出来，系在前面，颇有风情。举行宗教仪式时，男人们穿着上下身的礼服，女人们则穿着叫“打挂”的礼服。

宽永文化

进入江户时代，虽然还有安土・桃山文化的影响，但锁国和国内稳定的局势已经使其显露出独特性了。在江户时代的宽永时期（1624—1643 年）出现了宽永文化。这是由京都上层町众的文化和以后水尾天皇（1596—1680 年）为首的宫廷文化构成的，显示出以后盛极一时的元禄文化的萌芽。

打挂

绘画方面有代表京都画坛大和绘的商人出身的画家俵屋宗达（？—1643 年），他将讲究优雅的大和绘的题材用大胆而华丽的装饰画的风格表现出来，独具一格，他留有《风神雷神图屏风》

等杰作。而以狩野探幽（1602—1674 年）为首的江户狩野派是幕府的御用画师，他们也创造出不少名画。同时，以天皇朝廷为根据地的土佐派（是从室町初期形成的画派，继承并坚持着日本大和绘的传统）中也出现了土佐光起（1558—1637 年）那样的大画家，但这两派墨守成规，少有创新，逐渐脱离了生气勃勃、不断创新的主流。

特别值得一提的是，天才的艺术家本阿弥光悦（1558—1637 年），他在绘画、莳绘、陶艺（乐烧）① 等诸多领域发挥了他无与伦比的才华，他的作品富有新鲜的时代感，装饰性强，俵屋宗达的画风就是受到了他的影响。

在建筑方面，由于三代将军家光喜欢安土・桃山文化的绚丽多彩和富丽堂皇，因此在建筑上还反映着那个时期的风格。家光出于对祖先家康的崇拜之情，修建了家康庙日光东照宫，在其雕琢和装饰之繁缛上，其他建筑无出其右。祭祀丰臣秀吉的神社丰国神社也是同样风格的建筑。上面说过安土・桃山文化其实有两个不同的潮流，一是世俗的文化，豪华、奔放；二是禅宗文化，淡泊、闲寂，虽然后者在当时的环境中处于下风，但还是富有生命力的。在宽政时期，后阳成天皇（在位时间 1586—1610 年）的弟弟智仁亲王在桂川岸边建的别墅桂离宫正是体现后者价值观的代表作，这是一座书院造的宅第，里面有朴素的茶室。桃山风格的古书院和寄屋造的中书院和新书院，庭园是回游式的，整体结构和谐自然，舒展大方，没有任何多余的装饰。

在陶瓷器方面有了很大的发展和变化。日本在文禄、庆长的侵略战争中，俘虏了不少朝鲜的陶瓷工人，他们在西国大名的保护下开始生产瓷器。为了适应町众（町人）们的喜好，在瓷器上添加了装饰风格的绘画和工艺。这些新一代杰出的工艺美术师中有乐道入（生卒年不详）。同时，野村仁清（生卒年不详，他也是元禄时代的工艺美术师）则为以后华丽优雅的京烧② 奠定了基础。

茶道还是很受欢迎，出现许多茶道艺人。千利休的孙子千宗旦（生卒年不详）继承祖先的茶道风格，继续着佗茶方式。

① 是用手捏成的附釉的陶器，一般由家庭小作坊制造，产品多是碗等，烧制的温度较低。

② 桃山时代之后，京都制造的陶瓷器的总称，但一般不包括乐烧，野野村仁清制作了所谓御室烧，是真正的彩绘瓷器，由此京烧名声大震，后来中国的青花瓷等一度成为京烧的主流。现在日本政府将其定为传统工艺。

文学和文艺

文学中盛行着假名草子（用假名写的故事、散文、随笔等），内容从爱情故事到名胜随笔等，极其丰富。作者也是各色人等，显示出文化的普及性。

文艺方面有阿国歌舞伎、女歌舞伎等，当这些歌舞伎被幕府禁演后，又变为若众歌舞伎、野郎歌舞伎，十分盛行。而木偶戏净琉璃在民众中极有人气。

宽永时代的文化特色是限于京都和江户等一部分城市里，这和当时日本刚刚统一，尚不稳定的局势有关，另外，从文化本身的发展规律来看，此时正是处于新旧交替的时代，因此，宽永文化尚没有完全形成新的文化。

元禄时代的文化

到了元禄时期（1688—1703 年），日本的文化进入了一个繁荣昌盛的时代，史称“元禄文化”。元禄文化一言以蔽之就是市民的文化。其代表人物有西鹤、芭蕉、近松、光琳等。

井原西鹤（1642—1693 年）出身于大阪町人（市民）家庭，开始时学习俳句，后来改写小说，他的《好色一代男》是日本文学史上的名著，并成为和以前的假名草子截然不同的创作形式浮世草子（绘图小说）的创始人（书中的插图都是他自己画的）。后来他又创作了《好色五人女》以及描写商人社会的《日本永代藏》、《世间胸算用》等。他感觉敏锐，有极强的洞察力，使用自然主义的文学手法，他在作品中肯定町人的享乐生活，充分反映出那个时代的精神，同时也开辟了近世小说的道路。

比井原西鹤在文学史上更有名的是俳人（诗人）松尾芭蕉（1644—1694 年）。他原是俳句（日本的短诗，一共 17 个音节，是从中世末开始发展起来的）流派中的谈林派。谈林派的文风曼妙轻盈，语言机智活泼，但芭蕉却在 41 岁时创立了自己独特的风格，即孤寂、冷漠、伤感。这和他的美学观是分不开的。他曾说：“风雅如夏炉冬扇，予逆众而用之。”他善于用日常的语言表现日本传统美的意识和人性。比如，他的一首俳句说：“古池静，蛙跃入，水的声响”，寂寥清冷，余味无穷，最为日本人赏识，遂成为千古绝句。他的游记《奥州小路》是日本散文中的不朽杰作，其开篇便写道："日月百代之过客，行年亦旅人也。"开宗明义，虽受中国文化影响，但却能为我所用，令人钦佩。文章的文字更是精炼隽永，至今为人传诵。他还收了很多弟子，有"蕉门十哲"之称。芭蕉之所以如此受人推崇，还有一个重要原因就是俳句本身的形式。俳句十分简单，几乎是人人都能作，当时经常是几个人聚在一起作俳句竞赛，类似于一种文化娱乐，同时它也是教养的展示，因此在町人和农民中广为流行，有这样的群众性基础，芭蕉的知名度自然就高了。

其弟子画的松尾芭蕉像

近松门左卫门（1653—1724 年）是木偶戏净琉璃的作者。他的作品描写市井上的小事，反映了现实的社会风貌，展现出庶民的生活和精神世界，改变了过去净琉璃只是演些荒唐无稽的历史故事的风格。他的《心中天网岛》(日语"心中"是殉情的意思)、《曾根崎心中》描写了身份差异及情感和儒教道德的冲突而引发的爱情悲剧，有深刻的思想含义。他也写历史剧，如描写中国明代著名民族英雄郑成功的《国姓爷会战》，就是部优秀的历史剧。在他之后，著名的作家有竹田出云（1691—1756 年），他的《假名手本忠臣藏》描写了 1702 年赤穗藩主的遗臣大石良雄等 47 人为主君报仇的故事，歌颂了封建的忠义道德，至今仍是各种文艺形式的题材（如在 20 世纪 90 年代中期还上映了日本著名演员高仓健等出演的同名电影）。

在演出木偶戏的艺人中出现了优秀的唱曲艺人竹本义太夫（1651—1714 年），他吸收了古净琉璃的各种乐曲的精华，创立了义太夫节，演唱近松门左卫门等人的杰作，从而占据了净琉璃木偶戏的主流位置。

尾形光琳（1658—1716 年）是日本著名画家，在日本几乎是家喻户晓。他用华美的色彩画装饰绘画，很符合讲究奢侈的元禄时期人们的胃口，特别是

红白梅图屏风　尾形光琳画

他的构图超越了当时代的想象力，用图案式的结构创造出一种静谧的境界，在形成日本画的独创性方面贡献良多。他的艺术风格也给瓷器等工艺造成了影响。

在瓷器方面出现了有田烧的酒井田柿右卫门（1596—1666 年?）和上文中提到的野野村仁清和尾形光琳的兄弟尾形乾山（1663—1743 年）。

净琉璃木偶戏因为有那么多的优秀人才，曾专擅一时，但另一种戏剧形式歌舞伎却逐渐取代了木偶戏的位置。歌舞伎开始时是以舞蹈为主，这时已经演变为写实的戏剧，演技的形式也日臻完善，著名艺人有江户的市川团十郎（第一代，1660—1704 年），上方（京都一带）的坂田藤十郎（1647？—1709 年），他们的演技十分精湛，深受百姓欢迎。

歌舞会剧墙

另外，元禄时期最重要的文化现象是浮世绘的出现。浮世绘主要描画庶民的娱乐世界，如妓院、歌舞伎等。画法简单柔和，着彩法独特，可以印刷，很受庶民们喜欢。

浮世绘作品

生活和风俗

元禄文化的繁荣说明了町人们的物质生活和精神生活的丰富。当时，民众的一日两餐制被改为了一日三餐，米饭也从红米变成了白米，和服的最终形式也是在那时完成的，町人的和服是相当华丽的，有精美的刺绣，更增加了和服的靓丽和艺术性，如今我们在日本女子成人节时，可以看到少女们穿着昂贵、绚丽的和服，如同江户时代的回忆浮现在眼前一样。这是由于市民们脱离了体力劳动，如果干体力活儿的话，和服是相当不方便的，同时受儒教的影响，日本妇女的地位日渐降低，因此女式和服的式样不是为了生活或行动而设计的，纯粹是为了吸引或刺激男人的视觉感官，与此相对，农民的服装则短小精悍，短衣裾，下面的衣着是两腿分开的，男女都穿。

民居的建筑样式也被固定下来，直至今日，其式样无多大变化。商人店铺为了防止火灾，加上了屋瓦，还有叫“土藏造”的房屋（四面的墙被抹上泥灰，也是防火灾的）。但和当今的世界一样，贫富差距使得许多贫民们住在一种叫“栋割长屋”的简易建筑里。这种房子里面被分割为若干狭小的房间，厕所和井是公用的，很类似于过去我国城市中的大杂院。

同时，私塾（即著名的寺小屋）教育遍地开花，人们的文化程度有了极大的提高，据研究考证比较，日本当时的识字率在世界上名列前茅。一个时代的伟大文化成果不是几个人能创造的，如果没有社会的基础条件，就不会有元禄文化的繁荣。

町人文化

元禄文化是在京都一带发展昌盛的，但在 18 世纪中叶，元禄文化就走上下坡路，代之而起的是将军驻扎的江户町人（市民）的文化。到化政时期（文化和文政年间，1804—1830 年），江户的町人文化发展到了顶点。

在文学方面，井原西鹤的浮世草子已经衰落，黄表纸（以讽刺和滑稽为题材的插图小说）、洒落本（描写妓院的小说）、滑稽本（以老百姓的幽默会话写成的小说）、人情本（描写男女之间情欲的小说）、合卷、读本（内容主要是惩恶扬善）等文学形式出现了。这些新的文学形式的内容大体上都是表现市民的享乐生活和淫乐的。在读本中，有名的有龙泽马琴（1767—1848 年）的《南总里见八犬传》，是宣扬劝善惩恶作品中的代表作。这些作品已经失去了向上积极的一面，但也正因为如此，才是当时时代的写照。市民们很喜欢读这些书，借书店的生意很兴隆，江户就有 65 家，大阪约有 300 多家。这也再次印证了江户时代日本民众的识字率很高。

在诗歌方面，和歌中形成了桂园派，以清新优美为格调。而俳句越来越普及，但大多是平庸之作，绝无新意，但在瓦釜雷鸣的同时，也有黄钟大吕的天籁，这就是不朽的俳人（同时也是画家）与谢芜村（1716—1783 年）和小林一茶（1763—1827 年）。与谢芜村诗风融会了文人画的意境，词句华丽，显示出他深厚的教养，提高了俳句的艺术价值，如他的“牡丹散打两三片”，颇有些唐诗宋词的风致。小林一茶则生长在农村，他的俳句掺入了俗语、方言，富有人情味。如“与我来游，无亲之雀”，有的则充满了率真的情趣，如他的“苍蝇在搓它的手”的名句则显示出诗人细致入微的观察力和韵味无穷的意象及别致的意境。

而带有嘲讽性的狂歌（滑稽和歌，带有游戏性质）和川柳（由 17 个假名组成的诙谐、讽刺的短诗）比俳句更为流行，其中川柳的开创者柄井川柳（1718—1790 年，他编选了叫《万句合》的川柳集，使得川柳流行起来）和大田南亩（1749—1823 年）是这方面有名的编者和作者。这里权且举一首川柳，让我们大致了解一下这种文学形式及内容："欲尽孝道之时，却无双亲。"狂歌的名篇有："只有鹬烧茄子的无菜之膳，秋日的黄昏。"不过，川柳和狂歌大多只是为幽默而幽默，都是些没有社会意义的嘲讽，最终不过是些博人一笑，回头便忘的笑话。

浮世绘的流行

浮世绘更为流行，其题材也更广泛。而且由于铃木春信（1725—1770 年）将水墨黑白画发展为色彩艳丽的"锦绘"，使画面更好看，更吸引人。这些画描绘了江户的繁华与热闹，如同现在的人仰慕首都一样，地方上的人很是爱看。浮世绘的销售量很大，因此锦绘的制作便出现了流水化，有画师、刻版师、折页师等专业人员，简直像今天流行的日本漫画的制作一样。浮世绘的画家出名的有喜多川歌麻吕（1753—1806 年）、东洲齐写乐（生卒年不详）、葛饰北斋（1760—1849 年）、歌川广重（1797—1858 年）等。

与浮世绘流行的同时，写生画也出现了。京都的画家圆山应举（1733—1795 年）创立了圆山派，吸收了文人画风格的松村月溪（1752—1811 年）创建了四条派。他们以柔和的笔法和线条勾勒出京都附近的山水和动物。秋田藩的藩主佐竹曙山（1748—1785 年）则学习西洋画，司马江汉等尝试着做西洋画和铜版画。而池大雅（1723—1776 年）、与谢芜村则推崇文人画，并且风靡一时。文人画是文人、学者教养的一部分，不是专业画家的画，追求诗的情致、超尘脱俗的境界。众所周知，文人画来源于中国，董其昌的字画就是其代表，而在江户时代，儒学是意识形态和学术的主流，因此这种中国式的文人画很受知识分子的喜欢。

歌舞伎

在戏剧方面过去的上方歌舞伎[①]已经衰微，净琉璃也是明日黄花。而剧场变成了旋转舞台，成为真正戏剧的江户歌舞伎出现了全盛景况。人们欣赏歌舞伎的方式也有了改变，不重视其整体的效果，而是欣赏其演员在各个段落中的演技，类似于我国观众看京剧的折子戏。这时的歌舞伎的内容大多颓废不振，强调官能性的感受，反映着当时的时代精神。其中最著名的有鹤屋南北（1755—1829 年）的《东海道四谷怪谈》。

民众的生活

这时的日本武士们日益贫穷，而町人的财富则不断增长，市民和郊区的富

穿和服的女人

① 上方歌舞伎指的是京都、大阪的地方文化。但是和江户的文化相对，繁荣的京都、大阪的地方文化被称作“上方文化”，其承担者是市民阶层，其年代为江户时代的前半期。

裕农民也讲究排场，追求奢靡，但在经济落后地区的农民则过着食不果腹、衣不蔽体的生活，他们为了生计只好流入城市，在城市奢侈的风气影响下，他们热衷于购买寺院发行的彩票，妄想着一夜暴富。

同时，对学术和文化的兴趣也逐渐深入人心，富裕的町人和农民们热衷于花道、茶道，结成和歌、俳句、川柳及狂歌的文学社。在寺院设置舞台，在农闲时上演一些戏剧。

江户时代的学术

提到江户时代的文化，不说学术和思想意识形态的发展和变化是不行的。有人说，江户时代日本的学术研究著作的数量超过了清朝，虽然尚没有这方面实证性的统计，但其学术的巨大发展确实惊人。这些思想上的灿烂成果不仅影响到以后天翻地覆的明治维新，并且至今还是思想界和学术界的宝贵遗产。

儒　学

在幕藩体制建立之初，成为统治阶级意识形态的是儒学。幕藩体制的儒学是宋朝的朱子学，其祖是藤原惺窝（1561—1619 年）。惺窝的门人是林罗山（1583—1657 年），他受到家康的重用。林罗山按朱子学的理论，认为天地万物都贯穿着理，而社会上的阶级、身份地位是符合自然界上下关系的，因此，幕府乃至日本封建统治的存在都是合理的。林罗山的子孙代代世袭幕府的儒职，儒学也因此成为当时的官学。

阳明学、古学

但是，由于商品经济的发展，社会经济出现了变化，意识形态也随之产生了新的思想潮流。在元禄时期出现了对朱子学产生怀疑的学说。其中有创立垂加神道[①]的山崎闇斋（1618—1682年）和学者贝原益轩（1630—1714年）。而中江藤树（1608—1648年）则是从信奉朱子学转而提倡同是中国宋代学者王阳明的阳明学（中国叫心学），宣传“知行合一”，实践道德，被人们称作“近江圣人”。与此同时，兵学家山鹿素行（1622—1685年）干脆否定朱子学，提倡道统，主张回到孔子，此为古学之开端。伊藤仁斋（1627—1705年）认为朱子学实际上是违反了圣人的教诲，应该回归孔孟之道，因此提倡古义学，他的儿子伊藤东涯（1670—1736年）等继承了他的学术。

和东涯同时代倡导古学的是大学者荻生徂徕（1666—1728年）。徂徕为了搞清楚孔子提倡的先王之道，主张要学习古文辞，并进行历史性的考察。他认为道是先王治民安国的政治技术，儒学的本质是礼乐刑政。这就给学术赋予了实用性，为幕府强化统治提供了理论基础。这是政治上的效果，但同时古文辞学中文学论的发展，带来了诗文的兴盛。他的门下有太宰春台（1680—1747年）、服部南郭（1683—1759年）等著名学者。徂徕学在18世纪中叶是显学。

和其相对的有井上金峨（1732—1784年）、片山兼山（1730—1782年）的折中学派，后来又有了考证学派。但儒学思想在徂徕学后失去了生命力。以后作为整体的统治阶级意识形态的儒学日益衰微，成了各个领域专门化的学问和人们的基础修养。幕府对这一情况的发展是不满意的，1790年幕府宣称林家的朱子学是正学，在林家的汤岛圣堂禁止异学，后来将圣堂改为官府的昌平坂学问所。

享保（1716—1740年）以后，将军吉宗（1684—1751年）实施教化政策，诸藩设立学校，民间的乡学、学问所、私塾等也在全国普及开来。各种学术思想纷纷抬头。18世纪前半叶，在京都，石田梅岩（1685—1744年）将神道、儒学和佛教糅合在一起，创造了石门心学，这是通俗的町人们的学术思想，很受人们的关注。18世纪中叶在大阪还有富永仲基（1715—1746年）、丰后的三浦梅园（1723—1789年），19世纪初大阪的山片蟠桃（1748—1821年）等也都提出了独立的思想观点。

---

① 垂加神道是山崎闇斋以朱子学的敬慎说为核心，加上吉田神道和伊势神道的一些学说而创立的一种神儒习合理论，主张开辟天地的神之道和天皇之德是独一无二的，即是尊王和国体论的思想，影响到幕府统治末期的水户学。

国 学

正像现代一样，一种学术的流行必然招致与其对立的学问。日本的儒学也将受到挑战。加之，幕藩体制是锁国的体制，对外国采取的是排外政策，特别是清朝满族入关以后，相信汉人正统的日本人认为中国大陆已经失去了政治和学术上的正统权威，因此对儒学自然会产生反拨。所以在古学派汲汲于追求真正的孔孟之道的同时，另一个更激烈的思想出现了，这就是主张回归日本固有的古代精神的国学。元禄时期的僧契冲（1640—1701 年）、下河边长流（1626—1686 年）、户田茂睡（1629—1706 年）等在试图革新中世以来的歌学[①]时，开始对日本的古典进行实证性的研究，是为国学的开端。因此可以说国学本来是在歌学的框架内的，但逐渐扩大了自己的领域，成为了有体系的“道之学”。荷田春满（1669—1736 年）以提倡复古来纯化儒佛习合的既有神道，开辟了所谓古道论的途径。继承他学问的贺茂真渊（1697—1769 年）和本居宣长（1730—1801 年）则成为集国学之大成者。

本居宣长

国学的主旨是将日本的古代精神理想化，这种古代精神，即“古道”，和宋明理学不一样，是重视自然、人情的。贺茂真渊将《万叶集》目为这种古道精神的体现，而倾力研究《万叶集》。和乾嘉学派的考证训诂的学问一样，他在解释古典的同时，推进了对古代语言学、文献学的研究。本居宣长则是在研究《源氏物语》中，发现了所谓“物之哀”的美的自然精神。这种美的意识在某种程度上是日本美学思想的一个特色，直至今天也影响着现代日本的美学和文学评论。他还撰写了

① 研究有关和歌的写法、解释典故、历史及本质的学问。

《古事记传》（1798 年成书），其缜密的考证方法很少有人能与之比肩，给后人的学术方法论以极大的影响。在实证研究的基础上。他们主张日本的古道是针对“汉意”的“皇国意”，应该加以提倡，以此完成了国学复古思想的体系化。

虽然他们的研究方法是受到了徂徕的古文辞学的影响，但在对古代实证性的研究取得重大成果的同时，对《古事记》的神话记述则放弃了学术精神，采取了全面承认的态度，使得国学具有了神秘性和迷信色彩。学术研究需要杜绝研究者的价值判断，虽然这很困难。国学是针对儒学而兴起的学问，不可否认是学术上的创新，意义重大。不过它虽然开阔了学术领域，丰富了学术思想，但也由此产生了狭隘的日本中心主义，“一叶障目，不见泰山”，不加批判地接受神话传说正是这种狭隘意识的表现，也是价值判断干预事实判断的典型例证，这对提倡实证主义的国学学者来说，不能不说是个极大的讽刺。

国学中的迷信和神秘的色彩被神社的神官们扩大开来，强化了其宗教的性质。于是就有了复古神道，其创始人是平田笃胤（1776—1843 年）。他是本居宣长的弟子，与荷田春满、贺茂真渊、本居宣长等一道被称为国学的“四大人”。他是个文献学者，同时又狂热地信奉古道，鼓吹国粹、排外，激烈地排斥儒学和佛教，提倡尊王思想。他的这一理论成为明治维新思想的强大动力之一，所谓草莽的国学在各地的倒幕人士中十分流行，后来就发展到幕末的尊王攘夷运动及明治维新。

在幕末的尊王攘夷运动时，还有一种思想起到了重要的作用，那就是后期水户学。水户藩是大藩，在幕末时曾进行过天保藩政改革，在改革中形成了古代天皇亲政的尊王攘夷论，主要影响了各藩统治阶层内部，推动了各藩的尊王攘夷运动，但因其影响范围有限，没有成为明治维新思想的主流。

兰学、洋学、经验科学

江户时代另一个重要的学术思想是洋学。洋学起始于兰学。兰学的名称是因为其是来自荷兰的学问。从享保改革开始，幕府提倡殖产兴业的实学，而著名儒学者新井白石（1657—1725 年）也承认西洋科学的优越性。其实早在战国时代日本人就意识到西洋科学的实用性和强大的力量。1543 年漂流到九州种子岛的葡萄牙人带来了枪（日语称之为“铁炮”）①，这是南欧产的从枪口装火药的火绳枪，口径为18mm，最大射程200米，有效射程40—50米。据说当时种子岛的岛主种子岛时尧被枪的威力所震撼，花了2000两银子买了两支。他本人日夜练习射击，成了神枪手。遂命家臣学习研制火药和制造枪支，最终能够自己制造枪支了。这种技术传播开来并应用于战争中，上文讲到的织田信长就是倚仗着强大的火枪军队战胜包括劲敌武田家族在内的各个大名的。这就是枪支传到日本及日本国产化的故事。当然，其中有夸大之处，但应该看到日本人确实是擅长学习外国新鲜事物的。

而真正给洋学发展提供了坚实基础或肥沃土壤的不仅是社会经济有了巨大进步，而且更值得注意的是经验科学方兴未艾。

在江户时代曾经引进的中国的数学得到了长足的发展，日本的数学家在17世纪后半期确立了独自的“和算”。天文历算学将平安时代以来的八百二十多年的历法进行了改变，这就是贞享历（1684—1687年）。此外，西方传教士传来的地球学说，虽然开始时遭到林罗山（1583—1657年）等人的反对，但在17世纪中叶儒学者也有承认西洋学说的。如见（生卒年不详）的《增补华夷通商考》和新井白石（1657—1725年）的《采览异言》和《西洋纪闻》，都介绍了关于西方的知识。

在本草学方面，在受到李时珍《本草纲目》的影响后，出现了许多本草学家，贝原益轩（1630—1714年）的《大和本草》是有独创性的博物志。此外还有农业全书等的出版。在编纂这些书时，日本的学者重视实地考察，并援引文献。可以说是一种科学的态度。

在医学方面也发生了变化。开始时受朱子学的影响，但后来随着古学的兴起，疑古之风渐盛，开始强调亲身实验。1754年，山胁东洋（1705—1762年）第一次在日本进行了人体解剖，五年后发行了图志《藏志》。东洋对西洋解剖书的正确感到了吃惊。1771年，前野良泽（1723—1803年）和杉田玄白（1733—1817年）开始翻译《解体新书》。因为不懂荷兰语，连鼻子这样简单的单词都弄不懂，其过程极其困难。他们的这一壮举至今为人所称颂。

以《解体新书》为开端，洋学迅速在日本兴盛起来，大槻玄泽（1757—1827年）撰写了兰学入门书《兰学阶梯》，稻村三伯（1759—1811年）出版了

① 欧洲的文献为1542年。

他的荷兰语的《辞书》。为兰学推波助澜的还有德国人希波尔特（Siebold，1796—1866年），他在长崎市外的鸣龙塾给来自全国的学生教授西洋学术，使日本人对兰学的理解更深刻了。

蛮社之狱的渡口华山（华山自画）

兰学逐渐进展为洋学，西洋的天文学就自然被介绍进来，像地动学说、牛顿的学说、开普勒的第三定律等纷纷被翻译过来，信仰这些西学的学者，也创立了自己的学说，志筑忠雄（1760—1806年）对太阳系的产生创立了“混沌分判图说”。在实用的科技领域，电气、植物学、化学、物理学等方面日本都出现了优秀的人才。在培养这些西学人才上，学校是必不可少的。民间这样的学堂中，有名的有学者绪方洪庵（1810—1863年）的适适斋塾，伊东玄朴（1800—1871年）的象先堂等。由于幕府也设立了洋学所，各藩也效仿着引进洋学。肥前（也叫佐贺藩、锅岛藩。今佐贺县、长崎县）藩主锅岛直正（1814—1871年）甚至引进了牛痘疫苗，抑制了天花的传播。

西学是讲究合理性、经验性的，在思维方式上和封建的学问方法论有根本的不同。因此，洋学的传播自然会引起学者对封建意识形态的批判。18世纪中叶出现了安藤昌益（？—1762年）的“奇书”《自然真营道》、《统道真传》，彻底地批判了封建社会。安藤昌益是“被遗忘了”的日本大思想家，而他所向往的理想社会就是荷兰。此外，学者平贺源内（1729—1779年）、司马江汉（1738—1818年）、山片蟠桃（1748—1821年）等都站在洋学的立场上，对日本封建社会进行了批判。

洋学开拓了人们的眼界，了解了世界形势，于是便有了工藤平助（1734—1800年）的俄国对策论，林子平（1738—1793年）对东亚政治形势的反思，本多利明（1744—1821年）的相当先进的经济学说等。

一旦洋学成为反对统治阶级体制的“怪物”后，统治者自然不能袖手旁观。

幕府在 1839 年兴起了“蛮社之狱”，对洋学者渡边华山（1793—1841 年）、高野长英（1804—1850 年）等进行了残酷的镇压。

日本近世的洋学总体上说是局限在自然科学的领域内，对封建制度的意识形态没有进行根本性触动，顶多达到了“东洋道德，西洋艺术（技术）”的程度。但洋学开拓了人们的眼界，使先进的西方科学进入了闭塞的岛国日本，人们的思维范式得以改变，这种影响在后来的近代化过程中不仅起到了推动作用，而且使得日本的土壤在很大程度上有接纳新思想的容量。

在我们了解江户文化时，有一点不可以不注意，那就是江户文化的主要发生地并不在江户，而是在京都、大阪一带。江户后来成了日本的首都东京，但即使是首都，在建立其全面的文化优势时也颇费了一些时间。第二次世界大战前的大阪在经济上比东京发达，文化也不次于东京。战后，东京日益发达，成为一个国际化的超大型都市，其文化才成了日本的代表。

第四章

近代国家的建立

（1868—1890 年）

第一节 “黑船来航”与“开国”

幕府统治的衰落

虽然江户幕府构筑了前所未有的精巧的统治体制，但是阶级的矛盾依旧是存在的，并且日益尖锐。特别是当农业有了剩余，商品经济得到发展时，幕府的统治能力便下降了。当然，幕府是要采取对策的。第五代将军德川纲吉（1680—1703 年）一改以前幕府将实权放在谱代大名手中的统治方式，对以大老为首的谱代们进行了清洗，同时以改易、减封等方式严厉地打击了谱代大名，建立了将军独裁的体制。和中国皇帝的封建独裁一样，将军的幕僚们得到重用，让他们掌握大老的权力。他的这种独裁体制的理论基础正是儒学。儒学强调文治，德川家康在丰臣秀吉时代是代表武断派的，这次幕府转为了文治主义。但在这文治主义的后面却隐藏着真正的残酷。纲吉有个特殊的爱好，就是喜欢狗，如果在现代，作为一个政治家他会得到宠物豢养者们的选票的。他发布命令不许人们打狗，因此被民众戏称为“狗将军”。就在他统治期间，商品经济的进展使财富落入商人们的手里，幕府的财政日益支绌，只好改铸货币，企图得利，但经济界及金融界为此发生了混乱，物价暴涨。搬起石头砸了自己的脚，幕府也没得到什么好处，于是其商品经济的对策也宣告失败。

纲吉之后便是所谓的“正德之治”（1709—1716 年），儒臣们控制着政局，其中便有著名的儒士权臣新井白石，他是个信奉朱子学的合理主义者，开创了“正德之治”（1711—1715 年）。其实他的做法并没有什么新鲜之处，不过是更加倡导礼乐之治。可是，幕府的财政并没有因精神上的充足而得以好转，他便尝试了所谓的币制复古，发行正德金银，结果除了引起经济上的更大混乱外，什么也没得到。

第八代将军吉宗（1716—1745 年）上台后，又将纲吉以来的政策改了回去，他和旧势力携起手来，进行了享保改革（1716—1729 年）。他整顿武士们的风纪，提倡节约尚武的精神，以普及《六谕衍义大意》等宣传教化。在制度方面他提拔人才，编成《公事方御定书》，完善了官僚体制。此外还设置意见箱，让老百姓提意见。但是，财政问题依然没有解决，1722 年幕府在不得已的情况下，让各大名给幕府捐粮。同时，幕府又采用积极的经济政策，就是鼓励开发新田、殖产兴业，但开发新田需要庞大的资金投入，有钱的商人希望参与进去。他们在经济作物上投资，出现了寄生地主的倾向。同时，幕府默认土地的被兼并和农民阶层的分化使地主和富农成了农业的主体。贫苦的农民在幕府增收年贡的压迫下，日益贫困。幕府对此是毫不怜惜的。当时主管幕府财政的官员说过一句著名的话：“芝麻和老百姓都是越榨越出油水的。”但有压迫就有反抗，芝麻也不允许无限的压榨，所谓的“村方骚动”①频繁发生。

在货币政策上，幕府铸造了优质的货币享保新金银（币），试图统一货币，但普通的流通货币因之而减少，引起经济萧条。1736 年，幕府又铸造劣质货币，使货币量增大，带来了经济的繁荣。幕府的金融政策很有意思，有些类似于现代的货币学派的政策。但这些政策是根治不了经济和社会的基本矛盾的。当时经济中最重要的因素是大米，而米价一路下跌，幕府只好自己出钱购买米，还让各大名和商人们买米，以平抑米价，因此吉宗又被人称为“米将军”。

① 村方骚动是村子里贫苦农民的暴动，其中大多数是要求将那些有钱的担任村长等职务的人解职。

田沼时代和宽政改革

吉宗以后出现了田沼时代（1767—1786 年）和宽政改革（1787—1793 年）。田沼意次（1719—1788 年）是幕府的幕僚，他和他的儿子在吉宗以后的将军又重用幕僚的政策下，成了实权人物。他们掌权的时期被称作“田沼时代”。田沼针对年贡征收已达到极限，商品经济渗透进农村，贫富差距日渐扩大，农民起义不断爆发，而幕府的财政更加困乏的情况，厉行节约，扩大殖产兴业，推进新田的开发。对一些商品采用了特权商人参加的座、会所的专卖制，从特权商人手中征税。原来的行会组织“株仲间”由此取得很大的发展。在和特权商人一起获利的同时，田沼也加强了对外贸易，并想得到垄断利益。

在货币政策上，田沼很重视新的银币发行，并将银币作为金币的辅助货币。这种将金币和银币统一起来使用的做法是日本货币史上的一次重大变革。

田沼的政策虽然一时改善了幕府的财政，但也受到民众，包括特权商人以外的商人们的反抗，起义在全国范围内频繁爆发，到了 1783 年开始的天明大饥馑[①]时，社会动荡达到了顶点，城市中也发生了砸烧事件。田沼的政策只好终止。

天明大饥馑

1786 年随着将军家治（1737—1786 年）的死去，田沼父子被逐出了政治舞台。第二年以首席老中松平定信（1758—1829 年）为中心，幕府开始了宽政改革。宽政改革一反田沼的政策，对特权商人进行了压制，解散了一些垄断组织，同时让新兴的商人们加入幕府对市场的管理，幕府自身也加强了对市

① 天明年间（1781—1789 年）连年遭灾，1782 年收获量只有六成，翌年又遭洪水等自然灾害，据说光津轻藩就有 20 万人饿死，1885 年关东地区遭灾，由于饥饿和瘟疫，据估计日本全国人口减少了 92 万。

场的管理。

由于天明大饥馑更加暴露了农业的衰退，松平定信鼓励农民种植谷物，并让进了城的农民归农，以此保住年贡收入，但没有取得成功。同时，幕府采取了更节约的政策，同时救助那些陷入贫困境地的旗本和御家人，发出了免除他们债务的命令。为救济贫困的百姓，在金融政策上实施了“七分金积立法”，就是将强制节约的城镇财政资金的七成救济贫民及作为低息贷款。

在厉行节约的同时，松平定信对意识形态的管理更加强化了，发布了禁止异学的命令，恢复官学朱子学至高无上的权威地位。

但是，宽政改革和以前的改革一样，只是治标不治本的政策。富人们穷奢极欲，穷人越来越多，幕府的财政捉襟见肘，社会矛盾日益激化。幕府权威失坠。特别是在天保时期，幕府财政管理极为松弛，危机明显。1837年爆发了著名的大盐平八郎（1793—1837年）起义。大盐平八郎是政府的一名低级官吏（与力），也是阳明学的学者。他指斥幕府当局对天明大饥馑没有作出应有的对策，抨击和幕府沆瀣一气的特权商人。这次起义受到了下级官吏和农民、市民的支持，人数约三百人。他们捣毁大阪的富商家，和町奉行的士兵作战，后被镇压。大盐平八郎的起义规模并不算大，而且起义的目的是想回到所谓的封建盛世，但由于是在经济中心大阪爆发的，对当时统治者的冲击及对民众的影响相当巨大，在历史上留下了不朽的名声。在这一事件的影响下，各地民众纷纷揭竿而起，社会形势处于动荡之中。幕府对此采取了严厉的镇压政策。同年，幕府炮击美国的要求通商并送来日本遇难者的摩里松号，这是根据幕府的外国船只逐出令进行的。后来就有了上文所说的“蛮社之狱”。

但是，幕府也意识到这样的镇压是不能起到治本作用的。1841年，首席老中水野忠邦（1794—1851年）坚决实行了一系列的改革，史称“天保改革”（1841—1843年）。水野忠邦并没有什么新的花样，不过是继承了享保、宽政改革的想法，重新建立健全的幕府财政及加强幕府的统治。所以他实行的是一种倒退的政策。

和以前一样，他先整顿风纪，厉行节约，甚至颁布了对于日常生活细节也严加管理的禁令。和以前一样，对幕府至关重要的无疑是经济问题。旗本和御家人是幕府政权的主要支柱，而这些人在奢侈的生活和商人的欺诈下贫困日甚，而且仇恨起自己的主君了，所谓“恨主如恨仇敌”。水野对这些负债累累的武士们发出《债务放弃令》，放弃了幕府贷款的一半，余下的也以无利息来偿还，命令“株仲间”解散，想以此平抑暴涨的物价，但是结果却招致了流通机构的混乱，使物价进一步上涨。

在农村，他实行的政策更是倒退的，想让农民回去种地，压制农村商品经济的发展，挽救农业危机，并禁止农民过奢侈的生活，这当然是针对那些有钱的农民的了。

在这些改革之上，幕府最重要的政策是《上知令》。就是将江户和大阪的大名和旗本领地收到幕府手中，以此强化幕府的力量，但这一政策遭到了转封大名和旗本们的反对，同时由于对这些人征收的年贡等落在了农民身上，因此农民的反抗十分激烈，这一政策终于以失败而告终。将军家庆（在位时间1837—1853年）在不得已撤回《上知令》的同时，也罢免了水野忠邦的官职，天保改革实行了两年零四个月即告完结。

诸藩的改革

在幕府改革的同时，各个藩也进行了改革，各藩面临的问题和幕府是一样的，但改革的结果却大不相同，其中以西南诸藩的改革尤为重要，并获得某种程度的成功。

在今天鹿儿岛的萨摩藩任用调所广乡（1776—1848年）于1830年开始进行藩政改革。调所在任约二十年，其改革的力度相当大。他对欠上方（大阪、京都）商人的500万两的藩债务以每1000两本钱每年无利息还4两的250年的赋来偿还，实际上等于赖账。同时，对特产砂糖、生蜡等实行专卖制，积极地推进对琉球的贸易。在这些措施下，萨摩藩积蓄了庞大的财力，藩主岛津齐彬（1809—1858年）以此引进了近代的工业、采用了西洋式的军备，为以后萨摩藩在明治维新时叱咤风云打下了坚实的基础。萨摩藩之所以能取得这样的成功是因为萨摩藩独特的藩情。萨摩实行的是所谓乡士制度，乡士（武士）没有脱离农村，亲自务农，这样就为藩的统治建立了渗透到最基层的牢固社会基础，在那里没有出现各藩发生的农民起义。

另一个在明治维新及以后的时代起到更大的作用的藩是长州藩。1837年，毛利敬亲（1819—1871年）做藩主，他任用了村田清风（1783—1855年）来整顿负债达800万贯目的藩财政。村田用37年的赋来解决这一债务，三次减轻农民负担，而农民起义正是为了反抗这些苛捐杂税。他放松专卖制，同时向停泊在下关的商船融资，以取得利润。但这些政策遭到了藩内保守势力的猛烈反对，村田被迫下台。但他使用的下级武士中的人才，成为藩内的改革派。这些改革派的下级武士后来都是明治政府中的首脑人物，所以评价村田的改革的作用不能局限在小小的藩政财务上。

在佐贺（肥前）藩，从1830年以后便实行藩政改革。他们使用的是均田制，压制寄生地主，没收他们的土地分给农民。这样藩主就可以直接掌握农民，消除了中间剥削。此外，他们加强了藩的商业活动，积极推行殖产兴业的政策，并且由于他们担任长崎的警备，所以乘机使藩的军备近代化，到了幕府末期，佐贺藩的军事力量是各藩中最强大的。萨、长、土（土佐藩）、佐四藩（也称萨长土肥）后来成为明治维新的主力，特别是四藩中的下级武士成为明治维新和初期明治政府的领导者，是和这四藩成功的改革分不开的。

豪农、在乡商人和农民

国内统治阶级和被统治阶级的矛盾日益激化在某种意义上也是社会经济发展的一个投影，德川幕府时代是和平的时代，国内的大名们都臣服于幕府，混战多年的局面消失了，和平自然会带来发展，元禄时代的繁荣正说明了这一点。从19世纪初开始，农村中经济作物的栽培越来越多，并出现了手工业。这时也出现了“豪农”。豪农指的是拥有大田产，将土地租赁给佃农耕作，收取地租，同时还经营商业和手工业的地主，这是寄生地主的雏形。在他们和专门经营土特产的没有特权的“在乡商人”中，有的贷借给农民原料和资金，再购买其生产的产品到市场上去销售，这就是问屋制家庭手工业，在纺织业和酿造业领域出现了根据分工来协作生产的工场制手工业。

由于流通业的发展，有固定商店的乡间町急速发展，逐渐取代了过去的集市。那些乡间町和农村的在乡商人想得到自由的商业经营，自然就反抗拥有特权的城市商人行会的垄断做法，在畿内曾经出现了有超过1000个村的在乡商人和农民的大规模请愿活动，在海运方面也有新的海运集团出现，形成新的运输航线，和垄断的老海运集团相拮抗。

这个时期商业的繁荣和手工业的发达能否说是资本主义的萌芽，还很难定论，而且明治维新后这些传统的手工业很快在资本主义新式工业、商业的冲击中崩溃，但工资制、外出打工的意识至少对资本主义的发展提供了观念上的基础。

农村中，贫富差距日益扩大，贫苦的农民沦为佃农，还有的贫农在方町做日工或者做些小生意，子女也被雇佣做纺织等工作，脱离农业的人口越来越多，这就使原来自给自足、相对封闭的村落的管理出现了问题，村民们围绕着村子的领导权产生了斗争，而且地主和佃农之间的租佃纠纷也层出不绝。

在这种贫困、动荡加上残酷的压迫中生活的民众心理被扭曲了，为了抒发不满和压抑的情绪，江户时代出现了叫“荫参”的大规模朝拜伊势神宫的活动，子女不通知父母，妻子不告诉丈夫，出劳役的农民也不跟主人打招呼就走到外面，载歌载舞，穿着各种各样独特的服装，向着伊势神宫进发，其中超大规模的行动有四次，分别是在1650年、1705年、1771年和1830年，每次参加的人数都在二三百万，1830年的更超过了四百万。

同时，上文说过的天保大饥馑又给贫苦的人民以毁灭性的打击，民众的反抗日益激烈，社会形势愈发动荡不安。

西力东渐

虽然日本国内从上到下都在分化，矛盾冲突愈演愈烈，但是如果没有外力的压迫，虽然江户幕府业已衰微，但只凭内部压力能否产生出一个在国体和政体上和以前都截然不同的新型国家，是令人怀疑的。

就在江户幕府长达两百多年的锁国状态中，世界形势发生了巨大的变化。欧美建立了资本主义制度，为了获取原材料及销售市场，在全世界范围内急速扩张着殖民主义。资本的力量是巨大的，诚如马克思恩格斯所言，资产阶级要征服世界，它迫使一切民族不是灭亡就是变化。西方先进的资本主义政治制度、军事制度、社会制度以及文化和科学技术正在征服着世界。而亚洲也是资本主义世界市场中的一个环节，或早或晚资本的触角乃至利爪要伸到日本来的，像莎士比亚的那句名言说的那样，“生存或死亡，这是一个问题”。亚洲各国，包括日本正在面临着这么一个巨大的变局。

但是，最先对日本行动的不是先进的英国、法国等西欧列强，而是相对落后的俄国。这是因为俄国和日本地理上接近。早在18世纪上半叶，在俄国首都圣彼得堡就有日语学校，还收留日本遇难者及派遣探险队去陆奥、安房（今千叶县）沿岸。在千岛群岛俄国人和虾夷人做买卖，还常常发生冲突。对此幕府将虾夷划归松前藩管辖，并同时感到有调查虾夷地的必要。仙台藩的医生工藤平助（1734—1800年）由此撰述了《赤虾夷风说考》，介绍了俄罗斯的情况，力主开发虾夷地方并和俄国通商。当时的老中田沼意次同意他的想法。以后仙台藩的林子平（1738—1793年）撰写了《三国通览图说》、《海国兵谈》，介绍了东亚的国际形势，并主张开国，但遭到幕府的处罚。

1792年，俄国派遣使节到日本，正式向幕府提出通商，但遭到幕府的拒绝，幕府还将东虾夷地置于自己的直接掌握之中，在箱馆设虾夷奉行，加强防备，俨然是拒人于国门之外的做法。

1808年，英国军舰菲顿号为捕捉荷兰船只侵入长崎，此后英国船经常来到日本，使幕府对外更加强了警戒，1825年发出了外国船只不论什么理由都驱逐的命令。

1837年，到浦贺港送还日本难民并要求通商的美国商船摩里松号被幕府施以炮击，只好撤走。但兰学学者们对幕府的锁国政策产生了疑问，高野长英、渡边华山等认为应采取充实国力，承认西方的实力，对幕府的政策加以批判。当时幕府意欲镇压洋学，兰学学者的介入政治的行动就成了镇压的导火索，于是便有了上文提到过的“蛮社之狱”。

但是，幕府这种闭目不视国际大势的做法到头来只是害了自己。1840年中国发生了鸦片战争，西方列强对东亚的侵略进入了一个新的阶段。荷兰多次劝告幕府开国，但幕府仍然坚持己见，拒不和西方通商。这时的美国看到北太平洋的捕鲸业十分兴旺，但捕鲸船需要补充粮食、水、柴火等，这样就要有提供补给的港口，日本的地理位置恰好可以做这种港口。

黑船叩关

1853年6月，东印度舰队司令培理（Perry，Matthew Calbraith 1794—1858年）被任命为美国对日的使节，他率领着四艘军舰进入了日本的浦贺港。由于培理的船刷着黑色，所以日本史称这次航行为“黑船来航”。培理要求日本政府接受美国总统的国书，正式提出开港的要求。7月，得知美国派遣使节的俄国自然不愿让美国独占利益，于是派出海军中将波将金率领四艘军舰来长崎，迫使日本开国。幕府开始时是坚持锁国政策的，但对方是以武力相要挟，幕府便没了主张，国内舆论对开国还是锁国产生了分裂。

培理

1854年1月，培理又带舰队来了，在神奈川和幕府展开了谈判。幕府在美国强大的压力下，于3月签订了《日美和亲条约》，共12条。日本开放了下田、箱馆两处港口，并答应供给美国船只缺少的物品，保护遇难船员，同意美国领事驻扎下田，及和中国一样承认美国的最惠国待遇等。虽然条约规定，美国船只的补给是主要目的，买卖也要通过幕府的官吏，私人是不能染指的，但明眼人都能看出来锁国政策的坚冰在烈火下已然迅速消融，德川幕府200年的苦心经营的壁垒貌似固若金汤，但在幽灵般的黑船前转瞬间就土崩瓦解了。随后，英国、俄国、法国、荷兰都和日本签署了和亲条约，条件和美国大致相同，都是不平等条约。

幕府为什么这么容易退让呢？和一切历史上的事件一样，没有唯一的原因可以说明。但幕府的对外应对却是导致了退让的直接和主要的原因。如上所述，这时的江户幕府已经衰落、腐败。而当时掌握实权的首席大老是接任水野忠邦的阿部正弘（1819—1857年）。他在黑船来航时选择了向天皇报告和征求强大的大名们意见的做法。如果回忆一下元朝入侵时，执权北条也是向朝廷作了报告，那么向天皇禀报可以说是正常的，是政治上的习惯。因为朝廷是正统，在外族入侵时幕府不能擅自作出决定。不过，这时的朝廷已经是幕府的掌中之物，幕府完全可以抛开朝廷不管，独自作出决断，但阿部正弘却作出了动摇幕府权威的举动。所以有人认为他这是打破了先例。如今我们只能猜测，可能是因为他害怕负这样重大的责任（如果想象一下现代的官僚机构和官僚们的做法，他这样做也是可以理解的）。而征求强大的大名的意见就是更大的失策，像萨长土佐（肥）四藩那样的在改革中获取了实力的大名正有参与国政的欲望，这下给了他们一个最好不过的借口，或者说是天赐良机。于是，大名们对是否开国发生了分歧，有的坚持锁国，大有不惜一战的架势，有的则认为对方势力强大，还是不要发生武装冲突的好。最后，幕府接受了水户藩、越前藩（今越前足羽郡的福井）和外样的萨摩藩的意见，缔结了和亲条约。

但是这样一来，更激化了统治阶级上层之间的矛盾。幕府亲信的谱代大名们对外样大名参政强烈不满，出现了主张幕府独裁的保守派和提出应和雄藩联合的改革派的争论。

美国并没有满足于和亲条约中的特权。1856 年，美国驻日总领事哈里斯来到下田，向幕府提出强硬的通商要求，并与之谈判。这时阿部正弘已死，接替他的首席老中堀田正睦（1810—1864 年）答应了哈里斯的要求，在 1858 年完成了条约的签订。为了得到朝廷的认可，他去了京都。这时朝廷中的攘夷论占着上风，水户藩的藩主德川齐昭（1800—1860 年）也反对签署条约，天皇就没有同意。在这当口上，偏偏又发生了将军的继嗣问题，对幕府来说无疑是雪上加霜。

继嗣问题是这样的。当时家定（1824—1858 年）当上了第 13 代将军，但由于身体孱弱，没有儿子，需要决定继嗣。外样雄藩和亲藩中的改革派推举一桥家的庆喜（1837—1913 年），而谱代大名和将军侧近的保守派们则推出了纪伊藩主德川庆福（即后来的家茂，1846—1866 年）。

樱田门之变、公武合体运动、尊王攘夷论

1858 年，幕府中的保守派井伊直弼（1815—1860 年）突然成了大老，他无视朝廷的决定，毫不犹疑地签署了《日美通商条约》，并让庆福做继嗣。对反对他专断的雄藩改革派们他实行了严厉的镇压政策，即所谓“安政大狱”。水户、尾张、越前的三藩主及土佐、宇和岛的大名们被命令“隐居”、“谨慎”（都是处罚上层人物的做法）。将著名的改革派志士桥本左内（1834—1859 年）、赖三树三郎（1825—1859 年）和吉田松阴（1830—1859 年）处以死刑，公家、藩士、幕府役人和志士等都被严厉惩罚。但水户、萨摩藩的浪士们奋起反抗，1860 年 3 月在樱田门外刺杀了井伊直弼，史称“樱田门之变”。值得一提的是，

这是明治维新前常用的恐怖手段，也正是这种血腥的恐怖在某种意义上成就了明治维新。而在日本进入法西斯时期时，恐怖的手段又被袭用，乃至变为日本近现代政治中的一个特色。

继承井伊直弼的老中安藤信正（1819—1871 年）一方面慑于武士们的恐怖手段，另一方面又想保住幕府的权力。他让元老久世光周（1819—1864 年）当首席大老，建立了联合政权，还让第 14 代将军家茂娶了孝明天皇（1831—1866 年）的妹妹和宫，并和朝廷协调，企图以朝廷的权威为背景压制反对派。这就是著名的《公武合体运动》，在这场公武合体运动中，著名的政治家横井小楠（1809—1869 年）是其中的重要智囊。天皇也不反对公武合体，但尊王志士们意识到公武合体对他们的危险，1862 年 1 月，在坂下门外，水户浪士们袭击了安藤，安藤便辞职了。

幕府的权威在恐怖中越来越低，而朝廷和雄藩们却成为政治舞台的主体。长州藩原来还高唱公武合体，现在却改为尊王攘夷论了。但萨摩藩主的监护人（日语为后见），实际上掌握着藩的实权的岛津久光（1817—1887 年）认为朝廷、幕府和各藩应该协同一致，便在 1862 年率兵进京，并带着天皇的敕使去江户，要求进行公武合体的幕政改革。幕府赞成岛津久光的主张，以一桥庆喜（即德川庆喜，1837—1913 年）为将军监护人，表示了要进行改革的意愿。并且放松了控制大名的参觐交代，改革军制，企图挽回幕府的权威和权力。但长州藩却变成了更为激进的攘夷论派，幕府和各藩意见难以统一，以致公武合体政权也产生了分裂。

浪士们或者各藩的下级武士们进行恐怖和各种行动的理论基础是尊王攘夷论。尊王攘夷论来自于德川幕府官学的朱子学说中的大义名分理论。在江户时代国学发展时，又增添进国粹主义。当外部压力增大之际，这就很容易转化为民族主义（尽管有时可能是狭隘的排外民族主义），因此，攘夷论自然而然成了主角。尊王和攘夷这两个范畴在理论逻辑上是割裂不了的，所以这一理论一旦应用于现实，就意味着天皇的地位或者权威得以提高并要凸现出来。

尊王攘夷论的提倡者是水户藩和西南雄藩的激进主义的下级武士们，他们既对社会现实有一定了解，又因为年轻而充满理想，精力充沛、思想活跃、野心勃勃，正是他们后来成为明治政府领导层的主要成员。这些下级武士们的力量正式壮大是从岛津久光的 1862 年进京开始的。长州藩的下级武士木户孝允（1833—1877 年）、高杉晋作（1839—1867 年）、久坂玄瑞（1840—1864 年），土佐藩的武市瑞山（1829—1865年），萨摩藩的有马新七（1825—1862年）等明治维新的骨干力量都是在这个时候崭露头角的。后来木户孝允和大久保利通（1830—1878年）、西乡隆盛（1827—1877年）被称为“维新三杰”，他们和天皇宫廷中的激进派公卿三条实美（1837—1891年）联合起来，左右着朝廷的大权。但当时公武合体派也是有实力的。他们在寺田屋骚动①（1862年）、八一八政变②（1863年）、池田屋事件③（1864年）、禁门之变④（1864年）等激烈而又频繁的镇压活动中占了上风。特别是禁门之变后，幕府和公武合体派为了压服反幕运动的中心力量长州藩，以朝议的形式决定对长州藩进行讨伐。1864年进行了第一次长州征伐。当时长州藩正被英法美荷四国的联合舰队炮击下关，藩内保守派一时占据了主流，虽然进行了抵抗但终至失败。尊王攘夷派表面看是输掉了。

但是，各藩的下级武士们正在掌握着实权，特别是在萨摩藩，西乡隆盛和大久保利通的尊王攘夷革新势力成长起来，讨幕的舆论主导了藩内的意见。

这时，这些过去的攘夷派已经改变了想法，1862年8月，萨摩藩藩士在横滨的生麦村杀死了一名英国人，这就是“生麦事件”。于是在1863年发生了萨英战争，英军炮击萨摩藩，萨摩藩一败涂地，藩内的攘夷派痛感英军的强大，转而和英国合作，意在反对幕府。另一个更强硬的尊攘论的长州藩在1863年5月炮击经过下关海峡的外国船只，第二年英、法、美、荷四国舰队联合炮击下关，并登陆摧毁了炮台，这就是上文提到的四国炮击下关。长州藩在西方的坚船利炮面前，也只有失败一途，长州藩的尊王攘夷派也深感西方军事力量的强大，于是，矛头对内，出现了以高杉晋作（1939—1867年）为首的讨幕派。讨幕已经成了萨长两藩战略的主流。

---

① 萨摩藩士有马新七等人想乘岛津久光进京搞公武合体的时机，举兵讨幕。他们在京都的水路运输行寺田屋密谋，岛津派人镇压，双方武斗，有马等六人死。

② 尊攘派的长州藩一度得势，让天皇发布了《亲征攘夷》的诏书，长州藩兵还担负着警卫皇宫的任务，但公武合体派公卿于1863年8月18日在萨摩、会津两藩的武力支持下，单独谒见天皇，使天皇宣布18日以后的行动才是自己的主张，长州藩兵被赶出宫廷，尊攘派的公卿七人逃亡。

③ 1864年6月，尊攘派的长州、土佐、肥后等藩的志士在三条河原町的旅馆池田屋聚集图谋暗杀公武合体派的公卿，消息泄露，幕府的浪人团体新撰组赶去镇压，双方死伤众多。

④ 长州藩在八一八事变、池田屋事变等中屡遭挫折，图谋恢复势力，7月19日三个家老率兵进京，7月19日和会津、萨摩两藩的士兵在禁门（蛤御门）交战，长州败北。此为第一次长州征伐的导火索。

萨长密约和大政奉还

1865年，幕府还想征讨不听话的长州藩，而这时的长州藩已经认识到应该和萨摩藩联合倒幕，在土佐藩士坂本龙马（1835—1867年）和中冈慎太郎（1838—1867年）的撮合下，1866年萨长两藩的改革派们达成了萨长联合的密约，形势为之大变。在1866年第二次长州征伐时，因为已经有了《萨长密约》，萨摩藩的士兵拒绝战斗，在长州藩的顽强抵抗下，战争以幕府的失败告终。其时，朝廷中保守的孝明天皇死去（孝明天皇的死疑雾重重，不排除被倒幕派暗杀的可能），三条实美、岩仓具视（1825—1883年）等倒幕派恢复了势力，并和萨长两藩携起手来。

1866年，将军家茂（1846—1866年）死去，第15代将军庆喜上台。在封建的人治国家，一个统治者的死亡，往往会带来一定的变革，至少是一些变化。这时土佐藩前藩主山内容堂（1827—1872年）接受了藩士后藤象二郎（1838—1897年）的提议，向幕府建议将政权交给朝廷，也正是在这时朝廷也给萨摩和长州藩下达了讨幕密敕（名为明治天皇的密敕，但明治天皇根本就不知道）。第15代将军庆喜见大势已去，于1867年10月14日向朝廷提出了“大政奉还”，朝廷于翌日便接受了。

冲击、控制和吸收

幕府垮台、天皇亲政无疑是外压起了主要作用，我们已经看到日本统治阶级开始时对外压在政治上主要采取的是排外的方针政策，但随着对外贸易的开展和国内矛盾的加剧，幕府和各雄藩对外的认识和应对有了变化。

通商条约签订后，横滨、长崎、箱馆开港进行贸易，横滨还修建了新的港口。这对幕府或者武士来说可能是令人恐惧的或是耻辱的，但商人们可不是这样看。在商人们的眼里只有金钱才称得上至高无上，什么民族主义、外国人侵，只要是能带来赚钱的机会，他们会毫不犹豫地加以利用。于是，日本国内的商人们纷纷来到贸易港。由于通商条约对外国人在国内旅行和进行商业活动有限制，所以横滨的商人就当上了买办，他们在外国人的居留地和外国商人进行交易，这就是居留地贸易。

贸易伊始，就显示出日本在经济上受到的巨大冲击。当时，日本的金银兑换率比国际上要低，而外币能在日本国内自由流通，内外货币可以同种同量交换，自由出口，这样一来，日本的金币就大量流失到国外。幕府只好采取了改铸金币，降低金含量，试图和外币一致，以此来阻止黄金的流失，于是，金币的价值就下降了，物价自然就暴涨起来。

同时在开港翌年，进出口量大增，出口的商品主要是生丝和茶叶，而进口的是棉丝、棉毛纺织品、武器和舰船等高级工业商品。这样自然带动了制丝产业的发展，但同时国内的丝织品产业却缺少原料了，这被称之为“丝饥馑”，其他的仰仗国内供给原材料的产业也遭受了同样的打击，幕府为了保护这些产业，便发布了《五品江户回送令》，杂粮、水油、纺织品、生丝等五种商品必须经过江户的批发商才能出口，但横滨的买办和外国商人强烈抵抗幕府的做法，结果幕府的努力徒劳无功。

对外贸易的冲击使得日本国内物价飞涨，失业加剧，农民和城市贫民自然首当其冲，他们不断地发动起义和砸抢行动，同时也加深了武士们的攘夷意识，他们经常杀死或杀伤横滨的买办。对此，幕府是心有余而力不足，进退维谷，失去了对社会的控制能力。这种对社会经济的巨大冲击无疑是使幕府最终退出政治舞台的重要原因。

但我们也不能忽略开国给日本带来的正面影响，西方先进的技术和坚船利炮使昏聩的幕府也睁开了双眼，更何况那些早就吸收了一些西方工业技术的雄藩（比如，1850 年佐贺藩就用反射炉制造大炮；萨摩藩也建立了提炼厂，制造军用产品）。于是，幕府在法国的帮助下在横须贺建设造船厂，并于 1857 年成立了蕃书调所（后改为开成所，是今天东京大学的前身），有组织、有系统地教授天文学、地理学、物理和化学等西方先进的科学，当然学科的设置和内容是为了加强军事力量，但萨摩藩在英国人的援助下，还修建了机械纺织工厂。从这里我们可以看到日本的传统和现实主义的眼光又复苏了，虽然幕府或者西南雄藩吸收外国的先进技术和科学是有局限性的，但我们不能否定这对明治维新后新政府大规模地向西方学习的影响，可以这样说，开港虽然为时不久，但却使大部分日本人形成了向西方学习的强烈意识，这样快的转变是其他亚洲国家不能做到的，比如中国的清朝政府在外强大规模地侵略下，却固执着封建制度，除了妥协、让步、不断地出卖主权，似乎再也没有别的办法了。从第一次鸦片战争到辛亥革命居然用了七十多年的时间，使中国的现代化在起步之初就落后于日本，这不能不说是中国封建统治者的罪过。至于为什么日本会有这样的灵活性和务实性则需要我们加以研究和探讨。

日本的封建社会

马克思认为日本的封建社会是最典型的，因为日本的地理位置，其封建社会是自然成长出来的。至于日本的封建社会是何时成立的，说法不一，中国的日本史学界曾经认为日本封建社会的成立应以大化改新为起点，这可能是受到中国封建社会特点的影响，而日本史学界对封建社会何时成立也有诸多看法，仁者见仁，智者见智，一时难以统一，因此日本史学家在历史阶段分期上还是以中世和近世来命名并加以区分。中世起始于镰仓幕府时代，结束于战国时代，而近世则指德川幕府时期。镰仓幕府是日本第一个武士政权，在政治上夺取了天皇制的中央集权制的权力，在经济上蚕食并改变着公田公民制（庄园公领制），但旧的制度不是那么容易死亡的，因此，镰仓时代还保留着天皇制很多政治制度和经济体系，到了室町幕府时代，室町幕府的国家机器已然取代了天皇制的机构及其功能，虽然是和守护大名的联合政权，且自耕农的力量彰显，但还可以说这是沿着以前的武士政权的施政方向进展的结果。

而近世又和以前的武士政权不一样，其加以区别的主要特点是幕藩体制下中央政权的强大，这中央政权指的不是天皇的朝廷，而是德川幕府的中央集权。如上所述，德川幕府在政治、军事、经济等诸方面在国内都占有绝对优势，虽然不像中国的封建社会所有权力集中于中央政府，因为日本还有诸侯，但其力量微薄，已构不成对幕府的威胁。在这个统一的政权下，日本在实施锁国政策的同时，国内经济和文化有了极大的发展。这样的状况就产生了正负两方面的结果，负面是德川幕府的专制压制了社会的活力，抑制了生产力的进一步发展；正面是相对统一的政权为以后的中央集权的资本主义国家的建立奠定了基础，而且，经济上和文化上的巨大进步无疑对建立一个新的经济制度和吸收西方文明提供了前提条件。

我国对日本封建社会的研究尚不够深入，日本封建社会确实是很有特色的，马克·布劳赫曾在他的名著《封建社会》中，指出过日本的封建社会和欧洲的异同，认为日本武士在和主人结成封建性的关系方面和欧洲不同的是只忠于一个主君。而我国的封建社会和日本在形式上更是大相径庭，当然在基本的阶级关系上，如领主或地主与农民的基本对立上没有质的区别，但在进入现代化的过程中，日本式的封建社会是否具有更大的适应性，则是我们需要探讨的问题。

第二节　明治维新

王政复古、戊辰战争

政权虽然回到了天皇的朝廷，但主导者是山内容堂这样的大名们，改革的倒幕派并没有掌握政权。1868 年 1 月 3 日，倒幕派以宫廷政变的方式夺取了权力，发布了“王政复古”的号令，废除了幕府。同时又强制已经成为一介大名的德川庆喜辞官、纳地（辞去官职，上缴领地）。遭到庆喜的拒绝后，政府便发动了戊辰战争（1868 年 1 月—1869 年 5 月）。在西乡隆盛、大村益次郎（1825—1869 年）等优秀的将领指挥下，朝廷军队节节胜利。幕府的海军长官胜海舟（1823—1899 年）顺应形势，和西乡隆盛会谈，双方达成协议，实现了江户的“无血开城”，但支持幕府的各藩继续作战直到箱馆战争[①] 才彻底归顺投降。这次战争不仅在当时影响重大，后来的历史学家对其也很关心。特别是我国对明治维新是革命还是改革一直存在争论，认为是革命

西乡和胜海舟会谈

① 亦称“五棱郭”之战。1868 年 10 月，幕府军队的榎本武扬到达北海道，在那里想建立一个由他做总裁的共和国，同时也积极备战，欲抵抗政府军。1869 年 5 月，政府军向其发动进攻，榎本武扬出降，戊辰战争结束。

的，就拿戊辰战争为例，表示明治政府的建立是使用过暴力的。

五条誓约、政体书

1868 年 3 月 14 日，明治天皇发布了《五条誓约》，有一、“广兴会议，万机决于公论”；二、“上下一心，大展经纶”；三、“公卿与武家同心，以至于庶民，须使各遂其志，人心不倦”；四、“破历来之陋习，立基于天地之公道”；五、“求知识于世界，大振皇基”等内容。当时是在戊辰战争中，由于是战争状态，很容易产生集权，所以开始时被一些人鼓吹的公议政体论失了势。因此，就将“兴列侯会议”改为“广兴会议”。从字面上看似乎是民主了，但实际上的形式是以天皇为首，率领百官、诸侯、公卿在神前定国是，群臣发誓要遵从。无疑这是加强了天皇的集权专制。另外，我们不能忽视的是王政复古在某些方面是借鉴了中国皇权的集权体制，而且明治维新开始时制定的许多法律是模仿中国大清律的。

在其后的政体书中，以《五条誓约》为目标，建立了规章制度。其内容是：一、天下之权力皆归太政官，使政令无出于二途之患。太政官之权力分为立法、行政、司法三权，使无偏重之患。二、立法官不得兼任行政官，行政官不得兼任立法官。但诸如临时巡察都府与接待外宾，得由立法官负责。三、凡非亲王、公卿、诸侯不得升任一等官者，所以敬大臣也。设征士之法，虽藩士、庶人，犹能任二等官者，所以贵贤人也。四、各府、各藩、各县皆出贡士为议员，建立议事之制，为实行舆论公议也。五、立官等之制，为使各官自知其职任之重而不敢自轻也。六、仆从之制，亲王、公卿、诸侯等带刀侍从六人、仆役三人。以下带刀侍从二人、仆役一人。盖为破除尊重之风，使无上下隔绝之弊。七、为官者不得私在家与他人议论政事。若有请求面谒陈述意见者，应使赴官府公议。八、诸官应以四年为任期，用公选投票之法。但今后初次改选时，可留一半，延任二年。再改选，以便于衔接。若其人为众望所瞩难去者，仍可连任数年。九、诸侯以下，农工商各立贡献之制，乃为补充政府用度、严整军备，以保民安。故在官者，亦应贡其封禄三十分之一。十、各府、各藩、各县施政令亦应体会誓约，唯不得以一地之制通用于他地，勿私授爵位，勿私铸货币，勿私雇外国人，勿与邻藩或外国订立盟约，目的在于不使小权犯大权，不使紊乱政体也。①

这个政体书明确规定天皇亲政。自镰仓幕府以来，天皇的权势日下，比之为傀儡亦不为过，但明治维新却使天皇再次复活。这是因为巨大的政权转移以及由此带来的重大的社会变化，加之戊辰战争，使日本国内动荡，而西方列强并没有放松对日本的野心。内外交压，使得明治维新的官僚们选择了以天皇为首的中央集权。这在某种程度上是种历史的偶然抉择，但却决定了日本近代政治的明显特质。

版籍奉还和废藩置县

明治新政府的第一个建立和加强中央集权的举措就是1869年的“版籍奉还”，即各藩将领地奉还给中央政府。这项措施之所以出台而且顺利实施是和当时的特殊情况分不开的。政府是为了政治目的而实施中央集权，同时各藩由于战争的影响，财政出现了大问题，藩内在政治和社会上都有一定的动荡，藩主们的权威受到挑战，因此藩主们希望能够得到天皇的支持，利用天皇的权威来加强自己的地位，以萨长土佐（肥）四大雄藩为首的各藩主提出“版籍奉还”②的请求，朝廷批准，并将各藩主任命为知藩事。政府紧接着就进行藩政改革，对财政和武士们的禄制加强了整顿，制定了藩制。这种改革牺牲了下级武士们的利益，引起了他们的反抗，脱离藩主的骚动、叛乱、要人暗杀、颠覆政府的计划接连出现，而且要求减租的农民连续爆发起义。政府的财政也陷入困难。但政府并没有改弦易辙，为了将中央集权和改革进行下去，萨长土三藩向政府献上一万精兵。1871年，政府在强大的军事力量的支持下，断然实行了“废藩置县”③，即将藩改为国家行政区划的县，将地方行政权掌握到中央政府手中。而各藩慑于政府的军事压力，加上藩的财政债务及武士的俸禄拖欠等原因，没有反抗政府的这一重大举措。

---

① 五条誓约及政体书译文采用聂长振、马斌译文，见《明治维新的再探讨》，中国社会科学出版社1981年版，第168—169页。

② 这是在明治二年（1869）二月，由长州藩主毛利敬亲、萨摩藩主岛津忠义、佐贺藩主锅岛直大、土佐藩主山内丰范上奏的。

③ 废藩置县的建议是伊藤博文于明治元年（1868）十一月提出的，事在四藩主奉还版籍之前，说明维新派的实际领导人早就有废除藩制的想法。

这回全国的政治权力集中到了中央，中央政府便进行了相应的制度改革，频繁地改革官制，使雄藩出身的维新的领导者下级武士们逐渐掌握了实权。当时，中央政府设立了太政官三院制，正院是辅弼天皇，执行天皇大权的最高机构，“总揽庶政，统辖祭祀、外交、宣战、媾和、订约之权，海陆军事务”。实际上等于统辖了行政、司法、立法三权。左院“掌审定议案”，即审议各项立法事务，其权限有些类似于现在的议会。右院是审核各省的议案，并草拟法案。这是纯粹的集权式官僚机构，因此，公卿、藩主的势力被削弱了。对废除了藩政的地方政权，中央试行任命其他藩出身的府县知事。为了编制户口，设立的区和户长成为行政机构，不久就设立了大区小区制，使中央官僚机构有了基层组织。

岩仓使节团

在政治改革的同时，社会改革也在进行。明治政府废除了封建的士农工商及贱民[①]的等级和武士姓名、带刀等特权，平民也可以和华族（宫廷贵族）、士族通婚，也有了选择职业、迁徙的自由，至少在表面上平民百姓部分地获得了平等的权利，但实际上歧视依然存在，否则就不会有下文讲到的“部落解放运动”了。

岩仓使节团和各项改革

1871 年 12 月，日本向欧美派出了使节团，由岩仓具视率领，这就是著名的“岩仓使节团”，其中主要成员有萨摩藩最有能力的下级武士出身的大久保利通。使节团的目的是为修改不平等条约进行谈判准备并对西方文明进行考察。修改条约不久就遇到阻力，西方列强的借口是日本还不是文明国家，于是使节团将出行目的全部放在了考察上。这很容易让人想起清朝末年清政府也派

① 1871 年 8 月 28 日的太政官布告宣布废除“秽多”、“非人”等名称，指出他们的身份和职业都应与平民同等对待。

出了以王室成员为主的考察团，但结果却大不一样。岩仓使节团考察的项目有工业、制度、教育等，是相当全面地向欧美学习的一次考察。应该指出的是，使节团在德国受到“铁血宰相”俾斯麦的接见，俾斯麦向他们灌输了强权即公理的思想，使他们大受触动。

国内留守政府的主导权掌握在同是萨摩藩的下级武士西乡隆盛手里，他们和岩仓使节团保持着联系，但同时，他们之间也有分歧，不仅在内外政策上有争论，而且也不断进行争权夺利的争斗。岩仓使节团的成员们看到了欧洲的近代文明，这反而使他们冷静下来，认为在改革中应采取谨慎的态度。但留守政府的成员担心使节团回来后自己失去权力，便不断地出台改革措施。1872 年 8 月颁布了学制，试图引进西方的教育制度。将全国划分为八大学区、256 所中学区、53760 所小学区，大学区有大学，中学区有中学，小学区有小学，但这样的大规模的改革不过是纸上谈兵，最终只实施了小学义务教育。留守政府在教育思想上宣传了教育机会均等、自主独立的精神等先进的理论，但在实施教育时，农民是要为子女缴纳学费的，可农民并没有钱，于是就奋起反对学制。这样只好以町村的公费支持学校，于是学区单位的学校就成了村单位的学校。同时，被政府否定的私塾等机构，并没有被取消，这也导致小学的就学率不高，中等教育干脆就是以私人教学为主。不过，无论怎样明治新政府在推进近代教育上是前进了一大步。这也为以后发达的日本教育制度奠定了基础。

1871 年，政府开始进行军制的改革，在东京、大阪、镇西（熊本）、东北（仙台）设置镇台（军事机构的名称），1872 年将兵部省分为海军省、陆军省，11 月又发出了征兵的诏书、告谕，1873 年 1 月实施征兵令。征兵令实行四民平等，是全民皆兵的政策，这是由号称日本近代军队之父的大村益次郎提议，而由考察了欧洲各国军队制度的山县有朋来实施的，当然是一个重大的改革，而且是很先进的兵制，但民众却不愿意打仗卖命，于是，就利用征兵令里的免除服兵役的规定逃避征兵。并且因征兵本身有赋役的性质，更遭到民众的反抗，称之为“血税”。

地税改革、士族授产

统一的政权必须有统一的财政，这是一个近代政权的经济基础。当时清朝政府就没有做这项改革，以致成为在对外战争中失败的重要原因。而统一的财政基础又是统一的税制。日本是农业国家，税收自然要依靠农业方面的税。于是，明治政府首先解禁了田地的永久禁止买卖等封建的各种限制，并交付了壬申（1872 年）地券等，承认了农民的土地所有权。1873 年公布了《地税改革条例》。其内容是废除了幕府时的石高制，以地价为标准。而纳税的税率一律为地价的 3%，用现金缴纳。持有地券的地主是义务纳税人。这次改革的关键是地价问题。明治政府是按资本主义的方法计算地价的，即将收获量换算为价格，除去必要的种种经费外，以一定的利率还原为资本，即资本的收益价格。但是在这同时，明治政府为了不减少以前的岁收，便强制性地制定地价，这样佃农的地租依然维持在江户时代的水平，而且没有解决农民的入会权、佃农永久耕作权等问题。这从反对地税改革的农民起义上就可以看出：从 1873 年到 1881 年农民起义达 37 起，而 1876 年茨城县和三重县发生的起义规模巨大，给政府以相当大冲击。因此，地税改革的意义究竟如何一直是日本史学界讨论的重要问题，不过，可以肯定的一点是，尽管是近代化的改革，但政府为了财政收入而剥夺农民，自然得不到广大农民的支持了。

明治政府剩下的最棘手的问题就是如何供给大量武士们的俸禄。开始时，明治政府用高达 80%的地税支付俸禄，但负担太重。1872 年政府削减了 1/ 3，剩余的支付六年的禄券，六年以内将禄券全部购回，但这一方案没能实行。其后，经过家禄奉还制度，到 1876 年发行了金禄公债证书，废除了武士们的俸禄。这是有偿的废除，需要支付领主们大量的钱财，而且支付的钱是按身份给的，因此，藩主、上级武士们用这笔钱成了资本家或地主，而大量的下级武士却因此而没落，陷入穷困的境地。这也是武士们迅速靠近并支持自由民权运动的最主要原因。后来，政府给士族们提供资金，让他们投资到出口产业的制丝、纺织、茶等方面去，但这些武士不习惯于做生意，纷纷破产，其金禄公债转手到金融业者和商人的手中。他们最终还是没能逃脱没落的命运。

征韩论和有司专制

这些改革很多是留守政府做的，相当激进，当然这里面有权力斗争的影子。使节团回来后，对此十分不满，指责留守政府的改革。不久，大久保利通便掌握了实权，对改革进行了修正，因此和原留守政府产生了争执。

留守政府的首脑西乡隆盛与其说是激进的改革者，毋宁说是还具有相当强烈的封建意识的政治家。他看到大量被政府的新政策所抛弃的武士，情绪激昂，充满了反抗的味道，一方面是出于同情，另一方面又想转移矛盾，就提出了武力征服朝鲜的计划，这被称作“征韩论”。以大久保利通为首的实权派持反对意见，认为内政优先，没有必要引起对外争端。应该指出的是，大久保利通也并非是和平主义者，他在后来中国台湾问题上实行的也是强硬的对外政策，虽然当时转移国内矛盾是他的主要动机。征韩论是明治政府权力斗争激化的导火索，1873年10月，天皇敕裁，推翻征韩论，西乡隆盛终于败给了对手。他和留守政府的主要成员（其中有板垣退助、后藤象二郎、江藤新平、副岛种臣等参议）都下野了。

但佐贺的士族抱着征韩论不放，前参议江藤新平（1834—1874年）于1874年举兵造反，被政府镇压，这便是佐贺之乱。①

新的政府成员对政治制度进行了改变。原来那些当参议的下级武士们兼任各省卿，成为各个行政部门的首脑，正院的阁议由他们来运作。这在日本历史上被称作有司专制。即纯粹的官僚专权。

西南战争和大久保利通专制

明治维新是一场真正的社会大变革。在这风云激荡的年代受损失最大的当属武士们，特别是中下层武士，高人一等的身份失去了，经济特权也没有了，他们自然非常不满。1876年由于发布了《废刀令》，失去特权的武士们接连造反，有熊本的“神风连之乱”②，秋月藩（在今福冈县）的“秋月之乱”，③山口

① 江藤新平下野后，回到家乡佐贺县，受到征韩党的拥戴而暴动，而同时另一武士组织忧国党也群起响应，但西乡隆盛却没有任何动作，政府军以迅雷不及掩耳之势将其镇压下去，为了表示政府的强硬态度，江藤新平没有根据当时的法律而被处以极刑。

② 也称“敬神党之乱”。1872年，熊本县的武士们组成了敬神党，反对明治政府的改革政策，以腰悬长剑、头梳发髻、戴乌帽等武士装扮为标识，并提倡尊崇神道、排外等。1876年3月28日，政府的《废刀令》一经颁布，10月24日，敬神党便纠集两百余人袭击县府和兵营，杀害了县令和镇台司令官，旋被镇压。

③ 福冈县秋月的秋月党举行的暴动。秋月党和敬神党持同样观点，特别是主张扩张国权，对政府的朝鲜政策不满，1876年10月27日他们闻知神风连之乱，便起而响应，纠合数百人发起军事进攻，但很快便被镇压。两名被斩首，一百多人受到不同程度的惩罚。政府为了宣示权威，特命司法卿出席判决现场。

县的“萩之乱”[①] 等，均被政府镇压。这时，征韩论的倡导者西乡隆盛被他们认为是自己的代表。回到萨摩藩(今鹿儿岛）的西乡也确实抵制政府，养兵蓄锐，俨然独立王国。

西乡隆盛在武士们的拥戴下，终于在1877年2月起兵包围了熊本城，是为西南战争。号称有四万膂力强劲、剑术高超的萨摩武士却抵挡不住政府的新式军队，而这些军队中的士兵正是武士们看不起的农民。9月，政府将其镇压下去，西乡自杀身亡，西南战争以武士的可耻失败而告结束。

西乡隆盛和武士们失败了，但日本人很欣赏和钦佩西乡，称之为“大西乡”。认为他有人情味，讲义气，这是针对后来的官僚政府的严酷来说的，再说日本人很喜欢失败的英雄。

西南战争及其结束后的一段时间里，政府的全部实权由大久保利通操纵，直到1878年他被武士暗杀。这段时期被称作是大久保利通专制时期，有些像英国的克伦威尔专政。日本的政治体制被人们看作是个谜，因为常常找不到负责人，譬如在第二次世界大战中，德国的战犯首脑是希特勒，意大利是墨索里尼，日本却很难找出这样的人物，即使是东条英机也没有希特勒和墨索里尼那样的权威和权势。因此，大久保利通专制是日本历史上唯一的一次个人专权，这很耐人寻味。虽然是当时的政治、经济、社会形式或偶然的机遇造成了日本历史上绝无仅有的个人独裁，但认为权力决策中心的模糊是日本政治的特色或传统的看法并不能说是绝对正确的。

大久保利通死后，政府的权力由伊藤博文（1841—1909年)、山县有朋(1838—1922年)、松方正义（1835—1924年)、大隈重信（1838—1922年）等参议掌握。他们是继大久保利通、西乡隆盛、木户孝允后的明治维新进程中的第二代参与者和领导人。

在封建反动的另一面则是激进的自由主义。1874年1月，征韩派的板垣退助（1837—1919年)、江藤新平等提出建立民选议院的建白书（建议书)。板垣本人的动机可能是出于对有司专制（即官府专制）的反对，他的立场也是站在士族一边的，但不管动机如何，能提出这样的建议说明当时日本确实有成

① 是明治政府前参议、兵部大辅前原一诚掀起的暴动。前原一诚是明治维新时的功臣，但却反对明治政府的开明政策，1870年辞职，回到故乡山口县。在“神风连之乱”后的10月26日，在萩的明伦馆集合同伙，公然向政府宣战。10月31日和政府军交火，人数达五百余人。11月2—3日持续激战，4日，政府军派两艘军舰从海上炮轰，6日叛乱被镇压，前原被捕。12月3日，前原等七人被处以极刑。

立西方式议会的社会思潮。

第三节 自由民权运动

自由民权运动的兴起

建立民选议院的建议引起了社会上的很大反响，全国各地掀起结社的风潮。其中以立志社最为有名(1874 年，板垣回到土佐后创立的)。1875 年 2 月，以立志社为中心在大阪各政治结社的代表们成立了爱国社。

政府对此很警惕,1875 年政府出台了报纸（新闻纸）条例和谗谤罪的法规，又修改了出版条例，对自由民权运动展开了镇压。同时，侵略我国台湾后，大久保利通到北京谈判，在谈判中他感到日本虽然进行了改革，但还是没有实力，于是回国后，他想将领导层团结起来就召开了大阪会议，说服不同意侵略我国台湾并愤而辞职的木户孝允回归政府，自由民权运动的领袖板垣退助也参加了这次会议，这就意味着板垣又成了官方的人。

1875 年 4 月，政府颁布了《渐次树立立宪政体》的诏敕，设立了立法的咨询机构元老院、最高法院的大审院和反映地方社会民情的地方官会议，以此标榜三权分立。自由民权运动也随之几乎烟消云散了。

但在 1877 年 6 月，立志社的片冈健吉（1843—1903 年）批判政府内政外交的失败，他看到西南战争政府军必胜的趋向，认为不可以用武力反抗政府，并提出了建议书（立志社建白)。其中有自由民权运动的三大纲领，即开设国会、减轻地税和修改条约。并试图使爱国社复兴，翌年 9 月，在大阪召开了爱国社再兴会议，顿时在社会上掀起了一场政治运动。1880 年 3 月，第四次爱国社大会有 2 府 22 县的代表参加，向政府提出了 8. 7 万人签名的开设国会请愿书，运动达到了最高潮，大会也将名称改为国会期成同盟，目标直接指向成立国会。同时，全国各地向政府提交的建白书、请愿书有 54 件，参加者达 24 万多人。同年 11 月，国会期成同盟第二次大会召开，这次大会显著的特点是各地的政治结社代表大增。大会决定加强地方团结和组织，并制定了援助为运动而牺牲的人的救助方法。

翌年10月，在大会上提出了宪法草案，自由民权运动进入了一个新的阶段，即开始具体讨论立宪政体的方式。这一运动风起云涌，方兴未艾。当时地方民会、政治结社等组织的骨干是所谓的豪农阶层。他们支持这场运动，积极签名请愿。开始时，自由民权运动是由士族的代表人物（例如板垣退助）提出的，但和一切政治运动一样，在发展中有了变化，支持自由民权的主要阶层由不满士族转换成了豪农及工商业者。

政府对此是采取压制的手段，公布了《集会条例》，另外又制定了三部新法，即《郡区町村编制法》、《府县会规则》和《地方税制规则法》等。目的是想和豪农们妥协。但是，豪农们不想妥协，而且由于他们是地方上的主流政治势力，所以府县会和区町村会等反而成了自由民权运动的根据地。当时政府财政支绌，因此对自由民权运动感到十分棘手。

明治十四年政变

1881年3月，当时是政府要人的参议大隈重信在这种社会压力下，提出了早期开设国会的意见书，遭到伊藤博文和岩仓具视的反对，政府内部出现了裂痕。这时又发生了北海道开拓使官有物处理事件（政府将开拓北海道花费了1400万日元的公产以38万日元的价格卖给了民间的关西贸易协会），由于涉及腐败问题，批判政府的舆论高涨起来，而大隈重信是反对处理的。伊藤博文等人便罢黜了大隈派的官员，将大隈撵出政府，这被称作“明治十四年政变”。但同时伊藤等人为了掌握主动权并向自由民权运动妥协，由天皇发布了十年后开设国会的诏敕。

这时国会期成同盟改为自由党（1881年10月），板垣退助为党的总理，而大隈重信则成立了立宪改进党（1882年3月），虽然名字叫党，但这两个党还没有近代政党的功能。政府为了对抗民间的政党，由福地源一郎（1841—1909年）等牵头建立了御用党的立宪帝政党（1882年）。

自由党的社会基础是士族、豪农和地方上的工商业者，其理论指导者是著名的中江兆民（1847—1901年）、植木枝盛（1857—1892年）。他们的理论观点相当进步，中江兆民是卢梭的信徒，被称为“东洋的卢梭”，他提倡社会契约论和人民主权。1882年，中江兆民撰写、出版了卢梭的《社会契约论》译解。植木枝盛则强调人民的抵抗权和革命权，他撰写了《民权自由论》等文，认为国家不是君主的，人民才是国家的主人。在他的私拟宪法中，主张国会应为民选的一院制，如果政府违反宪法，侵害人民的利益，人民则有权抵抗。植木枝盛的革命性和民主性之强不仅在当时，就是后来的思想家们也少有能与之比肩者。与此相比，改进党的立场则要温和一些，其社会基础是媒体的记者、律师、教师等城市知识分子，主张渐进式的政治改革，提倡民间产业的自由发展。

政府以朝鲜反日的宫廷政变的“壬午事变”（见后文）为理由，对自由民权采取了强硬的镇压措施。1882年，福岛县令三岛通庸（1835—1888年）和县会发生对立，引起农民暴动，政府予以严厉镇压，这就是著名的“福岛事件”。政府的镇压以及松方财政的紧缩政策带来的经济萧条（1884年，松方财政的效果显现得最严重）使民权运动产生了分裂。激进派主张直接行动，并付诸实践。于是便出现了以恐怖对抗政府和以农民暴动反抗政府的做法。前者就是著名的加波山事件①，后者是秩父事件②。自由党的首脑是保守的，不赞成使用武力，但又不能控制形势，只有解散一途。在秩父事件发生前的两天自由党宣布解散。

日本的政党成立先天不足，又没有确定的纲领和政策，因此无力应对动荡的形势，不久就夭折了。但却造成了一定的声势，使人们对政党（尽管在许多方面很难说是近代的政党）有了一定的认识，并且在自由民权运动的进展中，政党形成了一定的社会基础，就是在失去党的组织后，自由党系统和改进党系统的人们依然坚持着反政府的立场。因此，当帝国宪法公布后，自由党和改进党便再度兴起，影响远及以后近代日本政党政治时期的两党轮流执政的格局。

---

① 1884年，激进的自由党员们试图暗杀政府高官，被警方察觉，9月23日，16名党员进入加波山，树起“自由魁”旗帜，向山下农民发布檄文，并试图袭击警察署，结果失败，一人被杀死，15人被捕，其中7人（一说6人）被判死刑，7人被判无期徒刑。

② 1884年11月1日，埼玉县秩父郡的秩父自由党举行暴动，一度几乎占领秩父郡。4日警察、军队开始予以镇压，11日彻底失败。事后有7人被处以极刑，重罪296人，从轻判处448人，被罚款者达2642人。

第四节 二重经济

二重经济（或作二元经济）这个词也曾在日本战后的经济中使用，指的是收入丰厚、技术先进的大公司和承包其产品的小公司及农村的经济地位之间的差距，后文将有阐述。而战前日本的二重经济则是说在经济中，资本主义的工业和农村的封建寄生地主制并存的经济结构。

日本近代的工业化是自上而下进行的，即由政府主导。明治维新后，政府提出了“富国强兵”、“殖产兴业”、“文明开化”的三大纲领，很快就着手培育近代产业。但由于没有经验，又急功近利，所以实现近代化的过程十分曲折。

殖产兴业

为了实现工业化，1870 年，政府设立的工部省开始贯彻实施殖产兴业政策，其管辖范围有矿山、炼钢、铁路和电信等，其中重点是矿山和铁路。在矿山方面，政府公布了“矿山心得书”、“日本坑法”，收回了外国资本的利权，由国家垄断，在铁路方面也想铺设铁路，一是为国内统一的殖产兴业，二是为对抗国外资本。在实行资本主义工业化时，日本当时既没有人才也没有技术，只好雇佣外国技术人员，引进国外的技术。

大久保利通回国后，以自己直接管辖的内务省为核心，在纺织、海运、开荒、畜牧业、农业指导及博览会等多方面展开工作。和工部省的带有军事性质的殖产兴业不同，内务省在民用产业上下工夫。著名的富冈制丝工厂等模范工厂、下总羊牧场等都是内务省建立起来的。除了这些工厂以外，还做直接出口生意，指导府县创业并发放贷款、补助金等以奖励工业化。

在宏观经济方面，1871 年制定了《新币条例》，货币单位分为圆、钱和厘，均为十进制，实行金本位，大体上完善了货币制度。但金本位在当时是很难实行的，因为在外贸上还使用银币。政府对这种情况不得不认可，1878 年承认了银币可以通用，因此，是金银复本位制。1872 年又公布了《国立银行条例》，各地开始建立国立银行，政商[1]们纷纷投资于银行业，在1879年他们拥有的银行数量竟达153家。

在交通通讯领域，1872年东京和横滨之间的铁路通车，1889年东京和神户之间的东海道线贯通，这是条连接本州东部和西部的铁路干线，对经济发展和人员移动有相当重要的意义。1871年日本开始了现代邮政事业，1873年，统一了全国的邮政收费。电信在1870年就开通了东京和横滨之间的公众电信，1875年，北海道到神户的电信干线建成。应该说，虽然政府指导或从事的工厂建设和经营失败了，但在基础设施的建设方面，却取得了很大成果。这就给我们一个启示，无论是哪国政府都应该干自己能干的事、该干的事。

这种国家直接领导的殖产兴业，由于没有考虑到国情，引进的技术过于先进，庞大的投资未能收回，因此政府面临着财政上的困境。西南战争后，政府财政更加困窘。1880年制定了工厂处理概则，决定将国营工厂、矿山等卖给私人资本。第二年成立了农商务省，将直接经营转为间接指导。这虽然是形势所迫，但却给日本今后资本主义的发展方向开拓了新的道路，国家退出了直接经营，不言而喻，其意义是十分重大的。

松方财政

同时，为了富国强兵、殖产兴业以及西南战争的军费开支，政府滥发不能兑换的纸币，引起了恶性通货膨胀。对此，大隈重信开始了纸币整顿的财经工作。1878年他开始管理这项工作，翌年，他制定了《国债纸币偿还法》，定下了纸币整顿的原则，卖掉了国营工厂。成立了横滨正金银行，抑制金银币的飞涨，增加出口外汇，将国库支付的经费转嫁给地方税，增收间接税等。并想筹措外债一举偿还纸币，但未能实现。

明治十四年政变后，大隈下台，松方正义接受纸币整顿工作。他和大隈不

① 政商不是个严密的学术用语，但和许多历史上的词汇一样，政商在日本经济，特别是近代的经济中是个非常重要的概念。它既指某些特定的家族，如三菱、三井等，也指日本资本主义发展初期时的享有特权的商业资本。明治初期由于政府财政基础薄弱，不得不依靠三井、小野、岛田等家族的资本力量，这些家族又从事政府的官方存款及地税等业务，从而更加发达。除了这些在江户时代就积累了大量财富的商人外，还有依靠自己当官的经历，获取特权，成为政商的，如岩崎、安田、五代、涩泽、浅野等。明治政府的国家财产的处理使得这些商业资本转化为产业资本，即后来的财阀。

同，反对用外债偿还纸币，想用建立兑换制度来克服政府的财政危机。他减少纸币的流通量，使纸币和正币之间没有差别，储蓄正币，将其变成纸币的兑换券。他成立了中央银行日本银行，垄断纸币发行权，同时实施增加税收，设立新税，政府支出转嫁给地方税，处理工厂、奖励出口等一系列政策。这时朝鲜又发生了“壬午事变”，政府将加强所谓国权作为国策，进行军备扩张，财政开支自然增多。紧缩的财政，庞大的开支，使得物价暴跌，农产品价格自然也猛跌，大量农民陷入了破产的境地，他们或者卖了土地，成为佃户，或者进城做工，成为工人。但拥有大片土地，坐享高额地租的寄生地主阶级却成为越来越重要的社会力量。

松方的工厂处理对相对弱小的民间资本来说，是负担不起的，因此进展得很不顺利。1884 年，政府废除了处理概则，工厂迅速转为民营。买国家产业的都是些和政府高官有着千丝万缕联系的政商，这些产业以近于无偿的价格卖给他们。本来处理工厂是要整顿财政，政府可以赚到卖掉赔钱产业的钱，但这时连赚钱的产业也卖掉了，如同将孩子和洗澡水一起倒掉一样。虽然如此，但政府是否能管理好这些赚钱的工厂也确实是个疑问。无论如何，工厂处理已经成了日本政府培育民间产业资本的一个重要政策。

松方财政不论是在日本产业化发展方向上，抑或财政金融体系、政策的建立上，都是影响巨大的。更重要的是通过松方财政，日本在国家强权之下进行了资本的原始积累，而且在客观上给予民营企业发展的机遇，从而给日本的资本主义工业化奠定了坚实的基础。但这一政策及其结果从头到尾都渗透着贫苦农民的血汗。

民营投资热潮

1886 年，纸币兑换制度开始实施，引发了对铁路、纺织业和矿山的投资热潮。从 1886 年到 1889 年私人铁路的长度超过了国家铁路，1891 年为国铁的两倍，1895 年就到达了三倍。矿山方面，由于工厂的发展，需要的煤炭增加，筑丰煤矿发展惊人。在当地的资本家不断发展的同时，1888 年三池煤矿被处理给三井财阀，大资本进入了矿山业。众所周知，发展现代工业的基础是交通和能源，而工业化发展之初各国都是能源和交通先行，中国近年来的改革也是先发展交通和能源。因此，以上的进展无疑给日本资本主义的起步及成长提供了原初的重要条件。

从1886年以后，以蒸汽机为动力的一万锭以上的大纺织工厂接连建立，并引进了林格纺织机，使生产力有了巨大发展。那些纺织人工大都是农村的女孩子，她们在非人的工作条件和低工资下创造了巨大的财富。20世纪80年代在我国上映的日本影片《野麦岭》，就如实地记述了当时女工们的悲惨状况。日本之所以能成为一个发达的资本主义工业国家，其贡献最大者正是这些普通的工人和农民。

对外侵略和日本资本主义的发展

然而，即使有国内以残酷的剥削而积累的原始资本，但想迅速成为工业化的近代国家恐怕还需要时日。俗话说，人无横财不富，马无夜草不肥，这笔横财就是日本的对外侵略战争。日本资本主义发展的显著特点就是在很大程度上依靠对外侵略战争。在中日甲午战争后，日本获得了大量赔款（相当于日本国库年收入的4.4倍），刺激各项经济指标成倍增长，产业革命迅速进展，机械工业发展得非常快。棉纺织工厂近八十家，都是大规模的工厂。而得到朝鲜市场后，在废除了棉丝出口税，免除棉花进口税的优越条件下，1897年日本棉丝出口超过了进口。制丝业开始转为机械制丝，不过，甲午战争后，农家副业的制丝产量却超过了机械制丝。

接近完工的八幢制铁所

在轻工业发展的同时，日本还利用中国的战争赔款促进了一直没有取得进展的重工业的发展。八幡制铁所开工了，虽然有中国大冶便宜的铁矿石，但还是赔钱，直到日俄战争后才扭亏为盈。造船业在生产军舰和航海奖励法、造船奖励法所造成的海运业兴旺的影响下，取得了高速发展。应该注意的是，由于接连不断的对外侵略战争，日本政府一直在忙着充实军备，因此，日本的重工业发展带有很浓厚的军事产业的性质。

寄生地主制

在工业取得发展的同时，农村则又是另一番景象。明治维新后，确认了土地耕作权，明确了地主和佃农的关系，但由于是重税，加之农民又被卷入了货币经济中，农民之间很快便产生了分化。而殖产兴业中的劝农政策，并没有使农民得益；相反，由于商品作物的进口，使传统的经济作物栽培业不得不转向水稻生产。

松方财政更使农民雪上加霜，自耕农不断破产，土地集中在地主手中。1882 年的佃农土地占有比例约 29%，1883—1884 年上升到 36%—37%，1892 年达到 40%。但是，集中了土地的地主并没有扩大土地经营，失去土地的农民也没有成为真正的城市无产者（当然也有部分进城当了工人），却使地主和佃农关系得以发展，农业生产方式变成了小块土地的经营。

随着资本主义发展，耕地成本越来越高，地主的租子又十分沉重，佃农们的生活很苦。有的出外打零工，有的将女儿送进纺织厂，成为廉价劳动力，勉强维持着生计。

地主也在资本主义发展中出现了变化，他们不直接从事农业生产，并将地租投资到股票或公债上去，这就是寄生地主制（一般认为寄生地主制的完成是在 20 世纪初）。政府对寄生地主制是支持的，因为他们给工商业带来了资本。1896 年公布的日本《劝业银行法》、《农工银行法》在金融方面保护着寄生地主制，那些劝业银行和农工银行也都是围绕着地主转的。1898 年实施的民法肯定了土地所有权高于耕作权，在法律上进一步给寄生地主制以支持。而这些寄生地主们也积极参与政治活动，进入帝国议会和地方议会，给明治政府以强有力的支持，成为明治政府的社会和政治基础之一。

日本的资本主义发展经历了许多曲折，但以工厂处理为转折点，民间资本得以形成，松方财政又强行地进行了资本主义的原始积累。但最重要的是，对外侵略战争使日本资本主义获得了丰厚的资本和广大的市场，日本资本主义的确立就是在甲午战争之后。

但是，农村的寄生地主制却呈现出封建性的一面。所以战前日本史学界有讲座派和劳农派的争论，讲座派认为近代日本有浓厚的封建残余，所以将近代日本社会定义为半封建的，而寄生地主制就是他们最坚实的论据。因此他们认为在确定革命的方针时应以反封建为主。劳农派则相反，认为明治维新是资产阶级革命，目前革命的任务是进行无产阶级革命。

第五节　帝国宪法

宪法的制定

在自由民权运动的压力和政府领导人本身的改革欲望下，政府宣布在1890年制定并公布宪法。当时，第二次国会期成同盟大会作出了决议，号召提出宪法议案。各地的民权政社纷纷拟定宪法草案。嘤鸣社[①]系统和交询社[②]系统提出两院制和政党内阁的方案，立志社系统则表达了一院制和承认国民抵抗权的想法。其实，在很早以前政府就着手起草宪法，这并不奇怪，因为政府领导人是明治维新的指导者，他们就是要学习西方的各个方面来改变日本。于是在1875年的大阪会议后，政府便发出建立立宪体制的诏敕。元老院开始编纂，并在修改三次的基础上完成了日本国宪按，但是伊藤博文、岩仓具视不满意，没有采纳。在明治十四年政变时，井上毅（1844—1895年）起草了宪法大纲，这是在德国人的法律顾问勒泽勒（Roesler，1834—1894年）的帮助下拟定的，采用的是以普鲁士宪法为范本的钦定宪法的样式，天皇拥有强大的权力，实行两院制和限制选举等。这个大纲领为以后的帝国宪法定下了基调。

① 政治结社，原来为法律讲习会，1873年改为政治研究组织，以演讲等形式宣传自由民权，并在《横滨每日新闻》、《嘤鸣杂志》上要求成立国会，1882年该组织主要领导人参加立宪改进党，同年7月，由于嘤鸣社违反结社条例而被解散。

② 社交俱乐部，1880年组成。主要成员是福泽谕吉的庆应大学的校友和实业家，发行杂志《交询杂志》，政治立场接近立宪改进党，大正政变时期，是拥护宪政运动的主要策源地之一。至今这一组织作为社交俱乐部依然存在。

军人敕谕、皇室财产、华族令、内阁制

政府正式宣布了十年后要按期制定宪法之后，便开始按照这个宪法大纲进行先期的制度上的准备工作。1882 年，宣布了“军人敕谕”，军队成了天皇的直属军队，民权思想不允许渗入到军队中去，加强了对军人精神上的控制。现代国家的军队独立于政治或政党是不言之理，但日本的军队却直接隶属于天皇个人（所以叫皇军），这就不是近代国家制度的做法了。而日本军部在政党政治时期正是以自身直接隶属于天皇的优越地位屡屡向政府发难，不仅迫使政党内阁只有下台一途，后来索性变成了以军人为主的专制法西斯国家。

伊藤等人为了不使官僚的权力受到议会的限制，将皇室财产与国库分离，即在议会不批准预算的情况下，可以动用皇室财产来支付国家费用。当然这就需要有大量的皇室财产，伊藤博文等人正是这样做的。1875 年，皇室财产已经是 1868 年的五倍了，后来又将大量的山林、矿山、牧场、特权银行、公司的股票转到皇室财产中。天皇成了日本最大的富豪、地主和资本家，官僚政府的财政基础也得以加强。

1884 年又制定了《华族令》。华族分公侯伯子男五个爵位，原来朝廷的公卿、大名和维新时的领导人都被封为华族。伊藤博文、山县有朋都是伯爵，后来又升为最高的爵位——公爵。华族令的制定是让这些新贵族们成为所谓皇室的藩屏。

1885 年，政府对行政体制做了重大的改变，太政官制被废除，改为内阁制。原来的大臣、参议、卿等官职均被废除，代之以总理大臣和各省（部）的大臣。总理大臣是群臣的首脑，负辅弼大政的责任，伊藤博文是首任内阁总理。此外，还明确地将宫中，即天皇的宫廷和府中，即政府分离（宫府分离），使政治行政大权全部由内阁行使，阻断了天皇及其侧近干政的途径。

伊藤当了第一届总理（第一次伊藤内阁，1885. 12. 22—1888. 4. 30）后全力以赴地完善官僚制。而内务大臣，所谓日本的陆军之父的山县有朋则致力于建立健全的警察制度和地方自治制度。

山县有朋将日本的警察分为警戒首都的警视厅和负责全国治安的内务省警察局。警察大多是过去的士族，所以他们有高人一等的封建意识，对民众的态度霸道蛮横。

在建立地方自治制度时，山县有朋受西方地方自治制度的影响，知道地方议会是民众学习民主的学校。但实际上，他却是想利用地方制度将地方上的豪门世族笼络在天皇制下的地方自治中，成为国家的政治社会基础，以此对抗民权的发展。在德国顾问莫斯（Mosse，1846—1925 年）的帮助下，1888 年他公布了《市制・町村制》，设置了市会、町村会；1890 年又制定了《府县制・郡制》。按照山县有朋的意图，这些基层组织的上级机关，即县知事或内务大臣对其监督的权力是很大的，名曰自治，实则官治。

帝国宪法公布

1882 年，伊藤博文赴欧洲考察各国宪法，认定德国的宪法最适合日本的国情。1883 年回国后，他率井上毅（1844—1895 年）、伊东巳代治（1857—1934 年）、金子坚太郎（1853—1942 年）等人起草宪法草案，同时也起草了皇室典范、贵族院令、众议院议员选举法、议院法等。1888 年 4 月经天皇的最高顾问机构枢密院的审议后，打算在 1889 年的所谓纪元节[①] 公布这一钦定宪法。

1890 年日本帝国宪法公布。第一条规定："大日本帝国由万世一系之天皇统治"；第二条规定："皇位按皇室典范之规定，由天皇男子孙继承"；第三条规定："天皇神圣不可侵犯。"这是关于天皇的权威问题。然后就具体规定天皇是国家元首，总揽统治权。天皇在两院的协助、赞助下有立法权，天皇公布法律，天皇召集帝国议会，有命令开会、闭会、休会及解散众议院的权力。天皇还是陆海军的统帅。从这里可以看出天皇的权力是如何之大，但在行使中，又会是如何呢？这一点将在后面论述。议会为两院制，即贵族院和众议院，众议院议员大多数由选举产生，但有选举权者被加以性别、财产等严格限制。内阁的权力远远高于议会，并只对天皇负责，众议院也不过是天皇的辅弼机构。军队独立于政府，直接隶属于天皇等等。并称人民为臣民，规定了臣民的权利和义务。这些权利，如臣民有信教、言论、著作、出版、集会及结社的自由，但

① 明治政府定的建国日，为神话传说的神武天皇即位那一天，即"辛酉春正月庚辰朔"，转换阳历为 1 月 29 日，这是绝对没有科学依据的节日，现已废除。

其前提是在法律允许的范围内。而且在战时或国家发生事变的情况下，不得妨碍天皇行使大权。

从以上内容来看，这部宪法不是个民主的宪法，特别是天皇大权和军队直接结合起来时，就可以造成军事专制政权，后来的历史也说明了这一点。但不管怎么说，有了宪法总归是近代政治发轫的一种体现。即使有重重障碍，民主和自由的力量并非没有发展空间，并且宪法的某些规定是很模糊的。譬如天皇的地位。在 20 世纪二三十年代出现了美浓部达吉的“天皇机关说”和保守的上杉慎吉的主权在天皇理论之间的著名争论。（后文将述）美浓部达吉的观点认为，天皇是政府中最高的权力机关，即将天皇视为政府的一部分，虽然是最高的一员。但上杉慎吉却认为天皇是高于政府，即国家的，国家的地位在天皇之下。有意思的是昭和天皇却同意美浓部达吉的说法。

一部宪法或一个制度总是由人来执行或实施的，根据政治、社会情况的变化，人们可以在大的框架下作出应对，制度或规则也就随之有了改变。在后来的大正民主时期，帝国宪法在没有改变的情况下，并没有约束住民主运动的发展，而也是在同一部宪法下，后来的日本却走上了法西斯主义的毁灭之路。强调明治宪法的反动或保守固然有一定的道理，但是过分强调了，就会使人为的力量减弱，人的现实的具体责任也就暧昧不清了。

还有一个使中国读者容易误解的问题。从近代以来，中国的有些舆论总是强调日本的天皇如何如何雄才大略，特别是明治天皇。其实不然。日本明治维新的领导人是各藩的下级武士，明治政府的领导人也是他们，所以明治政府也被称作藩阀政府，特别是萨长两藩的那些下级武士，如伊藤博文、山县有朋、黑田清隆（1840—1900 年）、大山岩（1842—1916 年）、井上馨、松方正义等是真正的实权人物，他们掌控着整个国家的命运和前途，这些人即使退出了第一线，也以元老[①] 的身份操纵大局。天皇，“伟大的明治天皇”在他们眼里是什么呢？伊藤曾对人笑着比画着操纵木偶的手势，讥笑明治天皇不过是他们手中的工具。大正天皇在一次会议上抖动双腿，弄出声响，遭到了山县的斥责，

① 元老是明治维新的功臣，称之为元勋。1892 年，伊藤博文组成元勋内阁，这些有伊藤博文（长州）、山县有朋（长州）、井上馨（长州）、大山岩（萨摩）、黑田清隆（萨摩）、西乡从道（西乡隆盛的弟弟，萨摩），后来前首相松方正义（萨摩）也进入元勋的行列中，中日甲午战争后，这些人就成为元老，他们参与继任首相的人选和最高政治决策，明治末期和大政初期西园寺公望和桂太郎也成了元老。但元老在政治制度上和法制上都没有此项规定，纯粹是人治的产物。

嫌他有失体面。可见，这些元老们是在利用天皇的权威。但是，这并不意味着天皇就甘心做傀儡而不想亲政，特别是他的侧近们就曾有过夺取权力的想法，如明治天皇的老师元田永孚（1818—1891年）就是力主者之一。但当时的元老们用轮流在宫中执勤的方式阻止了天皇的干政。在前文说过的宫中和府中分离被确定后，天皇就被排除在具体施政之外了。不许天皇亲政的想法的背后自然是权力斗争的影子，但伊藤等人也有另一种想法，他们将天皇重新铸造为至上权威，带有神性的权威，这无疑对民众的思想统治乃至政权的稳定有极大作用。神之所以为神，就是在他永远不会有错误。如果天皇做具体的事，就难免犯错，并会被人看到，这就会使其神性权威受损，进而引发更大的政治问题。不过，这不等于说近代的历代天皇都没有实权。伊藤等人阻隔天皇干政的方法大致上是人为的，即元老们以他们的威望和实力压制、隔离天皇，但他们死后，天皇在理论上和实际上都是可以参政决策的。虽然昭和时期还有重臣，就是当过首相的那些政治家或军人，但他们的威望和势力与元老们是不可同日而语的，也不可能遏制天皇的干政。

大同团结运动

在政府紧锣密鼓地制定宪法时，民权运动又有了新的发展。1887年，井上馨（1835—1915年）外相提出了修改不平等条约的方案，由于其内容让步太大，时间又预计得很长，引起了国民的不满和批判，过去已经衰落的民权派试图利用这次机会卷土重来。在民权派的主要人物之一后藤象二郎的倡议下，发起了减轻地租、言论集会的自由和挽回外交失策的三大事件建白运动。而包括旧自由党、旧立宪改进党在内的民权派为了团结一致，展开了大同团结运动。但是在《保安条例》（1887年12月颁布）的压迫和后藤象二郎于1889年进入内阁的情况下，民权派分裂了。国会正是在这一不利于民权派的情况下成立了。

议会和民党

1890年7月按宪法的规定进行了第一次总选举，有选举权者不过占总人口的1.1%，但投票率很高，占92%。当选议员有300人，其中自由党系统的有130人，立宪改进党有40人，他们被称作民党。政府操纵的中立派的大成会有79人。尽管民权运动分裂，但都同属于和政府对立的民党，而民党在选举中的优势很明显，足以使政府提心吊胆。

果然，1890年11月，第一次议会开会后，民党就提出了“节减经费、休养民力”的口号，要求削减预算。但首相山县有朋则鼓吹主权线和利益线（后文将论述），要求增加军事预算。众议院在帝国宪法的限制下，只有一个权力，那就是是否同意政府的预算。民党就是用这项权力与政府周旋折冲。政府则通过瓦解民党（争取了自由党内的土佐派的支持）好不容易渡过了难关。但在第二次议会开会时（时任首相松方正义），民党又提出削减制造军舰和建设炼钢厂的费用，政府没办法，只好解散议会。1892年2月进行第二次选举，政府对选举大加干涉，甚至出现了死伤者，真是到了丧心病狂的程度，但依旧是民党占了多数。开始时民党是反对政府的积极财政政策的，在第四次所谓以伊藤博文为首的元勋内阁（第二次伊藤内阁1892.8.8—1896.8.30）时，虽然民党还是持反政府立场，伊藤博文不得已使用天皇诏敕的手法，在1893年通过了制造军舰的费用，但这时自由党已转为支持政府。改进党和国民协会①则合作反对政府，成了对外强硬派。

总之，自帝国宪法公布和成立议会以来，政府和民党的冲突不断，民党之间的分合离散也是家常便饭。但到了甲午战争时期，情况一变，民党和政府走到了一起。这说明在对外战争方面，日本公开的政党基本上是支持军国主义政策的，即使有很少数量的反对者，也没有做坚决的抵抗。因此，过分强调官僚和政党的冲突，很容易模糊在对外侵略路线上两者的一致。不如说，政党（民党）和政府之间的矛盾在很大程度上是权力斗争，民党想在国家政权中分得一杯羹。

阿伊努族的历程

久违了，阿伊努。在中世之后阿伊努有些什么变化呢？这个神秘的民族。

① 1892年6月由七十多名议员创立的政府系统的政治组织，首脑是西乡从道。会员多为官僚出身，拥护政府，1899年7月改为帝国党。后来在1933年和1961年都出现了相同名称的组织，但和该会没有渊源。

德川幕府建立后，中央的武士政权的力量空前强大。被称为“虾夷地”的北海道，阿伊努人的故乡也被编入了幕藩体制。在此之前的丰臣秀吉时代时，秀吉就将在虾夷南部有根据地的蛎崎氏封为虾夷岛主，并改姓为松前。德川幕府建立后，继承了秀吉的政策，给予松前氏以虾夷岛的统治权，其后又将其封为一万石的大名，这样，至少虾夷岛的统治者成为幕府体制中的一员。

在这场类似于政治交易的对虾夷岛的控制中，松前氏也没有吃亏，他们换取了幕府承认其对阿伊努交易的垄断权，在和阿伊努人的商业往来中，他们不仅收购和销售阿伊努的产品，进而和黑龙江下流的诸民族也开始进行贸易往来，因此，中国的产品也就进来了。

松前氏是深知阿伊努民情的，为了避免和他们的冲突，他将虾夷岛划分为两部分，一部分是以福山为中心的所谓“和人”（即日本主要民族的和族）居住地（松前地），另一部分为阿伊努的居住地。他派家臣去管理阿伊努的渔猎区域，称作商场知行制，家臣们自然不会放过这个发财的机会，他们对阿伊努人横征暴敛，其行为极其骄横跋扈。阿伊努人忍无可忍，在 1669 年起而反抗，其领袖是他们的总酋长夏克江（音译），此次起义规模浩大，波及全岛，史称“夏克江起义”。

松前藩镇压了夏克江起义后，不仅没有改弦易辙，反而变本加厉，实行了在交易场所（商场）中的商人承包制，阿伊努人由交易的对象沦落为渔场中的工人，受到承包人的残酷剥削。1789 年，阿伊努人再度起义(国后、目梨之战)，但这时的情况和夏克江起义时已大不相同了。阿伊努人在经济上已经是松前藩的附庸，内部的分化也很严重，酋长们帮助松前藩，起义不久就失败了。

其后幕府为了防止俄国南下，从 1799 年到 1806 年将“和人”的居住地划为幕府直辖领地，接着从 1807 年到 1821 年将包括松前藩领地在内的全岛都作为直辖领地。为了防止阿伊努人和俄国人接近，幕府一度废除了承包制，并同时大力进行阿伊努人的同化工作，譬如鼓励食用谷物，禁止肉食，使用“和人”的语言（即日语），穿和服，信仰佛教等。不久，幕府又恢复了承包制，阿伊努人还是没有逃脱被奴役的命运。而且，这时海产品大量增产，日本本土的商人和农民（“和人”）骤增，他们在这里无所不为，“和人”强奸阿伊努妇女的事件司空见惯，他们还带来了天花等传染病，阿伊努人口和阿伊努文化均在衰退之中。

但阿伊努人的真正的民族危机是在明治维新之后。明治政府成立后，于

1869 年将虾夷岛改名为北海道，废除了虾夷居住地和“和人”居住地的区别，实际上全岛都成了“和人”居住地。1871 年，明治政府的北海道开拓使公布了《户籍法》，将阿伊努人编为平民，但第二年为了将阿伊努人和“和人”相区别，称阿伊努人为“旧土人”，这是明目张胆的民族歧视。同年，政府承认了北海道的土地私有权，但阿伊努人不在此列，能拥有私人土地的只有“和人”，阿伊努人甚至失去了生活和生产的空间。在这种环境下，阿伊努人只能勉强维持现有的人口，而岛上大部分居民已经是那些本土迁移过来的“和人”。不过，尽管如此，北海道在政府的眼里还是落后的地区，1900 年，政府承认北海道居民的众议院议员选举权，但只有札幌、函馆和小樽三个行政区，北海道享有和其他府县同等的自治权则是在 1922 年。

日本许多人愿意将日本称为单一民族的国家，不管其是有意识抑或无意识的，都含有对阿伊努民族歧视的味道，这不能不说日本在进行近代化期间，对少数民族实行的是民族沙文主义的政策。

第六节　近代文化

文明开化

明治维新是一场重大的历史剧变，不光在政治体制、经济制度方面日本走出了封建，迈向了近代资本主义。在社会文化方面更是有质的变化。

明治维新的主要目的就是学习西方，虽然也提出“和魂洋才”的口号，但和当时的中国相比，在积极吸收西方文明方面是不可同日而语的。文化上的变化首先是政府提倡的。要实行这一国策，自然得从源头抓起，这就是新式教育。1871 年政府设立文部省，1872 年颁布学制，仿照欧美国家将学校分为大学、中学和小学，要求六岁以上的男童、女童都得就学，1873 年时，适学男女儿童的入学率平均为 30%，女性要低。小学分为普通小学、高等小学，时间为八年，最初三年（后增为四年）是义务教育，明治政府的目的是为了启发民智，提高国民的素质。在高等教育方面，明治政府利用幕府建立的学术教育

福泽谕吉

机构，将其合并，于1869年建立东京大学，后来变为帝国大学。帝国大学给明治政府输送官员和技术人员，并进行学术研究。就是在今天东京大学法学系的毕业生依旧是日本中央政府官僚中的骨干。和政府提倡教育的同时，民间也在进行着同样的工作。福泽谕吉创立了庆应义塾大学，大隈重信建立了早稻田大学（当时叫东京专门学校），后来都成为具有国际水平的著名大学。如今，早稻田大学的毕业生大多在新闻媒体就职，而庆应出身的学生则在财政界发挥着重要作用。

政府当初在教育方面的政策是相当开明的，尊重个性，但从自由民权运动进入高潮时，政府的态度就严厉起来，在1880年左右，政府就开始加强对教育的控制，灌输儒家的义、忠、孝的道德观，小学中以前使用的启蒙思想家的教科书被禁止使用，并加强对教员的管理。1886年颁布《学校令》，学校教育成为达到国家目的的一种手段，后来更有教育敕语的出台。文明开化所带来的新式教育一方面引进、普及了西方的现代自然科学和社会科学，提高了人的素质和生产力，日本国力的增强和现代教育的快速引进是密不可分的，但另一方面，在政府的控制和引导下，禁锢自由思想，压制个性独立的教育方式也使得很多国民失去了独立判断能力，在大是大非面前往往追随政府，随波逐流。在日本的侵略战争中，我们可以清晰地看到其严重后果。

此外，政府还花费巨额资金聘请外国教师和技术人员，其中也不乏著名学者，如医学领域中的贝尔茨（Baelz，1849—1913年）、生物学学者莫尔斯（Morse），有一个时期大学的讲义都是外语的，后来日本的学者逐渐成长起来，取代了外国教员。这些外国教师和技术人员在日本的科技进步和人才培养方面与力大焉。在引进人才的同时，日本政府还选派留学生去国外留学，直接学习西方的学问和行政知识，归国后委以重任。引进来，放出去，日本政府的这种双向的文明开化政策取得了巨大的成果。

同时，政府在电信、铁路、邮政制度、阳历等方面全面接受西方的体系。

在幕末时，日本已经开始翻译国外的报纸，在1870年左右，日本的报纸也发行起来，种类不少。当时的报纸部分是由于自由民权运动的影响，都具有各自鲜明的立场和特点，提倡各自的主义。同时，由于技术上引进的活字印刷技术日新月异，书籍的出版量也因此而大增。这和普及教育相互促进，日本的文化领域出现了欣欣向荣的局面。

在文明开化的口号和政府的引导下，日本国民在衣食住行等生活的层面也全盘向西方学习。这是先从政府机关和军队开始的，然后风靡到整个社会。1871 年《断发令》、《脱刀令》公布后，短发和西装便流行起来。

在建筑方面，政府机关首先采用了欧式建筑形式，此后欧式建筑在日本就多了起来。为了仿效欧洲的城市建设和风格，东京银座的街道用砖铺就，还有了燃煤气的路灯。

明六社

在思想方面，最引人注目的是启蒙思想的出现和发展。思想界开始批判旧的封建意识，提倡西方的学术和思想。其中最为有名的是 1873 年成立的明六社（因为 1873 年是明治六年，故名“明六社”）。明六社是后来的日本教育大臣森有礼（1847—1889 年）发起的，网罗了几乎都是有名的思想家和学者，如福泽谕吉（1834—1901 年）、西村茂树（1828—1902 年）、西周（1829—1897 年）、津田真道（1829—1903 年）、加藤弘之（1836—1916 年）等，真可谓精英荟萃。这些人主要出身于幕府开办的开成所（即后来东京帝国大学的前身）。他们发行杂志《明六杂志》，每月进行两次演讲会，对封建思想发起批判，并介绍西方的民主自由思想。他们主要信奉的是英国的自由主义和功利主义，福泽谕吉就是其代表，他的《文明论概略》、《西洋事情》、《劝学篇》等不仅是当时流行的学术书籍，而且成为了日本的思想学术经典。西周则是将西方哲学介绍给日本的第一人。他是去荷兰留学的，学习了孔德的实证主义和密尔的功利主义，哲学、理性、主观等汉字学术专门译词就是他想出来的，后来又传到了我国。加藤弘之开始时是卢梭的信徒，但后来信奉起斯宾塞的社会进化论。

这些人虽然代表着近代的进步思想，并在民众的启蒙上做了很重要的工作，但是，他们在政治上不反对政府，并支持政府的文明开化政策，其进行的启蒙教育思想也是在政府的框架内进行的。他们反对板垣退助的成立民选议院的建议，认为超前了。1875 年政府出台了《谗谤律》、《报纸条例》等，为了避免和政府发生冲突，明六社自行解散。但这些启蒙思想家的活动并没有因此停止，作为个人他们还在宣讲启蒙思想，如福泽谕吉就是其中最著名的一位。

如果认为光是明六社才能代表文明开化中的启蒙教育和社会科学部分，那就有失偏颇了。其实，上文提到的植木枝盛与中江兆民都是杰出的思想家和启蒙者，他们的思想从以后日本历史的发展来看，是很有预见性和深刻性的，不过，由于反政府的立场他们没有进入主流，但我们不能为此而忽视他们在日本思想史上的重要地位。此外，在经济学上，信奉英国自由主义经济学的田口卯吉（1855—1905 年）也在极力宣扬自由竞争和自由贸易的思想。

新 文 学

在明治时期的文化中最新颖也是对后来的日本文化有最重大影响的就是近代文学的产生。明治初期有假名垣鲁文（1829—1894 年）和成岛柳北的描写文明开化的小说，不过，鲁文的小说是讽刺新风潮的，但在一定程度上描写了当时的社会生活。这些小说被称作“戏作文学”，没有什么深刻的思想意义。后来随着自由民权运动的兴起，就有了以法国大革命等为主题的政治小说，其中矢野龙溪（1850—1931 年）的《经国美谈》和东海散士（1852—1922 年）的《佳人之奇遇》是这类作品的代表，而末广铁肠（1849—1896 年）则用写实的手法描绘了自由民权运动所创造的理想社会。但随着自由民权的衰退，政治小说便销声匿迹了。

1885 年，坪内逍遥（1859—1935 年）撰写了评论《小说神髓》等，批判了封建时代以文载道、惩恶扬善的小说，提倡写实主义。1887 年，二叶亭四迷（1864—1909 年）出版了真正近代意义上的小说《浮云》，模仿的是俄罗斯小说的写法和思想内容，虽然没有写完，但其影响是巨大的，奠定了近代日本小说的基础。他的小说脱离了以好人、坏人，才子、佳人为主人公的旧小说的窠臼，描写的是普通人对封建道德束缚的自我觉醒。小说是用当时少有的白话文来写的，简洁明了，挥洒自如，生动细腻地表现了主人公的内心世界，后来的尾崎红叶（1867—1903 年）是个畅销书作家。尾崎创建了砚友社，其中诞生了名作家泉镜花（1873—1939 年）、德田秋声（1871—1943 年）等。尾崎红叶的《金色夜叉》(1997—1902 年)是他最著名的作品，文体是文言和白话加上西语的一些表现，既优雅又通俗，描写了一个高利贷者的人生经历，但可惜的是没有写完（根据这部小说改编的电影曾在我国上映)。和尾崎红叶齐名的另一名作家是幸田露伴（1867—1947 年)，他的作品有《命运》等。在文坛上他们被并称为“红露”。

在这里不得不提的是日本天才的女作家樋口一叶（1872—1896 年)，最新版的 5000 币值的日元上就是她的肖像（也是日本第一次用女性肖像做货币图案的)。她开始时模仿幸田露伴的创作手法而步入文坛，及至她的描写少女思春期心理的小说《比个子》出版后，好评如潮，遂名声大噪，但她的写作前程却因其早逝而结束了（死时不到 25 岁)。

中日甲午战争后，浪漫主义文学盛行一时，这是以大作家森鸥外（1862—1922 年）和北村透谷（1868—1894 年）为中心的杂志《文学界》促成的。森鸥外的不朽作品《舞姬》描写了一个日本留学生在德国留学期间和一个德国女郎的悲惨爱情，揭露了小市侩的思想道德。

19 世纪末，法国的左拉等人的自然主义文学在欧洲流行一时，19 世纪 80 年代，这股思潮进入日本，于是，就有了岛崎藤村(1872—1943 年）的《破戒》和田山花袋的《蒲团》，其创作方法是不加任何修饰地描写人和现实世界，丑恶的现实和人的扭曲心理被表现得淋漓尽致。这种自然主义文学后来和日本传统文学相结合，演变成日本独特的小说形式“私小说”，和其相拮抗的是后来的唯美主义文学，代表人物有永井荷风（1879—1959 年）和谷崎润一郎（1886—1965 年)。他们的作品很受年轻人的欢迎。

而著名作家夏目漱石（1867—1916 年）先是写了充满幽默的小说《我是猫》、《哥儿》等和自然主义对抗，后来的作品则对现实和人自身提出了很多疑问，他求索着“人生应该如何生”的问题，在晚年则追求“则天去私”的精神境界。

夏目漱石

从明治直至大正时代最著名的

作家是夏目漱石、森鸥外和岛崎藤村，为日本近代文学的三大重镇。他们的作品也被大量地翻译、介绍到我国来，对我国的近代文学不无影响。

《乱发》封面

诗歌和艺术

在诗歌方面也掀起了浪漫主义运动（这一派也被称作明星派），其中有著名诗人石川啄木（1886—1912 年）和女诗人与谢野晶子（1878—1942 年），他们改造了日本传统的短歌，使之成为真正的现代诗歌。与谢野晶子提倡个人解放，反对战争，其诗绮丽多彩，视角独特。请看其代表作《乱发》：“她，二十岁，流过梳子的黑发，奢侈的春之美。”

一场重大的社会变革很少能保持有序的状态，所谓不破不立，旧的不去新的不来，但这很可能破坏传统文化中的精华，于是就会出现人们常说的“倒洗澡水连同孩子一起倒掉了”的现象，明治维新也不例外。在明治维新初期，实用主义、功利主义盛极一时。人们否定过去，否定日本传统美术的价值，甚至也有毁坏文物的现象。但是物极必反，何况人的思想意识是很难统一的，当时日本的国粹主义就是这样出现的。不过，这时的国粹主义不是后来的认为日本和日本人优越于他人的那种日本中心主义，而是对全面追随西方的欧化主义的一个反拨。在这里面有个特殊人物，名叫冈仓天心（1862—1913 年）。他认为日本传统美术具有很高的价值，并和美国人教师芬诺洛萨（Fenollosa，1853—1908 年）全力致力于日本美术的复兴。

这些有识之士的努力没有白费，1887 年，东京美术学校建立。具有讽刺意义的是，正是在最保守的狩野派中，出现了号称新美术运动“双璧”的狩野芳崖（1828—1888 年）和桥本雅邦（1835—1908 年）。他们率先引进新的绘画技法，开始了现实主义的绘画风格。

在音乐方面，对西洋音乐的恢弘气势、精湛完美的作曲技巧和音质丰美的乐器演奏可能没有人不会动心，而西方音乐的完美正是在近代化中实现的，这自然会震撼封建的东方世界，同时引进它也和日本要实现近代化的目标相一致，因此，日本理所当然地会引进西方的音乐。日本学习西洋音乐是从宫内省的雅乐部和军队开始的。1887 年，在东京美术学校建立的同时，东京音乐学校也成立了。学生们开始有系统地学习西洋音乐。

有意思的是政府的高官们也在提倡欧化主义，在东京日比谷修建了鹿鸣馆（1883 年竣工），在井上馨负责修改条约时，用来招待外宾和上流社会的人士。这里曾举办舞会、游园会、义卖等，很是热闹，连这一时期都被称作“鹿鸣馆时代”。政府高官的目的是想让西方世界知道日本不是个不开化的国家。这种功利主义的、学习一些西方文明皮毛的做法受到社会各界的批判。1887 年，井上馨辞职后，鹿鸣馆时代也寿终正寝。不过，鹿鸣馆时代标志着明治政府搞欧化主义的姿态。在这种示范效应下，社会上也由此产生了戏剧、音乐、美术等的改良理论，一时间日本沉迷在西化的浓厚氛围中。

鹿鸣馆

政府高官东施效颦式的学习西方的做法引起了民众的不满，批评也就出现了。1887 年，德富苏峰（1863—1957 年）创刊了杂志《国民之友》，和政府针锋相对，提倡平民主义，认为学习和吸收西方文明应该从民众的角度出发。接着，三宅雪岭（1860—1945 年）等创办了《日本人》杂志，主张国粹主义，宣扬日本的传统文化。这两者的共同点都是批判政府的学习西方的方式，反映了中产阶级的呼声。

宗　教

明治维新是在王政复古的旗号下进行的，因此，明治政府一方面在政体书等政治改革文件中指向近代化，但同时在宗教上采取了复古政策，这个“古”

中包含着国粹主义。经过江户时代国学者对日本传统文化的研究和鼓吹以及平田笃胤复古神道在明治维新时大行其道，维新政府对其他外来宗教采取排挤、打击的措施也就不奇怪了。1868年，政府将以前的神佛习合拆散开来，神道和佛教以此而分离（神佛分离），又重新任命神祇官。这下全国都动了起来，人们大肆破坏寺庙、佛像和有关佛教的其他器具，好像对自己过去笃信的佛教深恶痛绝似的，史称“废佛毁释”。本来日本传统文化中的相当部分是佛教的艺术文化，废佛毁释自然就毁掉了不少文物，加上人们对西方的崇拜，对传统文化采取了蔑视的态度，这两者一结合，就出现了上文说的毁坏或贱卖文物的现象。

1870年，发布了《大教宣布》的诏书，其宗旨是用神道来教化国民，但是，这一政策明显地与明治政府的大政方针相冲突，特别是和文明开化政策背道而驰，而且国民们对这种教化也很冷淡，最终这一逆历史潮流而动的政策失败了。

1871年，政府将神社定了等级，成为国家机关，此后将神社神道作为国教，在宗教上对国民进行精神和思想上的统治。国家神道的出笼并不光是因为复古神道的影响，其中还有更深层次的政治原因。伊藤博文等人在学习西方时，发现西方世界中基督教的作用，特别是欧洲的国民都信奉这一宗教，因此，认为西方国家的团结是靠着宗教来维系的，于是就想在日本也创立这么一个统一的宗教，有些照猫画虎的味道。这样一来，天皇、国家神道就成为统治和控制国民精神和思想的重要手段了。

另外，佛教也没有自甘毁灭，一些僧侣们奋起反抗政府的政策，而更重要的是佛教已经成为日本文化或风俗中最重要的组成部分，如葬礼、法事等都是由佛教教团来做的，这些根深蒂固的传统并不会因为国家一时的政策而消失。

那么，另一个重要的宗教，基督教的情况又是如何呢？明治政府成立之初，政府立了牌子，公然禁止基督教，并在长崎迫害基督教徒。但西方国家的政府不干了，他们提出了抗议，明治政府只好撤掉了牌子，再也不敢干涉基督教的传播了，但是，由于从江户时代以来多年的对基督教徒的打击和压制，并且反基督教的宣传也渗透到普通民众的内心中去，加之日本国内的排外思想，因此，民众对基督教徒持歧视的观点。但基督教依然在传播，并且有了新教，日本人新岛襄（1843—1890年）热心传道，奠定了日本新教的基础。基督教徒和启蒙思想家、自由民权人士一道反对一夫多妻制，主张废除公娼制度，破除封建陋习，确实对日本人的文明开化起到了重要作用。

明治维新以及其开拓出来的新时代，不仅对日本、对近邻的东亚国家，以至对世界历史都产生了重大的影响。日本由于资本主义的扩张，而走向世界，成为世界民族之林之一员。而西方资本主义的蛛网并没有捕获日本这个岛国，而是在这里又出现了一个亚洲的巨大蜘蛛，它的蛛网和西方资本主义的连在了一起，并以一种特殊的形态结成了资本主义的全球扩张。

明治维新使日本成为唯一的非西方国家的资本主义近代国家，这不能不为人们所关注。日本为什么能成功，成为史家探究的一个重大课题。当然，日本实现近代化的原因是多重的，既有人为的因素也有内外部特殊的条件。不过有两点是应当值得注意的。第一是江户时代的日本无论在社会经济或文化上都有了令人瞩目的进步。城市化、识字率在当时的世界上都名列前茅，是日本封建文明达到鼎盛的时期，这无疑为接受西方近代文化准备了一个巨大的容器。与之相比，中国的清朝则是封建文明衰落时期，貌似强大，实则外强中干，对新事物拒不接受；第二，当时的国际形势对日本有利。西方列强忙于侵略中国，无暇顾及日本，这就使日本在夹缝中获得了生存和发展的机会；第三，日本愿意学习接受外部事物的传统也起到了很大的作用。俄国著名作家冈察洛夫去日本旅游时，就感觉到日本民众对新鲜事物的好奇心，并且看到下级武士的不卑不亢，和幕府委琐的官僚恰成对照。他便以一个作家敏锐的洞察力预言日本会有一个光明的未来。①

而对我国史学界来说，最让人难以理解的是日本社会的活力。江户幕府闭关锁国两百多年，武士们也刀枪入库，转而研究学问。但一旦外压来临，居然能从闭关锁国中迅速清醒过来，特别是那些下级武士，不为传统所束缚，展示出令人震惊的活力，接受西方思想和制度之快，确实令人惊叹。也许这种动力或活力的来源是各方面的，如日本的历史传统、日本的地理位置、日本封建体制的“灵活性”等等，但如上所述，和日本处于封建文明的鼎盛时期不无关联，当然这只是一个说法。这个问题确实是值得我们探讨的大问题。

在日本国内，新建立的国家以自上而下的推动力使日本实现了近代化，这表现在官僚专制方面，即在没有充分的社会经济基础时，严厉的、集权的寡头官僚发挥了极大的作用（当然他们也在培育着自身的社会基础，比如山县有朋

① 冈察洛夫：《帕拉达号三桅战舰》，海洋出版社 1990 年版。

的地方自治，经济政策上对寄生地主的优惠等）。但最重要的原因还是日本通过对外侵略战争才得以实现国家目标。这也预示着日本资本主义的残酷性和脆弱性。

明治国家的意识形态大多是取自于西方。但也有自行创立的，而且其影响比外来的西方思想影响更大。其中之一便是家族国家观。日本由于没有西方的法治、民主和有效率的官僚机构。于是宣扬国家即家，天皇就是大家长，教育人民对内要孝顺父母，对外要忠于天皇，以此控制人民的思想和行为，当然也是为了国家的统一。同样，在近代产业中，也强调家族经营观，以笼络工人。这一点在今天日本的公司中依然居于主导地位。

对明治维新评价很多。虽然在近代化上日本取得了成功，但其反面也留有不少重大的问题和失误。对此许多人是持批判态度的。如对“王政复古”等措施认为是封建的。但我们要将明治维新的过程看作一个整体，统治者最终的目标还是要资本主义化，召唤历史亡灵是为了现实斗争的需要。而且一个看似反动的口号或纲领不能说明其实质也是反动的。如美国独立运动时，提出的一个理由就是美国属于英王王室，而英国已成为君主立宪的国家，君主失去了实权，在逻辑上美国就不是英国的殖民地了。

明治维新最重大的问题应该说是建立了近代天皇制的国家。这个天皇制自然和古代的不同，在某种程度上是为了实现中央集权制的近代国家而制造的。但其专断、反对民主主义的侧面终于为日本帝国的毁灭埋下了伏线。而明治维新后的政治家不仅与当年发动明治维新时的那些下级武士们相反，思想僵化、保守，不思推进改革；而且将丰臣秀吉以来的经世学派的对外扩张思想及主张发展到极致，疯狂地对外侵略，使日本走上军国主义和法西斯道路，导致了亚洲各国人民和日本人民的灾难。

第五章

战争风云和争霸东亚

（1890—1918年）

第一节 大陆政策

明治初期日本的东亚政策

大陆政策没有形诸文字，但不能说日本就没有这个政策。对后来发现的“田中奏折”，史学界也颇有疑义。但不能否认的是，日本确实是将自己的对外侵略行动分为五步走的，即一般所说的大陆政策五阶段。第一是征服中国的台湾，第二是征服朝鲜，第三是征服中国内地的所谓满蒙地区，第四是征服整个中国大陆，最后征服亚洲和世界。

日本是个岛国，孤悬海中，是从中国大陆学到了先进的文化，有着对外学习的欲望，也正因为如此，日本一向对外部环境十分敏感，特别是对中国大陆。我们在研究日本问题时，切要记住这一点，尤其是和中国这个幅员辽阔的大陆国家相比，日本更重视国际环境的影响。上文说过，在丰臣秀吉的时代，丰臣秀吉曾经夜郎自大地想先征服朝鲜，再征服中国，结果未能得逞。但认为这和近代的日本大陆政策有必然联系的推论是难以成立的。历史上的事实或事件往往是因为现实的需要，才被重新认识、继承或加以扩大、宣传的，而不是相反。日本的大陆政策是在日本开国后，在对世界形势的判断下作出的，虽然是极端错误的判断。在这以后的时间里，单纯以武力侵略的政策并非一成不变，根据国际、国内的形势变化，日本政府也做过调整，譬如在政党政治时期，政府内部就有过不同意见，而且做了一定的改变，但军部一直坚持以武力侵略的大陆政策也是事实，而且一旦时机来临就要付诸实际行动。

幕末时期，西方的外压迫使日本的有识之士对海外形势作出判断。林子平等人鉴于中国在鸦片战争中的失败，就有海外雄飞论。明治维新思想上的先驱吉田松阴也提出过要从南北两线出兵征服世界。而明治政府的元勋木户孝允、伊藤博文、山县有朋、井上馨都出自他的门下。有可能接受过他的这种思想。

但当时防御或者御敌于国门之外的政策是占主导的，当排外失败，被迫开国，然后又成功地进行了明治维新后，日本的对外政策至少在理论上转为攻势性的了。如明治天皇要“开拓万里波涛”，“布国威于四方”，不过，这还是一种想法，或者说一种理想，并没有形成后来的大陆政策。

当时在政府内部是有主张占领朝鲜的论调，认为征服了朝鲜以及中国满蒙，就能保全日本的“皇基”，和觊觎满蒙与朝鲜的俄国抗衡。政府的当权者处于转移国内矛盾的需要也提出征韩论。最先提出的是木户孝允，但遭到后来征韩论最积极的倡议者西乡隆盛的反对。后来，西乡转为强硬的征韩论者，并和所谓“内治派”的木户孝允、大久保利通等反目，最后不得不下野。西乡的征韩论是实用主义的，目的是想把生活和精神上都处于动荡之中的武士们的不满情绪转移到对外战争中去。

对外政策，特别是对朝鲜、中国的政策开端于 1869 年向朝鲜派遣使节，在国书中日本以居高临下的姿态通知日本业已维新并要求和朝鲜建交，但朝鲜拒绝接受这份国书。1871 年日本和中国签订了《日清修好条约》，这是个双方对等的条约，说明至少在表面上日本想和中国建立近代的国家关系。

从琉球到冲绳

但是在琉球问题上，日本却和中国发生了争执。琉球即现在的冲绳，在这里，需要介绍一下冲绳的历史。

冲绳居民在民族和语言上大体属于日本人，[①] 也有中国福建等沿海省份的大量移民。他们居住的这块土地原来叫琉球。这个名字是中国人命名的，那时将我国台湾称之为小琉球，而冲绳称之为大琉球。其古代的历史由于没有文字记载，目前还知之甚少。在古代信史中，只有中国的《隋书·东夷传》中有关于"流求"的记载，说那里有国王和大臣，民风强悍好战，但这个"流求"是否就是现在的冲绳，学者之间有不同意见，有的认为就是冲绳，有的则认为可能是中国的台湾，这个争论目前尚未有结论。

在民俗学的考察中，人们发现这里有许多中国的民俗习惯和信仰，也发现日本古代的原始宗教在这里尚有残余，成为珍贵的史料。从 16 世纪到 17 世纪初，他们的口头宗教歌谣集《思草子》被编成集，从这里面可以看到日本古代宗教的一些情况。

此外，从考古成果来看，冲绳人民从 10 世纪到 12 世纪才进入农耕社会，种植米、麦等农作物，应该说其社会经济的发展是相当滞后的。

首里城堡

14 世纪琉球出现了三个割据的小国家。1372 年居于琉球中部，以首里城为首都的中山国国王察度接受明朝太祖皇帝的诏谕，朝贡中国，接受了中国的册封。他朝贡时使用的名称是琉球，后来琉球就成为对这里的正式称呼。接着，对立的山南王和山北王也接受了明朝的册封。1429 年，尚巴志统一了琉球，建立了琉球王国，首都

① 但在体型等方面冲绳的人们和日本本土人有差异，一般认为他们和阿伊努人一样，是由于东北亚的移民没有来到这里的结果。并由此推断他们和阿伊努人一样都会留有更多的绳纹人的遗传，但经过骨骼等检测发现他们和阿伊努人差异很大。

在首里城。也是从15世纪开始，琉球受到日本、中国和东南亚各民族文化的影响，创造了具有自身鲜明特色的文化。在经济上，琉球作为中国、东南亚和日本繁荣贸易的中转地发展得很快，国家富裕起来。丰臣秀吉觊觎其富庶，曾通过萨摩藩岛津氏要求琉球朝贡，但遭到拒绝。德川幕府成立后，岛津氏得到幕府的许可，以大兵入侵琉球，将琉球王国的大岛、德之岛及与论岛以北五岛强行割占为其直辖领地，冲绳岛及以南则仍是琉球王国。岛津氏的目的是要垄断和琉球的贸易，而且，他不敢让中国知道他的入侵，因此，就出现了琉球一方面还是保持着和中国的朝贡关系，另一方面又受到日本地方诸侯的控制。总之，琉球长期以来一直是两属的独立王国。

明治政府成立后，于1872年将琉球国改为琉球藩，将琉球国王尚泰追封为琉球藩王，列入日本华族，并取得了琉球的外交事务权。1874年内务省又接管了琉球的内部事务。1875年宣布废除琉球以前和清朝的关系，这遭到琉球士族的强烈反对，1879年日本政府派出军队和警察予以镇压，强行吞并了琉球并进行废藩置县，即废琉球藩，改为冲绳县。清政府对此进行了抗议，也曾与日本谈判，但并没有采取任何实际行动。日本政府考虑到清政府和当地士族的反对，就没有在琉球（冲绳）进行改革。直到中日甲午战争后，日本逐步将冲绳的制度和国内划一，但冲绳在经济等方面一直落后于日本国内。在第二次世界大战后，冲绳回归日本也一度成为问题。

琉球或冲绳虽然在民族和语言上属于日本人，但由于其特殊的地理位置（独立的岛）和历史造成了其独特性，而明治政府完全无视这一点，用强硬的，甚至使用武力强行并吞琉球，就难免要遭到琉球人民的抵抗，而腐败虚弱的清朝政府只能坐视琉球在日本的威逼下与自己断绝关系。

台湾事件

1874年虽然大久保在征韩论争中取得胜利，但他约定在解决了对俄国的国境问题后再遣使去朝鲜。当这个问题解决后，国内舆论高涨，大久保不得已将矛头指向我国的台湾。台湾事件是1871年的所谓琉球遇难者被台湾土著杀害的悬案引起的，大久保居然出兵侵略我国台湾。本来他认为清朝政府会允许这种局部的惩罚性军事行动的，但中国政府反应强烈。日本国内的对外强硬的论调也激烈起来。那时大久保不想，也没有实力和清朝政府作战，但又不敢贸然撤兵，于是，他大搞外交讹诈，联合英国向清朝政府要求赔偿，清政府的李鸿章采取了绥靖对策，签订了屈辱的协议，承认日本出兵是“义举”；作为对受害者的抚恤金和出兵的设施费，清政府支付日本50万两白银，并保证对中国台湾的原住民的管理。日本于12月撤回了部队。这是明治政府建立以来第一次向海外出兵，并且尝到的一点儿甜头。

江华岛事件

1873年朝鲜政局动荡，主张排外的大院君被亲日的闵妃一派逐出政坛，闵妃派占了上风。1874年5月，闵妃和日本外务省官员森山茂进行了非正式接触，商定了为再建邦交的妥协方案。1875年2月，森山再度赴朝鲜，根据妥协方案和朝鲜进行交涉。但在朝鲜国内舆论和大院君残余势力的影响下，闵妃态度有了变化，谈判陷入僵局。日本为了给朝鲜施加压力,5月派遣军舰“云扬号”等三艘军舰驶往朝鲜近海示威。9月20日，云扬号进入朝鲜京城附近的汉江河口，直接威胁到朝鲜京都的安全。云扬号还派小舰船驶近江华岛草芝镇炮台，朝鲜海防军立即开炮，日军在下午占领了江华岛对岸的永宗岛，摧毁了炮台，并登陆焚城劫走大炮，杀死朝鲜军民35人。这就是江华岛事件，是日本蓄意进行的侵略行动。

江华岛事件发生后，日本政府态度强硬蛮横，1876年派遣黑田清隆和井上馨带兵去朝鲜谈判，并决定如果朝鲜不接受条件就开战。结果朝鲜统治集团在日本的恫吓威胁下屈服了。2月26日签署了《江华条约》(《日朝修好条约》)及附录、规则、别录等，条约共有12款，主要内容是强调朝鲜为自主之国，对这包藏祸心的条款，日本还掩人耳目地说朝鲜和日本是平等的。这种强制的“平等”实在是强盗的逻辑。同时日本和朝鲜两国使节可以往来和驻在对方国家。再就是迫使朝鲜除釜山外，再开放两个港口，在开放的港口日本可以派驻管理官员并享有治外法权。

这是一个名副其实的不平等条约，比西方列强强加给日本的不平等条约有过之而无不及。日本不仅获得了治外法权等不平等的权利，而且还指明朝鲜是自主之国，即不承认朝鲜是中国的藩属，为以后占领朝鲜埋下了伏笔。

壬午事变

《江华条约》签订后，日本利用自己在朝鲜的特殊地位，扩张势力，并使闵妃政权变成亲日的政权。闵妃政权在日本的影响下，聘请日本军人做教官，创立新式军队。1882 年旧军队由于不满政府的政策，起义反抗政府，并袭击了日本公使馆。日本公使花房义质蓄意纵火烧了公使馆，回到日本。大院君重新执掌了政权，这就是“壬午事变”。日本政府派遣军队和花房义质公使奔赴朝鲜，与大院君展开谈判，但在关于事件的责任问题上双方不能取得一致，谈判破裂。当时朝鲜是中国的附属国，清政府担心日朝开战，便派遣军队到朝鲜。在马建忠的建议下，将大院君绑架到天津，让朝鲜政府对日让步。结果日朝签署了《济物浦条约》，日本取得了在朝鲜的驻军权。实际上，清朝政府在这次外交斗争中又吃了败仗，日本和中国在朝鲜的地位实际上已经并驾齐驱了。

壬午事变后，朝鲜统治阶层进一步分化，倾向于开放的开化派中分为闵妃的稳健派，即所谓事大党，倾向于清朝政府，另一派是激进的开化派，以金玉均为首，亲日反清。

日本在朝鲜奉行的武力政策促进了国内的军备扩张。本来日本在松方紧缩财政的影响下，军备扩张是严格控制的，而由于壬午事变的发生，政府决定大幅度扩军，大幅度增加酒税。

甲申事变

1884 年，日本乘中法战争，清朝驻军减少之际，支援金玉均的独立党发动政变，即“甲申事变”。但在事大党的请求下，清军发动反击，日本军队失败，金玉均等逃往日本。

甲申事变后，政府中的一部分人和民权派及福泽谕吉等好战派等叫嚣着要对朝鲜和中国开战。当时日本羽翼尚未丰满，日本政府的实权人物伊藤博文、外相井上馨打算以和平的方式解决这一纠纷。1885 年 1 月签订了《汉城条约》，朝鲜政府向日本政府表示“谢意”。伊藤博文和中国的李鸿章在天津进行了谈判，4 月 18 日缔结了《天津条约》。达成了双方从朝鲜撤军，并互相承认在事先通告的情况下，双方可以再派兵。日本在这次外交活动中，正式取得了和中国同样的权利，清朝政府在外交上再次失败。

大陆政策的形成

自明治维新以来，日本或因国内的原因，或想以积极进取的对外政策保护自己，或想赤裸裸地侵略朝鲜、中国，三番五次地在朝鲜挑起事端，获取了巨大的实利。但其大陆政策真正形成是在 1890 年。当时的首相山县有朋（第一次山县有朋内阁，1889. 12. 24—1891. 4. 9）在《外交政略论》的意见书中，提出主权线和利益线的说法。主权线即日本本土，而利益线则指与日本主权线安危紧密联系的地区。这是指朝鲜，但利益线是可以无限扩大的，这就是大陆政策。日本以后的几届政府都在贯彻着这一方针。在议会上山县以保护主权线、防护利益线为由，鼓吹扩张军备，但由于日本实在是财力有限，伊藤博文、松方正义等不同意扩军，所以山县内阁的扩军计划当时没能实现。

第二节　修改条约与“脱亚入欧”

修改条约失败

前面提到过著名的岩仓使节团访欧的最早目的是修改幕府末年和明治初年与列强所订的不平等条约，但日本被西方国家说成是不文明的国家，根本不予以理睬，若要修改，条款反而更为苛刻，使节团才改变了目标，将外交谈判变为对西方各国的考察，正像上文讲到的那样，无意插柳柳成荫，反而取得了更大的成果。

但是，明治政府并没有放弃这个外交上的头等大事。废除不平等条约中的治外法权和获得关税自主权对任何一个独立国家来说都是必要的。治外法权涉及国家主权，而且容易引起走私贸易，日本得不到关税自主权，就不能保护本国的产业，低关税也使政府的财政收入减少，这对一个发展中国家来说，可能是致命的，并且在当时经济蓬勃发展的情况下，就更成为紧迫的问题。

1876年，寺岛宗则（1833—1893年）担任外务卿，为了保护国内产业和增加税收，他将修改不平等条约限制在关税自主权上，以此和西方列强谈判。1878年，他成功地和美国签订了《吉田·埃维茨协定》，得到了最惠国待遇，但以英国为首的列强并没有像美国一样，他们仍然拒绝和日本谈判，于是，这个协定就成了一纸空文。加上当时发生了外国人将鸦片走私到日本，由于有治外法权的限制，日本政府不能予以制裁。社会舆论十分愤怒，认为应先解决治外法权这样的政治上不平等的条约。

寺岛的后任是后来成为元老的井上馨。从1879年起，他在任共八年，致力于解决不平等条约问题。他的对外交涉的策略是：提高关税，即部分解决关税自主权；在其重要目标——恢复法权的问题上，他以废除治外法权为目的，但他的对外让步或交换条件是允许外国人进入内地杂居，涉及外国人的审判虽然在日本法庭进行，但外国人法官要占多数，并制定完善的西方式法典。在交涉形式上，他不和个别的国家谈判，而是和各国集体交涉。1887年4月，日本和各国达成共识。其内容主要有：1. 条约批准后两年以内日本全境向外国人开放；2. 条约批准后16个月内制定欧洲式的法律和司法组织，并用英文通知各国；3. 任用外国人法官，在涉及外国人的案件审判时，外国法官过半数；4. 条约有效期为17年。政府雇佣的外国人法律顾问波亚索纳德得知此案后向日本政府中的熟人指出，在制定法律前就和外国人约定法律内容是侵害了立法权，而任用外国法官是侵害了司法权。于是政府内部出现了反对派。农相谷干城（1837—1911年）向伊藤博文首相提出了批评井上外交的意见书，井上馨辞职。伊藤博文终止了谈判。

政府内部对外政策的不一致使衰微的民权运动再度高涨，同时由于当时正值松方财政时期，民众对经济萧条十分不满，就发生了前述的三大事件建白运动。政府对此一面是强硬的镇压，一面用分化瓦解的方法。1889年2月，伊藤博文让民权运动的领袖人物大隈重信（1838—1922年）入阁当外相。

大隈当上外相后，修改条约的谈判当然是不可回避的，于是他开始着手准备修改条约的谈判。他避开关税权的问题，致力于解决治外法权。其方案是：恢复日本的法权和允许外国人进入内地杂居，任用外国人的法官进高等法院，制定法典。这个方案除了限制外国法官只能进高法外，和井上的没有什么不同。大隈将谈判方式改为跟各个国家谈判，和美国、德国、俄国都缔结了新条约，但列强之首的英国却不同意。这些交涉因为怕国内的反对，都是秘密进行的，但英国报纸披露了大隈的方案。大隈的改进党支持这个方案，但旧自由党却强烈反对，国内反对的运动又高涨起来，政府内部本来就不喜欢大隈和他的改进党的人，也反对这个方案。黑田清隆首相（黑田内阁，1888. 4. 30—1889. 10. 24）和大隈却决心强行通过。1889 年 10 月 18 日，大隈遭炸弹暗杀，失去了一条腿。黑田首相只好终止了大隈的修正案，并决定内阁总辞职。

后来在山县内阁（第一次山县有朋内阁，1889. 12. 24—1891. 4. 9）时期，外相青木周藏（1844—1914 年）以和英国对等的地位为原则开始谈判修改条约。但 1891 年发生了大津事件，青木周藏辞职。关于这个事件要多说几句，因为它引起了一个原则斗争。1891 年 5 月 11 日，出席西伯利亚铁路开工典礼的沙俄皇太子尼古拉（后来的尼古拉二世）中途顺便来日本访问。一个叫津田三藏的警察误以为俄国人是为了侵略日本来的，于是，在尼古拉太子从琵琶湖游玩归来后，在大津市将其砍伤。这可吓坏了日本政府，他们生怕俄国人因此寻衅，明治天皇亲自去医院看望皇太子。政府领导人想将大逆罪（即和杀害天皇的罪过一样）适用于津田的犯罪行为，判处其死刑。但大审院院长儿岛惟谦（1837—1908 年）为了维护三权分立的原则，坚不让步，最终顶住了压力，以谋杀未遂罪，判处津田三藏无期徒刑。这个事件一方面说明明治政府的政治家们还没有彻底贯彻近代政治体制的强烈意识，但另一方面也有一部分人能坚持原则，与其进行坚定的抗争。这不仅很需要一些政治勇气，而且在一次质的全面变革之际，这种勇气是不可或缺的。

第二次伊藤内阁时期（1892. 8. 8—1896. 8. 30）的外相陆奥宗光（1844—1897 年），也持相互对等的立场和英国谈判，从 1893 年 9 月开始在伦敦进行秘密谈判。1894 年日本和英国签订了《日英通商航海条约》，修改了《日英通商修好条约》，收回了治外法权，而后欧洲各国和美国也承认日本的法权。但关税自主权的恢复则一直到日俄战争后的 1911 年才得以实现，这样日本才最终完全解决了不平等条约问题。

脱亚入欧论

19 世纪，国际关系是弱肉强食，由列强说了算的，没有国力的弱小国家只能忍气吞声，被列强欺压剥削，只有国家强盛了，才会屹立于世界各国之林。这当然需要国内的改革或者革命，从社会上、经济上、国家制度上进行彻底的变革，使本国走向强盛富裕的道路。但日本并没有这样做，它的独立和发展是靠着侵略剥夺亚洲的邻国来实现的。这条路线如果说是政府制定实行的，当然没错。但舆论的力量也不能忽视。特别是那些民间启蒙运动的领袖人物的言论起到了相当大的作用。这些对外关系的言论一言以蔽之就是“脱亚入欧”的理论。

脱亚入欧理论的首倡者是福泽谕吉。1885 年他在《时事新报》上发表了著名的“脱亚论”。这时日本已决定制定宪法，向西方各国看齐。所以福泽谕吉认为日本正在变成像西方那样的文明国家。但近邻的两国，即中国和朝鲜却是迷恋着封建旧习，不思悔改，没有自省之念，这是日本的不幸。他断定中国和朝鲜避免不了亡国之运。因此，过去认为的“唇齿相依”等说法已经没用了，而更严重的是，与这两个邻国“相依”会使西方文明国家认为日本也和它们一样，从而造成日本外交上的障碍。权衡之下，他认为与其等邻国开化后，一同来振兴亚洲，“毋宁脱其行伍与西方文明国共进退”，要“谢绝亚细亚东方的恶友”。

福泽谕吉的这篇文章之所以重要，不仅有着深刻的社会、政治根源，而且也是对明治维新以来，日本应走哪条外交路线争论的一个有代表性的总结。明治初期，有的日本人认为应该和中国、朝鲜联盟对抗欧美列强。海军领袖胜海舟就是代表人物之一，这就是被称作“小日本”的理论，但没有形成主流。另一派则认为日本应该变成欧美一样的文明国家，按欧美的做法对待邻国。福泽谕吉将这种论点总结后写出“脱亚论”，更准确的表述就是脱亚入欧论，建立“大日本”。

脱亚入欧给日本侵略邻国的大陆政策奠定了理论基础，争取了舆论，使日本将以邻为壑的外交路线贯彻始终，至今还影响着日本的内政和外交政策。

当然，日本的有识之士也有反对这种说法的。比如，著名的启蒙思想家中江兆民（1847—1901 年）在 1887 年发表的《三醉人经纶问答》一书中，就认为福泽谕吉的理论是浮躁和浅薄的。他反对日本对邻国的武力侵略，认为“外表的事物终归是不能战胜义理的”。他以南海先生的身份说，应该与亚洲邻国结成兄弟邻邦，危难时互相救援，侵略邻国使无辜民众死于枪弹之下，那是下策。

从历史的发展结果看，中江兆民是有远见卓识的。但不幸的是福泽谕吉的脱亚入欧论在日本始终唱着主角。而到了法西斯时期，连脱亚入欧都否定了，和西方争夺殖民地成为日本的国家目标，那时，在日本国家的对外政策中，我们又看到了幕末攘夷论的影子在跃动着。

第三节 甲午风云

日本蓄谋挑起战争

1890年前后，中国北洋水师的实力雄冠亚洲，日本想实行大陆政策的第一步，即将朝鲜纳入自己的势力范围，进而向中国扩张，并可能和列强对抗，其军事力量尚嫌不足。日本需要的是扩张军备，特别是海军。1891年，伊藤博文首相和民党首领板垣退助秘密会谈，要求民党能支持政府的扩充海军军备的预算案。双方达成共识。自由党这次在议会变成了支持政府的党。

同时，日本国内的舆论也是强调向海外发展。报纸《日本》大力宣扬向海外扩张国权。民间又是成立殖民协会，又是去千岛探险，又是单人横穿西伯利亚的旅行等等，报纸上连篇累牍地登载这些新闻，闹得沸沸扬扬，声势不小。

1892年，日本因朝鲜实行禁止谷物出口的措施（防谷令），派遣自由党有名的斗士大石正巳（1855—1935年）做辩理公使去朝鲜谈判。日本认为朝鲜的这一“防谷令”使投机商人受到了损害，要求取消。朝鲜政府拒绝了日本的要求。1893年5月17日，日本政府内阁决议，让大石公使回国，同时宣称日本政府有国际公法允许的强制实行报复手段的自由，还决心派遣军舰去朝鲜。战火眼见着就要燃起，朝鲜政府在日本最后通牒的威胁下只好屈服。日本也接到李鸿章发给伊藤博文的电报，称如果日本出兵，中国不得已也要出兵。伊藤博文慑于中国北洋舰队的强大实力，就接受了朝鲜政府的赔偿，表面上看事情似乎结束了。

但一直准备占领朝鲜，并为此不惜与中国一战的日本当然不会就此罢休。

在大石公使向朝鲜发出最后通牒的两天后的 5 月 19 日，天皇批准了战时大本营条例，对战争的准备又前进了重要的一步。在此前的 4 月份，陆军参谋本部次长川上操六（1848—1899 年）就去了中国和朝鲜，名义上是旅行，实际上进行的是间谍活动。他的这次旅行长达三个月。7 月，他回国报告了他所侦察到的中国的军事情报。山县有朋根据他的报告，预测十年后，当西伯利亚铁路全线贯通之日，就是列强瓜分中国之时。他发出指示，让日本必须做好“如有可乘之机，就主动地收取利益的准备”。具体而言就是占领朝鲜。

在议会中，所谓对外强硬派（主要是改进党和国民协会的人）也十分嚣张，猛烈地攻击伊藤内阁的所谓国际协调路线。

在外交上，陆奥宗光外相敦促正和英国谈判修改条约的青木周藏公使，说只有谈判获得进展，才能稳定人心。于是，青木向英国保证，日本不会和俄国合作来孤立英国。他看出了英国和俄国的矛盾，想争取早日和英国达成协议，使英国在将来的战争中能支持日本。

这时，流亡日本的亲日派金玉均被朝鲜政府引诱到中国的上海，在那里被刺杀。日本国内舆论顿时沸腾起来。特别是中国政府没有将金玉均的尸体交给日本的所谓金氏友人会，而是给了朝鲜，朝鲜国王命将其曝尸汉江江畔。日本舆论认为这是中朝两国蔑视日本的表现，拥护国权的声音一浪高过一浪。浪人组织玄洋社的干部野半介见了陆奥外相，要求开战。陆奥宗光支吾其词，将他介绍给川上操六次长。川上操六的回答就露骨多了。他说自己干的是灭火的工作，需要有人点火。

甲午战争的爆发

在帝国宪法颁布并实施后的几年内，日本的海军力量进行大规模扩充，在 1893 年时已经能和中国相抗衡。政府向中国开战的决心也在增强，特别是军方对战争简直是迫不及待。加之，舆论的准备，民党的支持，使日本全国上下都具备了进行战争的思想准备。外交方面和英国的谈判由于有了一定的方针，进展顺利。所谓“万事俱备，只欠东风”。只要有个小小的借口，一颗火星儿就可以点燃东亚的火药桶。

这个借口或者说机会终于来了。1894 年朝鲜发生了全国性的农民起义，被称作“东学党之乱”。5月30日东学党攻陷了重镇全罗道的全州。在朝鲜的日本代理公使发来急电，称朝鲜政府请中国出兵支援。按《天津条约》的规定，日本也可以出兵。日本政府利用这一点，以保护公使馆和居留民为口实，派遣一个混成旅团和若干艘军舰去朝鲜，并以指挥这些军队为由设置了大本营。大本营的设立其实就是进入了战争状态，平常由内阁决议决定的海外派兵的权力现在归为参谋总长的专决事项，直到7月27日首相被认可可以出席大本营会议前，他也不能参与其决策过程。但这并不等于说日本政府中有人反对战争，而是政府认为大本营会议如果排除首相参加大本营，政治、外交及军事上将得不到协调。

7月16日，日英两国签署了修改的《日英通商航海条约》。治外法权被废除；部分恢复了关税自主权；承认外国人的国内杂居。这意味着陆奥的联英抗俄的外交路线取得了成功，英国人将日本看作是他们在亚洲的伙伴。有了头号帝国主义的支持，日本就可以放手大干了。第二天，御前会议① 就决定向朝鲜和中国开战。御前会议决定的开战时间是在7月17日，但正式宣战是8月1日，就是说在这之前日本已经做好发动战争的充分准备了。

日本向朝鲜递交了要求22日答复的最后通牒，又向中国发出了24日必须回答的最后通牒。23日，日本军队进攻朝鲜军队守卫的王宫，推翻了国王，逼迫国王的父亲大院君建立日本的傀儡政权，并强令这个政府驱逐中国军队，得到了向中国开战的借口。25日，日本在牙山突然袭击英国籍的中国运兵船“高升号”，将其击沉。同时发动了丰岛冲海战，中日甲午战争拉开了帷幕。8月1日，日本才向中国正式宣战。先打后宣战，这是日本后来的一贯做法。

开战后，日本在7月末的丰岛冲海战，成欢、牙山的陆战中获得胜利。日本国内一片沸腾，好战的气氛笼罩着整个日本。9月15日，明治天皇亲率大本营进入广岛，以示与中国作战到底的决心。

9月16日，日军开始进攻中国在朝鲜的军事据点平壤，取得了胜利。9月17日，虽然北洋水师进行了英勇的战斗，（我国电影《甲午海战》对此有详细的表现）但还是败给了军事计划周密和装备先进的日本海军（中国的“定远”

① 天皇出席的关于重大国事的最高会议，明治时代，天皇可以出席阁议、大本营会议，但御前会议的出席者只有天皇和元老、主要阁僚、军部首脑。昭和初期曾一度中断，但从1938年以后，这个会议越来越频繁，天皇的发言也越来越积极。御前会议没有法律规定，是高度机密的，战前日本国民根本不知道有这个最重要的决策会议。

和“镇远”号主力舰比日本的军舰要强大，但总体上看在船的速度和火力方面日本占优势)，失去了黄海的制海权。

日本在和清军作战前并没有想到战事会如此顺利，取得如此大的战果。于是，日军进而侵略中国本土。11 月占领旅顺，大肆屠戮中国军民。1895 年初占领威海，3 月，在辽东半岛的田台庄会战中获胜。清政府只好媾和。1895 年 4 月 17 日和日本签订了不平等的《下关条约》(《日清讲和条约》)。其主要内容有中国承认朝鲜的独立；将辽东半岛、台湾和澎湖列岛割让给日本；开放沙市、重庆、苏州、杭州等四个港口，缔结承认日本享有列强在中国特权的新条约，并得到了清政府大量的所谓战争赔款（计白银两亿两，合日元三亿）。

三国干涉还辽

但是，这时俄国联合法国、德国对《下关条约》进行了干涉。本来俄国是想联合英国的。英国在日本渡过鸭绿江向中国进攻时，就看出日本有瓜分中国的企图。于是，英国向德法俄意美五国提出以列强保证朝鲜独立和中国赔偿战争费用的条件劝告日本媾和。但陆奥认为这是列强在干涉。他想在尽量扩大战果后再讲和，拒绝了英国的要求。日本的狼子野心就此暴露在全世界的视野中。但这次，英国对俄国的建议却拒绝了。英国认为日本可以作为自己和俄国在远东抗衡的盟国。俄国就联合其盟国法国和与法国竞争而想让俄国将矛头转向远东的德国。

当时，日本的实力还不足以对付强大的西方国家，只好忍气吞声，吐出了已经到手的辽东半岛。但同时把这屈辱转嫁给了中国，增加了战争赔偿。日本最终得到了中国的台湾和两亿三千万两白银的巨额战争赔款。

中日甲午海战对中国对日本都是转折性的历史事件。中国在这次失败中才真正开始反省，才有了以后的“戊戌变法”和与其相接的中国的近代革命。对日本来说，这是近代的第一次大规模对外侵略战争，日本从此成为军国主义国家，沿着这条路线，后来又变为法西斯主义国家，给亚洲人民带来了巨大的苦难，而自身也在穷兵黩武中灭亡。此外，自甲午战争后，列强加速了对中国的侵略，瓜分中国已成为大势。这些都是这场战争带来的深远影响，单从日本当时的眼前利益来讲，它通过这次战争，不仅在列强中抬高了所谓的国际地位，而且在经济上获得了莫大的收益。光中国的赔偿金额就是日本国家一年财政预算的4.4倍。此外，中国的台湾沦为日本的殖民地，台湾人民对此进行了英勇的抵抗，但最终失败了。台湾就此和祖国大陆分离，直到1945年才回到祖国的怀抱。

甲午战争的结果说明了日本的明治维新取得了很大的成果，日本在一定程度上已经超越了中国成为一个近代的国家。日本人的教育程度、近代化的军队、统一的财政以及全国上下的团结一致，都是这次胜利的原因。与日本相比，中国的洋务运动只是动了一些细枝末节，旧的体制没有实质上的变化，加上中国清政府腐败无能，决策失误，官员们颟顸自大，轻敌麻痹，财政制度上也没有保证。如李鸿章就说，日本是举国和中国进行战争，而他却只能调动直隶一省的财力。但这也激发了中国人民的爱国热情，有识之士认为中国已经到了非变革不能自存的地步，而这一点在中国近代史上有着非常大的意义。

在这里应该指出的是，虽然在中日甲午战争前后，日本政府对于这次战争进行到何种程度以及具体的战略战术确有争执。但他们的争执都是在进行侵略战争这一大前提下进行的。在将朝鲜纳入日本的统治之下，侵略中国并与列强共享瓜分的果实这一国家战略上他们是一致的。所谓文官派的伊藤博文在战争中多次出席大本营会议，主导了和中国媾和的方向和具体政策，虽然他对军队的有些做法不同意，但并不影响他对战争的狂热。议会中的政党，不论是御用党抑或是所谓民党都是积极支持政府的战争政策的。在使用和政府进行斗争的唯一武器，即通过预算案时，民党进行了最大程度的协助。战争中的第7次临时议会、第8次议会，有关军事的预算案和有关法案都是一致通过。1895年度的预算也大体按政府的意愿得以通过。

第四节　日俄争锋

隈板内阁

中日甲午战争后，日本政治上层的抗争更趋复杂了。抗争的双方，一方是议会中的政党，有板垣退助领导的自由党和以大隈重信为首的改进党，这是与政府唱对台戏的党派；另有政府的御用党派，他们有时对政府俯首帖耳，有时却也和政府闹些矛盾，譬如在甲午战争之前，由于政府和自由党合作，他们就打出对外强硬的招牌，反对国际协调。另一方是所谓的藩阀官僚。前面说过，明治维新的主导力量是萨长土佐四大雄藩。这些藩的下级武士们是新政府主要的领导成员，其中萨长两藩的最多。像伊藤博文、山县有朋、井上馨是长州藩的，黑田清隆、大山岩等是萨摩藩的。明治维新后，日本建立了官僚制。他们就是这些官僚的首领，所以被称为藩阀官僚。在他们主导下实施的政治和其后的政党政治相对照，被称作藩阀政治。

三国干涉还辽后，板垣退助的自由党和政府合作使政府的侧重于扩张军备的积极预算案得以通过。1896 年 4 月，伊藤博文邀板垣入阁，当上重要的内务大臣。但自由党提出的废除报纸（新闻纸）条例、地方制度的民主化（即废除大地主制和复选制）等要求，被集结在山县有朋周围的藩阀官僚反对掉了。而这时的伊藤博文已经有了扩大政党参政的想法。

伊藤内阁后的第二次松方正义内阁（1896. 9. 19—1897. 12. 27）则和大隈领导的原改进党及反对自由党的政治派别联合成立的进步党(1896 年 3 月成立，和自由党一样，占议会席位的约 30%多）合作，邀大隈入阁做外相，史称松隈内阁。许多进步党的党员因此而做上了高官。但由于萨摩派官僚的阻碍，进步党提出的政策不能得以实行，而且和政府在财政政策上也有矛盾，当了官的进步党党员纷纷辞职，最终在第 11 次议会上提出对政府的不信任案，导致松方正义内阁总辞职。从这些事例可以看出，虽然日本的政党和政府有着对抗的一面，但并没有持续多长时间，合作是主流。这是因为政党并没有牢固的社会基础，只好靠和政府合作来实现进入权力中枢的愿望。并且藩阀官僚并不都是顽固保守的，其中也有“开明人士”，譬如伊藤博文。

看到政党如此地奔竞权位，伊藤博文在继松方内阁之后成立的第三次伊藤内阁（1898. 1. 12—1898. 6. 24）时，索性拉下脸来，欲强行通过地税增征法案，政党这回感到了危机，1898 年 6 月自由党和进步党联合为宪政党，迫使伊藤博文内阁总辞职。为此，山县有朋等藩阀官僚想终止宪法，这是自议会成立以来，官僚们因为政党一直和政府分庭抗礼，第四次想终止宪法了。但终止宪法是个极其严重的问题，可能使一个近代的国家回到封建专制中去，因此也和以前一样，遭到了伊藤博文的强烈反对。他向天皇提议，将政权交给大隈和板垣，天皇批准了。

于是，以宪政党为执政党的第一次大隈重信内阁（1898. 6. 30—1898. 10. 31）成立了，板垣退助当上了内务大臣。这被称为日本近代史上第一次政党内阁，叫做“隈板内阁”，但这不过是形式上的政党内阁。两党的联合由于太匆忙，组阁后立刻在官职和总选举上产生了激烈的矛盾，只存在了四个月便垮台了。

1900 年体制

1898 年夏，一个日本政党政治史上的重要人物星亨（1850—1901 年）从美国回国了。他原来是自由党系统的政治家，在美国深得政党政治的三昧。他的纲领是将新兴的城市工商业者和寄生地主吸收进政党，以获得牢固的社会基础，并发展产业，重建国家财政。他和继隈板内阁后的第二次山县有朋内阁（1898. 11. 8—1900. 9. 26）合作，通过了地税增征法案，为了响应地方实业家和名门望族的要求，提出了发展公共事业的纲领。为他所在的宪政党扩大了社会基础。

同时，伊藤博文也在考虑着如何扩大国家的社会基础问题。1900 年伊藤和星亨在经过多次磋商后，决定创建一个政党，即立宪政友会。伊藤博文任党首。这一举措在日本政治史上被称作“1900 年体制”。过去铁板一块的藩阀官僚，因最有实力的伊藤博文加入政党而产生分裂，政党因为有了伊藤可以更大胆地和官僚抗争，虽然他们的政治资源是很贫乏的。最重要的是官僚们屡屡想终止宪法的念头几乎不可能实现了。但山县有朋等保守的藩阀官僚依然不死心，提出他们这些有势力的藩阀官僚有权协商并决定向天皇提出首相人选以及参与重大决策等重要国务活动的要求，于是便产生了著名的元老制。这些元老有伊藤博文、山县有朋、黑田清隆、井上馨、松方正义及 1898 年新加入的西乡隆盛之弟西乡从道和大山岩，这些人都是明治维新的功臣，在明治末期和大正初年，桂太郎和西园寺公望也成了元老。

经济的发展

甲午战争后，由于有了中国的巨额赔款，日本经济得到飞跃式的发展。

1897年，货币法公布，日本的金融制度终于从金银复本位制转为金本位制，这无疑加强了日本经济的基础，顺便说一句，如果没有清朝政府的大量赔款，金本位制还不知要等到什么时候才能建立。在微观经济方面，新公司不断建立，设备投资增加。棉纺业以从中国和印度进口的棉花纺成棉布，再出口到中国和朝鲜，使得日本企业获取了巨额利润。以中日甲午战争开战的1894年和1901年相比：绵丝生产增加了2.3倍，汽船保有量为3.4倍，铁路通车长度为1.9倍。日本的产业革命取得了长足的发展。在重工业方面，所谓战后经营将重点放在了军需产业上，国营的军工厂和工人大量增加，1900年员工人数将近六万人，比战前的1893年增长了三倍多，其技术和设备之精良和先进是民营企业所不能企及的。

在农村，租佃地增加，寄生地主人数也越来越多，地租也在不停地增加(达五成左右)。随着工业化的进展，城市人口越来越多，同时铁路业的飞速发展，使得运输更加畅通，于是，全国各地都建立了农产品市场，互相联系，成为全国性的网络。这对寄生地主销售粮食无疑是非常有利的，加上政府对他们实行保护政策，使他们获取了巨额利润。他们将这些资金投入到急速发展的工商业中，建立公司，成了实业家。寄生地主已经不再是乡村的土财主，他们和资本家一道成为国家主要的统治阶级，日本的社会结构由此有了重大的变化和发展。

工人运动和工业污染

这一变化和发展当然不仅限于统治阶级。随着寄生地主的盘剥和工业化的进展，农民为了补充家用，将除继承家业的长子外的其他子女送到工厂做工。农村的生活水平低，这些工人的劳动条件相当差，无法和西方发达的资本主义国家相比，轻工业中雇佣童工和女工，条件更加恶劣，每天平均劳动时间超过10个小时，连续工作十五六个小时的情况并不罕见。从当时这些工人大量患上肺结核病来看，就知道他们的困苦和艰难了。

另外，破产的农民大量流入城市。他们没有技术或手艺，就干些体力劳动的活，有的做人力车夫，有的做搬运工，住在贫民窟里，形成了日本的社会下层。

足尾铜矿和田中正造

这些无产阶级的数量在增多，和资本家的矛盾也越来越深化，但迄止1890年时，日本尚没有出现劳资冲突。1894年大阪的天满纺织公司发生了劳资纠纷，从而引起了社会的注意。从美国回来的高野房太郎（1868—1904年）、片山潜（1859—1933年）等在1897年组成了职工义友会，号召成立工会，接着又建立了劳动组合期成会。在他们的带领下，各行业纷纷组织工会，日本的工人运动开始了。不过，高野等人的工会组织是以美国工会为蓝本的，其目的纯粹是追求经济利益。

在这里应该说一下工业化的另一个重大危害，这种危害正是目前全球人民都为之斗争的事业，那就是工业污染。在当时日本其典型的例子就是足尾矿毒事件，因为这一事件具备了工业化污染的一切要素，被称为日本工业污染的原点。事情的经过是这样的，政商古河市兵卫收购了幕府时期就开发殆尽的足尾铜矿，使用先进技术加速开发，1884年发现了新的矿带，产量暴增，同时也造成了严重的污染，首先在炼铜过程中，释放出大量的有毒气体亚硫酸，使得矿山周边的森林枯萎致死，而且为了冶炼和坑道枕木的需要对山林进行乱砍滥伐，一万两千公顷的树木被一扫而光，成为洪水泛滥的直接原因。而且矿坑内的酸性废水和含有铜、铅等重金属废石和矿泥被大量排进附近的渡良濑川河，使下游数万公顷的农田被污染，牲口被毒死，农民的健康受到极大的威胁。农民们开始反抗，要求矿山停产，议员田中正造（1841—1913年）在议会质问政府，要求追查政府的责任。1907年，政府见不能回避这个成为社会问题的矿毒污染事件，便采取对策，设立游水地，造成了谷中村被水淹没，村民们失去了家园的严重后果。从足尾矿毒事件可以得知公害早在日本就有发生，没有民众的抵制和政府的管理，全靠利欲熏心的资本家自制，是不可能治理好的。这也给今天的我们一点启示，市场经济能做到资源的优化配置，但在控制竭泽而渔的耗能和公害方面，它则是无能为力的，或许还在起着推波助澜的作用。

此外，在日本完成了这第一次产业革命的同时，资本主义经济所特有的经济危机也来拜访这个远东的岛国。1898 年发生了第一次经济危机，1900 年 3—4 月第二次经济危机发生了。纺织业受到极大的打击，只好采取了缩短工作时间来渡过难关，这种状态一直持续到日俄战争前夕。

参与镇压义和团运动

经过甲午战争，日本更是把自己看成了列强中的一员。1900 年中国爆发了义和团运动，反对帝国主义对中国的压迫、榨取。列强驻中国的公使团于 1900 年初三次要求清朝政府镇压义和团，清朝政府答应了，但由于内部的分裂和义和团的浩大声势，清朝政府已经镇压不下去了。慈禧太后也妄图利用义和团的力量打击列强，这和戊戌变法后，以慈禧太后为首的保守派的以排外来维护封建统治的政策有关。6 月，英美法意俄德日奥八国组成联军，8 月开始对北京发动进攻。清廷西逃，八国联军进了北京，烧杀抢掠，其罪恶罄竹难书，日本侵略者自然难逃其咎。10 月，清朝政府和联军开始谈判。1901 年 9 月签署了丧权辱国的《辛丑条约》和《北京议定书》，赔偿列强 4.5 亿两白银，日本也和其他列强一样，获得了在北京及其附近驻兵的权利。日本还在此期间趁火打劫，妄想占领我国的厦门，但被列强制止了（厦门事件）。

日本参加八国联军向同是亚洲国家的近邻中国出兵，而且人数最多，是八国联军的主力部队，完全将自己放在欧美列强的位置上，成为列强在亚洲的宪兵。

条约签订后，八国联军撤离中国，但俄国却没有撤出在中国东北的军事力量，这就成为以后日俄战争的直接导火索。本来日本侵略朝鲜和中国的目的之一就是要和俄国对抗，并且与在远东和俄国争夺主导权的英国背地里勾结，三国干涉还辽发生后，使日本感到受到了极大的屈辱。国内舆论十分激昂，明治天皇号召“卧薪尝胆”，报复俄国，为此，不惜和俄国一战成为日本大肆扩张军备，特别是扩建海军的一个主要动机。像日本和中日甲午战争前暗中将中国作为作战的对象一样，暗中准备着对俄国开战。

日英同盟论

1901年6月陆军大将桂太郎（1847—1913年）组成第一次桂太郎内阁（1901.6.2—1905.12.21），桂太郎是山县有朋的接班人，人们说他是由山县操纵的傀儡，管这届内阁叫“小山县内阁”，但现在看来却不尽然。山县虽然还有势力，但桂太郎并非傀儡。另一方面，政党化了的政友会，由西园寺公望（1849—1940年）担任主要领导，伊藤博文退到了幕后。伊藤山县的时代被人们称之为“桂园时代”（1901—1912年）所取代。在这一阶段，日本政府的上层权力交替就是在官僚派的桂太郎和政党首领的西园寺公望的斗争、妥协及合作中进行的。

桂太郎内阁的内外政策主要是建立日英同盟和扩张海军。当时日本政府对俄国的战略分为两派，一派是以伊藤博文和井上馨为代表的日俄协商论——满韩交换论，即将中国东北让给俄国，换来日本对朝鲜的统治。另一派是山县、桂太郎和外相小村寿太郎（1855—1911年）的日英同盟论，其目的都是要将朝鲜作为日本的保护国。但是，伊藤博文也对俄国存有疑虑，并没有坚持协商论。这里就隐含着日英同盟是有可能建立的。

当时英国对俄国的南下十分忧虑，先是想和德国结盟，对抗俄国侵入东北，但德国由于在欧洲和法俄同盟对立，害怕腹背受敌，巴不得让俄国向东方扩张，英德联盟成为泡影。不过，英国想阻止俄国的方针并没有改变，只是英国感到自己在亚洲的海军力量不足以对抗俄国，于是，就想寻找新的同盟伙伴。这时，日本在经济上实行了金本位制（1897年）后，需要英国的财政、军事支持。当日本得知俄国不承认日本在朝鲜的优越权时，日英同盟论就成了主流。1902年1月，日英同盟缔结。条约共六条，第一条规定两国为了保护英国在中国和日本在中国、朝鲜的利益而共同行动；第二条，缔约国的任何一方在为保护自身的利益而和第三国交战时，另一缔约国严守中立；第三条，缔约国的一方和两国以上交战时，另一缔约国负有参战的义务；第四条，禁止和第三国缔结损害该条约内容的条约；第五条，当利益濒于危险时有互相通知的义务。这个条约明显地是对抗俄国的，但同时也是为了镇压中国和朝鲜的民族独立运动。英国放弃了长期以来一直坚持的“光荣孤立”的外交政策，而和远东的宪兵日本联起手来对付俄国。这样日本对抗俄国的外部环境也因此得到极大的改善。当然俄国是不会意识不到这一点的，日俄的矛盾在无形中加剧。

俄国当时是维特（Vitte，1849—1915 年）掌握实权，他是财政大臣，致力于完成西伯利亚铁路建设，企图以经济力量侵略中国，日俄的矛盾尚不突出。1901 年 2 月，俄国以从中国东北撤兵为条件，向清政府索取大量利权。但在英国和美国的干涉下，于 1902 年 4 月同意分三次撤兵，10 月，第一次撤兵结束。这时俄国内部对中国政策发生了变化，和维特想以铁路建设和组织俄中银行来进行经济上的侵略不同，俄国的宫廷派主张积极的对朝鲜和对中国的政策，并取得了主导权。1903 年 4 月在第二次撤兵完了时又增兵，并修建旅顺口要塞，8 月设立了远东总督府，同时维特也被罢免。中国东北上空风云骤起，人们已经能感受到战争阴影的迫来。

日俄开战

1903 年 4 月，俄国不履行原定第二次撤军计划，在日本国内激起很大的反响。东京帝国大学的七名教授提出对俄强硬意见（所谓七博士建白事件）。同年夏，在京都山县有朋的别墅无邻庵，日本政府中两大势力的首脑伊藤博文、山县有朋、桂太郎和外相小村寿太郎（1855—1911 年）会谈，内定了对俄国的方针政策，史称无邻庵会议。

1903 年 8 月对俄同志会成立，大肆制造对俄宣战的强硬舆论，日俄关系极端紧张，而社会主义者幸德秋水、堺利彦和基督徒内村鉴三（1861—1930 年，基督教信徒，开创了无教会的基督教信仰）却坚持反战。10 月，俄国又不履行第三次撤军约定，日本国内舆论，几乎全转为强硬的开战论。以《万朝报》为舆论阵地的幸德秋水、堺利彦和内村鉴三不得不退出该报，幸德等在 11 月创建了《平民新闻》，继续坚持反战的观点并对政府展开批判，但在当时他们的意见是少数。

1903 年 10 月，在东京又开始了日俄谈判。和在此之前的谈判一样，日本要求满韩交换，但又援引美国的门户开放政策，要求清政府开放奉天(今沈阳)和大东沟，但俄国认为这里是他们的势力范围。谈判终至破裂。12 月，日本陆海军开始作战准备。

1904 年 1 月，持慎重态度的元老们也同意开战。2 月 10 日，日本对俄宣战，俄国也于同日对日宣战。两个列强在中国土地上，为争夺在中国的权益而打仗，腐朽的清政府居然宣布“局外中立”，真乃天下“奇观”，也确实是中华民族的奇耻大辱。日本于2月11日在皇宫设置了大本营。实际上在2月8日日军先遣队已经在仁川登陆，2月9日，日舰已突袭旅顺的俄舰队和击沉在仁川的俄舰艇。5月1日，日本陆军第一军北上渡过鸭绿江，一路作战将俄军追赶到北方。同时，从2月份开始对旅顺口进行了封锁作战。

6月20日，日本成立了满洲军总司令部，指挥当地的军队作战。参谋总长大山岩任总司令，后来由山县有朋接任，总参谋长是儿玉源太郎（1852—1906年），海军由东乡平八郎（1847—1934年）为联合舰队司令。日军猛烈进攻，节节胜利。8月末和9月初，日俄两军在我国辽阳进行大会战，战事十分激烈，双方均损失两万人以上，虽然最终是俄军后撤，但日本蒙受的损失相当沉重。接着在进攻旅顺要塞时，为赶在俄国波罗的海舰队来援之前，日军不顾重大伤亡，于1905年1月攻克了旅顺。接着日军又在3月10日的奉天会战中获胜。但在铁岭战线，日俄军队处于胶着状态。

海军方面，东乡平八郎于5月27日在对马海峡伏击俄国的波罗的海舰队（太平洋第二舰队），在两支舰队相逢时，日本舰队来了个大转弯，军事史上把这叫做“东乡式大转弯”，这是很冒险的，俄国的前导舰对正在转弯中的日本舰队开火，使日舰均受到炮弹的打击，但并不严重，转过弯来的日本舰队和俄国舰队形成了T字形，这就是T形战法，为英国海军名将纳尔逊所创，即日

日本海大海战

本舰队成为横列（形成T字的上横），俄国舰队是纵列（为T字的下竖），日本舰队可以集中火力同时发炮攻击纵列的俄国舰队，在战术上占尽了优势，加之日本舰艇速度快，火炮口径统一（便于校正炮击点），俄国舰队几乎被全部击沉，日本大胜，这就是著名的日本海大海战或称对马大海战。东乡平八郎为此赢得了“军神”的荣誉。

朴茨茅斯会议

这时，俄国发生了著名的1905年革命，沙皇政府内外交困。日本的情况也十分不好，巨大的战争费用使日本的财政捉襟见肘，而且巨大的伤亡也使日军的兵员难以为继，日本的国力已经到了临界点，所以也请求美国总统罗斯福从中斡旋讲和。于是，双方召开了朴茨茅斯会议。俄国坚持不割让土地和不赔款两项原则，结果日本得到了库页岛南部、保护韩国及经营哈尔滨以南铁道（即中东铁路）的权利。

第一次日比谷事件

由于日本在这次战争中不像甲午战争，获得的利益太少，国内掀起了反对媾和的运动，最后导致发生暴力事件，即1905年9月5日的日比谷烧掠事件。[①]

日本在日俄战争的军事战斗中，

① 讲和的内容被报道后，引起日本国内舆论的极大不满，条约缔结当天的9月5日，以黑龙会、对俄同志会等强硬派的九个团体计划在东京日比谷公园召开反对讲和条约的国民大会，政府根据治安警察法予以制止，但会场周边集合了数万民众，他们冲破了警察的阻挡，到公园里开了约30分钟的会。会后，民众开始袭击桂太郎的御用报社“国民新闻社”和内相官邸，并将两个警察署、多个派出所及基督教教堂等烧毁。6号事态益发严重，政府根据紧急敕令，颁布了戒严令，出动了近卫师团，暴动逐渐平息下去。这次事件死了17人，负伤者达2000人，被捕2000人，被起诉311人，被认定有罪者87人。事件的参加者大多是体力劳动者的城市居民。

伤亡巨大，但最终取得了最后的胜利，并且还出现了两位所谓“军神”。一个是陆军的攻克旅顺的指挥官乃木希典（1849—1912年），一个是歼灭沙俄波罗的海舰队的东乡平八郎。其实，乃木是个军事上蛮干的典范，他率领包括他的第3军的四个师团和后方部队共13万人攻打旅顺，使日军在旅顺战役中伤亡数倍于俄军（共进行了三次总攻，都是从正面进攻，俄军的重机枪给日军以重大的杀伤，日军伤亡超过6万人），名副其实的“一将功成万骨枯”。东乡平八郎实际上的作战战术据说是完全依靠作战参谋秋山真之（此人被称作日本海军顶尖的战略和战术家）。这两个军事史上的赝品被军国主义分子吹得神乎其神，欺世盗名，莫为此甚。而且乃木希典的头脑和精神与他的作战战术一样冥顽不灵，明治天皇死后，他也自杀了。这种对天皇的效忠精神，更是被吹上了天。

日俄战争是一场帝国主义的战争。日本在军事上获得了胜利，也得到了所谓的国际声望，当时中国也有欢呼日本胜利的人，他们认为这是黄种人兄弟对白种人的胜利，在当时西方帝国主义在亚洲横行一时的情况下，这种舆论是可以理解的。但以后的历史说明这位黄种人兄弟的凶残比异种侵略者有过之而无不及。

在日俄战争中，日本虽然没有像在甲午战争中获得那么巨大的赔偿，但在列强中却赢得了声望，不平等条约彻底废除，日本成为名副其实的帝国主义集团中的一员，这对明治维新以来的日本一直想跻身于列强的野心可以说是最大的满足。不仅如此，日本还取得了对朝鲜的所谓保护权，而且对我国东北侵略也有了重大进展，沙俄将在中国东北南部的权益私相授受，交给了日本。可以说在战略目的上，日本取得了成功。它的下一步就是要吞并朝鲜。

第五节　吞并朝鲜

桂园时代的外交和内政

日俄战争后，日本打破了帝国主义的均势，英国和俄国为制约正在兴起的德国，签订了《英俄协商条约》。日本也在进行种种外交活动，其目的就是吞并朝鲜。当时，正想进军亚洲的美国很担忧强大的日本军事力量，于是在

1905 年 7 月签署了《桂—塔夫脱协定》，达成了日本保证不侵略菲律宾，而美国承认日本对朝鲜统治的优越权的共识。英国正为俄国进入印度而担心，遂于 8 月和日本修改了日英同盟，将同盟的范围扩大到印度，而日本也得到英国承认其对朝鲜的保护权。接着，日本又和法国、俄国接近起来，1907 年 6 月签订了《日法协商条约》，试图引进法国的资金。1908 年 7 月签订了《日俄协商条约》，相互承认各自在中国东北和蒙古的所谓特殊利益。可以说，帝国主义的日本在这一段时期内的外交进展得很顺利。它利用了列强之间的勾心斗角、浑水摸鱼，最终达到了霸占朝鲜的目的。

在国内，“桂园时代”走入正轨。藩阀官僚势力和政党势力合作多于斗争。但政党的势力在逐渐增强，这就为以后的政党政治奠定了坚实的基础。

1906 年 1 月第一届西园寺内阁（1906. 1. 7—1908. 7. 4）建立。西园寺利用国内战后的胜利情绪实行了积极的财政政策。即继续战时的增税，铁路国有（公布了铁路国有法）等经济政策。由于国家以高价收购民营铁路，给民营经济带来了资金，一时间日本的经济似乎繁荣起来，但好景不长，这一积极财政政策在第二年就露出了破绽，从 1907 年秋到 1908 年初发生了经济危机。同时政府内部也出现分裂，大藏大臣和邮政大臣意见相左，首相西园寺公望和他们共同提出了辞呈，但天皇没有批准西园寺的辞职。

在 5 月份的总选举中，西园寺的政友会大获全胜，但在 7 月，西园寺却决定总辞职。这被称作“谜一样的辞职”，可能是桂太郎运动元老们使之下的台。这说明政党政治的实现还需要时日。但值得注意的是在西园寺内阁时期，内相原敬（1856—1921 年）提出了废除山县有朋建立的郡制的议案。郡是日本的三级行政区划，对下面最小的行政区划的町村有支配权，是山县模仿德国的制度设立的。由于郡长们多是山县派官僚，所以是山县派官僚的基层行政统治基础。虽然在山县有朋为首的官僚全力以赴的努力下，原敬的提案没有被通过，但政党敢于向山县派官僚挑战，说明山县有朋认为的“鼠辈们”已经是不可忽视的力量了。

帝国国防方针案

在实施积极财政中，主要是扩充军备。陆军认为俄国必然要报复。1906

年 10 月，山县有朋提出了“帝国国防方针案”，将陆军的假想敌国定为俄国，海军为美国。兵力要求平时 25 个师团（以后又增加了 8 个师团），战时 50 个师团；海军为八八舰队（即战列舰、巡洋舰各八艘）。西园寺首相认为这是适当的，但要在财政上进行研究。1907 年决定陆军增加两个师团。日本的这一国防方针将过去的对列强的守势战略转变为攻势战略。这一扩军案的通过到底是军队的发言权大了呢？还是其他的什么原因呢？最新的研究认为这是因为日英同盟条约修改（1911 年 7 月，日英同盟第三次修改，第三国将美国除外，这是英国意识到日本的扩张对英美的威胁），日本陆海军协调的结果。

满铁的成立

在中国东北，日本迟迟不向列强开放，在伊藤博文的努力下，东北在名义上向列强开放了。但日本这时效仿英国的东印度公司于 1906 年成立了南满铁道股份公司（南满洲铁道会社），简称满铁。这个殖民地公司的资本金为两亿日元，民间和国家各出资一半，并保证民间股东每年六分的红利。当时引起了一股投资热潮，民间股东竞相抢购。最后买一千股的才得到一股。满铁并不是光经营铁路（在日俄战争中获得的大连—长春、抚顺—安东县的铁路及其支线），在铁路沿线（所谓铁道附属地），日本人还大搞商业并经营抚顺、烟台等矿山，掠夺了中国的大量资源和财富。同时日本驻大连的关东厅陆军部负责铁路沿线的保卫，后来这支军队改为关东军，成为侵略中国的先锋部队，在侵华战争和第二次世界大战中起了非常重要的作用。

吞并朝鲜

日俄战争对日本带来的最大收益莫过于将朝鲜置于自己的统治之下。朝鲜是日本大陆政策的重要一环，也是向大陆进行侵略的战略桥头堡。自明治维新以来，日本接连发动的两次对外战争，都是为了得到朝鲜。日俄战争一开始，日本就在仁川登陆，将朝鲜作为了保护国。1904 年 2 月 23 日在日朝议定书(协约）上就让朝鲜承认在进行战争时给日本提供方便，又接连缔结了三次日朝协约，一步步地扩大日本的统治权。

第一次是在 1904 年 8 月，限制朝鲜的外交权，并控制了朝鲜的财政。第二次是 1905 年 11 月，干脆剥夺了朝鲜的外交权，预定设立朝鲜统监府。1906 年 2 月，统监府建立，伊藤博文为第一任朝鲜统监。1907 年 7 月，日本因朝鲜国王派遣密使去海牙参加万国和平会议，想向世界控诉日本干涉内政，认为他是日本完全吞并朝鲜的最大障碍，遂逼迫国王退位，由统监管理朝鲜的内政。同时还签订了秘密协定，规定大审院院长等主要国家权力机构的首脑聘用日本人，并解散朝鲜的军队。朝鲜实际上已经失去了一个主权国家的资格。

对日本这种明目张胆的侵略，朝鲜人民奋起抵抗，掀起了著名的“义兵运动”（其主力是被解散的朝鲜军队的军人，还有原来的官吏、儒生、农民、商人等各阶层者加入，是全国规模的武装抵抗运动）。日本派遣重兵，利用武器上的优势将其镇压。同时在 1909 年 10 月，伊藤博文在中国的哈尔滨火车站被朝鲜爱国者安重根刺杀。1910 年 8 月，桂太郎内阁索性将朝鲜强行与日本合并。在朝鲜首都设立了朝鲜总督府，首届总督为陆相寺内正毅（1879—1945 年）。朝鲜人民自然进行了激烈的反抗，独立运动此起彼伏。日本则设置了严密的宪兵和警察网，对朝鲜民众的反抗予以严厉的镇压。同时，日本又在朝鲜建立了东洋拓殖会社（拓殖即开拓和殖民之义）①、朝鲜银行② 等，在经济上疯狂地进行掠夺。朝鲜人民陷入水深火热的殖民统治之下。

① 1908 年日本公布东洋拓殖株式会社法，创立了在朝鲜经营所谓拓殖事业的特殊事业公司——东洋拓殖会社，主要经营农业、移民、水利灌溉等，1917 年以后其经营范围扩大到我国大连、东北、蒙古、中国华北地区、南洋群岛等。

② 吞并朝鲜后，日本第一银行进入朝鲜，进行处理海关税、发行银行券等业务，实际上成为朝鲜的中央银行，1909 年，成立了韩国银行，继承了第一银行的业务，1911 年改名为朝鲜银行，是日本帝国主义强加给朝鲜的中央银行，后来其金融活动的中心转移到我国东北、内蒙古，二战后被盟军指定为关闭机构而解散。

第六节 参加“一战”和对华“二十一条”

积极财政和扩军

上文说过，日本在日俄战争前后，进入了所谓“桂园时代”。1908 年桂太郎继西园寺内阁后组成了第二次桂太郎内阁（1908. 7. 14—1911. 8. 25）。他先想伙同宪政本党（1898 年 11 月宪政党分裂，由原来的改进党系统组建的党，党首为大隈重信，后因党内斗争，大隈于 1907 年引退）对抗政友会，但由于宪政本党的内部发生问题，只好和政友会妥协。桂太郎的政策是重建财政，同时要抑制军备过度扩张。他本人兼任藏相，发行了三次一亿日元的公债，企图以此刺激经济。前两次都成功了，但第三次却失败了。

日本虽然在日俄战争中取胜，但它的综合国力和列强相比还差得很多。如同日本著名作家夏目漱石比喻的那样，日本是和牛比块儿头的青蛙。没有钱，山县有朋等提出的大规模扩军就是纸上谈兵。可山县似乎不太理解日本的财政情况，竟然又向桂太郎提出陆军增加 1. 5 倍的兵力，但桂太郎和陆相都不同意，元老松方正义和井上馨也持反对意见。山县对此最终表示了理解，撤回了自己的提议。海军方面的扩军比陆军还要缓慢，因为当时建造巨舰的开销相当大。比如战舰当时已从两万吨级上升到三万吨级，一艘的建造期需要 5—6 年，费用为 4500 万日元，相当于当时日本国家岁收的 10%左右。

在实行积极财政的同时，平田东助内相进行了地方改良运动，这是为了所谓的国家体制的重建搞的，其内容有补充地方财政、国家控制地方公共团体、表彰模范村等，但收效不大。

大逆事件、增师案

这一期间，日本的社会主义运动有所发展。他们反战、反对集权政治。但作为社会主义政党来说，无论是在思想理论还是实践上还很幼稚。但日本政府对此也不放过，予以残酷镇压。1910 年 5 月日本政府制造了反对天皇的所谓“大逆事件”。[①] 虽然国际社会全力反对。但著名的社会主义者幸德秋水(1871—1911 年）等 12 人被日本政府判处死刑。1910 年 11 月成立了帝国在乡军人会，[②] 这后来成为日本军国主义最强大的社会基础之一。

1911 年第二次西园寺内阁组成（1911. 8. 30—1912. 12. 5)。这次政友会在元老推荐阁僚之前就组成了政府的班子，三名是政友会党员，其他的阁僚也是亲政友会的人物，使元老们很不满，因为这明确地显示出政党政治又向前迈进了一步。同时，西园寺内阁改变了桂内阁的积极财政政策，转而进行行政、财政整顿，即减税和充实海军军备。

同年 10 月 10 日，在中国武昌爆发了辛亥革命，日本民间的舆论也高涨起来。分为支援清政府派、不干涉派和支持革命派。24 日，内阁决定维持中国东北的现状，如有时机便扶植亲日派的方针。这本来就是明显地想干涉中国内政，但官僚们却认为这是不干涉主义，因而对内阁决议十分不满。与此同时，西园寺的整顿也在进行。目标是各省削减一成预算。其他省都没有多大问题，只有陆军省反对。陆相上原勇作（1856—1933 年）反而坚决要增加预算，提出陆军增加两个师团的方案，简称增师案。

第一次护宪运动

1912 年 7 月，明治天皇去世。媒体称明治的官权万能的时代已经过去，如今是民众的时代，宣扬要大正维新。当时的人们认为自己生活在压抑的时代，对官僚深恶痛绝，而且大正天皇智力低下，对政治没有能力干预，这也是

① 也叫幸德事件。1910 年 5 月，日本政府以取缔非法爆炸物为名，抓捕了四名社会主义者，接着就在全国对社会主义者和无政府主义者进行大搜捕，被捕人数达数百人。其中 26 名以刑法中的大逆罪被起诉。审判是秘密进行的，只是在最后宣判时才公开。幸德秋水等 24 名被判处死刑，后天皇特赦其中 12 名，改为无期徒刑。1911 年 1 月 24 日幸德秋水等人被处死。这次事件和后来的“虎门事件”、“朴烈事件”、“樱田门事件”被称作战前日本的四大“大逆事件”。幸德秋水等人被判处后，引起日本进步人士及国际社会的抗议和批判。

② 在乡军人是指虽然结束了兵役，但在战争或事变时负有应召义务的军人。开始时光是陆军参加这个团体，1914 年海军在乡军人团体也加入进来，是日本军国主义的重要社会基础。在法西斯时代是国体明征运动的主要支柱之一，1936 年更成为敕令团体，支持并配合军国主义宣传，成员号称 300 万人，发行杂志《战友》，是个极端反动的压力集团。1946 年解散，但在日本重新开始军备时又再度复活。

众所周知的（据说，当时的下层社会的人们都知道天皇脑子有毛病）。同时，政党的力量在桂园时代有了发展和壮大，和官僚的矛盾日益增加。“山雨欲来风满楼”，政治上的爆发正在寻找着一个突破口。

陆军将增师案提交出来，理由是几年后西伯利亚铁路复线化，中国成为共和国，对手越来越强大。但这一点，很难说服政府。山县有朋三次和首相会谈要求通过预算，态度十分强硬，最后发展到威胁。政府虽然态度不坚定，但最终没有答应陆军的要求。上原勇作便以所谓帷幄上奏的特权向天皇辞职，同时陆军决定不提陆相的候选人，12 月 5 日内阁只好总辞职。军方利用了明治宪法体制给予的两个特权。第一，按官制的规定或习惯，陆军大臣、海军大臣必须是军人，自然由军方提出候选人。第二，军方有绕过内阁向天皇直接上奏的帷幄上奏权（统帅权独立）。但第二个特权是军令部门所有的，即陆军参谋总长、海军军令部长才能使用，这当然是为了军事作战（统帅）的需要。上原勇作是陆相，是军政部门的首脑，不享有帷幄上奏的权利，但他还是使用了，所以后来的史学家认为他是滥用特权。

桂太郎本来装模作样表示不再出马做首相了，但这时他又出面组成了第三次桂内阁（1912. 12. 5—1913. 2. 11）。他一上台就声称要进行改革，大规模地整顿行政、财政，由国防会议决定国防方针和军费；自己要准备组织新党——立宪同志会（后改为宪政会，再更名为立宪民政党，即后来轮流执政的两大政党之一），还提出了陆海军大臣文官制，同时推行积极的大陆政策等。一方面安抚政党，另一方面又照顾到官僚的要求，两面讨好，左右逢源，真是政客的面目。12 月 17 日，本来担任天皇内大臣的桂太郎因为有前文所述的宫中、府中之别，所以让天皇以敕命的形式任命他为首相，同时也以敕命让斋藤实（1858—1936 年）做海相，但他低估了形势。人们本来就对官僚政治深恶痛绝，而天皇以敕命任命首相，更激起了人们的愤慨情绪。他们认为天皇与政是不符合天皇统而不治的政治地位的，何况，这位天皇脑子还有点儿毛病。

1912 年 12 月 19 日，在东京召开了“宪政拥护大会”，打出“拥护宪政、打破阀族”的口号。运动很快波及全国，街头巷尾到处是议政的声音。政党中的政友会反主流派、国民党和各地政党支部及新闻记者四处演讲，众议院议员尾崎行雄（1859—1954 年）、犬养毅（1855—1932 年）也到街头进行演讲，猛烈抨击桂太郎内阁。一些实业家们给他们以经济上的支持，媒体自然不甘落后，许多报纸都展开对政府的批判。

1913年新年来临，有的报纸甚至将这一年作为了“反对桂的新年”。桂太郎在1月20日宣布组成新党，党员主要是国民党（1910年成立,1922年解散，后为革新俱乐部）中的改革派。2月5日，议会开会，尾崎行雄对政府展开了猛烈的抨击，提出对政府的不信任案，政友会和国民党的议员220多人签名同意，桂太郎内阁岌岌可危。当天，数万民众包围了议会，议会只好休会。天皇让西园寺控制政友会的党员，但这些党员置若罔闻。1913年2月10日，议会重新开会，数万民众又包围了议会。桂太郎想解散议会，但众议院议长大冈育造告诉他，门外民众情绪激昂，桂太郎只好决定总辞职（大正政变）。但议会外的民众并不知道里面的事，他们和警察发生了冲突，殴打非政友会和国民党的议员，袭击东京都的报社并纵火，以致这场冲突被称之为“第二次日比谷事件”(其实规模没有第一次大，而且很快就平息了)。

桂太郎辞职后，元老们推荐海军大将山本权兵卫（1852—1933年）当首相（第一次山本权兵卫内阁，1913. 2. 20—1914. 3. 24）。山本权兵卫提出以政友会合作为条件。山本是萨摩藩的军事官僚，桂太郎是长州藩官僚，打破阀族正是政党们的口号，而且政党认为应该是实行政党政治的时候了，所以政友会的大多数党员们感到困惑。这时，真正的实力派原敬出来做工作，让党员们接受山本内阁，并说除陆海外三相之外的阁僚均为政友会党员，而且山本内阁继承的是西园寺内阁的方针路线，尽管有一些党员脱党，但山本内阁还是成立了。

在原敬和山本的合作下，政府在行政上的改革进行得很顺利，淘汰了大量冗员，节约了国家财政预算。在制度上，将陆海军大臣的资格放宽到预备役和后备役军人，并放松了文官任用令的限制，使得政党人也可以就任官职。

在山本内阁时期，日本政坛上的另一变动是，桂太郎去世，他建立的新党立宪同志会由加藤高明（1860—1926年）继任，这成为日后日本两党轮流执政的先声。

1914年1月，发生了西门子事件[①]，舆论开始攻击政府，民众反对山本内阁的运动也高涨起来。山本内阁不得已于3月辞职。

山本下台后，接任的是著名政治家大隈重信（第二次大隈内阁，1914. 4. 16—

① 海军的受贿事件。海军欺骗德国西门子公司，让海军的订货由西门子公司垄断，从而收取了3.5%到15%的回扣，同时又向英国的另一家公司定下收取25%回扣的合同，西门子公司得知后，予以披露，成为丑闻。

1916.10.4)。他一贯提倡政党内阁，反对藩阀，所以舆论对他还是欢迎的。但此人也被称作“无责任说大话居士”。他的政纲是谁也不得罪。

参加第一次世界大战

1914 年 7 月 28 日，第一次世界大战爆发。当时日本的藩阀官僚们正处于困境，而经济上也是连年的不景气，因此，元老井上馨将这次大战说成是“大正的天佑”。这是句很有名的话，因为它说明了日本是个什么样的国家，靠战争发财或者摆脱危机已经成为近代天皇制日本的一个最重要的特点——军国主义。本来这是发生在欧洲的战争，和日本关系不大，但日本牵强附会地援引日英同盟，于 1914 年 8 月 23 日向德国宣战。9 月，日军从中国山东龙口登陆，攻占了德国在中国的租界青岛，10 月又占领了赤道以北的德国殖民地的南洋群岛，完全是趁火打劫。同时，政府抓住这一时机，通过了增师案。

对华“二十一条”

1915 年 1 月，大隈内阁向中国提出了著名的灭亡中国的“二十一条”要求。他们的理由很可笑，说是要归还德国租界，但又说日本为此牺牲了人命，耗费了金钱，中国应予补偿，好像是中国请他们出兵的一样。“二十一条”有五号二十一条。第一号是继承德国在我国山东省的利权并要求修建新的铁路共四条；第二号是将旅顺、大连及满铁的安奉线的租借期限延长到 99 年，承认日本人的商租权，就是要求承认日本在我国东北南部及内蒙古东部的所谓优越权，共七条；第三号是关于汉冶萍公司的中日合办；第四号为中国不割让沿海。这四号是绝对必要条款。第五号是秘密协定，要求在中国政府内雇佣日本人的政治、财政、军事顾问，承认日本人的土地所有权和雇佣日本警察，承认日本供应中国武器，中日武器统一，及中国政府承认日本对铁道、矿山等的利权，共七条。日本为了掩人耳目，将这第五号作为希望条件。如果说前四号主要是扩张日本在东北和山东的权益的话，那么第五号简直就是将中国当保护国看待。这样的条约就是袁世凯也不敢轻易签订。中国方面将“二十一条”的内容泄露给了西方。西方政府了解到了日本的野心，对日本产生了不信任和疑虑，但当时欧美列强正忙于战争，无暇顾及东亚。日本也正是看中这一时机才提出“二十一条”的。

日本为了压制袁世凯的不满，除了第五号外，对其他条款提出了最后通牒。5 月 9 日袁世凯政府接受了除第五号外的其他“二十一条”中的内容。

“二十一条”是日本大陆政策的一个重大的发展，日本想将中国变为自己的殖民地或所谓保护国，在“二十一条”的内容及交涉方式上表现得再明显不过了。有的日本学者认为这是因为日本的外交思维没有转变过来，还是坚持 19 世纪列强的殖民主义，但恐怕这不是用那么简单的外交思维没有转变就能解释的，应该说“二十一条”的提出和日本近代以来对中国实行的侵略扩张政策以及第一次世界大战时欧美列强对中国鞭长莫及的时机是密切关联的，是和日本的帝国主义利益密不可分的，而且以后发生的侵略中国的战争也是“二十一条”逻辑上的必然结果。

日本得到袁世凯的许诺后，就积极支持袁世凯称帝，但后来看到列强们都反对，日本也就转而反对了。他们在北方支持宗社党，在南方支持孙中山，一会儿支持袁世凯，一会儿又劝袁世凯退位，反正是希望中国越乱越好，以便浑水摸鱼。

西原借款

1916 年 10 月，大隈内阁下台，接替的是担任朝鲜总督的寺内正毅大将。寺内内阁（1916. 10. 9—1918. 9. 21）号称是超然内阁，各个政党除了宪政会是在野党外，其他的都配合这届内阁。寺内内阁的一个重要政策就是企图安抚中国的反日情绪，缓和列强对它的疑虑。政府宣称要修复“二十一条”以来恶化的中日关系，提出中立主义，并给中国贷款，加强段祺瑞的北洋政府的力量。其实，这一政策还有另一个目的，就是在 1916 年大隈内阁和沙皇俄国缔结了第四次日俄协约，内容是以日俄联盟使中国不至于落在第三国的支配之下，目的是日俄联合对抗美国。于是，政府派出了私设的秘书西原龟三到中国洽谈贷款事项。答应提供 1. 5 亿日元的无担保贷款，这就是有名的西原借款。但是，日本是没有这样的财力的。1917 年 1 月的交通贷款，日本只提供了 500 万日元。

同年 7 月，日本调整了政策，和列强共同行动，停止了贷款，只是在政治上支持段祺瑞政府。

正是“二十一条”唤起了中国民众的爱国热情，抵制日货的行动在中国各地展开，是为以后“五四运动”的先声。中国反抗外来侵略的民族主义正在向新的阶段进展。

第六章

站在十字路口的日本

（1918—1930 年）

第一节　以暴挫富的“米骚动”

出兵西伯利亚

1917 年，俄国发生了二月革命，接着又发生了十月革命，世界上第一个社会主义国家在炮火声中诞生。这对西方帝国主义无疑是个巨大的冲击。各帝国主义国家联合起来试图将这次革命镇压下去。英法等国组织了联军干涉革命，但遭到了失败。英法就要求日本出兵西伯利亚。目的是守卫铁路，将存放在海参崴的军需品送给反革命军队。日本政府出于本性，也想扼杀新生的苏维埃共和国，同时扩张自己在东西伯利亚的势力，而且还可以对中国产生压力，因此便蠢蠢欲动起来。

1918 年 1 月，鉴于形势紧迫，日本和英国以保护居留民为名向海参崴派遣了舰队，但兵力不多。4 月 4 日，日本在海参崴的商会遭袭，死伤三人。日本遂派 500 名海军陆战队士兵和英国的 50 名海军陆战队士兵共同进行该市的警备工作，这实际上是出兵西伯利亚的开始。

5月，捷克战俘和德国、奥匈帝国战俘发生冲突，后来和红军冲突起来。联军借此大肆宣传，美国的态度也改变了，7月，日美决定共同出兵干涉。

日本政府内部本来对出兵西伯利亚是有争执的。本野一郎外相是强硬的出兵派，但外交调查会的原敬是反对的，山县有朋和寺内首相也是慎重论者，但美国态度的转变，使反对者也不反对了。

日美出兵的比例按两国之间的商议，为各7000人，修正案为日本1万人。8月2日和3日日美两国共同发表了出兵宣言。12日，日本军队在海参崴登陆，19日美军和英法意的小部队也进入俄国。

但此前和苏俄反革命派接触过的日本陆军，认为不必和美国一道出兵，即所谓的自主出兵。他们以日华协同防敌协定为借口，在10月底，已经从中国东北向俄国出兵7.3万人，这一行动遭到了美国的抗议。日本军队在西伯利亚支持反革命政权，如高尔察克的政权，但这些政权如昙花一现，转瞬就被革命的大潮吞没了。日本国内对这劳民伤财的出兵也很不满，但即使如此，日本政府还是挺到1922年才决定撤兵（加藤友三郎内阁，1922.6.12—1923.8.26），同年10月25日日本从西伯利亚撤兵完毕，但占领北库页岛的日军直到1925年1月日苏基本条约签订后的5月才撤离。日本出兵西伯利亚前后共八年，军费耗资10亿日元，死亡人数达3500名，结果是偷鸡不成蚀把米，不仅一无所获，而且得罪了苏联，并在世界上暴露了其狼子野心。

垄断资本主义的确立

第一次世界大战的爆发给长期以来一直不景气的日本经济打了一针强心剂。大战刚开始时，由于日本出口受到海运和订货减少等各方面的影响，一时经济状况更加低落。但后来同盟国方面的军需品订货和日用品的购买刺激了日本产品的产量，同时，欧洲各国对东南亚的出口因战事而中断，日本的出口骤长，海运收支增长得最快，使得日本的国际收支首次出超，国内货币发行量增加，股价上涨。大战爆发约一年以后，日本经济出现了空前的繁荣。棉纺织业、制丝业、化学工业、海运业、机械造船业、钢铁业等发展迅猛。造船和海运尤其兴旺，出现了所谓的“船暴发户”（日语为船成金）。同时，过去日本可以从欧洲进口的商品无法进到日本，从而使日本不得不自己制造。比如，当时世界上拥有最强大的化学工业的德国由于和日本交战，染料等不能出口到日本，日本因此而走上了独自发展化学工业的道路。日本的产业结构由此而得到提高和优化，进口随之大减。从日本的出口货物来看，过去的出口商品是用于原料的初级产品，而现在却是纯粹的制成品，进口的都是些原料。但也应该看到，日本并没有那么强大的工业实力，不过是乘欧美工业国处于战争状态，国际竞争出现一定的空白而形成一枝独秀的。

这一战争繁荣不仅使日本经济恢复了景气，工业有了飞速的发展，由战前的债务国变为债权国，而且使日本的经济结构出现了质的变化。日本垄断资本主义从日俄战后开始形成，至此最终得以确立。大资本在繁荣中形成并壮大，银行资本大幅度扩张。继三井、安田、大仓等财阀之后，三菱和住友也形成了财阀。日本的财阀是近现代日本经济的一个重要特色，也是其特质之一。作为后进的资本主义国家，日本的垄断资本形成得很快，资本强大，当然这一方面是为了展开国际竞争的需要，但另一方面，这种财阀体制也是日本后来成为法西斯国家的重要原因之一。第二次世界大战后，美国占领军解散了这些财阀，因其不彻底，从而使财阀又改头换面再次出现，成为日本经济的主导力量。

产品有了无限的市场，资方为了获取更多的利润，让工人没完没了地加班，剥削得很残酷。工人们为提高工资进行了罢工，给资方施加压力，资方为了长远的利益基本上答应了工人们的要求，因此在那时工人的工资增长得相当快。

工业是一派活力四射、金钱如潮的景象。农村也出现了前所未有的繁荣兴旺。从 1907 年以来，日本农村就陷入了慢性萧条的阴影之中，农产品价格一直很低，可以想见农民的生活是很苦的了。而战时经济繁荣使米价和生丝价格上涨，同时经济景气使劳动力短缺，农民不但可以兼业，农村的过剩劳动力也能进城做工了。同时，地主在大米上大做投机买卖，并将资本注入工商业上去，赚取了大量利润，又将其中的一部分用来购买土地，因此在这一段时间，农村的土地兼并很活跃，大地主的数量在增加。这些地主根本不参加农业的生产和经营，是百分之百的寄生地主。战前日本农村经济中最有特色的寄生地主制至此也确定下来。

物价飞涨

但是，众所周知，经济的高速发展会带来通货膨胀，在当时国家的宏观管理尚不成熟的条件下，就更是在所难免的了。从大战开始后，日本国内的物价就一路飞涨，从1916年起，工人们的实质工资下降，生活困顿。到了1918年，日本人的主食——大米的物价暴涨，1月份还是1升米20多钱，8月份就涨到了50多钱。从其大的原因讲，是因为大战开始后，城市人口急剧增加，而农业生产跟不上去，特别是大米产量几乎没有增加，从直接原因来看，是因为国内的奸商预料政府要出兵西伯利亚，就大搞囤积居奇，使米价暴涨。政府这时应该采取进口粮食的措施，但为了地主的利益，政府对农产品实行保护政策，没能及时地应对这一紧急事态。

“米骚动”的爆发

1918年7月23日，富山县下新川郡鱼津町渔民们的妻子，因为米价暴涨，便要拦截本县大米外运，发生了暴动。这就是“米骚动”的开端。众所周知，日本妇女是以吃苦耐劳、性格坚毅、充满活力和有血性而闻名的。这次正是这些妇女们成为“米骚动”的主角。她们让自己的丈夫也参加进去，说如果丈夫不参加就不要回家。“米骚动”在富山县很快发展到对米商、资本家、町村政府要求降低米价并救助生活困难者的运动。从8月5日开始，各报都报道了富山县的事件。于是，京都、名古屋也开始发生骚动。接着便发展到各地方城市和矿区，一直延续到9月中旬。据不完全统计，参加骚动的市町村约500处，直接参加的群众达70万人，其中被拘留的有8185名，判刑2652人，受罚的1620人。

城市“米骚动”的主体是没有固定工作的工人、工匠。他们要求米商降价，恢复到20钱左右，如果米商不答应便砸毁米店，同时也袭击富商、警察署和派出所。而农村的“米骚动”是和租佃纷争结合起来的。上文说过，大战爆发后，农村恢复了生气，但农民增加的收入主要是靠进城做工或兼业带来的。米价虽然上涨了，但同时肥料和服装等农民依靠工业生产的日用品和生产资料也上涨了，农民们并没有得到多大实惠，而且地租的压迫没有丝毫缓解，所以农村发生骚动，特别是和租佃纠纷纠葛在一起也就在情理之中了。

“米骚动”震动了日本政府。他们一面出动军队和警察用暴力手段进行镇压，一面禁止报纸报道骚动，以天皇的名义给穷困者发恩赐金，进口外国大米，让富商捐献等方法来降低米价，好不容易才将这次群众运动压制下去。

“米骚动”的发生说明日本的社会经济结构有重大的问题。农村生产力上不去，城乡差别、贫富两极差距太大是米骚动出现的根本原因。

值得注意的是，一贯标榜民主的政党这次并没有走到群众的前面，米骚动是纯粹自发的群众运动。

“米骚动”的社会和政治影响极大。寺内正毅内阁因此而垮台，虽然寺内也确实是病重。官僚政府由此一蹶不振，被迫向政党交权，这就是著名的日本真正的第一次政党内阁——原敬内阁（1918. 9. 29—1921. 11. 5）。政党政治走上了轨道。

“米骚动”说明了群众是有团结能力的，因此“米骚动”后，日本的社会团体如雨后春笋般地出现，特别是有了无产阶级政党。

“米骚动”对工人和农民的斗争影响更大。工人运动急剧发展，劳资双方纠纷不断，为此工人们组建了大量的工会，使工人运动走上了组织化的道路。农村中的农民运动也很活跃。总之，在日本历史上，“米骚动”是一次空前的、群众性的、带有暴力性质的运动，以此次事件为界，大正时期的历史被明显地区分为前后两期。日本近代史上的一次重大转折就是在民众要求民主的呼声和行动中开幕的。

第二节　大正民主运动

从第一次护宪运动到大正民主运动

大正民主指日本的大正年间（1911—1925 年）发生的社会、政治的变化。其实，这一期间并不光是在大正年间，可以上溯到日俄战争后，其结束应该在“九一八”事变爆发前。在这段时间里日本的社会掀起了巨大的民主主义的风潮，其社会、政治乃至文化等方面的面貌和明治时代极其不同，与后来的法西斯时期更有天壤之别。是日本近代史上最光辉的一页，但是由于种种国内外的原因，这场本可以使日本走向一条光明之路的民主运动令人惋惜地夭折了。

大正民主的兴起不仅是因为明治天皇逝世而象征的官僚专制的时代结束而引发了民众的民主意识，而且还有一个重要的外部原因。第一次世界大战后，民主主义风潮席卷了整个世界，第一个社会主义国家苏联的建立又给资本主义世界以强烈的冲击。日本这个极易受到国际环境影响的国家，自然会跟在世界前进步伐之后。

大正民主在政治上开始就是上文讲过的第一次“护宪运动”。军部和官僚在这次运动中受到极大打击，虽然得到的是个带有中间色彩的大隈内阁，但毫无疑问政党政治向前迈进了一大步。政党政治的政体也属于大正民主制度层面的一部分，但我们将在下一节讲述这段历史。这里主要讲的是大正民主的思想层面和社会层面的历史。

吉野作造的民本主义思想

在思想意识方面，大正民主代表性的人物是吉野作造（1878—1933 年），后来还有美浓部达吉（1873—1948 年）。美浓部达吉的思想留在“天皇机关说”一节中阐述。

吉野作造是东京大学教授。他在 1916 年的《中央公论》杂志的新年号上发表了“谈宪政的本义兼论其成就有终之美的道路”，是为民本主义思想的先声，后来他又发表批判日本政治、社会的社论，进一步完善了他的思想。他认为西方的民主主义并不适用于天皇统揽大权的日本。主权在天皇这是毫无疑问的前提，为了避开和天皇制的正面冲突，他回避了主权在民这一民主主义的基础理论。他认为应该在主权或权力的运用上尊重民众的意志，并给

吉野作造

予法律和制度上的保障。他将这一思想命名为民本主义，以区别于西方的民主主义。他在政治制度上主张进行以众议院为中心的议会政治，当然就是要成立政党内阁，并且他要求缩小枢密院的权限，进行普遍选举。他还抨击军阀，要求政府进行自由主义的改革。他的这种改头换面的民主主义是有其局限性的，但这种论点受到了知识分子和小资产阶级的支持。经济学家福田德三（1874—1930年）在1918年末建立了黎明会，和吉野作造遥相呼应。早稻田大学教授、《太阳》杂志的骨干浮田和民（1859—1945年）也是一个自由主义派的基督徒学者，其言论很受人们的欢迎。

民本主义在大学生中影响尤其大。东京大学在1918年成立了新人会，其杂志的名字就叫《民本主义》。在全国各地都设有支部。接着在1919年2月早稻田大学成立了民人同盟会，法政大学成立了扶信会，明治大学成立了曙光协会等。他们基本上都信奉吉野作造式的民主主义。因此，可以说吉野作造的民本主义是大正民主的主要理论纲领和行动方针。

普选运动的兴起

在社会层面上，一个重要的运动就是普遍选举运动。前文讲过，按明治宪法的规定，众议员除了一小部分以外是由选举产生的。但有选举权的国民不过占总人口的1%，都是些有钱人。政党也因此在民众中间基础不深厚。因此，从民众的基本民主权利和政党的需要出发，扩大选举权是在政治上必须要争取的。因此从议会成立以来，政党都提出选举权扩大方案，即将纳税资格从直接国税的15日元降到5日元，甲午战争后，纳税资格降到了10日元，这是在1900年山县有朋内阁时做的。其目的并不是为了民众的民主权利，而是想扩大政府的社会基础，使国内团结一致，来应对国际上的帝国主义争霸。

同时，在民间早就有实行普遍选举的言论，在自由民权运动时期，理论家马场辰猪（1850—1888年）、奥宫健之、中江兆民、星亨等站在天赋人权的立场上都论述过普选的必要性，但没有什么具体的行动。直到1892年大井宪太郎（1873—1922年）率领的东洋自由党在党内设立了“普通选举期成同盟会”，其纲领就是要实行普选，他们进行了演讲会等启蒙活动，但这只是在党内设立的组织，后来就烟消云散了。到了1897年，才产生了独立的、面向社会的“普通选举期成同盟会”，其中有东洋自由党的骨干党员。这个组织后来成为普选运动的中心组织。

普选运动就在同盟会的领导下开展起来。日俄战争前，社会主义者，工人活动家都参加进来。在日俄战争前后都曾掀起过高潮，甚至在1901年的第27届众议院议会上通过了提案，但后来在政府的镇压下，同盟会被迫解散。在“米骚动”后的1919年到1920年，普选运动以东京为中心又高涨起来，很快波及大阪、名古屋、神户、仙台等重要城市。1920年2月11日，在东京参加普选运动的人至少有三万人。组织普选运动的骨干分子是崭露头角的律师、新闻记者等，大学生团体和工人组织友爱会也参加进来。议会中在野党的国民党等提出了普选案，原敬首相以解散众议院来和普选运动决战。选举结果是原敬首相的执政党政友会大胜(胜利的原因之一是原敬内阁投入了大量的选举资金，日本的政党政治和金钱携手便始于此)。普选运动落入低潮。其实执政党在这次大选中得胜，是因为普选运动还没有影响到有很多票数的农村，再加上政友会花费了大量的选举资金。普选运动陷入低潮的另一个主要原因是日本出现了经济萧条，许多人为了生计已无暇顾及政治运动了。但是，普选运动的烈火并没有熄灭，它在静静地燃烧着，终将会爆发出来。

1925年护宪三派内阁成立（后述），“普通选举法”得以通过。男子25岁以上都有了选举权，有权者的人数增加了约四倍。美国是在1920年有了男女普选权。日本作为比欧美晚100—200年才引进议会制度的国家，用了35年就取得了这样的成果，不能不说日本民众的政治觉悟和斗争性是相当高的，当然我们也要考虑到所谓的“第三世界的特权”(即可以学习先进国家的经验，缩短和这些国家在经济、政治等方面的距离)。参加普选运动的大多数人也都满意。但同时政府又通过了治安维持法。里面规定了以前治安法里所没有的禁止国体变革和以否认私有财产为目的的结社、运动的条款。这就是针对社会主义运动和其他激进组织的立法，而且禁止的对象并不明确，可以做扩大的解释。从这点可以看出政党内阁并不是完全的民主主义政府。

大正民主时期的工人运动

在大正民主时期，工人运动十分活跃。第一次世界大战前后是其高潮期。因为大战使工人人数增加，而且向着大工厂集中，这就形成了工人运动发展的基础。1912 年，铃木文治（1885—1946 年）组织了友爱会。友爱会的会员逐步增多，1916 年已经有了 1 万人。本来成立这个组织是想进行劳资调和的，但阶级存在和阶级意识是不以人的意志为转移的，因此，友爱会后来逐步加强了工会本身的特色，领导着各地的劳资斗争。一些激进的民本主义者也和友爱会合作，同时友爱会也没有放弃社会活动，他们参加到普选运动中来了。

在第一次世界大战后的一段时间里受到大正民主思潮的影响，工人运动更加活跃，每月平均的罢工次数约为 40 次，参加人数约 5670 人。主要是要求改善工作条件、增加工资等，由于经济景气，人手缺乏，资本家只好让步，因而工人的要求大部分都能实现。

1919 年，友爱会改名为大日本劳动总同盟友爱会，决定将过去的按地区组织的结构改为按产业或职业组织，即产业别工会。1920 年第一次五一劳动节就有 10000 人参加游行。1921 年夏，神户的三菱川崎造船厂的罢工有 3 万人参加，创造了第二次世界大战前日本罢工人数最多的纪录。但工会内部分为马克思主义派和无政府主义派，二者的矛盾日益加深。

农村中的普选运动

在落后的农村，从 1920 年的总选举以后，一部分农村青年也支持普选。他们在农村进行普选的宣传，十分活跃。1924 年在总选举前，各地成立了立宪青年党，支持护宪三派的候选人。青年党的骨干是些自耕农、中小商店的职员和新闻记者，都是农村的中间阶层。但其支持者的范围却很广，连参加耕作的地主或名门望族子弟都支持青年党。青年党主要是信奉自由主义，但其中有一部分受到了社会主义思想的影响。农村中的大正民主运动的兴起，是因为城乡差别的扩大，贫富差距加大等不平等的现象使这些热血青年聚集在一起，他们反对政友会和政友会的支持者地方的名门望族的政治统治。

和这些政治活动活跃的同时，经济上的斗争也激烈起来。1921 年以后，租佃纠纷增长迅猛。1922 年 4 月，贺川丰彦（1888—1960 年）等创立了全国性的农会。开始时有 15 个支部，会员不过两百多人。他们的纲领是耕地的社会化、租佃立法及普选权等。和青年党不同，农会在经济上的要求较多。这个组织在各村以佃农组合的联合体而发展起来。1924 年已经拥有 694 个支部，52000 名会员。

被歧视者的反抗

日本自古以来就有受歧视的社会阶层。他们主要是因为从事的工作被日本人认为肮脏，从而被隔离开来。在日本被叫做“被差别部落”。虽然在明治中期政府发布了“解放令”，但实际上没有贯彻。这些生活在最底层的民众在大正民主的影响下也站了起来，争取平等权利。他们的青年小组组织了学习会，对时事新闻等进行讨论，并进行改善地区环境等社会活动，具有了和歧视斗争的思想。其中阪本清一郎和西光万吉在社会主义者、早稻田大学教授佐野学（1892—1953 年）的影响下，进行了部落民团结起来，要求废除受歧视的社会地位的部落解放运动。在他们的号召下，1923 年 3 月在京都举行了全国水平社的成立仪式，来自全国约 3000 名部落民参加了会议。其后，地方上相继成立了水平社，1924 年在三府二十一县建立了大约 30 个地方水平社。

妇女的觉醒

自进入阶级社会以来，妇女的地位一直是低于男人的，所以恩格斯说过，妇女的解放才是无产阶级革命完成的标志。日本的妇女在大正民主的社会背景影响下，也组织了起来。平塚雷鸟（1886—1971 年）大声疾呼，妇女不是月亮，不是男人的反光，妇女要成为太阳。她和市川房枝（1893—1981 年）建立了新妇人协会，山川菊荣、堺真柄成立了赤澜会。1924 年市川房枝又成立了妇人参政权获得期成同盟会，翌年改名为妇人选举权获得同盟。她们的宣言是要求妇女作为法律上的国家一员而应该具有的参政权、结社权和公民权。这是日本妇女解放史上划时代的时期，一直影响到现在日本妇女的女权运动等解放运动。

日本共产党的建立

20 世纪是共产党的世纪，这样说并非过言。以世纪初的俄国无产阶级革命开始，共产主义运动席卷了整个世界，出人意料的是在社会经济等方面落后的国家，共产主义思想的影响更为强大，当然日本也不例外。

日本共产党是建立在工会运动和社会主义思想传播的基础上的。早在甲午战争结束后不久，日本就成立了工会，但被政府镇压了下去。同时，社会主义思想也走进了日本的思想领域。1898 年，片山潜(1859—1933 年)、幸德秋水、安部矶雄（1865—1949 年）创立了“社会主义研究会”，后来成为“社会主义协会”。1901 年第一个社会主义政党“社会民主党”成立，旋被镇压。这些社会主义者是坚决反战的。在日俄战争期间的 1904 年 8 月，日本社会主义者片山潜出席了在阿姆斯特丹召开的第二国际代表大会，并和俄国代表普列汉诺夫握手，成为一段历史佳话。

1906 年 2 月，堺利彦（1870—1933 年）组建了日本社会党，旋被解散。1910 年幸德秋水等直接行动派的骨干被镇压（大逆事件）。当局使用残酷和严密的手段打击社会主义者，企图扑灭这一进步思想的火花。这段时期在日本社会主义史上被称作“严冬时代”。但社会主义者的斗争并没有停歇，他们还在工人中活动，组织着罢工。

1917 年俄国的 10 月革命震撼了世界，也鼓舞了日本的社会主义者们，而国内的大正民主运动高潮迭起，各种社会组织如雨后春笋般地建立起来。这一内一外的条件促成了日本共产党的诞生。

1922 年 7 月 15 日，在各地的共产主义小组和个人的基础上日本共产党正式成立。成立之初有大约一百多名党员，堺利彦被选为第一任委员长。从此日本共产党开始了其光荣而艰难的历程。

大正民主时期是近代日本社会最活跃的时期，各种民众团体纷纷建立，思想、文化界百花齐放，外来的进步思想广为传播，民众的民主意识有了很大的提高。但正像吉野作造只敢提民本主义而不提倡民主主义一样，大正民主有很大的局限性，而且日本在对中国等殖民地或半殖民地国家的态度上并没有根本性的转变，这直接影响到大正民主的质量及寿命。在前途同时存在着光明和黑暗的时刻，日本却走向了黑暗的道路。这不能不说大正民主并没有在日本扎下根来。

第三节 政党政治

原敬内阁和政党政治

政党政治从历史上讲，从日本议会发轫之初就有日本需要政党政治的思想和理论。政党成立得也很早。明治时代甚至有过短命的“隈板内阁”那样的似是而非的政党内阁。但真正意义上的政党政治的成立应该说是从 1918 年的原敬内阁开始的。

原敬内阁除了依照惯例，其外相、陆相和海相为职业军人或官僚外，其他的阁僚都由政友会党员担任，是真正意义上的政党内阁。这在某种意义上是“米骚动”的积极结果之一。

原敬没有藩阀的背景，被人称作“平民宰相”。他是个很老练的政治家，上台后他任用山县有朋长州藩系统的田中义一（1864—1929 年）为陆相，这是因为在明治宪法的框架内统帅权独立，政府不能制约。所以原敬要和山县系统的官僚，特别是军事官僚搞好关系，目的是为了政令能够得到实施。在这里我们可以看到明治宪法对资本主义的政党政治有多大的局限性。山县有朋不仅是陆军的后台，他在和众议院权力平等的贵族院及有批准条约权力的枢密院均执牛耳。

作为第一届政党内阁，原敬实施了四大政策。一是积极的财政政策。这当然是因为大战的景气，日本政府有了信心。这个积极财政政策包括充实高等教育和实业教育，奖励完善交通通信机构的产业和充实国防。原敬接受了以山县为首的军方和官僚的意向，打算将陆军从 19 个师团扩大到 25 个师团，海军实现八八舰队的计划。

第二项政策就是反对立刻实行普选。原敬是个保守主义的政治家，他认为马上实行普选会给日本的社会秩序带来混乱。他使用的是将选举人的纳税资格降低到 3 日元以上，并且实行小选举区制。因为政友会的支持者很多是扩大选举权后的农村有权者，小选举区制有利于政友会。山县有朋等也害怕普选，就同意了原敬的做法，政友会利用这种制度上的有利之处，对官僚及其他政党占了上风。

第三项政策就是对欧美列强的协调外交，特别是和即将取代英国成为国际领袖的美国。由此在他的任内对中国的外交实行了追随美国的灵活政策，在处理如“福州事件”等外交纠纷中，原敬内阁采取了比以往要温和的做法，特别是对中国的“五四运动”，原敬内阁没有听从官僚和军部的强硬建议，采取了基本不干涉的立场。

第四项政策是原敬积极地向控制陆海军的方向努力。他曾一度兼任海相，这是日本近代史上的首例，对专横霸道的军部打击很大，而且在田中陆相的后任问题上，他都积极参与了。可以说，原敬凭着政友会的第一大党的背景和圆滑的政治技巧，纵横捭阖，成为真正握有实权的政党首相。

在原敬内阁上台后的1918年11月获胜的协约国在巴黎召开了讲和会议(巴黎和会)。日本作为战胜国和美国、英国、法国、意大利成为了五大国。西园寺公望作为全权大使参加和会。日本在这次会议上得到了继承德国在山东省的权益，并将德国的南洋群岛纳为自己的委任统治殖民地等实际利益。

1920年，在巴黎和会上美国总统威尔逊提议的成立国联的想法实现了。日本和英法意一道成为常任理事国，确立了世界大国的地位（美国由于上院的共和党坚持孤立主义，否决了凡尔赛条约，因而倡议者的美国反而没有参加国联)。

日本尽管想追随当时国际上风靡一时的民主主义和国家独立自主的潮流，但却一点不想放弃自己的不正当权益，而且还在稳步地扩大。1919年3月1日，汉城进行了要朝鲜独立的示威游行，独立运动在朝鲜各地爆发，这就是朝鲜史上著名的“三一运动”。原敬一方面予以严厉的镇压，一方面更换了一直实行武断政策[①]的朝鲜总督长谷川好道陆军大将，让海军稳健派的斋藤实做总督，改换了对朝鲜的统治方式。

华盛顿会议和对美协调

虽然原敬内阁在一定程度上改变了战前和战时的对外政策，但日本在战时贪得无厌的做法还是让英美不放心。1921年11月美国总统哈定召集列强到华盛顿开会，以审议海军裁军和太平洋及中国问题，这就是“华盛顿会议”。也

① 即以武力压制的政策。语源出自江户时代初期幕府所实行的政策。

就是在海相参加这次会议时，原敬暂时兼任了海相。

这时日本正处于1920年爆发的经济危机之中，财政十分困窘，如果和列强协调裁军的话，一来可以向国际宣昭日本国际协调路线确实在实行，二来也可以解决财政困难。原敬内阁派出了全权使团。在这次会议上，美英联合，日英同盟废除，日本将凡尔赛条约给日本的德国在山东的权益返还给中国，并约定尊重中国的主权和领土。日本、美国、英国、法国签订了四国条约，相互尊重各国对太平洋诸岛的权利，在太平洋问题上若有纷争，用外交手段来解决。在东亚问题上日本显然做了让步，这也是原敬内阁和美国协调路线的一个比较具体的体现。另一个重大的改变就是日本同意了主力舰和英美的比例为5：5：3（海军主力舰的吨数，美国、英国各为50万吨，日本为30万吨，法国和意大利各为17.5万吨），并缔结了海军裁军条约。不过，我们也要看到，虽然原敬内阁的对中国政策有了一定改变，但向中国的扩张并没有停止，只不过是侧重于经济方面罢了。

第二年2月，中国、日本、美国、英国、法国、意大利、荷兰、葡萄牙、比利时等九国缔结了九国条约，承认了中国的主权和独立，并以保全领土、门户开放和机会均等为原则。

1921年11月，原敬被暗杀，高桥是清（1854—1936年）继任，依然是政友会的内阁（高桥是清内阁，1921.11.—1922.6.6），这时日本的经济比前一年开始的萧条更加严重，政府不得已修改了原敬内阁的积极财政政策，紧缩财政，削减军费开支。翌年，在内阁改造时，内部分裂，高桥是清内阁总辞职。政党内阁中断，继任的是加藤友三郎（1861—1923年）内阁、山本权兵卫内阁（第二次山本内阁，1923.9.2—1923.12.27）和清浦奎吾（1850—1942年）内阁（1924.1.7—1924.6.7）的军人官僚内阁。政党政治似乎又结束了。但这时政党政治已经不是徒有虚名了，经过多年的努力和社会政治环境的变化，政党无疑已成为日本最有势力的一股政治力量，如果时机一到，政党是能够马上上台执政的。

关东大震灾

1923年，第二次山本权兵卫内阁成立。9月1日发生了关东大震灾。死亡

关东大地震

和失踪人数达 14 万人，57 万户人家失去了房屋。在这次大地震中，发生了屠杀中国人和朝鲜人的事件，当时的日本人听信流言飞语，采用了极其野蛮的做法，许多在日本的中国人和朝鲜人惨遭屠戮。在首都圈中发生的大地震，对日本国民的保守心态影响很大，反对官僚和军队的呼声有所减弱。同时地震后的善后处理等花费了政府大量的金钱，日本经济颇受打击。

第二次护宪运动和护宪三派内阁

1923 年 12 月末，发生了袭击摄政宫(即后来的昭和天皇）事件[①]，山本内阁引咎辞职。元老西园寺公望推荐了官僚清浦组阁。就是说连续三届内阁都是非政党内阁。当时，后藤新平(1857—1929 年）内相、犬养毅(1855—1932 年）邮政相以实行普选和制定治安立法构想为纲领，将在野党的第一大党宪政会和第二党革新俱乐部解散，重组了新党，准备和执政党（不是真正意义上的执政党，不过是支持政府的党而已）的政友会在总选举中一争高下。政友会中的改革派横田千之助（1870—1925 年）也开始和宪政会合作，想法和宪政会是一样的。

1924 年 1 月 18 日，政友会的高桥是清、宪政会的加藤高明（1860—1926 年）和革新俱乐部[②]的犬养毅会谈，商议成立政党内阁，于是护宪三派就开始进行倒阁运动。这就是第二次护宪运动。政友会的保守派床次竹二郎（1866—1935 年）成立了政友本党，支持清浦内阁。内阁于 1 月 31 日解散了众议院，总选举开始了。

第二次护宪运动比第一次规模更大，原因在于农村的人们也加入进来。选

① 即虎门事件。1923 年 12 月 27 日，当时的摄政裕仁（后来的昭和天皇）亲王在出席帝国第 48 次议会开幕式时，遭到难波大助枪击，未打中，难波被捕，翌年被判处死刑。

② 以要求立即实行普选，进行政治革新的立宪国民党为主，加上无所属俱乐部及宪政会中的激进的脱党成员于 1922 年 11 月 8 日组成的党派。1925 年由于内部分裂，消失。

举结果是护宪三派以286人对政友本党的109人，占绝对优势。6月7日清浦内阁辞职，第一党宪政会的总裁加藤高明（第一次加藤内阁，1924. 6. 11—1925. 7. 31）组阁，是为护宪三派内阁（政友会总裁高桥是清、革新俱乐部首领犬养毅也入阁，因此称为护宪三派内阁）。

政党政治这时才真正成为有广泛的社会基础的政治形式。也正因为有了这种动员民众的机制和经验，对二战中日本动员全国力量进行侵略战争有着重要的影响，同时战后日本能很快地进入政党政治也是因为有这种基础。

护宪三派内阁在国内实行普选，对外政策任用了币原喜重郎做外相。币原继承原敬开创的对欧美的协调外交，确保并增进日本在中国的所谓权益，史称第一次币原外交。

护宪三派内阁

在政党政治期间，两大政党轮流执政，互相开始争权夺利。但这两大政党对军方都是持绥靖和妥协的态度的。宪政会削减政友会的公共事业预算，而不削减陆军的军费开支，并按军方的要求，进行军备的现代化。他们还让著名的陆军实力人物宇垣一成（1868—1956年）做陆相，以和军方搞好关系。政友会索性在高桥是清于1925年辞去总裁职务后，让原陆相田中义一当了总裁。

政党内阁的对中国政策

政党内阁的对外方针是尽量不直接干涉中国的事务，特别是政治事务。高桥内阁（1921. 11. 13—1922. 6. 6）时，高桥是清试图搞中日经济合作，并以此和英美竞争。1922年第一次直奉战争时，高桥内阁没有干涉，这在日本近代以来的对中国政策中是很少见的。而1925年11月在北京召开的关税会议上，日本全权代表日置益首先发言，表示在原则上承认恢复中国的关税自主权，也算是个先例。在第一次若槻礼次郎（1866—1949年）内阁（1926. 1. 30—1927. 4. 17）时的1927年，中国进行了北伐，英国为了保卫上海租界，曾向美国和日本提出共同出兵的建议，但当时的外相币原喜重郎和美国一道拒绝了。

但是，协调的外交路线在政党政治的历史上并不总是被实施的。特别是中国进行北伐战争，北洋军阀的政府朝不保夕，新政府随时可以收回外国在中国的权益，而日本国内的经济由于关东大震灾出现萧条，这时，政友会就在总裁田中义一的领导下，想靠着扩张满蒙权益来将日本的经济从困境中解救出来。

1927 年 3 月，发生了银行挤兑事件，第一次若槻礼次郎内阁下台，成立了政友会的田中义一内阁（1927. 4. 20—1929. 7. 2）。田中兼任外相，一边对国内的工人运动予以严厉的镇压，一边要改变协调外交。

1927 年 5 月，田中内阁以保护在山东省的约两万日本人为由，6 月 1 日派遣军队由青岛登陆，向济南进击，一直在那里待到 9 月，出兵人数共为 4300 人。这就是第一次山东出兵。同时，在 6 月 27 日到 7 月 7 日，在东京召开了东方会议，出席者有陆海军和外务省的官员。在这次会议上决定了确保“满蒙特殊地位”及为所谓维持治安将满蒙分离以及维护和扩大在华经济权益的方针。1929 年 12 月在南京发行的中国的《时事月报》上登载了一份文件，名为“田中义一上日皇之奏章”，史称“田中奏折”，就是东方会议后的 1927 年 7 月 25 日田中向天皇上奏的“帝国对满蒙之积极根本政策”，内有：“惟欲征服中国，必先征服满蒙，如欲征服世界，必先征服中国”的战略总方针，以及侵占中国东北的具体方策，如派遣间谍、攫取矿山、移民朝鲜人、建设铁路、东北特产的专卖等共 21 条。这像是在东方会议上决定下来的。对这份文件的真伪是有争论的，但日后日本确实走上了这条道路却是不争的事实，而且在远东国际审判时也将其作为了一个问题。

皇姑屯事件

1928 年从 4 月到 5 月，日本第二次、第三次出兵山东，兵力达 1. 5 万人。5 月在济南和北伐军交战。田中内阁完全暴露了日本协调外交的脆弱性，一旦涉及日本的利益，他们是不惜采取极端措施的。但在具体的政策上就是强硬派中也有分歧，森恪（1882—1932 年）外务省政务次官、关东军和参谋本部的一部分人是所谓的最强硬派，他们要打倒张作霖的政权，培养一个更听话的傀儡政权，以此扩张日本在中国东北的权益。另一派是田中首相、满铁社长山本条太郎（1867—1936 年）和陆军省等，他们想和张作霖合作扩大日本的权益。关东军则采取直接行动，于 6 月 4 日在沈阳郊外的皇姑屯车站炸死了张作霖。

田中千方百计想隐瞒真相，但列强和中国都知道这是日本所为。张作霖之子张学良于 1928 年 12 月易帜，东北归属于南京国民政府。田中的满蒙分离的构想闹得个鸡飞蛋打。美国和英国在 1928 年没有向日本打招呼，就承认了中国的关税自主权。

田中内阁的对外政策遭受挫折，对内政策也陷入困境。主要是日本经济持续萧条。铁路建设等政友会历来坚持的扩大公共事业投资没有实现。在政治方面，对工人、农民运动采取了严厉的镇压手段。1928 年 3 月 15 日，拘留了和共产党有关人士一千多名，这就是“三一五”事件。1929 年 4 月 16 日日本警察对日本共产党再次进行搜捕，被起诉者达 339 人，日共受到毁灭性打击，史称“四一六”事件。本来日本的工人、农民运动已经分裂为左中右三派，这次镇压使民众的力量大伤元气，而且又在修改治安维持法时，加上了死刑一条。

田中实行这种高压政策，逐渐失去民心。昭和天皇又对他在皇姑屯事件的虚假报告十分不满，田中内阁于 1929 年 7 月总辞职（同年 9 月田中义一就病死了）。

第二次币原外交

继承田中内阁的是民政党的滨口雄幸（1870—1931 年）内阁（1929. 7. 2—1931. 4. 13）。这届内阁提出了十大政纲，想用金解禁的方法稳定兑换市场的行情，增加出口。这其实就是实行通货紧缩政策，以此来加强一直是入超的日本企业的竞争能力。这种通货紧缩政策必然和裁军相联系。内阁又起用了币原喜重郎做外相，这就是第二次币原外交，其目的是和列强协调，扭转田中强硬外交造成的恶劣国际影响。此外，在政治上提出要严肃纲纪、制定社会政策等。

伦敦海军裁军条约

1929 年爆发的世界性经济危机及对日本的影响留待下章详述。这里只论述日本的对外政策。币原喜重郎上任后和列强签订了伦敦海军裁军条约［1930年1月召开，日本代表团由前首相若槻礼次郎、海相财部彪（1867—1949年）率领］，大型巡洋舰和辅助舰只对美国的比例变为7：10。海军军令部强烈反对，但元老西园寺公望、内大臣牧野伸显（1861—1949年）和昭和天皇都表示支持政府，最终辅助舰的保有量为美国的七成，巡洋舰为六成，条约被批准。但右翼分子并不满意这一条约，他们对滨口首相实施暗杀，滨口受重伤，9个月后逝去。

政党政治是战前日本政治史上的一个极其重要的现象。从其形式或一定程度的实际内容来看，是相当近似于西方资本主义民主国家的政体。但它有两个弱点，一是受明治宪法的束缚，政党(或议会）不能名正言顺地成为统治主体。军部、官僚可以和它分庭抗礼，上面还有拥有绝对权力的主体或象征的天皇，这样一来，其在民众中有多大的影响力就很难说了，所以，一旦出现政治或军事上的危机，特别是在发生战争的时候，政党政治就显得十分脆弱。二是政党的政策也并没有根本改变近代日本对外侵略的总体战略，协调外交不仅受到国内强硬派的挑战和干扰，即使对被侵略的国家也并没有做实质性让步。所以，政党政治在20世纪30年代初，日本处于内外交困之时，很快就崩溃了，成为日本近代昙花一现的历史现象。

第四节　经济危机

台湾银行破产

第一次世界大战给日本带来空前的繁荣，但由于日本的经济基础薄弱，经济体制有弱点。所以繁荣如白驹过隙，转瞬即逝。不过，不可否认的是日本在大战前后的这一期间经济发展是相当迅猛的。大战期间日本的工业生产总额已经超过了全部生产额的一半以上，在海运业上日本拥有的汽船总吨数仅次于英国和美国。在20世纪20年代汽车已经成为载客和运输货物的工具，1929年有了定期的飞机航班。商业和服务业的发展速度也令人炫目。近代化的一个标志就是城市人口在总人口中所占的比例（城市化）。1920年，日本的农业人口减少到47%，大量人口集中到城市中来。总之第一次世界大战的机遇和国内资本主义的发展，使得日本成为亚洲第一的资本主义工业国。

第一次世界大战后，世界资本主义各国都走向所谓的相对稳定时期，经济有很大的恢复，但日本经济却连续遭受经济危机，陷入所谓的慢性萧条中。特别是从1917年禁止黄金出口以来，就没有回到金本位上来。日本财界强烈要求恢复金本位。若槻内阁（第一次若槻礼次郎内阁，1926. 1. 30—1927. 4. 17）准备解禁黄金出口。在此之前首先要处理银行的震灾支票的处理，以此整顿银行的业务。当议会渐渐地知道了银行的情况时，有很多不良贷款的银行也为人知晓了，因此出现了挤兑现象。1927年3月，经济危机降临日本。东京及周边地区的中小银行相继停业，有的地方银行也停业了。著名的大公司铃木商店[①]在战时从事大量的外贸，过度扩张，如今陷入窘境，它从台湾银行贷了大量的款，台湾银行只好破产。台湾银行一破产，十五银行、近江银行受其影响也破产了。这些银行都是一流的银行，对社会的震动之大可以想见。

若槻内阁因此而下台。继任的是田中政友会内阁。其藏相高桥是清使用了延期支付的手段，暂时平息了危机。在此期间，银行界进行了大规模的整顿，大银行扩大了力量，确立了三井、三菱、住友、安田、第一等五大银行的支配地位。产业界中的卡特尔化更为显著，垄断资本在财阀的形式下更加强大。

民政党[②]的滨口内阁(1929. 7. 2—1931. 4. 13）上台后，如前所述，实行了黄金出口解禁和财政紧缩政策，同时也为此进行裁军。在2月的总选举中，民政党以273名对政友会的174名而大获全胜，这给滨口内阁以信心。日本经济的前景乍看之下出现了光明。

---

① 铃木商店是近代日本著名的大贸易公司，中日甲午战争后，铃木商店和台湾民政长官后藤新平勾结起来，取得了台湾樟脑油的专卖权，一举成为大型贸易公司，后又投资钢铁、盐业、酒业、钢铁业、海运业等。一战后，作为铃木商店的主业海运业需求激减，铃木商店陷入困境，只有依靠台湾银行的贷款经营，1927年3月27日，台湾银行宣布停止对铃木商店的借贷，遂破产。

② 全称为立宪民政党。1927年2月宪政会和政友本党结成宪本联盟，同年6月建党，是和政友会对抗的两党轮流执政的大党。

世界经济危机和日本的紧缩政策

1929 年 10 月 24 日，美国股市暴跌，所谓黑色星期二引起了世界经济的混乱和危机。当时世界上还没有能应付这样的国际性经济危机的机构或机制。第二年欧洲也被卷入这次大危机中。紧缩中的日本国内市场进一步萎缩是不可避免的了，并且世界性的大危机又影响了其出口，真是雪上加霜。日本国内的八种重要商品平均跌价 37%，中小企业大批破产，工人被解雇、降工资或增加劳动强度已成为家常便饭。大资本结成卡特尔。互订协议，缩短工作时间。托拉斯也出现了，资本加强了对产业界的控制。

日本政府在萧条时进行黄金解禁和通货紧缩，本来就违反经济常识，早就遭到了批判。1930 年春，日本的经济危机更加严重，没有丝毫复苏的迹象。但第二次若槻礼次郎内阁（1931. 4. 14—1931. 12. 11）藏相井上准之助（1869—1932 年）一意孤行，坚持金本位，继续实行通货紧缩政策，它认为危机会在经济的自我调整中过去。这种南辕北辙的政策使得生丝和大米等农产品价格暴跌，农村的危机愈发严重。农户的负债额达 40—50 亿日元，相当于 1930 年国家岁出预算的近三倍。

1931 年秋反对若槻内阁的呼声高涨。内阁要实行社会政策的纲领没有履行，如在失业救济、扶贫事业等方面的开支也被紧缩。就连社会政策的重要部分，即民政党也十分热心的建立“工会法”也在日本工业俱乐部这样的资本家组织的强烈反对下，在议会以审议未了而被搁置。

当时或现在许多人认为日本国内市场狭小，又没有像英法那样广袤的殖民地，所以想克服这场危机是很困难的。因此，发动对外战争是解决危机的一个办法，这也是日本发动侵略战争的一个重要动机。从后来的历史看似乎是这样的，而且日本也确实对中国进行了侵略。但是结果又如何呢？短时间内似乎克服了经济危机，但却导致日本国家的败亡。因此，以战争来寻找市场或产品出路的办法如果说不是侵略者的口实，也是相当愚蠢的行径。第二次世界大战后，发达国家遭逢经济危机时，并没有诉诸侵略，而是运用宏观经济调控的手段，克服危机，赢得了经济上的繁荣。从这里我们还可以看到宏观经济调控手段的重要性。因此，至少从主观上讲，政府的失策也是日本陷入长期经济危机的一个重要原因。

高桥财政

不过，这种政府政策的失误似乎要被扭转过来。“九·一八”事变后，政友会的犬养毅内阁（1931. 12. 13—1932. 5. 16）上台。高桥是清为藏相。高桥再度实行禁止黄金出口并脱离金本位。他大量发行国债，扩大公共事业的投资，试图把日本经济从萧条中解救出来。这些方法和后来的凯恩斯主义是十分相像的，因而他被称为是在凯恩斯主义在欧美实行之前的东洋的凯恩斯。他的积极财政和通货膨胀政策对日本经济的恢复产生了决定性的影响。虽然，当时的人们并不相信他，但从 1932 年以后，日本经济又走向繁荣来看，正是他实施的政策起到的滞后效果。这绝不仅仅是侵略中国所带来的。

贫富两极分化、城乡差别、财阀控制经济、大垄断企业和分散的中小企业并存、中产阶级弱小以及政府决策失误，是日本久久不能从经济危机中脱身的主要原因。这是日本的经济体制和社会制度上的问题，要想改变它，就要动大手术，进行政治、社会和经济上的综合改革，但对在明治宪法体制下的日本国家来说，这是很困难的，或者说是不可能的。这种制度上的弊病，或者说制度本身和日本长期以来实行的军国主义政策以及侵略性的大陆政策相结合，便使日本走上另一条道路，那就是法西斯主义的道路、大规模侵略战争的道路。

第五节　法西斯抬头

民间法西斯主义的兴起

日本的法西斯主义作为理论首先兴起于民间，其后才和军部及政府中的实权人物相结合，夺取了政权。具有讽刺意味的是日本法西斯的思想和理论正是在大正民主时期开始的。其代表人物有北一辉（1883—1937 年）、大川周明（1886—1957 年）、井上日召（1886—1967 年）、西田税（1901—1937 年）和内田良平（1874—1937 年）等人。

其中最为著名的是北一辉和大川周明。北一辉是个早熟的政治理论家。他不过是早稻田大学的听讲生，几乎全是靠自学，在1915年他22岁时就撰写了《国体论及纯正社会主义》，1906年自费出版，但被禁止销售。他参加了黑龙会，辛亥革命时来到中国，支持宋教仁。1913年回国后撰写了《支那革命外史》。1916年又到了中国，目睹了“五四”运动，1919年在中国的上海开始撰写《国家改造案原理大纲》，提出“支那保全主义”和起动天皇大权举行政变，实施一系列“国家改造”政策，并对外进行侵略的法西斯主义理论（1923年这部书改名为《日本改造法案大纲》），这本书被法西斯分子奉为经典。1920年他回到日本后，参加了另一名法西斯主义理论家大川周明创建的组织“犹存社”，后来二人反目，遂分道扬镳。北一辉门下聚集了不少具有法西斯思想的人。比如他的得力助手西田税。

1927年7月，西田税创立了“天剑党”,1928年出版了专为军人阅读的《改造案论策集》，这是民间法西斯向思想最反动最顽固的军部进行渗透的第一步(西田税本人在日本士官学校毕业，这时为预备役军人)。在书中，按北一辉的主张，日本应该建立军人政权，实行国家改造，并进而建立世界帝国。这当然会引起一贯穷兵黩武、野心勃勃的军部的共鸣。与此同时北一辉开始和青年军官们接触，成为他们的精神领袖。

另一个法西斯理论家大川周明和北一辉分开后，创立了法西斯组织“行地社”，继续进行他疯狂的宣传活动。在行地社的机关杂志《日本》上，大川周明大造舆论，鼓吹法西斯主义。大川周明曾经做过满铁的调查员，对中国东北的情况知晓一些。他认为“满蒙”是日本的生命线，满蒙有丰富的资源和广袤的土地，日本有了满蒙便可以以此为基础成为亚洲的盟主。和北一辉不同，大川周明一直和政府靠得很近，这也决定了他们两人不同的命运。北一辉在“2・26”事件后被处死。而大川周明却一直活到东京审判之后（装疯卖傻，躲过制裁），于1957年死去。

北一辉是信奉佛教的，当然在他那里以做善事为中心的佛教成了他精神空虚的寄托和保佑杀生的神灵信仰。而另一个民间法西斯分子井上日召干脆就是个和尚。他将所谓启蒙思想传播到农村，发展信徒，并妄想带着这些信徒们进行政变。他和海军中的青年军官来往甚多，并接受了这些军官们暴力改造的思想。井上日召和北一辉、大川周明不同，他没有多少理论修养，但却更残忍凶暴，提倡直接行动，将一切都诉诸血腥的暗杀行动。

这些民间法西斯分子如果单是在社会上活动的话，是不会成什么大气候的。但更引人注意的是军队中法西斯思想的兴起。

军队法西斯主义的形成及内部分裂

日本的陆军从明治维新以来就是由长州藩阀控制的，如日本的陆军之父山县有朋等。海军则是由萨摩藩阀领导的。这些人在世或有能力的时候是可以掌握军队的，军队中的下级军官们慑于他们的权威和权力，还是服从上级命令的。但20世纪20年代后期，是军队正面临着藩阀军阀向新一代军人交接领导权的时候。军队内部对藩阀不满的人掀起了革新潮流。这股潮流和日本的政治社会问题（比如经济危机、政治腐败、农村的贫困等等）相联系，不久就转为“国家革新”的法西斯运动。荒木贞夫（1877—1966年）、真崎甚三郎（1876—1956年）等高级将领在“九一八事变”前就主张激进的“满洲”政策，要求迅速占领“满蒙”，向苏联开战，这就是“北进方针”。而另一部分高级将领永田铁山（1884—1935年）、东条英机（1884—1948年）等则主张渐进的“满洲”政策，以满蒙为跳板侵占中国内地，并暂时回避对苏作战。这就是“南进方针”。这是军队内法西斯分子在策略上的分歧，并非实质性的政策方针上的争执，尽管如此，他们还是有分歧的，再加上种种人际关系，军队内部就形成了两派。

荒木贞夫在1931年12月当上了陆相。他因为爱使用“皇道”一词，所以他和真崎甚三郎、林铣十郎（1876—1943年）为首的法西斯军人被称为皇道派。这一派的兴起源于对军内继承藩阀的所谓宇垣一成藩阀的不满，其骨干是所谓革新的年轻军官阶层，他们信奉天皇制军国主义是可以并需要革新，主张以天皇大权来改造政治，因此也被称作“国体原理派”。而永田铁山、东条英机等人为首的所谓“中间幕僚集团”被称为统制派。他们是实力派人物，认为军队应服从军队中央的统制。

山雨欲来风满楼，日本军部内部的法西斯分子在日本的社会经济及政治的大气候和大条件下羽翼逐渐丰满。正在窥测时机，以求一逞。而危险的时机也在迫近，这就是战争。

第六节 大正时期的文化

百花齐放

大正时期是日本近代文化十分繁荣的时期。究其原因，第一是明治以来实行的全民教育有了成果。日本人的识字率有了很大的提高，国民的文化素质（受众的素质）是决定一个国家文化发达与否的最重要的因素。文学、科学、艺术有了受众，就形成了资本主义的文化市场。比如在明治期间就出现了专靠稿费生活的职业作家。第一次世界大战结束后，为了支撑工商业的发展，原敬内阁的主要政纲之一就是充实中高等教育和实业教育。1918 年发布了大学令，以前都是帝国大学（国立综合大学），而大学令承认可以有国立单科大学、公立大学和私立大学，大学的数量明显增加。中学、实业学校的学生从 1900 年的 9. 4 万人增加到 1920 年的 19. 5 万人。女学生的人数在 1920 年已经有 16. 6 万人。1920 年中等教育的升学率男子为 20%，女子为 12%。这些人大多都喜欢读书、读报。以看报纸的人数为例，《大阪朝日新闻》即现在日本大报《朝日新闻》，一天的发行数量达 30 万份。《大阪每日新闻》（现在的《每日新闻》）也是同样。1924 年，两报的发行量达 100 万份。《中央公论》、《改造》等综合性杂志也急速发展起来。读者大多是受过中等教育的人。农村在此期间的文化教育也有了令人瞠目的发展。许多农村青年去东京、京都和大阪等大城市进大学和专门学校。比如兵库县中学毕业后升高校或专门学校的学生人数，从 1914 年的 192 人上升到 1920 年的 433 人。这些青年受当时俄国民粹派思想的影响，走进民众中去，暑假、寒假期间回家乡向当地青年传播城市的新思想和文化。此外，城市工商业的发展，使劳动力缺乏，农村青年经常去城里打工，接受了不少新的思想，比如普选的思想等。

第二，经济的发展，特别是工商业的发展，使人口向城市集中，工薪阶层大量增加。人们的生活富裕了，精神上的追求就自然多了起来。而且在城市里不论是工作还是交际都需要教养。工作之余又需要心灵上的娱乐。于是，文化的消费就发达起来。

第三，大正时期是所谓的民主主义流行的年代。和明治时期不同，官僚的势力在减弱，标榜民主主义的政党对思想文化领域里的各种思潮基本持容忍的态度。因此，各种迥然不同的思想意识的出现也在意料之中。更重要的是阶级、阶层的分化和新阶层的出现，其欣赏口味的不同也决定了文化艺术上的多样化。

最后，不论是学术抑或文学艺术，在经历了数十年的近代化的发展后，逐渐成熟。这是各个领域内自身的发展规律所决定的。即使没有外部条件的影响，从文化艺术本身来讲，大正时期也是日本在吸纳接受西方资本主义的近代文化之后，进入了开花结果的季节。总之，大正时期确实是一个不同凡响的文化成熟和进步的时代。

文　学

大正时期的文学是特别值得一提的。阿部次郎（1883—1959 年）的《三太郎日记》、仓田百三（1891—1943 年）的《爱和认识的出发》等，以对社会、人性深刻地观察而得到好评。1910 年创刊的杂志《白桦》确立了“白桦派”在大正文学上的主流地位，并掀开了日本文学史上雍容高雅的一页。白桦派有武者小路实笃（1885—1976 年）、志贺直哉（1883—1971 年）、有岛五郎（1878—1923 年）等贵族出身的作家。他们生活优裕，有精神和物质两方面的自由，于是便提倡人类的爱、肯定人生等理想主义，取代了自然主义文学。

和白桦派同时，有夏目漱石的门生芥川龙之介（1892—1927 年）、久米正雄（1891—1952 年）、菊池宽（1888—1948 年）等新思潮派。他们投稿于《新思潮》杂志，以重理性，感觉敏锐，挖掘人的内心世界为特色。芥川龙之介的短篇小说如同雕刻画一样简洁清晰。他的短篇小说《鼻子》很受夏目漱石赞赏，从而确立了他在文坛的地位。芥川的小说多取材于日本的历史，还有中国的历史传奇等，但并不拘泥于历史事实，而是“六经注我”，提出的都是现代人的问题。鲁迅曾经翻译过他的小说，二战后著名导演黑泽明一举成名之作《罗生门》就取材于他的两部短篇小说。而以美为最高的价值，在《三田文学》杂志上发表的永井荷风（1879—1959 年）、谷崎润一郎（1886—1965 年）的作品中得到集中体现。他们被称为“耽美派”（即唯美派）。此外，至今在日本文学中还有很大影响的新感觉派也是在那时建立的。代表人物是横光利一（1898—1947 年）和后来的诺贝尔文学奖得主川端康成（1899—1972 年）。他们的小说在表现形式上以新颖独特著称，在探究城市生活和物质的关系上有独到之处。

在马克思主义的影响下，无产阶级文学也萌生了。1925 年无产阶级文艺联盟建立，创刊了杂志《文艺战线》。但还属于无产阶级文学的雏形，真正的无产阶级文学的成熟是在昭和时代。

在这里要提及一下所谓的大众文学或通俗文学。这类作品一般不为文学史所收入，但却是民众喜闻乐见的。看看今天中国作家金庸的书大行其道，就知道这种大众文学的影响力了。在当时日本著名大众文学家有推理小说作家江户川乱步（1894—1965 年）和历史小说家吉川英治（1892—1962 年）。推理小说在日本是最受欢迎的小说种类，即使在今天，畅销书也大多是推理小说。

大正时期的文学派别繁多，内容涉及面广泛，表现出大正时代激荡的社会变化和形势。这些作家有的自杀，如芥川龙之介、有岛五郎，有的去搞新村运动，追求理想社会，如武者小路实笃，这在一个侧面表现出知识阶层在那个时代的苦闷和不安的心情。但从整体上来说，那时文学的主流还是乐观主义的。追求自我、重视理性、倡导个性等理想渗透在这些作品中，给人以极大的精神上的享受。

美 术

各画派综合性的画展是 1907 年文部省举办的展览会，此后每年举办一次。但由于官办的性质太强，许多画家及画派脱离了这一展览会，纷纷成立自己的组织。在绘画种类上，外国油画的影响力愈显巨大。1893 年黑田清辉（1866—1924 年）从法国归来，给油画界带来了新的气息。在此之前，日本的油画主要是受古典画派的影响，画风阴沉、重浊，而黑田等海外归来的画家建立了所谓外光派（点彩派），油画的表现顿时明朗生辉。在大正民主时期，出现了岸田刘生（1891—1929 年）等著名画家。岸田刘生受法国后期印象派的影响，反对古典的写实主义。后来他对初期浮世绘和中国宋元绘画十分赞赏，在技巧上常用日本画的水墨淡彩，从而使他的油画中融入了东方绘画的写意意境。此外安井曾太郎（1888—1955 年）、梅原笼三郎等则在日本式的画风中浸透着油画的感觉。这些画家的可贵之处在于他们并没有食洋不化，而是和日本美学传

丽子像　岸田刘生画

统相结合，创造出独特风格。这在一个侧面也说明了日本自进行近代化的改革以来，特别是大正民主时期，人们的思想活跃而大胆，敢于创新，同时也表明了日本人并非光是模仿，在独创性上也不落人后。此外，油画家万铁五郎（1885—1927年）等引进了西方野兽派和立体主义的画法，在很大程度上改变了明治末年确立起来的油画技法。

日本画则更显活跃。过去的各派别，如土佐派、四条派、南画[①] 等继狩野芳崖等的改革之后，人才辈出，如寺崎广业（1866—1919 年）、横山大观（1868—1958 年）等。

版画的宗师是恩地孝四郎。他受德国表现主义等前卫艺术的影响，在日本开抽象美术之先河，而且他不仅从事抽象艺术的创作，写实主义的版画也有很多杰作。在他的带动下，日本的版画确立了在美术界中的地位，而且技术、品质都在不断提高。

雕塑、建筑和工艺美术

日本在近代以前的木雕是属于宗教文化领域的，作品都是佛像等，此外，就是应用于建筑物之上的雕刻。而受西方人体雕刻的影响，日本的雕刻家们也开始创作用于纯粹美术鉴赏的雕刻和人物纪念像。中原悌二郎（1888—1921年）等崇拜罗丹的雕塑家们正在摸索着新的雕塑方法。高村光太郎（1883—1956 年）是著名的诗人和雕刻家，他的雕刻很受人们欢迎。

现代工业化的面貌和农耕社会的根本性区别之一就是城市建设，近代化的城市公共设施齐全，有街树、路灯、柏油马路等等。而在建筑物上最大的特征

① 土佐派是从室町幕府到幕末以宫廷为创作场所，继承和保持日本传统绘画的画派。四条派是江户时代由松村月溪（吴春）开创的日本画的一个画派，后不断进步，成为现代日本画的基本画风。而南画则指受中国画影响的文人画。

就是楼房林立，这是因为近代化的城市人口集中，地皮费用高，不得不节约用地所致。日本自明治维新以来在建筑物的目的和类型及风格上都向西方靠拢。过去高大、奢华的建筑物都是宫廷、寺院及城楼等，现在取而代之的是政府机关、公司、银行和大学等。顺便说一句，日本对教育的重视也体现在学校的建筑上，不管走到哪个偏远的农村，村子里最好的建筑物就是学校。这些大型建筑是按西方的式样设计建筑的，一开始用的是西方的建筑设计师，后来日本的建筑师成长起来，就取代了他们。在 20 世纪 20 年代左右，日本城市中的高层建筑多了起来，在东京都的丸之内建设了高楼群。这不仅说明日本有了近代化的大都市，而且其建筑技术水平也有了非凡的进步。

工艺美术在以前的基础上有了长足的进步。从 1913 年开始，农商务省每年都要举办工艺展览会。染织、铸金等传统工艺得到继承。但工艺品由于数量少、价格昂贵等因素，一般人不敢问津。于是，这些艺术家们在大正末年发起了民艺运动。

音 乐

有人说建筑是流动的音乐，反过来说，音乐则是凝固的建筑。日本从明治政府建立之初就开始学习西方音乐。1914 年，山田耕作（1886—1965 年）在柏林皇家音乐学校留学四年，回来后在东京交响音乐会创立了管弦乐部，他自己担当指挥。后来又开始作曲，他的作品涉及交响乐、交响诗和歌曲等诸个方面，是个杰出的音乐家。同时，还有从欧洲回来的声乐家（美声唱法）三浦环（1884—1946 年），他的歌声响彻了欧美歌坛。1925 年，山田和指挥家近卫秀麿（1898—1973 年）创立了日本交响乐协会，这是日本人的西洋音乐的演奏团体，并定期演出。后来由于二人意见不和，近卫又创立了新交响乐团。

这些高雅的或是西洋音乐如果没有传播工具，其欣赏者不过是一小部分人士。但科技的进步使音乐插上了翅膀，“昔日王谢堂前燕，飞入寻常百姓家”，这就是 1925 年开始的广播和人们开始拥有收音机（见后文），再加上从 1889 年就开始进入日本的留声机，到大正民主时期唱片的销售量很大。

日本人是个能歌善舞的民族，几乎所有的人都爱唱歌，在学校的课程中就设置了音乐课。于是，赞美诗、军歌、校歌，还有宿舍的歌曲便被传唱开来。

这些歌曲引人注目的是带有西洋的味道，但具有日本民族特色的“演歌”也是在明治时代创造的，并在留声机流行后，成为大众的流行歌曲。

戏剧和电影

演艺界最引人注目的是话剧。以1909年建造的自由剧场为中心诞生了许多剧团，开始时是小山内薰（1881—1928年）和演员市川佐团次（1880—1940年）协作，演出易卜生（1828—1906年）的话剧。1915年话剧一度衰落，1924年小山内薰等人创立了筑地小剧场，上演了许多西方戏剧，成为话剧艺术的中心。此外歌剧也出现了。“宝塚少女歌剧”歌剧团创立，演唱者都是少女。1927年到东京演出，立刻大受欢迎，直至今日这个歌剧团还存在。同时浅草歌剧院的开设也说明听众人数还是很可观的。

大众娱乐中最有力量的莫过于电影。1894年电影在美国成功上映，1896年进入日本，被翻译为“活动写真”。在大正时期，日本的电影走入了正轨。1912年9月日本活动写真株式会社（日活）创立，以后在一战时期由于经济繁荣，电影公司层出不穷，外国电影也上映了。这时还是无声电影（1929年后才有了有声电影，日本则是在1931年后才开始上映有声电影），但依然非常受大众的欢迎，成为市民阶层的主要文化娱乐。

此外，由于学校里普及了体操等，民众逐渐地熟悉了西方的近代体育，体育爱好者人数增加，身体也强壮起来。那时，管中国人叫东亚病夫，其实日本在引进西方近代体育前身体也好不了多少。当时，日本后来的国球——棒球就已经很流行了，1915年全国中等学校棒球大赛开始举办，最终棒球成为日本的国球，今天日本观看棒球的人数还是最多的，优秀的棒球选手家喻户晓，人们，特别是年轻人平常聊天也离不开棒球的话题。1912年日本运动员参加了奥林匹克运动会，并取得了几项冠军。

新闻媒体

在新闻媒体方面，主要的还是报纸。如上文所述，各大报的订数相当巨大。而报纸也走上了商业经营。过去以批判政府为主的报纸逐渐将重点放在社会新闻以及大众娱乐的体育专栏、小说专栏及家庭专栏上。另一重要媒体的无线广播，也在 1925 年以东京广播的形式开播了。第二年，日本广播协会成立（即现在的 NHK）将各个广播局统一在一起，扩展了广播网络。20 世纪 20 年代末，听收音机的家庭达 65 万户。无线广播的时代名副其实地来临了。

在这些消费性的文化娱乐之外，人们也重视对学问或自身素质的追求。由于有大量的中等学校毕业的学生，知识分子阶层得以扩大。因此，像哲学这样的学问也有不少人在业余时间研读。日本著名哲学家西田几多郎（1870—1945 年）的处女作《善的研究》的读者就很多。而和辻哲郎（1889—1960 年）等哲学家在日本传播着新康德派的思想。一时间哲学书在日本很是畅销。

科学的进步

科学中包括自然科学和社会、人文科学。在自然科学方面日本的发展是非常巨大的。在生物医学领域，北里柴三郎（1852—1931 年）发现了鼠疫病菌，志贺洁（1870—1957 年）发现了痢疾菌，还有肾上腺素、维生素 B_1 的提取等。在物理学上有长冈半太郎的对原子结构的研究，可以说是相当先进，没有这个基础，日本就不会有后来的汤川秀树获得诺贝尔物理学奖的殊荣。

在自然科学研究方面，在 19 世纪末到 20 世纪初，如东京帝国大学等各国立大学一直在进行纯理论的研究。随着资本主义的发展，商业利益浸透到各个角落，社会需求使得纯理论研究走出象牙塔，和实际的工业技术研究结合了起来，这就有了研究所。于是物理化学研究所、大阪工业试验所、航空研究所等便建立起来，这些研究所既有国家出钱的，也有私人的。科学的理论和技术成果在这里得到完美的结合，真正体现了科学技术是第一生产力的著名论断。

与自然科学相比，在社会和人文科学领域的发展受到局限，主要是政府方面的限制和诱导。明治维新时，日本引进了各个西方国家的制度，但以德国为主，特别是法学。于是，德国法学在日本的法学研究中就占据了主导地位。在经济学上，田口卯吉提倡的自由贸易的英国古典经济学并没有形成主流，而德国的贸易保护主义和社会政策等却占据了优势。就连哲学也是德国的最强大，新康德主义曾在 20 世纪 10 年代流行一时。日本学习美国，追随美国是第二次世界大战后的事，战前主要是学习德国。这并不奇怪，德国的资本主义形成和发展和英法相比是落后的，而日本当时也处于这一地位，容易产生共鸣，与德国一样，保护本国的利益，发展本民族的工业是日本的国策。

不过，从 20 世纪 20 年代后半期开始，马克思主义经济学十分兴旺发达。这和日本共产党的建立当然是分不开的，但也要看到日本严重的社会和经济问题，传统的，或者说资产阶级古典经济学开不出药方，理智的、有良心的学者自然会接受马克思主义经济学的。

以上说的都是新学问，也就是直接移植的西方近代学术，那么，日本过去的学术又怎样了呢？国学、汉学、佛学曾经是日本封建社会的显学并没有被放弃。学者们使用新的方法对古典进行新的探索，也产生了许多优秀的成果。如白鸟库吉（1865—1942 年）的对亚洲历史，特别是对中亚和满族、蒙古族的研究就具有独创性，远远超过前人。津田左右吉（1873—1961 年）则从事《古事记》和《日本书纪》的研究，论证了神代的故事并非史实。这在当时是惊天动地的一件大事。此外，柳田国男（1875—1962 年）展开了日本民俗学的研究，成为大家，其影响远及今日。不过，就像开始时说的那样，官方的控制还是很严厉的，加上社会上的右翼捣乱，社会科学和人文科学并不能做到学术自由。津田左右吉的著作就被禁止销售，1942 年还以侵犯皇室的尊严为名被判有罪。

即使在政府的重压之下，一部分知识分子还是展开了政治上的批判，著名学者河上肇（1879—1946 年）于 1916 年在《大阪朝日新闻》上连载他的名著《贫乏物语》，站在人道主义立场上对资本主义制度展开批判，后来河上肇成为社会主义者，他的许多宣传马克思主义的书对我国当时的年轻人和知识分子影响颇大。而对政府和社会进行尖锐批判的当属社会主义者们，山川均（1880—1958 年）、大山郁夫（1880—1955 年）等不仅批评现政权，而且指出大正民主的不彻底性。当时他们是少数，也许是认为他们过于偏激，和者盖寡，但从今天看，他们的批评确实是切中要害。

日常生活

大正时期，日本人的生活大体已经西洋化，西装和制服变得好像是日本人自古就有似的。中学生早就穿上了制服，女子学校的女生服装改变得较晚，到20 世纪 20 年代中期才将和服换为制服。城市的男人一般在外穿着西服，女人们的裙子等和西方出现的新潮流几乎同步变化，20 世纪 20 年代女人流行短袖、短筒的裙子，而在此之前穿的是长袖、长筒及地的裙子。但是，如果认为这只是受西方服饰的影响就失之偏颇了。工业化或者近代化是个整体，经济形态的改变引起社会生活各个方面的变化，服装也是如此。正因为近代化，过去的大袍长袖的服装不能和从事工业生产或办公室工作相适应，妇女们参加近代化的工作也使绚丽多彩的和服不仅派不上用场，反倒成了累赘。不过，大多数人过的还是日本式和西洋式的双重生活，在家里穿和服的男人和女人不少。此外，西洋的发型也流行起来，和今天一样，发型等主要是表现在妇女身上的。20 世纪初流行额发向前梳的“厢发”，20 世纪 20 年代则时兴遮耳短发或纯粹的短发。

在城市建筑方面也有了很大变化，特别是关东大震灾后，钢筋水泥、防震耐火的建筑多了起来。不过大多是政府机关、公司等的建筑物。在公共建筑和交通工具中都用上了西洋的椅子，改变了日本人席地而坐的老传统。在居民住宅方面，也有了一定的变化。当时能住上红色房顶的文化住宅则是人们的梦想，这种文化住宅建在郊外，有客厅，和洋合璧。不过，梦想归梦想，一般民众住的还是老式的木制日本房子。住宅内部的变化则更大，在主要城市，自来水供应到千家万户，也有了煤气。

“民以食为天”，现代化和学西方使得千百年来日本人的饮食发生了改变，以前不怎么吃肉的日本人，也吃上了各种肉食。一般人认为日本人不吃羊肉，这在本州确实如此，但在北海道一些地方就有吃羊肉火锅的习惯。此外，食糖的需求量增长很快，这也是受西式饮食的影响。但是，饮食习惯也是不容易改变的，许多日本人还是喜欢吃传统的日本餐。夏目漱石留学英国时，就说自己最想吃酱汤、烤鱼、米饭的日本式早餐。

在东京，百货公司建在银座，使那里的风貌为之一变，街上行驶着汽车，私人铁路公司的电车在郊外已经形成网络。煤气路灯逐渐被电灯取代，晚上，人们可以看到华灯初放，行走在亮如白昼、灯火通明的城市街道上，赏心悦目。人们在闲暇时间去看电影、听音乐会、参加体育活动或者观看体育比赛，在家里可以听收音机、留声机、读书看报，精神生活很充实。

东京、大阪朝着现代化的城市进发，人民生活有了普遍提高。但是，不要以为日本的城市和生活已经赶上了欧美国家，20 世纪 40 年代美国记者来到日本说，日本比美国落后一百年。这很大一部分原因是日本的军费开支太大，直接影响到人民的物质生活。

让我们再来看看大城市中的贫民生活。近代化的副产品贫民窟并没有被消灭，据当时对大阪贫民窟的调查，居住在贫民窟里的人，有工作的只有 36%，户主的 45%是靠捡垃圾度日，生活不安定，收入低，因此儿童们也参加工作，其中 11—15 岁的儿童有一半左右卖火柴或擦玻璃。贫民窟的恩格尔系数（在整个收入中饮食所占的比例，以此来规定贫困线）是 60%左右。很多家庭的衣服只有一件，出门时换着穿。住的更是拥挤不堪，有的贫民窟一间 15 平方米的房间平均住 6 人多。1924 年调查了 129 户住在贫民窟的家庭，有厨房的只占 37%　其他都是共同使用，有自来水的只有两户，其余的人共同使用 4 个水龙头，82 户没有自家的厕所，共用两个厕所。此外，在工厂做工的女工也是很苦的。她们来自农村，劳动条件十分苛酷，而且收入极少。1925 年细井和喜藏发表了著名的纪实文学《女工哀史》，如实地反映了女工们的悲惨生活，这本书不仅在当时引起了反响，而且在今天也常被人引用。

农村也受到城市的影响，电灯和自行车普及得很快。农民也逐渐走向现代的生活方式。但是，日本最贫穷的人是在农村，那些佃户们生活极其困苦，食不果腹的儿童大有人在，这样的贫农根本承担不起任何风险，于是就有了上文说的在经济危机时期，农民的状况恶化到生活难以为继的程度。这种城市和农村中的贫富两极的巨大落差正是反映了日本经济体制中问题最严重的一面，也是日本社会中最阴暗的方面。

大正时期的文化最重要的特点就是大众文化。众所周知，随着现代科技的进步和经济上的发展，大众文化的来临是个普遍现象。通信网络的建成、交通手段的发达、教育的普及、薪金阶层的增加、商品的大量生产，这些使得原来只有少数人才能享受到的物质和精神生活向广大的民众扩展。但是，大众文化还有一个侧面，就是金钱的支配，为了赚钱可以让艺术变成杂耍，让文学变成客厅里的笑话（美国剧作家尤金·奥尼尔语），让体育变成一部分人牟利的工具，大众娱乐也向低级趣味甚至下流的方向发展。如何使高尚的情趣、高雅的文化普及到民众中去，就是在今天也是个未解决的问题。

另一方面，大正时期的文化虽然其样态显示了大众文化的特色，但能享受这种文化的也只是一部分人。美国大众文化的兴起及占据主流是因为有最低工资制的保障和工会的力量及数量众多的中产阶级。但如前所述，日本工人，特别是女工的工资很低，农村中贫困人口不在少数，而且政府和资本家勾结在一起，在企业合理化整顿中解雇职工并不罕见，没有物质保证和相对平均的分配制度，大众文化是很难普及的。也由于这些原因，中产阶级的数量较少，且不稳定。另外，虽然政府和民间都在大力普及科学，而且日本的近代科学也取得了世所罕见的进步，但伪科学或者说封建迷信还存在，信奉的人也不少，看相算命、巫医神道都很吃香，之所以如此，其原因是多方面的，其中之一不能不说和政府宣扬的皇室神话有关。所以说，日本名实相符的大众文化的建立还是在战后，即日本国民的90%都有中流意识时，才有了真正意义上的大众文化。

大正时期是日本近代史上人们的物质生活进步、精神生活最为充裕的时代。虽然存在着种种问题，但并不是不可改变的。光明的未来在日本人的眼前展现出绚丽的影像，但影像最终没有成为现实。战争的阴云却逐渐遮蔽了明亮的天空。

第七章

法西斯政权的形成

（1930—1936 年）

第一节　军国主义和法西斯主义

军国主义的日本

军国主义是以战争为手段对外扩张侵略，对内实行军事警察暴力统治的国家体制，即以军事立国，奉行军事至上主义。在意识形态上就是一个国家或地区的人们所具有的政治的、社会的及人生的价值观均以军事的、军队的价值为最高标准，军事或军队成为最高的价值。军国主义的意识形态应该说从明治维新以来就是日本国家意识形态中心之一。从军人敕谕开始，通过教育敕语等形式向日本民众灌输忠君爱国的思想。这个君就是天皇，天皇也正是日本军队的统帅。明治天皇身着大元帅服，出现在公众面前，给人以极其深刻的印象。这种领袖人物诱导式表现作用的力量之大是难以想象的。在现实中，日本自明治维新以来确立的国家目标都是在战争中实现的，同时，穷兵黩武、接连不断的侵略战争使日本获得了巨大的利益，军人们也因此获得了极大的荣誉，从而被人们所尊重。顺便说一句，日本军官的收入也是很高的，这对于普通民众而言，自然认为当兵有出息。因此，军国主义在日本民众中的渗透和影响自不待言。就是在大正民主时期，军国主义思潮一度退潮，但并没有消失。更何况田中义一的在乡军人会的力量非常大。他们在当地民众间进行的军国主义教育和宣传不可小视。“九・一八”事变后，日本的军国主义思想更是猖獗一时。政府鼓吹爱国主义，让青少年要有爱国心。由于爱国主义宣传得那么彻底，以至于今天在日本爱国主义这个词是带有贬义的。青少年们纷纷参加募集慰问金、送慰问品、写慰问信的活动，还去欢送出征的士兵。

从 1933 年起，日本政府在教科书中增加了军国主义内容，对学生的毒化更深刻了。这种军国主义的思想或意识形态比法西斯主义危害更烈，因为军国主义思想或价值观在日本存在的时间更长，而且在所谓自卫、爱国的面纱下更具有欺骗性。比如，今天在日本宣传法西斯主义是不太容易了（当然可以改头换面，如国家主义等等），但如果宣扬军国主义还是会有市场的，特别是在民族主义思潮强烈的时候，所谓国家主权，自卫权就纷纷粉墨登场，蛊惑人心、欺世盗名。

和军国主义相比，法西斯主义在内部建立极权统治方面更为突出，而在对外侵略扩张上则完全一样。但应该指出，法西斯主义是个更短暂的历史现象。军国主义可以追溯到古希腊的斯巴达，而当今的世界也有类似于军国主义的现象，但法西斯主义主要是指二战前后的德国、意大利和日本的政体和意识形态，从某种意义上来说，是近代的产物。当它和军国主义结合在一起时，就意味着现代的侵略战争。这是一对最亲密的伙伴。

法西斯主义团体

20 世纪 20 年代，当法西斯思潮在日本兴起后，法西斯主义的各种组织如雨后春笋般纷纷出现。1927—1937 年，民间的法西斯组织数量达 634 个，成员有 12 万人。其中有过去平冈浩太郎、头山满（1855—1944 年）建立的右翼组织玄洋社①

① 明治维新时期，原福冈藩的没落武士们对政府不满，一方面和各地武装暴动的士族勾结，一方面又打着“伸张民权”的旗号。1879 年平冈浩太郎和头山满等人在此基础上建立了向阳社，1881 年改称玄洋社，开始时还和民党一致，提倡民权，后来就成了所谓的国权主义者，叫嚣扩张军备等。在中日甲午战争、日俄战争及吞并朝鲜的几次历史事件中都起着极其恶劣的作用。头山满还与孙中山结交，目的是帮助政府实现大陆政策。

和内田良平（1874—1937 年）创立的黑龙会等组织，[①]（1931 年内田良平等又创立了大日本生产党，黑龙会遂被吸收进去）还有北一辉、大川周明等建立的犹存社、行地社等。这些民间的法西斯主义很快便和军国主义结合起来了。如上文所述，民间的法西斯思潮已经进入军队。日本陆军的中下级军官于 1927 年组织了双叶会、木曜会（和贵族院里的木曜会不是一个组织）。打着研究的招牌，大搞侵略中国的战略思想的准备工作。其中，1928 年组成的无名会的成员有日本陆军中主要的法西斯人物，如石原莞尔（1886—1949 年）、武藤章、永田铁山（1884—1935 年）等。此后，双叶会、木曜会、无名会等合并为一夕会。

樱会和王师会

1930 年 9 月，陆军中更有典型性的法西斯团体成立了，这就是“樱会”。其成员是陆军省和参谋本部的少壮骨干军官们。领头的是参谋本部第二部俄国班班长的桥本欣五郎（1890—1957 年）中佐。在他们的纲领中写明，如今日本内政外交的窘境是政党之流追求私欲私利造成的，他们要以天皇为中心创造出有活力、明朗的政治，其终极目的自然是国家改造，为此，他们认为需要的话，不辞使用武力。樱会的会员是现役陆军中佐以下的军官。并制定“国家改造”的具体方案。这个组织虽然是秘密组织，但频繁对外接触。大川周明和桥本的关系就很好，而且主动为樱会和社会上的法西斯组织进行联络。其组织成员扩大得极快（到 1931 年已经有 100 名会员，参谋本部中有 40 名军官成为该组织会员，占整个参谋本部军官的 30%）。由于他们聚会是公开的，所以陆军上层也知道这个组织的存在，但像永田铁山这样的人自己就是一夕会的成员，怎么会干涉呢？而陆相宇垣一成想靠着军部的力量进入政界，这种组织对政府的影响正可以为他所用，自然是视而不见。更令人感兴趣的是日本政府也知晓这件事，但并没有作出强烈的反应。这一方面是由于军队的特殊地位，另一方面也说明政府在姑息养奸。

① 1901 年，玄洋社的大陆浪人内田良平等人在东京创立该组织，名字取自于我国黑龙江。纲领是要日本当亚洲民族兴隆的领袖，改造现行体制。

海军中也出现了法西斯团体，那就是王师会。这是由海军的年轻军官藤井齐纠合海军的青年士官组成的法西斯团体。他们反苏、反共、反对社会主义，叫嚣要成立世界帝国。

“三月事件”

军队内部的法西斯组织并不只是清谈，他们要行动，要夺权。1931 年 1 月 13 日，桥本将一份拟好的政变计划书拿到陆相官邸给陆军的上层人士看。计划的概要是由大川周明等法西斯分子在议会捣乱，使议会陷入混乱，军方乘机宣布戒严令，建立宇垣一成的内阁。当时宇垣一成派系的人，如杉山元陆军次官、小矶国昭（1880—1950 年）军务局局长、建川美次参谋本部第二部部长等实力派人物都认为可行，并积极参与。这个计划不过是政变的草案，但一旦得到上层人物的支持，桥本和重藤千秋支那课课长便于 2 月 7 日将方案更加具体化。想乘无产政党（合法的社会主义政党）在第 59 次议会上提出劳动法案时（3 月 20 日），由大川周明率领民间的法西斯分子、浪人及无产团体等 1 万余人，在议会前进行游行示威，同时让第一师团的部队以保护议会的名义出动，包围议会会场，使用威吓用的炸弹，然后军队的数名首脑赶赴会场，宣布政变。天皇降命于宇垣一成，成立军人政府。

2 月下旬，桥本由小矶介绍，和大川周明面见宇垣。宇垣表示对政党极为不满，为了国家可以不惜生命。桥本、大川认为这是答应了他们要求宇垣出马的请求。2 月 26 日，小矶向大川转达宇垣的意向，说宇垣表示要看了方案后再作答复。后来大川周明拿了方案给宇垣看。这时由于宇垣得知民政党发起了拥立他做党的总裁的运动，就变卦了，命令中止计划。当时军事课长永田铁山等幕僚军官们知道了计划的具体内容也持时机尚早的观点，转而反对政变。但大川、桥本等人并没死心，他们还想硬干，可最终由于力量单薄，只好住手。政变就此流产。直至 8 月这一消息才传到政界上层，引起极大的震动。是为“三月事件”。

“三月事件”从计划的内容来说是相当粗糙、幼稚的，很难实现。但这个计划在军队内部几乎是公开的，而且策动政变者并没有按军纪处分。说明陆军的上层在袒护这些人。这样就给军队内部的法西斯分子助长了气焰，其后果和影响是非常大的。

“三月事件”促使军部内部的法西斯分子对如何行动进行了反思。幕僚派的法西斯分子认为这样的政变不合适，应该通过所谓合法的途径掌握军权，然后再执政。这就是后来的统制派的做法。但是樱会的激进派认为军部背叛了他们，就试图另谋出路，再找更可靠的伙伴或者支持者。同时虽然也反对政变的真崎甚三郎（1876—1956 年）等皇道派法西斯首领人物，却和永田铁山等人的矛盾加深，后来就发展到上文说的统制派和皇道派（后文详述）之间的激烈冲突。

三月政变虽然未能实施，但以桥本为首的樱会激进派和大川等人并不甘心。大川认为，“三月事件”不是没有意义的，首先他们得知军队的上层也有国家改造的想法，其次，这些人虽然有这种想法，但年龄大，靠不住。而且樱会中的所谓稳健派逐渐脱离了樱会，大部分是幕僚军官，这些人也是靠不住的。鉴于这种情况，桥本等人把目光转到地方部队中，在那里纠集陆军士官学校第 28 期以后的青年军官，果然不出他们所料，参加者很多，这些青年军官在长勇大尉的领导下组成了“小樱会”。

“十月事件”

当“九一八”事变爆发前夕，陆军中分出了两派，一是大陆先行论，即将中国东北建设成所谓的王道乐土后，再在日本进行革新。由外而内地建立军人法西斯政权，这是关东军的板垣征四郎、石原莞尔（1886—1949 年）等人的主张。

桥本等人则主张建立军部独裁政权，不太关心国外的事情。但是他们也认为一旦爆发战争，其影响将会波及国内，对他们的计划是有利的，因此，在侵略中国方面，他们也持积极的态度，和关东军的幕僚们遥相呼应，想乘机将所谓对“九一八”事变采取不扩大方针的第二次若槻内阁（1931. 4. 14—1931. 12. 11）打倒，对外继续侵略，对内则建立军部内阁。于是便第二次图谋政变。

这次政变计划比上次要残酷得多。计划的实施日期定为 10 月 21 日，陆海军都有地面部队和飞机参加，军队外部则有大川、北一辉、西田税等人助阵。

攻击的目标是奇袭首相官邸，将阁僚杀死；占领警视厅，包围陆军省、参谋本部，强迫他们一同行动：占据新闻机构，杀死所谓的不良人物。然后让天皇降命，任荒木贞夫当首相等。

这回桥本是相当保密的，连樱会中的所谓稳健派都没有告诉。但是，这种计划必须要有军队上层人物支持才行。其实以参谋本部第一部部长、被认为最有实力的建川美次为首的军部上层对这个计划也持支持的态度。但桥本等幕僚军官们在酒馆里大肆吹牛，引起青年军官们的不满，而且，政变的流言已传扬出去。于是，建川美次转变了态度，他叫来桥本让他中止政变。桥本也答应了。但是，桥本又说他压制不住樱会中的激进分子，要求将他和这些激进分子拘留。陆军省的高级官员对此进行了协商，一部分人不同意拘留，其中就有荒木贞夫。他自告奋勇去说服那些激进分子。

激进分子们答应至少当晚不会搞政变，但是，荒木一走，计划就照常进行。陆军上层知道了这一情况才下决心将桥本等人拘留。但是，陆军给他们的处分是相当轻的。首要人物桥本只得到了 20 天谨慎（一种处罚，被令谨慎者，要控制言行）的处罚，而且将此事件做保密处理。这就是“十月事件”。上次的“三月事件”已经给政界上层以巨大的冲击，这次的震惊就更为巨大，虽然政变流产，但却取得了实际效果，政府开始改变“九一八”事变不扩大方针的原因之一就是这“十月事件”的震撼效果。

这两次政变虽然未果，但军队上层实际上在支持政变或者支持政变者最终让军部执政的企图，不过是认为时机不成熟或手段不合适而已。而且处罚轻微，可以说根本算不上处罚。这样一来，军队内部的法西斯分子，特别是青年军官们的气焰就更嚣张了，樱会中的一部分青年军官后来加入了血盟团，并参加了“五・一五”事件和“二・二六”事件的政变。

另一方面，造成青年法西斯军官更加激进的原因和军部的怂恿支持相反，是军部上层人物的不坚决态度。在这两次事件中，军队的上层人物一部分是开始支持，见势头不好就转而反对，一部分是根本就反对这样的激进方式，这便引起了下层青年军官的强烈不满，认为这些人靠不住，也更增加了他们焦躁的情绪，于是便向直接的恐怖行动迈出了脚步。但是，由于“十月事件”的失败，延缓了军队内部的直接行动，但民间法西斯分子却立刻接过了血腥的接力棒。

第二节 “一人一刀”的暗杀

暗杀滨口首相

在明治维新前的幕末时期，武士们曾经掀起一阵阵暗杀的浪潮，冲击着政权。死亡的恐怖使幕府的当权者不寒而栗，许多事情也不敢采取断然措施。明治维新以后失去特权的武士们也屡屡实施暗杀活动，政治家、独裁者大久保利通就是死在武士的刀下。这种野蛮的政治风气在20世纪20年代末到30年代初又一次出现在日本政治舞台上。这些暗杀恐怖活动的制造者是所谓的昭和维新的法西斯右翼分子。

法西斯分子的第一枪开向了日本首相滨口雄幸（1870—1931年）。如前所述，滨口内阁在币原喜重郎的具体实施下，在外交上实行了所谓协调外交，批准了伦敦海军裁军条约，引起了军部和法西斯分子的强烈不满。

1930年春，法西斯团体爱国社策划了一起针对首相滨口的暗杀计划。由佐乡屋留雄和松本良胜执行。佐乡屋留雄从民政党中的法西斯分子处得知，滨口要陪同天皇参观陆军在冈山县的特别大演习。滨口的行程是在11月14日上午9点15分从东京站乘火车去。佐乡屋留雄提前赶到东京车站。在滨口首相走进火车站月台时，他用左轮手枪击中了滨口的腹部。保卫首相的警官当场将其擒获。滨口首相受了重伤。1931年8月26日因伤重不治身亡。

滨口首相被刺

这种针对国家领导人的暗杀对内对外的震动是很大的，在每个国家对这种影响巨大的谋杀在量刑方面一般都是很公正的。1933年，佐乡屋留雄被判处死刑。

政府似乎要对这种恐怖活动施以严惩，但却没有执行，并且被一再减刑，1940年干脆假释出狱，日本的上层统治者就是这样拿法律和人命开玩笑。不过，我们也要看到问题的另一方面，当时，他被判死刑时，全国递交请愿书为他申辩要求减刑的竟达七万多份。可见当时日本右翼的势力是如何之猖獗，而法西斯思想对民众的侵蚀也是很令人吃惊的。

恐怖的血盟团

血雨腥风、充满了恐怖的时期就从东京站台上的这第一枪开始了。其后的恐怖活动由井上日召继承下来。

从 1931 年 3 月开始，民间法西斯团体纷纷统一起来，大川周明纠合了黑龙会系统、经纶学盟系统的各个组织成立了全日本爱国共同斗争协议会，6 月，以内田良平的黑龙会为核心建立的大日本生产党和其他分散的右翼团体组成的大同团结在大日本主义的旗帜下，联合了起来。

8 月 25 日和 26 日，陆军的菅波三郎等、海军的藤井齐等、民间人士西田税、井上日召等法西斯分子约四十名召开了“乡诗会”。会议的内容是商讨在预想的“十月事件”中各派如何协调行动。会议决定积极地参与桥本、大川的政变计划，并就政变后“清算野心家”和防止中国东北问题恶化做了协商。但是，井上日召认为桥本的政变计划完全无视天皇的想法，而其他的陆海军的青年军官们对桥本和大川的野心及幕僚军官们十分厌恶，他们想干的是所谓“抛石主义”。就是做抛砖引玉的牺牲者，各派想要协同行动也不容易。

后来，追随北一辉的西田税和大川反目，西田派的陆海军青年军官们便推出了十月的政变计划。

不仅民间法西斯分子在建立法西斯政权的步骤、方式上有分歧，陆海军之间也有所不同。陆军想依靠荒木陆相，在政府内部推进他们的革新政策。但海军却想从外部直接行动。这就在所谓清算野心家的方式方法上产生了差异。

上文说过，井上日召和海军内部的法西斯分子过从甚密，海军将他作为精神领袖。但井上日召并没有什么成体系的理论，他和北一辉、大川周明相比是个狂热的信奉恐怖主义的法西斯分子。井上日召是日莲宗的僧侣，在中国待过很长时间，后来在田中光显伯爵的支持下，在茨城县修建了立正护国堂，在那里进行恐怖主义的“教化运动”。和他的出身一样，这个宗教狂徒将大慈大悲的佛法改换为血腥的恐怖主义。他认为只有实施“玉碎主义”或“抛石主义”才能进行革新。因此，他提出了“一人一刀”的恐怖计划，实施这一计划的事件被称为“血盟团事件”。

上文说过，海军在藤井齐等人的领导下建立的法西斯组织“王师会”，要改造日本以成为世界国家联邦的中心。该组织最初的参加者大都是中尉、下尉级的青年军官，约有 20 人左右，后来古贺志清、村山格之等人也加入进来，这些人都是后来“五·一五”事件时的骨干分子。

伦敦海军裁军条约签订后，反响最强烈的自然是认为自己受到损害的海军，这些海军内部的法西斯分子乘机兴风作浪，从 1930 年八九月开始他们和民间的西田税、井上日召及陆军的青年军官们互相联系。10 月藤井写了“忧国慨言”，提出要使用非常手段。

于是，民间有井上日召的血盟团，军队中有海军的王师会，他们共同信奉的就是法西斯血与铁的恐怖。而这时陆军中的桥本欣五郎等幕僚军官们或被调转到地方或被派遣到国外，加之陆军部队中的法西斯军官们寄希望于当时的陆相荒木贞夫，认为不用政变就可以改造国家，因而陆军中的直接行动的法西斯势力有所收敛。用暴力方式改造国家的重任就落在海军和民间法西斯分子身上了。

1932 年 1 月 9 日，井上日召的血盟团和古贺志清等海军青年军官会晤，决定 2 月 11 日纪元节前后对政界、财界及特权阶级的巨头实施暗杀。武器使用手枪，并派人通知地方上的海军同伙。然而，大川周明的手枪没有及时提供，再加上中国爆发了“一·二八”事变，藤井等人奉命入侵中国，海军方面的行动化为泡影。

于是，1 月 31 日，井上派又和海军协商，决定先和海军分开，由井上派单独行动，这作为第一波行动，海军以后作为第二波行动。井上日召担任指挥，其他的人实行具体的暗杀。方法就是所谓的“一人一刀”，即一个人负责杀一个。同时他们具体分派了每个人的暗杀对象。要暗杀的目标是政友会总裁犬养毅首相、床次竹二郎铁道大臣、井上准之助（1869—1932 年）前藏相、币原喜重郎前外相、三井银行的常务董事池田成彬（1867—1950 年）、三井合名公司理事长团琢磨（1858—1932 年）、三菱合资公司董事长木村久寿弥太、住友的八代则彦、及安田、大仓财阀的首脑。此外，元老西园寺公望、牧野伸显（1861—1949 年）内大臣（注意：内大臣是所谓天皇的宫内官员，要和内阁的内务相、宫中的另一高官宫内大臣区别开来）、伊东巳代治枢密顾问官、贵族院议长德川家达等所谓特权阶级的巨头。从这个名单上看，日本法西斯分子在一定程度上是有要改变现存秩序的意愿。他们憎恨政党政治，对些许的民主都深恶痛绝。他们对财阀的聚敛也很厌恶，而这一点是很容易蒙骗那些出身农村贫苦家庭的中下级军官的。他们认为维持现存秩序的支柱是那些元老宿臣，是保守分子，他们是改造国家的绊脚石。但他们要的不是人民革命，也不想建立一个真正民主的、社会主义的政权，他们要的是法西斯专政的军人政权，不论他们是想利用天皇大权或是真的信奉天皇，都说明他们对现政权的根基是承认的。正因为如此，虽然他们也许想用恐怖手段清除所有的障碍，但是一旦这些上层统治者同意他们的要求，与之合流的话，就会成为他们中间的一员，或者他们成为上层统治者的一员。后来事态的发展也是这样的。这些激进分子一部分被以天皇为首的统治者镇压后，一部分就和法西斯中的稳健派沆瀣一气，这时日本国内的动荡就消弭得无影无踪，变成“举国一致”的法西斯政权了。

促使这些激进派立刻动手的直接导火索是当时日本的经济形势。犬养内阁上台后，采取了再次禁止出口黄金的政策，三井等财阀乘机大搞金融投机活动，叫做“财阀收买美元”行动。本来日本政府就和财阀勾结得很紧密，即使这一政策意图不是给予财阀大发横财的机会，但结果却是如此，因而引起日本民众极大的愤慨，也鼓舞了法西斯分子立刻行动的勇气和决心。

1932 年 2 月，少数党的政友会解散议会，进行总选举，获得了压倒性的胜利。在此期间的 2 月 9 日夜，井上准之助前藏相在东京驹込小学被血盟团的小沼正二刺杀。3 月 5 日，三井合名理事长团琢磨在光天化日之下被菱沼五郎杀死在东京的三井银行门前。这两个刺客都是井上日召在茨城县培养出来的部下。

日本的头面人物被暗杀对社会的震动是可想而知的。日本警方起诉了血盟团的 13 名首要分子，但随着法西斯化的进一步加深，审判极难顺利进行。这次审判居然进行了 92 次公审，最后井上、小沼、菱沼被判处无期徒刑，其他的被判处 3 年到 15 年不等的徒刑。但在 1940 年又受到恩赦，全体罪犯都出狱了。海军中和血盟团勾结的法西斯分子藤井、古贺等人，由于海军方面的调查很不认真，没有暴露出来。这也为以后的“五・一五事件”埋藏了祸根。

血盟团暗杀计划虽然庞大，但被刺杀的仅二人，随即血盟团就不存在了。但是，血盟团事件的影响是谁也不能不承认的。不仅他们的暗杀计划或行动和其后的“五·一五事件”有直接的关系，而且他们在日本民众中造成的心理影响更是巨大。血盟团的暴力使日本上层的一些反对军部的人士也为之胆寒，不敢挺身而出制止法西斯分子的所作所为，使得他们的气焰更为嚣张。

具有讽刺意味的是，日本帝国的兴起是从幕末的武士暗杀开始的，其败亡之先兆也是起始于法西斯的恐怖活动。

第三节 “政党政治”寿终正寝

“五·一五”事件

明治维新后，从自由民权运动开始直到资产阶级自由派分子进行的两次护宪运动，其追求的最重要的政治目标之一，就是政党政治。最终，他们达到了目的。从原敬内阁开始，虽然几经波折，但政党政治似乎已经在日本确立了。民众也由于普选，得到了更大的政治上的民主权利。虽然在明治宪法的框架下，日本的政党政治就像在桶里生长的孩子一样，很难像正常的人一样成熟。但法律规定在某些时候不过是一纸公文，更重要的是人的运作。经过大正民主时代，政党政治变得更加强大有力，虽然腐败丑闻不断发生，引起了民众对政党内阁的强烈不信任感，但法西斯分子想从政党手中夺取政权也不是轻而易举之事。所以，才有了直接诉诸消灭肉体的恐怖活动。

但是，从另一方面看，在法西斯分子实行恐怖活动之前，政党内阁就有些风雨飘摇了。经济危机动摇了日本中产阶级的基础，农村的贫困化日益严重，政党的政治丑闻又迭出不穷，民众对政党的信心日益减弱。而且更重要的是，政党内阁丝毫没有显示出能振作起来的样子，这也使民众感到失望。而面对法西斯分子日益猖獗的活动，政党却束手无策，像是在坐以待毙一样。

血盟团事件发生后，由于将直接暗杀者逮捕，血盟团被迫取消了进一步的暗杀计划。但恐怖主义并没有因此而消退。上文说到过的海军和陆军中一部分青年法西斯分子们和民间法西斯分子们约定由他们来进行第二波行动，加之在血盟团事件的鼓舞或者刺激下，他们策划进行规模更大的恐怖事件，这就是“五·一五”事件。

本来“五·一五”事件是要由藤井齐指挥，但藤井齐在上海战死，于是，古贺中尉便代替了他的位置。参加“五·一五”事件的人员有古贺、中村义雄中尉、三上卓中尉和七名海军士官，陆军有11名士官候补生，此外还有血盟团的四名残余分子，这是行动队。古贺等还动员民间法西斯团体茨城县的爱乡塾头橘孝三郎（1893—1974年）参加行动，橘孝三郎立即响应，组织了农民决死队。橘孝三郎自称是农本主义者，1920年他在家乡茨城县建立了所谓兄弟村，搞什么理想村的建设，1930年成立了爱乡塾，由于其标榜农本主义，所以对农村青年有不小的影响。由于经济危机，农村日益穷困，他认为这一切的罪魁祸首都是资本主义，而日本资本主义的代表就是财阀和政党，于是，就参加到直接行动的“五·一五”事件中来了。他组成的农民敢死队有七人，都是他的爱乡塾的学生。最后是民间援助者，有大川周明、本间宪一郎、头山满的儿子头山秀三等，他们负责提供武器（武器提供者还有海军）。本来古贺想得到陆军法西斯的支持，3月20日曾与相泽三郎等会谈，但陆军不想参加，只争取到士官候补生的参加。3月末，古贺作出了第一期计划。计划内容是将成员分为三组，第一组袭击首相官邸和牧野的内府，拥立东乡平八郎元帅，宣布戒严令。第二组负责袭击工业俱乐部和华族会馆，拥立权藤成卿进入首相官邸，进行国家改造。第三组袭击政友会、民政党的党总部，然后将血盟团的成员从狱中解救出来。

但后来这一计划经过数次修改，最终在5月13日定下最后方案。这个计划将政变行动分为两个阶段。第一阶段的行动为三上卓中尉带领第一组，袭击首相官邸及日本银行，古贺中尉的第二组袭击牧野内大臣官邸，中村中尉的第三组袭击政友会总部，明治大学的两名大学生组成第四组，负责袭击三菱银行。第二阶段的行动是第一组、第二组和第三组集合起来冲向警视厅，和警官作战。同时，别动队的农民决死队从日暮时分袭击东京的变电所，造成全城停电。还要杀死“叛徒”西田税。这样一来，他们预计东京将会发生混乱，乘机让军部宣布戒严令，成立以荒木为首相的军政府。

1932年5月15日凌晨4点半，在靖国神社集合的第一组开着汽车到了首相官邸，闯了进去。这天是星期日，犬养毅首相休息，见到这些气势汹汹、一脸杀气的年轻军人，犬养首相要和他们对话，但他们说："说也没用，射击"（也可译为"闭嘴！射击！"），三上卓和黑岩勇预备役少尉用手枪向犬养毅射击，负了致命伤的犬养毅于夜里11点半左右逝去。此外，第一组还杀害了两名首相官邸的警察，并砸坏了警视厅的窗户，向日本银行(中央银行）扔了手榴弹，然后去东京宪兵队自首。第二组和第三组分别向内大臣官邸和政友会本部抛掷了手榴弹，飞跑着散发所谓檄文的传单后，也向宪兵队自首了。血盟团残余分子向三菱银行投掷了手榴弹，同时，把他们认为的叛徒、陆军的青年军官们的领袖人物西田税刺成重伤。农民敢死队的任务是炸毁变电所，但他们的行动没有造成破坏，东京依然在灯火中辉煌，别动队遂作鸟兽散，到24日别动队被全部逮捕。大川周明在茨城火车站附近被捕。逃往到中国东北的橘孝三郎也于7月24日在哈尔滨向日本宪兵自首。

这些年轻军官搞的政变，计划并不严密，比如开始想拥立东乡平八郎元帅，但根本没有和东乡元帅联系过。除了凶残地杀害了首相一人外，其他行动等于落了空。但"五·一五"事件的影响和"三月事件"、"十月事件"是不能同日而语的，而作为血盟团恐怖行动的第二波，和单纯的暗杀又不尽相同，暗杀和政变结合在一起，是"五·一五"事件的特点。在暗杀方面，血盟团的刺杀滨口雄幸首相让人们看到了暗杀的幽灵开始在日本徘徊，而"五·一五"事件使人感到恐怖已经笼罩了整个日本，宣示着群魔狂舞时代即将来临。"五·一五"事件是恐怖暗杀活动的一个高峰。在政变方面，虽然大部分的行动失败了，但毕竟是走出了第一步，这和其后更大规模的"二·二六"事件是有内在联系的。

"五·一五"事件不仅是恐怖和政变活动发展的一个新阶段，而且其政治上的后果很是严重。日本近代的政党政治就此结束。政党占据政治舞台的中心只好等到第二次世界大战后了。当然如前所述，政党在明治宪法的框架内很难实现完全的资本主义民主政治，而经济危机和政治丑闻使政党的威信受到致命的打击。特别是日本的二重经济使农民生活贫困，对政府极其不满。当时，日本的中间阶层和农民纷纷递交减刑请愿书。特别是在法庭上那些出身于日本东北贫穷农村的士官候补生们揭发出农民的悲惨生活，引起很多人的同情，"五·一五"事件的首领们也强调"农为一切之本"。这就更让人觉得政党无力解决这些问题。同时法西斯分子和军方相互勾结，猖狂地实施暗杀恐怖使人们会问：政党到底能不能管理日本。

同时，军部利用这次事件，在政界的发言权更大了，开军人公开与政的先河。荒木陆相向西园寺公望直接提出陆军反对再出现政党内阁，而且东京的宪兵司令官在求见西园寺时，遭到拒绝后大怒，说现在是国家的非常时期，还将佩剑弄得哗哗作响。对元老尚敢如此，可见军人气焰之嚣张。

那些天皇的侧近或者说特权阶层也并没有和军部抗争的勇气。接替犬养毅政党内阁的是斋藤实（1858—1936 年。斋藤内阁，1932. 5. 26—1934. 7. 3）海军大将，这是木户内大臣秘书官长向牧野内大臣提出的建议，并请天皇下发诏书，明显的是让天皇干预政治。这样一来，明治宪法体制下的宫内、府内的区分就被破坏了。当然斋藤实内阁不是完全的军人政府，而是军人和官僚结合的所谓“举国一致内阁”，元老西园寺公望也想将其作为过渡政府，以后再恢复正常。但这种原则上的让步是不能轻易作出的。上层人物的妥协或绥靖策略终于给垂死的政党政治以最后的一击。从这种让步中也可以看出日本上层的统治者不仅对法西斯分子的所作所为无可奈何，而且在一定程度上是答应了法西斯分子的要求，尽管他们内心也许不想这样做。

“五·一五”事件对日本政权的更迭具有重大的意义，是日本近代政治史上的一个转折点。同时，这些法西斯分子打的是为农民请命的招牌，而且陆军提出强硬的、必须救济农村的意见，“举国一致”内阁或以后的内阁不得不对农村和农民进行了一些救助（所谓时局匡救政策的中心就是救济农村），而且由于日本占领了我国东北，日本农民向东北移民了一部分，加上对中国东北的剥夺和国内经济形势的好转，缓解了日本农村的困境。

法西斯恐怖是针对着现存秩序的，自然对社会各个阶层都会产生影响。他们要杀的目标包括老财阀们。财阀们一来慑于暗杀的恐怖，二来惧怕国内民众对他们的残酷剥削的不满，不得不作出一些让步。首当其冲的三井财阀率先表示要“转向”。并设立三井报恩会，基金为 3000 万日元，用于社会事业。同时公开了股票（此前财阀们持有的股票既不公开，也不上市），三井家族从公司管理层大规模撤出。随后三菱、住友也作出了相应的姿态。三井财阀后来在配合法西斯政权时更是不遗余力，从 1933—1936 年的三年间，三井向修建军人会馆、海军参考馆大量捐款，并对爱国恤兵会、防空普及费和农村救济费进行捐献，共花费了 6000 万日元以上。这些老财阀和法西斯分子的结合就是以恐怖主义这条古怪而带有讽刺意味的线串联起来的。

“五·一五”事件对社会政治有着巨大的影响，给法西斯上台制造了社会基础和舆论上的准备。社会上的右翼团体纷纷建立，至1933年末，达到501个团体，其中半数以上是1932年以后成立的，日本右倾化倾向愈发严重。从要求“五·一五”事件被告减刑的请愿书竟达114万封来看，民众受这次事件影响之深之巨可见一斑。在媒体上，过去强调个人自由的资产阶级自由派的论谈与右翼相比失去了活力。左翼在“九·一八”事变及“五·一五”事件后，也萎靡不振。而日本共产党中甚至出现了大量所谓的“转向者”。

“五·一五”事件按常理来说是应该受到法律的严厉制裁的，但这次像血盟团事件一样，杀人者并没有得到应有的惩罚。陆军中的事件参与者，在陆军当局，特别是宪兵队的“好意”下，还有部分舆论支持的青年军官团的声援下，虽然被判处反乱罪，但最高被处以四年禁锢，民间要求减刑的运动也是由此而起的。海军方面对这些叛乱者开始时要比陆军严厉得多，认为尽管动机纯粹，但违法就是违法，不管其动机如何。于是，检察方面要求将古贺、三上、黑岩等三名被告处以死刑，最后被处以最高15年禁锢。对这个判决，海军中的青年军官仍很是不满，海军法务局长不得不辞职，但古贺等人的同期毕业生还声称要造反。

“五·一五”事件后，日本政党政治崩溃，恐怖活动也销声匿迹了。其后的“二·二六”事件虽然和“五·一五”事件同样是政变行动，也受到“五·一五”事件的启示和影响，但那不过是军队法西斯内部的自相残杀而已。

第四节　军人执政

法西斯分子的内部纷争

“五·一五”事件后，斋藤的所谓“举国一致”内阁上台，这届内阁并没有像军部所预想的那样，和军部全面合作。当然军部对政治的干预比以前要强大得多。1933年10月3日—20日，斋藤内阁创立了“五相会议”，即首相斋藤实、藏相高桥是清（1854—1936年）、外相广田弘毅（1878—1948年）、陆相荒木贞夫、海相大角岑在一起协商重要国务，目的是各个部门互相配合，并且和侵略中国的战争有关。这也被人称作是“阁内内阁”。陆相和海相自然是代表军队的了，即军部有两个代表，所以军部的发言和影响力的增加不足为怪。

当时，陆相荒木贞夫代表的是陆军法西斯中的皇道派。他们狂热地信奉天皇，主张对美苏开战，并提出要在1936年前后做好全面战争的准备。这便需要大规模扩张军备，并且在政治、社会及经济体制上进行改变，建立举国一致的战时体制。外相和藏相对此持不同意见。当然，他们并不是从根本上反对法西斯的侵略战争，不过认为在策略上应该更慎重，而且他们对世界形势和日本经济力量的判断也和陆军有所不同。荒木一怒之下便辞去陆相职务。不过，荒木辞去陆相一职还另有隐情，那就是陆军内部皇道派和统制派的纷争日趋激烈。荒木辞职意味着统制派逐渐占了上风，但不甘失败的皇道派军官们时刻想着如何战胜自己的对手。这便为以后的“二·二六”事件埋下了伏笔。

与陆军内部派别斗争相同，海军中的所谓舰队派和条约派的纷争也十分激烈。条约派指的是当年赞成伦敦海军条约的海军中一部分稳健派，舰队派则是反对伦敦海军条约的激进派。“五·一五”事件的参加者都是舰队派。因为签订裁军条约的主导者是海军省，所以舰队派将矛头指向海军省，叫嚣着要将海军军令部的权限扩大到和陆军参谋本部一样（陆军参谋本部权力的扩大是由于侵略中国的战争，因为战争实施者绝大部分是陆军）。舰队派的井上成美军务局第一课课长甚至写下了遗书。1933年9月，海军省屈服了，只保留了人事权和特命检阅权，条约派的核心人物也逐渐退出现役。但是，和陆军不同，海军内部的纷争逐渐平息下去了，在“二·二六”事件爆发时，海军是比较平稳的。

退出伦敦会议

虽然军部在政府中的力量不断加强，但斋藤内阁并没有唯军人之命是从，有些时候在一定程度上甚至压制军队的一些过激倾向。于是，检察官中的一部分法西斯的“革新力量”，就制造了“帝人事件”，图谋将斋藤内阁赶下台。“帝人事件”是收受台湾银行保有的帝国人造绢丝股票的贪污案，台湾银行行长、帝人总经理等财界巨头纷纷被捕，接着大藏省的次官黑田英雄等政府官员也被逮捕，中岛久万吉商工相、鸠山一郎文相、三土忠造铁道相等都被列入嫌疑者中，7月3日，斋藤内阁不得不总辞职。这显然是政治上的诬陷，1937年法官在判决书上说，这是猴子捞月一样的事，结果全体无罪。这件诬陷案的操纵者是司法官僚、法西斯分子平沼骐一郎（1867—1952年）。平沼想继任内阁首相，但元老很厌恶这个阴谋家，推荐了海军宿将冈田启介（1868—1952年）。

在冈田启介任内（冈田内阁，1934. 7. 8—1936. 2. 26），由于华盛顿条约及伦敦条约的期限是1936年，之后便进入无条约时代。海军疯狂地扩充军备，到1932年日本和美国的海军比例已达到71%，而且海军建造了超级战舰大和号和武藏号。海军认为装备了超级大炮这样的主力战舰，射程可以达到美国军舰炮火打不到的地方，双方的实力就此可以逆转。1936年1月，日本退出了伦敦会议。凡尔赛·华盛顿体制在东方瓦解。

军队控制中国东北

“九一八”事变后，陆军在被占领的中国东北开始了新的政治行动，他们要求排除外务省在中国东北的行政权力，驻满机构实现一元化。当时，在中国东北的日本侵华机构有日本领事馆、关东厅和关东军，这些机构是并列的。分别隶属于外务省、拓务省[①]和陆军省。1934年8月，陆军提出了他们的方案，即将关东军司令和全权大使制合一，全权大使直接受总理大臣监督领导，在涉外事务上受外务大臣领导，将拓务省在中国东北的事务交内阁中新设的对满事务局，并在中国东北设知事，由全权大使领导。本来关东军司令武藤信义就兼任了特命全权大使和关东厅长官。这回将拓务省彻底排除，而外务省的权限实际上也由军方掌握。成了军队的一统天下，当然那几个机构是不能同意的。但最后还是采用了陆军省的方案，由陆相林铣十郎（1876—1943年）兼任首任

① 拓务省是当时的日本对殖民地统治的中央机关。其历史是从日本占领我国台湾后的1895年6月在内阁中设立台湾事务局开始的，其后又设立了拓殖务省、内阁拓殖局。1929年6月10日正式成立拓务省，管理朝鲜、我国台湾、库页岛、关东州、满铁等殖民地的行政。1942年10月31日由于成立了大东亚省，该机构被撤销。

总裁。陆军先在本国之外实现了军人政权。

“国家改造”

1934年10月，陆军省新闻班发行了《国防的本义及其强化的提倡》的小册子。叫喊：“战争是创造之父，文化之母。”提出为了建设国家总体战体制，必须进行国家改造。这是由陆军省政策班班长池田纯久少佐起草，军务局局长永田铁山修改，再由林铣十郎陆相批准的公开文件。在起草这个文件前，所谓军部的骨干幕僚东条英机（1884—1948年）、今村均、武藤章、富永恭次、影佐祯昭等都集中在永田铁山处，制定了政府由议会授权，建立强有力的统制经济的国家革新计划方案。这些人都是所谓的统制派法西斯军人，可以看出皇道派在军内的影响日益低落。

这个小册子发表后，引起了重大的反响。这是军人公然干政的一个典型的例子。苏联的《真理报》指出陆军省成了日本法西斯运动的根据地。但在国内响应者不少，日本社会大众党①的书记长麻生久一反过去的反法西斯立场，说这是陆军民主的态度，要打倒日本资本主义，只有军队和无产阶级相结合。社会大众党的议席也迅速增加了。持有这种逻辑不清、将苏联社会主义和德国国家社会主义混为一体的看法的人在当时的日本不在少数，即使在今天还有将这两个不同的政治体制视为一体的人。

同时，陆军认为他们放弃暴力革命，通过陆相进行改革就必须要有官僚的配合。这时于1932年由阳明学（即我国的陆王之学，德川幕府时代，学者中江藤树开始在日本传播，但没有形成学术界的主流）学者安冈正笃的支持者们成立了国维会，立即响应军部的召唤，这些会员们都是所谓的新官僚，这些新官僚是“九·一八”事变后出现的，他们亲近军队，信奉的也是法西斯主义的思想，倡导克服政党政治、排除共产主义，斋藤内阁的农相后藤文夫是领导者之一，冈田内阁的内阁书官长和刚设立的内阁调查局长官等都是新官僚的核心人物，而且内阁调查局就是新官僚的根据地。本届内阁的外相广田弘毅

① 1932年7月由全国劳农大众党、社会民众党合并成立的合法无产政党（社会主义政党）。其纲领是反资本、反共、反法西斯的所谓三反主义，其后成为日本最大的无产政党，但由于其右倾化日益严重，并将其纲领改为军国主义的，后加入近卫文麿的新体制运动而解散。

(1878—1948 年）和藏相等也是其成员。更值得注意的是后来的首相近卫文麿(1891—1945 年）竟是这个组织的理事。和军部配合的新官僚还有资源局的官僚，日本中央文化同盟的官僚及一些所谓的国策研究组织的官僚。在这里要注意的是，这新官僚和随着中日战争的扩大，日本政府设立了企划院后出现的更年轻的官僚集团“革新官僚”不是一回事。

“国体明征运动”

军部其实已成为政治上的一支决定性的力量。但光在上层取得这些权力是不够的，社会基础和社会意识的培养对军部来说至关重要。特别是在要实行总体战的时期，需要全国和全社会的支持。而且军部按明治宪法的规定，其独立的或不受政府束缚的权力的依据在于统帅权的独立上。但是同时，明治宪法在行政权和司法权上也有规定，实际上各自的权力是独立的。军部要否定这些权力，集权于一身，但又不能彻底地否定明治宪法。于是，军部便发起了“国体明征运动”。①

“国体明征运动”的第一步是指向京都大学法学部泷川幸辰教授。当时泷川教授和东京帝大的美浓部达吉等人被法西斯分子目为自由主义学者，有可能使大学生赤化，便欲除之而后快。1932 年，泷川在中央大学进行演讲，题目是“托尔斯泰《复活》中的刑罚思想”，被法西斯分子抓住，大肆攻击，同时贵族院和众议院的右翼议员指责泷川的《刑法读本》这本书有共产主义倾向，是危险的，内务省同意他们的看法，1933 年 4 月 11 日，泷川的《刑法读本》和《刑法讲义》二书被禁止销售。接着文部省和京都大学校长要求泷川教授辞职或者休职，遭到泷川的拒绝，5 月 26 日政府强行开除泷川教授（休职处分）。京大法学系的全体教员都提出辞呈，学生们在校内开大会抗议，全国的知识分

① 这种国体论和现代政治学中的国体、政体理论是不同的。从幕末时起就有人以“记纪”(《古事记》、《日本书纪》) 神话为基础，宣扬日本国的国体是万世一系的天皇统治下的神国，明治维新后对国体看法有两种，一是“教育敕语”上所说的忠孝之道是国体的精华，天皇崇拜是国民道德的基干；另一种则认为国体是由统治权所在而分类的，大日本帝国宪法规定天皇至高无上，统治的全权在天皇，这就是日本的国体，上杉慎吉等人就是这种观点。第一次世界大战后，日本统治者为了镇压社会主义运动，颁布了治安维持法，其中规定了“变革国体”的新罪名。此外，又进行了国体观念明征的全国性的教化运动。但此时的国体明征运动既是以前国体明征运动的继续，又有了新的法西斯主义的内容。

子和大学生们也成立了“大学自由拥护同盟”，但规模不大。文部省使用了分化手段，先是开除六名教授（其中一名后来复职），再做其他教授的说服工作，但有两名教授和12名副教授以下的教员坚决辞职，京大法学系三分之二的教师或被开除或辞职，实际上该系已经名存实亡。这些教师为了维护学术自由、大学自治的传统，不畏权势，为日本的知识分子树立了良好的榜样，但其他学校的教授们并没有声援，而且京都大学除法学系以外的教授们也袖手旁观，最终政府取得了胜利。

第二步就是冲着大正民主时期最流行也是占据着明治宪法解释主导地位的美浓部达吉教授的天皇机关说。美浓部的天皇机关说的主要内容是承认统治权的最高源流在天皇，但天皇的权力不是无限的，这个权力也不是天皇为个人行使的，而是为国家利益，国家相当于接受利益的法人，因此，统治权在国家，天皇是这法人的代表，是按照宪法条款行使最高统治权的机关。可以看出这个学说并不是反对明治宪法体制，而是在这个框架下试图作出一定程度的民主主义解释（和上文说过的大正民主的局限性一样），但这也为法西斯分子和右翼们不能接受。1935年2月，贵族院的议员菊池武夫在议会就美浓部达吉的学说进行了演讲，认为天皇机关说是否定天皇的绝对性，想以此限制天皇的大权，是破坏国体的学说。3月，众议院全体通过国体明征声明。陆军和在乡军人会立刻响应，联手告发美浓部不敬罪，要求禁止其著作的发行。当时最大的在野党政友会也攻击政府，他们的目的是要打击元老西园寺公望等所谓的现状维持派，并进而搞垮冈田内阁。

冈田内阁见势不好，于4月19日命令禁止销售美浓部达吉的《宪法撮要》等三部著作。8月3日，又发表了国体明征声明，说日本帝国的统治权在天皇。但并没有说明天皇是统治权的主体还是具有其权能。这种蒙混过关、自欺欺人的做法并没有瞒过法西斯的眼睛，于是，政友会和在乡军人会继续攻击政府。10月15日，政府再度声明，说国体的本义是日本的统治权主体在于天皇，并声称要消灭美浓部达吉的学说。于是，天皇的神权性成了明治宪法的唯一解释，军部的一切行动都可以在天皇的名义下进行，政府实际上没有权力去干涉或者管理和天皇直接连在一起的军部，政党政治复活无望。但天皇又不能事事亲政。谁来将日本统一起来进入总体战体制呢？皇道派这时便蠢蠢欲动了。

“二·二六”事件

当时皇道派和统制派之间的争斗呈现出白热化的状态。统制派的首领是永田铁山，此人一向在陆军中享有很高的威望，有种说法说“永田之前无永田，永田之后无永田”，对皇道派来说是个名副其实的劲敌。1935 年 7 月，林铣十郎陆相罢免了皇道派的领袖之一的真崎甚三郎的教育总监一职。皇道派认为这是永田铁山搞的鬼。8 月 12 日，从私人角度也崇敬真崎的皇道派军官相泽三郎中佐在军务局局长办公室，用军刀杀死了永田铁山。皇道派和统制派之间的矛盾已经达到了非用武力解决不可的阶段。这使人们想起希特勒用暴力手段解决罗姆冲锋队时的情景。

1936 年 2 月初，原来激进的青年军官的所谓崛起计划，突然就付诸实施了。这是因为皇道派的第一师团近日要被派遣到中国东北去了。焦躁的皇道派年轻军官们决定立即实施政变计划。

东京最寒冷的月份是 2 月，而在 1936 年 2 月 26 日那天，一场大雪覆盖了东京，少有的严寒降临了。凌晨，太阳尚未清醒，城市被笼罩在朦胧之中。由野中四郎、安藤辉三大尉以及一些年轻军官率领步兵第一联队、第三联队及近卫步兵第三联队和野战重炮兵第七联队的一些军人，共计 1473 名士兵（还有九名民间法西斯分子参加），踏着积雪，兵分七路杀往首相官邸和政要们的住处。他们的行动被命名为“天诛风暴”。天诛是幕末实施暗杀的武士们常用的一个词。表示被杀的人都是该死的。他们杀害了藏相高桥是清、内大臣斋藤实、教育总监渡边锭太郎（1874—1936 年）。侍从长铃木贯太郎（1867—1948 年）身受重伤。首相冈田启介的亲戚海军预备役大佐正巧在冈田的家中，被误认为是冈田被杀，冈田首相躲在女佣的壁橱中，第二天混入吊唁的客人中侥幸逃脱。在汤河源停留的牧野伸显伯爵虽然也遭袭，但逃过了被杀一关。这些政变的部队袭击了朝日新闻报社，掀翻了装铅字的盒子。占领和控制了首相官邸、陆军省、参谋本部、警视厅、国会等要地。

这种大规模的政变引起日本朝野巨大震动。但由于政府已经瘫痪，所以对政变部队无可奈何。只有握有军队的军部可以处理此事。政变部队向川岛义之陆相第一次提出的要求中，指出要实行国家改造必须清除军部中央军阀的中心人物，从这可以看出“二·二六”事件很大程度上是军队内部的纷争，和

“五·一五事件”有所不同。但在建立军人政权这一点上皇道派和统制派是一致的。比如提出让真崎甚三郎等当首相。

当时军部对这次剧变所持的态度也因为军队内部的派系斗争而分为两派。荒木贞夫、真崎甚三郎等军事参议官集团以及东京警备司令香椎浩平对政变部队抱有同情，认为可以对这些部队做说服工作，让其放下武器，还发出了似乎是承认政变的陆相告示，并将政变部队编入“警备部队”。27日晨3时实行东京地区的戒严令，政变部队成了麹町地区警备队，接受兵站的给养，完全是将政变部队看作自己人，他们的行为也自然是正当的了。这使得政变部队认为自己安然无恙，成功在望。但统制派的参谋本部则持坚决镇压的态度。军队上层的两派势同水火，僵持不下。

时间在不停息地流逝，但军部内部的意见还是不统一。政变部队仰望的天皇命令终于下达了。天皇对这些部队杀害自己的“股肱”之臣十分震怒——这是谁都没有想到的，要求坚决镇压，而海军对政变也表示强烈的不满，陆军中的主流派杉山元、石原莞尔等迅速集结起来，反对政变。但是，军队内部分歧依旧，使得事件久拖不决。在天皇的一再敦促下，2月29日，两万四千大军的戒严部队出动，将政变部队团团围住，发出最后通牒。收音机广播和飞机撒传单配合劝说政变部队归顺，这些部队接受了通牒，被解除了武装，下级军官和士兵回到了兵营。政变首领之一的野村自杀。其他军官因为想在法庭上陈述自己的看法而自愿束手就擒，法西斯军人的所谓精神领袖北一辉、西田税也被逮捕。

“二·二六”事件的叛乱军队

之后，东京成立的临时军法会议进行审判。整个审判过程是秘密进行的，不允许有辩护人，一审定案，不许上诉。司法程序是相当特殊和严厉的。其目的是要隐瞒军队内部分裂成两派的真相。因为“二·二六”事件已为国民所知，国民中对陆军这种派系斗争引起的混乱局面十分不满，为了使民众继续信赖军队，只有将所有罪行转嫁给那些下级军官来掩人耳目了，同时也想掩盖政变当初陆军上层曾予以支持的做法及有争执的情况。

1936 年 7 月 5 日，一审判决领导政变的 17 名军官死刑，没有直接参与政变的军官菅波三郎等被判有罪，罪名是支持暴乱。12 日处决了 15 名。第二年的 1937 年 8 月 19 日，没有参加政变的北一辉和西田税和政变的两名首领军官被处以死刑。但是，军队内的支持政变的高级将领并没有受到应有的处罚。同情政变军队的香椎中将、堀中将只受到行政处分，不予起诉，真崎大将无罪。

“二·二六”事件虽然在很大程度上是军队内讧引起的，但其影响巨大。从内阁首相到元老以及政党在这次事件中暴露出他们不仅根本没有支配军队的能力，而且被政变者任意杀戮。人们认为军队的事只有军队自身才能解决，这等于说军队不仅是独立王国，而且已经凌驾于政府之上。军部立即对广田弘毅内阁（1936. 3. 9—1937. 1. 23）的组阁横加干涉，并恢复了军部大臣现役武官制，同时政府内的那些想走和英美协调的外交路线的人也屈服在军部的淫威之下。军部实际上已经掌管了日本。

军部最大限度地利用了“二·二六”事件。“二·二六”事件后，军队开始了肃军运动。林铣十郎、荒木贞夫、真崎甚三郎、阿部信行、川岛义之等五大将被转入预备役。皇道派的军官们也被驱逐出重要部门，并且将和“三月事件”、“十月事件”有关的建川美次中将和桥本欣五郎清除出去。陆军成了以陆相寺内寿一（1879—1945 年）、陆军次官梅津美治郎（1882—1949 年）和教育总监杉山元为核心的新统制派的天下。

自“三月事件”以来陆军中一直动荡不安，激进的法西斯分子和稳健的法西斯分子的冲突不断，“二·二六”事件是个总结算。统制派后发制人，利用皇道派的政变，终于取得了统治地位，那些想破坏现存秩序进行国家改造的法西斯分子，不管是军内的还是军外的都被彻底镇压下去。军队内部得以统一，对政府的支配力量和以往相比有了飞跃性的发展，这无疑为进行大规模的侵略战争奠定了牢固的基础。不过，我们也应当看到日本的法西斯政权的主体虽然是军队，但政治家、官僚也起着重要的作用。

参加“二·二六”事件的法西斯分子和镇压政变的法西斯分子都以效忠天皇为自己的信仰。本来明治宪法中的天皇地位就有模糊之处，按立宪主义的解释天皇是统而不治。但这并没有明文规定，就是说没有法的规定。上文说过，在伊藤等元老的阻隔下，天皇游离于具体的政治过程之外。但这并不等于说天皇就不可以亲政。昭和天皇第一次重大的干政是指责田中义一，迫使其下台。第二次就是“二·二六”事件（第三次重要的决断是向盟军无条件投降）。在军队内部的斗争相持不下时，天皇一言九鼎，所谓“乾纲独断”，将日本的政治走向引入了大多数统治者都希望的方向。谁能说天皇不干预政治呢？谁又能说天皇不是个有无上大权的君主呢？

军人统治

“二·二六”事件后，军人干涉组阁似乎是天经地义的。5月，恢复了1913年废除的陆海军大臣现役武官制，护宪运动的成果丧失殆尽。军队不仅在上层掌握了实权，为了创立其社会基础，9月25日又公布了“帝国在乡军人会令”，在乡军人会成了官方机构，军人统治由此进入地方层次。

军人统治能够得以建立是和日本的对外侵略分不开的，任何事件促成军人执政的作用都不能和“九·一八”事变相比。而不断地对外侵略反过来又支持和加强了军人在政治、社会和经济中无可动摇的地位。军部的对外战略成为国家至高目的。“二·二六”事件，成为日本法西斯统治确立的标志。

准战时体制

1936年3月9日，广田弘毅内阁成立，立即成为军部的奴才。这时一贯持有“世界最终战争论”的参谋本部作战课课长石原莞尔代表陆军第三次修订了“帝国国防方针”，提出先使苏联屈服，然后侵略中国内地及南洋，最后与美国进行战争的所谓先北后南的军事战略。而海军则制定了“国策纲要”，提出在确保日本在大陆上的地位的同时向南方发展，和美国作战。这与陆军的“南守北进论”相反，是所谓的“北守南进论”。而广田内阁在通过“国策基准”和“帝国外交方针”时，竟把这两种意见都放了进去，以此作为日本对外政策的纲领。这样日本实际上面临的是两线作战。那么自然需要更大规模地扩充军备。广田内阁的藏相是马场锳一，他原来是日本劝业银行的总裁，竟全盘接受了军部扩军的要求。大搞军备扩张，将美国和苏联作为第一假想敌国，中国和英国作为第二假想敌国，决定陆军战时兵力为50个师团、航空兵142个中队，海军是航空母舰12艘、战舰12艘、巡洋舰28艘、海军航空兵65队，并要求这个庞大的军备扩张计划的相当部分要在1941或1942年度达到。为此日本政府疯狂般地增加税收。1937年的财政预算竟达30.4亿日元，比1936年增加了7亿多日元，仅军事预算就达14.1亿日元，占财政总支出的46.4%，完全是要打大仗的做法。但从综合国力来看，日本承担如此重量的军备扩张勉为其难，于是，政府就大量增加公债和改革税制，剥夺民众，过去高桥是清为之全力奋斗的逐步降低公债的宏观经济政策由此而崩溃。这样一来，自然就出现了通货膨胀，老百姓的生活更苦了。同时，日本大量进口和储备各种战略物资和工业原料，为此而出现的巨额的外贸赤字，由收回海外投资来平衡。1936年10月，马场锳一藏相和关西财界的巨头在恳谈会上说：“目前的形势对于财政来说，有必要采取准战时经济体制，此次的税制改革案就是鉴于这种形势而制定的。”这就是准战时体制这一用语的首次出现，日本的经济也由此进入了准战时体制。

准战时体制不仅是财政、经济方面的，政府对政治和意识形态加强了镇压力度。1936年5月29日公布了“思想犯保护观察法”，同年6月15日又制定了“不稳文书临时取缔法”。这些法律无视罪刑法定的近代法制的原则，当局可以罗织罪名，肆意定罪，强化了法西斯统治。在镇压的同时，政府乘“国体明征运动”之余势，在意识形态上加强了控制。1937年5月31日发行了文部省编的《国体的本义》，要求国民对天皇绝对忠实、顺从，至于其他思想，如果与“国体明征”不矛盾的话，可以“摄取醇化”，想将国民的思想统一在法西斯一个意识形态之下。

准战时体制在对外方面也显示出其特点。在中国华北，日本的侵略政策更加积极，准备将华北从中国分离出来。1936年8月7日，五相会议将“南进方针”确定为国策，同年11月25日又和德国签订了《日德防共协定》，向着法西斯国家结盟走出了第一步。

不仅如此，在中国东北，日本政府将这种准战时经济体制外延到那里。其原因只是源于所谓的“石原莞尔构想”。石原认为要想和苏联作战，必须要有经济实力，因此将日本—中国东北和华北连为一体，成为一个经济圈，相互协调，共同完成总体战略。

在日本军人实际上执掌政权的情况下，法西斯君临了日本。

第五节　法西斯统治

国民精神总动员运动

1937年7月7日，日军进攻卢沟桥，爆发了震惊中外的“七七事变”。日本军队不宣而战，悍然侵入中国内地，中日双方展开了长达8年的全面战争。在此之前的6月1日，出身贵族(是天皇的所谓五摄家①之首的近卫家的长子)的近卫文麿组阁（第一次近卫内阁，1937.6.4—1939.1.4)。这个内阁是以军部为背景的官僚内阁。“七七事变”爆发后，近卫内阁为了应对中日之间的战争，预备的战时体制进入了真正的战时体制，为此，近卫内阁接连新设了管理信息的内阁情报部（后为内阁情报局)，将资源厅和企画厅合并成立了进行国策立案的企画院，军事指挥的中心大本营和大本营政府联络会议、厚生省等，加强了政府的行政权力。

七七事变

中日战争全面爆发后，在政府的战争宣传

① 古代日本可以成为摄政、关白的五个家族。都是藤原道长的后代，从藤原忠通家族分出近卫、鹰司、九条、二条、一条等五家，轮流当摄政和关白，明治维新后，这些家族根据华族令，都被封为公爵。其下的门第是清华家。其家族的人最高可以做太政大臣，共有九家，西园寺家族就是其中一家。

的煽动下，狂热的战争情绪一时席卷了整个日本，受蒙骗的民众对战争抱支持的态度。近卫内阁乘机于9月份发起了国民精神总动员运动，简称“精动运动”。这个运动的三大口号是“举国一致·尽忠报国·坚忍持久”。并从统治阶层中选出国民精神总动员中央联盟的领导机构，其实这个组织不过是外围组织，而运动的中心领导者是内务省、文部省、情报委员会的官僚，因此这个运动是纯粹的自上而下的官方运动。于是，町村长会、在乡军人会、妇女团体、青少年团、产业团体等都加盟进去；地方上，以道府县知事为主成立了地方实行委员会，领导运动。在更下级的行政区划的市町村则由市町村长动员各个团体的代表及有势力的人参加运动。运动在各个团体内部、村落、学校及工作场所展开，内容是搞些军事演讲、放电影、祈祷日本军队“武运长久”、慰问、援助出征将士的家属或本人，提倡节约消费、加强储蓄等，目的是统一国民的思想，提高士气。

国家总动员法

在进行群众运动的同时，政府为了全面进入战时经济体制，准备“国家总动员法”的立法工作。1938年1月，发表了该法的纲要，引起了巨大的反响。赞成社会主义的团体或个人并没有看清这个法案的实质，反而误以为这是社会主义的经济管理，因此持赞同意见的不少。但财界和政党政友会、民政党等却强烈反对。认为这是无视宪法的、过于广泛的委任立法，民政党的斋藤隆夫、政友会的牧野良三认为这是借非常时期，干犯天皇大权的法案。政府方面说明法案的是军部的佐藤贤了中佐。他在议会对议员大喝道：“住嘴！”这就是著名的“住嘴事件”。被史学家作为军部无视议会，蔑视最起码的民主权利的典型例证。

1938年3月，“国家总动员法”在两院通过。4月1日公布实施。法案规定国家无论在战时或者平时，只要有必要，可以随时进行国民登记、培养技术人员、强行保有物资、制定事业计划、强行进行实验和研究等。在战时，国家可以对劳务、物资、贸易、资本、设备、物价、出版等一切方面实行统制。这种以战时的特殊时期为名，国家的权力不仅侵害到资本主义制度保护的私有财产，也对人身基本权利进行限制或干涉的做法，无怪乎要受到资产阶级自由派的强烈反对了。但在战争就是至高利益的情况下，反对者也是无能为力的，除非他们反对侵略战争。

紧接着，近卫内阁又宣布了物资总动员计划，在以军工生产为核心的目的下，对整个国民经济实行统制。国家可以对私人企业、私人财产管理、使用和征收，这些财产或企业都要为军工生产服务，连工人的工资、劳动时间都在国家的统治之下。

财阀，特别是新兴的财阀，由于它们的主业是军工生产，因此在战争中大发横财，他们和军部密切结合，垄断资本的代表人物都出马当政府的金融、财政首脑，这被称为“军财勾结”。

走马灯一样的内阁更迭

近卫内阁没有想到中国人民的抗日热情是那么高，中国军民的抵抗又是那么坚忍不拔。原想 1 个月占领华北、3 个月内灭亡中国的设想，完全成了疯子的胡言乱语。近卫当年不以国民政府为对手的不可一世的态度就像小丑一样，只能引起人们的嘲笑。日本军队陷入了中国的泥沼中，近卫首相诱降蒋介石的活动也碰了壁。一筹莫展的近卫认为这都是军部干预外交的结果，因此想使外交独立。他对内阁实行了改组，任命宇垣一成为外相，而宇垣答应出任的条件是取消近卫三原则。同时任命池田成彬为藏相。他设置了首相、外相、藏相、陆相、海相的五相会议。又设置了由首相、外相、藏相参加的三相会议。想以此将外交置于他的直接领导之下。宇垣上台后，便代表政府对蒋介石集团进行诱降工作，但军部却同时在做诱降汪精卫的工作。

这时陆军又提出设立兴亚院，宇垣认为这是陆军干涉外交，但陆军还是强行设立了。9 月，宇垣一成愤而辞职。1939 年 1 月焦头烂额的近卫内阁只好下台了。之后组阁的是法西斯分子平沼骐一郎（1867—1952 年，平沼内阁，1939. 1. 5—1939. 8. 28），他也统一不了外务省和陆军之间的矛盾。接替他的是陆军大将阿部信行（1875—1953 年，阿部内阁，1939. 8. 30—1940. 1. 14），同样对中国的战局无能为力。在国内民众已经对战争不满的情况下，该届内阁于 1940 年 1 月总辞职。该几届内阁不能顺利运转的很重要的原因是军部干预外交，使政府的想法不能得以顺利实施，虽然这些想法也未必能解决中国问题。

紧接着就是海军大将米内光政（1880—1948 年，米内内阁，1940. 1. 16—1940. 7. 16）的内阁。米内是海军内的亲英美派，但在日本侵略他国，又不肯放弃到手的利益这一前提下，米内内阁也只能是无所作为。

1940 年 5 月，德国开始在欧洲取得了一连串的胜利，日本认为德国统一欧洲已成定局，就想乘机也捞上一把。他们的目标是攫取荷兰、法国和英国在东南亚的殖民地。1940 年 6 月，陆军频频派遣间谍去东南亚，并改变了石原构想的先北后南的战略，想先南进。从这里我们可以看到日本的对外侵略政策是朝令夕改，犹豫彷徨，这主要是由于其内部的看法不同所致。为了保证北方的安全，日本试图和苏联建立友好关系。7 月 3 日，参谋本部和陆军省制定了“适应世界形势演变的时局处理纲要”，意在解决南方问题并调整对苏联的外交方针。但陆军在南方用武力夺取英国殖民地的想法却受到外务省的反对。陆军便策划建立一个举国一致的强有力的内阁。

举国一致内阁

这时，由于国民精神总动员运动不得人心而日趋衰落，近卫就在国内搞了个新体制运动。要建立新党，自己任党首，建立所谓“一国一党”的新体制。军部欢迎这个运动和近卫的做法。他们利用军部大臣现役武官制推倒了他们认为无所作为的米内内阁。7 月，第二次近卫内阁（第二次近卫内阁，1940. 7. 22—1941. 7. 16）成立。

1940 年 7 月 26 日，近卫内阁的阁议确定了“基本国策要纲”，决定建立“国防国家体制”，于是，就开始了建立大政翼赞会的活动。而过去的政党几乎没有抵抗地纷纷缴枪。政友会、民政党、社会大众党等相继解散。10 月 12 日，以近卫为总裁的大政翼赞会成立。这个翼赞会撕掉了资产阶级民主的面纱，废除了多数决定的原则，采取“众议统裁”，即人们可以讨论，但最后要由总裁做决定，而总裁由内阁总理兼任。总裁对事务总长以下的所有干部有任免大权，完全是法西斯纳粹的做法。翼赞会在中央总部设总务、组织、政策、企画、议会等五部二十三局，地方的各道府县、六大城市、郡、市区町村都设立支部，中央还设立了中央协力会议，地方各支部也成立相应的组织，美其名曰为“下情上达”机关。各个基层组织的头头很多都是官方指定的。近卫原来的设想是以大政翼赞会为背景，压制住军部的力量。但军部一方面赞同新体制，另一方面又以统帅权独立为名，拒绝进入新体制，使近卫拙劣的企图化为泡影。

大政翼赞会没有什么具体的纲领，如近卫所言不过是“翼赞大政、实践臣道”。不过就连这么个翼赞会也被军部弄成个有名无实的组织。在军部和法西斯分子的连续攻击下，翼赞会中有些自由主义倾向的人都被清除出去。1940年12月，平沼骐一郎当上了法相。他以大政翼赞会是“公事结社”，违反“治安警察法”，因此禁止其政治活动。大政翼赞会中和军部意见稍有不同的人纷纷退出。

后来的大政翼赞会的支部长是道府县的知事，町内会（本来是居民的自治组织）、部落会、邻组是其下属机构，实际上成为政府的另一个统治组织。同时，大日本产业报国会、大日本青少年团、大日本翼赞壮年团、大日本妇人会等官办的群众性组织纷纷成立。日本国民不论男女老少都被组织进法西斯支配之下的各种组织。整个日本成了一个构造统一的战争机器，民众没有任何言论和思想上的自由，当然就别提什么物质上的要求了。

应该指出，日本法西斯统治依然是在明治宪法的框架里，这和德国、意大利的法西斯有所不同。虽然希特勒也是被选举上台的，但在此之前，他发动的国家社会主义运动，打破了过去的政党政治，在一定程度上可以说是由旧政权的外部进入国家政治权力中心的。而日本的陆军法西斯在镇压了皇道派后，就以渐进的、统一的形式在明治宪法的体制内掌握了政权。因此，对于日本法西斯的定性，就有两种不同说法，一种说是天皇制法西斯主义，就指的是日本法西斯政权的法律根据还是在明治宪法之内。而另一派认为是军部法西斯主义，因为日本法西斯政权的主要承担者是军部。

战时经济下的民众生活

从经济上、政治上、社会上日本都完成了法西斯的战时体制。在这一体制下，老百姓可倒了霉了。从“九一八”事变以来，日本的军费开支比重日益增大。1930年为28.5%，1936年为47.7%，1937年竟达69.0%，在1944年军费开支竟占国家预算的85.5%，通货膨胀也极其严重，是典型的恶性通货膨胀。

在此期间，中日战争进入持久战，日本的兵源明显紧张，大量的青壮年当了兵，劳动力缺乏是必然的。生产是以军工产业优先，一切产业都要支持军工生产，民用产业自然衰退，加上强制增税、购买公债、储蓄、捐献等，都直接影响着民众本来就不宽裕的生活。因此，开始被战争狂热征服的民众感到了不满。

从 1940 年开始，大城市施行了火柴、砂糖的配给制，从 1942 年起，大米也实施了配给制。成人每天 330 克。因为粮食、物资奇缺，政府就奖励人们使用代用品，比如木炭汽车、人造丝等，以及食用代用食品：土豆、面条和掺入豆粕的面包等。为了不至于饿死，人们只好去黑市上买吃的。虽然人们不满，但是由于工会和农会在政府的镇压和压力下都纷纷解散或被瓦解，各种社会运动也在政府的严厉镇压之下，人们敢怒不敢言，只好忍受着战争带来的苦难。

翼赞选举

1941 年 12 月 8 日，日本海军偷袭了美国的珍珠港。太平洋战争开始了。当时日本的政府是法西斯军阀东条英机为首相的东条内阁（东条内阁，1941. 10. 18—1944. 7. 18）。东条英机在 1940 年的第二次近卫内阁（1940. 7—1941. 7）和 1941 年的第三次近卫内阁（第三次近卫内阁，1941. 7. 18—1941. 10. 16）中担任陆相，强烈主张日德意三国缔结同盟并和英美开战，这次他是如愿以偿。在太平洋战争的初始阶段，日军获得了胜利。东条英机政府乘机利用这一胜利，于 1942 年 1 月 16 日建立了大政翼赞会的“实践部队”——大日本翼赞壮年团，四处活动，为选举做准备，接着东条英机搞了个候选人推荐制度，这些被推荐者是根据内务省、警察、军部等的授意推荐的。4 月，在贵族院和众议院实施政府推荐候选人的翼赞选举，不是被推荐者在参加选举时就遭到警察的粗暴干涉。结果推荐的候选人 466 名中有 381 名当选，其当选率为 81. 8%，而非被推荐者 613 名中只有 85 名当选，当选率为 13. 9%，但是他们却得了 419 万张选票，得票率为 35%，可见即使法西斯政府如此横暴和残忍，但民众中还有很多人对东条政府不满。5 月 20 日，东条又建立了翼赞政治会，两院大部分的议员都加入进去（众议院 458 名、贵族院 326 名），议会完全失去了立法机构的独立性，成了政府的一部分。6 月，大日本产业报国会等六个团体被置于大政翼赞会的领导之下，8 月，部落会、町内会的会长都兼任了大政翼赞会的工作，至此大日本翼赞会和日本的国家及地方行政组织融合为一体，法西斯体制完全确立起来。这种政府、翼赞政治会和大政翼赞会三位一体的体制被称作翼赞体制。但是，在统治者上层政务方面和军事方面的矛盾并未解决，于是东条首相就兼任了参谋总长一职，想以个人的统治来解决矛盾。

然而，随着日本军队在各个战线接连败退，东条英机内阁不得不负起丢失马里亚纳群岛的责任，于 1944 年 7 月辞职（接任的内阁是小矶国昭内阁，1944. 7. 22—1945. 4. 5）。此时，翼赞政治体制出现了动摇的迹象。1945 年 3 月，翼赞政治会改组为大日本政治会，有 51 名议员脱离了这个组织。6 月，铃木贯太郎内阁（铃木内阁，1945. 4. 7—1945. 8. 15）解散了大政翼赞会，建立了国民义勇队，准备和盟军在本土决战。翼赞体制逐渐瓦解了。但是，法西斯的战时体制和法西斯的思想统治直到日本无条件投降时才崩溃。

第六节　法西斯压制与思想文化斗争

意识形态领域的法西斯化和反抗

日本法西斯政治体制有着相应的意识形态。和德国、意大利法西斯不同，日本法西斯强调的是忠于天皇，而天皇又是超越民族和国家的存在，因此，逻辑上是可以建立所谓“八紘一宇”的天皇的世界国家，这就是日本法西斯侵略其他国家的重要理论依据。为此，日本法西斯首先要强调天皇的绝对神权和权威。

如上文所述，日本法西斯分子清除了美浓部达吉的天皇机关说，又大搞“国体明征”，都是为了树立天皇的权威，从而给法西斯政权以存在的绝对理由。当然与此同时，法西斯政府必须压制不同的或者反对者的声音。

如果日本法西斯仅仅在国内建立法西斯政权，在他们的洗脑式的宣传下，日本国民的觉醒恐怕还要晚一些。但日本法西斯是要侵略别的国家的。他们要进行不断的对外侵略战争，在全世界建立起法西斯帝国。而一旦发动战争，国内矛盾就激化了，同时反对战争的声音就会出现。所以，对日本政府的反对意见最强烈的时候开始于“九一八”事变后。

在日本国内首先反对战争及政府的是日本共产党，当时日共是非法政党，他们的方针是反对帝国主义战争。但是，共产国际给了日本共产党指示，这被称为“三二年纲领”，指示日本共产党当前的任务是反对天皇制，但是没有指出日本对中国的侵略战争是法西斯战争，由于没有及时提出反法西斯的方针，影响了日本共产党的斗争方向，加之，日本法西斯政权的高压政策和民众间的军国主义狂热情绪，使日本共产党的宣传没有进展。法西斯分子又大搞白色恐怖，著名作家、日共优秀的党员小林多喜二（1903—1933 年）被特别高等警察（简称特高）残害致死。

无产政党中合法的党，是由中间派和左派构成的全国劳农大众党（1931 年 7 月由劳农党和全国大众党合并成立），虽然发表了反战声明，但党内出现了支持战争的论调和看法，造成内部分裂。而右派的社会民众党是支持战争的。合法的无产政党左翼没有能团结起来。值得注意的是有些社会名流和学者也挺身而出反对对中国的战争。《东洋经济新报》的石桥湛山（1884—1973 年）从 1921 年以来就一直坚持“满蒙放弃论”，他认为中国人民要求国家统一的呼声和意志是任何力量都阻止不了的。他主张不能扩大战争，提倡言论自由。东京帝国大学教授矢内原忠雄（1893—1961 年），原是内村鉴三的门徒，他认为对中国的战争是“不义”的战争，应该结束，东京帝大将他逐出校门，但他依然在个人办的杂志《嘉信》上继续反对战争。新闻记者出身的桐生悠悠（1873—1941 年）也发行了他个人办的杂志《他山之石》，反对法西斯和侵略战争。但当时这种坚定的资产阶级自由派人士也是孤立无助的。法西斯思想已然深深地浸透到日本民众中间。

但日本政府并没有忽视这些情况。随着战争的爆发，镇压增加了强度。以治安维持法的名义抓捕的人数在 1930 年是 6124 人，1931 年便激增至 10423 人，1932 年为 13938 人，1933 年上升到顶点的 14622 人，1934 年减少到 3994 人，可见镇压之有效和残酷。1932—1933 年，司法官员和教师接连被捕。在这种残酷的镇压下，有些共产党人顶不住非人的待遇和压力，加之思想、立场的不坚定，1933 年 6 月，日共高层领导人佐野学和锅山贞亲在狱中发表了“思想转向”的声明。接着转向的人越来越多。到1935年3月，日本共产党运动在国内处于毁灭的状态。

法西斯的镇压当然不会仅仅限于社会主义者或共产党，凡是和他们的思想稍有不同或予以抵制的人，不问青红皂白，都要扑杀。资产阶级自由主义者或信奉和平的宗教界人士也逃脱不了法西斯的魔掌。上文说过的自由主义的刑法学家泷川幸辰教授和拥护他的六名教授辞职，鸠山一郎文相也因此一事件的所谓恶劣影响而被迫辞职。美浓部达吉被迫辞去贵族院议员一职。他的作品被禁止发行。

1935年12月，日本宗教团体大本教①被法西斯分子说成其教义是反国体的而被镇压。1936年9月，另一宗教组织人之路教团的教主以不敬罪被起诉，也不许该教团再结社。当时所谓的国体成为绝对的理论或学说，凡是不信仰国体论者一概被视为敌人。国体论是天皇制在这一历史阶段最典型的表现。但这不能说明治宪法就等于国体论，正如上文所说，明治宪法也可以做立宪主义或自由主义的解释，虽然有其局限性。

军国主义教育

在镇压的同时，日本法西斯政权也加紧了军国主义的教育。“九一八”事变发生后，全国教育联合会、帝国教育会、各县的教育会等半官半民的组织一致拥护战争。教师不仅没有做出应有的为人师表的垂范作用，反而鼓励和教育学生去拥护战争。他们让儿童和学生去募捐，煽动不懂事的孩子支持战争和日本军国主义。这些组织的思想也是天皇中心的国体论。他们在1934年4月纠集了35000名教师在天皇的住所前召开了全国小学校教员精神振兴大会，1935年在所谓的国体明征运动中和反动的在乡军人会合作。

当然教员中不是没有反对战争的，但在政府的治安维持法的震慑下，对教师的镇压行动进一步加强了。1935年11月，文部省设立了教学刷新评议会，明确地提出国体观念是日本精神的根本，是刷新教育的方法。1937年5月更出版了上文说到过的20万册的《国体的本义》一书，排斥欧美的思想。

① 日本神道系统的宗教，19世纪90年代成立。教祖是个女人，叫出口那奥（音译），后王仁三郎加入，将教义体系化，并发展和完善了组织，因反对战争，提倡和平而屡遭镇压，但至今犹存，叫大本。

1937年中日战争全面爆发，日本统治当局进一步加强了对教育的军国主义化。近卫内阁进行了国民精神总动员运动，各个学校都必须帮助战争。1935年实业补习学校和青年训练所合并为青年学校，1939年变成义务制，12—19岁的青少年以修身和军训为中心接受教育，完全是为侵略战争培养炮灰。1939年度大学也将军训作为必修科目，5月，昭和天皇颁布了给青少年学生的敕语，命令青少年向国家尽忠。

1941年，一般小学改为国民学校。政府向学生们灌输为天皇效忠和皇国史观。

1941年12月，太平洋战争爆发，青年男子大量从军，造成劳动力缺乏，学生从1943年开始去工厂做工，同年12月又让学生上战场，叫做学生出阵。这些无辜的年轻人被迫为法西斯军国主义日本卖命，不少人死在战场。随着美军步步进逼，日本政府担心美军的空袭，1944年6月开始将大城市里的小学校的儿童疏散到农村，1945年，初中以上的学校索性实行了停课一年的措施。日本从明治维新以来一直以重视教育为特色，但战争彻底毁灭了日本的教育事业，人们也丧失了受教育的基本权利。

在文化领域中的镇压

在文化领域，军国主义的思想也渗透得相当厉害，许多文化人失去了作为文化人的本色，协助政府的战争政策。日本的文学家按常理来说，应该是最有独立性的知识分子了，尤其是从事文学创作的人，因为这是自由职业。但是“覆巢之下，安有完卵”，在日本法西斯强大的压力下，许多作家不得不转向，当然也有主动为法西斯军国主义日本卖力的。

在经济危机时，横光利一和川端康成（1899—1972年）为代表的新感觉派成长了起来。他们和无产阶级文学、艺术对着干，不过对政府也不是积极支持的，他们的作品主要是沉浸在个人的世界里，对现实的外部环境采取鸵鸟战术，尽量回避。在20世纪30年代，文学大家岛崎藤村和志贺直哉继续发表作品，他们的作品技巧高超，不愧是一代宗师。武田麟太郎、阿部知二、小林秀雄等站在个人主义和纯艺术的立场上发表作品。还有新锐作家高见顺、伊藤整、丹羽文雄等，文坛一时热闹非凡，被称作“文艺复兴”。但无产阶级文学在高压下，或者转向或者被镇压，完全毁灭了。以岛木健作等为代表的转向文学和与超国家主义相结合的古代日本再发现的保田与重郎等代表的浪漫派文学作品大行其道。中日战争爆发后，日本出现了战争文学，如火野苇平的《小麦和士兵》。作家和评论家、画家、文艺界人士组成慰问团或军队的宣传班到中国及东南亚各地进行慰问、宣传活动。1942年5月，日本又组建了日本文学报国会，著名文化界人士德富苏峰（1863—1957年）担任会长，作家协助战争的体制正式成立。但是像谷崎润一郎（1886—1965年）、德田秋声（1871—1943年）、永井荷风（1879—1959年）这些唯美派的作家们虽然受到高压，但依然按照自己的创作理念或美学观点进行文学创作。在保卫文学艺术的独立性方面是值得称颂的。

在20世纪30年代的美术界，抽象画开始出现萌芽，但日本画则盛极一时。这是和对外侵略，强调日本伟大的军国主义大国沙文主义思想是一致的。随着战争的扩大和发展，绘画的题材也转向了战争画。1942年12月举办了大东亚战争美术展，宣传战争画。1943年5月成立了日本美术报国会。和文学界一样，画家们也在协助战争。

这时日本的电影才真正成熟起来。和黑泽明齐名的日本著名电影大师沟口健二（1898—1956年）以拍摄女性题材的电影而闻名于世，他在1936年拍摄了电影史上的名作《浪华悲歌》和一系列的反映女性精神和生活的好作品，代表着当时日本电影的最高水准。

其他的文化领域就更不必说了，如报纸、杂志、无线广播、电影、戏剧、音乐等更受到严密的管制。完全和战争融为一体，特别是媒体全力以赴地宣传战争，编造日本军队胜利的谎言，如有名的将失败改为“转进”，就是其典型的例子。日本民众根本不了解战事的发展，以至于天皇宣布无条件投降时，民众都不知所措。在这样的情况下，可以想见当时人们的精神世界是多么荒凉，世人也只好追求一时的刺激，颓废的情绪弥漫着整个日本。

日本法西斯控制思想文化及媒体，对侵略战争的进行和民众拥护战争的情绪起到了重要作用，即人们常说的“洗脑”。战争的根本取决于物质，但精神上的力量也不可忽视。日本军队的残忍和顽强、国内民众对战争认识不清，协助、支持战争，不能不说是教育、宣传的作用，但真正的文化却被毁灭掉了，文明荡然无存。事实正和法西斯分子宣传的“战争是创造之父，文化之母”完全相反。

第八章

对外侵略战争

（1937—1945 年）

第一节　从“九·一八”事变到“七·七”事变

侵占东北蓄谋已久

日本自明治维新以来，对外实行大陆政策，而大陆政策的第一步就是将朝鲜和中国的东北地区纳入日本的统治之下。在日俄战争后，日本攫取了俄国在中国的权益，占领了关东州（大连）和南满铁路，日本成立了海外最大的公司——南满洲铁道株式会社，简称满铁。日本认为自己在中国东北有排他性的垄断权力和利益，将此称作特殊权益。在那里所有的风吹草动都会引起日本的激烈反应。日本人开始时扶植军阀张作霖，张作霖也投靠了日本。后来，张作霖权势日益增大，同时中国人民的抗日情绪越来越高涨，即使这个草头王也不敢冒天下之大不韪，于是，对日本人就不那么俯首帖耳了。北伐开始后，中国的统一眼看着就要实现，而且国民政府当时反帝国主义的思想和行动也是相当激烈的。日本军部和关东军就想换马，以图占领东北。1928 年 6 月 4 日在皇姑屯炸死了张作霖。但是，事与愿违，一方面是日本国内尚未准备好侵占我国东北，意见也不统一，而且这时华盛顿·凡尔赛的国际协调体制在世界上占据着主流地位。结果是激起张作霖之子张学良的怒火，毅然东北易帜，中国除了台湾省和关东州以外都统一在国民政府之下。这对一直想吞并东北的日本来说是很不愿意看到的。

侵略计划出笼

1928 年 10 月，关东军主任作战参谋石原莞尔，提出了将来美国和日本将进行最后的决战，以争夺世界的统治权（世界最终战争论）。为了这场战争，日本首先就应该占领中国东北。1929 年 5 月，他和关东军高级参谋板垣征四郎一道将关东军的幕僚层集结起来，制定出 1930 年末完全占领东北的计划。陆军法西斯团体一夕会也主张用武力解决满蒙问题。1930 年陆军大臣指定参谋本部第二部部长建川美次制定“1931 年度形势判断”，提出用三个步骤来彻底占领满蒙。当时在日本政府中，外相币原喜重郎还主张所谓中日共存共荣，坚持他的欧美协调外交路线，但政友会的议员松冈洋右（1880—1946 年）在第 59 次议会上，对币原进行批判，叫嚣“满蒙”是日本的生命线。实际上在呼应军队的想法。如果说日本政府中有币原喜重郎这样的国际协调主义者，政府的意见尚不统一的话，那么军队对满蒙问题的解决实际上已经取得了一致。

1931 年 6 月 19 日，建川美次等军部官员制定了“解决满洲问题方策大纲”，虽然不赞同立即行动，但仍主张在一年以后进行军事行动。另一方面，关东军司令部制定了“处理满蒙问题方案”，决定在 9 月下旬占领东北。其实早在 4 月中旬军部就开始紧锣密鼓地准备侵略战争了。他们将驻仙台的第 2 师团和原驻在东北的第 16 师团调换，因为第 2 师团的士兵大多出身于日本的寒冷地区，容易适应中国东北的严寒，同时对南满铁路的独立守备队也进行了新的部署。驻朝日军的 19、20 师团进行了水陆军事演习。这是因为光靠关东军的兵力不足以占领中国东北。8 月，日本军部任命张作霖的前顾问本庄繁中将为关东军司令官，将驻天津特务机关长土肥原贤二调任沈阳特务机关长。这两个人对中国或者东北的情况都十分熟悉，土肥原更是个著名的中国通。本庄上任后，立刻由石原莞尔等人陪同视察关东军的各个部队，并观看了日军的军事演习。这些军事演习都是针对中国的。1931 年 7 月，军部又特意从日本调来两门 24 厘米的重炮，以备轰开城墙很厚的沈阳城。同月发生了日本操纵的向中国挑衅的“万宝山事件”,[①] 8 月又发生了日本间谍的“中村大尉事件”,[②] 中国东北的形势日益紧张，战云密布。

9 月 15 日，日本外相币原喜重郎接到奉天总领事林久治郎的密电，说关东军近日可能采取军事行动。币原是协调外交的倡导者也是实践者，他不同意用武力解决中国东北问题，就向陆相南次郎提出强烈的抗议。军部将刚到任的参谋本部第一部部长建川美次派往东北，让他去压制关东军的行动。但建川美次正是和关东军勾结的军部的高级军官之一，派他去简直是与虎谋皮。军部是否知道这个情况不得而知，但从以前军部的做法和想法来看，至少在压制关东军行动上军部是没有诚意的。

“九·一八”事变的爆发

板垣征四郎和石原莞尔等人接到了建川要来的情报，遂决定提前发动战争。9 月 18 日晚 10 时 20 分，沈阳东北方向的柳条湖铁路线上一声巨响，拉开了日本侵略中国长达 15 年战争的序幕，这就是“九·一八”事变。

这次爆炸其实是个作战信号，关东军听到后立刻向沈阳北大营的中国军队展开攻势。另一支部队进攻沈阳城，而已经到达沈阳的建川美次根本不予制止。9 月 19 日凌晨 1 时 20 分，板垣又以关东军司令本庄繁的名义发布了作战主任参谋石原莞尔拟定的军事行动方案，命关东军各路部队占领营口、凤凰城、安东、长春，并支援进攻沈阳的日军。日军已经控制了满铁沿线，与此同时驻朝鲜的日军也准备越境支援关东军。

9 月 19 日凌晨两点，东京知道了这个消息。军部立刻予以支持，似乎早

---

① 1931 年 7 月 2 日，在吉林省长春市郊外的万宝山发生的中国农民和朝鲜移民之间的冲突，日本占领朝鲜后，将朝鲜农民大量移居中国，当时已达 63 万人。日本从中挑唆中朝两国农民间的关系，从而发生了这次为争夺土地的争斗。

② 1931 年日本参谋本部的中村震太郎大尉一行奉参谋本部的命令到中国东北进行间谍活动（目的是调查东北的军事要地）。他们隐瞒身份潜入洮索地区，被关玉衡指挥的中国屯垦军第三团捕获，6 月 27 日将中村和另外四名间谍处死，8 月 17 日日本方面公布了这次事件。

“九·一八”事变爆炸铁路现场

就忘了曾经派建川美次压制关东军一事。驻朝鲜日军的司令官林铣十郎立刻响应，准备出动军队。但参谋本部认为驻朝日军出动必须得到敕命，并且经费要由内阁批准，于是，就让林铣十郎等一等。而内阁会议由于意见不统一，加上南次郎陆相未提出让驻朝日军支援的要求，遂作出了努力不使事态扩大的决定。这“努力”二字到底意味着什么呢？稍假思索便不难得知内阁并没有作出强硬的不使事态扩大的方针。如果强调日本内部的不同意见未免会使人产生误解，好像“九·一八”事变是关东军独自策划和实施的，其实，日本政府的态度至少是消极的支持（不像军队那样胆大妄为），更不要说军部其实是幕后支持者，但这些人却还在装聋作哑，掩人耳目。在同日下午举行的陆军三长官（陆军大臣、参谋总长、教育总监，三长官均直属于天皇）会议上，他们还煞有介事地表示服从阁议，让驻朝鲜的部队“待机”。但仅在一天后的9月20日，军部立刻露出了狰狞的面目，在陆军三官府（陆军省、参谋本部、陆军教育总监部）首脑会议上，决定即使推翻政府也要全面解决满蒙问题。

本已停止活动的驻朝鲜日军在关东军的策划下，于21日下午1时“擅自”越过边境向沈阳进发，陆相和参谋总长甚至威胁说如果内阁不承认从朝鲜越境的话，就辞去职务。22日，召开内阁会议，内阁以奉敕命令追认了这一所谓的擅自行动，并认可了军费支出。但日本政府还试图欺瞒世人，混淆视听，24日居然发表声明，说这是日本军队为了自卫的行动，声称将不扩大事态。

在中国方面，本来中国的东北军在装备等方面是很精良的，在国内军队中堪称一流，也不比关东军的差，譬如，光日军虏获的军用飞机就达260余架，而且在日军首先进攻的北大营，守卫部队有6000余人，而日军不过区区600人，但东北军执行国民政府的不抵抗政策，任人宰割。这时的中国政府将解决“九·一八”事变的希望寄托在国联身上，这至少是幼稚的想法。1931年9月21日身在北平的张学良向国联提出控诉，27日在锦州成立了临时政府。10月7日本庄繁下令轰炸锦州，10月8日日本出动6架侦察机、5架轰炸机，轰炸了张学良政权所在地的锦州，公然撕破了虚假的不扩大方针。这一举动引起了世界的强烈反应。13日，国联理事会决定邀请美国做观察员，只有日本反对。24日通过了日本在11月16日前完全撤军的决议。但由于日本一票的反对，这一决议不能实行。

战火扩大

这时日本国内又发生了配合侵略中国战争的“十月事件”，法西斯甚嚣尘上。因此，日本悍然不顾国际社会的反对，继续扩大战争。关东军没有停止前进的脚步，矛头指向黑龙江省省会齐齐哈尔，但在嫩江桥头遭到马占山率领的中国军队的顽强抵抗，损失惨重。关东军使用了关东军第二师团的主力全力进攻，守军经过顽强的抗击后，由于孤立无援，被迫撤退。日军于11月19日攻陷齐齐哈尔。11月8日，土肥原制造了天津事件①，将溥仪带到营口，准备成立傀儡政权。

11月23日，美国对日本的辽西作战提出不希望锦州受到攻击，11月25日中国政府也向国联提议将锦州划为中立区。南次郎陆相和金谷范三参谋总长向币原保证不进攻锦州。可是在保证的后面却是关东军在土肥原的策动下，于

① 1931年11月8日晚，日本浪人和汉奸组成便衣队从日租界出发袭击华界，与中国军警发生冲突，驻天津日军下令戒严，土肥原乘机将溥仪带走。

11 月 26 日制造了第二次天津事件，驻天津的日本军队请求关东军支援，关东军 27 日向山海关方向进攻，遭到东北军的抵抗。日本的这一做法过于肆无忌惮，引起国联和美国的强烈反应，为此，军部四次下达令关东军停止战斗的命令，关东军这才住手。这从反面说明，如果军部态度强硬的话，还是可以制止住关东军的所谓擅自行动的。国际社会对此作出了反应，12 月 10 日国联通过了向我国东北派遣调查委员会的提案。

若槻礼次郎内阁（第二次若槻内阁，1931. 4. 14—1931. 12. 11）的面目在国际社会可算是暴露无遗，只好辞职。1931 年 12 月 13 日，犬养毅内阁成立，开始时还想“收拾事态”，但后来就和军部一致了。而日本军队并没有停止侵略的步伐，12 月 28 日，军部向东北增派了军队，再次发动辽西战役。日军第 2 师团、第 20 师团、混成第 39 旅团、混成第 8 旅团和飞行队于 1932 年 1 月 1 日从三面包围了锦州。3 万多中国军队孤立无援，加之将领抵抗意志不坚决，从 1931 年 12 月 29 日开始撤退，1 月 3 日全部撤出了锦州。同日，日军占领锦州。根本无视美国的劝告，因此美国拒绝承认日本的占领，从而使占领锦州成为日美关系的一个转折点。

“一·二八”事变

1932 年 1 月 18 日和 20 日，日本驻上海公使馆武官辅佐官田中隆吉少佐接连策划了两起阴谋事件①，这是受关东军的委托，企图将国际上对中国东北的注意力转移到上海来。本来上海市长已接受了日本方面的无理要求，但日本海军看到陆军在中国东北的“战功”，狼子野心，早就跃跃欲试。28 日下午，日本海军出动陆战队对上海实施了侵略。遭到了中国第十九路军的顽强抵抗，日军只好增兵，2 月 20 日发动总攻，但依然没有成功，伤亡达万余人，三次更迭司令官。战争一直持续到 3 月 3 日才发表了停战声明。3 月下旬中日及美英法意举行停战会议，5 月 5 日达成停战协议，日军开始从上海撤军。

---

① 1932 年 1 月 8 日，田中隆吉指使五个日本日莲宗的化缘和尚向我国三友实业社的工人挑衅，引起冲突，日本声称有一僧人负伤致死。同月 20 日，田中又指使日本暴徒 32 人袭击三友实业社，焚烧三友毛巾厂，打伤守卫，并将租界巡捕刺伤。日方借机提出了上海市长向日本总领事道歉的四项要求。

建立伪满洲国

日军声东击西的阴谋成功了。关东军继续向哈尔滨侵击，于2月5日占领哈尔滨。在不足五个月的时间里日军基本完成了对中国东三省的占领。为了在调查委员会到来之前，造成东北已经独立的事实，3月1日，日本及其傀儡们发布了伪“满洲国”独立宣言。3月9日傀儡皇帝溥仪就任。

“九·一八”事变的爆发也震荡了日本国内的政治形势。当时，日本政府向民众隐瞒真相，媒体也完全遵照军部的说法大肆宣传，在乡军人会等组织更是活跃，于是，日本全国展开了国防思想普及运动，对日本军队的慰问、捐献集会、志愿从军等活动开展得轰轰烈烈，反华、反国联、反欧美的思潮甚嚣尘上，这对上层的决策也不无影响。此外，如前所述，从另一方面又出现了“十月事件”和“五·一五”事件及“血盟团事件”。这种失去理智的狂热的战争情绪和政局的动荡不安使日本陷入一种极端的情境之中。因此，日本不仅没有从侵略战争中回过头来，而是又向前迈了一步。1932年6月14日，众议院一致通过承认伪“满洲国”的提案。7月12日斋藤内阁也决定承认伪“满洲国”，其实在此之前该内阁就积极推动建立伪“满洲国”的行动。接着和伪“满洲国”签订了一系列的外交条约，中国东北完全成了日本的殖民地。但日本还要装门面，似乎伪“满洲国”是个独立国家似的，又说什么日本人、朝鲜人、满族、汉族、蒙古族在这里能和睦相处（五族协和），但在承认伪“满洲国”的当天就发生了平顶山惨案，驻抚顺的日本守备队杀死了我国手无寸铁的群众3000多人，连妇女儿童也没放过，这就是日本法西斯要建立的“五族协和”的“王道乐土”。

李顿调查团

与此同时，由英国人李顿带领的调查委员会的调查团到中国进行了调查，并写出报告书。1932年10月2日，李顿报告书公开发表。报告书承认东三省是中国的一部分，称张作霖过去所谓的独立并不是要从中国分离出去，指出“九·一八”事变是日本精心策划的军事行动，不宣而战，强行占领。伪“满洲国”是日本一手制造的政权。但同时又说中国进行了反日宣传，所以中国对“九·一八”事变要负一半责任，这种不问青红皂白各打五十大板的做法丧失了公正的立场，在某种意义上讲，是绥靖政策的体现。报告书提议建立顾问会议制度，给东北以高度的自治，中国和日本的所有武装力量都撤出东北，唯一的武装是特别宪兵队，东北自治政府中还要聘请外国顾问，其中日本人应占相当的比例。李顿报告书总体上看是绥靖主义的，但猖獗至极的日本连这也拒绝接受。

甘当“世界孤儿”

1932 年 11 月 21 日国际联盟理事会审议李顿报告书，日本代表松冈洋右（1880—1946 年）谴责了报告书。12 月 6 日，国联临时大会在日内瓦召开。虽然英法等国庇护日本，但在小国的强烈要求下，不得不妥协，将问题交给十九人委员会处理。成员为除中日两国外的 12 个理事国的代表和大会选出的 6 国代表及大会主席。

12 月 15 日十九人委员会作出了决议案，不承认伪“满洲国”。日本坚决反对。十九人委员会鉴于日本又向中国的热河省发动军事侵略，于 1933 年 2 月 4 日劝告日本接受方案。但是，日本朝野均支持日本代表的做法。斋藤内阁作出如果国联通过十九人方案，日本就退出国联的决定。2 月 24 日国联表决，只有日本一票反对，日本代表松冈洋右，突然离席走了出去。3 月 27 日，日本退出了国联。“得道多助，失道寡助”，日本对中国的侵略战争实在是无法无天、神人共愤，日本被孤立于国际社会之外，成为“孤儿”也是必然的。而同时战后几大国建立的凡尔赛·华盛顿体制也面临着解体的危机。

退出国联后的日本更加肆无忌惮，丧心病狂地准备继续侵略中国。在中国东北，人民的抗日烽火此起彼伏，关东军竭尽全力四处镇压，当他们认为局势相对稳定后，就又开始了新的侵略行动。这次的目标是比邻东三省的热河省。

渗透华北

1933 年 1 月 1 日，日军进攻山海关，和中国军队交战，中国守军以不到

2000 人的力量对优势的日本军队进行了顽强的抵抗，官兵伤亡过半，终于不支，3 日，日军攻占山海关，这就是山海关事件。28 日，关东军司令官武藤信义下令准备作战的命令，集结了日军第 6 师团、第 8 师团，混成第 14、第 33 旅团，于 2 月 17 日向热河进击。3 月 4 日，日军占领了热河省省会承德，还占领了长城的五座关口。

国民政府这次集中了中央军、晋军等 20 个师、30 万人进行反击，史称长城抗战。关东军司令武藤信义索性于 3 月 27 日下令进攻中国的河北省。4 月 10 日，日军突破长城，攻进河北省。昭和天皇对这过于明目张胆的侵略行动进行了干涉，19 日，武藤将关东军撤回到长城一线。但后来在 5 月 8 日又攻进河北省，22—23 日，日军已经打到离北平 30—50 公里的地方，并形成三面包围北平的态势。

中国方面要求谈判，1933 年 5 月 31 日签订了《塘沽停战协定》。这个协定完全是按照日方的意志签订的。日本首席代表冈村宁次竟然说，中国对日本单方面的提案只能说是或否，猖狂到了极点。河北省东部成了非武装地带，由中国警察维持治安，不可用刺激日本感情之武力团体。日军可以通过飞机或其他方法视察该地区，日军则返回到长城一线。塘沽协定的签订使日本侵略中国内地的战略态势更加有利，也为日本制造侵略中国内地的借口开辟了方便之门。同时伪“满洲国”疆域得以扩大，并有了和中国内地之间的缓冲地带。

在国际社会，1933 年 3 月上任的美国总统罗斯福和国务卿赫尔继续采取上届政府的不承认“满洲国”的政策。而英国建立了英联邦经济区，和日本在贸易方面产生了摩擦。日本在国际上成了人人厌恶的对象。日本对此不仅不思悔改，反而采取了强硬的态度，继续分离华北的阴谋。1934 年 4 月 17 日，日本外务省情报部部长天羽英二发表了日后被称为的“天羽声明”。拒绝国际社会的谴责，将中国视为日本的势力范围，反对国际社会对中国的支援。这一声明招致国际舆论大哗，引起中国和世界各国对日本这明目张胆地欲吞并中国的野心的极大愤怒。

日本在此期间的外相是广田弘毅，他一方面要独霸在中国的权益，另一方面又向国民政府伸出橄榄枝。1935 年 1 月，广田发表了外交演说，称国民政府为“善邻”，而贯彻“攘外必先安内”方针的国民政府也给予了响应。采取了禁止发表排日及抵制日货言论的措施。中日两国又把先前的公使馆提格为大使馆。其实，这不过是日本的烟幕弹，虽然广田和激进的军人法西斯分子的观点有所不同，但在最终要侵略中国这一点上，没有什么本质上的区别。

一边是鲜花和微笑，另一边则是刺刀和阴谋。日本在分离内蒙和华北的战略上并没有止步，反而愈演愈烈。连续制造了一系列阴谋事件。

1935 年 5 月，天津日租界发生了两名中国报社社长被杀案，这两人都是亲日分子。5 月 20 日，关东军越过长城一线，以讨伐东北义勇军为名进行军事侵略行动。29 日，日本在中国的驻屯军向国民政府军事委员会北平分会主任何应钦提出通告，说是以上的事件都是向日军挑衅的，破坏了停战协定，中国政府据理力争，但日本非但不听，反而向中国政府提出在华北的统治权，这就是华北事件。蒋介石在日本要动武的压力下，令何应钦和日本中国驻屯军司令梅津美治郎少将签署了《何梅协定》，全面同意了日本的要求，这样一来国民政府的政治军事机构便被赶出了河北省，国民政府又发布了取缔反日运动的命令，而日本却策动汉奸进行所谓华北五省自治运动，并成立了冀东防共自治政府。日本在渗透中国内地方面又进了一步。

同年 6 月 5 日，中国驻军在张北县将四名日本间谍扣留，日方提出抗议，并屯兵威胁，这就是张北事件。国民政府派察哈尔省民政厅长秦德纯和关东军代表土肥原谈判，签署了《秦土协定》，日军的势力控制了察哈尔省北部，这样河北和察哈尔一部被掌握在日本的手中。这使他们想将我国东北和内蒙连起来的战略取得了重大的进展。

1936 年日本发生了“二・二六”事件，军内的统制派乘势将军队内部统一了起来，日本法西斯的准战时体制正式确立，军人实际上执掌了政权。日本对外进行侵略战争的态势已经日臻完善。

全面侵略中国

由于日本连年进行战争，原本紧张的资源更加匮乏，于是就想侵占中国的华北，而这时中国发生了“西安事变”，形成了国共合作共同抗日的形势，这使日本统治当局自然惊慌和紧张，特别是一贯反共的日本政府看到中国共产党走上政治舞台更为惶恐。军队和政府要人纷纷发表好战言论，中日战争已迫在眉睫。

1937 年 7 月 7 日晚 9 时左右，日军的中国驻屯军的一个中队（相当一个连）在卢沟桥附近进行军事演习，日军称从中国军队的阵地上打来几枪，日军的一名士兵失踪，日军立刻准备和中国交战。可失踪的士兵在 11 时左右回到了部队，日军的借口虽然消失了，但早就准备侵略中国的日军不愿意放过这次机会。8 日凌晨 3 时 25 分左右，日军声称听到龙王庙方面有枪声，于是便向中国军队开战了，这就是"卢沟桥事变"，日本全面侵华战争拉开战幕。

"卢沟桥事变"是日军蓄意谋划的事件，目的就是侵略中国内地。对这个事件发生的前后经过及日本的侵略行径是不言自明的，但日本的一些史学家对此不厌其烦地进行了详细的考证，他们是那么"认真"，以至于有些过头了。例如是谁开的第一枪[①]等等。似乎日军是被中国军队的挑衅行为激怒了，十分偶然才爆发了侵华战争。且不说日军在中国的土地上随意进行军事演习本身就是一种挑衅的战争行为，而且日本侵略中国蓄谋已久，这是众所周知的，"卢沟桥事变"能说是偶然的吗？至于谁开第一枪的问题，日军当事人后来公开承认"是我开的第一枪"。本来已不是问题，但有人仍纠缠不休。我们认为，如同在战场上追究某名士兵是被哪支枪打死的一样，彻底搞清谁开第一枪的问题是十分困难的，或者说是不大可能的。历史研究应该注重证据，越细越好，越准确越好。但不能一叶障目，不见泰山，日本侵略中国已经是事实，其全面侵华势在必行，所剩下的不过是寻找借口而已。如果没有这个大背景，恐怕就是双方军队打了起来，也不会酿成八年的战争。这难道不是事实吗？历史学家是应该有历史观的，否则千头万绪、看来杂乱无章的历史事实不但不能整理出来，更不能形成有说服力的论述。

8 日晚，中国守军 29 军做出让步，同意撤退，日方停战。但日军根本没有诚意，背信弃义，继续进攻，9 日，又提出新的要求，中国还是忍让同意，但翌日日军又进攻宛平，同时 10 万日军从通县、古北口等地向平津地区杀来。11 日，日本内阁又通过了《关于向华北派兵的政府声明》，关东军的部队出动。12 日，香月清司接任中国驻屯军司令，上台伊始便下令要全歼 29 军。日军有意挑起战端，旨在占领全中国，司马昭之心，路人皆知，17 日，蒋介石称一旦爆发全面战争，中国将地不分南北，人不分男女进行抵抗。事已至此，连

① 虽然有几个当事的日本人如天津特务机关长茂川秀和、当时的联队长牟田口镰也等承认或宣称第一枪是日本方面开的，但无确凿旁证，更重要的是问题的关键不是谁放的第一枪，关键在于中国的军队并没有到日本领土上去，日本的军队却大批驻扎在中国的领土上。即使是中国方面开的，也根本不能说明什么，也不能改变日本主动侵略和发动战争的事实。

一贯退让，实行攘外必先安内的蒋介石也看清楚日本侵略已为必然之势。25日，日军侵占廊坊，26日向29军发出最后通牒，要中国军队28日撤出平津地区。这种请求是任何一个主权国家也不能答应的，这难道不是蓄意挑动全面战争又是什么？尊敬的实证主义历史学家们，在这里，还有必要追究谁开第一枪的问题吗？这个问题还存在吗？还有意义吗？

第二节　德意日三国“轴心”

掉进人民战争的汪洋大海

1937年7月末，日军全面进攻华北，8月战火烧到了上海，近卫内阁这才彻底撕去伪装，将原来宣称的“北支事变”改为“支那事变”，其实就是宣布了对中国的全面战争，但日本又害怕美国反对（因为日本要从美国进口武器和军事物资），就没有宣战，因此，中国和日本的这场长达八年的战争是场长期没有宣战的战争（直到1941年12月才宣战），虽然匪夷所思，但这正是说明日本帝国主义的虚伪和无视国际法原则的强盗行径。日本侵略军在侵略中国战争的开始阶段，由于有优良的武器装备和训练有素的军队，以及做好了准备等诸多因素，取得了进展。战局一时朝着有利于日本方面发展。日军连续进击，国民政府的军队接连败退。但是，这种猖獗一时的侵略行径极大地激怒了中国人民，抗日的怒火在中华大地四处燃烧。日本人号称懂得中国，了解中国的国情，又有那么多的间谍和中国的汉奸，但他们不了解华北地区在中国人民心目中的地位，也不知道无论是台湾省或东三省都是中国的领土，中国人民是不会让他人长期霸占的。所以日军的进展也不像他们当初预言的：30万兵力、1个月占领华北、3个月占领中国。8月14日国民政府发表抗日自卫宣言，15日下达全国总动员令，22日中国工农红军改编为以朱德为总指挥的国民革命军第八路军，翌日，第二次国共合作成立。日军面临的不再是国民政府的军队而是中国人民战争的汪洋大海。日军在平型关就第一次尝到失败的滋味，而打败他们的就是中国共产党领导的八路军115师。

南京大屠杀

日军在进攻华北的同时，又开辟了第二条战线，企图攻占国民政府的首都南京。8 月 13 日，日军在上海发动进攻，遭到中国上海守军的顽强抵抗，损失惨重，11 月日军在杭州湾登陆，才迫使中国军队撤退。日军在华北、华东两条战线上作战，一路烧杀抢掠，无视国际法，大肆屠杀俘虏和无辜百姓，其罪行令人发指，其行为超过野兽。

中国政府这时向国联提出申诉，国联通过了关于日本轰炸中国城市问题的决议及日本的行动违反有关中国的九国条约和不战条约的决议，但这并没有制止住日本的侵略战争，11 月，在布鲁塞尔召开了九国条约国会议，但还是没有拿出对付日本侵略的有效办法来。

南京大屠杀铁证如山

12 月 13 日，日军攻陷南京。接着就发生了人类历史上最大的屠戮之一的南京大屠杀。据不完全统计，日军在南京共杀害无辜的中国人民达 30 万人之多，用惨绝人寰这个词都不能形容日军的残暴行为，连另一个法西斯国家德国的驻南京武官都称日本军队是兽类集团。这种举世罕见的暴行永远被刻在历史的方尖碑上，也写在耻辱柱上。现在日本一小部分人，包括一部分所谓历史学家还在矢口否认，其实各方面的证据是很确凿的，日本某些历史学家提出的诸如南京当时根本没有那么多人口的没有任何确实证据的辩词已被经过认真调查核实的中国史学家驳倒。一个历史学家首先是要面对事实，作出事实判断，如果带着偏见或一种见不得人的心理或立场，闭起眼睛来搞研究的话，到头来只能是自取其辱。更有些人名为历史学家，实际上是为见不得人的政治目的服务，小丑跳梁，不知自羞。

日军攻克南京后气焰十分嚣张，1938 年 1 月 11 日，召开了首次御前会议，决定了“不以国民政府为对手”的方针，并于16日公开发表，两国也各自撤回了大使。

持久战

日本在侵略的同时，积极扶植傀儡政权，在内蒙和山西省的晋北地区建立了“蒙疆联合委员会”(1937年11月22日)，在华北建立了“中华民国临时政府”(1937年12月24日)，又在南京扶持汉奸汪精卫建立了“中华民国维新政府”(1939年8月28日)，这些傀儡政权的头目多是些北洋军阀的残渣余孽、中华民族的败类，但抗日战争并没有因这些汉奸卖国贼而停顿。1938年3月，日本的华北方面军部队在台儿庄被中国军队击败，损失惨重。日军随即从南北两线发动了徐州作战，虽然在5月份占领了徐州，但兵力不足是很显然的，只好从准备对苏联作战的关东军中抽调劲旅，即使如此，日军图谋包围中国军队的计划也未能实现。

在这一期间，如上所述，日本国内采取了一系列措施来应付日益艰苦的战况。8月22日日军发动了武汉作战，出动兵力达三十余万。10月26日占领汉口，10月21日占领广州。除了中国的西北、西南外，日军几乎占领了中国所有的重要城市。但这不过是表面现象，日军已经陷入了对全中国人民的战争之中，国民政府迁移重庆继续抗战，共产党在敌后扩大抗日根据地，80万日军只能控制点（城市）与线（铁路线），而日本国内的军队只剩下一个近卫师团，军事力量捉襟见肘，经济状况也陷入困境。正像毛泽东所预言的那样，抗日战争进入了持久战的阶段。这正是日本侵略者所没有想到的。其实，从入侵中国的第一天开始，日本这个新兴帝国败亡的命运就已经被决定了。①

① 2005年是战胜法西斯60周年纪念，中国的抗日战争给世界反法西斯战争的巨大贡献不断为人们重新认识。自“七七事变”以来，中国牵制了日本绝大多数的军事力量，最高时超过90%，最低时也在60%以上，使得日本不能从东南亚，直捣印度，在中东和德军会合，也使其没有足够的力量去进攻苏联（对此，盟国的领袖罗斯福、斯大林、丘吉尔都做了高度、正确的评价）。中国的抗日战场是世界反法西斯战争的主要战场之一，为抗击日本法西斯流血牺牲的中国人民在世界史上书写了光辉的一页。

东亚新秩序

日本鉴于这种情况，便想瓦解国民政府。那不以国民政府为对手的狂妄气焰不得不收敛一些。近卫政府遂于 1938 年 11 月 3 日发表了东亚新秩序声明，厚颜无耻地表示国民政府也可以参加所谓东亚新秩序的建设。而国民党的副总裁汪精卫由于看到中国共产党的力量在不断壮大，便认为反共是头号目标。日本乘机和他取得了联系。1938 年 7 月国民政府外交部前亚洲司司长高宗武秘密访日，和日本军方的高级官员接触。以此为契机，军务课长影佐祯昭大佐等和汪精卫的手下周佛海等人便开始了秘密的叛降谈判。11 月 3 日，近卫内阁发表声明，表示可以和国民政府谈判，这表明了日本政府对汪精卫寄予很大的希望。

1938 年 12 月 18 日，汪精卫从重庆逃往河内，22 日，日本政府发表了“善邻友好、共同防共、经济提携”的所谓近卫三原则。12 月 29 日，汪精卫发出“和平建议”的电报。汪精卫成了不齿于人类的汉奸、卖国贼。

德意同盟

但是，正义的中国人民的抗日战争的大潮岂能是一两个小丑所能阻挡的。日本在中国的形势并没有因为汪精卫的叛变而有所改观。八路军在敌后建立了根据地，广大的农村地区的人民被组织起来，八路军在 1940 年 8 月 20 日至 12 月 5 日发动了百团大战，给日本侵略者以沉重的打击。人民战争使日本侵略者变成了一头困兽。而这只困兽却认为占领中国的障碍是 1937 年 8 月 21 日中国和苏联签订的《中苏互不侵犯条约》以及援助中国的通道香港。于是，便把目光转向了在欧洲与英国和苏联对抗的德国和意大利法西斯政权。早在 1936 年 11 月 25 日，日本和德国就签订了《日德防共协定》，矛头指向苏联。当时日本还想把英法拉进来，但没能成功，倒是另一个法西斯国家意大利积极参加了进来。这时情况又有所变化，日本觉得有加强联盟的必要，而同样孤立的法西斯德国当然愿意和日本结盟，1938 年 8 月，德国外长里宾特洛甫将拟定的军事同盟方案交给日本。在这个方案中要求不仅以苏联为对象，也加进了英法两国。陆军表示同意，但统治者中也有不同看法。近卫内阁也因为政府内部意见不统一而下台。

1939 年 1 月，德国正式提出三国同盟草案，但日本政府还是决定不下来。陆军等强硬派是接受这个方案的，但政府对此却更冷静一些，因为他们考虑到和英美的经济关系，即日本想扩大侵略战争，就不得不依靠英美，特别是美国的物资供给。这样日本便陷于两难之中，即为了维持、扩大侵略中国的战争，就要依靠英美的经济力量，但战争持续下去又可能或不可避免地和英美彻底反目。德国见日本迟迟决定不下来，便于 5 月 22 日和意大利结成军事同盟。

隔离演说

侵华战争开始后，美国和英国虽然反对日本的做法，但反应并不强烈，态度也不十分强硬。虽然美国总统罗斯福在 1937 年 10 月 5 日发表了“隔离演说”，谴责了日本和德国的侵略行为。但随着战争的扩大，英美开始担心他们的在华利益了。当近卫内阁发表东亚新秩序声明后，英美认为这完全是向九国公约等旧的秩序进行的公然挑战，同时日本为了霸占中国，掠夺资源，成立了两家所谓国策公司，一家是“北支那开发股份公司”，一家叫“中支那振兴股份公司”，由三井、三菱、住友等大财阀出资，控制了中国的铁路和矿山。这更引起英国和美国的不满，认为日本这是在破坏九国公约中规定的“机会均等”和“门户开放”原则，从而提出抗议，1938 年 11 月 7 日，英美要求日本开放长江。日本却以以前的观念和原则已不适用于当前的形势为由加以拒绝。12 月 30 日美国向日本发出通牒，表示不承认所谓在中国的新秩序。同时向中国提供了 2500 万美元的贷款，英国在 1939 年 3 月向中国政府贷款 1000 万英镑，美国再次向中国贷款 1500 万美元。这实际上表明了英美支持中国的态度。美英和日本的矛盾日益加深。

这时在中国大陆上的日军继续向南推进，1939 年 2 月占领海南岛，3 月占领南沙群岛，6 月占领汕头。4 月因一个汉奸在天津英租界被杀，英国拒绝引渡，6 月 14 日，日军一度封锁了英法租界，日本和英法的矛盾凸现出来。

7 月，平沼内阁的外相有田八郎和英国格莱吉大使在东京会谈，日本政府操纵民众发动了排英运动。英国鉴于欧洲国际关系的紧张，又无力对付日本，只好保证不在行动上妨碍日本，但美国的反应却更强烈了。7 月 26 日美国宣布废除《日美通商航海条约》。据此，美国可以禁止向日本出口战略物资。英国看到美国的强硬态度也立刻转变了立场，日英谈判破裂。

从张鼓峰到诺门坎

在另一方向的北部，由于苏联支持中国的抗战，日本和苏联的关系也紧张起来。1938 年 7 月，在位于豆满江下游的中国、朝鲜、苏联三国交界的张鼓峰，日军借口苏军越境，19 师团进行夜袭，占领了张鼓峰。苏军予以反击，但遭到了失败。8 月 6 日苏军集中两个师及坦克、飞机再次反击，日军大败，19 师团面临着全军覆没的危险。8 月 10 日，日苏达成了停战协定，这就是张鼓峰事件。自以为天下无敌的狂妄的日军这次是吃到了苦头。日军之所以进攻苏联是认为在斯大林的肃反后，苏军的战斗力肯定下降，为以后和苏联的作战，来一次军事力量的侦察，其结果却证明了苏军可以在交通不便的地区迅速集结并能投入战斗。

但是，日军并没有吸取教训，在 1939 年 4 月 25 日，关东军制定了《满苏国境纠纷处理纲要》，表示要在边境纷争中彻底膺惩和制服苏军。

1939 年 5 月 11 日，在中国和蒙古接壤的诺门坎附近，伪满洲国的军队和蒙古军队因国境线问题发生冲突。日本便乘机出动第 23 师团，发动进攻，蒙古军队一时退却，但 5 月 28 日苏军加入蒙古军队进行反击，日军大败，31 日不得不撤退。这被称作第一次“诺门坎事件”。

6 月 19 日，苏蒙军向日军和伪满军队发起攻势，关东军也定下了坚决打败苏军的方针。6 月 27 日，日本空军袭击了蒙古的后方基地，7 月 2 日，关东军第 23 师团、第 7 师团的一个步兵联队及关东军的战车 70 辆发起进攻，两军开始了地面战斗，苏军在火力和坦克作战中占有优势，日军损失惨重，制空权也落到苏军手里。这就是第二次“诺门坎事件”。

但关东军还是不甘心于失败，便再次增强兵力，8 月 4 日组成了第六军，准备第三次总攻击。苏军抢先发动进攻，在后来二次大战中功勋卓著的英雄朱可夫的指挥下，苏军的四个狙击师、三个坦克旅和三个装甲旅于 8 月 20 日发动总攻，日军一路败退，第 23 师团被歼灭。关东军试图以全部兵力组织反击。这时8月23日苏联和德国签订了互不侵犯条约，接着9月3日爆发了第二次世界大战，大本营向关东军下达了停止进攻的命令，并赶紧进行外交活动，9月15日，日本和苏联在莫斯科签订了停战协议，“诺门坎事件”至此结束。

日军在第二次诺门坎事件中战死7000多人，伤8000多人，失踪1000多人，共损失1.7万余人。关东军司令植田谦吉、参谋长矶谷廉介受到责罚，被编入预备役，许多中下级军官引咎自尽。不可一世的日本军队可谓吃了一个大败仗。因此，在苏联方面有一种说法认为德国侵略苏联时，和德国有同盟协约的日本之所以没向苏联发动进攻是因为在“诺门坎事件”时日军吃到了苦头，以致不敢侵略苏联。这种说法有一定的道理，“诺门坎事件”确实影响了日本军队的士气，对日本陆军进攻苏联的决策不能没有影响，但认为这是日军没侵略苏联的唯一原因则有失偏颇。

三国“轴心”

第二次世界大战爆发后，德军一路进展顺利。1940年4月9日德军攻进丹麦，后进入挪威，接着占领比利时、荷兰、卢森堡，连欧洲大国的法国也沦陷了。意大利遂于6月10日向英法宣战。1940年6月17日，法国的贝当政府向德国投降。接着德国空军越过英吉利海峡，向英国实施轰炸。

日本见德国节节胜利，并且打击的是老牌殖民主义国家的英国、法国和荷兰，实际上为自己掠夺南洋的资源开辟了道路，很是高兴，但同时，日本也担心德国会占领这一地区。

7月17日，近卫组阁，制定了《伴随世界形势之推移之时局处理要纲》，表示即使与美国开战也在所不惜，要实行所谓的国防国家。日本至此已决定参加德意日三国同盟，并采取向南方进攻的战略。

9月7日，德国外长里宾特洛甫的特使斯塔玛来到日本，开始了德意日同盟的谈判。日本方面，海军担心刺激美国还有些犹豫，但9月19日御前会议决定和德日结盟。

9月27日，驻德国大使来栖三郎、德国外长里宾特洛甫、意大利外长齐亚诺代表本国政府在柏林签署了三国同盟条约。承认德国和意大利在欧洲的新秩序建设和日本大东亚新建设。并规定在三国中的一国受到没有参加欧洲战争及中日战争的国家攻击时，可以用政治的、经济的及军事的所有方法互相支援。在日本海军等担心的自主参战问题上，要按照三国协议来解释。

三国轴心的确立说明了欧洲和亚洲的法西斯国家联合起来，打破了第一次世界大战以来的国际秩序，这在一方面是帝国主义阵营中两大势力的对抗，另一方面也是法西斯主义和民主主义及共产主义的斗争。世界大战的态势就此形成。

第三节 挑起太平洋战争

日美矛盾激化

日本和德国及意大利结盟后，其战略方针已然确定，自然引起美国的强烈不满。在结盟之前美国于 1940 年 7 月 31 日宣布禁止航空汽油向非西半球地区出口;9 月 22 日日本为了切断河内援助中国的道路而进驻法属印度支那的北部，形成侵略东南亚的军事基地，美国因而在 9 月 26 日宣布了禁止铁屑对日出口，杜绝了向日本出口军用原料，英国和荷兰起而效之。同时美国又向中国提供了 2500 万美元的贷款。11 月 30 日，日本和汪精卫卖国集团的日华基本条约签订，美国立刻作出反应，表示拒绝承认。12 月，美国议会又通过了一亿美元的对中国贷款案。12 月 30 日，美国总统罗斯福发表谈话，反对三国同盟，并声称要将美国变成民主国家的兵工厂。1941 年 3 月，美国制定了武器借贷法，援助英国。美国的态度越来越强硬。

南　进

对日本来说，中日战争已陷入长期化的窘境，再要进行战争就需要资源。而石油等资源在南方。日本就和荷兰谈判，未果。日本于是决心南进。上文说过，日本的军事侵略是南进还是北进长期以来在日本政府内部是有争议的。但在资源紧缺的情况下，日本不得不下决心南进。

1941 年 1 月大本营政府联络会议决定了“对法印（法属印度支那）、泰国施策要纲”，决心为了所谓帝国的生存要和法印及泰国结合，而且为此可以行使武力。4 月 17 日，大本营陆海军部在《对南方施策要纲》中认为，如果英美荷对日本禁运，或美国单独及英国、荷兰、中国包围日本的话，日本将不得不行使武力。这个文件已经将美国当作日本南进中的障碍。

南进或北进对日本帝国的侵略政策来说是至关重要的。日本出于对资源的考虑决定南进。这样一来，北面就不得不形成防守的态势。对苏联外交政策的调整也就列上了日程。而陆军一贯是想北进的，但在“诺门坎事件”中，陆军吃了大亏，认识到苏联的军队不是那么好惹的，要想对苏作战还需要加强军备，因此对南进也没有提出异议。在此，日本为了称霸世界，改变了近代以来一直依靠英美的外交和国际战略。

日苏中立条约

当时的外相松冈想搞个日德意苏联合（里宾特洛甫也有这个意思），以与美英抗衡。大本营政府联络恳谈会在 1941 年 2 月 3 日制定了“对德、意、苏谈判要纲”，大体以松冈的设想为基础将世界分为四大圈，即大东亚圈、欧洲圈、美洲圈和苏联圈。日本要领导大东亚圈。日本帝国就是这样想当然地在划分着世界帝国主义的势力范围。

3 月 12 日，松冈赴莫斯科与苏联谈判，随后又去柏林和德国商谈，但这时德国已经决定进攻苏联，对松冈的建议不感兴趣。

4 月 7 日，松冈回到莫斯科和苏联外长莫洛托夫开始正式谈判。日方提出双方应签署互不侵犯条约。苏联要求签订中立条约。可以说苏联的方针是有远见的，既保证了北部边境的安全，同时也坚持了反对日本侵略中国的立场。因为在中立条约下，苏联可以向中国提供援助物资。日本为了自己的南进政策的实施遂同意了苏联的建议。4 月 13 日，日本和苏联签署了中立条约，有效期为 5 年。

对美谈判

在北守的态势确立后，剩下的谈判对手无疑是南进途中最大的障碍美国了。而日美双方的分歧是很大的，涉及许多原则问题。不光是对日本要进一步南进，而且对过去的一些问题，两者的立场差异很大。美国反对德意日三国同盟，反对日本对中国的侵略。在这种情况下，日本就起用了野村吉三郎海军大将为驻美大使，因为野村在第一次世界大战时期曾任驻美武官，当时罗斯福总统是海军部的副部长，他们私交甚好。

在此之前，有两位美国神父也在进行民间的外交活动。一个叫沃尔什，一个叫德劳特。他们在1940年11月到日本，见到了日本中央金库理事井川忠雄。井川将他们介绍给了近卫首相。近卫对他们很感兴趣。建议井川去找一下谍报专家、前军事课长岩畔豪雄大佐。

1941年2月底，井川访美，3月，岩畔也去美国协助野村大使。德劳特神父协助岩畔和井川一同拟定了“日美谅解案”。谅解案的内容是：三国同盟是防御性的，关于中国问题，是日本从中国撤军，中国政府承认伪“满洲国”，蒋介石和汪精卫政权合并。如果蒋介石拒绝，美国则停止援助蒋介石政权。在南进问题上，日本只要采取和平手段，美国则应予以合作和支持。

罗斯福总统看过方案后，交给了美国国务院的远东事务专家们予以详细的研究。美国方面其实是不认同这个方案的。1941年4月16日，美国国务卿赫尔和野村会谈，赫尔提出尊重所有国家的领土和主权的完整，不干涉其他国家的内政，机会均等，对太平洋地区，美国认为除非使用和平手段，不应改变现状的四个原则。并告诉日本这是日本首先应该接受的原则。对“日美谅解案”则表示美国不能接受其制约，但可以作为会谈的基础。4月18日，大本营政府联络恳谈会接到了野村发来的谅解案，他们相信这是美国的提案，决定在这个基础上向着对日本有利的方向进行会谈。但是，野村并没有把美国的思想原则交给政府。这里面实际上是出现了偏差。美国认为日本的井川和岩畔是代表日本政府的，而日本则认为那两个神父是代表美国政府的。不过，不要过分注意这一错误，或者说是两国外交中的纰漏，因为日本的对美方针基本上已经确定，而美国政府的对日政策也是绝不让步。

而这时自大狂妄的松冈外相于4月22日回国。他听说居然有了他不知道的外交进展，十分生气。就没有向野村发出训令。并把方案的内容通告了希特勒。然后他对方案进行了修改，提出了松冈的三原则。即 1. 在三国同盟上，日本有参战的义务；2. 在中日战争上，要按照近卫三原则行事；3. 在南进问题上，删去不诉诸武力的字样。5 月 11 日，野村将日本的方案交给了美国，赫尔当然拒绝了。6 月 21 日，赫尔对日本提案作出了回答：日本必须放弃三国同盟，完全从中国撤军。

“关特演”和入侵印度支那

1941 年 6 月 22 日，德国侵略苏联。希特勒的这次行动出乎日本的意料。本来日本想拉拢苏联，但苏德战争使日本的计划破产了。日本由此可能面临着两面作战。因为按三国同盟，日本应协助德国，于是，日本便再次陷入南进还是北进的困境。

松冈认为应该立刻进攻苏联，但陆军中有一派意见认为应该先进驻法属印度支那南部。大本营中意见也不统一。最后采取了南北并进的方针。1941 年 7 月 2 日，御前会议决定加强南进之态势，不辞和英美开战，并同时对苏联秘密做好行使武力的准备。

于是，在 7 月 2 日进行了“关东军特种演习”，简称“关特演”，动员兵力达 85 万人。这体现了日本当局对苏联行使武力的想法，即当苏联将军队向西调遣，远东空虚时，日本便乘机进攻。但苏联军队并没有大量西调，日本没有动手的机会。现在日本有一种论调，认为苏联出兵我国东北是不道德的，因为当初日本并没有按三国同盟条约去进攻苏联。但“关特演”的事实已驳斥了他们的看法，只能说日本有这个意图，但却没有实行的勇气。日本看希特勒并没有取得像在欧洲那样的胜利，苏联在本年度内被占领是不可能的，于是，就专注于南进的方针。1941 年 7 月 3 日，下达了准备南进的命令，实现日本军队进驻法属印度支那南部的战略意图。7 月 14 日，日本和法国维希政府谈判，迫使维希政府同意了日本的要求。28 日，日军第 25 军在印度支那登陆。

在此之前的 1941 年的 6 月 23 日，美国政府向日本提出了反提案，敦促日本尽快退出三国同盟。在中国问题上，提出取消汪伪政权和日军尽早撤军的和平条件，并将南进的对象从西南太平洋扩大到太平洋地区。美国的这个反提案的内容是相当温和的。但日本方面却拒绝接受。松冈甚至提出停止对美谈判。

7月16日，近卫内阁辞职。18日，第三次近卫内阁成立时，外相换上了丰田贞次郎。这是日本在耍花招，因为美国对松冈的印象极不好，罗斯福就认为他是“不能安静地进行合乎逻辑思考的人……”确实这个松冈是个头脑相当混乱的人。近卫内阁让松冈下台，无非就是想在外交上欺骗美国。

开战在即

但是，日军进驻印度支那激怒了美国。其实美国在1940年9月已经破解了日本的密码，因此日本的一举一动都在美国的监视之中。美国掌握了7月2日御前会议的情况，得知日军要进驻法属印度支那南部后，在7月25日宣布冻结日本在美国的5.5亿日元，26日和27日英国、荷兰追随美国之后冻结了日本在其境内的财产。8月1日，美国全面停止了向日本出口石油。

日本最紧缺的就是石油，石油对现代工业和战争就像人的血液一样，美国割断了日本的动脉。这时日本的选择已经迫在眉睫了，或者向美国开战，或者用谈判来使美国妥协。虽然军部反美的气焰更嚣张，但在军事上尚未准备好的时候，只有再继续谈判了。近卫首相于8月7日电告野村，他要亲自与罗斯福总统会谈。

这时的国际形势有了巨大的变化，8月14日，罗斯福和丘吉尔发表了“大西洋宪章”，提出了八项原则，实际上是针对轴心国的法西斯主义的。9月24日，和德国处于交战状态的苏联等15国加入宪章，反法西斯同盟建立。

但罗斯福总统并没有拒绝和日本谈判，他在9月3日提出了在首脑会谈前需要预备性协商，同时要求日本确认赫尔提出的四项原则。

在近卫准备首脑会谈的同时，军方正积极做着开战的准备。海军称在10月15日前完成对英美的战争准备，10月下旬开战。这时的陆军已经放弃了对苏战争，全力以赴准备南进。9月3日，大本营政府联络会议决定，如果在10月上旬和美国的外交谈判没有进展的话，则进行战争，开战准备则应在10月下旬完毕。9月6日，御前会议通过了这份“帝国国策实行要领”，实际上决定了对美国和英国开战。

另一方面，近卫首相还在和美国交涉，9月6日和25日向美国提出方案，但均遭美国拒绝。10月2日，赫尔国务卿向野村大使递交了一份备忘录，除了四项原则外，要日本明确从中国、印度支那撤军的意愿，以及对三国同盟的态度。显然美国对日本支支吾吾，闪烁其词的手法已经厌恶了。两国的外交谈判陷入僵局。

东条内阁的成立

为此，日本内阁出现了裂痕，近卫首相是不敢承担战争责任的，但东条英机陆相则是强硬的好战分子。1941年10月16日，第三次近卫内阁总辞职。战争狂热分子东条英机于18日组阁。他兼任陆相和内相等（是为了克服日本政治体制中的多元化现象及军队内部的权力之争），后又兼多职，权势显赫。

11月1日，大本营政府联络会议开了17个小时，决定发动战争，时间定为12月初，但如果外交谈判在12月1日零时取得成功就取消战争计划。在11月5日的御前会议上通过了“帝国国策实施要领”，同意了联络会议的决定。而在外交谈判上决定了两个方案。甲案提出从中国撤军期限为25年。乙案是备用方案。大体内容是日本保证不以武力向印度支那以外的地方扩张；从荷属东印度获得必要的资源；恢复和美国以前的通商关系，美国须向日本提供石油；美国不得妨碍日中和平活动。这种条件美国怎么会接受呢？完全是日本为了给战争做准备而拖延时间。20日，野村大使将乙案递交给美方。

26日，赫尔国务卿给野村一份备忘录，这是对日本方面提出的乙案的回答。这份备忘录基本是以赫尔四项原则为基础，但内容更加强硬，要求日本从中国和印度支那撤走所有军队和警察，要求日本不得支持中国傀儡政权，至于三国同盟，美国提出两国和任何第三国缔结的协定的解释都不得与建立和保持整个太平洋地区的和平相矛盾。

赫尔备忘录可以视作是美国对日本的最终态度，这也是大西洋宪章在亚洲的运用。日本当然也不会接受，战争已迫在眉睫。

由于美国能破解日本的密码，所以美国是掌握着日本的政治动向的，也知道日本要为南进使用武力。在东乡茂德（1882—1950年）外相给野村的甲案和乙案及解释的电报就被美国截获，虽然在翻译中出现了不少歧义，但原则上这并不影响大局。因为不管译文有多少错误，甲案和乙案的内容还是清楚的，日本和美国在原则上的冲突绝不是因为翻译的问题。

偷袭珍珠港

美国既然掌握了日本准备开战的方针，自然也要做准备。罗斯福总统和日本方面一样也是通过外交谈判来拖延时间。说实话，美国的战争准备远没有日本的充分。有种解释认为罗斯福总统在逼迫日本开第一枪，然后再名正言顺地应战。这种说法根据不足，应该说不过是猜测而已。按这种说法美国的作战准备应该是很充分的了，那么为什么会发生珍珠港事件及后来的节节败退？美国又受到那么严重的损失，这逼迫日本开第一枪的代价岂不是太大了吗？哪个政治家敢冒这样的风险！日美之间的战争是日本从侵略中国战争以来的延续，日本的狼子野心，路人皆知，美国一开始是搞了一些绥靖政策，但日本越来越猖獗，再说和美国保卫民主主义的原则又是相冲突的，因此，美国采取了强硬的态度，这是坚持原则的一种做法，并不应该看作是一种策略。而太平洋战争的爆发，也是日本挑起的，因为日本完全可以做出让步，即使最后的赫尔备忘录，也并没有完全堵塞谈判之路，但丧心病狂的日本法西斯却认为不得不发动战争了。

11 月 20 日，攻击珍珠港的海军机动部队向单冠湾集结，26 日起航开往夏威夷。27 日大本营政府联络会议召开，审议了宣战的技术问题等。这时日本的上层已决心一战。12 月 1 日，在御前会议上决定对英国、荷兰、美国开战，海上的目标就是珍珠港。说来关于珍珠港还有一段逸事。早在 1921 年英国《每日电讯报》的记者柏沃特写了一本书，名为《太平洋海上霸权》，后部分内容被编写为一部叫《伟大的太平洋战争》的小说。其内容乍看起来似乎是作者的奇思异想，一支日本海军舰队突袭了美国珍珠港，如同科幻小说给科学家带来灵感一样，美国对这部书的反应是很强烈的，20 世纪 30 年代初，美国真的在夏威夷进行了一场演习，结果假想敌日本的偷袭获得了成功。当那本小说出版并引起关注的时候，正好是山本五十六任驻美海军武官，不知他是否从中得到启示，但后来他策划的偷袭就像是美国那场演习的复制版一样。

1941 年 12 月 8 日（美国时间为 12 月 7 日）凌晨，海军大将山本五十六（1884—1943 年）指挥的日本联合舰队偷袭了珍珠港。太平洋战争开始了。

第四节 “大东亚共荣圈”迷梦

偷袭珍珠港辨疑

日本对美开战是不宣而战。但近几年日本的一些研究却认为是日本在宣战程序和技术上出现了差错，所以日本在道义上才蒙受了耻辱和不光彩。论据是在6日，东乡外相用电报对野村和协助野村谈判的来栖三郎大使发出了最后通牒的备忘录，并指示要在偷袭珍珠港前30分钟递交给美国政府，这样一来就不能算是不宣而战了。东乡外相的指示和给赫尔电报的前13部分都到了大使馆，但密码员只译出了8部分就下班了。大使馆的一等秘书奥村胜藏亲自打字。这时他已经知道了日本即将开战。12月7日晨，日本大使馆收到了电文的第14部分，即最后通牒。但在野村和赫尔约见的下午1点时，电文没有打出来。于是将会谈推迟到1点45分，但最终是在2点过5分交给赫尔的。原因是译电员在上午快10点时才来上班，而打字的奥村又不是专业打字员，速度很慢，帮助他的一个年轻翻译也是业余打字员。并且奥村又把已经打出的13部分重新打了一遍，因为电文有涂改，后来又接到两条更正的电报，一个是改一个字，一条说漏发了一句话。于是又重打了3页。总之按这种说法日本对美国不宣而战纯粹是技术上的故障。但这种说法里面是有疑点的。在日美开战迫在眉睫的时候，日本驻美大使馆内却是一片升平景象，人们并没有紧张地工作，而是出席宴会，上班迟到，但日本的间谍活动却开展得十分成功，谁都知道这里面是有大使馆的参与和指导的。而奥村在前一天晚上打完了13部分后，在娱乐厅休息时，听说“龙田”号将在14日抵达洛杉矶。他说，要用1美元打赌，说这艘船永远到不了美国。他怎么会做出这样的推测呢？而且又是那么肯定。所以说日本对美不宣而战纯粹是技术故障的说法是不能令人信服的。此外，东乡茂德曾在东京审判时揭发日本海军的上层人物曾劝他不要事前预告。

由于日本战败前曾大量销毁秘密档案，许多历史事实恐怕是永远搞不清了。如果钻这个空子，只能说是丧失了历史学家的逻辑判断和良心。

偷袭珍珠港经过与战果

由南云中将指挥的偷袭珍珠港的日本机动部队共有六艘航空母舰，飞机353架。舰上的第一批攻击机189架突袭珍珠港的瓦胡岛，获得了成功。第二批攻击机171架接着攻击。美方被击沉5艘舰艇，3艘受创，188架飞机被炸毁，291架飞机受重创。而日本只损失了29架飞机和5艘小型潜水艇，人员只损失了64人。但是，美国的两艘航母却在外面游弋，逃脱了轰炸。同时日本主要攻击的是飞机和战舰，对修理设施及燃料库等轰炸得很少，这就使美军可以迅速地恢复过来。偷袭珍珠港的方案是山本五十六策划的，此前日本海军一直是想用邀击的战术与美海军作战，即等待美国海军来进攻，日本海军则等候在西太平洋与其决战。因此，山本的这一大胆的想法确实是出人意料的，而且在偷袭珍珠港时，日本大量使用航空兵，使人们认识到飞机对舰艇的优势，此后，海战就以航空兵为主了。

如果现在有些人强调是由于技术上的失误导致了日本蒙受了不宣而战的道义上的责任的话，他们或许故意遗忘了另一个重要史实。那就是在12月7日23点30分，日本的第25军的18师团到达英属马来半岛，8日凌晨登陆成功。这比珍珠港袭击还要早一个多小时，而且根本就没有向英国宣战。

入侵东南亚

日本在陆上的作战计划是这样的。当时陆军拥有212万人的兵力。驻守在中国东北和朝鲜的有73万人，中国内地有62万人，日本本土、中国台湾和库页岛有38万人，南进的兵力还有12个师团39万人。南方军的主力9个师团，总司令官是寺内寿一（1879—1945年）大将，和海军的联合舰队配合攻占菲律宾、泰国、缅甸、荷属东印度、马来、法属印度支那、中国香港、关岛。担任进攻新加坡的第25军运输队早在12月4日就从海南岛出发,6日进入泰国湾。但泰国没有像日本预想的那样允许过境，于是第5师团便在8日强行登陆，和泰国军队交战之后便向马来亚进击。新加坡的英国东洋舰队司令菲利浦中将企图攻击保护登陆的日本舰队，但被在印度支那基地的日本飞机将舰队击沉。日本获得了东南亚海域的制海权。

12 月 8 日凌晨，从中国台湾基地起飞的陆军航空部队空袭了吕宋岛，海军航空兵也出击，掌握了制空权。同时日本进攻了中国香港和关岛、威克岛，除了在威克岛失利外，日军的突然袭击均取得成功。

12 月 8 日，日本播放了天皇批准宣战的诏书。10 日，大本营政府联络会议将包括侵略中国在内的战争命名为“大东亚战争”。日本帝国主义开始了全面的侵略战争，第二次世界大战成为名副其实的世界大战。

12 月 9 日，中国国民政府向德意日宣战，11 日，德意向美国宣战，全世界的民主主义力量和法西斯主义展开了殊死的搏斗。

日本对东南亚及中国香港的进攻很是顺利，25 日香港的英军投降。在马来亚作战的日军在所谓马来之虎的山下奉文的率领下，猛烈进攻。日军将自行车的轮胎去掉，骑着车圈进行急行军。1942 年 1 月 11 日攻占了吉隆坡。2 月 8 日夜，日军想在新加坡岛登陆。当地的华侨抗日队伍进行了顽强的抵抗，三面包围新加坡的日本军队受挫。但 2 月 15 日英军表示要投降。山下与英军指挥官帕西巴尔谈判后，英军投降。大本营将新加坡岛更名为昭南岛。

菲律宾方面的进展也很顺利。日第 14 军攻占了吕宋岛后，进攻马尼拉。美国远东军司令是后来著名的麦克阿瑟将军。他决定放弃马尼拉，想固守巴丹半岛和科雷吉多尔岛要塞，和日军打持久战。日军虽然轻易地进占了马尼拉，但在巴丹半岛受到美国和菲律宾军队的顽强抵抗，损失惨重。大本营为此更换了第 14 军的参谋长，将唯一的预备队第 4 师团和新组建的部队派了上去。4 月 3 日发动第二次攻坚战。5 月 7 日，科雷吉多尔岛的美军投降。此前的 3 月 11 日，指挥官麦克阿瑟乘鱼雷艇逃到澳大利亚。他临走时说了一句被后来的人常常引用的著名的话：“我还会回来。”

在荷属印度尼西亚作战的是第 16 军。从 1941 年 12 月 16 日起到翌年 2 月 20 日已经攻克了加里曼丹岛的各个军事要塞，控制了苏门答腊岛，并占领了葡属帝汶岛。从三面包围了爪哇岛。荷、英、澳、美联合舰队主动出击阻止日军在爪哇岛登陆，但在泗水海战和雅加达海战中被日本舰队击败。3 月 1 日，日军登陆，三面包围了万隆，9 日荷兰军队投降。10 日，日军占领万隆。

在南太平洋上，日军的南海支队在 1941 年 12 月 10 日占领关岛，1942 年 1 月 23 日占领新不列颠岛的腊包尔，3 月 8 日占领新几内亚东部的莱城和萨拉莫。

同时，日军又进攻未纳入作战目标的缅甸，英军节节败退，1942 年 3 月 8 日日军占领了仰光，由史迪威将军率领的中国、美国远征军救援缅甸的英军，但失败。

在日军疯狂进攻的同时，1942 年 1 月 1 日，中美英苏四国代表发表了拥护自由和人权，打倒法西斯国家的共同宣言，其后有 52 个国家参加进来，反法西斯同盟正式成立。

中国和殖民地

在太平洋战争发动的同时，日本将英美等国在中国的企业一律没收，由所谓的国策公司接收，疯狂地剥削中国人民，掠夺中国的资源和财富。这时由于八路军的力量逐步强大，日本一边维持点和线，一边对解放区，特别是华北解放区实行惨无人道的“三光政策”，接连不断地扫荡，杀害了大量的中国人民，此外还在长城一线建立无人区，企图将八路军困死。为了解决其军备给养，日本在中国纵容大肆贩卖鸦片，毒害中国人而且自己也当上了毒贩。更有甚者，日本在对中国的战争中无视国际法原则，使用毒气弹，在东北又成立了臭名昭著的 731 部队，其基地是哈尔滨市平房区。在这黑暗的魔窟里，日本法西斯用中国人和战俘做人体的细菌战试验，据不完全统计，从 1940 年到 1945 年有 3000 人死于试验。其罪恶令人发指。现代日本著名作家森村诚一曾据此事实撰写了《恶魔的饕餮》一书，揭发日本的罪恶行径，为此还遭到日本右翼的威胁。此外，日本侵略者还强迫中国的劳动人民为其修筑碉堡，强掠中国妇女做“慰安妇”（日军的性奴隶），并将中国人强制带到日本，让他们做劳工，其非人的待遇世所罕见。

在沦陷为日本殖民地的中国台湾和朝鲜，日本帝国主义大搞什么皇民化运动，强制学习日语，并迫使中国人和朝鲜人改名。太平洋战争开始后，日本在中国台湾和朝鲜组织“青年特别炼成所”，还有其他的一些和日本的大政翼赞体制中相同的组织。为了弥补兵源不足，强制中国人和朝鲜人参加日本军队，当炮灰。和在中国内地一样，大量的朝鲜及台湾妇女也被强迫成为日军的“慰安妇”。

军　政

在这一段作战中，由于日军准备较充分，加之又是偷袭，所以节节胜利，而英美荷澳的军队因专注于欧洲战争，只能以装备落后的守备部队和殖民地的当地军队和日军对抗，结果是溃不成军，连战连败。

日本在作战中占领了大片的土地，并在这些地方建立起自己的统治。陆军管辖中国香港地区、菲律宾、英属马来亚、苏门答腊、爪哇、英属加里曼丹、缅甸，海军则管辖荷属加里曼丹、西里伯斯、摩鹿加群岛、小巽他群岛、新几内亚、俾斯麦群岛、关岛等。1941 年 11 月 20 日，大本营政府联络会议制定了“南方占领地实施要领”，这就是所谓的军政。军政的目的有三点，一是获取重要的军事资源；二是维持治安；三是确保作战军队的自我存活能力。

为了实行军政，陆军在陆军省设立了南方政务部，军务局长兼任部长。这是在陆军中央设置的机构，而在占领地，陆军南方军各部都设立了军政部，后来又在各司令部内设立了军政监部，军的参谋长兼任军政监。海军则在海军省设立了南方政务部，占领地在舰队司令监督下实行军政。

三井、三菱、住友等财阀在日本政府开发资源的政策下，纷纷涌入占领地区。他们以“委托经营”的方式全盘接收了美国、英国和荷兰等西方殖民国家原来的权益和企业，加强了对当地人民的剥削和压榨，在这里我们可以看到当

日军占领菲律宾

年叫嚣着要改造国家，打倒财阀的日本法西斯分子已经和财阀成为一体，共同掠夺他国人民。

1942 年 11 月 1 日，东条英机内阁新成立的大东亚省，将拓务省、兴亚院、对满事务局、外务省东亚局、南洋局等原有的机构并入该省，试图在除了日本本土、朝鲜、中国台湾省、库页岛以外，实行一元化的领导，用来协助占领地区的行政。

在被占领国家，日本则大力扶植傀儡政权，再强制当地人民承认这些卖国政府，强迫人民绝对服从日本军队的统治，是典型的军事独裁体制。

大东亚共荣圈

早在第二次近卫内阁成立时，1940 年 7 月 26 日提出“基本国策要纲”，声称要建设大东亚新秩序，而共荣圈的说法是外相松冈洋右在发言时第一次提出的。1942 年 1 月 21 日，东条英机宣称要建立大东亚共荣圈，说要在日本的领导下，使大东亚各国家和民族得到共存共荣。他还说，日本进行的侵略战争是反对欧美殖民主义者对亚洲人民的迫害的。

诚然，欧美的殖民主义者在东南亚做了太多的坏事，践踏了这些国家的主权，掠夺当地的资源，所以，东南亚的一些要求独立的团体在战争初期欣然地看到不可一世的欧美殖民者如何狼狈逃窜（甚至有的和日本人合作过，但后来都成了抗日分子）。但他们对日本侵略者的嘴脸看得还是很清楚的，譬如，荷兰殖民者要招募城乡自卫队志愿者时，报名者达 10 万，远远超过了原定的 1. 8 万人。在马来亚日军甚至找不到一个合作者。而且，满面假笑的刽子手不久便暴露出其狰狞面目。

日本占领军不仅疯狂掠夺当地的资源，驱使当地老百姓做苦役，而且凌辱妇女、屠杀平民。人民沦为日本人的奴隶，连生命都得不到保障。在发生饥荒的年头，日本军队照样横征暴敛，将稀少的粮食强行征收，致使当地人民饿死无数。而且日本除了保持军事物资的橡胶生产外，为了保证军粮供应，强制将咖啡种植园及生产茶叶、烟草等经济作物的土地变为农田，招致了当地人民的极大不满。在缅甸日本不买南缅的大米，造成南缅大米过剩，北部却陷入饥馑，传染病大肆流行，日本侵略者采用屠杀来制止瘟疫，当然是怕自己军队被传染。本来粮食不能自给的马来亚，饥荒和瘟疫比缅甸有过之而无不及。

日本军队在东南亚也实行了臭名昭著的大屠杀。由于新加坡的华侨曾经组成抗日义勇军有效地阻止过日军的侵略。1942 年 2 月 15 日，日本的第 25 军占领了新加坡后，实施了有组织、有计划的屠杀行动。屠杀波及整个马来亚和新加坡，屠杀的对象是华人，日本军队根本不做调查，疯狂屠杀，仅在新加坡一地就杀害了数万华人。

日本的强制劳动的残酷程度一点儿不比屠杀差。强制劳动必然伴随着虐待。最著名的事件就是所谓的“死亡之路”（或称死亡铁路）。日军在 1942 年 7 月开始修建提供泰国对缅甸的陆路运输的从农普拉德卡到坦比沙亚间的铁路。这条铁路长 415 公里，穿越热带雨林和山区，地质变化复杂，气候恶劣。日本使用了盟国军队的俘虏 6.1 万人，劳工 25 万人，用暴力强迫他们进行非人的劳动。1943 年这条铁路通了车。而战俘却死亡了 12399 人，劳工死亡了 9 万人。说这条铁路是战俘和劳工的白骨铺就的，一点儿也不夸张，英国曾以此为素材，拍摄了著名的电影《桂河大桥》。1995 年在纪念反法西斯战争胜利 50 周年的时候，日本电视台曾播放过日本记者采访当年的英国战俘，这些年逾古稀的老人提起当年遭受的迫害，激愤之情仍溢于言表。

在行使残忍暴力的同时，日本又使用了欺骗的老手段。既然日本说要将东南亚的人民从欧美殖民者手中解放出来，就不能不作出允许其独立的举动。东条英机曾承诺要让菲律宾和缅甸独立。本来菲律宾在 1935 年 11 月已经建立了菲律宾联邦共和国，美国允许其在 10 年后的 1945 年独立，如果日本不允许菲律宾独立就太说不过去了。

1943 年 5 月 31 日的御前会议决定让缅甸和菲律宾独立，但其他被占领地区则被纳入日本的领土。

1943 年 8 月 1 日，日本批准了缅甸独立，10 月 14 日又批准了菲律宾共和国成立。但这不过是表面文章，其实这两个国家所谓的独立和主权在军事、外交、经济等方面依然被控制在“帝国有力的把握之下”。奇怪的是日本有些人却置事实于不顾，现在依然坚持他们是解放者。日本的有识之士指出，菲律宾本来就是要独立的，说日本人是解放者简直是不懂历史。

1943 年 11 月 5 日到 6 日，日本召开了所谓大东亚会议。东条英机、伪“满洲国”国务总理张景惠、伪“国民政府”行政院院长汪精卫、泰国代首相、菲律宾总统、缅甸主席、自由印度临时政府首脑等出席了会议。会议通过了“大东亚共同宣言”，宣称要将大东亚从欧美的统治下解放出来。更可笑的是居然说要为世界和平作贡献。

东南亚人民的反抗

日本在占领地的所作所为比欧美殖民者有过之而无不及，东南亚的人民意识到日本来到这里无异于“前门驱狼，后门进虎”，日本这个强盗更残暴、更凶狠。在日本的压迫下，人民不得不奋起反抗。

菲律宾的人民最早拿起武器，美军在菲律宾的军队中的菲律宾人战士和反抗日本占领的人士们联合起来，组成游击队和麦克阿瑟的军队配合展开了游击战争。菲律宾人早就是闻名的骁勇战士，他们的游击队十分英勇善战，为打败日本法西斯作出了贡献。就是今天菲律宾人也自豪地对美国人说，当年是他们帮助了美国军队。值得一提的是菲律宾的华侨抵抗队伍，勇猛顽强，日本法西斯军队对其切齿深恨。1943 年菲律宾社会党和共产党又在吕宋岛成立了抗日人民军，使日本军队遭受了沉重的打击。

在缅甸先有克伦人的抗日行动，被镇压后，共产党人组织了一支队伍，继续抗日。同时，缅甸德钦党的首领昂山，就是后来的“缅甸独立之父”，1940 年他和他领导的“德钦党”人约 30 名受过日本的训练，日本人企图将其作为自己的爪牙。侵略缅甸后，昂山当上傀儡政府的国防部长，但他却在极端保密的情况下，使军队转向抗日。1944 年 8 月，昂山以缅甸国民军、缅甸共产党和革命党为骨干成立了反法西斯人民联盟，走上了反对日本法西斯的正确道路。随着日军连遭败绩，缅甸战线崩溃，昂山将缅甸国民军改为人民独立军，1945 年 3 月 27 日宣布起义，并在盟军到达仰光前解放了仰光。缅甸人民终于用自己的手将自己从欧美殖民主义者和日本法西斯的统治下解放了出来。

在印度尼西亚，日本的欺骗性更强，当时反抗荷兰殖民主义者的苏加诺等要求民族独立的人士正在殖民当局的牢狱中，日军将其解救出来。但是，苏加诺等人早就商量好对付日本人的办法。即他去和日本人合作，另一部分民族独立人士则组织抵抗队伍，双方秘密保持联络。同时，苏加诺明确向日本提出要独立。但日本只是含糊地说让印度尼西亚将来独立，一边却实行军政，横征暴敛，印度尼西亚人民遂进行了武装起义。日本只好在投降前的 1945 年 3 月许诺成立独立筹备委员会，苏加诺为委员长，8 月 15 日，苏加诺得知日本投降，于是，筹备委员会于 1945 年 8 月 17 日宣布印度尼西亚独立。

在法属印度支那，日军迫使法国殖民当局和自己合作，但是越南人民在抗击法国殖民主义的同时，积极地展开抗日战争。胡志明开辟了解放区，和日军作战。在得到美援后，从东京的七个省将日本军队打了出去。日军在战败前夕，夺取了法国殖民当局的权力，让保大帝宣布独立。但 1945 年 8 月 19 日，胡志明领导的抗日组织越南独立同盟会在河内举行了武装起义。9 月 2 日，建立了以胡志明主席为首的越南民主共和国。

马来亚是由共产党人及中国国民党等组织抵抗运动的，组织成员有华侨、马来人、英国人，达千人之多，他们破坏铁路，抗击日军，给日本侵略者造成很大的麻烦。

泰国名义上是日本盟国，但狂妄自大的日本人除了蔑视之外，什么也没留给泰国。泰国也在摄政王比里领导下组织了抵抗运动，准备和日本人进行决战，但日本人却无条件投降了。

日本法西斯以大东亚共荣圈来欺骗东南亚人民，企图利用当地人民反抗西方殖民者的情绪来实现自己统治世界的梦想。但其丑恶的嘴脸不久就暴露于天下。东南亚各国人民用武装反抗证明了自己的立场。大东亚共荣圈在今天看来不过是日本法西斯制造出来的短命的怪胎。

但是，还要看到当时阴险的日本侵略者的有些蛊惑人心的口号及其所作所为起到了挑拨当地人民和华侨关系变得恶劣作用，有的地方在第二次世界大战独立后曾强烈排华、反华。但这不能说明这些国家的人民都排华，而且，日本留下的负面影响，终会在和平、发展的世界潮流下被冲刷一净的。

第五节　战争形势的转变

美军轰炸东京

日军在太平洋战场上取得赫赫战果后，野心膨胀，目空一切。陆军计划打通印度和西亚，还想在德军发动春季攻势时，进攻苏联。海军则想向澳大利亚开战。大本营联络会议认为美英受到重创，在 1943 年之前没有展开大规模攻势的可能。

经陆海军协商后，决定在 1942 年 7 月左右进行切断美国和澳大利亚的作战。陆海军配合占领南太平洋上的萨摩亚、斐济和新喀里多尼亚三个岛屿。海军认为应当将在珍珠港漏网的美国航母歼灭，遂制定了中途岛和阿留申岛作战计划。

正当日本得意洋洋地制定并决定了他们野心勃勃的作战计划时，1942 年 4 月 18 日，美国航母企业号从东海靠近日本，克服了在航母上起飞困难的难关，用 16 架改装的 B25 中程轰炸机飞进日本领空，对东京、横滨、名古屋和神户进行了轰炸，然后在中国和苏联着陆（汽油不够返程）。这次偷袭成功，在心理上的意义大于军事上的意义，美国为了鼓舞士气，不惜冒险轰炸日本本土。而日本也为美国的这次行动所震惊。陆军同意了海军的中途岛和珊瑚岛作战计划。

珊瑚岛海战

1942 年 5 月 5 日，日军下达了作战命令。开始时和以前的作战一样很顺利，日军攻克了作战目标。在新几内亚，日军占领了莱城、萨拉莫，又在海上发动新的攻势，进攻联军的前沿阵地莫尔兹比。拥有两艘航母和一艘小型航母的第四舰队出击，南海支队也于 5 月 4 日从腊包尔起航。美国通过在威克岛缴获的日军密码簿已经知道了日军的动向。美国拥有两艘航母的第 17 机动部队出动迎战。两支海军在珊瑚岛进行了空前的航母决战。结果是美国的航母列克星敦号被击沉，约克镇号受重创。日本方面小型航母祥凤号被击沉，祥鹤号受到重创，丧失了战斗能力，瑞鹤号的飞机和飞行员损失惨重。虽然从战果看，日本军队是胜利的一方，但却失去了继续再进行战争的能力，因此珊瑚岛作战被迫中止。

中途岛战役

紧接着的中途岛战役是场对日本帝国和亚洲乃至全世界人民都有重大意义

的战争。日本海军将比珊瑚岛战役更大的兵力投入到中途岛和阿留申岛作战上。联合舰队竭尽全力，他们制定的作战计划是这样的：先头部队由潜水艇组成，南云忠一中将指挥第一机动部队，这支部队有四艘航母和两艘战舰，他们的任务是向中途岛发动进攻。如美国海军迎战，则由山本五十六司令率领的主力部队予以歼灭。山本的主力部队有 7 艘战舰和一艘小型航母。主攻中途岛的部队有两艘战舰、一艘小型航母和 5800 人的登陆部队。而北方部队也正向阿留申岛开进。

美军通过破译密码电报得知了日本的这次行动。太平洋舰队司令尼米兹海军上将，一面加强中途岛上的防空作战，一面将第 16 机动部队和第 17 机动部队部署在中途岛北面的海面上迎战。这两支部队拥有两艘航母和修缮完毕的约克镇号航母。

6 月 5 日，日本第一机动部队，向中途岛发动进攻，在此之前侦察飞机做了侦察，没有发现美国舰队。但第一次冲击波由于中途岛上的美军早有准备，没有获得战果。于是，南云命令进行第二次冲击波攻击，并将本来预防美国航母袭击的装载着鱼雷的飞机一律换上炸弹，这时侦察机忽然发现了附近有美国航母，南云又命令将炸弹卸下，再改装鱼雷，但是已经来不及了，舰队和甲板上一片混乱，而美军的大批飞机云集而来，无数钢铁倾泻下来，将水域变成一片火海。赤城、加贺、苍龙号航母被击沉，飞龙号向美国的约克镇号航母发动攻击，约克镇号沉没，但飞龙号也没逃脱掉灭亡的命运。日本强大的第一机动部队毁于一旦。山本五十六只好停止进攻中途岛。在阿留申岛作战中，日本倒获得了胜利，占领了两个岛屿，但中途岛的失利使阿留申岛作战已无多大的军事价值了。

中途岛战役使日本舰队大伤元气，从此没有完全恢复过来，丧失了在太平洋战场正面上的制空权和制海权。如果说斯大林格勒战役是苏德战争中的关键一战的话，中途岛海战就是太平洋战争的一个重大的转折点。

美军大获全胜后，乘胜追击。7 月 2 日美军在圣克鲁斯群岛、所罗门群岛和新几内亚东北岸发动反击，以夺取腊包尔为战略目标的“瞭望塔”作战于 8 月 7 日开始。美军已经开始夺取了战略主动权，开始了太平洋战争的第二阶段，即由守势转为反击。

日本方面为了夺回战略主动权决心由陆路占领莫尔兹比。7 月 22 日发动进攻。海军取得制空权，建立了所罗门群岛的航空兵基地，在瓜达尔康纳岛上修建了飞机场。

再次转折——瓜岛苦战

8 月 7 日，美军登上了图拉基岛和瓜达尔康纳岛，消灭了图拉基岛上的日军，占领了该岛。瓜达尔康纳岛上的日军钻进了丛林，展开游击战。

日本对美军的反攻判断失误，认为不过是美军的试探性进攻。8 月 18 日，派遣两个支队登上瓜达尔康纳岛，试图夺回该岛。但美军的火力组织得十分严密，日军成批地倒下，他们几乎同时丧命，倒地时还保持着原有的进攻队形。日军大本营还没有清醒过来，一再派兵攻打，但每次兵力都不够，而且也没想到美军的防守是这样严密。投入的兵力一点一点地损失下去，杯水车薪，瓜岛的战略主动权依然在美军手里。

在陆军接连受挫的同时，海军第八舰队和第三舰队组织了第一次所罗门海战、第二次所罗门海战、南太平洋海战和第三次所罗门海战。战斗从 8 月初一直持续到 11 月中旬，美军的瓦斯普号、大黄蜂号航母被击沉，萨拉托加号和企业号受伤，日军取得了一定的战绩，但日军自身也有大小两艘航母受创，被击沉一艘小型航母、战舰两艘。这对在中途岛海战后已经脆弱的日本海军来说，无疑是雪上加霜。和有巨大经济、军事工业潜力的美军相比，日军已经输不起了。瓜达尔康纳岛上的美军也取得了制空权。该岛上的日本守军处境十分艰难，补给只好靠驱逐舰和潜水艇夜里输送。饥渴、疾病折磨着这些士兵，覆败的命运不可避免了。

进攻莫尔兹比的日军也在死亡了 7600 多人后，可耻地撤退了。

12 月 31 日，御前会议决定从瓜岛和布纳方面撤退。1943 年 1 月中旬至 2 月上旬，日军全面撤退。在瓜岛战役中，日本死亡官兵约两万人。美军以防守取得胜利，可以比之为苏俄战场上的苏军先守后攻的库尔斯克战役。几乎在日军瓜岛失败的同时，斯大林格勒战役以苏联军队的完全胜利结束了，苏军最终取得了战略主动权。第二次世界大战在欧亚两个战场上都迎来了盟军胜利的曙光。太平洋战争进入了第三个阶段，即美军的战略上的攻势阶段，日本已经无力夺回战略主动权了。

山本之死

但是，日本还在挣扎，山本五十六亲自指挥联合舰队，发动了“伊号作战”，1943 年 4 月，向瓜岛和莫尔兹比方向进攻。这时美国投入了新研制的先进的战斗机，制约住了日本开战时耀武扬威的零式战斗机。零式战斗机是三菱公司研制的，飞行速度快，机动灵活，使美国空军吃了不少苦头。但强大的美国科技力量发挥出了真正的潜力，F 4、F 6 在性能上超越了零式战斗机。日本失去了武器装备上的优势。

4 月 18 日，山本五十六从腊包尔乘机去前线。美国谍报部门破解了密码，派出战斗机将制定偷袭珍珠港作战计划的山本和他的座机击落，报了珍珠港一箭之仇。

5 月 11 日，美军在阿图岛登陆，几乎全歼了顽固抵抗的两千多名日军。日军大本营将这种愚忠的无谓死亡称作“玉碎”，鼓励日军死不投降的精神。

“蛙跳作战”和绝对国防圈的崩溃

美国的军事力量日益强大，新的航母不断投入战斗。美军采取了著名的“蛙跳作战”，即从一个占领的岛屿按照军事能力的范围所及，隔着几个岛屿跳到另一个岛屿上（据说是麦克阿瑟或尼米兹将军因病休养，在散步时看到青蛙的跳跃而获得灵感的），因为逐个进攻日军占领的岛屿，伤亡太大，在战略上也不可取。1943 年 6 月底，美军实施“瞭望塔作战”第二阶段。麦克阿瑟将军向新几内亚北岸发动进攻，占领了莱城。另一位美国将军哈尔西控制了所罗门群岛，继而于 11 月 1 日登陆布甘比尔岛。

日本这回似乎有些清醒了，随着意大利的投降。1943 年 9 月 30 日，御前会议决定建立绝对国防圈，其实就是缩短战线。日本将太平洋和印度洋上的千岛、小笠原、内南洋、新几内亚西部巽他和缅甸划为绝对要守住的战线，而把有 10 万兵力的腊包尔划出了绝对国防圈。

这时美军在中部太平洋上接连取胜，日军官兵往往以无谓的自杀垂死挣扎。1944年2月17日和18日两天，美军猛烈轰炸了加洛林群岛上的特鲁克岛，击沉了43艘日军舰艇，炸毁了270架飞机，中部太平洋上的日本海军最大的基地被彻底毁灭。

美军接着在2月23日，又轰炸了马里亚纳群岛中的塞班岛和提尼安岛的日军航空兵基地。2月24日美军登陆马绍尔群岛的埃尼温托克环礁，日本守军全部被歼。3月30日和31日，美国又袭击了帛硫群岛，日军损失惨重。空袭后接替山本五十六的联合舰队司令古贺峰一大将在飞行途中出了事故，下落不明。丰田副武海军大将接替了联合舰队司令的职位。

1944年4月，日本海军军令部制定了“阿号作战”，联合舰队准备和美军决一死战。但是，日本的判断出现了错误。本来麦克阿瑟占领了新几内亚的荷兰迪亚和艾佩塔，日本认为美国要进攻菲律宾，于是准备在帛硫或西加洛林群岛和美国决战。但是，美国机动部队却进攻马里亚纳。6月15日，美军登陆塞班岛。19日和20日，日美海军在马里亚纳西部海域展开战斗。日本第一机动部队有9艘航母，7艘战舰，其他各种舰只73艘。而美国有15艘航母，7艘战舰，93艘其他各种舰只，双方兵力悬殊是一目了然的。日美在海上展开了空前规模的激战，结果日本三艘航母被击沉，失去了395架飞机，而美国航母无一损失，只损失了37架飞机，这次海战以日本的惨败告终。日本在太平洋上最重要的军事力量的机动部队实际上已经失去了作战能力。美军乘胜进攻塞班岛，7月8日，守岛日军约3万人和1万多非战斗人员全部死亡。提尼安岛上的日军也是全军覆没。马里亚纳群岛失陷，日本的所谓绝对国防圈实际上已经崩溃。失去塞班岛后，东条英机遭到重臣们的攻击，不得不辞职，由小矶国昭组阁（小矶内阁，1944. 7. 22—1945. 4. 5）。

在西线的缅甸，绝对国防圈也受到了挑战。日本的缅甸方面军进攻印度东北部的阿萨姆。1944年3月，日军三个师团实施了进攻英帕尔的战役。开始时，日军一直打到了英帕尔附近，但是英国和印度军队却掌握了制空权，在物资补给上也远远强于日军。英印联军组织了强有力的反攻，日军以进攻作为顽强的抵抗，但最终遭到了失败。英印联军一路追击，日军败退了500公里以上，10月中旬结束英帕尔战役。日军在这次战役中共使用了9万人的兵力，结果是3万人战死，伤病者4万人。缅甸战场日军的防线已岌岌可危。

在中国战场上的垂死挣扎

在日军发动太平洋战争的同时，中国战场上依然是胶着状态。八路军建立了抗日根据地，动员民众和侵略者打起了全民战争，使日军举步维艰。虽然日军在中国解放区实行了疯狂的、惨无人道的“三光政策”，但中国人民抗日的决心没有丝毫改变。在正面战场上，日军于1941年9—10月、1941年12月—1943年1月两次进攻长沙，但均遭失败。1942年9月日军大本营发出准备进攻重庆的命令，但由于在瓜岛受挫，只好取消了命令。1943年日军多次对长江流域和洞庭湖发动进攻，但都是无功而返。

丧心病狂的日军于1944年4月17日开始了一号作战。目的是打通京汉线、粤汉线和湘桂线，并同时摧毁桂林、柳州的机场。因为中国空军可以从那里轰炸（日占）台湾。这是日军在中国战场上最大的一次军事行动。共出动了51万人的兵力。日本虽然占领了洛阳、长沙、衡阳、桂林和柳州。但其战略目标并没有达到，美国新研制的飞机可以从成都起飞，并轰炸了日本本土的北九州。

在实施一号作战时，日军在华北的兵力空虚，八路军开始反击，扩大根据地，日军控制区日益减少。

1943年驻华美军司令史迪威上将率中美联军向缅甸进攻。1944年8月3日歼灭了密支那机场的日军，保证了援助中国的通道。中国的云南远征军又在9月7日和14日歼灭了云南省勐腊和腾越的日本守军。日本的缅甸战线全面崩溃。日本帝国败亡的日子已经屈指可数了。

不可一世的日本法西斯在太平洋战场上的胜利仅仅维持了半年，日本军队不可战胜的神话就破灭了。日本军队以疯狂和残忍著称，而且训练有素。在太平洋战争中，使用了很多巧妙的战术，比如，在用航母轰炸美军基地时，舰队先开到离基地很近的地方，待轰炸机起飞后，舰队就向远处开。这样，追击日本飞机的美军飞机由于续航距离的缘故，就回不去了。但是，日本军队作战时的非理性行为现在看来也是很可笑的。比如，美军作战时，一定会考虑到如果作战失败该怎么办，所以有第二套方案。但日军从来不考虑失败，也没有准备的作战计划，因为他们认为皇军战无不胜，怎么会失败呢？这种自我膨胀也表现在国内。比如，日本将英美称作“鬼畜”，认为英美自然不如日本，英美的一切都是不好的。所以禁止人们学习和研究英美的文化。而美国正是和日本开战后，才积极地研究日本。本尼迪克特的名著《菊与刀》就是那时的研究成果。这样的失去理智的行为也是日本法西斯注定失败的一个重要因素。

第六节 战败投降和帝国崩溃

开罗宣言

1943 年 11 月，美国总统罗斯福、英国首相丘吉尔和中国国民政府主席蒋介石在开罗举行会谈。27 日发表了开罗宣言，表示三国要和其他盟国联合起来，将日本通过近代以来的一系列侵略战争所攫取的中国领土——台湾、东北、澎湖列岛归还中国，使朝鲜独立，并迫使日本无条件投降。

德黑兰会议

1943 年 11 月 28 日，罗斯福、斯大林、丘吉尔又在德黑兰举行了会谈，在会上，斯大林要求英美开辟欧洲第二战场，苏联也将对日参战。反法西斯的各国在对日作战及战争目的上统一了起来。有人认为，苏联出兵中国东北是在美军投下原子弹之后，日本投降已成定局，苏联不过是为了获取战果而参战的，这在某种意义上不能说是错的，但是如果看到德黑兰会议的决定，就可以得知苏联出兵主要是为了履行诺言。这是一种政治行为，并没有什么可以指责的。当然在出兵的具体时间上苏联是有自己的考虑的。

盟国的一系列外交行动，使日本陷入了四面楚歌之中。在战争中，日本也是屡战屡败。日本想当然制定的绝对国防圈已经在马里亚纳海战中崩溃。1944 年 7 月 24 日，日本大本营制定了总代号为“捷号”的决战方针。过去日本总是认为美国和英国等盟军的反攻要来得晚一些，但事实使他们不得不承认要用决战来对抗美军了。决战包括在菲律宾方面、西南各岛屿、台湾方面、本土和东北方面。菲律宾方面是 1 号，所以陆军准备在菲律宾和美军决战。但是，制空权、制海权均在美国的掌握之中，日军向吕宋岛输送兵力进展得十分缓慢。

美军于 1944 年 9 月 15 日开始进攻菲律宾。日本联合舰队倾注全力进攻美国的机动部队，结果只是重创了美国两艘巡洋舰。

莱特海战

麦克阿瑟率领着实力雄厚的一支美国舰队于 1944 年 10 月 18 日开进莱特岛的莱特湾，宣告了太平洋战争最后阶段的开始。日军慌忙改变了原来在吕宋岛和美军决战的计划，改为在莱特岛与美军决战。“马来之虎”山下奉文率领第 14 方面军和美国决战，同时联合舰队做最后的挣扎，倾巢出动。23—25 日，日美海军在菲律宾进行了一系列战斗，结果是美军只损失了一艘航母，两艘护卫航母和三艘驱逐舰，而日军却损失了三艘战舰、一艘航母、三艘小型航母、六艘重巡洋舰、三艘轻巡洋舰、八艘驱逐舰和六艘潜水艇，联合舰队已经完蛋了。

神风特攻队

后来闻名于世的日本军队的野蛮残忍的神风特攻队就是在菲律宾海战中出现的。神风队员在零式飞机上装上 250 公斤炸药，用飞机撞击美国军舰。陆军立刻效仿。菲律宾海域的上空飞翔着这种死亡之鸟，曾一度使美军惊恐不已，但这不过是弱者的垂死挣扎，失去理智者的丧心病狂而已，根本挽救不了日本帝国覆亡的命运。最近美国有人对神风特攻队的前队员做了采访、调查，并拍摄了纪录片《死亡之翼》。揭示出被日本法西斯吹嘘的神风特攻队员的献身（玉碎）精神不过是欺人之谈。其实，这些队员大部分是被逼送死的。

1944 年 11 月中旬，美国牢牢地掌握了莱特岛的制空权。岛上日军没有了补给，到 12 月时，日军已有将近 8 万人战死，残军只剩下 2500 人。12 月 15 日，美军在莱特岛登陆，1945 年 1 月 9 日登上吕宋岛。2 月 3 日美军攻入马尼拉，和菲律宾的抗日力量一道和日军展开巷战。残暴的日军在 2 月底将马尼拉彻底毁坏，本身也全部灭亡。

雅尔塔会议

1945 年 2 月，美英苏三国首脑在苏联的雅尔塔举行会谈。这是一次非常重要的会谈，三国首脑就战后欧洲的政治、领土问题作出了决定，为了避免今后再度发生世界性的战争，商讨了世界安全保障的机构问题。三国首脑对这些重大问题取得了一致。2 月 11 日，三国又签署了对日本的秘密协定。

罗斯福认为攻进日本本土才能彻底击败日本。他请苏联参战，这也是个开辟第二战线的问题。斯大林要求对日作战要有补偿，否则蒙受了抗击德国法西斯而遭重大损失的苏联人民是不会同意的。经过商讨，达成了雅尔塔协定。协定决定在德国投降 2—3 个月后，苏联对日宣战。苏联的条件是保持蒙古人民共和国的现状，日本在日俄战争中得到的萨哈林（库页岛）南部归还给苏联，苏联在大连港有优先利益，恢复苏联对旅顺口的租借权，并作为海军基地，中苏合办中东铁路及南满铁路，千岛群岛交予苏联。

也就是在这时，日本国内也出现了结束战争的建议。日本在战场上接连失利，以天皇为首的日本上层统治者的一部分感到了危机。1945 年 2 月，平沼骐一郎（1867—1952 年，曾在 1939 年 1—8 月担任内阁首相）、广田弘毅、近卫文麿、若槻礼次郎、牧野礼次郎、牧野伸显、冈田启介、东条英机等重臣或政治家们纷纷向天皇提出对战局的个人看法。近卫写了一份奏章呈送给天皇。他认为日本战败已是不可避免的了。他担心的是一旦战败，日本的国体将受到威胁，就是说天皇制有崩溃的可能。他认为英美的舆论尚未提到日本国体问题，因此无国体之忧，最可怕的是战败后发生共产主义革命。有意思的是他将军部视为共产分子，认为要彻底扫除，并研究迅速结束战争的方法。近卫之所以将军部看作共产分子，是想维护天皇的统治大权，把责任推给军部法西斯。但天皇并未接受近卫的建议。他认为在军事和外交上还可以有所作为，战局不是像近卫想得那么悲观。

轰炸日本

但是天皇的这一抉择被历史证明是错误的。战局继续恶化。美国在攻占马里亚纳群岛后，获取了轰炸日本的空军基地，这也是美国的战略目的。11月24日，马里亚纳基地的B29轰炸机轰炸了中岛飞机武藏野工厂，接着又轰炸了东京、名古屋、大阪、神户等地的飞机厂。由于B29是高空轰炸机，日本的防空战斗机无法阻止，自杀性的特攻队的战斗机也无能为力。

1945年2月19日，美军决定用燃烧弹轰炸日本主要城市的市区。3月10日零时，344架B29对东京进行了两个多小时的猛烈轰炸，投下了约2000吨的燃烧弹，当时正刮着大风，东京的木制房屋又多，顿时便化为一片火海，40平方公里被烧毁，占东京市区面积的40%，两万六千多户建筑被烧毁，死亡人数达10万人。

3月12日，美军又轰炸了名古屋，13—14日轰炸了大阪，以后又轰炸了神户并再度轰炸名古屋，这些轰炸十分猛烈，每次都投下大约1500—2300吨燃烧弹，将五大城市化为一片焦土，不仅极大地动摇了日本人的士气，而且由于军工厂严重受创，使飞机产量下降了60%。

硫磺岛之战

在进行猛烈轰炸的同时，美军地面部队向日本的硫磺岛发动了强劲的攻势。

1945年2月19日，7万5千美军在硫磺岛登陆。日本的守卫部队有1.55万名陆军和7500名海军。日本守军进行了坑道作战，战况空前激烈，美军付出了惨重的代价。守卫硫磺岛的日军战死了21304人，而美军的伤亡竟达23000人。这一惨重的代价也是使以后美军不得不决定投掷原子弹的一个重要原因。

联合舰队的覆灭

3月23日，美军和一部分英国的机动部队共有舰船1400艘，舰载飞机1700架，海上兵力45万人，陆军和海军陆战队18.3万人向冲绳各岛发动攻击。由于日本守军只有7.7万人，装备也不好，第32军司令牛岛满中将命部队撤退到南部防守。美军轻而易举就占领了北部和中部的机场。大本营连同天皇认为机场丢失，冲绳就没有什么战略价值了，便命第32军出击。第32军于12月发动反击，但没有成功。丰田司令于5日也命令战舰大和号和一艘轻型巡洋舰及8艘驱逐舰组成海上特攻队向冲绳进攻。7日下午在九州西南海岸遭到美机的轰炸，大和舰和一艘巡洋舰、四艘驱逐舰被炸沉，3700多名官兵阵亡，联合舰队几乎不复存在。但联合舰队还想将剩余的海军航空兵全部投入战斗，进行特攻。但陆军认为保卫本土才是上策，因此不予配合。最终陆海军共出动了2393架飞机。特攻的战果是炸沉了美军舰只36艘，但美军的主力舰没有受到损失。

1945年6月下旬，美军攻克了冲绳岛，守岛的军队首领均自尽。由于日军强迫平民百姓协助作战，而且不许投降，屠杀和强迫平民自杀，冲绳成为人间地狱。结果日本军队死亡了9万多人，平民死亡约15万人。美军战死1.2万余人。

美军在冲绳作战的同时，加强了对日本本土的轰炸，一次出动B29竟达500架，几乎在攻克冲绳的同时，东京、大阪、名古屋、神户、横滨、川崎等日本的六大城市化为废墟。接着又开始轰炸中小城市。日本的主要城市大约有330万户民宅被毁，除冲绳以外，约1000万人受灾，50多万人死亡。日本的军需生产工业已崩溃，国民丧失了斗志。但军部欲做垂死挣扎，想以本土作战挽救失败的命运，日本各地都在挖防空壕，将小学生送到农村，这叫“学童疏散”。另外又征召新兵，组成了40个新建师团，并成立了三个总军，大本营直接指挥三个总军。6月13日大政翼赞会解散，被改编为国民义勇队，6月22日实施义勇兵法，15—60岁的男子、17—40岁的女子必须参加义勇兵，口号是“一亿特攻”，日本法西斯简直是丧心病狂，想将全体日本人民都变成炮灰。

1945年4月5日，苏联通告日本不延长日苏中立条约，引起了日本很大的惊慌，因为日本在1944年已经将精锐的关东军大部分调往南方前线和冲绳以抵御美国的攻势。1945年3月仅存的3个师团也调往日本本土，在中国东北的兵力空虚。于是，日本便想和苏联修好，并试图让苏联当战争的调停人。5月19日，德国投降，在中国战场上，国民政府和共产党的军队展开反攻，日本就更惶恐不安了。6月，日本原首相广田弘毅会见了苏联驻日大使马立克，进行试探。这时，天皇也意识到日本必败无疑，便想结束战争了。于是，广田弘毅向苏联提出了缔结互不侵犯条约，伪“满洲国”独立等的方案。东乡外相还请近卫文麿去访问苏联。但是，遭到苏联的拒绝。这是因为盟军首脑们正准备召开波茨坦会议。

波茨坦会议

1945 年 7 月 17 日，斯大林和美国代总统杜鲁门及英国新任首相艾德礼在柏林近郊的波茨坦会谈。斯大林答应在 8 月 15 日向日本宣战。7 月 24 日，杜鲁门批准了向日本投放原子弹的命令。26 日经未参加会议的蒋介石的同意后，中美英三国发表了波茨坦公告，公告共有 11 项，提出了解散军队、惩罚战争罪犯、缩小领土、盟军占领日本等条件，并指出日本必须无条件投降。

而日本在得知了波茨坦公告后，表示不予理睬，还要继续进行战争。

投掷原子弹

1945 年 8 月 6 日，美国在日本的广岛投下第一颗原子弹，死者达 9—12 万人，广岛瞬间化为一片废墟。对杀伤力如此巨大的武器，陆军竟然表示没有

原子弹在广岛爆炸

什么不得了的，简直将平民的生命视若草芥。但天皇得知这一消息后，命令尽快结束战争。

9 日，美国又在长崎投下了第二颗原子弹。长崎成为废墟，6—7 万人丧生。

苏联参战

1945 年 8 月 8 日，苏联向日本递交了对日宣战书，本来日本等待的是苏联做调解人的答复，没想到却收到宣战宣言。日本一贯是唯我独尊，总是按自己的意愿行事，根本没有意识到它已是全世界人民的敌人。苏联的宣战书中说，从 8 月 9 日开始日苏两国进入战争状态。按波茨坦会谈的决定，苏联应在 15 日对日宣战，但苏联考虑到美国投放了原子弹，而杜鲁门借此想采用将苏联排除在远东地区之外的战略，就提前宣战了。

8 月 9 日，苏联红军以 150 万军队和蒙古军队 8 万人兵分两路，向日本关东军发起进攻。关东军虽然名义上有 75 万人，但大多是些老弱残兵和新兵，装备很差。而经过苏德战争洗礼的苏联红军不仅装备精良，而且战斗力也是日本军队难以企及的（日本作家五味川纯平曾在他的小说《虚构的大义》中以一个参加实战的战士身份真实地描写了苏军坦克的威力和精细、威猛的战术）。苏军以摧枯拉朽之势，势如破竹，一举解放了我国东北。

日本一部分史学家认为，苏联对日本宣战违反了两国的中立条约，因为中立条约尚未到期。但从大处着眼，日本法西斯是世界人民的公敌，肆意侵略扩张，那时国际法规则在他们眼里又是什么呢？从具体情况看，日本和德意法西斯结盟，实际上已经破坏了日苏中立条约。而且上文说过在德国法西斯进攻苏联之际，日本也进行了“关特演”，准备撕毁条约，对苏发动战争，不过是因为战略需要才罢手的。在珍珠港对美国不宣而战，根本将国际条约视若无物，如果能对这些违反国际法的事例作出完满的解释，那再去指责苏联对日本的正义战争吧。

苏联的参战使日本统治者更加惊慌失措，进一步认识到继续抵抗已经没有用了。他们决定接受波茨坦公告，但还要保留条件。

1945 年 8 月 9 日，日本召开了最高战争指导会议，东乡茂德外相认为只要保留国体，可以接受波茨坦公告，但军方认为附加条件应该更多，包括自主撤兵，日本自己处理战争责任和不占领日本等条件。双方争执不下，接着又召开临时内阁会议，双方继续争吵，互不相让。下午长崎又遭到原子弹的轰炸。

无条件投降

于是，木户幸一、近卫文麿等人运动天皇，请天皇圣断。10日，天皇支持了东乡外相的意见，即东乡的一个条件。

第二天，盟国答复日本，要将天皇及日本政府统治国家的权限置于盟国最高司令的限制之下，日本的政府形态应由国民自由意志决定。

日本战争领导层对盟国的答复不满意，又发生争执。但军事形势一日数变，日本覆亡的命运迫在眉睫。14日，天皇亲自召集开御前会议，并决定投降。这被叫做是天皇的圣断。

14日深夜，天皇录制了接受波茨坦公告的诏书讲话，天皇的声音被称作"玉音"，所以这也被称作是"玉音"广播。

"玉音"广播

天皇圣断后，军方首脑都决定服从圣断，但一小部分军队中的少壮法西斯分子却坚持死硬立场，想占领皇宫，夺取录音带。14日深夜，他们举行了兵变，但很快被镇压下去。

1945年8月15日中午，很多日本国民匍匐在地，第一次听到"现世神"天皇的古怪声音（天皇接受的是宫廷教育，讲话的速度很慢，和普通人说话不同）："朕深鉴于世界大事及帝国之现状，欲采取非常之措施，以收拾时局，兹告尔等臣民，朕已饬令帝国政府通告美英中苏四国愿意接受其联合公告。"一直被蒙在鼓里的民众才知道日本帝国已经垮台了。

8月28日，盟军先遣部队抵达厚木机场。30日，厚木机场上降落盟军最高司令麦克阿瑟的飞机，戴着墨镜，叼着玉米芯杆烟斗的盟军司令麦克阿瑟从飞机上走下来。他不仅履行了要回来的诺言，而且以征服者的身份走进了满目疮痍的日本帝国。

9月2日，日本外相重光葵一瘸一拐地和参谋总长梅津美治郎走上停泊在东京湾的美国战舰密苏里号，在投降书上签了字。日本天皇和政府的权力隶属于盟国占领军，退还中国台湾和澎湖列岛、朝鲜、库页岛南部、南洋群岛等日本殖民地，千岛、小笠原、奄美大岛、冲绳从日本分离，日本的领土又回到了甲午战争前的本来状态。

日本帝国在猖獗了半个多世纪以后终于一败涂地，亚洲人民从被侵略和被占领的屈辱中走了出来，胜利的光芒照耀着不屈的亚洲。

第九章

战后初期的日本

（1945—1955 年）

第一节　美国占领与天皇宣言

全面崩溃的日本

日本在第二次世界大战中不仅给被侵略的国家和人民带来了巨大的灾难，比如中国死伤于日本侵略战争的平民和军队的人数达 3500 万人，直接间接经济损失达 6000 亿美元。据不完全统计，在太平洋战争中，越南死亡 200 万，印度尼西亚 200 万，菲律宾百万人以上，其他国家和地区也有数百万人死于战火。日本自身也蒙受了空前的苦难，仅在太平洋战争中军人和军人家属死亡约 155 万人（一说为 230 万人），受伤和下落不明者 31 万人，国外的日本民间人员死亡在 30 万以上，国内死亡 50 万。除了人的生命被剥夺外，国民的财产和国家的经济都被毁于战火之中（仅武器损失就达 700 亿日元）。在战时，国民生活的困窘自不必说，战后又有大量的复员军人（战败时有 360 万日军在被侵略的国家或地区，另有 350 万移民）进入社会，而一片废墟的城市和毁坏殆尽的工业是不能为人们提供就业机会的，于是国民的生活陷入悲惨的

空袭后的大阪

黑市

境地。住房难、吃饭难是当时的两大问题。特别是城市的粮食问题更严重。战前工人生活的恩格尔系数大约是30%，战后上升到60%。粮食少的原因是战前日本的粮食就不能自给，靠殖民地的进口，这时殖民地没有了，日本要靠外汇进口粮食，但整个经济都已崩溃的日本哪有外汇呀。1945年又是个灾年，农民们糊口尚难，很少有富余的粮食供应城市，于是，城市的人们便变卖家产购粮，人们管这种日子叫“剥笋衣生活”。因此黑市盛行，成为当时日本的一大景观。据统计，成人一天需要的卡路里是2100—2400克，但当时日本人一天卡路里摄取量最多不过1400克，慢性饥饿折磨着日本民众，营养不良和由此产生的疾病司空见惯，连很多中产阶级也变得一贫如洗。还有些人靠美军的残羹剩饭维持生命。食不果腹似乎是为当时的日本民众制造的词汇。

住房难是不难想见的，美军的轰炸使日本的诸多城市成为废墟，当时很多人都疏散到乡下去了，譬如东京都的人口从 1940 年 10 月的 730 多万锐减到 1945 年 11 月的 340 多万。战火一旦平息，人们自然要返回家园，东京都的人口在 1950 年 10 月又回升到 628 万人。他们看到的是断壁残垣，过去的住宅化为乌有，于是只好和其他人家合住，或者租房住。

即使如此，给被侵略国家和自己国家的人民带来苦难的那些罪魁祸首、死硬的军国主义分子还不善罢甘休，开始时有些军人进行抵抗，但都失败了。他们看到大势已去，便以自尽对抗。高级军官有东部军司令田中静壹大将、杉山元元帅等共约 568 人。东条英机也用手枪企图自杀，但只是受了伤。而大多数日本人民则处于一种茫然的状态，他们没有想到日本帝国就这样垮了。后来许多人回忆说，天皇宣布投降，他们都没有弄清楚是怎么回事。一些作家以当时日本人的心态为题材写了不少小说，生动地描写了当时人们心灵上的空虚和精神上精疲力竭的现象。

美国占领初期的对日政策

美军占领日本后，面临的就是这样一种百业凋敝、民不聊生和民众精神崩溃的状态。

盟国军队最高司令官麦克阿瑟到达东京后，成立了盟国驻日占领军最高统帅总司令部（简称 G.H.Q，中文简称“盟总”）和对日理事会（1946 年 4 月 5 日成立，主席为美国人），在华盛顿设立了远东委员会(1946 年 2 月 26 日成立，主席为美国人，这两个机构从 1952 年旧金山条约生效后便结束了它们有名无实的存在)。这就是美国对日本的占领机构。名义上英国、苏联、中国、法国、荷兰等都参与其中，但实际上是由美国一家说了算。其实在日本投降前夕，美国就已经决定单独占领了。美国总统杜鲁门说：“我决定，对日本的占领，不能重蹈德国的覆辙，我不打算分割管制或划分占领区。我不想给俄国人以任何机会，再让他们像在德国和奥地利那样去行动。”从这段话可以看出美国和苏联之间的矛盾业已开始，冷战的阴影愈来愈浓烈了。他进而表示美国对远东和日本的基本方针是："坚持对日本和太平洋的完全控制。"因此，"盟总"的所有官职人员都是美国人。同时，从8月30日到9月6日，麦克阿瑟率领的美国第6军和第8军的46万军队进驻日本，控制了日本的大城市和战略中心，日本历史上第一次被外国军队占领了。

美国首先面临的问题是将日本数以百万计的侵略军队复员。1945年9月2日颁布了总命令第一号，命令日军各部分别向中国、苏联、美国、澳大利亚等国投降。9月3日颁布了日军解散和复员的命令。各地的工作进展得都很顺利，美国占领军打好了第一仗。

9月6日美国制定了占领初期对日政策，分为四部分16条。第一部分为终极目标，提出了建立民主自治政府，日本的完全非军事化，建立日本人民的民主权利和在和平时期需要的经济。

麦克阿瑟到日本

第二部分为盟国的权力。美国强调了一切占领部队均由美国的最高统帅指挥，实际上是一种排他性的占领。天皇和日本政府的权力从属于最高统帅，虽然最高统帅将通过包括天皇在内的日本政府及其代理机构行使其权力，但要以美国的目标为准则，并且要政策公开，同时强调美国并不是要支持现政府，目前的做法不过是权宜之计，这是很意味深长的，说明当时美国对日本现政府并不相信，但还没有制定出具体的政策。

第三部分为政治方面。第一条就是解除武装和非军国主义化。指出日本不得拥有陆海空军、秘密警察或民航事业，以前的这所有一切都必须解散。对日本的高级军官、极端民族主义和军国主义组织的首领及军国主义分子都应拘押，听候处理。这些军国主义分子都要被开除公职和重要的民间职务，军国主义的组织和机构也必须解散和禁止。同时从教育体系中排除军国主义的训练等。第二条就是关于战犯的处理。第三条为鼓励人民争取个人自由和民主进程的愿望。提出鼓励日本人民学习欧美等民主国家的制度等，民主政党有集会和言论自由，废除不民主的法律、法规，释放政治犯和改组司法、立法和警察系统。这是对过去相当彻底的清算，也是很进步的改革目标。

第四部分分九条，是经济方面的。首先美国指出必须摧毁军事力量的经济基础，并不得恢复。第二条是促进民主力量。支持劳工和农民组织。赞助经济活动的和平方向。凡是对那些不使日本未来的经济走向和平目标的人员要将其清除出经济领域中的重要岗位，并计划解散财阀。第三条是恢复和平经济活动，表示支持日本当局从事和平的经济活动和经济重建。第四条是赔偿和归还掠夺的物资。第五条是财政、货币与金融政策，指出在最高统帅的批准和检查下日本当局负责掌管国内的财政、货币和信贷政策。在第六条的国际贸易与财政关系中，美国容许日本从国外购买原料和物资，当然是用于和平途径的。第七条是关于日本的国外资产的。命令日本将这些资产向最高统帅部交代清楚，等候处理。第八条指出在日本的外国企业机会均等。最后一条是关于皇室财产的。指出皇室财产不享有特殊地位。

以上就是美国占领日本的基本政策，是以非军事化和民主化为基轴的进步的政策，但在以后的执行中，随着国际形势的变化有了很大的改变，未能彻底贯彻实施并半途而废，还遗留下不少严重的问题，以致影响及于今日。

麦克阿瑟的指令

美国在日本实施自己的政策和想法时，是以最高统帅麦克阿瑟的指令为形式进行的，而这些指令则由“盟总”的各部门制定。“盟总”下设参谋部、民政局、法务局、统计资料局、经济科学局、民间情报局、民间通信局、民众情报教育局、天然资源局和公众卫生福利局，后来又陆续成立了外事局等，从这些机构的设置可以看出，美国占领当局对日本是全方位的管理和控制。

1945 年 10 月 11 日麦克阿瑟对币原喜重郎内阁（1945. 10. 9—1946. 4. 22）发出妇女解放、帮助工会成长、教育的自由主义化、从专制政治中解放和经济民主化的五条指令，体现了美国占领后对日本的基本政策。随后非军事化和民主化的指令不断发出，促进日本社会迅速摆脱法西斯主义的独裁专制，向民主国家迈进的步伐。首先是解除军队武装，废除军事机构，逮捕东条英机等 38 名战犯，接着又不断追捕战犯。其后就是清除军国主义的领导人，解散右翼团体，神道的非国教化。上文说过，神道是日本本土的原始宗教（也吸收了中国道教的不少要素），明治维新后，政府为了全面学习西方，认为西方各国有基督教作为国教而日本没有，就自上而下地强行将神道变为国教，即所谓国家神道，政教合一，以此提高了天皇的神性和权威。国家神道的消失对天皇成立意味着什么？有识之士是可以察觉到的。这些都是美国在对日本非军事化方面采取的有力措施。

在经济的民主化方面，首先是关闭了军需产业，财阀被解散，进行农地改革。在政治民主化方面，释放了全体政治犯，包括日共领袖德田球一（1894—1953 年）等，废除了思想警察，如臭名昭著的特别高等警察（简称特高，于 1911 年在警视厅首次建立，后在全国各府县建立特高课，类似于也同样臭名昭著的德国盖世太保）。废除了治安维持法等镇压民主的法令和法规。

这一系列的指令接连不断地打击了日本统治阶层，使民主自由的空气吹进了野蛮闭塞的日本社会。不能不说正是这美国的民主化和非军事化政策规定了日本战后发展的方向。在下一节里我们将详细地阐述民主化改革。在这里我们看看战后初期日本上层统治者发生了什么样的巨大变化。

内阁的更迭

第二次世界大战期间在日本不可一世的法西斯军国主义分子纷纷落马，东条英机等被逮捕。东久迩稔彦亲王的内阁（1945. 8. 17—1945. 10. 5）因反对麦克阿瑟的指令，辞职下台，代之而起的是战前主张对美协调外交路线的币原喜重郎内阁，币原喜重郎虽然曾是对美协调路线的倡导者和实践者，但并不是个民主主义者，他对美国的指令是有抵触情绪的，只是慑于美国的压力不得不听从而已。

天皇的人格宣言

最引人注意的是天皇。自明治维新以来，天皇成了“现人神”（现世神，神在人间的显现），如此荒唐无稽的神话，却有许多日本人对此信以为真。他集传统的权威和法的权威于一身，可以左右日本的去向。上文说过，在“二·二六事件”发生后，如果不是昭和天皇态度坚决，兵变很难被镇压下去。在战争中，昭和天皇屡次发出命令，当近卫文麿等认为战争已难以为继的时候，天皇仍然认为局势并非不可挽救，后来的日本无条件投降也是他乾纲独断。这种至高无上的天皇权威和地位在战败后会有什么变化呢？自然受到日本国内和国际上的关注。其实在日本和盟国商量停战时，天皇的地位就曾是争执的焦点。

日本被占领后，国际上有苏联，国内有日本共产党均认为天皇制应该废除，而美国自始态度就不明朗。

天皇拜访麦克阿瑟

1945 年 9 月 27 日，昭和天皇拜访了盟军最高统帅麦克阿瑟，报纸上登载了他们二人见面的照片。两人的谈话内容不得而知，据麦克阿瑟回忆，他的印象是天皇是个绅士。但绅士不过是个人的看法，美国需要的是破除天皇在日本国民中的迷信。天皇迫于各方面的压力，在 1946 年元旦宣布自己不是神而是人，这就是天皇的“人格宣言”。天皇是神在古代是神话，近代以后被重新创作，成为压制民主自由的重要工具。这个工具的被消灭预示着代表明治宪法中最落后、最保守也是最黑暗的部分被消除，给新的民主宪法及建立民主国家开辟了道路。

第二节 战后民主化改革和道奇路线

解散财阀

美国主导的战后日本民主化改革是从经济、政治、社会三个层面进行的。在经济方面最重要的就是解散财阀和农地改革。美国认为财阀是日本发动战争的重要原因之一，由于财阀的存在使日本没有一个稳定的中产阶级，而中产阶级的发达和稳定正是一个民主国家的社会基础，更何况日本的财阀在战争中和政府合作，干了不少坏事，特别是那些新兴的军火大财阀大发战争横财。财阀的垄断也阻止了市场中的自由竞争，使真正的近代商品经济难以发展，而自由竞争正是资本主义的一个重要原则，经济上的自由也关系到政治上和个人的自由。

说起日本的财阀是有其特点的。大财阀，如三井、三菱在明治之初是作为政府的御用商人出现的，在政府处理国有产业时，他们以低廉的价格买下了工厂、矿山等。这些人和政府关系亲密，被称为政商。但是在所有权和管理上是私人的、家族式的。当日本资本主义发展，特别是进入垄断资本主义阶段后，这些政商逐渐成为财阀。他们的特点是拥有控股公司，不进行具体的业务活动，而是以他们对所有权的占有来控制若干工厂和商业公司。他们拥有的资本是庞大的，十大财阀，即三井、三菱、住友、安田、鲇川、浅野、古河、大仓、中岛和野村的已缴资本占全国各行业的35%，在金融领域里更占到53%。另一个重要的特点是这些家族持有的股票不上市交易（或只部分上市），因此是不公开的，市场也不可能得到准确的信息。第三个特点是他们的家族式经营。

1945 年 10 月美国占领当局发出指令，要求包括三菱等 15 家财阀报告自己的业务内容和资本结构，自 11 月起，对三井、三菱、住友、安田四大财阀和 83 家控股公司及 56 个财阀家族采取了措施。内容包括解散控股公司，禁止财阀家族的人兼任重要领导，清除经济战犯及将股票分散（公开出售，但不出售给拥有 1%以上的财阀和控股公司）等，力度相当大，时间也相当长，有的措施一直延续到20世纪90年代，比如控股公司，在欧美是被允许的，但日本却被禁止，后来在金融变革的浪潮中，日本金融界一再强烈呼吁，才允许成立控股公司。这些改革只是行政上的措施，更需要法律上的保障，而在法律方面，美国也没放松对财阀的打击。

1946年1月，美国国务院和陆军部派遣"日本财阀调查团"到日本，写出了调查报告，向国务院和陆军部汇报。美国国务院、陆军部、海军部据该报告制定了"关于美国对日本经济力量过分集中问题的政策"，远东委员会批准了这个报告。1947年，公布了反垄断法，排除经济力量过分集中法，试图在生产领域和流通领域中将财阀势力消除于未然。日本政府对美国的指令采取了拖延战术，并试图将这一严厉的条件放松。但是，这是无济于事的，解散财阀的政策在法制方面无疑是站住了脚，财阀也因此而崩溃。但是，随着外部条件的变化，和日本资本主义本身发展的规律即在一个后进的资本主义国家，垄断比先进的资本主义国家更为强大，而且这也许是后进的资本主义国家为了赶超先进的资本主义国家的一种有效的方式，现在我们在韩国的经济组织上可以看出这一点——财阀改头换面再次复活。不过即使这样，战后日本的垄断资本和战前的财阀在组织结构和经营方式上还是有了极大变化。过去是财阀的总公司为中心，而战后的财阀却是以同是财阀的银行为核心，家族式的经营让位于更开放的专业经营者体制，股票也是公开流通的。

农地改革

第二项重大的经济改革就是农地改革。前面说过明治维新后日本的近代工业迅速发展，展现出资本主义的特点，但是农村却大不一样，寄生地主制确立起来，土地集中在一小部分地主手里，比如有15亩以上土地的地主的人口不到农村户数的3.2%，却占了整个农业土地总面积的30%。他们残酷地压榨佃户，使得战前租佃纠纷不断。前文说过，日本许多下层军官都是因为自己出身的农村农民过于贫困而反对日本现行体制，加入法西斯团体并进行恐怖活动的。战争又使本来就停止了发展的农村变得奄奄一息，全国的口粮供应都无法解决，特别是城市面临着饥饿。天皇在1946年5月24日发表的关于粮食形势的演讲中说："……主要是在城市中的粮食形势，是空前未有的困窘……"为了解决这迫在眉睫的危机，币原内阁的农林大臣松村谦三在1945年10月9日先美国占领当局之前，就提出了改革方针，目的是培养自耕农，根据这一方针拟定了“农地调整法修改法案”，其主要内容是承认在村地主15亩以内的租佃地，超过的而进行买卖则在当事者之间或农业会的斡旋下解决。这当然给那些所谓的不在村地主或大地主以一定的打击，但在村地主还是统治着农村。可是就连这个改革方案也遭到议会的激烈反对。1945年12月9日，占领当局向日本政府发出“解放农民指令”(正式名称是“关于农地改革的备忘录”)，认为日本农村的基本祸根是小规模的农业经营和对佃农不利的租佃制度，指令日本政府在1946年3月15日前提出收买不在村地主的土地并分配给农民，同时要保证防止农民再沦落为佃农的计划。日本议会在同年12月18日通过了保存地主制的“农地改革法案”，但遭到占领军总部的否定。这就是第一次农地改革。

1946年6月，占领当局向日本政府提出了农地改革的建议，这个建议是以美英的联合提案为基础的，此前美国曾征求过盟国管制日本委员会的意见，苏联代表提出无偿没收地主土地的方案，但美国认为这是直接废除私有财产，没有采纳。日本政府只有无保留地接受占领当局的建议，10月11日，议会通过了“自耕农创设特别法案”和“农地调整法修改案”，并决定从1947年3月起开始实施。这次改革将不在村地主的全部租佃地和在村地主拥有的土地定为平均一町步（约合一公顷），其余的由政府收买，并卖给佃农，使得原来仅占农户总数30%的自耕农上升到60%，加上自耕农兼佃农则占到90%。而对于剩余的租佃地则将地租改为货币地租，实行低利率，1947—1949年地租降为产量的1%—2%，战前则达到50%，战争中略有降低，但也达到40%。还有保护耕作权，这无疑对佃农来说是相当重要的举措。为了保证分到土地的自耕农不再沦为佃农，采取了严格限制土地买卖，冻结地价的措施。

日本的农地改革是亚洲土地改革的一个较重要的范例。其动机是解决战前及战争中，农民生活穷困，农业得不到发展，和城市中的工业化不相称（二重经济）等经济结构及社会问题，打击地主，特别是不在村地主，扶植自耕农。从某种意义上说，农地改革达到了其目的，农民有了发展生产的愿望，商品经济在农业中日益发展，同时农村进入了稳定阶段，战前的佃农和地主的纠纷等日趋减少，激进的农民运动消失了，农民变得保守起来，成为后来的保守党派自由民主党的坚实社会基础。经济结构的变化自然带来社会结构的变化，自明治维新以来，统治者精心构筑的家族制度，即大家族制度逐渐瓦解，核心家庭增多。但不要以为农地改革就解决了农村的所有问题，实际上从改革本身来说还有不足之处，如没有触动山林的所有制，大地主依旧拥有广大的山林。从其结果看，农业生产力也没有得到大发展（当然不能排除自然因素和科技发达的程度），而是过剩劳动力使得兼业农民增多，后来形成了大量的过剩劳动力进城，成为真正的城市劳动力。

修改宪法

在经济改革的同时，占领当局也进行了政治上的改革，上面提到的天皇“人格宣言”就是政治改革的先声，宪法是国家根本大法，所以最重要的政治改革莫过于修改宪法。1945 年 10 月，受占领军总司令部的旨意，日本政府准备修改宪法，当时保守政党、社会党、共产党及各种民间团体都各自提出修改方案，一时修改宪法成为社会上的政治热潮。

1946 年 2 月，币原内阁向占领当局提出了政府的修改宪法案，但这一方案几乎是明治宪法的翻版，不过用了些民主、自由的词汇来点缀。这和美国的要求相差太远。当时国际上的民主力量力主以“波茨坦公告”为基础，要求废除天皇制并审判天皇裕仁。新宪法中天皇的地位确实是个争论的焦点。美国则认为废除天皇制、审判裕仁会引起日本国民的反抗。同时正如麦克阿瑟所言：“天皇等于 20 个师团”，再据吉田茂的回忆，说麦克阿瑟曾对他说：“如果（日本人民）以皇室为中心团结起来，日本的重建不难图。”因此试图让天皇起到稳定人心的作用也是占领军的目的之一。但是让明治宪法确立的近代天皇制继续存在下去也不是美国的愿望，毋宁说，美国深知天皇制在对外侵略战争中起到的作用。在这一认识下，美国提出了保留天皇，但只作为象征。这样既可以避免日本国民的反抗，又不至于因废除天皇制而可能引发的“共产主义革命”。

但日本政府的方案简直就是不做修改，占领当局自然坚决否定。说：这个政府方案“不过是对明治宪法的字句做了最平稳的修改，将日本国家的基本性质原封不动地保留下来”。美军总司令部向日本政府提出了保留天皇、放弃战争和消灭封建主义的三原则。并威胁说日本政府如不接受，将公之于日本国民，由国民选择决定，日本政府无奈，只好全盘接受。这时的吉田茂内阁（第一次吉田内阁，1946. 5. 22—1947. 5. 20）将宪法修正案提交国会审议，国会在做了若干修改后，于 1946 年 11 月 3 日公布，翌年 5 月 3 日开始实施，这就是战后的日本宪法。当时远东委员会试图干预，但美国代表提出无须远东委员会的批准，而委员会的大多数成员同意了美国的主张，于是这部宪法可以说是美国单独提出原则并通过的。应该指出的，苏联代表是反对保留天皇制的。

这部宪法规定了天皇的地位只是象征性的："天皇是日本国的象征，是日本国民整体的象征。"天皇成为日本文化的一部分，虽然这个所谓的日本传统文化不过是明治维新后自上而下创造的，这使日本保守的政治家感到了满意，因为他们害怕没有了天皇，日本会向左转。新宪法的其他条款，也就是主要内容都有了极大的改变。新宪法规定了主权在民、放弃战争、尊重基本人权等资本主义民主制度的原则。

宪法第九条

特别是放弃战争的宪法第九条，确实是为其他资本主义国家所没有的。因此，新宪法也被称为"和平宪法"。第九条规定：日本"永远放弃以国权发动的战争、武力威胁或武力行使作为解决国际争端的手段"，"为达到前项目的，不保持陆海空军及其他战争力量，不承认国家的交战权。"吉田茂对此解释说，日本过去的侵略战争大多是以自卫为借口的，因此，要放弃行使自卫权的战争手段。宪法第九条是日本新宪法中的一个关键问题，也是新宪法的特色。日本穷兵黩武数十年，屡次发动侵略战争，给其他国家，特别是亚洲邻国带来了巨大的灾难，最终日本人民也经受了空前的苦难。放弃战争无疑是日本国民痛定思痛，决心走上一条新的和平道路的正确选择，当然一部分日本的右派是一直反对宪法第九条的。美国占领当局敏锐地感觉到这一点，于是在第 66 条中又规定内阁成员必须由文职人员担任，为放弃战争加了保险。围绕着这部和平宪法，在日本一直存在着斗争，可以说战后作为政治斗争几乎没有间断而一直持续到今天的就是护宪和修改宪法的斗争。

政府机构的改革

新宪法公布后，日本的政府机构也进行了重大的改革，制定了地方自治法。众所周知，地方自治是资本主义国家为了防止中央集权而带来的专制所设立的一项民主制度。战前日本也有地方自治法，是由山县有朋主持制定的，但实际上却是中央政府集权，地方自治的机构和团体不过是中央的派驻机构。新宪法赋予地方公共团体强大的自治权，居民也可以直接选举议员。但是，需要注意的是，由于战后日本经济的发展是在国家主导或指导下进行的，地方自治并没有像西方那样发达。同时对公务员制度、警察制度、教育制度都进行了改革，以使之适应民主制度。其他的法律，如刑法、民法都被修改，废除了其中带有很浓厚的封建残余的条款和因素（后文将会详细讲到）。

实施新宪法的意义不论怎么强调都不过分。日本人民第一次懂得了什么是近代的自由主义观念，正是这种观念才是新宪法的基础，同时也第一次尝到了民主的果实。特别是“放弃战争”的第九条使“和平宪法”蜚声海内外，日本的复兴和重新崛起也多受益于此。从这一点来说，日本脱胎换骨了。缺陷只是保留了天皇制（当然只是象征天皇制，已与近代天皇制有极大区别），这也是新宪法受到进步人士批评的一个主要问题点。

那么，规定新宪法原则的美国占领当局当时是怎样想的呢？应该说美国当时顺应潮流，是想彻底改造日本国家，清除专制主义、军国主义的影响。虽然冷战已经开始，但美国把亚洲防止共产主义的中心堡垒放在了蒋介石政权上。当蒋介石垮台后，美国就做了战略调整，战后的民主改革也因此蒙上了不彻底甚至倒退的阴影。

社会民主运动

在美国和日本政府进行政治改革的同时，受到法西斯和封建压制多年的社会民主运动一下子爆发出来。其最主要的表现就是民主运动的高涨和政党的活跃。这也和当时日本人民生活困窘是分不开的。因此，工会运动和农会运动蓬勃发展，据统计到 1946 年 6 月末，工会、农会的数量为 12600 个，成员达368万人，工会提出的要求除经济方面的要求涨工资、反对开除工人外，政治上也要求民主化。1946年的五一国际劳动节，参加游行的人数竟达200万，参加者都是组织成员。5月15日，25万工人、家庭主妇进行了“粮食五一节”，到首相官邸进行了游行示威活动。接着全国各地都爆发了“要米大会”。

当时的工会运动分为两大组织，一是“日本劳动组合总同盟”（简称“总同盟”），另一个是“全日本产业别劳动组合会议”（简称“产别会议”）。双方进行激烈的争夺领导权的斗争。运动的主导权大多集中在产别会议和日本共产党手中，因此工会运动是相当有斗争性的。1946年8月到9月发生了国铁（国家铁道公司的简称）和日本海员组合的劳动纠纷，产别会议准备在10月展开全面攻势，从11月开始进行了全国官公（官是国家，公是地方政府，即指国家、地方公务员和公共企业职员）的涨工资斗争。第二年的1947年2月1日，产别会议计划举行以全国官公为主的260万人参加的总罢工，并提出打倒吉田内阁（第一次吉田内阁，1946.5.22—1947.5.20）的政治要求。但是占领当局放弃了战后初始的不干涉和培育民主运动的政策，在举行总罢工的前一天，最高统帅麦克阿瑟发出了禁令。美国占领当局是不愿意看到这种混乱的局面，更何况他们对吉田内阁还是满意的。工人、农民等运动就此突然刹车。

政党的活动

1945年10月10日，治安维持法被废除，出狱的日共领袖德田球一率领日共提出“废除天皇制，建立人民共和制”的口号，以合法政党的身份开始了活动。11月2日，过去的无产政党各派联合成立了日本社会党，9日，原来的政友会在鸠山一郎（1883—1959年）的率领下成立了日本自由党，16日，大政翼赞会的议员们成立了日本进步党。而左翼的日本社会党和日本共产党和工会运动紧密结合在一起，号召成立民主人民阵线，势力急速增长。

1946年4月10日，进行了战后第一次总选举，妇女也可以投票了。结果自由党在议会中得到了139席，进步党92席，日本共产党得了5席，其他各党派42席。无党派75席。日本共产党的席位并不多，这是因为虽然城市里共产党的力量在扩大，但农村的选民还是很保守的，他们把票投向了保守党派。

不过，所谓的革新势力（即社会党等左翼党派）在大城市中还是获得了巨大发展。当时的内阁是币原喜重郎内阁（1945. 10. 9—1946. 4. 22），支持政府的党派是进步党，而其他的党派建立了倒阁共同委员会，民众也对政府不满意，进行了示威游行，币原内阁在反对的浪潮下，不得不于 21 日总辞职。新的内阁由于议会中革新势力有 100 多名，民众也要求建立真正的民主政府，因此其成立迁延日久，直到 5 月 22 日，才组建了由保守政党自由党和进步党联合的吉田茂内阁。在这里我们可以看到保守党派政治家的经验，他们在革新势力日益壮大的情况下，抛弃了过去争权夺利的前嫌或当前的利益，结成了一伙儿，而革新政党却陷入互相批判之中，没有能团结为民主统一阵线。这种革新政党的内讧是造成保守党后来能长期占据日本权力中枢的重要原因之一。

保守政党和革新政党的争夺

在二·一罢工被禁止后，在 1948 年的总选举中保守势力的地位更加巩固了。但是社会党却成了议会第一大党。原来的进步党这时已经改为民主党，自由党的芦田均（1887—1959 年）等九人脱离自由党加入了民主党，国民协同党也有 15 人加入了民主党，还有 7 名无党派人士。芦田均要和保守的自由党划清界限，和币原要与自由党联合的路线发生了冲突，当时左翼的力量比较大，因此芦田均成了党首。民主党和社会党、国民协同党联合组成内阁，由社会党的片山哲（1887—1978 年，片山内阁，1947. 5. 24—1948. 2. 10）当首相。社会党一旦执政，其左派便发表了和共产党绝交的声明，同时政府在工会和农会中建立起反共工会，使原本是铁板一块的工会、农会分裂了。

但是，片山哲内阁在经济政策上出了问题。和现在一样，政府的经济政策永远是最重要的，因为普通选民最关心的是自己的生活水平是否提高了。片山内阁是全盘继承前任首相吉田的“倾斜生产方式”①。尽力保护能源生产，让过

① 当时日本为了恢复因战争破坏的生产，著名经济学家有泽广巳提出的经济政策，即“让所有的经济政策都集中地倾斜于我们手中有的、我们能够处置的唯一基础材料的煤炭生产……使经济有计划地倾斜，及早提高基础部门的生产，以此为基础创造出提高生产水平的契机”。被吉田内阁采用，具体做法是将进口的重油全部投到钢铁业，再将增产的钢铁投进煤炭业，增产的煤炭又被投进钢铁业。待两者达到某种水平，再扩大到其他基础产业。片山内阁也实行倾斜生产方式。当时政府计划的生产水平是达到了，但这些生产资金是从复兴金融公库筹措的，而复兴金融公库又是国家的银行，因此就带来了财政负担的增加。

去的垄断资本复活。当然在当时能源匮乏的情况下，先发展能源，然后再恢复工业生产，似乎是个理智可行的政策，但政治和纯粹的经济理性是不同的，老百姓首先想的是及早地从贫困中脱身。但片山政府却将物价定为战前的 65 倍，而工资却定为 27 倍，普通工人或职员的生活水平下降了。于是，反对政府经济政策的工人运动又高涨起来。1949 年 2 月，短命的片山哲内阁结束了生命，但这三个执政党又成立了芦田均内阁（1948. 3. 10—10. 7）。

引进外资、稳定经济是芦田内阁经济政策的特色，但基本的倾斜生产方式并没有改变，政府以财政支持钢铁业，引进外资使日本经济更加依靠国际资本，经济军事化的色彩也浓厚起来。在保护垄断资本方面，这届政府做得更彻底，降低了法人税，同时增加税收，提高铁路运费和邮政费用，普通国民的生活根本没有得到改善。而政府为了镇压工人运动，发出了 201 号政令，禁止公务员罢工，取消其团体交涉权。

保守政党的重新组合

在这届政府任内，日本的政党地图又一次被重新划界。吉田茂等自由党内的保守派和民主党内的币原派的“同志俱乐部”、“第一议员俱乐部”和无党派人士组成了民主自由党（民自党）。这个党在议会中有 153 个议席，超过了社会党的 122 席，成为第一大党。民主自由党公然反对社会党和共产党，主张自由经济。在党的建设上，最突出的是大量吸收官僚入党，这些政府的高级官僚退出官界，进入政界。他们靠着官僚在日本社会中地位高的特点，在选举中几乎都取胜而成为议员。民自党对政权虎视眈眈，而芦田内阁的社会党和民主党却因政见不一致发生了分裂。这时昭和电力股份公司为了取得政府贷款所进行的行贿行为被揭露出来，这就是所谓的“昭和电工事件”。10 月 6 日前副首相西尾末广被逮捕，10 月 7 日，芦田内阁辞职。这次事件被逮捕、收容的人数达 63 人，保留处分而释放的人数是 8 人，芦田均、福田赳夫等均被牵扯在内，可谓重大案件，但在 1962 年 4 月最高法院判决行贿者的昭和电工的总经理日野原节三仅服刑一年，缓刑五年，其他重要被告几乎都被判无罪。

经济九原则

芦田内阁垮台后，进行了总选举，吉田茂的民主自由党大获全胜。社会党因丑闻和经济政策不得力，使国民离其而去，席位大量下降，但共产党的议席却增加到35个。吉田内阁(第二次吉田内阁,1948. 10. 15—1949. 2. 16）上台后，美国国务院和国防部发表了恢复日本经济并使之能够自立的《稳定日本经济九原则》，并强制实施。这经济九原则的大体内容是均衡财政、加强税收、限制融资、稳定工资、控制价格、加强外汇管理、加强资材分配、增加国产原料及工业生产、增加粮食征购及供应等。这一政策是针对在前一个阶段实行的倾斜生产方式引发的通货膨胀而实行的紧缩政策。这当然更要影响国民的生活水平了，但同时美国也期待着在这一政策下，日本的企业能够降低成本，进行合理化生产。此外，美国的另一个目的是想建立单一的日元对美元的汇率。

道奇路线

1949年年初，美国底特律银行家道奇[Joseph Morre Dodge(1890—1964年)底特律银行行长]，作为美国的特使来到日本，具体地实施贯彻经济九原则，史称“道奇路线”。道奇否定了吉田茂内阁的1949年财政预算，提出了自己的“超平衡预算”。他对日本经济有个有趣的比喻，他说日本经济两腿没有着地，而是骑在竹马上，这竹马的一条腿是美国援助，另一条腿是政府的财政补助，他要砍去这竹马的两条腿，使日本经济能够有自立性。按照他的办法，就是政府节约开支，增加税收，企业也因此进行了大量的裁员，使日本政府的预算不仅没有赤字还要有盈余，用来偿还国家债务。同时道奇设立了美援对等资金，就是日本政府将美援物资出售后得到的货款积累下来，由占领当局管理，用来偿还国债和向重点企业投资。当时美国在战后面临着物资积压，经济危机的阴影已经出现，将那些剩余的物资援助日本，对美国经济是有利的。而且也帮助了日本经济的复苏和发展。

道奇路线的另一个重大的举措就是日元和美元的单一汇率，将原来的1美元：330日元变为1美元：360日元。就是说降低了日元对美元的汇率，这一措施的重大意义不仅是当时促进了日本商品的出口，而且在后来的日本经济增长的过程中起到的作用也是极其巨大的。美元是国际货币，日元和美元固定了汇率，而且是低汇率，这就使日本的商品能够进入国际市场，特别是广大的美国市场，日本经济和国际接了轨，在日本国内需求不旺盛的时候，国际市场给日本企业提供了生存乃至发展的机会。在以后的岁月里这也成为日美贸易发生摩擦的一个重要原因。在当时日本巨大的贸易赤字由于进口商品的涨价（平均上涨9%），使赤字下降。日本企业为了出口不得不降低成本，这样一来，那些没有竞争力的中小企业只好破产，大型企业则有美国的补助金，加强了垄断，产品有了国际竞争能力。道奇在这一政策下，又采取了经济重点转向出口的方式，其出口产品主要是钢铁。缺乏钢铁的欧洲市场、东南亚市场大量消费日本的钢材，日本开始成为“亚洲的工厂”。在此期间和后来——当然和后来的冷战及日本的经济发展阶段及特点有关，日本的垄断企业不仅复活了，而且成为日本经济增长的主要力量。不过，任何果断或彻底的经济改革都会有副作用的，道奇路线使没有竞争能力的中小企业破产，大量工人失业，经济呈现出萧条的局面。

此外，道奇路线一改过去日本实行的倾斜生产方式，对行业不予补贴，而是将财政补助投向垄断企业，扶植大企业成长，使垄断资本更加雄厚。

夏普劝告

道奇路线试图增加税收，使政府财政有结余，这样才能以政府扶植的形式增强或者复兴日本的产业，但税从何来呢？如果增加法人税，企业的资本积累将受到严重影响，只有改革税制才是一条出路，如果改得好的话，就能达到两全其美。另一个美国人夏普（美国哥伦比亚大学教授）对日本经济进行了调查后，提出了所谓的夏普劝告，日本政府接受了这一劝告，在5月份进行了税制改革。夏普税制的内容大体是减少高收入者的纳税和企业的法人税，将减税的部分用地方税和所得税的源泉征收来弥补，这是所谓的大众课税，容易收缴。夏普税制虽然是对日本国民的一种剥夺，但却保证了大企业的资本积累，对日本经济的复苏是起了作用的，而且奠定了战后日本税制的基础特别在增长时期，源源不断，持续增长的所得税税收使日本政府财力充裕，容易实施政策方针。

工人运动和民主革命运动受挫

道奇路线实施后，恶性通货膨胀得到了抑制，粮食情况好转了，企业，特别是有竞争能力的企业的生产走上了正轨，但是中小企业的破产也是十分严重的，人民生活没有得到改善。这种休克疗法一样的政策之所以能实行，是和占领当局对工人运动和民主革命运动的镇压分不开的，而且占领当局和政府认为共产主义是头号敌人，1949 年 4 月公布了团体等限制令，规定法务总裁有权自由处理被定为暴力主义的团体。5 月，修改了工会法，政府可以压制被指定为公共事业的劳动运动的争议权，加强了政府和官僚对工会的干涉和管理，特别是制定了定员法，其目的是整顿公务员，将国家和地方公务员的数量从 300 万减到 260 万。政府强行开除了在国家行业工作的 26 万工人和在民间产业的 30 万工人，这些人是工会积极分子，政府担心他们会妨害政府工作。这一举措引起了人民群众的强烈反抗，日共扬言要在 9 月份之前打倒吉田内阁，组成有共产党参加的联合政权，但由于日共和社会党分裂，这个所谓九月革命难以实行。7 月 1 日政府宣布了裁减国铁员工 95 万人，引起了全国性的抗议活动，劳资双方的斗争趋于激化，风起云涌的工人运动即将兴起，但这时却接连发生了所谓日本战后几大古怪事件，即下山事件、三鹰事件和松川事件。

三大事件

1949 年 7 月 5 日，日本国铁总裁下山定则失踪，后来在铁路上发现了他的被车轧死的尸体，于是就有了流言蜚语，说是工会杀的，但另一种说法是自杀，两者相持不下，最后不了了之，但这件事对工会运动打击很大。

1949 年 7 月 15 日，在国铁中央线的三鹰车站，一辆无人电车突然起动飞驰，脱离了轨道，造成数十人死伤，警察认为是三鹰工会的 12 名干部的阴谋，并起诉，但后来被认定为是被告之一的竹内景助的个人行为，竹内后来被判处死刑，其他的被告无罪。

1949 年 8 月 17 日，福岛县的东北铁路线的松川到金谷川之间发生了列车倾覆事件，司机等三人死亡。由于发现了铁轨被破坏的迹象，于是当局认为是人为的有预谋的犯罪，逮捕了国铁和东芝松川工厂的20名工会成员，在一审、二审中均判定被告有罪，其中四人被判处极刑，但由于疑点不少，引起了国民的不满，1959年8月，最高法院大法庭将案件退回仙台最高法院，要求重审，后被判全体无罪，至今作案的罪犯没有抓到。

这三起案件都是在抗议裁员运动激化时发生的，政府认为是工会为反对裁员制造的案件，这种先入之见，使得无辜的人受审，并且造成了很大的社会影响，日本国民对这种刑事犯罪是深恶痛绝的，自然影响到工会在民众中的形象。工会运动在遭受这样的打击下，一蹶不振，道奇路线也就得以贯彻实施了。

第三节　从自来水到国民健康保险

法律的修改

宪法是根本大法，修改宪法后其关联的各种法律当然也要进行修改。1947年4月16日公布了法院法，以最高法院为终审判决的机构。10月26日修改了刑法，废除了对天皇的所谓不敬罪和通奸罪，这是明显的反对封建残余的重要的法律修改。12月22日颁布了修订的民法，明治以来统治者精心创造的家族制度被废除了。在明治宪法下，户主的权力很大，家庭其他成员实际上没有什么权利，而且长子继承制也是对其他子女权利的不尊重，战前到城里打工、就业的大多数是长子以下的子女，长子基本是继承家业，在家务农，新的民法规定，遗产由子女均分，保证了长子之外其他子女的财产继承权。在家庭中承认男女权利平等，夫妻是家庭的中心。1948年又修改了刑事诉讼法，承认犯罪嫌疑人有沉默权，以及对犯罪嫌疑人在人权上予以尊重。

教育制度的改革

战前日本军国主义正是从学校开始的，学生们要遵守教育敕语，效忠于天皇，接受皇国史观的历史教育等。战后，占领当局首先清除了那些具有浓厚的法西斯思想的教员，不允许教授神道教义，停止了国史、修身、地理等课程。1946 年 11 月，文部省宣布废除教育敕语，试图将自由主义的理念贯穿到学校教育中去。1947 年制定了《教育基本法》，规定国民教育的机会平等，男女同校，教育在宗教和政治方面采取中立态度，应该说这种现代的西方式教育观念在日本得到了实现。今天即使是在大学，教授在课堂上也从来不公布自己所属的政党，更不会将自己党的纲领等向学生宣传，另一方面，教授治校，校园内学术自由也是不可侵犯的原则。

在教育制度上，日本完全仿照美国，从 1947 年 4 月开始将义务教育扩展到初中，即九年义务教育制，战前是小学六年的义务教育制，同时将高中教育定为三年，大学定为五年（后改为四年），战前有大学预科等等，是种相当繁杂的教育体制，现完全改变。

妇女解放

占领当局改革的第一项就是妇女问题。首先在 1945 年 12 月修改了选举法，妇女有了选举权和被选举权。1946 年妇女就在参众两院的选举中第一次投出了自己的一票。在这次的众议院选举中，有 39 名妇女被选为众议院议员。其后，妇女在政治领域中发挥着重要的作用，虽然时至今日，日本还没有女首相，但土井多贺子曾担任过社会党的委员长，还当过众议院议长，她高大的身材，浑厚的嗓音都给人留下日本妇女是干练和聪慧的印象，日本的外相也曾多次由妇女担任。当然在经济领域日本妇女并没有发挥应有的作用，在就业和工作职位等方面还受歧视，直到今天这也是日本的社会问题之一。但是教育制度上的男女平等，使接受高等教育的妇女增多，也就意味着妇女就业机会的增加。

上文说过，新修改的民法规定在家庭中男女权利平等，夫妻为家庭的中心，这无疑在法律方面提高了妇女在家庭中的地位。而在实际生活中，日本的妇女并不是像人们误以为的那样，是丈夫的奴隶。其实日本妇女是理家的好手，在家里说了算，特别是丈夫的工资是由她们来管理的。20 世纪五六十年代日本有“千元亭主”的说法，亭主就是日语丈夫的意思，说的是丈夫早上上班时，妻子给他装一千日元作为当日的开销。这对一个在外面吃饭、喝酒，有的还吸烟的男人来说是太少了。晚上在东京的餐馆可以常常看到工薪阶层的男人吃喝得很简单，这一方面说明了日本人的节俭，另一方面也能看出日本的妻子控制丈夫的能力。

除了这些法律上的改革外，占领军当局还对日本的社会环境及福利进行了一定程度的改善。如美军在进驻日本后，由于日本的卫生环境太差，导致很多美国军人得上痢疾等传染病。当时世界上只有美国的自来水可以直接饮用，美国当然是为了自己士兵的身体健康，对日本的自来水系统按美国标准进行改造，使日本的自来水变成可以直接饮用。这不能不说对日本国民的身体及卫生环境来说，都是个十分重要的举措（如今因为有工业污染，自来水中发现有重金属，因此很多居民改为饮用付费的纯净水）。

再比如，当时占领当局的民政局中有许多美国的改革派，他们是罗斯福新政的信奉者，本来想在美国的国民福利方面进行改良，但由于国内保守势力的阻力太大，他们就把日本当作自己理想的实验场所。特别是他们搞的国民健康保险，确实是当时最先进的福利事业。人人可以加入国家的健康保险，加入后看病只需花 70%的医药费，其他由国家财政支出（还可以参加其他保险，这样一来人人都看得起病，现在如果患者是生活困难者还可以到区政府要求减免医疗费）。这样的全民性的国民保险其意义之大怎么估计也不为过。后来，日本政府在此基础之上又进行了医疗保险的改革，使日本的医疗保险制度更加完善，成为世界上先进的医疗保险制度之一。众所周知，今天日本是世界上最长寿的国家，虽然气候条件和日本人的饮食习惯极大地帮助了日本人的高寿，但没有完善的医疗保险制度，这一点是做不到的。

第四节　东京审判

追究战争责任

在第二次世界大战前战争罪犯是那些违反国际公认的战争准则的军人或文职官员，即所谓的战时犯罪。但第二次世界大战后盟国对战犯做了规定，分为 A（甲）、B（乙）、C（丙）级。甲级是对和平的犯罪，乙级是以前的那种战时犯罪，而丙级是对人道的犯罪，如大屠杀等，像日本在我国的南京大屠杀就是极端的对人道的犯罪。乙级和丙级可由受害国的代表进行审讯，在中国就对日本战犯进行审判和定罪处刑。著名的抚顺战犯管理所就是关押改造日本战犯的地方。这些战犯刑满归国后，大部分对自己的罪行有悔过之意，并从事中日友好工作。这类罪犯有数千人。再一种战犯指的是那些违反国际法或协定而策划侵略战争的人（甲级）。他们大多数是上层人物，是掌握政权的政治家或军人，还有那些有巨大社会影响的人物，虽然审判的对象是不分职务高低的。而且需要指出的是，这些战争罪犯可能犯有这三级罪。这就不是以一国可以审判的了，因此就具有了国际性。正是从这一点考虑，1945 年 8 月 8 日，美英苏法四国在伦敦签定了《欧洲国际军事法庭宪章》，并根据这一宪章的精神成立了欧洲国际军事法庭，在 1945—1946 年对德国纳粹战犯进行了审判。日本和德国同为法西斯国家，同样发动了侵略战争，在战争中犯下了骇人听闻的罪行。这些战犯的责任是要被追究的，这是人民的呼声，也是正义得以彰显的方式，更是法律上的一个重大修改，用纽伦堡法庭回答辩护人的说法，那就是过去的战争犯罪都是指控国家而不是个人，但是破坏国际法的罪责是由人犯的，所以要追究个人。东京审判就是在这一背景下进行的。

1945 年 9 月 11 日，最高统帅麦克阿瑟下令逮捕东条英机、东乡茂德（曾做过东条内阁和铃木贯太郎内阁的外相）等 39 名战争嫌疑人，这里面既有前首相和内阁阁僚这样的大人物，也有具体实施犯罪的军人和官员，如菲律宾的

东京审判

日军宪兵司令等，还有一些协助日本侵略军的当地官员。19日占领当局又增加了11名战争嫌疑人，其中大多是高层军官和民间法西斯团体的头面人物。12月2日，最高统帅部又逮捕了以皇族梨本亲王为首的社会名流59人，其中有原首相平沼骐一郎（1867—1952年）、儿玉誉士夫等。皇族被逮捕，意味着天皇和天皇家族在战争中是负有责任的，如上文所述，麦克阿瑟认为保留天皇制可以使日本稳定，但他也没有公开否认天皇的战争责任。

接着占领当局又对华族的头面人物近卫文麿和内大臣木户幸一等九人发出逮捕令。近卫家族是日本最古老，门第最高的贵族，据说近卫文麿和天皇在一起的时候像朋友一样。他在战争中三度出任首相，负有不可推卸的战争责任。战后他担任东久迩内阁（1945. 8. 17—1945. 10. 5）的国务相，并率先提出辞去公爵的封号。最高统帅的指令是让这些人在16日午前报到。就在那天上午，近卫文麿服毒自杀。

在逮捕了这些战争嫌疑人后，盟国最高统帅部于1946年1月19日成立了“远东国际军事法庭”，和纽伦堡审判的形式一样，法庭由受降国家中国、美国等和印度、菲律宾11国的人组成。远东国际军事法庭的宪章规定有权审判那些从1928年1月1日到1945年9月2日期间犯有破坏和平罪（甲级）、战争犯罪（乙级）和违反人道罪（丙级）的日本领导人。国际军事法庭在程序上采用了通常法庭的做法，为的是保证审判对每个人是公正的，被告可以请律师，可以为自己做答辩，起诉的程序也和普通的法庭一样。这个法庭定出了58条罪状，指控那些被捕的犯罪嫌疑人。结果有28名犯罪嫌疑人被起诉。头号战犯就是东条英机，他曾自杀，但没有成功，因此这位日本“武士”不得不面对对“武士”来说的最大羞辱。木户幸一（1889—1977年）、松冈洋右（1880—1946年）、荒木贞夫（1877—1966年）、板垣征四郎、土肥原贤二、著名的南京大屠杀的刽子手松井石根、武藤彰、木村兵太郎、畑俊六、平沼骐一郎、广田弘毅（1878—1948年）、星野直树、贺屋兴宣、小矶国昭（1880—1950年）、南次郎、永野修身、冈敬纯、大岛浩、佐藤贤了、嶋田繁太郎、白鸟敏夫、铃木贞一、东乡茂德（1882—1950年）、梅津美治郎，还有那位臭名昭著的法西斯理论家大川周明（1886—1957年）博士。

1946年5月3日，东京审判正式开始。首席检察官是美国人基南（Joseph Berry Keenan），十名法官是各国遴选的，审判长是澳大利亚人韦伯。韦伯首先致词。他指出被起诉的这些犯罪嫌疑人，“是对世界和平、对战争法规和对人道的犯罪，或导致这些犯罪的阴谋策划者”。韦伯指出这些人罪孽深重，只有战胜国组成国际法庭才能对其进行审判。他保证在法律面前人人平等，绝不能因为这些人过去身居高位，就享受特殊的对待。不过，他也强调了法庭给予每个人以公正。

在下午的法庭上出现了一幕闹剧，那个理论家大川周明忽然用手掌打东条英机的秃头，声音响亮，打得东条只有苦笑。理论家的精神状况和他的理论一样变得疯狂了，其后法官同意他退席（后来进行的精神病鉴定认为他患有精神分裂症，但据说，他晚年时曾得意洋洋地对别人说他是在装病）。

面对检察官的指控，这些被告均宣称自己无罪。但检察方面以军国主义教育，对文化言论的管制；侵略我国东北，扶植伪“满洲国”；侵略中国内地，进行令人发指的南京大屠杀；试图瓜分世界，和德意缔结大国同盟；占领法属印度支那；企图侵略苏联；以及不宣而战地袭击珍珠港，发动太平洋战争；在太平洋战争中屠杀平民，虐待战俘等罪行对其进行起诉。但是，美国不知出于何种目的，对日本进行化学战和细菌战的罪行却没有深究，其实，著名的日本731部队，就是研究细菌战的。他们用苏联和中国人做试验，称这些人为“原木”，其罪行决非人间所能为。前面说过，现代日本著名作家森村诚一曾以此为题材，写下著名小说《恶魔的饕餮》（我国有译本），在日本社会反响很大，也遭到了右翼的威胁。

此外，天皇的战争责任没有被追究。虽然在法庭审理时，天皇的影子不断出现，但是基南检察官认为，他们的结论是不把天皇和日本的主要企业家作为战犯来审判。对企业家在战争中的行为，他认为和德国的企业家不同，日本企业家和军方的合作是迫不得已的。韦伯审判长认为，天皇在战争开始和结束时都发挥了显著的作用，并且检察方面也有确凿的证据，但检察方面却决定不予起诉，他本人对此没有权力去干涉。他指出天皇的免责是由同盟国家的最高利益决定的，因此他必须考虑天皇的免责。他还说，天皇本人是希望和平的，身在其位，必须尽责，这或许是他不得已的，而为了结束战争他行使了自己的权力，挽救了日本。闪烁其词语无伦次，让人莫名其妙，也很可笑，现在越来越多的证据表明天皇负有严重的战争责任，他和法西斯分子一道将日本推向侵略他国的战争，再由自己解救，便成了日本的救星，荒唐至极。天皇的战争责任就是在这种国家最高利益面前免予追究了。

1947年1月24日，起诉结束。在这一期间被起诉的28人中，松冈洋右和永野修身死亡，大川周明得了精神病，其余 25 人被判有罪，其中东条英机、土肥原贤二、广田弘毅、板垣征四郎、木村兵太郎、松井石根、武藤彰等七人被判处死刑，其余的有 16 人被判处无期徒刑，一人被判处 20 年徒刑，最轻的是重光葵，被判七年有期徒刑。此外，还释放了 28 名甲级战犯。

辩护律师充分地为被起诉者做了辩护，开始时提出“法庭是违法的”，这次审判也是错误的，但被法庭驳回。后来被告们就在侵略战争还是自卫战争中为自己做了辩护。他们坚持日本是为了自卫才被迫进行了战争。但韦伯审判长举出了国际法，指出自卫概念“不能解释成诉诸所谓自卫战争的国家拥有对这种行动的合法性具有法律上决定性效力的最后决定权”。以此驳回了被告的辩护。

法官中也有反对判决书的，法国的贝尔纳尔、荷兰的洛林都对判决提出了不同意见，而印度的巴尔则主张各个被告无罪。他的主张至今被一些图谋推翻东京审判的人所引用。个别人对法理、程序及对审判有不同的看法也属正常，但绝不能被认为这个别的意见就是对的，即使是法官也同样如此。

东京审判是国际社会对破坏和平，反人道和无视战争法则肆意发泄兽欲的人的正义审判。不论是以国家抑或其他的名义进行侵略的人必须受到追究和惩办，因为所有的事都是由具体的人去做的，只有惩戒他们，人类社会才能有正义和和平的希望。但是，至今有一些人还是叫嚷着“东京审判”是胜利者方面的审判，是不公正的，等等。如果说东京审判有缺陷的话，那就是日本的化学战和细菌战及其罪犯没有受到追究，此外，天皇的战争责任问题也像上文提及的韦伯审判长认为的那样，是为了盟国的最高利益未能追究。就是说，由于政治原因法律才失去了公正性。这一点和后来的旧金山条约的签定使人们对美国的对日战后政策发出质疑，而且这种做法的影响是相当深远的。

第五节　旧金山条约

冷战开始

从以上美国占领当局的所作所为来看，美国想将日本改造成为和平国家的想法至少在初期是真诚的，但是国际形势的变化使美国改变了初衷。

英国首相丘吉尔在1946年3月进行了反苏反共演讲，第二次世界大战时期的盟国出现了巨大的裂痕，丘吉尔将社会主义国家纷纷建立称之为“铁幕徐徐落下”。1947年3月12日，美国总统杜鲁门在美国参众两院联席会议上公开演讲，声称要和共产主义化作斗争，用遏制的手段阻止共产主义在全球的扩张，冷战就此开始。

6月，美国国务卿马歇尔公布了马歇尔计划，苏联立刻成立了工人党情报局，美国在1949年建立了北大西洋公约组织。世界被分为社会主义国家和资本主义国家的两大阵营，直至苏联解体，这两大阵营在世界各个角落进行角逐、对抗，但彼此间没有发生战争，所以被称之为冷战。这个冷战无论是其开始、进行和结束都对战后乃至今天的世界，特别是对国际政治产生了无与伦比的影响。

在美国政府的这一方针下，麦克阿瑟将占领当局中的有进步思想的人清除了出去。同时对日政策也有了变化，开始镇压日共的活动。但是，那时美国还没有打算把日本当作亚洲的反共堡垒，与日本相比，美国更倾向扶植中国的蒋介石政权。在第二次世界大战中，中国和盟国站在一条战线上，并成为盟国的一员，共同对抗国际法西斯主义势力，美国自然将中国看作自己人，而且蒋介石又是著名的反共分子。同时，日本和美国之间的仇恨是不容易在美国人民的头脑中迅速消除的。但是，1949年，中国共产党在国内战争中取得了全面的胜利，蒋介石逃到了台湾，10月1日中华人民共和国宣布成立。这场20世纪最伟大的革命之一的革命在世界上引起的震荡不亚于俄国的十月革命，对亚洲的影响更是任何历史事件都与之无法相比的。

美国鉴于中国的政权是共产主义的，遂调整了在整个亚洲的战略，重心转移到日本方面来。从日本的地理位置来看，日本是适合作为战略一翼的。日本的经济虽然被战火毁掉了，但是其人的、技术的基础还在，尤其重要的是美国可以随心所欲地将日本改造成亚洲的战略堡垒。

于是，美国就提出了对日媾和。其实，早在1947年初，麦克阿瑟就有对日媾和的想法，但是对德国的媾和在欧洲进展得不顺利，麦克阿瑟只好等待。当时他的想法是全面对日媾和，包括苏联在内，但是，冷战开始了，于是，媾和就逐渐按美国的意愿走向了单独或多数对日媾和，这也是造成了以后甚至今天依旧遗留的日本外交上的重大问题。并且这种单独媾和和以往的媾和不同，过去是战争结束后，就要召开媾和会议，战胜国和战败国达成协议，如巴黎和会就是如此，而且盟国对日本媾和是有协议的，即盟国不得单独对日媾和。

造成这一局面的最大原因当然是冷战，但直接原因却是朝鲜战争。在朝鲜战争前，美国就已经决定将日本建成防止共产主义扩张的桥头堡，但是，日本的非武装化是宪法规定的，这样就产生了矛盾。美国当时想了两个办法，一是将冲绳从日本分离出去，因为冲绳有着重要的战略位置，是美国最重要的军事基地之一；二是和日本媾和，但占领军依然驻守日本，这样日本还是在美国的控制之下，美国陆军部副部长沃勒斯将这称之为“半媾和”。美国政府采取了这个方案，从而确定了对日媾和的方针。

当时日本国内对媾和是有争论的，日本社会党开始时主张全面媾和，想使日本成为中立国，并反对美国在日本建立军事基地，但其后内部发生了分裂。日共的想法大体和社会党一样，要保持日本的严格独立，但却受到工人党情报局的批判，遂撤回了保持中立的设想。保守派的政界和财界已经赞同单独媾和了，只是美国的半媾和的想法日本还不了解。本来吉田首相认为日本即使没有军备，但在战争爆发时，可以给美军提供军事基地，日本也可以得到保护。不过，也许是美国将半媾和的想法告诉了他，他就转而支持半媾和了。他甚至提出可以由日本方面提出这一方案。

1950 年 6 月，美国国务院顾问杜勒斯赴日，美国政府让他负责对日媾和。这个著名的反共分子要求吉田首相建立强大的警察军队，以防止左翼的暴动，但吉田认为日本不能重新武装，有美国的集体安全保障体系就足够了。

6 月 17 日，朝鲜战争爆发，美国的单独媾和加紧了步伐。11 月，杜勒斯向日本提出对日媾和七原则。即媾和的当事国（其实是单独或多数媾和）、联合国(想让日本加入)、领土(承认朝鲜独立，美国托管琉球群岛和小笠原群岛；对中国台湾和澎湖列岛、南库页岛、千岛群岛的地位接受美英中苏四国将来的决定，如和约生效一年后尚无决定时，则由联合国大会决定；放弃在中国的所谓特殊权益)、安全（在安保条约未定之前，和美国合作)、政治及通商（有享受最惠国待遇等)、请求权（即一切当事国放弃 1945 年 9 月 2 日的战争行为而产生的战争赔款的请求权)、纠纷（由国际法院或其所属机构解决）等。这七原则全面体现了美国的对日政策，即冷战后对日政策的改变。早在 1948 年 10 月，美国的外交文件“关于美国的对日政策报告”上就明确指出，媾和如果不按美国的意图就延期，要让国际上承认美国将在战略上长期使用冲绳基地，而对日政策的最高目的是从改革转移到经济复兴。

杜勒斯在七原则的基础上要求日本为了和美军协作需要组建 35 万人的陆军。吉田内阁虽然接受了七原则，但在组建军队上却不同意美国的意见，认为这是重新武装，日本没有这个财力，同时要面临着国内人民和亚洲太平洋各国的强烈反对。但是，日本的防卫如何解决呢？日本政府想利用联合国宪章第 51 条的集体自卫来解决这个难题。就是说，美军留在日本，担负起保卫日本的责任，这就是以后称之为核保护伞的态势。

但是杜勒斯拒绝了日本的建议，他指出美国可以帮助保卫日本，但不负有义务。这样就必须签定另一个能保障日本安全的条约，这就是后来的日美安全保障条约。

1951 年 9 月 4 日，在美国的旧金山，召开了 52 个国家参加的对日媾和会议，中国没有受到邀请，印度和缅甸没有参加。9 月 8 日举行了签字仪式，苏联、捷克斯洛伐克、波兰没有出席，签约国为 49 个。5 个小时后，签署了日美安保条约，内容是日本因不具有有效的自卫能力而承认美军驻守日本；美国希望日本渐渐增强自卫能力；为了维护远东的和平和安全，应日本政府要求镇压内乱或骚动及日本受到外部武力攻击时美国可以为日本安全作出贡献，在以上这三种情况下，可以使用美军的武力。美国名正言顺地在日本有了军事基地。

这两个条约构筑起来的国际政治体制被称作旧金山体制。1952 年 4 月 28 日条约生效后，日本取得了独立。同月，世界银行和国际货币基金组织接受了日本加盟的请求，8 月，日本加入这两个国际性的金融组织，但在进入关税总同盟（当时叫关于关税、贸易的一般协定，简称 GATT，即现在的 WTO）遇到了阻力，直到 1955 年 9 月才加入。同年 6 月，日本要求加入联合国，虽然苏联行使了否决权，但日本通过媾和条约基本上回归了国际社会。

可是在旧金山体制下的日本真的取得了独立了吗？对此《朝日新闻》进行了民意调查，结果认为日本取得独立的占 41%，否定的 8%，半独立的 42%。如果把后两项的人数相加，就占了多数。这主要是因为在安保条约的规定下，美军虽然换了个名目，但还是驻守在日本的各个军事基地中，并且可以无限制地在日本国内建立军事基地。所以说日本并没有获得完全独立。但是，出席会议的日本全权代表吉田茂首相却认为媾和条约使日本“恢复了完全的主权、平等和自由”，所以，“欣然接受这一公平宽大的和平条约”。当然他没有提及安保条约。

媾和条约和安保条约签定后，日本是和中国台湾签定媾和条约呢还是和中国大陆政府签定呢？在媾和会议前日本取得了美国和英国的谅解，即由独立后的日本自行决定，但是杜勒斯声称为了取得美国上议院的同意，日本必须和中国台湾签约。吉田想等到中国代表权的问题解决后再签约，他还说准备在目前中国台湾支配下的范围内恢复正常关系，但是杜勒斯坚决不让步，结果日本便和中国台湾缔结了吉田书简和日台和平条约（或日蒋和平条约），和中国政府断绝了邦交，中日两国之间的贸易往来也停止了。这个错误的决定直到1972年田中访华才得以纠正。

旧金山体制是冷战的产物，在当时两大阵营进行冷战的时期，日本从国际政治地位上看，不过取得了半独立，成为合法的美军军事基地，这也是美国的主要目的。但同时日本在美国的核保护伞下，军费开支少，得以专心发展生产，生产力很快得到恢复。并且日本通过旧金山体制，基本上回归国际社会，廉价的能源、美国的技术和广大的美国市场及其他国家的市场，给日本经济以莫大的刺激，极大地促进了日本生产力的发展，这些都是日本之所以能成为世界第二经济大国的有利条件。从国内政治形势上看，被占领当局禁止的日共，由于日本的独立地位，不再因违反占领当局的政策而被禁止了（1950年后处于半合法状态），1952年，日共恢复了合法政党的地位。

第六节　朝鲜“特需”与经济恢复

朝鲜战争前的日本经济

上文说过，日本的经济实际上由于战争在1945年8月已经全面崩溃。日本政府为了挽救垄断企业，在投降之前就隐藏了大量军需物资，后来在黑市上抛售，以赚取利润，而且政府又从复员军人的津贴和用于军需的特别预算中提取了大量资金，使得通货膨胀率狂升。在到美军接管的这一段时间，日本政府完全抛弃了自己的责任，对市场和经济采取了放任自流的方针，如果还有方针的话。

占领军取得主导权后，先是废除了军需订货，即生产。日本的经济是战时经济，军需生产是主要的工业，一旦被取消后，这些企业处于停工状态。日本的工业和矿业生产大幅度下滑，两年内工业生产指数下降了86%，比同样是战败国的德国的经济情况更糟糕。自然伴随着工业生产下降的就是工人大量失业。从1945年末开始的恶性通货膨胀席卷了整个日本，生活必需品的涨幅达200%—300%。当然占领军是控制了政府资金流入市场，但银行贷款却相应增加了，结果是按下葫芦起了瓢。日本政府见势头不好，便在1946年2月制定了紧急金融措施，并得到占领军的同意。这个政策就是封存旧日元，发行新币，将人们手中的货币全部收归银行，同时还出台了一些其他的紧急对策，但效果并不好。

另一方面，占领当局推行解散财阀、农地改革等政策。财阀的势力受到了一定程度的削弱。但随着冷战的开始，美国对日本的改革显然放缓和了。除了镇压罢工运动外，还可以在美国政府1949年5月发出的停止中间赔偿中看出来。中间赔偿就是拆卸日本军工厂，将其设备作为赔偿的一种做法，对此，菲律宾和蒋介石政权都提出了抗议。

这时日本政府在本国的经济学家的倡议下，实行了前文曾经叙述过的重点生产方式（也称倾斜生产方式），即将资本投入到能源等行业上来。日本的复兴金融金库向煤矿、化肥和炼钢等部门投资，试图恢复这些产业，生产虽然得到一定的恢复，但结果却是引起了通货膨胀，应该说成果并不很大。接着就是道奇路线在日本的实施。道奇的超平衡预算和以出口为主导的经济政策，确实压制住了日本可怕的通货膨胀，但是，任何经济政策的实施都是有利有弊的，上文说过，在道奇路线的实施过程中日本有近百万工人失业，不过，应该看到有实力的企业和金融系统却没有受到太大影响（还有所发展），不能不说道奇路线的目的是部分地达到了。

1949年9月，英镑贬值，压迫日本的出口，日元汇价也跟着下跌了，日本政府认为道奇路线有问题，因为战后国际经济形势逐步好转，但日本的经济形势依然严峻，日本政府考虑改弦易辙，但美国政府坚决不同意，日本中央银行和政府只好采取金融紧缩政策，这样一来，本来就不景气的日本经济将会雪上加霜，极有可能成为一次严重的经济危机。

但是，1950年6月，朝鲜战争爆发了。这场战争对日本的政治意义是巨大的，因为美国因此将日本完全看作是亚洲防止共产主义的堡垒，尽全力试图复兴日本经济。同时，这场战争对日本的经济的影响更是巨大，如果说第一次世界大战按井上馨的话来说是“天佑”的话，朝鲜战争就更符合这个词的含义。因为道奇路线的意图之一是要使日本企业加强竞争能力，使其成为真正的合理的企业，而对此所付出的代价就是经济萧条，如前所述，实际上日本的经济面临着大萧条的经济危机，

朝鲜战争却改变了这一切。美军的总司令部被设立在东京，日本成了美国海军、空军出击的基地，同时也成为陆军的补给中转基地，日本的船舶、铁路等交通产业都应美军的要求而最大限度地发挥着作用。想想看，这对日本的政治、经济带来的影响该是多么巨大呀。

首先，物价改变了。原来在 1949 年废除了统制物价，物价已经上涨，朝鲜战争爆发后，美国大量采购军事物资，国际物价普遍上涨，自然影响到日本物价的上涨。日本政府对此制定了取缔暴利的对策，但毫无效果。同时，在道奇路线的紧缩政策的影响下，日本积累了大量的物资，这些都是卖不出去的，大约有 1000 亿—1500 亿日元，在美军的需求下这些物资一销而空，企业的业绩当然也就好转了。譬如在矿业生产方面，1951 年就达到了战前的水平，10 月就突破了战前水准。日本的实际国民生产总值在 1951 年就恢复到战前。与此紧密相关的就业也大幅度好转，就职人数加上临时工和日工达到 36 万人。在外汇储备方面，日本的外汇储备中 40%是朝鲜战争的需求带来的。这些大量的需求被称之为朝鲜战争特别需求，简称“特需”，这个词已经成为一个日语的专门词汇。

特需的需求和朝鲜战争的进程是密切相关的。开始北朝鲜（朝鲜民主主义人民共和国）占据优势，占领了南朝鲜（大韩民国）的首都汉城（首尔），在这一阶段，日本大量地销售掉了积压的军事物资。

1950 年 9 月 15 日联合国军在仁川登陆，进行反攻，入侵到中国边境。10 月 25 日中国人民志愿军入朝，联合国军被赶到三八线以南，麦克阿瑟被免职。这一期间日本利用其技术力量，主要收入是修理美国的军事装备。

1951 年 6 月 23 日，苏联提出了停战方案，中美朝开始停战谈判，这其中还有军事冲突，有时还是很激烈的，直到 1953 年 7 月 27 日停战协定签定。这是朝鲜战争的最后阶段，美国增加了对日本的订货，其中常规武器、军事物资等的订货增多，其他的武器修理、运输、通讯等也增长了。

日本的经济复兴就是以这种特殊的方式达到了。但是特需的影响并不完全都是正面的。特需的订货是非常规的，从订货内容上来看，特需大多是军需物

资，日本的企业就不得不生产这些军用品，这样就使特定部门得到了飞跃性的发展，产业结构也因之而发生了改变，又由于是按美国的需求，所以日本经济增加了对美国的依赖性，甚至可以说是美国经济的一部分。而且战争的需求有其特殊性，订货的日期、数量经常有变化，日本的企业不得不追随特需而改变计划，成为依赖性的产业。

第七节　战后日本的文化

具有讽刺意味的是，日本虽然战败了，但正是在这战败的平台上，出现了战后文化的蓬勃发展。

法西斯时期对人的思想是压制的，所有的文学、艺术、社会科学，甚至自然科学都被统制着。战后的民主改革，打破了禁锢，带来了人们思想的解放，而对战争的批判和反省更使得日本的文学艺术有了相当高的思想性和艺术性。

文学的繁荣

在文化载体上，《中央公论》、《改造》等杂志都复刊了，还创刊了《世界》和《展望》等新杂志（现在这些杂志在日本依然影响巨大），而面向少男少女的杂志在1946年4月还是60种，同年12月已增至100多种。单行本书的发行量也大为增加。各种文学流派争奇斗艳，一派百花盛开的局面。无产阶级文学传统得到了继承，近代以来的私小说、通俗小说发行数量也不少，特别是学习西方现代文学技巧的战争小说和战后文学发展迅猛。这些小说一方面批判战争给人们带来的苦难——特别值得注意的

电影《罗生门》剧照

是，这些所谓战后派新人在将对战争的批判和个人不幸的私生活结合在一起，更使人觉得个人自由的重要；另一方面也反映着战后初期人们的心理状态，那就是虚弱无力的感觉。更值得注意的是，在朝鲜战争爆发后，占领军当局改变了前期的民主改革，而文学家们则开始了文学的社会功能的讨论，提出了国民文学论。

在自身的文学发展的同时，外国文学的翻译也是一派欣欣向荣的景象，正是通过这些翻译，日本的作家了解到西方文学的发展，在学习的基础上写出了优秀的小说和其他文学作品，使得现代日本的文学在世界上占有一席之地。

社会科学、人文科学、自然科学的进展

不仅是文学，社会科学、人文科学的研究也有了翻天覆地的变化。自由的学风、研究吹遍了各个角落。比如在史学领域，战前统治古代史的皇国史观被打破，现代史的研究也开始了。马克思主义的研究方法和理论被史学家普遍接受，以至直至 20 世纪 70 年代日本的史学主流还是马克思主义的。自由主义的学术思想也在发展，丸山真男在 1946 年发表了他的《超国家主义的逻辑和心理》，这成为战后日本社会科学的名著之一（和其他的论文一道被编为《现代政治的思想和行动》一书）。

自然科学的研究也获得了自由，科学家不必为军事工业耗费精力和才智，专心于自己的研究领域。汤川秀树在 1949 年就获得了诺贝尔物理学奖，成为日本自然科学家中第一个得到诺贝尔奖金的人。

文化生活

战争中日本的大城市几乎都毁于战火，娱乐和体育设施自不待言。战后电影院、剧场、日本的国球——棒球球场接连被修复。民众很快就享受到电影、戏剧和体育比赛给他们带来的愉悦。不仅有批判日本军国主义的电影，而且在思想性和艺术性上都有了显著的提高。如话剧“肉体之门”和黑泽明 1951 年导演的《罗生门》就是典型的例子。

1953 年 NHK 开始了电视播放，预示着一个大众文化的新时代的来临。

战后初期阶段的文化由于物质条件及其他一些因素的制约，虽然还不成熟，但我们已经能够在地平线上看到新文化时代的太阳正在冉冉升起。学术自由、大众文化等后来的趋势都在这一时期显现出来，并成为今后日本文化的主流。

这一章简单地叙述了日本战败时期和美军占领初期的日本政治、经济、社会和文化情况。美国开始时的政策是相当民主和进步的，想将日本改造成为一个没有战争的国家，这也是当时对法西斯极端憎恨的世界人民特别是受日本法西斯残害最深的亚洲人民的希望。因此，日本的政治、经济、社会似乎完全变了一个样子。民主势力蓬勃发展，民众的社会生活有了改善，法西斯的旧债得以清算。但是就像日本多变的天气一样，原本晴朗的天空上出现了冷战的阴云，于是，美国占领当局的政策为之一变（反向路线[①]），保守的、旧的势力出现了复苏的迹象。自卫队建立了，和平的宪法内容大打折扣，新的财阀势力抬头，共产党一度被宣布为非法，日本经济成为美国经济的一环。这一切给今天的日本乃至世界留下了严重的问题。因此，对美国战后初期的民主改革是应该予以很高评价的，但对其后因短视带来的变化却不能不加以批判。

自卫队

① 从 1948 年开始，特别是中国共产党夺取政权和朝鲜战争爆发，美国调整了对日乃至东亚的整个方针，即转向经济改革为重点，让日本经济自立，并建立自卫队，在教育等领域里的民主改革也有所改变，甚至有倒退的情况。史称反向线路。

第十章

经济复兴和高速发展

（1955—1972 年）

第一节 “五五年体制”

保守政党的优势

朝鲜战争和《旧金山条约》和《安保条约》签定后，日本的经济和社会步入正轨，但是政界却发生了较大的变化。在 1952—1953 年的第二次众议院总选举和参议院第一次选举中，社会党右派和社会党左派均反对再武装并进行护宪活动，但右派的改进党和民主同盟却提出相反的纲领和口号，掌权的自由党对右派的想法持消极态度，而改进党又批判自由党的健康财政，提出要扩大社会保障。在当时社会福利保障十分缺乏的情况下，改进党提出的竞选纲领引起选民的广泛注意。因此投票率居然达到 75%左右。选举的结果是在众议院的 466 个席位中，自由党占了 240 席，改进党 85 席，右派社会党 57 席，左派社会党 54 席，劳农党 4 席，其他党派 7 席，无党派 19 席，共产党居然一席都没有得到。这明显地显示出日本政治趋于保守化，值得注意的是，财界对这次选举明确地提出了自己的意愿，以经济同友会[①]为首的财界团体，发出支持自由党的稳定政权，并且不赞成和右派的改进党联合组阁。这当然说明财界对吉田内阁的经济政策是支持的。但是，第四次吉田内阁并不稳定，通产大臣池田勇人在11月的一次谈话中说，中小企业破产或自杀也是不得已的，引起了经济界的强烈不满，议会提出的不信任案亦被通过。

保守政党的分化

与此同时，自由党内部也发生了纠纷。早在1952年总选举时，自由党的石桥湛山和河野一郎就批评吉田，被开除出党，而政界中的活跃分子，五五年体制的创始人民主化同盟的领袖人物三木武吉，为了他们恢复党籍的问题找到了吉田首相，在东京目黑的外相官邸进行了会谈，这次会谈被称为“目黑会谈”。当时，对自由党提出的预算案，右派社会党、左派社会党和改进党提出了修正案，民主化同盟表示支持修正案。三木武吉为了使石桥和河野能回到自由党内，答应吉田民主化同盟不赞同在野党的修正案。双方取得了共识，这是民主化同盟对执政的自由党的一次让步，因为在国会通过预算案确实是使政府很为难的一件事，特别是媾和条约签署后，过去按占领当局行事的财政政策的决定权回到了日本国会，在野党对此自然要尽力发挥作用。

而财界再次干涉政治，使自由党的人事进行了大的调整，自由党的干事长，相当于中国政府或党的秘书长的职务给了佐藤荣作，总务会长让三木武吉来当。这就是所谓的佐藤——三木体制。在建立了这样的体制后，预算案被提交到国会，遭到在野三党的反对，自由党自然是不能让改动了。就在这时又发生了著名的“混账”事件。吉田首相在众议院预算委员会回答右派社会党议员西村荣一的质问时，大骂了一声：“混账！”舆论大哗，国会将此作为惩罚动议的对象。1953年3月1日，预算案通过了，翌日，惩罚吉田首相的动议也通过了。这时在三木武吉家，自由党的政治家们决定让吉田首相引退。同时在野党于14号提出了不信任案。于是自由党总务会就提出追究三木责任的意见，

① 1946年4月成立，是年轻的资本家建立的经济团体。和其他经济团体不同，是以个人身份参加的，曾提出过修正资本主义等主张，被认为是财界的理论指导机构。

三木退党，成立了分派自由党，党的总裁是鸠山一郎。议会也在这时解散，1953年4月19日第三次总选举开始，24日参议院总选举开始。选举结果是自由党获得了199席，分派自由党35席，改进党76席，右派社会党66席，左派社会党72席，劳农党5席，共产党1席，其他各派1席，无党派1席。自由党虽然还是第一大党，但却失去了占议会多数的席位，因此，第五次吉田内阁（1953. 5. 21—1954. 12. 7）只能以少数党组阁。因此国会中的正议长为改进党，副议长为左派社会党，这就是所谓的“国会是在野党，政府是自由党的”政治体制。而右派的改进党和分派自由党议席也没有增长，原因是其提出的再武装的口号受到民众的批判。即使是现在，虽然有右派的叫嚣，但日本的大多数国民也是反对修改宪法、保卫和平宪法的，并成为日本民主的优良传统。

在这里应当指出的是，日本预算案的提出和西方同类的议会制民主国家是不同的。在编制这一预算时，是事先由党的政务调查会和总务会决定后提交给政府，政府再提交给议会，并不是由议会提出的，后来池田勇人内阁时将其制度化。这种预算的提出程序现在被人认为是不民主的。1953年的预算案虽然通过了，但由于吉田的“混账”事件，国会遭到解散，预算只好以暂定预算来对付过去。

同时保守政党却分裂了，使其政策的运营受到限制，这对保守党派来说是很重要的问题，因此，保守党派如何合作的问题便自然出现在那些保守政治家的考虑中了。

保守政党的联合

在1953年3月的总选举前的1952年11月，从自由党分裂出去的分派自由党，包括总裁鸠山一郎在内的23名党员回到了自由党中，剩下的河野一郎、三木武吉等八人结成了日本自由党。就在这时发生了日本战后最大的所谓疑狱事件——造船疑狱事件。这个事件是在1953—1954年国会通过造船融资利息补给法及在计划造船的融资比例等问题上，海运和造船公司向政府—执政党行贿。1954年2月，自由党副干事长有田二郎被逮捕，自由党的许多政治家都被调查。4月，检察当局决定向国会要求许可逮捕自由党干事长佐藤荣作，但是法务大臣犬养健按照吉田内阁的方针，行使了法务大臣对检察总长的指挥权，将要求扣押。6月，调查中止。同时佐藤荣作由于另外的违反“政治资金规正法”被起诉，但也被免予起诉。吉田内阁的这一做法引起各界的强烈批评，犬养法相在行使指挥权后迅速辞职。后来直到1960年这个案子在法院才审理完毕，三名议员被判有罪，但佐藤荣作却逃脱了干系，之后还做了日本的首相。

虽然蒙混过关，但吉田内阁受到这次丑闻的巨大打击，同时，自由党的副总裁，老资格的政治家绪方竹虎公开提出了保守党派合并的构想，呼吁自由党、改进党、日本自由党解散，重新建立新党，这就是著名的绪方声明。绪方声明是五五年体制建立的先声，但是，当时由于吉田内阁处于风雨飘摇之中，绪方又是自由党的副总裁，难免让人认为是执政党想维持吉田内阁而想出来的策略。

虽然如此，保守派们还是迅速行动起来。1954年9月，岸信介（和后来长期出任首相的佐藤荣作是亲兄弟，他曾是战时的东条内阁的商工大臣，战后被作为战犯嫌疑而被逮捕，但未被起诉，在1948年被释放后就组织了日本再建同盟，是著名的右派，后加入自由党）和石桥湛山举行了新党结成准备会，重光葵率领着改进党参加了会议，这说明绪方声明不是绪方一个人心血来潮的做法，而是得到大多数保守政治家认同的一个新的战略举措。11月，鸠山一郎和重光葵担任总裁和副总裁，岸信介担任干事长的日本民主党建立了。过去芦田均、三木武吉和重光葵等人的立场是在自由党和社会党之间寻求第三种势力，即进步的保守势力，而岸信介却明显地想让吉田的自由党和进步的保守势力联合以对抗左派的社会党。可以说，民主党的目的规定了日本政坛数十年的格局，即保守势力长期占据政治舞台的中心，而左派的革新势力却难以抬头。

日本民主党的成员是改进党的老成员和日本自由党及脱离了自由党的那些势力，这个新党刚一出世便先声夺人，一举在众议院取得了121个席位，在参议院得到18个席位，使自由党只剩下185个席位了。

民主党的建立是走向五五年体制的第一个阶段。1954年12月，吉田内阁终因在野党的不信任案而下台，日本民主党的鸠山作为管理选举内阁而成立（第一次鸠山内阁，1954. 12. 10—1955. 3. 19）。1955年2月举行了总选举，日本民主党得到185席，自由党112席，左派社会党89席，右派社会党67席，劳农党4席，共产党2席，其他各党派2席，无党派6席，日本民主党一举成为第一大党，但也没有获得多数议席，这样民主党第二次鸠山内阁（1955. 3. 19—1955. 11. 21）实际上和上届的吉田内阁一样，其政治运营并不稳定。

4月13日，民主党的老资格政治家三木武吉在报纸上发表了谈话，声称以185席的少数党实施政策方针是根本行不通的，呼吁民主党和自由党合并，无论是联合组阁或者是互相合作都可以。他甚至说为了保守派的联合，不惜让民主党的鸠山内阁下台。这一席谈话不仅对自由党，就是在民主党内也引起了轩然大波。这时的三木已经看出保守派必须合并，这样有利于推行两党之间并没有什么不同的政策方针。还有一个重要的原因是，左派社会党从1952年到1955年的三次大选中，得票数量在不断上升，这对保守政党是个莫大的威胁。同时，右派社会党和左派社会党进行了协商，对两派的纲领进行讨论，并取得了共识。本来左派的纲领是在议会中得到多数席位后，就要实现社会党的永久政权，内含着要排除多党的议会制，右派社会党则强调要严格遵守议会主义。两派协商的结果是在纲领上写进遵守议会主义的原则，但同时也放进了左派的实现社会主义革命的原则。10月，左派社会党和右派社会党实现了合并，成立了日本社会党，铃木茂三郎为委员长，浅沼稻次郎当书记长，在众议院的议席增加到155个，超过了原来是第二大党的自由党，严重地威胁着保守党派。

1955年11月，民主党和自由党双双解散，建立了自由民主党，即自民党。保守派的联合实现了。

由于社会党统一和保守党合并均在1955年，故一般将这一时期形成的自民党（保守政党）与社会党（革新政党）的两党竞争，实际上是自民党一党长期执政、社会党长期在野的日本政治体制称作“五五年体制”。

“五五年体制”的建立给日本战后政治带来了极大的影响，由于保守势力的团结和其在国民中的影响力，直至1993年，保守党始终把持着政权，而第二大党的社会党，即革新政党则当了40余年的在野党，以至被戏称为“万年在野党”。日本的保守政治一方面遵从美国的意志，成为冷战中资本主义阵营在亚洲最坚强的堡垒，一方面在国内实行保守的政策纲领，压制革新势力。虽然稳定执政了数十年，但终因长期掌握政权，腐败现象不断出现，还是走到了尽头。

“五五年体制”虽然开辟了一党长期执政的时代，但自民党本来就是由两大保守党派合并的，其内部派阀林立（总的来说是自由党和民主党两大系统），在成立之初，就有八个派系①，号称“八大师团”，后又不断分化重组，到20世

① 即以岸信介、池田勇人、佐藤荣作、大野伴睦、河野一郎、三木武夫、石井光治郎和石桥湛山为领袖的八大派系。

纪70年代，基本稳定为五个大派系①，所以不像美国那样由两党轮流执政，而是由“一党独裁”，一党内却又以派阀间的禅让方式，由各派轮流掌权，这也是战后日本政治的一大特色，并且这些派阀都是公开的。

除了这些派阀外，或者说派阀也包括在内，自民党的成员，特别是上层人物的区别是由他们的履历所决定的。这大体上分为两种。一种人过去当过官僚，后来辞职从政，即参加竞选，成为议员，另一种是没有做过官僚的政治家。前者被称为“官僚派”，后者被称之为“党人派”。战后著名的日本首相，率先和中国恢复邦交的田中角荣就是党人派的典型代表。

日苏邦交正常化

在20世纪50年代中期，日本除了国内建立了“五五年体制”外，在对外方面，还另有一件大事，就是实现了日苏邦交正常化。

如前所述，日本虽然和许多国家签订了媾和条约，但还不是单独媾和的方式，日本以此是不能完全回到国际社会的，特别是苏联，在1951年的媾和会议上没有签署条约。苏联是联合国常任理事国，如果日本和苏联的邦交得不到正常化的话，日本就进不了联合国。对此，在《旧金山条约》签订后，日本国内就有争论，社会党就反对吉田的自由党内阁的不和苏联谈判的做法，即使在自由党内部，也有反吉田的。在第一次鸠山一郎内阁时，就开始和苏联谈判，这引起了吉田很大的不满。第二次鸠山内阁（1955. 3. 19—1956. 12. 20）成立后，社会党也支持政府和苏联谈判。在自民党建立后，党内的原自由党人和原民主党人对此还是有不同看法的。自由党强调和美国的关系，担心和苏联媾和会影响美国对日本的态度，但民主党人则认为日本可以在不影响和美国关系下，与苏联和好。这时，苏联的外交政策是奉行和平主义，想和周边国家搞好关系。1955年初，苏联政府送交鸠山首相书简，鸠山接见了苏联代表多米尼奇，表示想恢复邦交。

1955年6月，外务省次官松本俊一作为全权代表和苏联全权代表、驻英国大使马立克开始了第一次伦敦谈判。谈判出现了许多难题，如领土问题、日

① 即以福田赳夫、大平正芳、田中角荣、中曾根康弘和三木武夫为首的五大派系。

本在西伯利亚滞留人员的问题（指日本在苏联西伯利亚的战俘问题）、海峡航行权问题等。在领土问题上，苏联方面提出“赠送”（归还）日本齿舞、色丹两岛，试图解决领土争端。但日本方面则要求一起归还国后、择捉两岛，这就是著名的北方四岛问题①。遭到苏联的拒绝，谈判进行不下去了。

直到自民党建立后，作为党的决定提出“日苏邦交的合理调整”方针，坚持要求归还北方四岛。这还是原自由党的想法，同时美国也向日本施加压力，实质上是反对日本和苏联恢复正常的外交关系。但日本国内的西伯利亚滞留者的家属们强烈要求自己的亲人回国。在这种形势下，鸠山首相排除了吉田茂等原自由党人的干扰，于 1956 年 10 月访苏，10 月 19 日，日苏发表了共同声明，宣布结束日苏间的战争状态。后经国会批准，日苏关系进入正常化，苏联不再反对日本进入联合国，12 月，日本成为联合国的一员。

日苏邦交正常化使日本在政治上正式回到国际社会中，这可以说是最大的外交成果，同时，也使苏联在后来允许西伯利亚滞留者回国，使分离的亲人得以团聚。

但日苏之间并未能签署和平友好条约，这个问题直到今天也没能解决，另外，重要的北方四岛的领土问题也被搁置，直至今日这四岛仍旧在俄罗斯手里。

第二节　经济奇迹

朝鲜特需的结束

朝鲜战争特需（即美国在日本的特别军需的采购订货）刺激了日本孱弱

① 日亦称北方领土问题。指位于日本北方的齿舞、色丹、国后、择捉四岛属于日本还是属于苏联（今俄罗斯）的领土问题。1945 年 8 月 9 日，苏联对日宣战，8 月底，苏军占领北方四岛。苏主张该四岛属于千岛群岛部分（南千岛），根据《雅尔塔协定》，千岛群岛已归属苏联，北方四岛亦一并归属苏联，问题已经解决。日本主张，根据战前日俄有关条约及战后国际有关条约，北方四岛为日本固有领土，不属于千岛群岛，苏联应交还日本。

的经济，道奇路线带来的萧条被空前的繁荣代替了。但是好景不长，美国在1951年3月停止了采购军用物资，同时国际市场也出现了萧条，使日本依靠出口的经济结构遭到重创。不仅如此，日本进口的货物由于卖不出去而滞销，引发了一连串的外贸公司破产。然而整个经济并没有萧条，朝鲜战争特需余势未尽，新设备源源地投入使用，生产力的提高使得经济景气能够维持。但是，潜伏着的危机魔影正悄然向日本走来。生产出现了过剩现象，物资积压，1951年底，国外需求减少，出口商品价格下跌。

1952年，虽然设备投资减少，出口不振，但经济危机并没有来临，原因是日本政府的积极财政政策发挥了作用。当时的方针是扩大消费，因此国内的消费需求大幅度增加，抵消了外贸方面的不景气和设备投资减少带来的衰退。

最近十几年来日美贸易摩擦是国际经济上的一个大话题，日本对美国的庞大黑字，使美国十分不满。但在20世纪50年代初，日本的经济水平还是很低的，国内的物价水平高于国际水平，因此进口行业十分兴旺，但同时出口商品自然缺乏竞争力。1952年日本入超7.5亿美元，1953年超过了11亿美元，日本在特需期间积累下的大量的外汇储备迅速消耗殆尽，1953年末，实际外汇储备降到不足10亿美元，很难保证外贸的基本需要。积极财政已经维持不下去了。

1953年9月，政府转变方针，日本中央银行采取了紧缩银根的措施。特需景气戛然而止。这时的日本经济结构由于特需变得强烈地依靠美国，对美出口的减少对日本来说是莫大的打击。因此，日本政府要求美国在经济上予以援助。

“吉田紧缩”

美国则提出和日本缔结“相互保障安全协定”（MSA协定）。这一协定规定缔约国要有稳定的货币和平衡的财政。1953年10月，日本中央银行进一步紧缩银根，但收效并不显著。12月，世界银行调查团访日，劝告日本政府要抑制通货膨胀。于是，吉田内阁（第四次吉田内阁，1952.10.30—1953.5.21）下定了决心，大幅度削减预算。将1954年的年度预算削减了10%，后来又要压缩在1万亿日元以内，结果和削减过的1953年的1万2000多亿日元相比，1954年的财政预算进一步减少到9995亿日元，这被称作“吉田紧缩”。

吉田紧缩的后果是日本经济的萧条，1954年日本经济陷入真正的经济危机。物价下跌，企业大量倒闭，失业人数超过了道奇路线时期，是日本战后初期最大的一次经济危机。

而那个MSA协定又怎么样了呢？1954年3月日美签定了MSA协定，但这个协定并不是像日本政府宣传的那样，可以得到美国的经济援助，实际上美国已经决定不援助日本了。但在日本的努力下，好不容易得到了5000万美元剩余农产品的经济援助，接着在1954年11月和1956年2月日本政府又接受了1亿美元和7000万美元的剩余农产品援助。可以说MSA协定并不像日本政府开始所想象的那样，能拯救日本经济，或者至少可以给日本经济注入活力。

高速增长

经济萧条在1954年年中到达谷底。从1955年开始，西欧、美国的经济有了起色，日本经济也发生了巨大的变化，而且变化得如此剧烈，令人感到不可思议。在造船、钢铁、电气机械、石油化工等重工业、化学工业领域内，设备投资大幅度增加，与其相关产业的发展也十分迅猛，虽然在第二年的《经济白皮书》内使用了著名的现在“已经不是战后了”的词句，媒体也将其赋名为“神武景气”（1954年12月—1957年6月）①，但谁也没有预料到这是日本震惊世界的高速增长时期的开端，一直到1973年的第一次石油冲击为止，日本的奇迹持续了近20年，期间经历了“岩户景气”（1958年7月—1961年12月）②，这次景气实现了政府的完全雇佣、国民全保险和国民全民退休金保障的目标。奥林匹克景气（1963—1964年）③，伊奘诺景气（1965年11月—1970年7月）④，这次景气长达57个月。当然景气之间也有短暂的萧条，如1957年的外汇危机，又譬如在1965年的萧条中，大型钢铁企业山阳特殊钢厂破产等。但

① 持续两年半的经济繁荣，据称是日本神话传说中的第一代天皇神武天皇以来所出现的从未有过的繁荣景象，故称“神武景气”。1957年，日本又经历了一次外汇危机，神武景气结束，但较快就渡过了危机。

② 因经济繁荣时间之长超过了“神武景气”，日本借用与神话中的天照大神有关的“天之岩户”之意来指称。

③ 这次日本经济繁荣因具有为迎接1964年东京奥运会而兴起建筑投资热潮及奥运会前夕经济繁荣的特点，故名。

④ 这次长达57个月的日本经济繁荣时间之长、规模之大均超过以往的经济繁荣，日本借《古事记》中记述的“日本建国神话中建国之神伊奘诺尊”之名称之。

东京奥运会开幕式

这几个大繁荣阶段使日本的经济规模在18年间扩大了5.8倍，经济增长率为每年15%，实际增长率为10%，而其他发达国家在同一期间的经济名义增长率不过是每年6%—9%。1969年日本的GNP超过西德，国民个人收入和英国大体相等，1970年日本国民生产总值在资本主义世界中占有的比例为6.5%，成为资本主义世界的第二位经济大国。从生产实绩来说，日本在造船、电视机、半导体收音机、卡车等工业产品的数量上都超过了美、苏、西德，为世界首位；合成纤维、合成树脂、合成橡胶、新闻纸居世界第二位；钢铁、小汽车、化肥、硫酸、水泥、毛线等为世界第三位。

日本的高速经济增长引起了世界的瞩目，后来所谓的亚洲四小龙（韩国、中国台湾、中国香港、新加坡）也是效仿日本的经济增长方式，取得了辉煌的经济成果。

日本经济增长的特色是以重工业、化学工业（重化工业）为引擎带动整个经济的快速发展。其关联行业可分为三个领域，一是钢铁、金属、建筑和房地产，这些行业主要是在交通、企业、工业用地等政府的开发中得到了长足的发展，成为经济高速增长的支柱产业（在信息产业发展之前，钢铁、建筑业是支撑工业化国家的主要支柱，美国也是如此）；二是石化和电力，这属于能源产业，是经济发展的血液。当时原油价格便宜，日本利用这个时机，建立其庞大、高效的新的能源基础；三是和钢铁业相关的机械工业，包括电力机械。机械工业是生产的手段，机械工业的发达使工人的劳动方式乃至企业本身的组织都在不断发生变化，生产效率提高，生产力不断进步，利润增加，而企业也不断地向新设备投资，以获得更大的利润，这样就建立起了良好的经济循环。

资本在不断积累，国内市场日益扩大，有竞争力的产品又打开了国际市场（特别是美国市场，在冷战的状态下，美国和苏联进行军备竞赛，许多民用市场不得不让日本产品来填补，加之和美国的政治关系，这良好的外部条件使日本产品能纵横于美国及国际市场)。众所周知，如列宁所说，资本主义是无限扩张的，有了庞大的市场作为基础，日本的高速增长才得以成立。

高速增长的原因

日本为何取得了高速增长，原因是多种多样的，从国际条件来看：第一，国际环境的影响。冷战愈演愈烈，美国全力对付苏联，两者之间展开了空前规模的军备竞争，美国已无法顾及许多民用工业，这个空白就让给了日本。第二，美国为扶持日本，不仅在技术上，而且对日本开放了世界最大的美国国内市场，日本的产品不愁卖。第三，道奇路线虽然是一种强烈的休克疗法，但不仅淘汰了没有竞争力的企业，而且使有强大基础的企业进一步合理化，产品的质量上去了。20 世纪 30 年代，在高桥是清做藏相时，实行积极的财政政策，日本生产了大量工业产品，但其质量之糟糕是世人皆知的，但战后日本的产品却以质量优异著称，不能不说这是日本工业的一个根本性转变，这也为日本产品开辟了更广阔的国际市场。

从日本国内的条件来看：第一，日本加强了企业管理，一边学习欧美的先进的企业管理方式，一边创造出所谓“丰田管理方式”的日本式企业管理，即精益生产方式。其中著名的有零库存管理等。第二，除了企业的这种生产方式的创新外，日本的企业体制是相当有特色的。就是所谓日本企业的三大法宝，一是企业内工会。工会和外部没有组织上的联系，便于本企业的资方和劳方谈判，易于达成共识，而且在这一基础上可以加强企业员工间的连带感。二是工龄工资制（年功序列)，员工的工资按工龄上涨，这样不仅对员工公平，而且员工们不容易“跳槽”(因为每个企业都是这样的制度，所以员工一旦到了新的工作单位，就需要从头开始，一年一年地升工资，很不划算)。三是终身雇佣制。一旦进了公司，一般是不被解雇的。这三点带来了著名的日本企业的团队精神、拟制家族式的气氛和员工工作上的积极性。当然能在日本实行这样企业制度，和日本的经济发展是分不开的。从第一次世界大战起，日本经济基本上处于不断发展的阶段，特别是高速增长时期，企业大量投资，雇佣扩张，日本呈现出劳动力缺乏的状态。企业愿意留住人，特别是有工作经验的人才，正因为有这样不断发展的状况和担心人才“跳槽”，日本企业才能实行终身雇佣和工龄工资。而员工们在这一制度下也就有了向企业献身的精神。企业成了一个封闭的小社会，所以有人称日本为“企业社会”。第三，企业的技术创新。日本的企业将大量的资金投入到技术开发和创新上去，使日本的技术在很短时间内就能赶上或超越欧美。在技术开发阶段，日本企业使用的是集中开发的方式，如现在有名的本田技研公司，本来是制造摩托车的，但后来试图进入汽车业界，就组织了一个研发小组，夜以继日地开发轿车技术，用了半年时间就设计出本田第一代轿车。著名的丰田公司在战后伊始，由于缺乏外汇，公司领导层均不出国，那些有限的外汇留给了技术人员出国学习考察外国的技术，使丰田汽车成为世界顶尖级的大企业。第四，日本政府对企业的扶持，有这样的说法，即20世纪五六十年代对企业影响最大的是大藏省，因为当时企业缺少资金，要靠国家的财政和金融支持，而大藏省正是主管财政和金融的国家权力机构。到了20世纪70年代就是通产省的天下了，通产省对企业进行指导，在宏观经济上严格把握日本经济发展的方向，调整经济结构，著名的窗口劝告就是通产省指导企业的一种方法。① 第五，就是文化及历史方面的深层次影响及作用。日本的普及教育，给日本带来了素质很高的优良劳动力。可以这样说，物质的资源对日本来说是缺乏的，但在最宝贵的人力资源上，日本却是富足的。20世纪80年代媒体曾做过调查，世界上没有文盲的国家只有日本和苏联，而日本又十分注重科技教育。同时企业内教育培训创建了有自身特点的日本企业文化。顺便说一句，日本的企业文化因各个企业不同而有所差异，这就是日本人常说的“社风”。此外，日本传统的、勤勉的美德，一直被保留并发扬。

最后应该指出的是，财阀的复苏，使日本工业集中了资本的力量，可以大规模投资，产生规模效益。而且日本公司可以在短时期内不计较利润，而以扩大市场份额为主要目标。但这是否是个值得效仿的做法，尚难定论。不注重利润，用长远的眼光看，会影响到企业的竞争能力，因为对一个企业来说，追逐利润是至高无上的。现在日本的企业也在反思这个问题。同时资本的集中，固然有好处，譬如韩国就学习日本，其垄断资本比日本还要强大，以集中战胜零散，也确实取得了引人瞩目的成果，但中国台湾并没有走这条路，经济成就也同样可观。因此，我们只能说经济发展的道路可以有不同的发展模式。

---

① 但对于政府对企业干预而产生的效果或者正面效果究竟有多大，最近也有不同的看法。如认为日本企业的发展和欧美相比较，在主要方面没有什么不同。现有的理论还不能充分予以说明。这是个应该深入探讨的课题。

第三节　修改安保条约和国民收入倍增计划

上文曾讲到过日苏条约的签定，使日本进入了联合国，成为国际大家庭的一员，但在日美安保条约的限制之下，日本还不能说是个有完全主权的国家。就连签定这个条约的吉田首相表面上似乎很高兴，其实也不过是为了“早期媾和”的眼前利益而签署的。争取国家的独立，是现代每个国家的最高目标，日本也不例外。这样从20世纪50年代后半期开始，日本就准备修改安保条约了。

当时的安保条约（后被称作“旧安保条约”）存在着几个问题。一是美国占领军仍留在日本，和占领时期没有什么两样，这自然刺激着日本国民的民族主义情绪；二是虽然有美军基地，但在条约规定上并不负担防卫日本的义务；三是基地是日本的，即土地等是日本的，驻扎的却是美国军队，这很难说是对等的；四是在内乱条款上规定，一旦日本发生内乱，美军可以出动镇压，这就牵涉到干涉内政的问题；五是规定除了美军以外，不允许有第三国的军队驻扎在日本，而且旧安保条约没有规定期限。

最重要的是日本其实根本无法满足条约规定的要求，根据美国议会的巴丁堡决议，要求盟国有相互援助的义务，但日本宪法明确规定了日本的非武装化，虽然在1954年6月，第五次吉田内阁（1953. 5. 21—1954. 12. 7）时，通过了“自卫队法”和“防卫厅设置法”，有了军队性质的组织自卫队和保安队，但参议院也同时通过决议，不允许自卫队出兵海外，实际上还是不能履行作为美国同盟国的义务。

旧安保条约是在媾和条约之后数小时签定的，一个刚独立几个小时的国家，就签署这样重大的，甚至是丧失主权的条约，明显的是有其难以言传的苦衷。

旧安保条约充满了问题，使日本国民十分不满。再说，美军基地和日本国民之间也屡次发生冲突。在石川县美军征用土地以建设射击场，遭到居民的强烈抵制。1955年，美军强行扩大立川的飞机跑道，受到居民抵制，造成了流血事件。1957年1月在群马县又发生了“吉拉德事件”。一名日本妇女进演习场捡空弹壳，被美军士兵吉拉德开枪打死。杀人者吉拉德只被美国军事法庭判处缓刑三年，引起日本国民强烈的抗议。而社会党提出了反对基地的口号，得到国民的普遍支持，这对保守政党来说，也是个政治上的威胁。

因此，1955 年成立的第二次鸠山一郎内阁（1955. 3. 19—1955. 11. 21），上台伊始便着手进行修改条约的准备工作了。8 月，重光葵外相访美，主要是和美国交换关于修改安保条约的看法。重光葵在和美国国务卿杜勒斯商谈后，发表了共同声明。在声明中，两国一致认为条约中规定的防卫区域为西太平洋地域，为此可以置换“比现行安保条约相互性更强的条约”，这其实是日本方面的想法，意欲强调和美国的对等性。但是，这里面就含有日本是否能出兵海外的问题了。对此重光葵是这样解释的，他说为了自卫，即使是在现行宪法下也可以出兵海外，但是杜勒斯表示了严重的怀疑。重光葵在谈判中曾提到让美军从日本全面撤走，但美国方面没有同意，所以就没有写进联合声明中去。

鸠山内阁下台后，继任的是石桥湛山内阁（1956. 12. 23—1957. 2. 23），外相也换成了岸信介。石桥病倒后，岸信介当上了代理首相，接着在第二年的 1957 年 2 月，石桥辞职，岸信介当上了首相（第一次岸内阁，1957. 2. 25—1958. 6. 12）。岸信介是有相当实力的政治家，在 1956 年 12 月自民党总裁选举中，曾名列第一，但后来石桥和石井光次郎联合，战胜了岸信介，石桥下台，接任的自然是副首相兼外相的岸信介了。

在重光葵和杜勒斯谈判时，当时是民主党干事长的岸信介曾经参加，这使他在修改安保条约时，对美国态度的印象很深，能认识到修约的艰巨性。岸信介和多数保守派政治家一样，其外交也是以追随美国为基本的方针。

1957 年 4 月，岸信介与美国驻日大使小麦克阿瑟（原最高统帅麦克阿瑟的侄子）会谈，议题就是修改安保条约。岸信介指出了安保条约中包含的上述问题后，要求安保条约不要光限制在军事合作方面，应该在经济上加强合作，岸信介也提出了美国限制日本和中国的贸易是不正确的。从这个谈话可以看出，岸信介非但没有让美军撤出，反而要求和美国在经济领域内加强合作，因此修改安保条约的基调就是保证自民党政权的稳定以及进一步加强和美国的友好关系。

1957 年 6 月，岸信介访美，和美国总统艾森豪威尔会谈。岸信介提出了修改条约的问题，并拿出了日本方面的提案。这一提案从重光葵的提议上大步后退，修改的范围很小，也没有重光葵意欲和美国对等的想法。也正因为如此，岸信介的提案否定了日本向海外派兵。在修改的条款中，要求明确美军对日本的防卫义务，并要求签定补充条款，内容是美军在变换军事装备时，要事先和日方商议。

1958 年 2 月在正式交涉中，美国提出了修正案，其实和日本方面的提案没有什么两样，美国放弃了让日本出兵海外的想法，代之以只要美国能持续地使用日本的军事基地，两国间就是相互持有义务，就在这时日本和美国都考虑着签订一个新的条约。

虽然日本和美国达成共识，但这只是政府之间的共识，而且岸信介内阁在国内遭遇到了困难。10 月，岸信介内阁（第一次岸信介内阁，1958. 6. 12—1960. 7. 15）将修改的“警察官职务执行法”提交给国会，遭到社会党的强烈反对，社会党认为这是侵犯了国民自由和权利的法案，由于是少数党，社会党决定走出国会，向民众发出呼吁，组织国民进行对抗。自民党内部由于政府正在改革议会的议事日程和规则，池田勇人、三木武夫和滩尾弘吉三个内阁成员不同意岸信介的做法而辞去了职务。

1959 年，国会开始审议新安保条约，自民党将修改安保条约作为党的方针，社会党却组织了“阻止修改日美安保条约国民会议”，在国会中和国会外的民众行动这两个方面反对政府的方针。1960 年 5 月，在众议院的安保特别委员会上，自民党决定对新安保条约和相关法律进行一党的单独投票来予以决定。议长叫来了警察，防止在野党干扰会议进行，并将国会会期延长 50 天。在在野党没出席的情况下，自民党单独将会议延期，并于 5 月 20 日单独表决

抗议新安保条约

通过了新安保条约。26 日，反对新安保条约的民众开始将国会团团围住，人数最多时达到 30 万。

6 月是日美修好通商条约 100 周年纪念，艾森豪威尔欲访问日本，其秘书作为前站来到日本，结果被抗议示威的群众围困，最后用了直升机才将其救出。6 月 15 日，围困国会的民众和警察发生激烈的冲突，一名东京大学的女学生死亡。这一流血事件意味着岸信介内阁寿命不长。

果然，6 月 23 日在交换了批准书后，岸信介表示要辞职。7 月 19 日，第一次池田勇人内阁上台（第一次池田内阁，1960. 7. 19—1960. 12. 8）。

岸信介内阁唯一做的一件事就是签订了新安保条约，而这新安保条约对日美关系乃至东亚和国际关系产生了重大的影响。日本完全成为美国国际战略中的一环，和美国的关系进入了真正的伙伴关系。

当时大批民众走上街头，进行示威游行反对政府的政策，这是战后日本第一次出现的大规模的群众性政治抗议活动，不仅在当时，就是今天也被人们所记住。虽然民众的抗议失败了，但日本的民主主义思想正在民众的头脑中扎下根来，这和战前民众驯顺地跟随政府的态度形成鲜明的对照。

不过，应该注意的是，新安保条约虽然是自民党这一保守政党签订的，有着强烈的政治倾向性，但新安保条约并没有否定宪法第 9 条，应该说新安保条约是在和平宪法的框架内形成的，因为虽然和美国取得了相互援助关系，但日本却可以不出兵海外，正如美国大使小麦克阿瑟所言，这是个“可以和日本国宪法两立的相互援助型条约”。

日本政府确定了追随美国的外交方针，这对日本无论是经济发展还是国际地位都产生了最重要的影响。没有美国的核保护伞，很难想象日本的军事开支会那么少，几乎所有的资本都投到实用性的经济发展上来，这才使日本有了上述的经济高速增长。但经济高速增长最终要体现在国民生活水准的提高上，因此，我们在这里就要讲一下，著名的国民收入倍增计划。

国民收入倍增计划

岸信介内阁下台后，池田勇人内阁接任，池田明确表示了没有修改宪法的意思，这和岸信介内阁其实是一样的，而对议会的规则，池田则表示可以和在野党妥协。

但更重要的是池田内阁的执政方针完全向经济发展靠拢。就是这届内阁提出的国民收入倍增计划。说到国民收入倍增计划可以追溯到岸信介内阁时期。而这一想法的提出则会追溯到更远的时候。

1958年大藏省官房财务调查官下村治撰写了《为了实现经济增长》一书，他认为日本经济进入了蓬勃发展的阶段，即“勃兴期”。当时媒体对他的这种野心勃勃的看法很不以为然。但是后来情况有了变化。1957年自民党干事长福田赳夫就提出国民收入增长两倍，接着1959年6月，池田在巡回演讲中也提出了“月薪两倍增长”的口号，内阁首相岸信介也在参议院提出“收入倍增10年计划”，他是根据经济企划厅的想法。因此，国民收入倍增计划就有两个发端，一是下村和池田，另一个是岸信介和经济企划厅（主要人物是大来佐五郎）。但最终是在池田内阁时具体化的。

不过，这两个计划的内容是相当不同的。但是现在对企划厅的设想尚不明晰，只知道企划厅认为下村的年增长率在10%或以上的构想太过激进，企划厅认为年增长率应在在6%—7%。与企划厅的暧昧模糊不同，下村治是有相当的理论根据的。下村认为民间设备的投资大量增长是高速增长的根本，这就是说经济增长是靠着供给方实现的，但经济企划厅则引用凯恩斯的理论认为增长主要是看消费方面。

此外，下村提出国际均衡和国内均衡可以同步达到，所以可以扩大均衡。他敏锐地认识到，现在和战前不同，已经不是金本位制了，而是以美元为基础的固定汇率的管理通货制度。只要国际和国内都能达到均衡的话，在宏观上可以刺激经济的增长。就是说如果国民生产总值年增长率能达到10%的话，就可以消除国际收支的赤字。

不管是岸信介、企划厅的设想还是池田、下村的想法在本质上都没有什么区别，因此可以认为至少自民党内的意见是一致的。因此，1960年9月内阁确定了三年中每年增长9%的目标，12月正式决定了“国民收入倍增计划”。日本经济的飞跃发展开始了。

国民收入倍增计划实施时期其实就是日本经济高速增长的年代，确实如上文所述创造了世界性的经济奇迹。

国内生产的高速发展使日本的国际经济也产生了相当大的变化。战后乃至整个20世纪50年代日本的经济发展政策之一是保护国内产业，对国外资本和商品实际上是排斥的，但日本在1952年已经参加了IMF。1953年加入GATT（即现在的WTO）。要保护国内产业可不容易，而日本的保护主要是靠着低工资来实现的，低工资使日本的产品有了竞争能力，国外的同等产品自然就进不来了。欧洲国家对此是很不满的，法、英、荷、比、卢经济同盟对日本采取了使用GATT协定中的第35条，即对特定国家免除遵守GATT规定。但日本当局仍认为低工资有好处。

1958年欧洲主要国家恢复了本国货币的交换性，国际贸易自由化的趋势大大前进了。1959年11月在GATT第8次大会上，美国要求欧洲取消对日本的歧视性政策，当时美国的目的是要欧洲实行没有歧视的外贸政策，这样有利于美国对欧洲的出口。

当然取消对日本的歧视性政策是有条件的，即日本应实行真正的贸易自由化，开放国内市场。日本为了跟上国际贸易自由化的步伐，在1960年6月，政府提出了“贸易汇兑自由化大纲”，将自由化率定为约40%。1961年4月，日本对原棉、原毛的进口实现了彻底的自由化。但是在贸易自由化的同时，如何把保护国内产业，以及保护到何种程度的问题就自然成为日本政府，特别是通产省的一个重大课题。当时日本国内的重工业、化学工业方兴未艾，成为一个新的经济增长点，而家电产业的产品已普及，私家车的时代已经静悄悄地来临。在这一形势下，日本政府将保护产业主要放在粮食生产和消除“二元结构”上。日本的出口产品当时还主要是轻工业产品，通产省认为，将来要将出口产业高级化，出口重工业、化学工业产品。

日本的经济发展使得贸易自由化也很快就实现了。1963年通产省认为日本已经失去了低工资的优势，1965年左右，通产省认为日本已是中等发达国家。这时日本已经进入了汽车化时代，1963年汽车生产超过了140万辆，还出口了10万辆。同是在这一年，日本成为GATT 11条国，即不能以国际收支上的理由限制进出口，并将自由化率在三年内提高到80%。1964年日本进入GATT 8条国，其负担的义务是不能以国际收支上的理由限制货币兑换。从1964年到1967年在所谓的肯尼迪回合（即美国总统肯尼迪任内提出的和欧洲经济共同体之间关税下降的一揽子计划）中，日本除了农产品和皮革制品外，取消了进口限制。同年日本加入了“经济合作开发组织”（OECD），成为发达国家中的一员。日本的国际地位大幅度提高。而且从1968年开始，日本的出超已经成为定势。但是，日本虽然成为发达国家，可西方发达国家则一直认为日本没有履行发达国家的义务，而且日本的市场还是封闭的。

这在某种意义上是真实的，日本国内产业搞的是系列化，特别是在复杂的流通领域，生产厂家和销售商之间结成系列关系，销售的只是排他性的本公司的产品，外国的进口产品很难打入日本市场，同时公司管理的现场化（即管理者优先，所有者的权利客观上受到限制），使得外国资本控制不了日本的企业，即使占有大多数股份也不行。这使得日本市场相对于其他发达国家来说是相当封闭的。这种不开放的国内市场又怎样能够使日本的产业或产品有国际竞争能力的呢？秘诀在于日本本国企业间的激烈竞争，它们努力引进和开发先进的技术，和同类的国内企业展开竞争，其竞争之激烈不亚于国际竞争，当其竞争能力占优势时，在国际市场上自然就有了一席之地。一言以蔽之，日本经济的国际竞争能力是靠着世界的一流技术和封闭的国内市场的竞争产生出来的，这一点可能会给我国的经济发展方式提供一个借鉴。

此外，封闭的国内市场和大量出口虽然给日本带来了巨大的财富和利益，但和其他国家必然发生矛盾，因为这是一种不公平的做法，后来日美贸易摩擦的根源就在这里。

在政府的这一政策转换中，提出充实资本和产业结构的高级化，而最重要的是，政府已经意识到“二元结构”对经济发展的负面影响。二元结构是日本战后经济发展不平衡的一个典型的表象，即农业和工业、工业中的大企业和中小企业、发达地区和欠发达地区的收入差别。政府考虑到这一点，在 1962 年 10 月提出了纠正地区间差异的“全国综合开发计划”。

第四节　发展背后的阴影

高速经济增长和迅速进入发达国家的行列，日本取得了许多国家无法取得的经济成就，成为世界瞩目的一颗明星。但是高速发展的副作用在世界上也是名列前茅的。

生活质量低

首先，由于重工业、化学工业的发展，城市劳动力缺乏，大量的农村劳动力涌向城市，这些人不是农村中的过剩劳动力而是刚从学校毕业的学生，加上工龄工资制使得资方可以获取便宜的劳动力。从 1955 年到 1970 年，农林产业部门的就业人口减少了 602 万，而非农林部门的就业人口增加了 1887 万。过多的农村人口向城市，特别是向东京那样的大城市集中，使得城市的地皮、住房价格上涨，人们不能享受到和经济发展同步的生活，西方人经常说日本人住的是“鸽子笼”就是指东京等大城市的住房条件太简陋。而过密的城市人口（东京曾一度是世界上最大的城市）也影响着人们的娱乐和活动空间。

荒凉的农村

与此同时，农村却相应地出现了人口，特别是劳动力缺少的现象。老人和孩子成了农村的主要居住或从事生产的人口，农业生产自然受到影响，日本的粮食不能自给，日本人最爱食用的海产品也多数要靠进口。虽然不能说自给自足是一种完美的生产方式，但过分依赖进口也不能说是好事。1993 年日本稻谷歉收，在国民之中产生了恐慌的情绪，就是一个例证。最重要的是，按日本的农业生产技术，是可以做到粮食自给的。不过，这是否是个高速经济增长带来的负面影响还有待于今后的发展来证实。

杀人的公害

最确实的副作用莫过于公害问题了。早在经济高速发展之前的 1956 年，熊本县水俣（音 yǔ）市就发现了得怪病的人，得病的人浑身痉挛、麻痹、精神错乱而且死亡率很高，这就是后来被命名为水俣病的公害病。当时人们不知道这是什么病，也没有引起政府的重视。1959 年熊本大学医学部查明这是水俣市一家氮肥化工厂将基汞化合物的工业废水排放水俣海湾，污染了海鱼，吃了被污染的鱼就会得这种水银（汞）中毒症。

1960 年，池田内阁制定了“国民收入倍增计划”，与此相应地制订了“全国综合开发计划”，大规模的投资和建设开始了，沿海的各个城市都在建设石油联合企业。三重县四日市在联合企业建设和完成之时，患有严重的哮喘症的人急剧增加，这就是后来被命名的“四日市哮喘”，原因是空气污染。那些联合企业排放了大量的亚硫酸有毒气体。

后来新潟县也发现了水俣病，富山县还出现了痛痛病（镉中毒症，病人浑身疼痛，叫着“痛！痛！”因此被称作痛痛病）。这些恶疾的接连出现给国民的生活带来巨大的灾难。

这些病几乎都是出现在太平洋沿岸的城市或有污染企业的农村，而东京的污染也毫不逊色，有个著名的故事，说东京的小学生在画天空时，涂上了灰色，因为他没有看见过蔚蓝色的天空。

对这些直接影响到国民健康甚至生命的最重大的事情，自民党政府的反应可以说是慢之又慢，这也是后来自民党政权渐渐地不得人心的一个重要原因。

滞后的治理

所幸的是，具有高度文化素质和政治觉悟的日本国民积极地行动起来。1963 年，静冈县的三岛市、昭津市和清水町开始对要建设的石油联合企业展开了反对运动，他们组织集会反对政府，并坚决和县当局的无公害论做斗争，最终取得了胜利。当时东京都的知事是社会党的美浓部亮吉，即革新势力，通过了公害防止条例，其条款对企业而言是相当严厉的。

但将公害问题提上国家议事日程已是 1967 年，日本的经济白皮书列上了“公害的社会费用”一节。国会对此很是重视，8 月，国会制定了“公害对策基本法”，但这个法律还是在所谓的不损害企业利益的条件下防止公害，社会舆论对此很不满意。1970 年迫于公众的压力，在国会上通过了公害关系法，修改了公害对策基本法，对企业的利益进行照顾的条款被删除。

在立法的同时，司法的处理也在进行。从 1969 年开始，民众告状到法院，进行了当时所谓的四大公害诉讼，即熊本和新潟的水俣病、四日市的哮喘和富山县的痛痛病，很多人认为这一诉讼肯定要败诉，但法院却裁定患者胜诉。

1971年日本建立了环境厅。至于环境厅到底做了什么，人们是有疑问的，但环境，即公害问题已成为日本国民关注的要点。不能不说正是日本的民众的奋起抗争才使公害问题得以解决。经过多年的治理，东京的天空恢复了蔚蓝色，东京郊区的水又变得甘甜鲜美。这种对公害的应对，虽然是民众先行，但仍然可以作为我国的借鉴。先发展后治理的想法正是当时日本当局的想法，但事实证明这是错误的。日本在治理公害的同时也取得了飞速发展，说明发展和环境保护其实不是一对矛盾体。

治理公害目的似乎单一，但其波及效应是相当广阔的。在反对公害的同时，日本国民对自己的生活质量和退休后的生活开始反思。健康保险、退休金等问题成为社会问题的焦点，而自民党政权对此却并未十分重视。

第五节　高速增长时期的政治和外交

自民党地位的巩固和衰退

一九五五年体制确立以后，保守政党自民党基本控制了中央政权，在提出国民收入倍增计划后，在很大程度上赢得了民心，特别是要纠正日本经济的“二元结构”方针，使许多国民倾向于自民党。因此，在1960年11月的总选举中，自民党获得了300席，成了真正的占议会大多数席位的统治的党。这一局面一直持续到1972年，在那以后自民党的议席有所减少，但直到“五五年体制”终结的1993年，还是保持着占议会多数席位的地位。

自民党选民的基础主要是农民。随着日本经济的高速发展，农民的数量在减少，因此自民党的支持基础也随之减弱，但在一个稳定的社会里，突然的变化是很少见的，因此，尽管自民党不如当初那么强大，却还能保持一党执政。

社会党的分聚离合

那么第二大党的社会党的情况又是怎样呢？虽然农民减少和第二产业人口的增加带来自民党的危机，但社会党虽经努力也没有因此而得到突飞猛进的进步，虽然在“五五年体制”建立后，社会党在地方和国家的选举中取得了显著的进步，特别是在1956年的参议院选举中取得了胜利，但其后议席却没有增加，1959年，社会党的右派分裂出去，在1960年1月成立了民主社会党（1969年该党被称作民社党），西尾末广当上了委员长。同时1954年从总评[①]中分裂出去的全日本劳动组合会议（简称“全劳会议”），离开社会党，改而支持民社党，后来全劳会议和日本劳动组合总同盟联合组成同盟会议，这一派工会组织提出提高劳动生产率的纲领，和总评分庭抗礼，于是社会党的民众基础就只有总评了，民社党的社会基础是同盟会议，政党的分聚离合是和其社会基础相联系的。这样，右派社会党的民社党其纲领和政策倾向于自民党，而社会党虽然议席不多，但总能顽强地占有一席之地，且和有民众基础的共产党在许多方面是一致的。

20世纪50年代后半期，东欧发生了匈牙利事件，苏联开始了批判斯大林，动荡的国际局势使社会党中的一部分人开始对苏联式社会主义产生怀疑，而在国内由于民社党的分裂，社会党的议席大幅度减少，取得政权的可能性几乎为零。1962年，社会党的江田三郎提出“江田展望”的纲领，其主要内容是使将来的日本保持和平宪法，具有苏联的社会保障和英国的议会制度，提高国民的生活水平，这和社会党历来奉行的社会党是阶级的党的宗旨大相径庭。1960年10月，社会党的浅沼稻次郎委员长在自民党、民社党和社会党三党党首的演讲中被年轻的右翼分子刺杀，江田当了代理委员长。他提出在现行的资本主义框架内实现改革的方案被当作党的方针政策之一，社会党内也出现了支持江田的“结构改革派”，但社会党内的理论家主流还是劳农派和社会主义协会派，他们认为江田的提法是“情绪性的结构改造论”，在1961年的党的大会上发起了批判。总评也批评江田的提法是改良主义的，结果在1966年的社会党纲领

① 全称日本劳动组合总评议会。20世纪80年代前，日本主要有四大工会组织，为总评、全日本劳动总同盟（简称“同盟”）、中立劳动组合联络会议（简称“中立劳联”）、全国行业劳动组合联合（简称“新产别”）。总评主要是由地方公务员、国有、公有产业的工会组成，和社会党关系紧密。

上，还是主张阶级斗争的理论。而在1969年12月的总选举中社会党吃了大败仗，于是，书记长江田在翌年的社会党扩大中央委员会上提出要对党进行重建，但没有成功。

新政党崭露头角

就在社会党内天翻地覆，自民党江河日下的时候，新的政党出现了。这就是公明党。公明党原是宗教团体创价学会，池田大作是其创始人，1961年建立了公明政治联盟，1964年正式建立了公明党。公明党从1965年参加参议院选举后，其议席节节上升，在1969年的总选举中成了第三大党。

社会党的江田瞩目于这个新党，在1970年，江田和公明党的矢野绚也书记长、民社党的佐佐木良作书记长一道想组成社公民三党联合竞选，意在取代自民党建立联合政权。但他的想法被党的大会否定了，党的大会提出的是和共产党联合取得政权。这被称作“社共共斗”，在地方选举中取得了相当不错的业绩，这就出现了地方领导中革新领袖不断当选的历史现象。

对亚洲各国的外交

在外交方面，这一时期的日本外交主要是追随美国，进行和亚洲国家的关系正常化。在日苏邦交正常化以后，日本加入了联合国，1956年12月，在加入联合国时，外相重光葵作了演讲，指出因为日本国宪法的理想和联合国宪章的目的是一致的，所以日本的外交要以联合国为中心。次年，日本的“外交白皮书”明确提出日本的外交原则是“联合国中心主义”、“和自由主义各国的协调”及“作为亚洲一员的立场”，这就是“外交三原则”。“联合国中心主义”不过是个空洞的原则，而“和自由主义各国的协调”其实就是和西方各国的领袖美国协调，在冷战的形势下，这也很容易做到，但最后一项原则则涉及和亚洲各国的实质性外交。

日本在第二次世界大战中是侵略国，给亚洲各国造成了巨大的损害，亚洲国家要求赔偿也是自然的。而要求的赔偿额往往和日本提出的不同，所以谈判遇到了很多困难，当然还有其他没有达成共识的方面。当时菲律宾、南越根据媾和条款向日本索求赔偿，虽然签定了条约但没有获得国内批准的印度尼西亚和没有参加媾和会议的缅甸也要求日本赔偿。四个国家要求的赔偿额是300亿日元。1955年日本和缅甸取得了一致，1958年和印度尼西亚谈判成功，1960年和南越也取得了共识，和菲律宾则一直到1972年两国的媾和条约才生效。光和这四国的谈判就费时20多年，真可谓漫长而艰苦。

日本虽然将自己定位在“亚洲的一员”上，但其实依然是以欧美国家为中心，日本很多人认为自己是欧美先进国家的一员，特别是在经济取得了高速增长以后。因此，对亚洲的事务日本是不积极的，比如，20世纪50年代末“联合国亚洲远东经济委员会”开始研究亚洲结算同盟方案，这是促进亚洲国家间贸易的一个重要举措，但亚洲最强大的经济大国日本却很不积极，结果使该案流产。

从1960年新安保条约诞生后，美国对日政策有了一些改变，想使日本承担起更多的义务，特别是在亚洲。正是在美国的这种要求下，日本开始了对韩国的邦交正常化进程。

在池田内阁时期日本就已经开始了对韩国邦交正常化的工作，政府的想法是将朝鲜民主主义人民共和国和韩国分开来谈，但社会党认为这是分裂朝鲜的行为，予以严厉的批评。1961年美国国务卿腊斯克访日，主张解决韩国对日的索赔问题是美国具体援助韩国的条件。1965年2月，第一次佐藤内阁（1964. 11. 9—1967. 2. 17）派遣外相椎名悦三郎赴韩就基本条约进行谈判。谈判的结果是将1910年日本吞并朝鲜条约及此前的旧条约废除，在索赔上，以经济合作的形式，日本政府向韩国提供有偿和无偿的5亿美元援助，民间提供贷款11亿美元以上，双方就此达成了共识。

1965年6月，《日韩基本条约》在东京签署，引起了苏联、朝鲜等国的强烈谴责，国会批准时，也遭到社会党强烈反对，社会党认为这个条约是把韩国当成朝鲜半岛唯一合法的政府，这是不能容许的。国会的审议进展得很慢。自民党遂于11月6日在众议院特别委员会上通过截止质疑的动议，12日，该法案通过。在参议院的审议中，公民党等在野党退席，自民党和民社党通过了相关法案。

在对韩条约的通过上可以看出自民党是绝对追随美国政策的，甚至不顾一切使之强行通过，社会党则倾向于朝鲜民主主义人民共和国。

冲绳回归

韩国问题解决后，日本另一个重大的外交课题就提到了日程，这就是冲绳返还问题。

冲绳就是近代以前的琉球王国，在明治维新前，琉球是两属于中国、日本的独立王国，这在上文已经说过。1879年被日本吞并，改为冲绳县后，由于冲绳人民的反抗和日本政府实际上的歧视，其近代化进程和日本本土是存在差异的。在太平洋战争中，美国付出了巨大的伤亡才用武力占领了冲绳，战后冲绳一直由美国控制。在1951年的媾和条约第三条中确定了冲绳的法律地位，即冲绳、奄美大岛、小笠原群岛等所谓第三条地带由美国行使行政权，但主权仍旧属于日本。第三条还规定，今后冲绳的地位问题无须所有媾和国家的同意，只要日本和美国两国协商就可以，这就是日本和美国交涉冲绳问题的一个法律上的缘起。媾和后，日本想和美国商讨冲绳问题，但无奈美国对此并不响应，因为美国看重在冲绳的美军基地。

1953年12月在日美双方协议下，奄美大岛返还日本，虽然有了返还的先例，但美国似乎更加重视冲绳和小笠原群岛了。1960年修改日美安保条约时，日本方面提出了冲绳问题，并请求美国方面对日本的立场予以理解，但美国依然坚持先修改条约，而且美军在日本本土的军事基地缩小了，在冲绳却扩大了，从这可以看出美国想长期地拥有在冲绳的权利。

1961年，美国总统肯尼迪决心转变过去对待冲绳的政策，他任命著名的日本通赖肖尔（此人的著作《日本人》曾在我国畅销一时）当驻日本大使。肯尼迪被暗杀后，接替他的约翰逊总统继承了肯尼迪的政策，美国外交部和国防部试图说服军方改变对冲绳的看法。

1964年11月，佐藤内阁（第一次佐藤荣作内阁，1964. 11. 9—1967. 2. 17）上台，在记者招待会上公布了向美国要求返还冲绳的方针，使媒体大吃一惊。

1965年1月，佐藤访美，向约翰逊总统和国务卿腊斯克提出了返还冲绳的要求，前一年中国第一颗原子弹爆炸试验成功，成为继美苏英法后的第五个拥有核武器的国家，这使美国很受震动。腊斯克认为在中国拥有原子弹的情况下，亚洲局势相当紧张，其实是拒绝了日本的要求。

但佐藤内阁是很有决心的，一个主权国家是不允许自己的主权受到侵害的，佐藤回国后立刻行动起来。1965 年 8 月，佐藤作为战后第一个访问冲绳的首相，在冲绳的首府那霸机场发表演讲，声称，如果冲绳不回归祖国，日本战后时期就没有结束。这个演讲是相当严厉的，但冲绳民众不相信佐藤的话，将佐藤团团围住，佐藤只好在美军基地住下。

佐藤回到东京后，立刻组建了直属首相的“冲绳关系阁僚协议会”，但这个组织并没有起多大作用。这时政府内出现了分几步走的想法。1966 年总理府的总务长官森清提出了先返还教育权的所谓“森构想”，并设立了总务长官的咨询机构“冲绳问题恳谈会”，而随后第一次佐藤内阁由于渎职问题解散，在 1967 年 1 月的总选举中，佐藤在竞选演讲中否定了分几步走的意见，表示要一次性返还冲绳的行政权。第二次佐藤内阁（1967. 2. 17—1970. 11. 4）成立后，又设立了“基地问题研究会”的组织，虽然主要是讨论问题，但这显示了政府的决心。

另一方面，像肯尼迪的政策一样，稳定美日关系是美国的新方针，如果因冲绳问题影响到美国的这一方针时，美国是可以退让的。结果在佐藤 1967 年访美，和约翰逊进行会谈时，双方达成了在两三年内返还冲绳的共识。但是，如果返还冲绳，那么必然要涉及安全保障问题，返还后的冲绳既是美军的基地，又能使日本恢复主权，这之间如何调整，无疑是日美具体谈判中的最重要的问题了。对此，佐藤首相在 1967 年 12 月 11 日的临时国会上回答社会党的书记长成田知巳时，提出了对核武器不制造、不持有、不许进入的“非核三原则”。

但美国对此的态度并不明朗。军方认为可以返还冲绳，不过，条件是维持冲绳现有的军事基地的功能。

日本这时对冲绳问题的讨论更加热烈，出现了应使冲绳和“本土同样”的想法,1968 年 11 月，自民党总裁候选人三木武夫在记者招待会上明确提出“本土同样”的原则。这就意味着新安保条约中的事先协议也可以适用于冲绳，外务省过去曾有过对冲绳签订特别协议的想法。

1968 年，尼克松当选为美国总统，基辛格成为总统特别助理。在 1969 年 11 月，佐藤和尼克松会谈，美国方面答应冲绳“无核化、本土同样”的原则，但美国要求日本对韩国和中国台湾予以关注，在紧急情况下，可以放松事先协议的原则。11 月，尼克松和佐藤发表了共同声明，双方就争取 1972 年中期前冲绳归还问题达成一致意见，双方还认定韩国和中国台湾对日本的安全是极为重要的，而且日方在解释事先协议制时，说日方对美国的要求可以说行，也可以说不行。过去的理解是事先协议制实际上是日本的否决权，现在却成了也可以听从美国要求的制度了。

尼克松冲击

在第一次佐藤、尼克松会谈时，尼克松提出了让日本自主限制纤维出口，这时日美的贸易摩擦已经出现，日本便宜的纺织品威胁到美国的纺织业，特别是美国南方的纺织业。尼克松竞选时就答应南方的选民要解决这个问题，但是日本对这个问题一直是拖拖拉拉，最后才在两国政府之间达成了日本自主限制出口的协定，这使尼克松政府很不满意。

这时在外交上发生了重大事件，就是中美关系的缓和。美国当时陷在越南战争的泥沼中难以脱身，而美国国内和世界上反对越战的呼声日益高涨，尼克松政府决定放弃越南。同时，美国为了改变和苏联的战略态势，试图改善与支持越南但同时反对苏联的中国的关系。本来自中华人民共和国建立后，美国对新中国一直持敌视态度，支持中国台湾的蒋介石。在 1951 年的媾和会议时，中国和中国台湾的国民党都没有派代表。后来美国给日本施加压力，1952 年 4 月，日本和中国台湾的国民党当局缔结了《日台和平条约》，但是日本和中国的关系没有像美国那样僵。日本和中国毕竟是近邻，日本经济界一直想和中国做生意，于是在 1952 年，中国和日本的民间贸易团体签定了《第一次民间贸易协定》，随后在 1953 和 1954 年又签定了两次民间贸易协定，双方的贸易额在不断增加。但是在 1957 年岸信介内阁时期，日本向右转，岸信介访问了中国台湾，民间的右翼分子也大肆跳梁。1958 年 4 月在长崎召开中国展览会，一名青年居然将中国国旗拉了下来，这就是所谓的长崎国旗事件。以至中国和日本的关系跌入了低谷。但在池田内阁时期，中日关系得以改善。1962 年，自民党的高碕达之助和中国的廖承志参加了新的贸易协定的签字仪式，这被称作廖高（LT，L 是廖承志名字的第一个字母，T 是高碕达之助名字的第一个字母）贸易，这使中日两国的关系有了进一步的改善，中国台湾当局和日本的关系却冷淡下来了。

1972 年 2 月，尼克松总统访问北京，引起世界的瞩目，但美国事先并没有通知盟国的日本，这使日本政府既吃惊又尴尬，据说佐藤首相也是在电视上看到尼克松访华的镜头时才知道的。而且中美联合公报承认“台湾海峡两岸的中国人民只承认一个政府”，这象征着中美关系正常化正在逐步走向正轨，而日本历来是坚持“两个中国”政策的。美国政府的这个决定也没有事先通知日本。因此这次尼克松访华被称作“第一次尼克松冲击”。

日本政府正被这次冲击搞得晕头转向时，“第二次尼克松冲击”接踵而至。1971 年 8 月 15 日，美国总统声明停止美元和黄金兑换，欧洲各国立刻关闭了外汇市场，但日本政府的行动却慢了，其外汇市场在美国总统声明后还继续营业了两周，美元大量涌入日本，当时日本的房地产正被炒得火热，两者相加，使日本地价暴升，物价骤涨，日本经济受到了巨大的冲击。

两次尼克松冲击实际上宣告了长期执政的佐藤政权的末日。1972 年 1 月，佐藤赴美与尼克松会谈后，就冲绳问题发表共同声明，商定 3 月 15 日换文，5 月 15 日，在东京、那霸和华盛顿三地举行冲绳回归仪式。1972 年 6 月佐藤政权在完成了 5 月 15 日的冲绳回归的仪式后宣布辞职，于 7 月 5 日接任的是田中角荣内阁（1972. 7. 7—1974. 12. 22)。

中日邦交正常化

田中出身党人，在政界有着庞大的势力，在尼克松冲击下，田中内阁打出的口号是在内政和外交方面采取“决断和实行”，试图使日本从冲击下迅速恢复起来。

这里面就有田中角荣想和中国恢复邦交的意图。本来自民党内就有亲中国的团体，松村谦三、田川诚一等所谓的自民党内反主流派本来就亲近中国。田中内阁一成立，田川就和中国之间就田中访华取得了联系。公明党的行动更早，在田中内阁成立前，竹入义胜委员长就访问了中国，并向田中角荣转交了周恩来总理的亲笔信。在信中，中国政府表示了对田中访华的欢迎，并提出中日邦交正常化三原则：一、日本必须承认北京政府是中国唯一合法的政府；二、台湾是中国的一个省；三、废除《日台和平条约》。日本方面接受了中国的说法，1972 年 9 月 25 日，田中角荣访华，两国政府发表“中日联合声明”，实现了中日邦交正常化。

周恩来和田中角荣

但是在双方发表“联合声明”之前的协商中，出了一些问题。外务省认为“废除日台条约”是对1952年缔结该条约的否定，不好明言（即不好说出废除），应该说是“自然消灭”，最后中日双方达成共识，没有在“联合声明”中表示“废除日台条约”的字样，只是大平外相在9月29日“联合声明”签字会后的记者招待会上宣布日本和中国台湾的“外交关系”终止。

日本在和美国的特殊关系下，终于摸索到了一条能和亚洲邻国建立正常的外交关系、和睦相处的道路。特别是中日邦交正常化使得日本终于获得了在亚洲的正常地位。

第六节 “大众社会”及社会思潮

衣食住行脱胎换骨

日本在结束了战后时期，进入了高速增长时期后，国民生活发生了天翻地覆的变化。

在高速增长时期，日本国民的生活水平大大提高。城市中实现了充分就业，工资提高，而且职工平均每年能拿到相当于四个月工资以上的奖金。同样也是因为高速增长带来的充分就业，使得城市缺少劳动力，大批的农村人口涌入城市，这些人都是年轻人，很快就成为标准的城市人了。过去他们家庭是农村式的三代同居，而现在却是住宿舍和夫妻两口的核心家庭。这也是因为人口大量移动，使得城市住房紧张，地价腾贵，物价也随之全面上涨，维持三代一家在经济上也很难做到。房地产市场对这样的核心家庭的反应是建设大量的钢筋水泥的两屋一厨的中等高级的楼房，这些楼房聚集在一起，被称作“团地”，有些像我国现在的小区。这些楼房是日本住宅公团和地方自治体建设的，其标准一般是不锈钢的洗手池、冲水马桶、厨房和餐厅在一起，房间里有电视。虽然房子不够宽敞，但却展示了与过去不同的新的都市生活方式。

但是，由于发展过快，城市人口膨胀，就是这样的团地生活也不是谁都能享受的，许多人靠租住房子生活，有的房子是木质结构的老房子，就是在今天的日本这样的房子也不少。另一方面在高速增长和国民收入增长下，日本发生了真正的消费革命。20 世纪 50 年代后半期日本人追求“三种神器”，即中国俗称的“三大件”，指洗衣机、黑白电视机和电冰箱，在这三种“神器”普及后，到 20 世纪 60 年代末又是 3C（即轿车、空调和彩电）的普及。此外，人造纤维的服装和国外服装的流行款式都急速地出现在东京的街头。满街的餐馆、咖啡店说明日本人在外就餐已是家常便饭，喝咖啡、吃面包等西方的饮食习惯也已经为日本人所接受。各种商店像雨后春笋般地出现在各个城市的角落。这些商店分为三个系统：一是百货公司，卖高档商品；二是超市，开始时的超市商品比较单一，后来出现了现在的综合超市，价钱比较便宜；三是零售店，后来又有了昼夜营业的商店和便利店等。自动售货机也开始普及。外国进口的各种消费品大量涌入，只要有钱，什么都能买到，当然钱和以往一样始终是困扰人们的一个大问题。

日本国内的交通网可谓四通八达，出门旅行极为方便，这也是日本人喜欢旅游的一个最重要的原因。后来这个习惯又延伸到海外观光。日本政府也大力鼓励和支持国内外旅游，制定出台了一系列优惠政策。

这些都是典型的现代消费，用完就扔的一次性商品多得不计其数，大量生产、大量消费、大量丢弃的消费观念统治了日本国民的思想。虽然消费社会使国民普遍感到舒适和满意，但其负面后果自然是破坏环境，加重公害。

中流意识

大量制造的商品必然要有大量的消费者，而大量的消费者需要有较为平均的分配，在这一点上，可以说日本的分配制度是相当平均的，日本人自称他们的分配制度是“社会主义”的，因此可以说日本国民切实地享受到了经济增长带来的好处。再加上最低工资制、充分就业和工龄工资，另外还有高额的累进所得税，使日本90%的人都自称是“中流阶级”。虽然不像那些西方福利国家，国民能享受到优厚的福利待遇，但相对平均的分配在某种程度上可以弥合与福利国家之间的差距。日本社会至少在经济方面完全成了大众化社会。

企业社会的风貌

除了消费就是生产方面的变化。第一产业和第二产业由于技术革新，需要的人手越来越少，属于管理方面的白领增加。这些白领职员穿着一致，西装革履，白衬衫，冬天要穿风衣，是日本街头很有趣但也很单调的风景线。这种服饰的均质化正说明日本人喜欢一致。在公司里表现得更为明显。日本的公司强调团队精神，不喜欢出风头或者个性太强的人。职工对公司也是忠诚的，且很有献身精神。白天他们在努力工作，晚上还要和同事们一起喝酒，一方面可以增进彼此的交流，一方面可以打听公司里的事，一般是深夜才回家，和孩子妻子几乎没有在一起的时间，休息日在家就是躺在榻榻米上睡觉，妨碍妻子打扫房间，因此被妻子称作“粗大垃圾”，他们几乎完全无视家庭的存在。这即使在今天的日本也是一个社会问题。公司就是职工的一切，这就是所谓“企业社会”。日本人之所以这样，是因为他们接受的教育是要出人头地，而公司，特别是大公司，如果当上了部长（相当于中高级管理阶层），就算是有出息的了。公司对员工也是基本“公平”的，只要努力就有可能成为管理阶层，这就成了日本人狂热工作的动力。

有教无类

应该说日本一直是重视教育的，在封建社会时代就是这样了。这或许是受到中国文化的影响，进入近代以来，日本也是将教育放在重中之重的位置上。第二次世界大战后，日本更是举国上下都极其重视教育，甚至有些偏执，但如果我们站在日本人的立场看，对日本人的这种教育立国的想法就可以理解了。日本是个资源贫乏的国家，唯一的资源就是人，换句话说，就是高素质的劳动力，在这一资源的发掘上当然应该不遗余力。第二次世界大战后，教育是日本政府推行的五大改革之一，将对国民的义务教育从6年增至9年，大学和短期大学（相当于我国的大专）的入学率不断提高，1955年就达到了18%，20世纪70年代初则达到30%左右（现在大约在45%）。高等教育的普及化带来了国民素质的普遍提高，9年义务制教育为100%，高中入学率达97%。再加上社会教育、职业教育、企业内的培训等，日本国民的文化修养、职业能力在不断提高。日本成为世界上仅有的两个没有文盲的国家。曾有过这样一个故事，西方的观光客看到日本的无家可归者居然在看报纸，不禁大为吃惊。日本确实是名副其实的世界第一流的教育现代化国家。此外，这种普及的高等教育自然是不分男女的了，所以妇女参加工作的也越来越多。高速增长时期日本人梦想的家庭模式是男人在外工作，女人持家，女人是所谓的家庭总理大臣，但与此同时男女双方都工作的家庭却在迅速增加着。教育改变了人的意识和社会结构。

另一方面，将受过教育（即高学历，特别是名校毕业）和就业及将来的发展挂钩的做法，也引起了许多弊端。在资本主义国家中，日本大概是最重视考试成绩的了，所以就产生了“考试地狱”、“考试战争”，以及学生在精神压力下产生的反拨——校园暴力。此外，对学生的思想道德教育也有所缺失。在日本这种追求经济发展的社会里，钱成为唯一的社会价值并不奇怪，这种思想不可避免地要传到校园里，极大地冲击了学生的思想道德观念。这一现象不仅在日本有，我国也应该予以充分的注意。

秀才不出门，全知天下事

大众社会的文化自然是大众文化。而大众文化的重要承担者之一的电视机的普及，使大众文化广为传播。日本是在1953年开始播放电视节目的，后来彩电也普及了。人们足不出户可以接收到世界上的各种信息，电影、娱乐节目、体育比赛的直播等大大丰富了人们的文化生活，但与此同时，由于电视是单方面传播，人们只能作为受众，就有可能被错误的信息或观点误导，人们只是接受，也就很难对事物或现象作出自己的评价和判断，或提出自己的见解了。

在电视普及的同时，日本的报纸依然保有自己的地位，日本人在早餐时读报几乎成为习惯。大量的图文并茂的通俗杂志的出现使人们在追求物质利益的同时，欣赏口味也有了改变，特别是漫画逐渐为成年人所接受，成为日本现代文化的一个重要特征。

文学、大众娱乐、科学

在文学方面，过去是分为纯文学和通俗文学两大领域，而战后出现了不属于两者的中间文学，其中不少作品成为畅销书。

电影虽然受到电视的挤压，但在 20 世纪五六十年代还是有好作品问世的，特别是黑泽明的电影（如《罗生门》等）获得了国际性的赞誉。

生活的西方化，同时西方的精神文化也成为日本人，特别是年轻人追逐的目标。流行音乐、流行歌手成为大众的追捧对象和喜欢的人物。但与此同时，由于经济的发展，日本成为发达国家，日本国民不像刚战败时那样，对日本文化出现过强烈的全面否定的现象，民族自豪感油然而生，加之，许多有识之士努力保护本民族的文化，因此，日本民族的传统文化并没有退出人们精神生活的领域，歌舞伎、能乐、漫才（类似中国的相声）、相扑、茶道、花道、书法等雅俗共赏的文化形式始终被大多数国民所喜爱。

在自然科学和社会科学方面，日本都有了长足的进步，除了技术上在逐渐赶超欧美外，基础理论方面的研究也在飞速进展。社会科学方面出现了丸山真男、中根千枝等一批国际知名学者。

群众性运动

总之，经济的高速发展使得日本文化出现了繁荣兴盛的局面，但也是因为经济发展成为日本国家的首要目标，日本人逐渐脱离了政治。在一九五五年体制建立后一段时期中，日本的劳资纠纷或者社会上的政治斗争几乎与年俱增，1955 年召开了禁止原子弹、氢弹世界大会，1956 年有对于教育问题的教师和学校当局的对抗，1958 年反对修改警职法，1959 年三池煤矿的劳资纠纷等的斗争都是相当激烈的。而 1960 年的反对修改安保条约的斗争成为战后最大的政治斗争，不仅学生、工会，就是一般市民也加入到斗争的行列中去了，致使岸信介内阁被迫下台，但其后政府提出了国民收入倍增计划，全部日本人的能量和视线似乎一下子就转到了为经济增长而奋斗中去了。

当然在 1967 年为了公害等问题，国民对自民党进行了批评斗争，有过群众性的抗议请愿活动，但基本上没有多少政治性内容。在地方政权，如东京都知事的选举中，社会党和共产党推举的候选人美浓部亮吉当选，革新政党一时有了显著的发展。1968 年，在西方世界出现了大规模的学生运动，如美国、法国等，日本也是一样，大学生们占领了学校，批判管理社会的现状，要求社会和政治革命，但很快便平静下去，好像一夜之间学生们对政治活动的热情骤然消退，荡然无存了。只有“新左翼”还在进行斗争，不过其中的一部分人变成了恐怖团体，那就是日本赤军。

日本人论

在一个现代社会里，信息发达，人们的思想开放，特别是战后日本的民主化和重视个人自由，这在一定程度上发挥了人们的创造能力，各种新思想不断出现也不是稀奇的事，尤其是日本由于经济高速增长，发展之快让人眼花缭乱，而人们的思想对此的反应也是同样的快，但是消失得也快。大概最持久的一种社会关注热点当属日本或日本人论了。

1946 年美国出版了美国文化人类学家鲁思·本尼迪克特受美国政府委托撰写的《菊与刀》一书，本尼迪克特按文化类型的理论将日本和西方的文化进行了比对，认为西方是“罪”的文化，日本是“耻”的文化。1948 年该书的日译本问世，在日本，特别是知识分子中引起了轰动。其实本尼迪克特的这本书是存在着很多问题的，例如没有对日本文化进行历史的，即历时性的考察，既没有时期阶段的科学区分，也没有不同类型、不同层次的区别。但由于日本正值战败初期，许多有识之士正在反思日本的侵略战争带来的巨大灾难，这本书从整体的文化上把握日本人的方法给日本的学者和普通人带来了巨大的启示，虽然当时日本的著名社会学家和哲学家都对这本书提出了批评意见，但正是这本书促使社会学家、社会心理学家对日本社会结构和日本人的心理进行了剖析，川岛武宜写下了《日本社会的家族式构成》，南博撰写了《日本人的心理》等名著，引起巨大的反响。这些著作反省和批判了日本的封建残余（明治以后建立的家庭制度、家族式国家观等）乃至日本人的国民性和精神。甚至有人认为日本人的精神和西方人相比是畸形的（岸田国士:《所谓日本》）。笠信太郎批判日本国民性的《关于事物的观察方法》成了1951年名列榜首的畅销书。可以说，对自己民族和社会的批判是战后初期和20世纪50年代日本人论的主流。

在经济高速增长完成以后，日本人论又开始流行。20世纪70年代的日本人论已经失去批判的基调了，而是将日本文化和日本人与其他文化和国家的人进行比较，这些差异正是日本文化和日本人的特色。虽然没有主张日本人是优秀的民族这样明显的种族主义论调，但强调日本文化或日本人的独特性无疑助长了民族主义的情绪，而且其发展方向也越来越失去了科学性。到了20世纪80年代，甚至有人认为日本人的遗传基因和其他民族都不同，大脑的结构也是特殊的。当然日本成为发达国家后，日本人的民族自豪感的产生也在情理之中，但日本的发展不过是由于很多有利于日本的国际、国内条件造成的，如果把这些都归结为是民族性、国民性的结果，就大错特错了，更令人担心的是这种荒诞无稽之谈会助长一部分日本人的种族优越感，从而不利于日本和其他国家，特别是后发展国家及其人民之间的交流。

第十一章

经济大国的日本

（1973—1991 年）

第一节　稳定增长取代高速增长

两次冲击的效果

日本自 1955 年以来，经济持续增长，使日本成了真正的经济大国，但是，1971 年的尼克松冲击和 1973 年的第一次石油危机使日本这只快速飞翔的鸟收敛了强劲的双翼。

进入 20 世纪 70 年代，日本面临着强大的国际压力，欧美要求日本开放市场，并提高日元对美元的比值，但是日本政府，央行和产业界坚持日元不升值。日本一直以为日元升值会带来出口衰退，从而影响日本国内的就业和国际竞争能力，日本还抱着出口导向的经济方针不放。但同时美国的经济却承受着巨大的压力。1971 年 8 月 16 日，美国总统尼克松终于使出了杀手锏。他宣布，停止黄金和美元的兑换，对进口商品加收 10%的进口税，在 90 天期间冻结物价和工资，这是美国的紧急经济对策。但由于美国的经济、政治地位，其政策的影响之大，足以震撼西欧和日本，因此被称作第二次“尼克松冲击”（第一次冲击指尼克松不早打招呼而宣布将访问中国)。这一政策主要是金融方面的，因此国际通货体制为之震动。当月，主要国家的外汇市场转向变动汇率制，通货体制变得让人难以捉摸，无所适从。于是在1971年12月17日，发达国家在华盛顿的史密斯博物馆召开10国财长（G 10）会议，作出了恢复固定汇率制的决定。而日本付出的代价是将日元升值16.88%，变成了308日元兑1美元。

日元的耐力

但是，人们对日元和美元的真正比值还是没有正确地认识清楚。日元升值后，美国的国际贸易逆差并没有得到改善。1971年美国的贸易赤字为27亿美元，1972年则增至68亿美元，日本的黑字则从78亿美元增至90亿美元。多么强烈的反差，无怪乎美国还要对日本施加压力。但是从这一点也看出日本经济的竞争能力。从1963年到1969年，日本的相对劳动生产率增长了40%，而美国只增长了不到10%，同一时期日本的出口商品价格还降低了近10%。可以想见日本货是如何的物美价廉了。也正因为如此，日本的出口增长竟然超过世界贸易增长速度的两倍。所以，就是日元再下调，其贸易黑字也削减不下来，更何况日本还有看不见的保护国内市场和产业的种种手段。但我们要认识到竞争能力强，国内保护严密只是日美贸易摩擦的两个原因，更重要的是日本经济的出口结构，这一结构性要因既为日本带来了国际竞争力，同时也使摩擦激化，而且很不容易转变，日本后来的沉没经济和衰退都和这种结构密切关联。

浮动汇率制

1973年西欧通货再次遭遇危机，美国也公布了下调美元的比价，就在这一年的2月，日元不得不又回到浮动汇率制上去，3月，西欧的六个发达国家货币也开始共同浮动，浮动汇率制将成为今后的汇率制度。当月，日元从360日元比1美元的汇率上升到264日元比1美元，和上次的升值相差不过一年半的时间。固定汇率制是在战后美国无比强大的时候规定的，那时美国的经济实力允许美国将美元作为国际支付手段，因为美国的贸易顺差可以收回美元，黄金储备也因此而充足，达到了国际收支平衡。但冷战开始后，美国作为西方世界的领袖和保护者，不得不加强军事产业。美国的国防开支在20世纪50年代就占到国民生产总值的10%左右，即使在20世纪60年代也在7%—8%左右。其基础工业的重工业、化学工业严重地依靠军需。航空工业的94%、造船业的61%、通信工业的38%、科学设备的30%是军事订货。这样一来民用产业自然就落后了。上文说过，美国将这一领域让给了日本等国，从某种意义上说，这也是美国经济力量捉襟见肘的表现，不得不这样做。随着日本、西欧经济实力的增强，美国经济力量的相对衰退，固定汇率制早已不合时宜了。但是，日本政府依然做了抵抗，因为在过去的固定汇率制下，日本尝够了甜头。

"美国的和平"① 体制

世界货币体系进入了浮动汇率制的时代，也宣告了战后所谓的"美国的和平"体制的崩溃。这一体制是由两个系统支撑着的，一个是国际货币基金组织，另一个是关贸总协定（GATT）。正是国际货币基金组织规定了以美元作为国际支付手段，除了英国外，西欧发达国家和日本均储备美元，以作为国际贸易的基础货币。而关贸总协定是促进国际贸易自由化的重要组织。在这个体制下，不独日本，西欧各国也受益匪浅。在日本经济高速增长的同时，同样是战败国的西德和意大利也从战后的废墟中站了起来，创造了经济奇迹，只是不如日本那样明显罢了。由此可以想见这一体制的崩溃对日本和西欧发达国家打击之大了。

血脉不通

然而这次冲击尚未结束，第二次更大的冲击又来临了，这就是世界经济

① "美国的和平"原文为拉丁语 Pax Americana，意即英语的 Peace of Americe，或 Americas peaceful period。是从古罗马的和平（Pax Romana）转义而来的。

史上有名的第一次石油危机。众所周知，石油是工业生产的血液，世界石油的最大供给源是中东地区的阿拉伯国家。这些国家获得独立后，将石油收归国有，但西方石油公司仍然控制着这一地区的石油。1960年产油国结成了石油输出国组织，即OPEC。1968年又成立了阿拉伯石油输出国组织，即OAPEC。这些产油国的权和利越来越大。1973年10月，以埃及为首的中东数国向以色列发动了第四次中东战争。战争开始时，阿拉伯国家占了上风，但以色列的反击十分有效，埃及的主力被包围，最终双方在美苏的斡旋下和谈。在这次战争发生伊始，阿拉伯产油国就以石油为武器对以色列进行了制裁，内容是大幅度地提高原油价格，削减生产量，并对所谓的非友好国家禁止原油出口。

“狂乱物价”

上文说过，日本能取得高速增长的一个重要因素就是包括原油在内的国际能源价格低廉。日本虽然是个能源缺乏的国家，但其经济却能持续高速发展，其能源主要是依靠进口廉价的石油，并且是石油的大消费国。在第一次能源供给中，石油占的比例是78%，消费石油的产业部门的比例是56%，明显地高于其他发达国家。其石油进口量在1973年为2.88亿公升，当时经济合作和开发组织各国的石油进口比率平均为67%，而日本则为99.7%，几乎全部依赖进口。所以，阿拉伯产油国的这一举措对日本的打击是最大的。当时日本是田中角荣内阁，首相田中出了本书，名为《日本列岛改造论》，中国也以内部出版的形式翻译出版了该书。这本书的内容是雄心勃勃地要重新对工业进行重组，新建25万个城市，完善高速交通体系等等。不管日本是否有能力做到，大量投资是必要的。于是，兴起了开发热和土地投机热，物价攀升，正在此时，石油危机来临了，这无异于火上浇油，加剧了已有的通货膨胀。石油的相关消费品，诸如煤油、丙烷、雨鞋、床上用品、卫生纸、手纸、合成洗涤剂等价格暴涨。1974年2月和上年同比，批发价格上涨了37%，这就是有名的“狂乱物价”。消费者慌了神，纷纷抢购，店家也囤积居奇，长期以来以稳定著称的日本社会出现了少有的恐慌和动荡。1974年企业倒闭数量达102万家，8月，完全失业工人74万，民间设备投资减少8.5%。

厉行节约

经济的混乱使得政府急忙行动起来，成立了紧急石油对策推进本部，政府机关率先节约与石油相关的能源。对物价，田中内阁则将 1974 年的公共事业增长率压到零增长，并依据“国民生活紧急措施法”将煤油、液化石油和卫生纸等的价格指定为固定价格，同时对钢材等 59 种商品价格实行事先批准制，不得随意涨价。民间也和政府一样，厉行节约。商店，特别是大百货店和超市都缩短了营业时间，全国开展了号召国民少看电视，节约霓虹灯照明，减少电梯的使用，也号召少用私家车等等宣传活动。日本举国上下似乎都笼罩在危机的气氛中。

不过，石油危机真那么可怕吗？日本真的没有石油用了吗？事实正相反，1973 年日本的石油进口非但没有减少，而且还增加了 7%。所以说，石油危机在更大的程度上是日本这个过度依赖进口能源的国家的一种过敏反应。

石油危机后的调整

尽管如此，日本从这次石油危机中还是吸取了有益的教训。也许称不上是教训，而是一种应急反应。我们也不得不承认日本的反应和处理是相当及时，并且是相当成功的。当从 1972—1974 年进口商品的价格上涨了四倍，其中原油、石油产品的比率从 19%上升到 34%时，日本的产业结构进行了迅速调整，依靠石油的耗费能源的产业逐渐衰退，而原材料产业也退出工业的主要舞台。

这一调整是需要时间和过程的，在调整阶段日本的国民生产总值增长下滑。1974 年的实际增长率在战后第一次出现了负增长（－1. 2%），但这不过是一年时间，就像一个跑得过快的人要稍事休息一样，接着在 1975 年日本的国民生产总值就取得了增长，此后，一直到 20 世纪 80 年代日本的国民生产总值以每年平均 5%的速度递增，日本经济转入了稳定增长的阶段。同样在这一时期的世界，特别是发达国家都在经济不景气中挣扎，而日本却脱离了世界性的经济萧条，经济平稳着陆，不能不说东洋学生超过了欧美老师。

日本克服危机的做法

那么，日本是怎么取得这样的成功呢？像人们常说的那样，创业难，守业更难，就是说这比高速增长更为困难。因为那时世界经济一派大好，内需外需同样旺盛，自然促进了日本的经济增长。但这一次帮助日本走出困境的是钢铁和汽车出口旺盛，就是说出口帮助了日本。日本在钢铁业上的投资是相当庞大的。美国哈佛商学院的专家们曾经专门考察日本的钢铁业如何打败了美国的原因。他们的结论是大量投资是日本得胜的主要原因之一（还有政府的支持）。而日本汽车对美国的出口更是风光无限。

小轿车的出口

日本的轿车主要是小型车，这种车价格便宜，节省能源，故障极少，像我国汽车市场上的奥拓小轿车，故障也相对较少。石油价格上涨，使日本小轿车在美国市场备受青睐。有的人认为这是日本汽车厂商的先见之明，好像他们早就看到了能源会出现紧缺一样，这样的夸赞简直类似神话。其实，日本的厂家根本没有这样的远见，更何况在某种意义上石油危机只是个偶然的事件。原因在于日本本身没有能源，城市人口的密度过大，收入在当时又相对较低，所以小型的、节省能源的轿车受到日本消费者的欢迎，而正是这种车最适合石油危机后的美国市场。因此，与其说是日本厂家的远见，不如说是日本的自然、人文条件加上难得的机遇和运气。此外，日本汽车之所以能在美国市场站住脚的真正原因还是因其质量可靠，性能优越，因此，日本的企业管理和技术创新才是这次成功的最大关键。1976 年日本对美国的汽车出口和上一年比，居然增长了 2 倍多。同时，日本的竞争力也表现在日元升值上，1978 年后半年日元和美元的比价上升到 180 日元比 1 美元的水平，上升的幅度令人吃惊。但日本的产业界迅速适应了这个不利的形势。厂家进行了所谓的减量经营。即以降低劳动力价格为主，削减了成本，并进行了工人之间的竞争，使得出口能力进一步提高，而且产品的质量还超过了以前。这种几乎无与伦比的竞争能力和下面提到的经济结构调整、发展自主科技一道使得稳定增长成了其后日本经济的主要特征。

从高速增长到稳定增长

这里有个问题，日本高速增长的结束仅仅是因为第二次尼克松冲击和第一次石油危机吗？如果真是这样，其解释是很难有说服力的，也过低地估价了日本经济真正的实力。如果仅仅以市场的饱和或经济规律来解释，也有忽视了日本经济自身特点之嫌，就如同谁能料想到日本的高速经济增长一样。这是个相当复杂的问题，需要更进一步地进行探讨。现在日本有的学者认为，从高速经济增长转为稳定增长是和日本的劳动力减少有关。在高速增长时期，大量的农村剩余劳动力涌入城市，强大的劳动后备军给高速增长提供了最有力的支持，但从 20 世纪 70 年代初开始这种人口移动，即农村向城市移民终止了，增长率自然就降低了。

无论高速增长停止的原因是什么，反正日本眼前的阴影是能源危机，那种以耗能巨大（依靠进口石油）的重工业、化学工业为中心发展已经走到尽头，必须调整结构，找到国民经济战略的主要方向。对此，日本是有着清醒的认识的。早在 1971 年，日本政府在产业结构审议会上，就明确提出四个知识密集型产业的发展方向。即（1）研究开发型产业，如计算机、飞机、电动汽车、产业机器人、原子能、精密化学、海洋开发、集成电路、宇航工程等。（2）高级装配产业，如数控机床、通讯设备、环境保护设备、工业生产住宅、自动仓库、高级成套设备等。（3）时尚产业，如高级服装、高级家具、高级住宅用品及电子音响设备等。（4）知识产业，如信息处理服务、系统工程、咨询服务等。这些设想或计划无疑对日本产业结构的调整和改善有着巨大的推动力量。

当然，日本的燃眉之急还是能源问题。对此，日本为了减少对石油的依赖，便用原子能和煤炭来替代石油。1970 年日本只有三座原子能发电站，但到 1981 年就增加到 26 座，设备总容量增加 21. 4 倍。此外，还大力开展对太阳能、地热能、风能、海洋能和生物能的开发利用。当 1980 年第二次石油危机来临时，日本并未受到和其他国家那样的沉重打击。

对日本稳定经济产生最重要作用的是日本的科学技术的发展。在发展科技上，日本有着自己的优势，那就是教育的普及。但如果不进行人为的促进的话，那就像装满了汽油的汽车缺少引擎一样。日本政府提出要培养“技术突破型”人才，要开展国际协作，在官民双方的努力下，日本在10年中取得了令人惊叹的成就，丝毫不次于高速经济增长。例如，数控机床在机床中的比重从1970年的7.8%上升到1982年的52.7%。机器人则占全世界拥有量的70%。1980年又成功地实现了100公里无中继光导通讯技术的运用，使光通代替了电通，光导技术市场的规模成倍扩大。1985年在筑波国际科学博览会上展出了用水汽栽培法培育的一棵能结1.2万个西红柿的植株。在科技进步的同时，日本的经济受益匪浅。日本政府意识到这一点。1980年3月，日本通商产业省发表了“80年代通商产业政策”报告书，首次将“技术立国”一词写入官方文件，“科学技术立国”已然成为日本的国策。在这种政策的指引和民间现实的经营下，到20世纪80年代后，日本不仅已经实现了用“自主开发型”替代“技术引进型”，而且从引进吸收技术发展到对外输出，进入了国际化。让我们看看具体的指标和统计数字。

国家科技现状的重要衡量指标是研究经费的三大方面。在研究经费总额方面，以亿日元为单位，日本在1960年为1844，1970年为13555，1980年为130783，1998年则为161399。20世纪70年代日本就超过了西欧各国，1984年超过苏联，仅次于美国。在研究费用占国民生产总值的比例方面，1960年为1.11%，1970年为1.80%，1980年为2.14%，1990年为2.69%，1998年为3.20%。在20世纪60年代，日本在这方面落后于美国、西德、英国和法国等国家，但1972年就超过法国，1983年超过英国，1987年超过了美国，1989年则超越了德国，居世界第一，至今也一直保持着第一。在经费来源渠道方面（政府和民间渠道比例），日本政府担负的比例在1960年为32.5%，1980年为27.9%，1990年为17.9%，1998年为21.7%。而其他发达国家的比重，以1998年为例，法国为41%，德国为35.6%，英国为31%，美国为29.4%，日本明显低于这些国家。政府投入的不足被民间企业弥补了，日本企业的研究经费在占总研究经费的比重上达四分之三左右，说日本是企业社会名副其实。总结上面的数据，我们可以说日本的研究经费的投入有三个特点。一是总额增长速度最快，总额居世界第二位；二是研究经费占国民生产总值的比例为世界最高；三是政府负担经费的比重是发达国家中最低的，但同样民间的投资却是最高的。

在科技成果方面，日本也毫不懈怠。在科技论文方面，日本发表的论文在美国情报科学研究所的 SCI 收入论文的总数中的比例是 1973 年为 5. 2%，居世界第六（前五位为美、苏、英、德、法），1980 年 6. 8%，超过法、德为第四位；1994—1998 年占 9. 8%，仅次于美国为世界第二。日本高技术产品的输出额，1965 年占世界总量的 7. 2%，1969 年占 11. 2%，世界第三位。1981 年占 17. 5%，跃居世界第二。从 1990 年后更增加为约 20%，一直为世界第二，并且在 1983 年曾超过美国。

在基础研究领域，总体上日本自然及不上美国，但在个别研究部门却逐渐发展为领头羊。1988 年美国科学情报研究所研究部检查了 8000 多个科学专业领域的本年度“研究现状数据库”，发现日本在四个具有明显的商业意义的基础和应用研究领域中领先于其他国家。在这四个专业领域里日本和美国发表的论文数量比例是：硒化锌研究：日本为 51. 2%，美国为 22. 3% ；垂直研究：日本为 48. 80%，美国为 17. 0% ；低合金钢的热裂性研究：日本为 43. 2%，美国为 9. 5% ；微量酶敏感器研究：日本为 30. 4%，美国为 29. 1%。

日本的宇航事业发展得也很快。1987 年初日本就继美苏之后成为第三个向月球发射航天器的国家。为配合这些高技术产品的开发，日本在 1990 年 10 月 1 日创办了尖端科技大学，日本是宇航大国。

在精密加工及所需的专门技术方面，日本在 20 世纪 90 年代就处于世界领先地位。日本人毫不掩饰地说：“能保持导弹、洲际导弹命中率的电脑只有日本才能做到。”东芝公司曾经说，在冷战时期，如果日本将他们领先的电脑技术卖给苏联的话，美苏军事态势将发生逆转。日本在用于电子计算机心脏部位的一兆位的半导体（即在三分之一小手指尖大小的芯片上印上上百万条电路的半导体）的占有率几乎是 100%。在当前最有希望的产品超导体方面，在开发上处于领先地位的是日本和德国，但实际上日本的技术在理论上遥遥领先于德国。德国因为设想的三个技术障碍无法克服，而停止了对超导的研究。日本却克服了这三个障碍。在磁悬浮式新型列车方面，德国列车只能脱离轨道面 8 毫米，日本的列车却能脱离 10 厘米，时速则高达 500 多公里，这一技术目前为日本独有。

日本还为世界贡献了 7 位诺贝尔科学奖得主。所以说，日本不是一个光能为世界创造方便面、卡拉 OK、电子游戏机的国家，它也是一个真正的基础科学研究的大国。

总之，日本经济虽然失去了再高速增长的能力，但我们不得不承认日本在经济发展上是成功的，特别是以科技立国为中心，比较平稳地转入稳定增长，在1970—1978年间，日本国民经济增长率为5.3%，和同期美国的3.3%，西德的2.7%，法国的3.9%，英国的2.3%相比，这个成果难道不足以让日本人感到自豪吗？而且他们的经验也给世界上其他的后发展国家提供了有益的借鉴。

第二节　日本的政治变化

田中内阁

在进入稳定增长时期后，日本的政治格局也在发生着变化。1972年，田中角荣上台，如上所述，在这一届内阁实现了中日邦交正常化，为中日关系作出了贡献。但是在此之前，自民党副总裁椎名悦三郎作为首相特使访问了中国台湾，试图说服中国台湾当局理解日本对中国外交的变化。中国台湾当局表示要和日本“断交”，但民间的各种关系还要维持，这就造成了日本和中国台湾之间的特别关系。

田中角荣出身贫寒，后来成为建筑商，是自我奋斗成功者的一个范例。他是党人出身，在佐藤荣作内阁中长期担任自民党干事长。从佐藤来说，是想把首相的宝座交给福田赳夫的，福田和佐藤一样是官僚派的政治家，而且在思想上也比较靠近佐藤。但是，自民党内的年轻政治家们却瞩目于田中。佐藤由于长期追随美国，推行反华、排华政策，在和中国恢复邦交方面过于保守，加之适逢第一次“尼克松冲击”，使得人们将批评的目光转向不仅无所作为，而且对中美关系即将走入正常化一无所知的佐藤。在国内，担任东京都知事的革新政党（社会党）的美浓部亮吉在东京都大搞革新都政，对公害制定了高于国家标准的公害对策条例，并且首先在国内实现了老人医保免费。这些举措对普通百姓是相当有益的，受到东京都市民和日本国民的欢迎。执政的自民党在这些方面显然落后了。对此，自民党内的新锐议员竹下登、桥本龙太郎等在党内建立了“环境议员联盟”。这些人支持田中担任首相，于是，田中终于上台了。

列岛改造和福利政策

如前所述，田中在国内要搞日本列岛改造，其目的是想大幅缩小甚至消除城市和农村的差别，将人口和经济过度集中的大城市疏散，使人口太少，经济也不发达的农村地区得到改善。这便引发了投资热潮，但如上文所述，石油危机使这个改造计划受挫。

田中内阁的第二个举措是在有关福利方面的再分配政策。这是对美浓部都政的一个应对政策，而当时人们也期待着在福利方面有所改善，在野党批评执政党时，指责政府行动迟缓，赢得了不少选民的支持。此外，日本的官方或媒体在宣传自己的经济成果时，以 GNP（GDP）为标准，而日本经过高速增长后，GNP 已经成为西方世界的第二位，国民认为 GNP 已不重要，福利的提高应为首要之事。顺便说一句，日本政府光以一个 GNP 衡量国家的综合国力的确不妥，是有问题的，这也值得我国注意。

作为自民党来说（其他政党也是同样），国民支持率是最重要的，尤其在当时，田中内阁必须在福利政策上大做文章。其原因是自民党的选民支持率在田中内阁成立前后，明显降低了，并且成为以后自民党支持率持续低下的一个起点。其实在这之前的 1967 年的众议院选举中自民党的相对得票率已经下降到一半。这在另一个方面也能解释在野党势力的增强和同时出现的在野党多党化的现象。自民党势力的衰退主要是没有抓住城市选民，上文说过自民党的社会基础主要在农村，随着农村人口的减少，自民党支持率的下降成为必然趋势，而在城市里，支持自民党的选民非但没有增加，更在不断减少。这和自民党的福利政策滞后是有很大关系的。

田中内阁在列岛改造和国民福利上不惜花大钱。在 1973 年度的财政预算就成了超大型预算，公共事业（即列岛改造）开支增加到 32%，而社会保障开支则达到 29%。政府在社保方面改革的想法是老人医疗免费、提高国民健康保险中对家庭成员的支付额以及修改“厚生年金”（因年老、残疾、死亡丧失了收入，为保证本人及家人的生活而每年支付一定数额的养老金的社会保险制度）。与此同时，工会也在进行争取提高福利的斗争。总评在 1973 年的春斗中，提出了“年金（养老金、退休金）罢工”口号，这给政府施加了很大的压力。

但是，任何改革都是有阻力的，有阻力未必是坏事，也不能说产生阻力的一方就是错误的，因为对改革总会有不同看法、不同意见及反对的声音。大藏省官僚就不同意政府的想法，他们表示没有修改“年金”所需的财源。但是，田中是个强有力的政治家，他多年和官僚打交道，对付官僚是有一套办法的，他和自民党社会保障调查会一道指示将厚生“年金”提高到5万日元。

1973年9月，“厚生年金”制度改革法案成立，内容是5万日元“年金”、物价滑动制，并将“年金”水准和工作时的工资水平联系起来。而且老人医疗免费、国民健康保险中的对家庭成员的支付提高到70%等福利法案都通过了。这一福利政策也为田中内阁以后的自民党政府所继承。

但是，大藏省的反对不无道理，特别是在第二次尼克松冲击和第一次石油危机之后，日本物价暴涨。政府在做1974年度财政预算时，打算压缩开支，抑制通货膨胀，但是又不能改变福利政策，因此预算额增加了37%，所幸并没有造成严重的后果。从这一点来看，大藏省的看法确实是保守了。

“保革伯仲”

日本参议院的选举是各党在选民中支持率的一个预演，如同晴雨表一样，相当重要。在1974年7月的参议院选举中，这时自民党正是第二次田中内阁时期（1972. 12. 22—1974. 12. 9），自民党投入了大量的选举资金，田中首相乘着直升机到全国各地游说，拉选票，当时人们都预测自民党会挽回颓势，大获全胜的，但结果并非如此，自民党在地方选区增加了四名，但全国选区却减少了三名，变成了66个议席，而全部在野党得到了64个议席，加上没改选的议员，自民党得到129席，在野党为122席，两者差距缩小了。媒体说这是“保革伯仲”（取中国成语“伯仲之间”之意，即差别不大）。同时，自民党内部发生内讧，福田赳夫和副首相三木武夫批评田中搞“金权政治”（即金钱与权力交换的政治。具体指田中用金钱拉选票，以换取权力），三木辞去副总裁的职务，福田也提出要辞去大藏大臣。11月，日本作家立花隆在《文艺春秋》杂志上发表了“田中角荣研究——其金脉和人脉”，揭发出和田中有关的公司炒土地得到资金。10月22日，田中角荣在记者招待会上被追问这个问题，搞得狼狈不堪。11月26日在美国总统福特访日结束后，田中发表了下台声明，内阁总辞职。

三木内阁

三木武夫接任了首相。1974年12月9日三木内阁(1974. 12. 9—1976. 12. 24) 成立。三木首相提出了“绿色三木”的口号，严厉打击金权政治。他在12月末提出了一个政治资金限制法修改草案，对企业政治资金设定了上限，将政治资金的中心转换为对个人的捐献，并加强了违反选举连带责任制等。同时他又提出要修改垄断法，以加强公正交易委员会对卡特尔的限制，但由于他没有先和党内商量，而是和在野党取得了共识，党内反对强烈，在参议院没有通过。

洛克希德事件

就在这时，一场风暴突然降临了。这就是著名的洛克希德事件，即美国最大的飞机制造厂家之一洛克希德公司以行贿的方式送给日本政府高官巨额资金来推销自己的飞机，并牵涉到田中角荣的事件。1976年2月上旬，在美国上院外交委员会的跨国公司小委员会上，美国洛克希德航空公司副董事长科钦证言，田中首相在1972年8月与尼克松总统会谈期间，利用首相权限购进该公司的L– 1011型飞机和P– 3C对潜侦察机。田中为此收受“报偿费”5亿日元，还通过“丸红公司”(日本著名的贸易公司)、“全日空”(日本的大航空公司)和儿玉誉士夫（就是那个曾作为战犯受到审判的儿玉）三个途径接受1200万美元（约合36亿日元）的活动经费。三木首相闻知此事后，立刻向福特总统写了亲笔信，要求提供时间关系资料，在野党和媒体也要求公开涉嫌高官的名单。7月27日，东京地方检察官逮捕了田中角荣，原运输大臣桥本美登三郎，“丸红”、“全日空”干部等17人亦相继被逮捕。此案从1977年开始审理，最后起诉17人，受审查460人。到1983年10月12日田中角荣被判刑4年，追缴贿款5亿日元，其他有关人员亦各被判处不同的刑罚。对此事件，自民党内舆论大哗，认为三木首相没有预料到田中将被逮捕，使全党十分被动。这些对三木不满的人组成了“举党体制确立协议会”，一致推选福田赳夫为下届内阁首相。12 月进行总选举时，由于自民党分裂，吃了败仗，而公明党和民主社会党（1960 年建立，简称民社党）得票率大增。三木只得辞职。1976 年末，福田赳夫内阁成立（1976. 12. 24—1978. 12. 7）。

借贷财政

福田内阁的日子并不好过，虽然石油危机带来的通货膨胀在 1974 年就已经被控制住了，但其结果自然是经济不景气，失业者增加。福田为了刺激经济，接受了在野党的建议，实行减税，财政不足部分由公债来弥补。以借贷补贴财政预算的做法，在 1975 年度的补充财政预算时就做了，当时发行了战后第一次特例公债（赤字公债），福田也只好袭用老套。

这时虽然还是自民党的政权，但是在野党的势力却在逐步增长。在 1976 年 12 月总选举时，在野党和自民党在众议院已经几乎平分秋色了。这时，公明党和民社党在选举中进行合作，在众议院社会党、公明党和民社党组成了在野党共斗体制。自民党在国会中一党说了算的跋扈光景已是明日黄花了。自民党也承认公明党是友党。1977 年从社会党脱党的议员建立了社会市民联合（社民联）的组织，奉行上文所说的江田三郎的联合政权的构想。虽然他们在参众两院共有六个席位，但是非常重视和其他党派合作。

社会党的变化

自民党虽然在全国性的选举中失势，但革新政党（社会党）也发生了很大变化。如上文所述，社会党拒绝和公明党、民社党合作，而选择了和共产党联合的方针，他们把重点放在了地方政权。从 20 世纪 60 年代后半期，社会党和共产党推选的地方官骤增，在 1975 年达到了最高峰的 10 人知事，这一潮流以东京都知事美浓部亮吉为其典型。这些所谓的革新知事主要进行了福利改善工作，如上文所说的老人医疗免费等，但这很耗费钱财，此外，人工费也增加了，因此，地方财政十分拮据，媒体对此进行了批评，认为在福利事业上花钱无度。革新派在地方政权上开始走下坡路了。1979 年在统一地方选举中，自民党、公明党和民社党推举的东京都知事候选人铃木俊一和中间保守派推选的大阪府知事岸昌击败了社会党和共产党推选的候选人。这个信号立刻传到了其他地方的选举中，革新派纷纷落马，保守派的地方领导人上台。但革新派的失势并不能反证自民党的势力上升，其实在地方政权中得势的是中间保守派。这些人政党的色彩很淡，自民党对这些所谓的无所属保守派采取了联合的策略。针对这一形势，社会党内出现了采取西欧社会民主主义方针的呼声，但直到1986年这一方针才得以实现。

太平内阁

1978年12月，大平正芳内阁（第一次大平内阁，1978.12.7—1979.11.9）成立。大平内阁的主要施政方针是再建财政。就是要解决财政赤字问题，其解决方法就是征收普通消费税。但在1979年大平解散议会，进行总选举时，自民党因消费税问题惨败，在众议院只获得了248席，还不到议席总数511席的一半。于是，自民党内的福田派、三木派和中曾根派便推举福田，和主流派进行了前所未有的斗争。大约40天国会无事可做，这被称作“40天抗争”。但主流派最终以微弱的优势获胜。11月，第二次大平内阁诞生（1979.11.9—1980.7.17，由于大平突然逝世，内阁官房长官伊东正义曾代理内阁总理大臣，在任时间为1980.6.12—1980.7.17）。

大平内阁的一个重要改变就是试图和在野党进行部分联合，这说明自民党一家天下实在是难以运营。在野党方面的公明党和民社党则在1979年12月达成了“中道联合政权”设想的共识。第二年社会党也加入进来，提出“社公民联合政权”的设想。在提出预算时，三党对政府的预算案进行了修改，政府对此也予以接受。

第二次临时行政调查会

1980年5月，社会党提出了内阁不信任案，由于自民党反主流派的缺席，议案成立。这被称作“偶然解散”。参众两院同日进行选举，在选举中大平由于太累，得了心肌梗塞病故。于是，自民党号称哀兵必胜，结果在众议院中得到了284席，远远超过了半数。7月17日，铃木善幸当上了日本首相（1980.7.17—1982.11.27），他是旧池田派的人。铃木内阁还是继承大平内阁的方针，进行财政再建。1981年3月，第二次临时行政调查会成立，经团联名誉会长土光敏夫当了会长。这次，临调会吸取了上次想增加消费税而失败的教训，提出“不增税的财政再建”，1982年7月向政府提出直接税减税，同时增加间接税的方案，并提出将国有公司的国铁（即JR）、电电公社（即日本电信电话公社，为垄断性国营企业）和专卖公社① 私营化。这时财政的赤字有三大块，一个是大米补贴，一个是国民健康保险，第三是国铁。政府决定5年内再建国铁经营，并要重新审视电电公社和专卖公社的经营形态。

中曾根内阁

1982年11月，中曾根康弘内阁（第一次中曾根内阁，1982.11.27—1983.12.27）成立。中曾根派在自民党内是小派，但得到最强大的派别田中派的强有力的支持。1983年10月东京地方法院将前首相田中角荣判刑4年，社公民三党要求田中辞去议员职务，田中派则要求解散国会。于是国会解散，12月进行了总选举。

这次选举自民党得到了250席，社会党113席，公明党59席，民社党39席，共产党7席，自民党将无所属的9名议员拉进来，好不容易获得了半数以上的议席。第二次中曾根内阁（1983.12.27—1986.7.22）吸取教训，和新自由俱乐部联合组阁。新自由俱乐部是在1976年6月成立的，成员是自民党的六名脱党议员，首脑是河野洋平，他们是因为洛克希德事件才脱离自民党的，其纲领是“新保守主义”和反腐败。在这次总选举中，新自由俱乐部席位大增，获得了17席。本来大平内阁就要和新自由俱乐部合作，中曾根内阁实现了这一想法。

① 早在1898年日本就成立了大藏省专卖局，1949年专卖局改为日本专卖公社（国营垄断性企业），向政府缴纳专卖纳付金，其专卖商品主要是烟草。

战后政治总决算

1984年1月间，中曾根首相在自民党大会上提出了“战后政治总决算”的主张，表示要进行一系列的行政、财政的改革，将日本变为政治大国。其实，他在1983年7月30日在其家乡群马县发表演说就明确提出了日本要做政治大国的目标，他说：“要加强日本在自由世界和世界政治中的发言权，不仅要作为经济大国，而且要增加作为政治大国的分量。这件事是我在任时的最大任务。”确实，不论从自民党的势力日蹙或是日本经济已经进入稳定增长阶段来看，许多机构和运营方式已经不能适应这些变化了。而日本的国力增长更使得日本人认为自己的国家应该是政治大国，NHK的1983年舆论调查，表明日本人认为日本是一流国家的占57%。不过，中曾根的战后总决算或政治大国的思想却是右倾的。中曾根将日本称之为美国战略环节上的“不沉的航空母舰”，加强和美国的合作是日本外交战略的中心。同时，要求增加军事预算，公开和苏联对峙。1987年中曾根内阁（第三次中曾根内阁，1986.7.22—1987.11.6）废除了军事开支不超过国民生产总值1%的限制，当年的军费开支为1.004%。在国内他提出要修改宪法，并第一个以总理大臣的身份正式参拜靖国神社。在他的想法中，他要在国内进行的改革也是为建立政治大国铺设基础。

当然，中曾根的行动遭到包括中国、朝鲜、韩国在内的遭受过日本侵略的国家和人民的批判，而且国内舆论也对其进行了批评，于是中曾根便将“政治大国”改称为“国际国家”，其实是换汤不换药。不过，中曾根在重视和美国关系的同时，也并没有放弃和中国的友好关系。他作为首相第一次在国会承认对中国的战争是侵略性战争，并决定成立“中日友好21世纪委员会”。1984年3月23日，中曾根访华，宣布向中国提供第二批长期低息贷款，总数为4700亿日元（第一批是3000亿日元但执行额却只有1466亿日元）①。

① 第一批对华日元贷款，由大平正芳于1979年12月访华期间宣布。承诺和实施的情况是：在1979年度至1983年度的五年内，日本政府向中国政府承诺日元贷款总计为3000亿日元，而执行额为1466亿日元，仅为承诺额的49.2%。

第二批对华日元贷款，由中曾根宣布，在1984年度到1990年度的七年中，承诺额为4700亿日元。因受日元升值影响，至1987年度就出现了约1000亿日元的结余。

改革的进展

中曾根的国内改革取得了一定进展。1984 年 12 月，电电公社民营化法案（即成立日本电信电话株式会社，简称 NTT）通过，但对国铁的分割民营化则由于国铁方面的强烈抵抗，未果。不过 1985 年初国铁表示了妥协的意向。国铁方面提出了本州非分割化的民营化方案，即保住国铁最大的一块领域，而主张本州分割方案的改革派被从国铁总公司下放到了地方，政府大怒，不得不撤换国铁总裁仁杉岩。

国铁再建监理委员会在 1985 年 7 月，提出了将全国由一个公司运营的国铁分割为六家公司（北海道、东日本、东海、西日本、四国、九州）并进行民营化，同时大幅度裁员的提案。此外，提出客货分离，货车由一家公司领导。新公司不能继承的人员、资产等由国铁清算事业团来处理。1986 年与这个方案相关的国铁改革八法提交到国会，但正赶上国会解散，进行总选举。在这次总选举中，自民党获得了 300 席，可谓大胜。7 月召开特别国会，接着 9 月又召开了临时国会，开始审议这八法。社会党不反对国铁民营化的总方针，但不同意分割的方式。在表决中，社会党缺席，共产党反对，其他党派均赞成政府的做法，国铁的艰难改革终于实现了。1987 年 4 月，六家新公司开始营业，就是今天的 JR。

中曾根内阁（三次组阁，在任时间约五年）被一些学者认为是日本战后历史的一个重大转折点，确实中曾根内阁提出的一些政策和方针及思想余绪尚存，也许将来还会有意想不到的影响。但历史定论是需要时间来检验的，对中曾根内阁的历史作用或地位做结论恐怕尚需时日。

田中派的分裂

中曾根内阁被认为是处在田中角荣的幕后操纵中。田中角荣虽然在 1983 年 10 月被定为有罪，但在同年 12 月的总选举中，在他自己的新潟三区以首位当选，根本不理会在野党要求他辞去议员的呼声。而这时成立的第二次中曾根内阁更加依赖自民党内的最大派阀田中派，党内人事被田中所控制。这种不公开透明的政治自然受到舆论的谴责，有权者（选民）更是不满。

这种压力使得田中派也出现了分裂。裂隙是在田中派的总裁候选人上出现的。令人不可思议的是，田中派势力最大却推举不出总裁候选人，因此不能出面当首相，直接掌握政府，于是，田中派要求推举田中之外的总裁候选人。在12月总选举中自民党又吃了败仗，在众议院只得了250个议席。原首相铃木善幸决定改善人们对田中幕后统治的印象，他对其他派别的领导人福田赳夫、三木武夫和河本敏夫提出了将政权过渡给田中派的二阶堂进，对此，公明党和民社党都赞成，政界上层已经下决心打破田中的统治了。田中对此大加反对，这个政界的重镇还是有能力克服这一对自己来说的严重政治危机。但是，田中派本身也在1985年2月建立了自己推选的总裁候选人竹下登的学习会，这就是“创政会”集团。田中对此一无所知，听到后大为震怒，2月27日田中突发脑血栓病倒，实际上已经不能再从政了。如果不是田中脑血管意外，恐怕这种二重性政权还要维持一阵子。这也说明了田中角荣在政界的影响力。

1987年竹下派和二阶堂进派正式分手，组成了“经世会”。在中曾根辞去首相后，接任者有宫泽喜一、安倍晋太郎、竹下登三人，中曾根将政权交给了竹下登（竹下内阁，1987. 11. 6—1989. 6. 3）。从这政权的交替可以得知日本在“五五年体制”下的政治底蕴，政权的交替是在党内派阀中间进行的。这些名为自民党的各个派阀在具体的决策和政策实施上有着很大区别。而正是这一点使得各个自民党内阁具有了自身的特色，也使政治决策不至于僵化，同时自民党内通过政权的禅让式交接，维持了党内的稳定，但尽管如此，长期执政的保守派的自民党还是江河日下。

竹下登内阁

竹下登内阁从上台伊始就面临着严重的挑战，这就是最令政治家头痛的引进消费税的问题。其实在大平、中曾根内阁时消费税引进已经提上了议事日程，其目的就在于解决财政赤字问题，而且由于日本社会的老龄化进展迅速，财政拮据就愈发严重了。

从战后直到1966年，日本实行的是财政均衡政策，收支一直是平衡的。但1966年作为补充预算发行了建设公债，这是因为当时经济萧条，为了补充税收不足而发行的。1975 年又作为补充预算发行了特例公债，这是为了应付石油危机的冲击。此后，发行公债成了惯例，1979 年财政对公债的依靠度达到 34.7%。大藏省面对这一现实，不得不改变预算编制方式，1980 年 7 月设定了概算要求标准。接着就打算实行上文所述的大平内阁的财政再建。1981 年的预算将普通行政费定为零增长，其他项目也进行了压缩。1981 年 12 月在下一年度的预算中将公共事业费等设定为零，或减少为负增长。

税制改革

如上文所述，第一次大平内阁就企图引进消费税，但在竞选中大败。中曾根内阁吸取了教训，提出了不增税的财政再建。1986 年自民党在选举中大获全胜，就又想进行税制改革了。12 月，自民党税制调查会制定了税制修改大纲，决定在 1989 年之后连续三年降低所得税、法人税，而其不足部分由 5% 的消费税来补充。在一个国家经济增长迅速的时候，所得税、法人税这种直接税会连年增长，政府的财政不会有很大问题，但当进入稳定增长阶段，直接税的增长就会减少，对日益扩大的政府财政，特别是在日本的福利开支连年上升的情况下，自然就不够了。这样间接税会成为稳定的税源。从这一点来说，自民党或大藏省的想法是对的，但像所有的人类社会一样，人们是分成不同集团的，这些集团因在经济或社会中的地位不同而有着不同的利益。实施消费税会对小业主、零售业和流通业产生负面的影响，因此代表这些行业的商工会议所反对政府的想法，百货公司、超市则要求政府撤销这个方案。在野党也反对，认为首相说话不算话，自民党内也有人认为应该慎重从事。1987 年 3 月，自民党在岩手县的参议院补缺选举中输给了反对实行消费税的社会党。而在国会预算委员会上，由于社会党采用了牛步战术①，消费税关联法案在国会审议未了。

大藏省的想法是认为这样的税制改革会得到工薪阶层的欢迎，因为流通业偷税漏税较多，实行这种税制可以使之透明化，这样一来流通业的税收将会增

① 牛步战术始创于英国。即反对派议员们在知道自己力量不足以否定某项法案时，便在投票时，行走得极缓慢，拖延时间，直到议会闭会。

加，工薪阶层觉得公平，而工薪阶层在日本号称有 6000 万人，得到他们的支持，消费税法案便会轻易通过，但事实却并不那么简单，需要政府做工作。因此，大藏省决定增加宣传力度，强调日本老龄化社会的到来，以及这种附加税实际上是更公平的一种税收制度，特别是对工薪阶层来说。大藏省将这个想法诉诸媒体。1988 年竹下内阁的藏相宫泽喜一向国会进行了说明。同年 4 月，政府税收调查会在全国五个地方召开了公众听证会，很多老百姓要求纠正不公平的税收，并表示支持间接税。这样在 6 月份的自民党的税制大纲上，之所以提出要减轻所得税负担，明确地要引进新税制，就是因为得到了工薪阶层的支持，这一新税就是消费税。不过，税负担，即税率减少了，从原来的 5%压缩到 3%，5 月，这一税制改革关联法案被提交到国会。

消费税增税

这次，由于政府做了细致的工作，联合反对的在野党在公众责备的目光下开始瓦解了。首先公明党和民社党参加了拒绝参加的国会审议，12 月消费税关联六个法案在参院通过。由于在对法案的审议上在野党产生了分裂，于是自民党和在野的公明党、民社党就携起手来。

利库路特案件

正在这时发生了利库路特案件[①]，竹下登首相和自民党的一些政治家们接受了利库路特相关公司的未上市股票，丑闻被揭发后，至 1989 年 5 月结案时止，先后被捕 14 人，起诉 17 人，涉案政要数十人。1989 年 4 月 25 日，竹下登内阁总辞职，6 月，宇野宗佑（宇野内阁，1989. 6. 3—1989. 8. 10）上台。但他

① 1988 年 6 月 18 日，《朝日新闻》报道了川崎市市长助理协助利库路特公司低价购买市政府所有地，作为回报，市长助理接受利库路特公司 3000 股未上市股票，上市抛售获利 1.2 亿日元的丑闻。7 月 6 日，《朝日新闻》报道了中曾根康弘、官泽喜一等接受利库路特公司未上市股票的消息。7 月 7 日，该报又报道竹下登首相秘书亦购买该公司未上市股票的情形。大批政要纷纷落网。导致竹下首相、官泽藏相及法务相、自民党干事长等人辞职。这一事件使自民党在 1989 年 7 月的参院选举中惨败。

刚上台不久就因不正当的男女关系再曝丑闻。在野党对自民党进行了严厉的批判，在 7 月份的参议院选举中，社会党在新任委员长的土井多贺子的率领下打了一个漂亮仗。自民党的议席从改选前的 69 席大幅下降到 36 席，宇野内阁只好辞职（如上所述，参议院选举往往被看作是政治上的晴雨表，预示着一个党派势力的消长）。8 月，海部俊树上台当了首相（海部内阁，1989. 8. 10—1990. 2. 28）。

自民党自“五五年体制”以来，一直是一党当权，但当日本的经济进入稳定发展阶段，日本社会变得富足、安全后，自民党却日薄西山，其实在中曾根内阁时，联合执政的局面已现端倪，预示着日本即将进入一个党派联合执政的时期。正如前文所述，自民党的派阀在很大程度上类似于政党的交替执政，但这毕竟不是公开的、透明度很高的现代政治，在民主化不断进展的日本，公开的党派之争是应该走进国民监督的视野中了。

第三节 稳定时期的日本外交

对韩国的外交

如上文所述，尼克松的外交打破了世界格局，而灵活的中国对外政策方针的改变，更使得亚洲各国乃至世界政治格局发生了前所未有的改变。日本在田中角荣内阁时，顺应这一形势，实现了中日邦交正常化。尼克松的外交被称为尼克松主义，即美国在和苏联的争斗中，感到了力不从心，对那些鞭长莫及的国家或地区，尼克松的想法是不如主动放弃，并缩小对亚洲的军事干涉。他在关岛发表了这些主张，因此也被称作“关岛主义”。日本对此作出的反应首先是在对韩国的问题上。

1969 年 11 月，佐藤荣作和尼克松发表了共同声明，认为韩国的安全对日本的安全是“紧要”的。这意味着在美国军事保护下的韩国，一旦有危及安全的事，日本将在政治上支持美国的军事支援。虽然共同声明中没有要求日本出兵的意思，但这本身可以说是日本在东亚国际关系中所处地位的一次重大的变化。1975 年在三木和福特总统的会谈中再次确认了这一点，这被称之为“新韩国条款”。这是美国对亚洲政策的一个重新调整，也是日本配合美国在东亚地区发挥的政治和经济作用的一个明确的转折。

日本在东南亚

日本在东亚地位转变，政治上更加追随美国的东亚战略。而在亚洲另一方的东南亚，其地位十分微妙。日本恰恰是因为其发挥的作用，主要是经济作用太过火了，遭到东南亚各国的强烈不满。20 世纪 70 年代日本企业大量进入东南亚国家，日本商品充斥了整个东南亚市场，引起那里的人民抵制日货的行动。田中在 1974 年 1 月访问东南亚各国时，在泰国、印度尼西亚都遇到反日示威游行。近代的每个国家都有民族主义情绪，对外国的经济或是政治上的不当影响力都要进行反抗，但日本和东南亚之间的情况还不单是民族主义情绪问题。本来在第二次世界大战中，日本侵略者就给东南亚人民带来了巨大的伤害，但在战争赔款问题上如上文所述，日本拖拖拉拉，使东南亚国家十分不满，而且日本除了经济上想进入这些国家以外，其他方面一概不管，这种事实上的自私自利的做法自然不会使那些国家改变对日本的负面印象了。

在对越南战争问题上，日本的态度也是比较暧昧的，国内反对越南战争，而政府一面积极地支持美国，一面在国内人民的压力下，又向美国表示应该和平解决。

1974 年 8 月，尼克松因水门事件丑闻而辞职，福特总统接任。1975 年 4 月，越南统一，美国的势力退出了印度支那半岛最大的国家越南，中美关系的正常化已成定局，美国需要重新审视自己在亚洲的外交政策了。形成一种新的亚洲国际秩序是美国面临的最关键的课题，日本在这一新的国际形势下，也在做着努力。

1977 年 8 月，福田赳夫首相访问菲律宾，在马尼拉，福田提出了“福田主义”（即马尼拉主义）。日本宣称和东盟各国之间的关系是“对等的合作者”，表示重视和东南亚各国的关系，并且还声明日本不当军事大国，试图改善与东盟各国的关系。

和澳大利亚的关系

在和这些发展中国家搞好关系的同时，日本打算和周边的发达国家也发展友好关系。早在20世纪60年代，一桥大学教授小岛清等学者就设想在亚洲进行地域外交时，应以和发达国家之间的协调，即以日本加强和澳大利亚的关系为基轴。但澳大利亚如前文所述在旧金山条约缔结时，对日本的态度是相当严厉的。1957年岸信介首相访问澳大利亚，遭遇到激烈的反日游行，澳大利亚人民对日本在第二次世界大战中犯下的罪行表示出极大的愤慨。

但政治上的问题往往会以经济的或其他的方式得以缓解，澳大利亚和日本的关系就出乎意料地由于在铁矿石资源上的互惠关系而得到改善。

1960年，日本的钢铁业界当时苦于铁矿石价格过高，遂派遣富士制铁的总经理永野重雄为团长的使节团赴澳寻求解决的方法。澳大利亚接受了日本的要求，并开始研究成立日澳经济委员会。1963年5月，在东京设立了委员会。当时欧洲的经济不十分景气，而澳大利亚的主要贸易国是英国，出口自然受到影响。澳大利亚政府想将主要的出口贸易国转换为正在蓬勃向上的日本。当然，永野重雄的访问主要是解决民间的经济问题，但之后就上升到国与国的层次上了。1971年，日本和澳大利亚政府之间，举行定期的阁僚会议，此后，日本和澳大利亚形成了紧密的地区合作关系。

越南的统一使得美国及日本对亚洲地区产生了担忧，即在美国调整对亚洲政策时，这一地区容易出现权力真空。于是，这些发达国家，当然包括日本便对与东南亚各国的关系格外注意起来。早在1967年三木武夫外相就提出过“亚洲、太平洋设想”，就是说将亚洲和太平洋作为一个地区。

环太平洋地区合作

到大平正芳当权时期，大平在此基础上提出了“环太平洋地区合作”的新概念，1980年1月大平访问澳大利亚，发表谈话，表明了“亚洲太平洋合作”的设想。这个设想之所以重要，就是将发达国家和不发达的东盟及韩国结合在了一起，一同进行经济和政治上的合作以对抗苏联，而且这种合作关系实际上是以发达国家，特别是以美国为轴心的，美国在这一地区的权力真空就很自然地被填补起来。

同年9月，美国、澳大利亚等发达五国（澳大利亚不是世界最发达国家，但相对亚洲，是较发达的国家）和东盟、太平洋的四个岛国参加了在堪培拉举行的太平洋合作研讨会，这成为后来的APEC的基础，1989年11月，终于在堪培拉召开了第一届APEC首脑会议。

与中国的关系

日本在这一段时间，和中国的关系也向好的方向发展。经过近四年曲折的外交历程，历经田中、三木、福田内阁于1978年8月签订了《中日和平友好条约》。接着邓小平访日，10月举行了隆重的条约批准仪式。条约生效后，中日之间的政府和民间交往日益频繁，中日两国首脑互访，加强了全面合作。虽然在很多问题上是有争执的，譬如教科书问题、光华寮事件等。① 但中国在求大同存小异的思想指导下，和日本保持了友好的关系，特别是官民并举，中日经济合作向纵深急速发展，取得不小的成果，并逐渐向确立“世界中的中日关系”，为世界做贡献的中日关系发展。

发达国家首脑会议

日本在和东南亚等发展中国家在加强地区外交的同时，和西方发达国家的

① 1982年日本文部省对1983年使用的高中社会科教科书进行审定时，对日本史等教科书提出许多意见，要求将日本对外侵略改为“进入”或“侵入”，特别是将“日本对中国的侵略”改为“日本对大陆的进入”，还歪曲南京大屠杀的事实，中国对此进行了严厉地批判和交涉。光华寮是京都的一座属于中国国有财产的五层中国留学生宿舍楼房。1967年8月，台湾当局向京都地方法院对居住在光华寮的中国留学生提起诉讼，要求留学生退出该学生宿舍。1977年9月，京都地方法院判决该寮为中华人民共和国所有，驳回原告。原告上诉到大阪高等法院，1982年4月，大阪高法撤销原判，发回京都地方法院重审。1986年，京都地方法院一反前态，将光华寮改判为中国台湾当局所有。被告向大阪高法上诉，1987年2月，大阪高法竟维持原判。为此，中国政府与日本政府交涉20多次，日政府托词推托。中国留学生至今仍在寮中住宿。

关系也进一步加强了。具有讽刺意味的是，日本和这些国家所发展的关系却是建立在尼克松冲击和石油危机之上的。石油危机时，阿拉伯国家以石油为武器，给发达国家极大的打击，同时，发达国家也意识到必须协调合作才能应付这种前所未有的危机。1975 年 8 月，美苏发表了赫尔辛基宣言，在欧洲的安全保障方面取得了共识，美苏之间在欧洲地区的激烈争夺得到了缓和。同时，云集在这里的西方国家首脑开始讨论合作问题了，这成为建立发达国家首脑会议的先声。同年 11 月，在法国的朗贝举行了第一届发达国家首脑会议，参加国有英、美、法、西德、意大利和日本，在这次会议上发达国家讨论了宏观经济方面的合作，并对加强西方国家间的合作取得了共识。

北方四岛问题

在和世界的另一极苏联的外交关系上，这一时期主要是集中在上文说过的北方四岛的领土争议上。在 1956 年的“日苏联合声明”中，苏联答应将齿舞群岛和色丹岛归还，“赠予”（日本）。但是，在日本提出一揽子收复四岛的方针时，苏联却又说领土问题已经解决完毕。

从 20 世纪 70 年代到 80 年代初期，日本掀起了收复北方四岛的运动，签名人数达 1700 万人。1981 年 1 月 6 日，日本政府将每年的 2 月 7 日定为“北方领土日”。但苏联依然坚持己见，双方呈胶着状态。

1985 年 3 月，戈尔巴乔夫任苏共中央总书记，日苏僵硬的关系有了松动。3 月 14 日，中曾根首相和戈尔巴乔夫进行了会谈，但北方领土问题没有取得任何进展。不过，其后苏联的态度有所缓和，承认日本有权提出北方领土问题，1986 年苏联恢复了日本人去北方四岛扫墓不用签证的做法。同时两国的经贸往来也有了大幅度的增加，20 世纪 80 年代中期日本出现了对苏贸易热。两国关系的缓和都是出于对对方国力和影响的考虑，日本强大的经济实力使苏联不得不将日本放在重要的外交日程上，而日本也不愿意和苏联彻底搞僵。更重要的是冷战的缓和和戈尔巴乔夫上台后，苏联对内对外政策的转变。但是，日本追求的收复北方四岛的目标迄今尚未实现。

日本在这一时期的外交上还是取得了一定成果的，虽然其亚洲政策唯美国的马首是瞻，但在已经成为经济大国的今天，日本外交上的独立性也有所显现，比如环太平洋构想、APEC 等的提出和建立对发展亚洲国家之间的友好近邻关系有一定的帮助。对苏外交也显现出一定的灵活性。但是，日本对亚洲的态度，特别是对亚洲发展中国家的态度依然有很大的隔阂，这种既有历史原因又有现实利害的隔阂至今尚存。

第四节　冷战后的变化

亚洲的地区战争

美国和日本在亚洲建立起合作关系，和西方发达国家的关系也更加紧密，那么，另一阵营的苏联又是怎样做的呢？越南战争结束后，南越和北越统一，苏联的势力也就进入了中印半岛地区，1978 年，苏联和越南缔结了友好合作条约，确定了苏联支援越南的方针。但是，1976 年 1 月，波尔布特建立了民主柬埔寨后和越南反目，1978 年 12 月越南侵入柬埔寨，发生了波尔布特和以宋双为首的救国民族统一战线的内战，后者是受到越南支持的，1979 年 1 月在苏联和越南的支持下，建立了柬埔寨人民共和国，波尔布特转入游击战，双方一直对峙到 1991 年 10 月签订《柬埔寨和平协定》。

1979 年，苏联为支持阿富汗的共产党政权，出兵阿富汗，这场战争持续了 10 年，直到 1989 年 2 月苏联撤军。

冷战结束

与亚洲地区不断的战争相比（朝鲜战争、越南战争、柬埔寨战争、阿富汗战争等），欧洲的冷战则是真正的冷战，美苏虽然均将这里视为最重要的地区，但却没有发生过战争，甚至局部战争也没有，而 1975 年的赫尔辛基宣言又极大地缓和了这里的冷战态势。

解铃还需系铃人，要结束以美苏为首的两大集团的冷战，如果没有美苏的变化是不可能的。美国从里根上台后，对那些美国支持的独裁政权改变了态度，冷战时期，美国在世界各地支持反共政权，不管这些政权是什么性质的，这使得美国的民主自由的形象大受损害，而这些政权也仗着有美国的撑腰，在国内胡作非为，菲律宾的马科斯政权就是典型的例子。不过，当美国一旦撤除对马科斯政权的支持，转瞬间这个政权就土崩瓦解了。从某种意义上来说，里根政府的这一方针改变了国际政治的旧面貌。

在苏联国内，戈尔巴乔夫掌握了政权，主张公开性的做法。1989 年 10 月，戈尔巴乔夫在东柏林演讲，推翻了勃列日涅夫的“有限主权论”，承认东欧的社会主义国家拥有完全主权。这样一来就引起了东欧各国的巨大变动，1989 年 12 月美国总统布什和戈尔巴乔夫在马耳他会谈，宣告了冷战的结束。1990 年 11 月，柏林墙被推倒，西德东德实现了统一。

日本反应迟缓

冷战的结束宣告了第二次世界大战后建立的国际秩序完全改变，这对世界各国的影响都是巨大的，日本当然也在其中。对一个容易受到国际形势变化影响的岛国而言，这场巨变的影响恐怕要超过其他国家。上文说过，正是冷战使得日本能在经济上得到飞跃的发展，在政治上也能回归国际社会，这是因为日本在冷战中充当了美国在亚洲的战略桥头堡的作用。因此冷战的结束实际上也意味着日本必须转换角色，在新的尚未定型的国际秩序中找到自己的位置。可是，日本的反应并没有那么快。到海湾战争前，日本政府并没有意识到这一点，对冷战后可能发生的事态，及其应对肯定和以前不同也没有充分的估计。所以在海湾战争时，日本十分被动。

海湾战争与日本

1990 年 8 月，伊拉克军队进攻科威特。美国立刻组成了多国部队帮助科威特，接着在联合国安全保障理事会上，美国和苏联第一次一致同意对伊拉克进行战争制裁。翌年，多国部队进攻伊拉克。当时日本是海部内阁，1990 年

8月，内阁决定支援多国部队10亿美元，9月又决定支援30亿美元，第二年1月又追加到90亿美元，虽然给了援助，但海湾战争结束前后，不仅美国社会舆论对日本“只出钱，不流血、流汗”持严厉批评态度，而且在科威特对各国都表示了谢意时，唯独对日本没有表示感谢。科威特认为日本的援助时间滞后，而且按日本的国力90亿美元太少了。日本这才意识到冷战结束后出现的权力真空更容易引发地区的战争或其他纠纷。于是，海部在1990年10月制定了“联合国和平合作法案”，但社会党和舆论都反对。确实这个法案有很大的漏洞，连和联合国合作的组织到底是自卫队呢还是其他的组织？都不明确。并且自民党内对此也有不同看法。11月，该法案成为废案。1991年9月，海部内阁重新向国会提交了名为“联合国维持和平行动合作法案”（即PKO法案）新案，但又被搁浅。同时，海部内阁提出的小选举区比例代表并立制等政治改革相关法案在国会也未能通过，海部内阁只有总辞职一途。

PKO法案

继任内阁是宫泽喜一内阁（1991. 11. 5—1993. 8. 9）。宫泽内阁继承了海部内阁的想法，重新修改、制定了PKO法案，增加了限制条件，于1992年6月获得参众两院通过而成立。这是宫泽内阁的重要业绩，日本政府决定对联合国的和平维持活动派遣自卫队，不过有五个条件：1. 纠纷当事者之间达成停战意向。2. 对方国家同意接受。3.PKO严守中立的立场。4. 战争时停止活动并撤离。5. 使用武器仅限于保护要员的生命等自卫。这就是PKO五原则，至于联合国维和部队不包括在PKO中，对其冻结。1992年6月，在民社党和公明党的支持下，PKO法案在国会得以通过，9月，日本自卫队被派遣到柬埔寨参加支持联合国维和活动的工作。也意味着今后日本自卫队可随时以此名义派往海外了。

冷战结束后，国际环境发生了巨大变化，日本作出了以上的反应也许是理所当然的，但将自卫队派遣出国，虽然有限定的条件，自卫队依然是军事组织，这其实隐含着对宪法第9条的威胁。对此，不论是日本国内爱好和平的人民或各国，特别是亚洲各国都应予以关注。

第五节　泡沫经济的破灭

“广场协议”与拉动内需

第二次石油危机后，日本以重建财政为方针，将经济增长稳定在年增长率3%左右。1985年秋，“广场协议”① 缔结，有关的国家调整日元和美元的比价，日元迅速升值。1987年初日本企业的经营状况出现不好的迹象，人们开始担心经济要发生萧条。政府为了防止萧条，从1986年1月至1987年2月五次下调官方贴现率。在本来是紧缩的财政政策方面，政府在1987年5月出台了“紧急经济对策”。在公共建设项目上追加投资4.3万亿日元，减税1万亿日元，并增加7千亿日元的资金用于加强金融住宅制度。在这种强有力地拉动内需的政策方针下，日本的经济便复苏了。1987年实际经济增长率为4.8%，1988年为6.0%，1989年为4.3%，1990年为4.4%，均超过了政府和民间机构的预计。大规模的经济繁荣如晴空中的阳光普照着日本列岛。人们不仅对经济恢复了信心，而且对经济前景普遍看好。从历史上来看，这种自信并非是虚妄的自我膨胀。日元自尼克松冲击以来，不断升值，然而日本经济就像钢铁巨人一样，毫不在乎枪林弹雨，而且在出口产业方面竞争能力更强了。

泡沫经济的开始

从现实看，日本政府认为这次繁荣是由于设备投资、个人消费继续扩张，

① 20世纪80年代初期美国财政赤字剧增，对外贸易逆差大幅度增长，美国试图通过美元贬值来改善这一状况。1985年9月，美国、日本、西德、法国、英国等五国财长和央行行长齐聚纽约广场饭店（Plaza Hotel）举行会议，达成五国政府联合干预外汇市场，使美元有序下降，这就是有名的“广场协议”。协议达成后，协议各国纷纷干涉外汇市场，美元下跌，而日元和美元的兑换率在1987年美元跌到最低时，为1美元对120日元，日元升值竟达一倍。

和其他国家一样，国内需求推动着经济的快速增长，同时物价和工资稳定，成为增长的良好的条件。1990年前后的日本，一派繁荣景象，大饭店、小饭店里灯火辉煌，夜夜笙歌，大公司购买艺术品，小公司购进欧洲的办公桌等，奢靡之风吹遍了日本列岛。日本人像是有花不完的钱，白领们发出美国是日本商品的市场，欧洲是日本的农场这样的豪言壮语。

但此时隐患业已静悄悄地扩展着。土地、股票等资产价格不断上涨，实际上价格的偏离已经十分严重了。在1985年末，国民总资产余额是3900万亿日元，到1989年居然达6800万亿日元，增长了近一倍，这里面主要是土地价格和股价异常之高。以东京都为例，土地价格2.3平方米在1986年1月为167万日元，1987年5月一跃成为568万日元，在一年多的时间里，上升了2.5倍(据说以20世纪80年代末的东京地价可以买下86个美国的土地)。东证(东京证券交易所）平均股价在1988年1月是21217日元，1989年12月就上涨到38915日元，创造了历史最高纪录。但是，日本政府和经济学家们认为这种资产价格的扭曲对实体经济的影响不会太大，实体经济才是一国的经济之本。银行界也认为金融机构的实力雄厚，就是在1990年泡沫经济出现破灭时，日本金融界依然认为以金融机构的丰厚的积累是能对付这样的危机的。在这样的认识下，政府自然没有对泡沫经济进行积极的干预。不仅如此，当时，日本的财政当局立下了在1990年前将特别国债的发行额降到零，降低国债在GDP中所占的比例。因此，在财政上是采取紧缩方针的。众所周知，西方主流经济学对宏观经济的调控，从来就是一紧一松，即如果财政紧缩，金融就放松，反之亦然。日本的财政采取了紧缩，银行就放松了银根。日本银行在1987年2月将官方贴现率由3%降到2.5%，在当时货币供应量已经很多的情况下，这无疑又促进了银根的放松。但在财政方面并非实行了紧缩，如上所述，日本政府为了防止萧条又增加了财政支出。好像是汽车在走下坡路时，又松了刹车一样，经济发疯一样地奔跑，金钱充溢着整个日本市场。泡沫经济还在持续膨胀。

企业在这种情况下加强了外部和内部的融资，但外部融资并没有投资于生产方面，而是投资到不断上涨的金融资产上，据统计从1986年到1990年，金融投资的增长率在40%左右，远远高于过去的20%—30%。对金融资产投资的融资总量比重占到40%，而过去不过是20%—30%。用一句简单的话概括，企业融资不用于自身的生产，即实体经济，而是去投资股票和房地产了。大企业在 1987—1990 年间在这上面的投资竟达 70. 1 万亿日元。中小企业也大致和大企业一样，不过在房地产的投资上更甚于大企业。大企业的房地产投资在泡沫经济时期是 8. 5 万亿日元，中小企业则为 22. 3 万亿日元，中小企业在设备投资上也是肯花钱的，这些钱来自于银行的大量贷款。日本银行的制度是贷款需要抵押，由于地产自战后以来就不断升值，所以企业就需要购置地产作为牢靠的抵押进行再贷款。因此，如果追究造成泡沫经济的主要因素的话，就是银行过于放松贷款。而且银行一味地追求回报，放松了信用风险管制，这就是以后银行出现了大量的呆账或不良贷款的主要原因。

那么，另一个消费主体家庭的情况又是怎样呢？这里的家庭包括私营小业主。在泡沫经济时期家庭的融资也大幅度增长，超过了企业的融资幅度。对家庭和企业积极融资的是民间金融机构，特别是对个人的贷款，要比政府性金融机构积极得多。而个人所得税的降低，使个人的消费能力大增，同时日元升值使得消费物价上涨幅度下降。日本人用贷款购买高级消费品、旅游度假、炒股，过起了前所未有的奢华生活。

可是，以日本的经济力量，或者说日本的金钱能支撑起那么贵的房地产吗？股票的价格越涨越高，也提出了同样的问题。回答是：不可能。

泡沫经济破灭

1990 年 10 月，先是股价暴跌，平均股价跌到 20221 日元，翌年企业破产数量打破了历史上的最高纪录，实际经济增长率 1993 年已经跌落到 0. 3%。由于泡沫经济是表现在房地产价格异常之高上，所以，当泡沫破灭时，土地和高级公寓的价格自然暴跌。东京都的土地价格在 1995 年 1 月已经跌落到每 3. 3 平方米 250 万日元左右（目前，东京都较好地区的房价每平方米百万日元左右），不足泡沫经济时的一半。

银行由于放贷过多，巨额贷款收不回来，金融界一片萧条，企业由于在泡沫经济时大量购置设备并进行了过量的投资，经济一滑坡，这些设备也就积压无用，变成大量债务。

就是在这种情况下，日本当局也没有充分认识到其危险性。经济企划厅认为泡沫破灭后对日本经济的影响不大，并认为1993年以后经济已经出现复苏迹象。日本中央银行也认为经济下滑不过是在高度增长时期的库存积压的调整，对日本经济还是充满了信心。

但是，事与愿违，1993年经济确实出现一度好转，但是到了1994年和1995年上半年，经济并没有像当局估计的那样，转为上升。虽然有日元升值、阪神·淡路大地震等因素，但即使这样，形势和当局的乐观预测也是恰成对照的。确实，1995—1996年实际经济增长保持在3%—4%，是有了恢复，但在1997年经济增长突然下滑，变成了负增长0.4%，日本经济复苏的势头又遭挫折。同年，四大证券公司的山一证券公司和北海道拓殖银行垮台，1998年日本长期信用银行、日本债券信用银行也相继破产。此后，日本经济似乎失去了光明的前景，一直在波动中。

一国的经济不可能一直保持高速增长，发展到一定程度后，市场饱和，在没有新的大众消费型商品问世时，经济便转为平稳增长，或在不断的波动中(如美国)。日本经济也不例外，虽然泡沫经济对日本经济具有摧毁性的破坏力量，但即使没有泡沫经济及其破灭，日本经济也不会再有高速增长时期那种令世人振奋的眼花缭乱的效果。此外，对日本经济至今不振的原因有很多说法，一种较为普遍的主张是日元升值太快，幅度太大。如今我国人民币也处在升值的阶段，日本的经验可作为一个参考。

第六节　日美贸易摩擦

日美贸易摩擦的根由和激化

上文说过，由于日元升值，日本政府担心经济下滑，遂采取了拉动国内需求的经济政策，这也是形成泡沫经济的主要原因之一。这说明日元升值对日本的经济乃至政治、社会造成的影响是相当巨大的，而其之所以升值则是由于日本贸易的大量出超，其中对美国的出超最为突出，因此在两国之间就出现了贸易摩擦。

日美贸易摩擦是个由来已久的问题。究其原因，从宏观上看，是日美两国的经济实力对比发生了重大变化。1950 年日本的国民生产总值仅为美国的 1/26，1990 年则达到 60%。在世界十大公司中日本占八家，美国才两家，世界十大银行均为日本占据，日本在美国的投资总额累计高达 535 亿美元，而美国在日本的投资仅为 169 亿美元，日本是美国最大的债权国。从微观上看，早在 20 世纪 60 年代，由于日本纺织品的大量出口，造成美国同类产业的衰退，美国方面就要求日本对美出口自主限制，日本的纺织业基地受到了巨大的打击。但是，日本在企业管理、技术革新等方面不断跃进，劳动力成本又在很长时间内低于美国，国内市场也是封闭的，而那些大企业追求的是市场份额，和美国企业追求最大利润迥异，就是说日本的企业可以在短期内挣钱少，或者不挣钱，却要夺取最大的市场份额。这样一来，日本和美国的贸易就越来越不平衡，日本连年出超，即使在日元升值以后，日本的黑字也是连年创造最高值。虽然 1980 年日本出现了进口逆差，但其后就一直是顺差，1988 年达历史最高值，为 776 亿美元。泡沫经济开始后，由于国内需求增大及日元升值，一度跌到 1990 年的 521 亿美元顺差，但其后就一路攀升，1994 年达 1209 亿美元，在出口总额中美国就占了 29.7%，逆差则达 500 多亿美元。从占美国外贸赤字的比例来看，20 世纪 80 年代中期，日本占的比例为 34%，而 1989 年下半年则增至 50%以上。

日本是个资源贫乏的国家，其进口主要是能源和原材料，在 1960 年这些商品的进口占日本进口总额的 66%，但由于科技的发展，日本的工业向节省能源的高度化产业转化，到 1994 年这些商品仅占日本进口总额的 28%。机械仪器、纺织品等制成品的进口虽然增加了，不过商品的进口额和欧美相比占的份额要低，比如 1989 年虽然超过了总额的 50%，但和欧美的 75%—80%相比要低得多，这也是欧美国家认为日本国内市场封闭的一个论据。

同时日本的出口产品却从 20 世纪 60 年代的纺织品为主的结构（1960 年纺织品为 30%，是出口额最多的商品，机械产品为 25%）转为以汽车、电气、电子产品为主的结构，1994 年这些产品的出口额占到出口总额的 76%。由于这些商品利润大，成为造成日本顺差的一个主要原因。

但最主要的是日本国内市场在价格体系、流通制度、储蓄和投资领域的封闭性、系列化的销售体系使得外国同类商品很难在日本市场站得住脚。还有土地政策和金融体系都对外国公司不利及出口产业竞争力高于国内消费产业，即存在着结构性的问题。因此，日美贸易摩擦实际上是贸易不对等。

但日本一直坚持自己的立场，不同意美国的看法。这是因为日本的产业结构乃至经济整体对出口的依赖性太大，1990 年出口占到国民生产总值的 20% 左右，有力地带动着整个国民经济的增长。

贸易摩擦的另一面

不过我们要看到问题的另一面，即日本是和美国及各国存在着巨大的逆差，但日本人把这些钱都花到哪儿去了呢？其实，日本国民多余的钱几乎变成了银行存款，但银行也吸纳不了富裕的国民大量的金钱，于是，日本人就向国外投资，即购买外国证券，1981 年日本人购进外国证券 150 亿日元，到 1986 年就达 26000 亿日元，五年竟然增长了 175 倍，而美国的财政赤字的 30% 是靠日本人购买的债券来维持的。这么看，钱又回到了美国，所以从宏观经济的角度看美国并没有损失。

但贸易的不平衡不能光看钱或者纯物质的利益。大量的逆差会打击国内同类产业，造成失业（即所谓的出口失业），这是美国政府和产业界所不能允许的。再说，尽管钱回到了美国，但这却是以债务的形式，这会影响到美国财政的弹性。第三个原因就是贸易上的不对等，实际上违背了贸易公平原则。

在这里还要指出的是，日本的对外投资不仅限于美国，对其他国家，特别是对亚洲的投资不断加大。目前日本的投资主要是在东盟各国、中国台湾、韩国。1989—1990 年日本对该地区的投资增长率竟高达 90%。1989—1991 年间，日本在亚洲八个经济发展较快的国家和地区总投资额达 268 亿美元，而同期美国仅为 74 亿美元。如果看这枯燥的数字不能给大家留下印象的话，那么就举个形象的例子，1986—1989 年，在泰国平均三天就有一家日资工厂开工。

美国的压力

在这种态势和势头下，美国自 20 世纪 70 年代以来一直让日本消除对美顺差，开放国内市场，并使日本增大了柑橘的进口定额。到了 20 世纪 80 年代，美国的压力更大了，要求日本对包括牛肉、柑橘在内的农产品进口限制的商品完全自由化，1988 年，牛肉、柑橘的进口完全自由化了。在 20 世纪 80 年代后半期，日美之间对贸易摩擦问题一直在协商，方法是对商品分别进行协商。第一次协议是关于通信服务的四种产品，其后对集成电路、汽车配件等产品都进行了协商，美国的原则很明确，要求日本开放市场，使日美间贸易平衡。

而后来，美国意识到分领域的协商是解决不了问题的，因此自 1989 年双方进行了结构协商，直到 1991 年。后来又变为一揽子经济协议。这一时期美国的要求就是让日本政府消除国内的结构性、制度性障碍，美国对日本的国内流通制度、建筑业的招标等提出要求。日本也作出了一些相应的反应。如 1990 年放松了大店法① 的限制等。

在开放农产品市场中最重要的莫过于大米市场了。这是日本人的主食，是日本农业的基本，在这方面日本抵抗最顽强，还编造出外国大米不如日本米好吃的神话，但最终在联合政权的细川内阁时也部分地开放了。这是很不容易的一件事，因为开放大米市场意味着农民将面临危机，而自民党和社会党的主要社会基础就是在农民身上。开放柑橘和牛肉市场后，自民党就在选举中吃过苦头。从这一点上看，日美贸易摩擦就不单单是个经济问题，也和日本国内的政治密切相关，这也是日本政府不愿意做让步的原因之一。

因此，日美贸易摩擦是很不容易解决的，也是日美两国友好关系中的一个不和谐音，但如上所述，这并不是能左右两国之间关系的大问题。

---

① 全称是“有关大规模零售店的零售业事业活动调整的法律”，简称大店法。1973 年制定，代替过去的百货店法。其制定的背景是大规模零售业的综合超市的出现给予中小零售业很大影响，而且在法制上和百货公司也有不平等的地方。为了保护中小零售业而制定这一法律对大规模零售业在场地、申请、营业时间等诸方面予以限制。但在 1974 年实施后，问题不少，1978 年又进行了修改。而后来在 1983 年、1991 年、1993 年的数次修改中放宽了限制，即对大规模零售业放宽限制，这样一来，外国的大超市或大型零售企业就能进入日本市场了。

第十二章

冷战后日本的巨变

（1991— ）

第一节 “五五年体制”终结

自民党的金权政治

在战后数十年中，日本的金权政治使其形象大受影响，仅被曝光的权钱交易丑闻就多达140多起，自民党一系列腐败事件亦使推行改革遇到巨大压力，成为“五五年体制”终结的一大原因。自民党被20世纪70年代的洛克希德事件，80年代的利库路特案件和90年代初的金丸信案件等政治腐败案件所困扰，其政治统治受到沉重打击。特别是佐川事件，牵出自民党及政府要人金丸信，影响深远，对竹下派、宫泽内阁乃至整个自民党打击很大，并引发自民党派系的分歧，宫泽内阁被迫将行政改革提上日程，结果自民党反而在改革压力下发生分裂，导致自民党最终下野，“五五年体制”也随即结束。

佐川急便事件

先是在1992年2月佐川急便（快递公司）东京的总经理因4900亿日元的不正当融资被捕，罪名是特别渎职，在审理过程中发现在1987年10月，竹下登参选自民党总裁时和右翼团体及暴力团有关系。而自民党副总裁金丸信收取了佐川急便5亿日元，1992年8月，金丸信承认于1990年2月接受渡边5亿日元的政治捐款，并决定辞去自民党副总裁职务和竹下登派“经世会”会长职务，又不得不辞去议员职务。翌年，金丸信又陷入违反所得税法和逃税10.4亿日元的案件中，经查实，他私人财产总计100多亿日元，其中不少来源于公司行贿以回报他的好处费，故于3月东京地方检察厅以偷漏税款罪将他逮捕。金丸信是自民党内最有实力的人物，被认为和田中角荣一样有权威，如同影子首相一般。同年，大型建筑公司每年将超过100亿日元的秘密政治献金送给自民党副总裁金丸信的事情暴露，接着大型建筑公司在公共事业方面和自治体的首脑互相勾结，行贿受贿，仙台市市长、茨城县知事等七人以受贿罪的罪名被逮捕。这接踵不断的贪污受贿丑闻被大白于天下，自民党的威望和在民众心里的形象更是一落千丈。本来，在自民党一党长期执政的情况下，腐败现象就从来没有中止过，从田中角荣的洛克希德事件到大量的秘密政治献金，自民党已经丧失了威信，其权威摇摇欲坠。

新政党的建立

1992年10月，竹下派的经世会因会长金丸信被捕，在后任上发生争执，最终小渊惠三当上会长，竹下派分裂。这种党内分裂其实早已存在。1992年5月，细川护熙就在党内实力人物小泽一郎的支持下，从自民党内分裂出来，建立了日本新党，而且他在同年7月当选为参议院议员。而同是竹下派的少壮派的羽田孜在党内组建了“改革论坛派”（羽田派），主张实行“彻底的政治改革”。小渊当上会长后，小泽（一郎）派、羽田（孜）派便和竹下派分道扬镳。小渊派在众议院有35个议席，在参议院有34个议席，而小泽派在众议院的势力大，在参议院有9个议席。小泽派组建了“改革论坛21”，即后来的新生党。

1993年6月，围绕着政治改革相关法案，除了日本共产党外，所有的在野党提出了不信任案，自民党内的羽田派、武村正义派等39名议员也同意不信任案，结果不信任案得以通过（255票对220票），宫泽喜一（宫泽内阁，1991. 11. 5—1993. 8. 9）于6月18日解散了国会。同日，武村正义脱离了自民党，21日组建了“新党魁党”（先驱新党）的党派，23日小泽、羽田派建立了新生党。

大选开始了，这是日本战后第40届众议院大选，从1993年7月4日开始，到18日正式投票只有14天，各党领袖利用各种快捷的交通工具，如火车、汽车或飞机，有时甚至用直升机奔忙于各个竞选场所。早在20世纪80年代末期，自民党内的年轻议员就有了脱离自民党的金权政治，超出党派束缚的意向。这时正是他们大显身手的时候了。选举结果是在511名众议院议席中自民党只获得了223席，新生党55席、日本新党35席、新党魁党13席、公明党51席、民社党15席、共产党15席、社民联4席、无党派30席，自民党离过半数相差甚远，单独执政已无可能。但第二大党的社会党也遭到了不次于自民党的惨败，由139席跌落到70席。

在竞选中，新生党和社会党、民社党、公明党及社民联五党等达成协议，目的是建立一个非自民党、非共产党的联合政权，以此终结自民党的一党统治。但细川的日本新党和武村正义的新党魁党既反对自民党的单独执政，又不和五党联盟联合，共产党也反对自民党政权，但同时也反对五党联盟，自民党由于被五党联盟拒之门外，和共产党联合又不可能，所以联合执政的设想也不可能实现。

此时，日本新党又和新党魁党联合，在7月4日发表了《关于实现政治改革政权的倡议》，日本政坛显得更加纷纭复杂、变化莫测。不过，简而言之，总的态势是自民党要想执政就需要和日本新党及新党魁党联合，而五党联盟要想执政也需要和新党、新党魁党联合，于是新生党代表干事小泽一郎便成为组成新政权的主要策动者。他和公明党的书记长市川雄一联合，让日本新党的细川护熙当首相，社会党、新生党、公明党、日本新党、民社党、新党魁党、社民连及参议院内的民主改革联合等八党派（所谓七党一派）组成联合内阁，自民党则被排除在政权之外，成为第一大在野党。细川护熙是原熊本县知事，贵族出身，是近卫文麿的外孙。他的党员都是些年轻的政治家。

“五五年体制”的终结与社会党

1993年8月9日，七党一派的联合政权建立了，细川护熙当上了首相（细川内阁，1993.8.9—1994.4.28）长达38年的“五五年体制”宣告结束。

这里有个问题，第一大党的自民党丧失了政权，那么理应由第二大党社会党接替，也就是说由“五五年体制”的另一翼接管政权是顺理成章的。但社会党也几乎在同时失去了大量的席位，社会党怎么了，究竟发生了什么事？

进入20世纪80年代，首先是日本的工人运动有了极大的变化，1982年12月建立了全日本民间工会协议会（简称“全民劳协”），总评系统、同盟系统等有41个单独产业参加，工会会员达425万人，对此，总评系统主流建立了“劳动运动研究中心”。社会党和工人运动是紧密相连的，工人运动和组织发生了变化，社会党也同样有了改变。上面说过，1977年江田三郎脱党后，社会党在参院选举中遭到惨败，成田知巳委员长引咎辞职。1978年，离开社会党的集团建立了社会民主联合，其领导人田英夫开始向中间派的公明党和民社党靠近。而社会党则和共产党联手。但是从20世纪70年代后半期起社会党的议席一直在减少，中间派的政党议席虽然不多，但一直很稳定。因此，从20世纪80年代开始，社会党转换了联合方针，和中间派的公明党、民社党联合，意欲取得联合掌权，其方针政策也向合作者靠近。

1985年1月，在社会党的大会上决定走西欧的社会民主主义的道路，实际上是从原来的党的性质，即阶级的政党转向全民党，在翌年的党代会上这性质的转变被写进了党章。但在同年7月的众参两院的同日选举中，自民党却获得大胜，社会党惨败，石桥新委员长辞职，土井多贺子成为委员长。

正是由于社会党在议会中的势力削弱，使得其不能接替自民党的政权，只好和其他党派联合执政。而社会党衰落的主要原因是它向保守转化，这样一来，选民们便看不出社会党和自民党有什么区别，社会党的支持层自然就减少了。

“五五年体制”是日本战后最重要的政治体制，从狭义上讲，“五五年体制”是指保守党派结成一个党（自民党），各派在其中形成派阀，派阀间以禅让的方式轮流组阁，保持互相间的平衡，得以长期执政。这种政治体制在日本发展经济时，保证了政治上的稳定，但是，这并不是说，日本经济的高速发展就是自民党的功劳，从广义上说，“五五年体制”是自民党在朝，第二大党社会党在野，两者在政策上互相竞争，才能形成日本政治、社会、经济发展的局面（当然也不能忽略共产党和后来的中间派政党的作用）。譬如在争取国民福利等方面社会党是走在自民党前面的，同时，社会党的这种政治及政策上的压力促使自民党政府进行了一系列的福利改革。

但“五五年体制”的主流毕竟是自民党，由于其长期执政，多少使求新意识较强的日本国民产生厌倦自民党的求变的潜在情绪，加之一系列腐败丑闻曝光，终于失去了国民的信任。同时，进入了富裕社会的日本国民更重视生活上的舒适和安宁，这被称作“生活保守主义”，自民党的消费税、增加军费等都被视为威胁自身生活的不安全因素，这种意识也是“五五年体制”的自民党执政终结的一个重要原因。同时，“五五年体制”这种不公开、不透明的派阀体制也和进入高度发达的资本主义的逐渐多元化和开放性的日本社会不相符合。随着日本社会经济的发展变化，政治体制亦会进行相应的变革。因此，“五五年体制”虽然几经修正，终于没有逃脱终结的命运。

第二节 联合政权

细川内阁

1993 年 8 月，高支持率的细川内阁组成。这届内阁面临的问题是自 1986 年的乌拉圭回合以来，日本的大米市场开放问题已迫在眉睫。1993 年 6 月 GATT 的秘书长换成了萨兹兰德，他对关税问题持强硬态度。以前的自民党政权是全力反对大米市场开放，大部分人的态度是“一粒大米也不进”。因此，萨兹兰德和以自民党内反对最强烈的农林系统为主的人不断地商谈。1993 年夏，农林省内部以延迟关税化为条件，同意部分开放大米市场，细川首相也同意这个意见，同时，1993 年是个冷夏，大米遭灾，不得不进口外国大米，反对进口大米的势力一时不得不收敛。年末，日本在大米以外的农产品上将非关税壁垒转换为关税，大米市场也部分开放。在联合执政的政党中，社会党比自民党还要反对大米市场的开放，只是在最后的关头好不容易才同意了。

这时，武村正义官房长官急于编制泡沫经济破灭后的预算，小泽则认为应当先通过政治改革法案，细川首相是站在小泽一边的，这样联合政权的首脑人物之间产生了裂痕。但新内阁还是制定了刺激经济景气的不考虑国债的政策及1994年度再次减少国防费用的政策。

1994年2月，细川内阁要引进国民福祉税，将消费税作为国民福祉税。这是大藏省和小泽的想法，但武村强烈反对这个方针，由于内阁意见不一致，不得不收回了这一法案。而大藏省又被指责对社会党的村山富市委员长和大内启伍（民社党委员长）厚生相事前说明不足，细川内阁中的矛盾逐渐加深。

细川内阁的另一个课题是政治改革，1994年3月，制定以小选举区制和比例代表并存制为主的修正政治改革相关法案①，想以此防止政治家发生政治丑闻，逐步废除企业、团体向政党或政治家捐款的方式。但4月25日，细川首相以自己有金钱方面的嫌疑为由突然辞职。

细川内阁存在时间不长，在国内政治上没有充分发挥积极主动的作用。但在对外政策上还是有可圈可点之处的。细川当上首相后便承认太平洋战争"是侵略战争，是错误的战争"。他在"八·一五"的讲话中表示"日本永远放弃战争手段"，"对亚洲近邻的牺牲者表示哀悼。"他还在施政演说中说，对第二次世界大战中"日本的侵略行为和殖民统治等给众多人们造成难以忍受的痛苦和悲哀"，表示"深刻的反省和道歉"，并说"要通过今后进一步为世界和平作出贡献来表示决心"。9月27日，细川护熙首相在联合国大会上，代表日本政府对日本第二次世界大战中的侵略行为表示悔恨。他说："我希望再次说明，日本对它的过去的行动继续怀有悔恨感，它决心要在实现和平与安全的目标中进一步作出贡献。"他还保证日本将为世界和平和繁荣尽最大的努力。这是日本历届首相中对日本军国主义侵略战争表态最好的一次，虽然他后来将最初承认的"侵略战争"改为"侵略行为"。

在对其他国家的外交政策上，细川也做了些事。当然他没有改变日美关系是日本外交的基础这一战略方针，并重申将一如既往地维护日美两国的良好关

---

① 共有四个法案，所谓"政治改革四法案"，即1.公职选举法修正案，2.政治资金限制法修正案，3.政党助成法案，4.众议院议员选区划分审议会设置法案。其中最重要的是将过去的中选举区制，改为小选区比例代表区并立制。众议员的定额由511名改为500名，其中300名由小选举区选出，200名由比例代表区选出，小选举区选出一名议员，比例代表区则选出复数议员。这个制度对大政党来说是相对有利的。

系。在对俄罗斯关系上，细川主张先要解决北方领土问题，然后再签订和平友好条约，等全面关系正常化后再讨论经济上援助俄罗斯的问题。他认为日本是亚太地区的一员，因此要起到应起的作用。同时他表示要改善和中国、韩国、澳大利亚等国的关系。1993 年 8 月 26 日，细川首相在接见中国记者时，首次阐述了他的内阁的对华政策和中日关系。他说："日中关系是与日美关系同等重要的关系。维持和发展稳定的日中关系，不仅对日中两国，而且对亚太地区以及世界的和平与稳定都是非常重要的因素，我国将继续重视日中关系这一基本方针没有变化。"他希望中日加强合作，并表示日本对中国政治经济两方面的改革开放政策将尽力合作，发展面向 21 世纪的中日关系。

继任细川内阁的新内阁首相是少数党的羽田孜（羽田内阁，1994. 4. 28—1994. 6. 30）。由于社会党和新党魁党在大米市场开放及政治改革方面和其他的六个党派意见不一致，小泽等人就想将社会党从决策过程中排挤出去。1994 年 4 月建立的新会派名为改新，以新生党为主，民社党、日本新党等加入进去，拥有 130 个议席。社会党得知此事后，十分不满，便从政权中脱离了出去，而新党魁党早就表示了不参加执政，因此，羽田内阁只有六党派支持，在议会中不到 200 席。当然以这样的少数组阁其命运可想而知，1994 年 6 月 23 日，国会中提出了不信任案，马上就被通过，羽田内阁总辞职。在任期间只是通过了年度预算案。

这时社会党内部出现了分裂，社会党右派和革新派商议，在细川辞职后依然维持非自民党的联合政权，但谈判未能获得成功，因此社会党开始考虑和自民党联合执政，左派便提出了社会党、自民党和新党魁党联合的建议。自民党的政调会会长桥本龙太郎、干事长森喜朗同意了社会党的村山富市委员长当首相候选人。

村山内阁的成立

对此，小泽则推举脱离了自民党的海部俊树做首相候选人，在第二次投票中，村山富市得了多数票。1994 年 6 月 30 日，村山内阁（1994. 6. 30—1996. 1. 11）成立。

社会党在村山组阁后，发生了极大的变化。1994 年 7 月，村山首相在国会说明了新的立场，即承认和坚持日美安保条约，自卫队合宪，完全放弃了社会党以往的非武装中立政策，社会党的保守倾向更显露无遗。9月，社会党在第61届临时代表大会上，通过了《我党对当前政局的基本姿态决议案》，除了继续反对修改和平宪法外，已基本“自民党化”了。1995年5月，在社会党的临时大会上又制定了新的“九五年宣言”，将日美关系作为日本外交的基轴，重视市场经济等。

1995年是日本的多事之秋。1月7日发生了“阪神·淡路大地震”（死亡和下落不明者达6300多名）；3月20日邪教组织奥姆真理教在东京地铁施放沙林毒气，造成11人死亡，3800多人受伤的恶性事件。这一特大悲剧使许多人对日本的社会进行了反思。邪教奥姆真理教的许多领导成员是受过高等教育的所谓精英，他们加入邪教令人感到不可思议。但当人们看到奥姆真理教的组织结构和日本的大企业一样时，就难免要有这样的推测：日本人，特别是受过高等教育的日本青年，他们毕业后就进入企业，此后就将一生献给了企业。他们的人生目标就是进入企业的领导层，但这是很困难的，论资排辈和同辈间激烈的竞争往往使他们美梦破灭。但在奥姆真理教他们在很年轻的时候就可以爬到高层，在邪恶中圆了他们，即一般日本人的梦。此外，在现代日本社会里，许多人精神空虚，人和人之间冷漠无情，这都促使一些人加入邪教，这至少可以说现代愚昧在日本社会是确实存在的。9月4日，又发生了驻冲绳美军军事基地的美军强奸日本小学女生事件，激起了日本全国性的抗议活动。

1995年是世界反法西斯战争胜利50周年，日本左翼进步力量要求对战争责任进行反省，要求国会通过不战决议。这是对日本在法西斯侵略战争中犯下的罪行进行更进一步反省，对日本悔改罪行的坚持，也是对世界爱好和平，特别是对受到日本侵略的亚洲各国人民的一个最好的回答。对此，村山首相也希望在决议中明确反省战争并承担责任，但受到联合执政的自民党的抵制。在村山首相的坚持下，众议院虽然通过了“以历史为教训，重申和平决心之决议”，但这个“不战决议”名不符实，因其未能正确认识和对待日本侵略战争的历史责任和战争责任而受到国内外舆论的谴责。

同时，在经济方面日本的情况也不好。此前，泡沫的破灭，带来通货的紧缩，迫使日本经济转入萧条，日本本想靠出口来促使国内产业发展，但日元对美元的比值却在一路走高，特别是在1995年4月，日元对美元的汇率在19日达到80日元：1美元的空前最高值，日本的出口和金融业都受到严重的打击，

阪神·淡路大震灾

村山内阁的应对措施也受到批评和抵制。村山内阁的日子越来越不好过。

1996年1月5日，村山以政府对前一年1月17日发生的“阪神·淡路大地震”应对不力为由辞职。当然村山内阁辞职的原因不止一个，但在这场骇人的大地震中确实暴露出了日本政府危机管理能力的欠缺。譬如，国外要来民间支援队，但日本政府却认为日本没有那么多的翻译，外国的救援犬也因检疫的问题，不能及时到达现场。僵化的官僚体制和管理方法不仅引起了国民的不满，而且在日的外国人也牢骚颇盛。

细川内阁和羽田内阁是所谓的非自民党联合内阁，村山则是和自民党联合的内阁，细川内阁和村山内阁虽然在战争责任上，承认是对亚洲各国的侵略，也承认是进行了殖民地统治，并表示了道歉，在战争责任和战争赔偿方面前进了一步，这比起自民党政权是个进步，但如上所述，在自卫队等现实问题上和自民党没有什么不同。

短暂的自民党一党内阁

1996年1月11日，自民党总裁桥本龙太郎内阁接任（第一次桥本内阁，1996.1.11—1996.11.7），执政党依然是三党联合。同月19日，社会党易名为社会民主党（简称“社民党”）。

和执政党对立的在野党在小泽一郎的策划下，新生党、日本新党、公明党、民社党等在 1994 年 12 月组建为新进党。这个新党在众议院拥有 178 个席位，参议院有 34 个席位，仅次于第一大党自民党。但是，党的领袖却是从自民党脱党出来的海部俊树，至少在人们的印象上，模糊了该党和自民党的区别，而在安全保障等政策方面党内意见也是不一致的。

1996 年 9 月 11 日又一个新党“民主党”（第一次）成立了。为首的是新党魁党的鸠山由纪夫和菅直人，社会党的一部分和从新进党及原民社党脱党的一部分政治家加入了民主党。

1996 年 9 月 27 日，第一次桥本内阁解散众议院，10 月总选举。选举结果是自民党获得了接近超过半数的 239 席，民主党 52 席，社民党只得了 15 席，新进党虽然只得了 156 席，但确保了其第二大党的地位。其后，这个新生的第二大党内部不断分化，先是在同年 12 月，羽田脱党，建立了自己的太阳党，接着年轻议员纷纷脱党，1997 年 12 月新进党解散，其主流在 1998 年 1 月改名为自由党。

1996 年 11 月，第二次桥本内阁（1996. 11. 7—1998. 7. 30）成立，社民党和新党魁党在内阁外与其合作，但后来无党派和原来脱党的人加入到自民党中，议席达到过半数的 251 席，和社民党、新党魁党的合作也就解除了。自民党一时又回到了单独执政的地位。

自民党这次单独执政虽然时间不长，但却有着深刻的含义（没有自民党的其他党派联合执政只有细川内阁和短暂的羽田内阁）。其原因一是在野党没有执政经验，特别是和官僚打交道相当不容易。日本人将自己国家的政治体制形象地比喻为“石头、剪子、布”游戏。政党是石头，官僚是剪子，财界是布，它们之间是相互制约的，政治家可以控制官僚，官僚则可以控制财界，而财界又能靠金钱控制政治家。而且官僚在日本的经济增长中发挥过巨大的作用，其权势之大是不言而喻的。自民党执政时期，由于自民党的政治家有多年和官僚周旋的经验，可以贯彻自己的意志（譬如田中角荣，据说他是最善于和官僚打交道，而且每次都能达到目的），但在野党就欠缺这种政治技巧。第二，如上所述，虽然八党派的联合政权似乎和自民党有很大不同，但除了一些个别问题，并没有新的方略。第三，八党派联合政权内部意见不统一。正是这些因素使自民党一党政权得以复归，虽然是短暂的。

桥本龙太郎在1996年11月11日，提出“六大改革”，即行政改革、财政改革、金融改革、经济改革、社会保障改革及教育改革的主张，其中心目标是行政改革。日本的行政改革始于1964年，又经1981—1983年、1983—1993年两次积极推行，业已取得一些成果。桥本这次提出的改革是对以前改革的继承，但加大了广度和力度。其内容是通过重组中央行政机构，放宽政府管制、推进地方分权、整顿特殊法人①、推行行政透明化等措施，削弱政府的权限；财政改革是通过控制政府预算增长规模、减少公共债务、压缩行政开支、减轻国民税收负担等措施来健全政府财政；对金融体制改革，是消除泡沫经济的后遗症，清理不良债权，彻底放宽政府对金融机构的管制，建立面向新世纪的金融体系等，并要求在2001年前完成，这被人们称之为“金融大爆炸宣言”，② 显示了政府对落后于欧美的金融体制进行改革的意志，改变了以前的金融改革渐进的方针，使日本的金融界面临着巨大的挑战。经济结构改革的主要内容是以高科技改造传统产业，加强金融业对技术开发的支持，发展知识型产业结构，以阻止制造业空洞化的倾向；社会保障改革的主要内容是通过提高个人医疗及养老保险的负担，完善社会保障体系，适应老龄化、少子化的社会进展；教育改革的目标是培养有创造力的新型人才，追求个性化及国际化。这些改革目前还在进行着。

为实现上述改革目标，1997年4月，桥本内阁不仅实施了紧缩型的政府预算方案，而且正式实施税率为5%的消费税，并取消了一些所得税的优惠减免政策。

在外交方面，桥本内阁也采取了较强硬的政策。譬如，1996年4月，与访日的美国总统克林顿发表了首次使用的“周边事态”的新概念，意在扩

① 这里的特殊法人指的是在日本政府根据特别法律而设立的法人中，在新设或废除时要经过日本总务厅审查对象的法人。在日本曾经存在或现在依然存在的特殊法人有几种类型。第一类是公社，有国有铁道（国铁）、日本专卖公社、电信电话公社，即所谓的“三公社”（现已民营化了），它们是国家全额出资的，在法律等适用上都和一般企业不同；第二类是公库，有国民金融公库等“九公库”，也是政府全额出资，是政策性金融公司；第三类是公团，有住宅·都市整备公团等13家公团，担负大规模的公共事业建设，资金的一部分是民间的或地方公共团体的；第四类是事业团，有年金福祉事业团等15家事业团，在产业政策、科学技术等多方面代行国家的政策，大多接受国家的财政援助，其资金构成并不一样；第五类是特殊会社，有国际电话电信株式会社等12家，也适用于商法的原则，是特殊法人中最具有民间色彩的法人。此外，还有银行（日本开发银行等）、金库（商工组合中央公库）、基金（海外协力基金等）、研究所（日本原子力研究所等）等特殊法人，这些散在的法人的作用以及和政府的关系不尽相同。

② 大爆炸（BIG BANG）是借用天文学上的术语，原指宇宙的大爆炸，地球也是由此产生的。使用在金融方面是指英国首相撒切尔夫人在1986年10月对英国进行的证券业大改革。改革了证券业的机制和方式，并积极引进外国的金融资本。

大日美防卫体制。特别是桥本首相于7月正式参拜供奉着东条英机等14名甲级战犯的靖国神社。这是继前述的1985年中曾根首相正式参拜后，已经停止了10年的首相正式参拜，此举自然引起了国内外舆论的强烈抨击。

1998年4月民主党和原公明党、新进党以外的太阳党等合并，建立了民主党（第二次），原来和新进党合并的公明党也在1998年11月重新建立。

政界的调整和相对稳定

1998年7月，第二次桥本内阁因在参院选举中失利而总辞职。7月30日小渊惠三自民党内阁（小渊内阁，1998. 7. 30—2000. 4. 5）成立，小渊上台后，即和自由党协商试图建立联合政权。1999年1月，自民党和自由党的联合内阁成立。1999年，小渊内阁在国会中通过了《周边事态法》、《国旗国歌法案》及《组织犯罪对策三法案》等重要法案。

2000年4月小渊病逝，第一次森喜朗内阁（2000. 4. 5—2000. 7. 4）于4月5日成立。森喜朗上台不久就发表了“日本神国论”，宣扬国粹主义。遭到国内外的批评和反对，但更令国内舆论及民众不满的是，当他得知美国潜艇撞沉日本渔船的报告后，居然若无其事地依旧打他的高尔夫球。这使得森喜朗的支持率跌到9%的历史最低点。自民党内也开始反对他，虽然他顶过了议会对他的不信任投票，战胜了党内的“叛乱”（第二次森喜朗内阁，2000. 7. 4—2001. 4），但支持率一直没上去，被称为“超低空”飞行。他的下台已成定局。

从以上所阐述的事实，我们可以看到日本内阁的更换如同走马灯一般，这显示了日本政坛的动荡。这是由于“五五年体制”的崩溃而出现的日本政界混乱或混沌的局面。当时有人主张两党轮流执政，有人主张三党轮流，新的党派不断产生，旧的党派重新组合，这种分化离合的局面让人目不暇接，直到21世纪初也未能完全稳定下来。这是因为冷战结束后世界形势发生巨变，同时日本国内的政治体制也由于其僵化而崩溃瓦解，日本政治进入到一个调整的阶段，从这一点来看，以上的混乱局面的出现亦属必然。

但混乱的时间不会长久地持续下去的。2001年4月，小泉纯一郎当选为自民党总裁，出任新一届首相（第一次小泉内阁，2001. 4—2005. 9，第二次小泉内阁，2005. 9. 13—2006. 9. 20）。他在任时间较长，使政界获得了相对的稳定。

打着“改造日本”、“改造自民党”和“推行结构改革”旗号上台的小泉纯一郎，在国内外均表现出一副强硬政治家的姿态：在国内，他多次表示“坚决实行应称为‘新世纪维新’的改革”。这一改革主要由恢复经济景气、行政结构改革和社会结构改革三方面组成。在这些方面，小泉改革基本上是成功的，但在修改和平宪法等方面加快了步伐，因而受到社民党、共产党及广大民众的反对。在国外，小泉维持和巩固日美同盟，力图争当联合国常任理事国；虽然多次表示中国和平发展不是日本的威胁，但在政治上与中国抗衡，顽固坚持参拜靖国神社，已然六次拜鬼。特别是在2006年8月15日顽固地参拜了供奉有东条英机等14名甲级战犯的靖国神社，遭到中国和国际社会以及日本人民的强烈反对和谴责。应该指出的是，他的这种做法也是愚蠢之至的。日本侵略战争及战犯的累累罪行，是事实存在，神人共愤，在这种事情上打算盘到头来只能自取其辱，遭到世人唾弃。

2006年9月20日，安倍晋三当选为执政的自民党总裁时，发表施政纲领说，在外交政策方面，将致力于加强日美同盟关系，与中韩两国加强信赖关系，谋求日本成为联合国安理会常任理事国；在对内政策方面，将继承小泉政权的结构改革路线，制定与开创时代的日本相称的宪法，实行教育改革和社会保障体制改革，建立政治主导的决策机制。9月26日，安倍在众参两院指名选举中，当选第90任总理大臣。安倍上任后，希望打破中日关系僵局，改善两国关系，于10月8日至9日对中国进行了正式访问。胡锦涛、吴邦国、温家宝先后与安倍会见，就中日关系诸问题及共同关心的地区问题，深入广泛地交换了意见，在许多问题上达成了共识，中日关系迎来了新的重大转机。安倍接着于10月9日赴韩国访问，此行也具有积极的意义。

第三节 向军事大国发展与经济状况

向军事大国发展的走向

日本在世纪之交，加快了向军事大国迈进的步伐。日本军事大国的走向，是与日本实现政治大国战略目标同步推进的。这主要集中表现在三个方面。

首先是架空和平宪法，不断扩大日本自卫队的权限，使其逐渐军队化。

日本要实现军事大国，最大的障碍是现行宪法第9条的规定。因此，推动修改宪法便成为军事大国走向的头等大事。

日本右翼势力一直在推动对宪法（特别是第9条）的批判。他们认为现行宪法是盟军占领军司令部强加给日本的，并不反映国民的意志，它使日本在战后50余年间不能成为真正意义上的独立国家，除经济上成为大国外，在政治上被排除在大国之外；军事上更没有拥有军队的权利，因此无法承担与作为大国相对称的国际军事义务。小泉内阁成立以及“9·11恐怖事件”以后，这种改宪的呼声波及政界、文化界以及国民大众。有学者公然提出：“在当前世界的竞争中，日本要始终处于不败之地，自己的国家要自己来保护，有必要由国民自己来建立‘国民宪法’。”社会舆论调查中也有近半数的国民赞成改宪的倾向。正是基于这种社会基础，小泉在竞选纲领中和执政后一再表示了改宪的决心，并朝着这一目标一步步迈进。

当然，主张改宪和实现改宪之间，还有相当距离和复杂的行政程序，以及进步人士的抵制。但日本政府为了树立政治大国形象，自20世纪90年代便开始了逐步架空宪法第9条的种种措施和手段，主要是撇开宪法规定，新制定了相关的法案。如1992年通过立法，允许自卫队参加联合国维和行动；1995年修改《日本防卫计划大纲》，正式规定自卫队参与救灾和反恐怖行动；1999年议会通过新的日美防务原则，允许自卫队在紧急情况下支援美国在日本周边地区采取军事行动；2001年又制定了《反恐怖特别措施法》，允许自卫队在美国的反恐怖战争中提供后勤支援。同时还通过了“有事法制”，允许自卫队扩大参与联合国维和行动的范围，并废除禁止使用武器的限制，等等。

日本政府通过架空宪法的办法，确实解决了政治、外交上的需要，但终究不能避免违宪之嫌。小泉首相说，“也许有虽然承认自卫队是军队，但又不行使武力这样一种与众不同的形式，（但）不制定更加明确的宪法是不行的”，根本的解决是最终实现修改宪法。

其次是出台“恐怖防止法案”与“有事法制”。如果说从20世纪90年代初开始，日本的军事大国走向的发展速度已使世人惊愕的话，那么自2001年“9·11恐怖事件”后，则更加大胆、放肆了。反恐怖战争为小泉将日本转换为“正常国家”提供了一个大好时机。小泉内阁及时地抓住这一时机，推行了一系列扩军举措：

第一，加紧舆论宣传，为行使集团自卫权做准备，立意要将自卫队突破传统的“专守防卫”体制，根据日美军事同盟的需要，向世界任何地方派兵。

第二，制定并通过“恐怖防止法案”，使自卫队扩大海外派兵合理化。2001年9月，前首相宫泽喜一在纪念旧金山和约50周年讨论会的基调报告中，公开提出：“作为日本自卫权在理论上的延伸，提议确立集团自卫权的地位。”恐怖事件后的9月25日，小泉首相在与布什总统的会晤中，表示日本坚决与美国站在一起进行反恐怖战争。同时又向布什表明，日美同盟的地位是与美英同盟同等的：“日本虽然不能和英国一样参与军事行动，但从政治上来看是和美英同盟相同的。”回国后，小泉内阁加紧草拟新的使自卫队“松绑”的法案。10月29日，日本参议院通过了“恐怖防止法案”。

《恐怖防止法案》由三个法案构成，即《反恐怖特别措施法案》、《自卫队法修正案》和《海上保安厅修正案》。此法案与20世纪90年代以来的一系列有关自卫队及军事行动法案相比较，有如下新突破，即（1）1992年的《联合国维持和平活动合作法案》（PKO法案）规定，日本自卫队的活动范围限于联合国授权进行维和行动的国家与地区。1996年的“周边事态法”规定，仅限于日本的“周边”，即菲律宾以北、库页岛以南的范围内，新法案则允许自卫队的活动范围扩大到所有国际公海、公海上空以及对方国家同意的该国的领海、领空。也就是说，根据日美同盟的需要，日本自卫队可以向世界任何地方派兵。（2）扩大了首相的对外派兵权。旧有的有关法案规定，自卫队海外派兵维和行动，需要联合国安理会的授权与认可，也需得到国会的批准。新法案则规定，海外派兵由政府决定，仅需在作出派兵决定的20天内向国会提出报告，即获得“事后承认”的权力。于是，日本首相权力上升，国会制衡能力削弱。（3）放宽了使用武器的限制。“PKO法案”等法案规定，自卫队队员只允许携带最低限度的武器，在人身遇到危险时，为了自卫才可以动用武器。然而新法案规定在下述情况下可以动用武器：一是海岸保安队和海上自卫队，对可疑船只可进行火力攻击；二是对美国军事设施和军事基地有权进行武力防卫；三是派遣到海外的自卫队队员虽不参加战争，但有权实行武力自卫。

2001年11月，根据《恐怖防止法案》，日本派遣海上自卫队计三艘护卫舰、两艘补给舰、一艘扫雷舰等六艘舰艇对美军的反恐怖战争给予“后方援助”。

12月22日，也是根据这一新法案，日本海上保安厅的四艘巡逻艇在距奄美大岛西北400公里的中国专属经济海域内，开炮击沉了一艘不明国籍的船只。这是日本56年来第一次超越国界的军事攻击，引起了周边各国，特别是中国的警觉。

进入2002年以后，日本又加紧推进“有事法制”的制定。“有事法制”包括三个法案，即《武力攻击事态法案》、《自卫队修正案》、《安全保障会议设置法修正案》。2002年4月，该法案在内阁会议上被通过，意味着对现行宪法的重大突破。该法案是基于“（日本）受武力攻击时”，自卫队可以采取军事行动；为使自卫队军事行动顺利进行，在军事行动时，可征用民间土地，构筑阵地；当武力攻击时，首相负责政府的决策程序，并对地方政府拥有指挥权。显然这是一部动员战争的法制，是日本走向军事大国的重大举措。

第三，重整军备加速使自卫队成为具有战争实力的军事实体。日本会不会重整军备？答案是肯定的。日本的经济减缓发展、新一代人的崛起、热盼成为军事大国的诉求，以及亚洲新地缘政治的现实、对中国崛起的担心和美国为减少自身负担，鼓励日本更多地承担地域安全的责任等等，都是日本重整军备的原因。事实上，重整军备的迹象已十分明显。日本防卫厅政务次官西村真悟曾扬言要把日本自卫队创建为“国军”，并要把它推向全世界，把“大东亚共荣圈”、“八纮一宇”推广到全球。

防卫厅长官中谷元也曾提出自卫队要成为一个能够独自消灭敌人的组织，要使防卫厅升格为防卫省等。2001年版的《防卫白皮书》也公然写道：“不管是在安全保障、危机管理，还是面对海内外，都有必要将防卫厅升级。”“9·11恐怖事件”及《恐怖防止法案》的制定，成为日本重整军备、复兴军队的转折点。美国战略预测人士指出：“东京已经具备了组成一支强大的现代化军队的大部分条件，只有少数重要的条件尚不具备，但都能轻而易举地获得（解决）。”日本的现实及走向确实如此，日本除了核武器、远程轰炸机、核动力潜艇等少数领域外，其军事实力已名副其实地成为世界上的军事强国之一。日本在太平洋上，拥有仅次于美国的庞大海军，其地面部队在人数上超过了英国皇家空军和皇家海军的总和。现今的日本自卫队虽然在表面上规模似乎并不大，但是在27.5万人的自卫队队员中，士官以上比例占70%，一旦需要便可以迅速地扩展为上百万人的军队。日本自卫队所拥有的武器，其技术的先进程度在世界上也属一流。目前自卫队的装备已开始由第二代向第三代发展。日本自行开发的第三代90式主战坦克已达其坦克总数的20%。其扫雷技术堪称世界上实力最强，现拥有布雷、扫雷舰艇35艘。反潜技术也是世界各国公认最优秀的，屡屡被称为各国海军的范例，现拥有的50余艘护卫舰一直以反潜战为重点。新购进的四艘“宙斯盾”级驱逐舰，极大地增大了反潜作战和监视的力量。日本自卫队虽然尚未拥有核潜艇，但其拥有的16艘常规潜艇，无论是从艇上机械和武器装备，抑或性能装备，都优于俄罗斯和中国的常规潜艇。日本航空自卫队现拥有美制F-15战斗机200架，2000年又装备了130架F-2战斗机。F-2战斗机是当今最先进的机种，是以美机F-16为基础，由日本和美国的科技力量共同开发的，机上集中了日本电子技术精华的各种装备，它可携带四枚高性能的空对舰导弹，具有空对海、空对空等多种用途。F-2和F-15的配合，强化了日本航空自卫队的制空力。美国就是靠这两种飞机确保战场上的制空权的。日本自卫队还引进了SH-60J舰载反潜直升机等新式装备。另外，日本正在开发深海反潜鱼雷、中距离空对空导弹、舰载火控指挥系统等。从1999年度开始，日美共同对弹道导弹防御技术进行研究，至今对导弹弹头部分（进行目标识别和跟踪）的传感器等四个领域，已经具有开发能力。在第四个五年防务力量完善期间，日本还将采购25艘舰艇，其中包括两艘新型“宙斯盾”驱逐舰和两艘“直升机航母型”驱逐舰（亦即两栖攻击舰）；空军将继续改装F-15战斗机，采购F-2战斗机47架，引进四架空中加油机，使F-15D续航能力达到5000公里。日本目前已具备发展战略核武器的实力。日本一直在秘密研究和发展核武器，并已培养出一批顶尖核专家。日本跨越核门槛只是时间问题。从20世纪70年代起，日本已经成为一个颇具实力的航天大国，至今已用自行研制的多种运载火箭，发射了50余颗卫星。从其已有的火箭发射资料表明，日本已经攻克了3000公里的中程导弹发射技术。

为了加速重整军备，日本的军事开支，自1987年以来突破了国民生产总值1%的上限。20世纪90年代末以后，每年均在500亿美元以上。其军费总额仅次于美国，一直保持世界第二，人均国防费居世界之首。小泉政府继承了世界上一支人数众多、现代化程度最高的军队。

日本军事发展的速度，军事大国的走向，特别顽固地拒绝承认在第二次世界大战中所犯下的罪行，值得世界爱好和平的人民保持高度的关注、警惕和防范。

经济调整

日本的经济虽然因泡沫破裂而持续不景气，但这只是与以前高速发展的景气和“平成景气”相对而言的不景气，而且这是一次结构性大调整，虽然从某种意义上而言是被迫的，不过，任何一个国家的经济发展或调整都不是未卜先知，未雨绸缪的，都是对现实的应对，如果应对正确就能脱离困境，进入一个新的发展阶段。日本的情况也不例外，如果这次调整成功的话，日本经济的重新振兴是指日可待的。而且这一新的发展有可能是稳定的可持续发展。

20世纪90年代的10年间，日本的贸易收支增长除1996年外，其他年份一直保持两位数。外汇储备额也是逐年增加的，1991年为682亿美元，而到2000年则达到3616亿美元，增加了5.3倍。当然这也是因为国内经济萧条，日本仰仗出口的结果，但从另一方面也说明日本产品的竞争力。在这一期间，日本的国内生产总值的年均增长率为1.75%，人均GDP仍居发达国家之首。应该说，当今除了美国之外，日本的经济实力仍然是其他国家无法相比的。其完备的制造业体系和坚实的科学技术基础，以及技术开发能力，在世界上都占优势地位，这也是激活经济的基本因素，何况日本还是世界最大的债权国。尽管在2001年，日本的经济增长率是负增长，但是也有的产业年增长率保持在20%以上，如电子技术相关产业（包括液晶显示器、光纤、DVD等等）高达22%。日本国内生产总值的构成比率：制造业为123万亿日元，而金融、证券的规模只有25万亿日元。显然支撑日本经济的主要是新技术和生产产品。

在世纪之交，日本经济状况究竟如何？这应该从日本经济运行的实际状况出发作出全面的科学评价。从不同统计体系、不同产业、不同类型的一系列比较数字，可以看出其真实情况。用日本国民生产总值（GNP，即也把日本海外企业的生产计入经济总量）衡量，则发展增长势头是很好的，只是国内生产总值（GDP）指标，从1990年到2005年16年间，只有在1998年和2001年为负增长，下降0.7%和1.2%。名义GDP则为1998、1999和2001年亦为负增长，分别下降1.3%、0.7%、2.5%。1991—2002年实际GDP年均增长1.1%，名义GDP年均增长0.8%，低于高速增长时期，也低于同期世界增长率，这就是“低速说”，“失去的10年”论的统计学基础，但这是不够全面和科学的。而根据日本内阁府统计数据，1990—2000年日本实际GDP平均增长率为1.75%。日本的GDP为533万亿日元，大约相当于我国的四倍，如按此汇价四倍计算，日本经济这10年平均增长为6.8%，仅比中国高速增长发展的五年来GDP 7.6%年平均增速低0.8个百分点。而这10年间法国为1.8%，英国为1.94%，意大利为1.56%，德国为2.25%，与日本相差无几，意大利反而低于日本。国际社会很少有认为英、法、意经济衰退、萧条的，只是由于日本持续40年的高速或低速稳定增长，一旦稍缓则引起惊异。

其实，不能把日本经济的负面因素强调得过分。如非制造业（房地产及商业、住宅和建设用地的价格逐年下降）、中小企业销售额下降及国民对经济增长预期普遍悲观等等。应看到日本制造业在整体生产、销售和出口均好于非制造业；日本大企业生产和销售，特别是在海外的生产和销售均不断增长。而且日本经济也不乏亮点，近10年间的制造业开发率指数表明，日本制造业的开发，一直保持着良性发展状态。发挥科技优势工作，也一直未被忽视，领导科技的政府行政机构进行了重组和分工，原科技厅与文部省合并成为文部科学省，重点抓上游科研开发，经济产业省、农林水产省、国土交通省等重点抓下游企业科技开发。同时，政府、企业与大学相结合，形成分工明确，且结构合理的“官产学”开发体系。已经完成的2001—2005年的政府科技计划，把信息通讯、生命科学、地球环境、纳米材料、电源、制造技术等作为重点开发领域，并力求使科研成果产业化，提高国际竞争力。应该看到，日本科技开发以及高科技产品的发展，是日本经济的重要支撑，也是前景看好的。

进入21世纪后，日本经济的增长势头突显，因其经济基础颇坚实，基数很大，其经济发展状况绝不应低估。显然用GDP衡量日本经济并不全面，已如上述，但就是从日本的GDP来看，除2001年GDP为负增长外，2000年为4.8万亿美元。该年增长虽然短暂，但也列入景气范围。2002年实际增长1.2%，2003年第四季度比前一季度增长1.4%，折合成年率，高达5.5%，为连续第四个季度增长。2004年增长2.6%，为1996年增长3.4%以来最高水平，而2005年，又比上年增长2.8%，2006年1季度同比增长3.1%，创15年来新高，股价上涨亦是五年来的高点，房地产价格回升，消费物价也上涨，势头看好。日本经济似已进入良性发展阶段。

第四节　富裕的生活、保守的思想、右倾化的倾向

生活水平的提高

日本经济在战后取得了惊人的成就，国民生活也在不断提高和改善。前文说过，在高度增长时期，“三种神器”进入寻常百姓家，然后就换为3C（汽车、空调和彩电），在20世纪80年代这三项新的耐用消费品几乎已经普及，到了20世纪90年代，文字处理机、电脑和手机成了每个家庭的必备品。

这种生活的普遍提高源于日本的社会生产的急速发展，物质生产十分发达，生活产品极其丰富，此外日本的分配制度也是重要的原因。从20世纪70年代后半期到80年代，民意测验表明日本人对自己的生活水平有90%的人认为是中等，对生活的满意度大约在65%左右。在泡沫经济时，有一小部分人发了财，泡沫经济的破灭也在经济上打击了一些人。当时很多人认为日本的贫富差距将增大，确实，经济的扭曲多少改变了日本人的收入，贫富差距扩大，但那毕竟是个较缓慢的过程，没有对日本的分配制度产生太大的冲击，日本普通人的生活及对自己的生活水平定位没有多大的改变。

在物质极大丰富之后，人们开始追求精神上的愉悦，如何丰富自己的闲暇时间是普通人考虑的一个重要问题，娱乐也就成为人生的一个重要组成部分。20世纪80年代后期，日元升值，使海外旅游价格相对低廉，于是，海外旅游便成为时尚。20世纪90年代去海外旅游的人每年超过了1000万人。

日本国民生活的实态

日本是世界上最大的债权国，国民收入多年来一直在世界前几位，但实际

生活内容并不像表面数字那样令人快慰。日本人的住宅被西方人称作是兔子窝和鸽子笼，许多百姓自然也想脱离那空间狭小的房间，于是想得到自己的住宅的人数迅速增多，但迄今为止日本人的住房面积还是比欧美发达国家的平均数要小 20%—30%，在大城市每户平均仅为 63 平方米，而且大多是按揭购房，这对工薪阶层是个巨大的经济压力。普通日本人家的主要开支就是住房和孩子们的教育费用，这两项使那些中年的工薪阶层生活得很辛苦。如果认真观察一下日本去海外观光的游客的职业和年龄，就会发现中年的工薪阶层是很少的，因为他们正在为上述的两项支出卖命。

同时，日本人的工作时间虽然由于出超受到西方各国的批判，但在稳定增长时期实际工作时间并没有削减，员工们加班是家常便饭，还有服务性加班，即义务加班，而工作时间最长的是企业的中低层管理人员和小公司的老板，由于劳动强度过大，出现了“过劳死”，就是俗话说的累死（但有特定含义，即指因工作而累死），每年有一万人累死，大部分是上述的那两类人。在 20 世纪 80 年代末，过劳死作为日本社会的一个严重问题被提出来，并引起人们的强烈关注。

死亡总是让人畏惧的，其后在劳动时间方面有所减少，政府也在督促企业减少工作时间。海部内阁时期，日本到处张贴海部的宣传画，海部说：“让日本休息吧。”但即使这样，据 1995 年的调查，日本人的工作时间和法国、德国相比每年还是要多出 300—400 小时。

日本由于生活条件的改善和医疗制度的健全，人的寿命不断提高，在 20 世纪 80 年代后半期就成了世界第一长寿国家，1995 年，日本男人的平均寿命达到 76. 57 岁，女人则为 82. 89 岁。日本的媒体声称“人生八十年”的时代来临了。

但长寿也带来了那些不能动弹的老人护理问题，而在这一方面的福利上日本还没有拿出完善的解决办法。对自己老了后抱有不安感的人数在增加，在 1986 年抱有不安感的人为 45%，而到 1998 年这一百分比增加为 73%。

这些问题得不到解决，国民自然有不稳定感，据 1997 年调查，国民对生活满意度认为向好的方向发展的只有 13%，而觉得正在向坏的方面发展的却占到 72%。

保守主义

存在决定意识，国民的意识也随着日本成为发达国家，自己的生活水平逐步提高而发生着变化，出现了“生活保守主义”和“私生活主义”。生活保守主义是指大部分人为了维持富裕的生活，对社会、政治、经济上的变化持保守主义的看法，维持富裕的生活是其第一目标。而也正是为此，自民党派遣自卫队等有可能增加军费开支从而影响到国民生活的做法遭到人们的反对，当然也有捍卫和平宪法的动机。在政治上越来越多的人倒向无党派中来，这自然要波及选举，极大地影响党派的支持率。

现在的日本人也越来越重视自己的私生活了，那种一早就上班，下班后和同事泡酒馆，深夜才回家的工薪阶层的生活已经成为日本社会的一个大问题，目前这种情形有所改变。现在的年青一代更重视家庭生活和个人的娱乐活动，但和其他发达国家相比，日本人在私生活的观念上还是落后的。譬如对公司的献身依然在年轻人中维持着，日本的员工将公司称作“我家”（うち），曾有位教授在报纸上撰文写道，自己的学生进了公司后，见到他称公司为“我家”。这位教授以此认为日本的年轻人还没有丢掉过去的传统，但这种意识却极大地妨碍了私人生活。

在物质生活达到了极大富裕之后，人们也对经济至上主义产生了怀疑，过去日本政府的导向只是经济、经济，赶超欧美，国民生产总值的增加等等。日本人被淹没在唯经济的观念之中，被其他国家的人视为“经济动物”，而冷战的结束，苏联、东欧的巨变又使人们对社会主义产生了怀疑，于是，价值的多元化正在悄悄地浸透进社会中。

国际化浪潮

由于日本成为世界经济大国，提高自身在国际政治、经济、文化上的地位就自然而然地出现了。中曾根内阁曾提出“战后政治总决算”和实现“政治大国”的目标，这就更需要日本的国际化了。20 世纪 80 年代中期以后，日本朝野掀起了国际化的浪潮，但是，什么是国际化，众说纷纭，莫衷一是，不过，大体的倾向是开放日本以适应国际社会的现实，也就是与国际社会接轨。不过，到现在为止日本的国际化进展得并不快。有人还嘲弄说不是日本国际化，而是国际日本化，这正道出进展不快的重要原因之一，即日本国民思想意识中的障碍。

新民众运动

自20世纪八九十年代，日本掀起了新的民众运动，其中保护环境运动和反核运动是其典型的例子。在人权问题上，日本和西方各国相比较，在女性、残疾人、外国人等方面要求增加其权利的运动也高涨起来，比如从1985年以后，男女雇佣机会均等法、父系优先的国籍法修正案等建立了起来，被歧视的妇女正在夺取应有的权利。过去战争遗留问题也引起日本人的注意。从军慰安妇、战争责任、毒气弹、细菌战受难者索赔、战争损害补偿等的诉讼和审判在日本人民的支持下向好的方向发展着。

这些社会运动可以说是随着宏观条件的变化而产生的，而有的运动则是由于非常事件才被人们意识到，并重视起来。志愿活动就是其中之一。本来在20世纪80年代这个活动就兴起了，但进行平平，直到1995年的阪神·淡路大地震后，志愿活动才引起世人的关注。1995年被定为志愿活动元年，随后便产生了非政府组织活动。1998年3月出台了支持这些民间的市民运动的特定非营利活动促进法①,1999年5月又通过了信息公开法②。有了这些法律的支持，民众运动将会更蓬勃地展开。

20世纪90年代后，民众运动更有针对性。如针对老龄化社会的来临，东京都的一些社区展开了换工活动，即现在的中年妇女去老年人家里照顾老年人，福利部门将记录其工作时间，等到该妇女到了老龄后，也会有人做相应的义务照顾工作。此外，日本拥有众多烟民，但民众们意识到健康问题，遂在全社会展开禁烟活动，许多公司设立了专门吸烟室。目前连新宿的街上都不允许吸烟。我们从这些新型的运动中可以看出，日本是越来越国际化，民众也越来

① 规定进行志愿活动的团体符合一定条件者可以成为法人的法。

② 规定国家行政机关的情报原则上公开的法。

越理性，已经没有过去群众运动那种过激、甚至暴力或过于理想主义的特色。

右倾化思潮

但是，我们同时也要注意到日本社会意识中的一部分，即右倾化思潮。日本人的民族主义情绪是十分强烈的，这和其岛国的地理环境、民族的相对单一等背景有关，但更主要的是明治维新以来，自上而下倡导煽动的近代民族主义和国家主义的影响巨大，当然开始时明治政府是为了对抗西方列强的侵略，但以后却在民族主义、国家主义乃至超国家、民族主义的旗帜下，发动侵略战争。这种民族主义观念直至战后并没有被彻底清除，随着日本成为经济大国，一部分日本人又在公开或改头换面地宣扬民族优越论和日本独特论。在 20 世纪 80 年代，日本的国家主义兴起，中曾根首相在 1985 年的“八・一五”日本战败日那天正式参拜了供奉着东条英机等 14 名甲级战犯的靖国神社。他还作为首相首次参加了 2 月 11 日的所谓建国纪念日活动，1989 年 2 月修改了学习指导要领，在学校仪式中要唱国歌“君之代”、升国旗。同月，昭和天皇的葬礼和第二年 11 月明仁天皇的即位仪式都作为国家典礼来进行。而昭和天皇是和战前日本的国家主义、民族主义混为一体的，也是超国家主义理论的逻辑基础①。首相参拜靖国神社虽然在以中国、韩国等亚洲国家的强烈反对声中一度中止，但阁僚和国会议员仍然继续参拜，从桥本开始，日本首相又去参拜，特别是小泉首相简直将参拜作为自己工作的一部分，而且是工作偏执狂。同时日本对战争的责任问题、历史问题也越来越不能正确认识和对待。

这种国家主义是和右倾化思潮有着千丝万缕的联系的。到了 20 世纪 90 年代，一些日本人认为日本已经从一个“普通国家”变为“大国”，这就是所谓的大国意识。日本政府也有这个想法，并积极行动起来，1992 年 1 月在联合国安理会首脑会议上，宫泽喜一首相就暗示日本想成为安理会常任理事国，美国对此表示支持，但多数国家是持否定态度的。

大国意识并非贬义，但日本的大国意识在某种意义上是国家主义思想的一个延伸。这种意识当然会带来思想上的右倾化。在现实中，日美安保条约和向

① 参见丸山真男:《现代政治的指导和行动》，未来社。

海外派遣自卫队被认可。修改宪法也成为议论的话题。自中曾根康弘提出改宪后，自 1992 年后，自民党的政调会长三塚博就认为自卫队向海外派兵与宪法第 9 条相悖，对宪法应重新探讨，宫泽喜一首相也认为讨论改宪是有意义的。媒体也加入进来，日本大报《读卖新闻》于 1994 年 11 月 3 日推出特辑，内容是该报草拟的《宪法修正草案》。1999 年 9 月，小渊在竞选自民党总裁时，曾提出要推进对改宪的讨论。当然他当上首相后，明确表示没有改宪的想法。自由党的小泽公开在杂志上发表了“日本国宪法修改试案”，民主党的鸠山由纪夫也赞成改宪。日本国宪法是被称作和平宪法的一个很进步的宪法，它的产生不仅是日本人民对世界和平的一大贡献，也是遭受日本军国主义侵略的各国人民用鲜血换来的。在这种右倾化思潮下，一些政府阁僚和政治家“失言”(妄言)事件不断发生。1999 年 10 月，防卫厅政务次官、自由党的西村慎一居然妄言日本应当进行核武装，在舆论强烈的批判下，不得不辞去职务。

对历史问题，特别是对战争责任的看法也在变化。1995 年，一部分人成立了“自由主义史观研究会”，认为以前的近代史学研究成果是“东京裁判史观”、“自虐史观”，宣称要塑造日本“独自的历史像”，试图为东京审判、南京大屠杀等翻案，极大地伤害了亚洲各国人民的感情。而且在这方面，自 20 世纪 80 年代以来政府官员也屡屡“失言”，联合政权中的法务大臣永野茂门公然声称南京大屠杀是捏造的，还有“侵略有益论”，“七七事变”是偶发事件等等荒谬之谈。这些政府高官的言论不能不让被侵略的亚洲国家的人民感到愤怒。

虽然具有右倾化思想不过是一部分人，但其能量和危害不能轻视，特别是日本政府似乎并没有意识到这一点，这就更使人担忧。

第五节　问题和方向

日本在上个世纪，从一个不可一世的军国主义的法西斯国家败亡中建立了一个资本主义民主国家，又从战争废墟中变成世界第二经济大国，从穷兵黩武、大肆侵略的国策改为和平宪法第 9 条，走了一段很曲折的道路。但应该肯定的是战后 62 年，日本是走的和平发展道路，日本已发展为实力雄厚的世界经济大国。但也应看到，现在的日本虽然是富裕的，和平宪法还存在着，但同时也存在着许多问题。有些问题已经不是日本本国的事情，是关系到世界，特别是关系到日本的亚洲近邻国家的重大问题。

从国内讲，日本的经济被泡沫经济的后遗症所折磨，经济增长的波动很大(虽然现在来看恢复的势头不错)，而且亚洲国家，特别是中国的和平崛起，使日本产业空洞化迅速进展，过去世界工厂的日本的地位正在被中国取代。当然，日本仍是世界第二经济大国，经济实力巨大，绝不能轻视和低估。然而我们看到和预测，在经济领域，日本会更快地更坚决地把重点转向亚太地区，特别是我国，即所谓的“回归亚洲”。这是为了开拓更广阔的市场、原料资源的供应地及投资场所。这对我国及东亚、亚洲的经济发展提供了很好的机遇。日本在这方面的作用是应该充分肯定的。

同时，过去日本是出口导向型经济模式，在国际竞争中，日本的产业竞争能力是首屈一指的，但国内的产业和其他发达国家相比，无论是在劳动生产率，抑或设备等硬件上都是落后的。这已引起日本重视，将会以科学技术和经济改革逐步解决这些问题。日本人的生活质量也远不及西方发达国家，住宅、城市的基础设施、老人的福利及环境都需要做更大的努力。

同时，老龄化的问题日益严重。按老龄化社会的标准是65岁以上的老人在全部人口中所占比例为7%，而1999年日本的老龄人口占到了16.7%，妇女的生育孩子的数量在1998年已经降到了1.3个。据预测，2007年日本的人口将达到高峰，以后将逐年下降，劳动力的缺乏已在眼前（但据最新调查，自2005年开始，日本人口已经下降，即劳动力缺乏提前来临)。面对这种情况，日本政府和人民采取什么对策将是21世纪的一个重大课题。

此外，到日本学习和工作的外国人越来越多,1997年已经达到了470万人，外国人到日本工作，确实让日本人不出国门便有了国际化的感觉，但对外国人的待遇和政策还需要完善，特别是国民意识中的民族主义思想给外国人的生活和学习、工作带来了不便，这特别体现在来自发展中国家的人们身上。

在国际方面，日本国家发展战略目标是在政治和安全领域强化日美同盟，谋求亚太地区主导权，成为政治、军事大国。这是令人担心的。日本不应专一追随美国，想当年福泽谕吉代表的“脱亚入欧论”给日本造成了极大的危害。日本从地缘政治、文化渊源上说，是亚洲的一员，从今后的发展方向上，亚洲也正是日本可以发挥其自身能力的最好场所。但日本现在的动向是令亚洲人民不安的，对战争责任的态度暧昧，甚至存在右倾化思潮，都妨碍着日本和亚洲国家的友好交往。特别是历史上的问题是和现实相联系的，如果不予以彻底地解决，日本在亚洲很难避免“孤儿”的地位。在这时，日本却一心想当军事大国，近日也将防卫厅升格为防卫省，和历史相联系不能不引起各国人民，特别是受到日本侵略之害的亚洲各国人民的关注。

在更大的国际范围中，日本应当保卫和平宪法，这是一部能体现人类和平观念的宪法，只有在这个宪法框架中，日本才能为国际问题的解决作出巨大的贡献。

总之，目前日本的情况有些类似于大正民主后期，也是站在十字路口上，往何处走的选择对日本是至关重要的。右倾化的思潮是对日本最大的威胁，日本人民应该坚决反对。同时，我们也应该看到，现在的日本和大正民主时期的日本不可同日而语，民主主义思想在日本已经扎下根来，少数的右翼分子或具有这种思想的人，想将日本引入穷途也是为广大日本人民所坚决反对的。日本仍会在和平发展道路上继续向前走。

第六节　旋转的内阁

小泉下台后中日关系的改善

小泉纯一郎内阁在日本当代史上可以书写一笔，因小泉内阁居然将政权执掌到了 2006 年。在他的任内，日本在外交上全面转向美国，日美同盟在小泉内阁时，光用加强还是不能充分说明的。也就是因为这样，以后的日本内阁都要声明和美国的关系只能加强，不能减弱。我们知道，日美关系的大势是以冷战结束，及美国一个超级大国的存在为背景，以致于如果日本不和美国搞好关系，不论哪位政治家都上不了台，即使上了台，也会很快下台。这一点是值得我们注意的。那些认为日美同盟也不是牢不可破的观点自然有其道理，但近期甚至相当一段时期内，我们不会看到两国之间的同盟关系会有什么实质性变化的。

此外，就是对华关系，小泉六次悍然参拜靖国神社，为军国主义战犯招魂。对此，我们应当坚决反对、严厉批判。不管是谁，不管是哪个国家都不能祭祀战犯，这样做是对在战争中被杀害的无辜平民和为反抗侵略牺牲的烈士们严重不公，这是冒天下之大不韪的做法，中国不应，也不会有丝毫让步或示弱。由于小泉顽固坚持参拜，不惜破坏中日关系，致使两国关系进入了 1972 年以来的“冰冻期”。

小泉内阁在日本国内也推行了一系列改革，如公共部门领域的“结构改革”、邮政民营化改革等，当然有不少问题和后遗症，但也确实取得了一定的成功。从这里，我们可以看出小泉和他所代表的派系政治技术还是娴熟的，但是，对此也不能过于夸大。在一个民主政体中，国家的领导层的主动性是不会过分发挥的。因此，我们说，小泉的改革不过是日本国内的需要，是日本人民期待和支持的。也可以这么说，无论哪个内阁都要走这一步，当然也许没有小泉内阁那样顺利。就此一点，我们才说，小泉内阁的领导能力强于其他后继的许多内阁。

2006 年小泉内阁下台，同年 9 月 26 日安倍晋三内阁成立。安倍和小泉一样，也是自民党的议员。在这里需要指出的是，人们看到自民党上台并把持政权，就以为或许是五五年体制的复活。其实不然，从五五年体制到自民党下台，其间 38 年，一直是自民党独大，在野党最强大的是社会党，但没有足够的力量和自民党抗衡，自民党以派系顶替多党轮流执政的政权运营方式（资本主义的民主国家），但 2000 年，七党联盟成立并执掌政权后，自民党四分五裂，派系还存在，但以另外的政党面目出现构成了主流，所以说，即使是自民党执政也和五五年体制有着质的不同。

安倍晋三出身政治世家，他的祖父战前就是日本众议院议员，外祖父是大名鼎鼎的前首相岸信介（在东京审判中，被定为甲级战犯；1957—1960 两次任首相），他和战后掌舵日本时间最长的佐藤荣作（1964—1972 三次任首相）是亲兄弟。安倍晋三的父亲安倍晋太郎曾当过外相。安倍家族是个在政界耀眼的家族。我们也应该指出的是，这里面并没有封建社会的血缘继承的问题，不论是谁，在日本从政都要通过选举。但是，日本人是相信世家的，就像那些工匠世家一样，日本人认为从小的家庭熏陶或教育有利于将来从事这一行当。所以说，安倍晋三也算是沾了家庭的光。从这一点我们也可以看出，日本政治家，甚至首相对人们的普通生活乃至政治生活影响并不大，选举时，连安倍晋三是个美男子都成为当选、执政的重要条件了。

安倍晋三是小泉极力推荐上台的，时年 52 岁，在日本政治家中算是很年轻的了。日本也确实需要一个有活力的、年轻的首相了。果然，安倍上台后，就宣称他要做个“战斗的”政治家，那我们就来看看他的“战斗姿态”。

在政治上，他提出要修改和平宪法。众所周知，日本战后的和平宪法是通过对第二次世界大战日本帝国给诸多国家带来深重的灾难并自取灭亡的反思而制定的一个超越时代的宪法。但多年，特别是近年来，日本国内一直有要修改宪法的叫声，而且愈来愈强。于是，2007 年安倍声称要在六年后，修改宪法。并在国会通过了“国民投票法”草案，这是为修改宪法做准备，因为修改宪法需要国民投票表决。

修改宪法的核心在于日本的军事问题。日本名义上是没有正规军队的，只有自卫队。过去，自卫队不敢逾雷池一步，只呆在国内，但“9・11”后，美国发动了和伊拉克的战争，自卫队作为后勤也参战了，这是个很严重的问题，引起日本朝野的强烈关注。世界也为之不安。自卫队的正式军队化是不能允许的，尤其是在日本对中国及亚洲其他被侵略国家的历史问题还没有正确的认识和行动之前。但我们同时还要看到，日本的加强军备是和美国的要求分不开的，美国需要这个盟国担负更大的军事和政治责任，尤其是在亚洲，日本也不能推辞。此外，日本虽说出兵，但确实不想参加正式战斗，因为如果伤亡了自卫队员，国内的舆论甚至抗议，不论哪届政府都受不了，所以，自卫队的参战是耍滑头。

在外交上，依然是以美国为主，自从小泉彻底投向美国的怀抱后，日本的首相不以美国为第一盟国，是上不了台的，即使上去，也得下来。这就是日美关系的实质，任何其他国家不要在这上面存幻想、做文章。

安倍是日本右翼政治家，他在日本内政方面的主张，与其他右翼政客是一样的，他也是公开、积极支持小泉参拜靖国神社的。但和小泉不同的是，安倍上台后考虑到小泉外交的失败，对中日关系持一种改善的态度。他上台不久，即表示承认村山富市前首相关于战争道歉的“村山谈话”，坚持日本不搞核武器等。不过，他在是否参拜靖国神社问题上的表态还是暧昧含糊的，他说是要“适当应对”，其实是首鼠两端。这也从另一个方面说明，像安倍这样没有经历过战争的日本新一代政治家，很难理解日本的侵略给各国人民带来的灾难。他在组阁不久的 2006 年 10 月，就来华访问，是日本将中国作为首访国的第一位首相。这次访问被称为“破冰之旅”。中日双方达成一系列共识，特别是明确了“努力构筑基于共同战略利益的互惠关系”的中日关系发展大方向。中国温家宝总理为了“友谊与合作”于2007年4月正式访问日本，被称为“融冰之旅”。在与安倍首相会谈后，发表了《中日联合新闻公报》，确认了努力构筑中日战略互惠关系的框架和内涵。

在经济方面，安倍提出了国民生产总值年增长3%的目标。日本经过很长时间的犹疑：即是走低增长的欧洲福利国家的道路，还是实行美国的继续发展的路线？最后还是倾向于美国式的资本主义了。

日本历代政治家都要搞出一些新概念、新名堂，以便青史留名。安倍也是如此，但时不我待，他还没来得及大展宏图，就在2007年9月12号，因自民党在参议院选举中遭惨败等原因，突然宣布辞职。接任的是自民党福田康夫。

福田康夫是前首相福田赳夫的长子，也是政治世家，而且是日本历史上首次父子二人都当上首相的家族。福田康夫也是自民党的党首，因此，他执行的还是自民党既有的政策，值得一提的就是他的“新福田主义”，其实也没什么新鲜的东西，只是扩大的日美同盟，并加强了和东盟国家的关系，进而来了个日美澳印的四国安全保障框架。这也是前几任首相外交路线的发展。

从日本来说，包括民众在内，一直在争取日本作为一个“普通”国家而不是第二次世界大战的罪魁祸首之一和因战败带来的诸多“特殊”限制的国家。这当然是种民族主义的主张，但实现这个目标却有两个障碍，而且这两个障碍是日本自己设置的：其一，就是对战争责任没有彻底反省和认罪，一个首相上台一个说法，朝令夕改，出尔反尔，引起被侵略国家的极大不满，这个问题不解决，日本总是让人不放心。第二，就是日本光是搞日美同盟，虽然并不是不可以，但不能过于依靠美国，而忽略邻国和弱国。这种“单打一”的外交路线反过来，也使日本的目标难以达到。

福田内阁采取了对华友好的政策，福田首相在2007年12月访问中国，被称为“迎春之旅”。2008年5月初，中国国家主席胡锦涛访问日本，称为“暖春之旅”。在与福田首相会谈后于5月7日，发表了《中日关于全面推进战略互惠关系的联合声明》。5月和6月，中国汶川和日本岩手县先后发生大地震，双方互信援助，增进了两国国民的感情。8月，福田首相出席第29届北京奥运会开幕式。中日关系有了全面的改善和发展。

由于国内政治的缘故，福田康夫又创造了一个短命内阁。2008年9月1日，福田首相宣布辞职,9月22日，麻生太郎以绝对优势赢得了自民党党首的位置，24日，麻生太郎成为日本第92届内阁首相。

麻生也是政治世家，和前两任不同的是，这个人养尊处优，对日本庶民的生活不甚了解，是个过惯了欧式生活的人。譬如，他在晚上休息时，要到高级酒店喝洋酒。他的价值观也是欧美式的，他认为外交的首要条件是价值观的异同，这就是说，只有和资本主义民主国家联盟，日本才有安全保障。2008 年 12 月，日本与中国、韩国领导人在日本福冈举行会议，三国正式签署《三国伙伴关系联合声明》，并发表了《中日韩合作行动计划》等。2009 年 4 月，麻生首相正式访问中国，中日关系有了新的发展。

自民党麻生政权也不长命，而且还把政权丢失在民主党手中。在 2009 年 8 月的大选中，在野的民主党在众议院选举中，一举击败了自民党（在 491 个众议院席位中得到了 308 席，自民党仅 119 席），自民党的大败，也是自民党执政机制的崩溃。这说明自民党已不得人心，其改革等没有取得大的进展。同时我们也应看到，政权更迭太快，实际上造成了政策缺乏一贯性，这样也会让选民失望。另外，日本国民也多少有点厌旧而期盼成立只有 13 年历史的新的民主党政权。

民主党党首鸠山由纪夫是前首相鸠山一郎的儿子，鸠山一郎在 20 世纪 50 年代当首相时，曾对中国很友好。2009 年 9 月 16 日，鸠山由纪夫当选为新一届日本首相。他要日本追求“与美国更平等的关系”，同时，更重视亚洲，特别是东亚，提出建立东亚共同体构想。鸠山新政权还积极主张深化中日关系。9 月，鸠山首相在美国纽约与胡锦涛主席会谈，10 月又在北京的第二次中日韩领导人会议时与温家宝总理会谈，达成多项共识。中日关系得以积极顺利的发展。

日本向何处去

鸠山的政权不到一年，就因普天间美军基地搬迁的问题，不仅开罪美国，也引起民众不满，在 2010 年 6 月，鸠山辞去首相职务。接任的是民主党的菅直人。菅直人在上世纪 90 年代初露头角，以新锐和改革闻名，他的上台也是多年声望积累的结果。

在走马灯一样旋转的内阁中，施政等确实乏善可陈，外交都是以美国马首是瞻，鸠山想要与美国建立平等的关系，而不得不下台。新上台的菅直人内阁，改而将日美同盟关系当成日本外交的头等大事，全力修复因为普天间基地问题而冷淡的日美关系。从而背离民主党竞选纲领，又回归到自民党的方针。

尤其值得注意的是，2010 年是中日关系进入一个非常微妙阶段，即从稳定发展到急剧恶化的一年。2010 年 9 月 7 日，中国渔船在我国钓鱼岛附近海域捕捞时，遭到日本海上保安厅巡逻舰阻截，发生冲撞，日本声称中国渔船违反日本的“渔业法”，逮捕了中国船长等数人，在中国的严正交涉下，日本释放了船员，却正式抓扣了船长，并要按日本国内司法程序处理。这是日本在钓鱼岛主权归属问题上发出的危险信号，成为近年来中日钓鱼岛争端的起点。

“撞船事件”引起了中日双方关系极度紧张，经过中国的外交努力，9 月 24 日，日本放还了船长。这次事件，折射出日本积极推进国家海洋战略的意图。

2010 年 12 月 17 日，日本内阁通过了新《防卫计划大纲》，更于 2011 年 1 月 27 日至 2 月 3 日，美日集团军司令部举行应对“离岛作战”，名为“山樱”的联合军演。

2011 年 3 月 11 日，日本东北部福岛县海域发生了创纪录的超大地震（9.0 级），引发了史无前例的大海啸以及最高级别的核危机。三重叠加的特大灾难造成日本死亡人数达 1.5 万，失踪人数近 1 万人。由于日本是地震多发国家，积累了防震高科技，因此，尽管东京的轻轨和地铁在剧烈的地震中，乘客像是骑上了烈马，但都自动停车，没有造成人员伤亡（地震死者大多是由于海啸，他们住在海边，老人居多）。令人没有想到的是，海啸引起的核电站破坏，东京电力集团的福岛核电站放出大量的辐射物，在这么严重的态势面前，日本政府和东电集团则表现的麻木不仁，没有效率，致使其严重后果超过了苏联切尔诺贝利核电站的爆炸。时至今日，核辐射仍在继续，其影响十分深远。当然这大部分是因为不可抗力，但日本对这个问题的处理，采取的措施很难说是透明和恰当有力的，这也可看出在管理机制、办法等方面日本的思维方式和行动方式的僵化，可以说这也是日本现在最大的问题之一。

2011 年 8 月 2 日，日内阁会议批准了防卫大臣提交的 2011 年度《防卫白皮书》。白皮书中将中国视为周边的安全威胁，煽动“中国军事威胁论”。本来中日间由于存在历史认识问题、台湾问题、钓鱼岛问题、东海争端等短期内难于解决的结构性问题，加上美国高调重返东亚，提出了“亚洲再平衡”战略，日本就伺机插手南海问题，企图联合东盟国家和中国对抗。

日本菅直人内阁于 2011 年 8 月 30 日上午总辞职，主要原因就是处理福岛县特大地震的工作不力。同日下午，民主党党首野田佳彦当选日本第 95 任，第62位首相。9月2日，野田内阁正式成立。

9月13日，野田首相在国会向众参两院发表就职演说，明确了把应对大地震灾害和恢复日本经济作为优先课题。演说指出，在外交方面，坚持日美同盟为基础解决具体问题，同时强调与中国构筑战略互惠关系。

2012年4月，石原慎太郎在美国宣传东京都要收购钓鱼岛，原因是钓鱼岛的所谓岛主因经济拮据需要钱，从而点燃了中日钓鱼岛主权争端的导火索。

同年9月，野田政府决定将钓鱼岛购为国有，上演了日本国家“购岛”闹剧。这关乎中国的领土主权，也严重伤害了中国的民族感情，因而受到中国政府的强烈反对和抗议。日本野田政府却表示了坚决不让步、不谈判的强硬姿态，使得两国关系急剧恶化，重新回到“冰冻期”。12月16日，日本众议院大选，自民党获得议席294个，取得压倒性胜利。民主党只57个，大选惨败。26日，野田内阁下台；自民党总裁安倍晋三又重新当选，成为第96任日本首相。

安倍内阁上台后，一是采取和中国对抗的强硬姿态，并且用紧靠美国、笼络周边、拉帮结伙“群殴”中国的手段；二是提出金融宽松加积极财政，大发货币的办法，实行所谓安倍经济学；三是加大修改和平宪法、扩军和为侵略历史翻案的步伐。2013年1月25日，安倍内阁正式决定修改现行的《防卫计划大纲》和《中期防卫力量整备计划》。2月21—23日，安倍首相访问美国，与奥巴马总统会谈日美同盟、钓鱼岛等问题。

安倍首相2013年2月28日在国会的施政演说中，攻击中国不断挑衅日本主权，声称“将致力于11年来首次增加防卫费，并修改防卫大纲，提升自卫队的应对能力，包括西南地区”。3月17日，安倍在确定自民党2013年行动计划中，明确提出“自民党将继承参拜靖国神社的传统，以哀悼那些为国奠定基础的人”。4月28日，安倍在举行“主权恢复日”仪式上，举起双手，三呼“天皇万岁”。7月，在卢沟桥事变76周年纪念日，安倍在被日媒问到对日本侵略历史问题的认识时，竟然表示，日本也有值得骄傲的历史，要求中国相互尊重。7月21日，日本参议院选举，联合执政的自民党、公明党大胜，占据过半议席。26日，日本出台新的《防卫计划大纲》中期报告。8月7日，日本政府宣布，福岛核电站每天至少有300吨核污染地下水流入大海。9月7日，东京申办2020年奥运会成功。10月6日，安倍内阁防卫相小野寺五典称，将把硫磺岛作为防卫据点强化其附近海域的防卫警戒部署。

对安倍首相的种种狂言妄行和安倍政府的加强军备部署，我们不能不认真思考一下：这究竟是为什么？日本要向何处去？下面，想极简明的讲讲我们的一些看法。

首先让我们看看日本国内政治。一言以蔽之，在2012年末，即现任安倍晋三郎内阁前，日本的政治状况还是基本平稳的，但其中我们也能看到日本的焦躁，这主要是来源于日本的政治家在战略上没有创建，也没有高瞻远瞩的政治目光。这时的日本面临着重要的选择，在政治上，由于冷战结束，日本如何应对新的国际形势，即如何开展新的外交。其次，日本的经济长期停滞不前，如何看待这个问题，实际上关系到日本要成为一个什么样的国家？一是像美国一样，继续发展，做引领世界经济的火车头；二是像北欧、西欧的一些发达国家那样，成为福利国家。当然在我们看来，第二种选择是明智的，但日本却在犹豫观望。往日高速增长的辉煌依旧是日本人驱之不散的美好回忆，这是一种集体心理，但更重要的是日本政治家思维的僵化。自二战后，日本的国家战略目标一直是赶超欧美先进国家，因此，GDP成为日本经济界追逐的至高目标，但20世纪90年代的泡沫破灭后，日本经济几乎是一蹶不振，如果这是暂时的困顿尚且不影响国家战略，但人口的减少、老龄化的来临，日本不可能再重复此前的发展模式。而新的思维并没有出现，因此，就出现了在十字路口徘徊的当今日本。

在经济方面，日本确实是乏善可陈，经济增长虽有起落，但整体不景气，有人将其归结为日元升值所致。当然对日本外向型经济结构而言，确实如此。但我们认为还有更深层次的原因，其一，就是日本人口的减少，缺少劳动力，怎么会有经济增长，何况老龄化社会需要大量的福利开支，即使安倍再增加货币，使日元贬值，最终也是徒劳无功的。第二，涉及日本的经济结构乃至整体的经济决策。日本的外向型经济结构受国际经济影响过大，应该注重内需，但日本迟迟没有转过弯来，定势思维和此前经济发展的惯性是其主要原因。而这一点和日本的经济战略是紧密相关的。冷战结束后，劳动力、资本的国际间流动的加速与之前两大阵营划分经济板块的格局有了质的变化，各国经济的日益国际化形成浩荡的潮流，但日本没有清楚地意识到这一形势，依然固守国内市场的自家垄断，对进入国际市场步伐缓慢。譬如，广大的中国市场，日本就落在了欧美之后。并且日本对全球化冷漠，对国际合作兴趣也不大，如和美国的TPP（跨太平洋战略经济伙伴关系协定）谈判，一直没有表现出主动性。除了上述的日本精英阶层和掌权者思想僵化外，恐怕还有不可言说的东西，那就是20世纪80年代前，欧美发达国家共有的压制后发展国家经济发展对自身有利的错误想法。但后来，欧美发达国家意识到只有发展中国家富裕，发达国家的产品、技术才有市场，于是，和发展中国家共同进步才是上策的思维转变为他们的共识，但日本大概还没有意识到这一点。其实，在小泉内阁时，由于中国的发展，拉动了日本的出口，小泉曾公开感谢过中国。

与国内政治和经济相比，日本外交却进入了多事之秋，在所谓北方四岛问题上和俄罗斯发生矛盾、冲突，以致时任俄国总统的梅德韦杰夫视察四岛，以宣示主权。和韩国为了“竹岛”（韩国称独岛）更是龃龉不断，甚至互有刺激对方的行动。当前，更与中国在钓鱼岛海域摩擦不断。对中国固有领土钓鱼岛，中国日本领导人曾经达成共识和默契：搁置争议，共同开发。因而保持了长期的无大事。

但如今的日本却采取了不友好的态度，从“撞船”到“购岛”，日本不断上演着“闹剧”。不仅在国际上拉拢各方力量，而且要修改日本宪法第九条，即非战条约。我们认为日本国宪法第九条是日本对国际政治和关系的最重要贡献，以和平的方式解决国与国之间的争端——无论是何种争端——本来就是人类的理想，而日本率先实行了，是值得称赞的事情。但日本修改宪法，其理由是日本要成为“正常国家”，真是滑天下之大稽。日本自战后回归联合国，成为国际社会一员后，就是一个主权国家，在国家事务上从来没有遇到过特殊的困难，日本没有遭受过侵略，也没有任何人贬低过日本。难道日本就满足于对世界贡献方便面和卡拉OK，而不想在大趋势中发挥重要的作用？难道日本就这样将日本人民伟大的创造毁于一旦？如果真是这样，不能不让各国爱好和平的人们扼腕叹息。

但是，和平主义在战后已经深入日本人的心底深处，战争是绝对恶的观念几乎是日本人民的共识，所以，我们相信，安倍修改宪法的企图不会得逞。其实，日本国内的有识之士已经奋起反对，如加藤周一（已逝）先生等人建立的“九条会”就是日本人良知和理性的明证。

顺便说一句，许多人认为日本是追随美国的，其所作所为都是美国在后面撑腰。这种看法至少不是全对的，需知日本是独立国家，有完整的主权，没有人能强制日本干什么。战后，日本回归国际社会后，所有的国际、外交问题上的决策，不论是政治的还是经济的，都是日本自主决定的。

日本的现任首相安倍曾出访好多国家，号称要寻找价值观相同的国家。这确实是个重要的问题，我们要说的是，日本的价值观到底是什么？日本人可能是民主主义，但民主主义并不是终极价值。民主主义指导的政治制度是有工具性的，西方民主制为的是保障个人权利，个性的自由才是其终极价值，如果终极价值是其他的，比如，是种族主义的，一旦这个民主国家的人们认为这是他们的终极价值，那民主制度就会沦为帮凶的，希特勒不就是选举上台的吗？法西斯日本时代，国会也一直存在。因此，我们说单纯的民主制度不能说明一个国家或社会真正的意识主流。那么，日本真正终极价值又是什么呢？我们认为是民族主义。

20 世纪有两种重要的政治思潮和行动，那就是社会主义和民族主义，前者建立了国家，而后者却更广泛地散布在各国现代民族国家中。也就是说，每个国家或多或少都具有民族主义的意识形态。这是 19 世纪的先哲们没有预想到的，之所以民族主义成为世界性的思潮和行动，主要是不发达国家反对侵略，要求民族解放、国家独立而造成的。本来民族主义在争取国家和民族自由，特别是反抗武力侵略上不仅无可厚非，反而应大力宣扬和称颂，但如果将民族主义用作对其他民族歧视，宣扬民族沙文主义，进而在民族主义的幌子下，侵略别的国家，那就必须反对了。日本尤其应该注意民族主义的质变。因为，日本有民族主义形成的先天素质。日本孤悬海外，基本上是单一民族国家。从其近代历史看，日本在西力东渐时，能率先实现近代化，和其民族主义天然觉悟有很大的关联。日本侵略朝鲜和中国伊始，均以“保护本国安全”为借口。战后，日本的民族主义随着经济复兴和高速增长而日益浓厚起来，就是我们前文中所指出的应该注意所谓的“日本人”思潮。日本有特殊的文化，甚至是特殊的人种等等，玄之又玄的奇谈怪论总是不绝于耳。在这种民族主义意识形态下，日本和国际社会，甚至自己的近邻在政治或经济上总是有所隔阂。即使是美国，想要进入日本市场也比登天还难。但是，随着经济、交通通信工具的发展，今天全世界已经成为了地球村，任何一个国家在经济上都不能独善其身，和平发展是世界的潮流，也是解决各国矛盾的最有利的方式方法，如今要用武器来武装自己，是最不合时宜的了。

在经济上，如果说高速成长时期是日本经济的奇迹，那么，这几年也算得上是奇迹了。因为，在劳动力不再增加的情况下，日本的经济仍然取得增长，这也说明日本确实不仅是经济大国，还是科技大国。2007 年 11 月，日本连续 69 个月增长，07 年达到 2. 3%。但接下来的美国次贷危机引发的全球性金融危机袭来，日本经济增长下滑，直到 2010 年，才又恢复，增长率达 4. 3%，为西方国家首位，这主要是靠着向中国等国家出口实现的。譬如，仅 2009 年日本对中国的出口就增加了 47%，在某种意义上，可以说是中国挽救了日本。从这里我们可以看出日本几十年来，所谓的经济结构调整，收效并不大，根本上还是靠着出口实现增长。这对中国和世界都是一个很好的参考。

2010 年，中国的国内生产总值（GDP）超过日本，名列世界第二，这使日本受到很大刺激、冲击。日本人的心理很复杂，一方面，他们知道中国不论是按人均国内生产总值或是以福利等其他指标，都远远落在日本后面（约 10 倍），仍属于发展中国家，但日本引以为傲的仅次于美国的经济大国的位置毕竟丢掉了。这不能不引起日本国民的心理震荡。但是，我们中国一定要冷静、清醒：日本依然是世界强国，是经济大国！在世界上具有相当的影响力。从 2020 年东京奥运会申办成功，我们应该看到、思考更多的东西。

在社会问题上，日本老龄化日益严重，本来日本预测会在 2007 年人口达到高峰，然后逐年下降，但 2004 年，日本的人口就提前达到高峰，日本人的寿命世界第一。因此，老龄化的挑战就更严峻，所幸的是，2010 年日本人口得以增长，日本政府、舆论对人口减少带来的类似于危言耸听的估计，还是起到了作用，日本国民看来是接受了劝说。

值得注意的是，日本人越来越重视舒适的生活，同时，一些日本人的头脑似乎也变得更加简单。譬如，漫画在日本流行数十年后，不仅势头不减，而且越来越受人们欢迎，由此，还有了相关的产业，如日本兴起的御宅族旅游就是其中之一。御宅族旅游是那些热爱漫画的人，去漫画中提及的相关事件发生地旅游。

总之，日本国内、国际各种状况和因素都表明：日本处在一个十字路口，问题是，日本向何处去？

索　引

（按汉语拼音字母顺序排列）

一、事件索引

A

B

C

D

E

F

G

H

J

K

L

M

N

O

P

Q

R

S

T

W

X

Y

Z

二、人名索引

A

B

C

D

E

F

G

H

J

K

L

M

N

P

Q

R

S

T

W

X

Y

Z

日本历代天皇、将军、内阁一览表

公　元	年　号	天　皇	将　军	内　阁
593	一年	推古		
629	一年	舒明		
642	一年	皇极		
645	大化一年	孝德		
650	白雉一年			
655	一年	齐明		
662	一年	天智		
672	弘文一年 天武一年	弘文　天武		
686	朱鸟一年	持统		
697	一年	文武		
701	大宝一年			
704	庆云一年			
707		元明		
708	和铜一年			
715	灵龟一年	元正		
724	神龟一年	圣武		
729	天平一年			
749	天平感宝一年 天平胜宝一年	孝谦		
757	天平宝字一年	淳仁		
764		称德		
765	天平神护一年			
767	神护景云一年			

续表

公　元	年　号	天　皇	将　军	内　阁
770	宝龟一年	光仁		
781	天应一年	恒武		
782	延历一年			
806	大同一年	平城		
810	弘仁一年	嵯峨		
823		淳和		
824	天长一年			
833		仁明		
834	承和一年			
848	嘉祥一年			
850		文德		
851	仁寿一年			
854	齐衡一年			
857	天安一年			
858		清和		
859	贞观一年			
876		阳成		
877	元庆一年			
884		光孝		
885	仁和一年			
887		宇多		
889	宽平一年			
897		醍醐		
898	昌泰一年			
901	延喜一年			
923	延长一年			
930		朱雀		
931	承平一年			
938	天庆一年			
945		村上		

续表

公 元	年 号	天 皇	将 军	内 阁
947	天历一年			
957	天德一年			
961	应和一年			
964	康保一年			
967		冷泉		
968	安和一年			
969		圆融		
970	天禄一年			
973	天延一年			
976	贞元一年			
978	天元一年			
983	永观一年			
984		花山		
985	宽和一年			
986		一条		
987	永延一年			
989	永祚一年			
990	正历一年			
995	长德一年			
999	长保一年			
1004	宽弘一年			
1011		三条		
1012	长和一年			
1016		后一条		
1017	宽仁一年			
1021	治安一年			
1024	万寿一年			
1028	长元一年			
1036		后朱雀		
1037	长历一年			

续表

公　元	年　号	天　皇	将　军	内　阁
1040	长久一年			
1044	宽德一年			
1045		后冷泉		
1046	永承一年			
1053	天喜一年			
1058	康平一年			
1065	治历一年			
1068		后三条		
1069	延久一年			
1072		白河		
1074	承保一年			
1077	承历一年			
1081	永保一年			
1084	应德一年			
1086		堀河		
1087	宽治一年			
1094	嘉保一年			
1096	永长一年			
1097	承德一年			
1099	康和一年			
1104	长治一年			
1106	嘉承一年			
1107		鸟羽		
1108	天仁一年			
1110	天永一年			
1113	永久一年			
1118	元永一年			
1120	保安一年			
1123		崇德		
1124	天治一年			

续表

公 元	年 号	天 皇	将 军	内 阁
1126	大治一年			
1131	天承一年			
1132	长承一年			
1135	保延一年			
1141	永治一年	近卫		
1142	康治一年			
1144	天养一年			
1145	久安一年			
1151	仁平一年			
1154	久寿一年			
1155		后白河		
1156	保元一年			
1158		二条		
1159	平治一年			
1160	永历一年			
1161	应保一年			
1163	长宽一年			
1165	永万一年	六条		
1166	仁安一年			
1168		高仓		
1169	嘉应一年			
1171	承安一年			
1175	安元一年			
1177	治承一年			
1180		安德		
1181	养和一年			
1182	寿永一年			
1183		后鸟羽		
1184	元历一年			
1185	文治一年			

续表

公　元	年　号	天　皇	将　军	内　阁
1190	建久一年			
1192	建久三年		（镰仓幕府） 源赖朝	
1198		土御门		
1199	正治一年			
1201	建仁一年			
1202	建仁二年		源赖家	
1203	建仁三年		源实朝	
1204	元久一年			
1206	建永一年			
1207	承元一年			
1210		顺德		
1211	建历一年			
1213	建保一年			
1219	承久一年			
1221	承久三年	仲恭 后堀河		
1222	贞应一年	后堀河		
1224	元仁一年			
1225	嘉禄一年			
1226	嘉禄二年		藤原赖经	
1227	安贞一年			
1229	宽喜一年			
1232	贞永一年	四条		
1233	天福一年			
1234	文历一年			
1235	嘉祯一年			
1238	历仁一年			
1239	延应一年			
1240	仁治一年			

续表

公 元	年 号	天 皇	将 军	内 阁
1242		后嵯峨		
1243	宽元一年			
1244	宽元二年		藤原赖嗣	
1246		后深草		
1247	宝治一年			
1249	建长一年			
1252	建长 4 年		宗尊亲王	
1256	康元一年			
1257	正嘉一年			
1259	正元一年	龟山		
1260	文应一年			
1261	弘长一年			
1264	文永一年			
1266	文永三年		惟康亲王	
1274		后宇多		
1275	建治一年			
1278	弘安一年			
1287		伏见		
1288	正应一年			
1289	正应二年		久明亲王	
1293	永仁一年			
1298		后伏见		
1299	正安一年			
1301		后二条		
1302	乾元一年			
1303	嘉元一年			
1306	德治一年			
1308	延庆一年	花园	守邦亲王	
1311	应长一年			
1312	正和一年			

续表

公　元	年　号	天　皇	将　军	内　阁
1317	文保一年			
1318		后醍醐		
1319	元应一年			
1321	元亨一年			
1324	正中一年			
1326	嘉历一年			
1329	元德一年			
1331	元弘一年	光岩（北朝）		
1332	元弘二年 正庆一年			
1334	建武一年			
1336	延元一年 建武三年	光明（北朝）		
1338	历应一年 延元三年		（室町幕府） 足利尊氏	
1339	历应二年 延元四年	后村上皇 （南朝）		
1340	历应三年 兴国一年			
1342	康永一年 兴国三年			
1345	贞和一年 兴国六年			
1346	贞和二年 正平一年			
1348		崇光（北朝）		
1350	观应一年 正平五年			
1351		后光岩 （北朝）		

续表

公 元	年 号	天 皇	将 军	内 阁
1352	文和一年 正平七年			
1356	延文一年 正平十一年			
1358	延文三年		足利义诠	
1361	康安一年 正平十六年			
1362	贞治一年 正平 十七年			
1368	应安一年 正平二十三年	长庆（南朝）	足利义满	
1370	应安三年 建德一年			
1371		后圆融 (北朝)		
1372	应安五年 文中一年			
1375	天授一年 永和一年			
1379	天授五年 康历一年			
1381	弘和一年 永德一年			
1382		后小松 (北朝)		
1383		后龟山 (南朝)		
1384	元中一年 至德一年			
1387	元中四年 嘉庆一年			

续表

公　元	年　号	天　皇	将　军	内　阁
1389	元中六年 康应一年			
1390	元中七年 明德一年			
1394	应永一年		足利义持	
1412		称光		
1423	应永三十年		足利义量	
1428	正长一年	后花园		
1429	永享一年		足利义教	
1441	嘉吉一年		足利义胜	
1443	嘉吉二年		足利义政	
1444	文安一年			
1449	宝德一年			
1452	享德一年			
1455	康正一年			
1457	长禄一年			
1460	宽正一年			
1464		后土御门		
1466	文正一年			
1467	应仁一年			
1469	文明一年			
1473	文明五年		足利义尚	
1487	长享一年			
1489	延德一年			
1490	延德二年		足利义植	
1492	明应一年			
1494	明应三年		足利义澄	
1500		后柏原		
1501	文龟一年			
1504	永正一年			

续表

公 元	年 号	天 皇	将 军	内 阁
1508			义植	
1521	大永一年		足利义晴	
1526		后奈良		
1528	享禄一年			
1532	天文一年			
1546	天文 1 五年		足利义辉	
1555	弘治一年			
1557		正亲町		
1558	永禄一年			
1565	永禄八年			
1568	永禄十一年		足利义昭	
1570	元龟一年			
1573	天正一年		室町幕府灭亡	
1586		后阳成		
1592	文禄一年			
1596	庆长一年			
1603	庆长八年		（江户幕府） 德川家康	
1605	庆长十年		德川秀忠	
1611		后水尾		
1615	元和一年			
1623	元和九年		德川家光	
1624	宽永一年			
1629		明正		
1643		后光明		
1644	正保一年			
1648	庆安一年			
1651	庆安四年		德川家纲	
1652	承应一年			
1654		后西		

续表

公　元	年　号	天　皇	将　军	内　阁
1655	明历一年			
1658	万治一年			
1661	宽文一年			
1663		灵元		
1673	延宝一年			
1680	延宝八年		德川纲吉	
1681	天和一年			
1684	贞享一年	东山		
1687	贞享四年			
1688	元禄一年			
1704	宝永一年			
1709	宝永六年	中御门	德川家宣	
1711	正德一年			
1713	正德三年		德川家继	
1716	享保一年		德川吉宗	
1735	享保二十年	樱町		
1736	元文一年			
1741	宽保一年			
1744	延享一年			
1745	延享二年		德川家重	
1747		桃园		
1748	宽延一年			
1751	宝历一年			
1760	宝历十年		德川家治	
1762		后樱町		
1764	明和一年			
1770		后桃园		
1772	安永一年			
1779		光格		
1781	天明一年			

续表

公 元	年 号	天 皇	将 军	内 阁
1787	天明七年		德川家齐	
1789	宽政一年			
1801	享和一年			
1804	文化一年			
1817		仁孝		
1818	文政一年			
1830	天保一年			
1837	天保八年		德川家庆	
1844	弘化一年			
1846		孝明		
1848	嘉永一年			
1853	嘉永六年		德川家定	
1854	安政一年			
1858	安政五年		德川家茂	
1860	万延一年			
1861	文久一年			
1864	元治一年			
1865	庆应一年			
1866	庆应二年		德川庆喜	
1867		明治	废除将军	
1868	庆应四年 明治一年			
1885	明治十八年			第一次伊藤博文内阁 (1885. 12. 22—1888. 4. 30)
1888	明治二十一年			黑田清隆内阁 (1888. 4. 30—1889. 10. 25)
1889	明治二十二年			三条实美（兼任） (1889. 10. 25—1889. 12. 24)
1889	明治二十二年			第一次山县有朋内阁 (1889. 12. 24—1891. 5. 6)

续表

公　元	年　号	天　皇	将　军	内　阁
1891	明治二十四年			第一次松方正义内阁 （1891. 5. 6—1892. 8. 8）
1892	明治二十五年			第二次伊藤博文内阁 （1892. 8. 8—1896. 8. 31）
1896	明治二十九年			黑田清隆（临时兼任） （1896. 8. 31—1896. 9. 18）
1896	明治二十九年			第二次松方正义内阁 （1896. 9. 18—1898. 1. 12）
1898	明治三十一年			第三次伊藤博文内阁 （1898. 1. 12—1898. 6. 30）
1898	明治三十一年			第一次大隈重信内阁 （1898. 6. 30—1898. 11. 8）
1898	明治三十一年			第二次山县有朋内阁 （1898. 11. 8—1900. 10. 19）
1900	明治三十三年			第四次伊藤博文内阁 （1900. 10. 19—1901. 5. 10）
1901	明治三十四年			西园寺公望（临时兼任） （1901. 5. 10—1901. 6. 2）
1901	明治三十四年			第一次桂太郎内阁 （1901. 6. 2—1906. 1. 7）
1906	明治三十九年			第一次西园寺公望内阁 （1906. 1. 7—1908. 7. 14）
1908	明治四十一年			第二次桂太郎内阁 （1908. 7. 14—1911. 8. 30）
1911	明治四十四年			第二次西园寺公望内阁 （1911. 8. 30—1912. 12. 21）
1912	大正一年			第三次桂太郎内阁 （1912. 12. 21—1913. 2. 20）
1913	大正二年			第一次山本权兵卫内阁 （1913. 2. 20—1914. 4. 16）
1914	大正三年			第二次大隈重信内阁 （1914. 4. 16—1916. 10. 9）

续表

公　元	年　号	天　皇	将　军	内　阁
1916	大正五年			寺内正毅内阁 (1916. 10. 9—1918. 9. 29)
1918	大正七年			原敬内阁 (1918. 9. 29—1921. 11. 4)
1921	大正十年			内田康哉（临时兼任） (1921. 11. 4—1921. 11. 13)
1921	大正十年			高桥是清内阁 (1921. 11. 13—1922. 6. 6)
1922	大正十一年			加藤友三郎内阁 (1922. 6. 12—1923. 8. 24)
1923	大正十二年			内田康哉（临时兼任） (1923. 8. 25—1923. 9. 2)
1923	大正十二年			第二次山本权兵卫内阁 (1923. 9. 2—1924. 1. 7)
1924	大正十三年			清浦奎吾内阁 (1924. 1. 7—1924. 6. 11)
1924	大正十三年			加藤高明内阁 (1924. 6. 11—1926. 1. 28)
1926	大正十五年			若槻礼次郎（临时兼任） (1926. 1. 28—1926. 1. 30)
1926	大正十五年			第一次若槻礼次郎内阁 (1926. 1. 30—1927. 4. 20)
1927	昭和二年			田中义一内阁 (1927. 4. 20—1929. 7. 2)
1929	昭和四年			滨口雄幸内阁 (1929. 7. 2—1931. 4. 14)
1931	昭和六年			第二次若槻礼次郎内阁 (1931. 4. 14—1931. 12. 13)
1931	昭和六年			犬养毅内阁 (1931. 12. 13—1932. 5. 16)
1932	昭和七年			高桥是清（临时兼任） (1932. 5. 16—1932. 5. 26)

续表

公　元	年　号	天　皇	将　军	内　阁
1932	昭和七年			斋藤实内阁 (1932. 5. 26—1934. 7. 8)
1934	昭和九年			冈田启介内阁 (1934. 7. 8—1936. 3. 9)
1936	昭和十一年			广田弘毅内阁 (1936. 3. 9—1937. 2. 2)
1937	昭和十二年			林铣十郎内阁 (1937. 2. 2—1937. 6. 4)
1937	昭和十二年			第一次近卫文麿内阁 (1937. 6. 4—1939. 1. 5)
1939	昭和十四年			平沼骐一郎内阁 (1939. 1. 5—1939. 8. 30)
1939	昭和十四年			阿部信行内阁 (1939. 8. 30—1940. 1. 16)
1940	昭和十五年			米内光政内阁 (1940. 1. 16—1940. 7. 22)
1940	昭和十五年			第二次近卫文麿内阁 (1940. 7. 22—1941. 7. 18)
1941	昭和十六年			第三次近卫文麿内阁 (1941. 7. 18—1941. 10. 18)
1941	昭和十六年			东条英机内阁 (1941. 10. 18—1944. 7. 22)
1944	昭和十九年			小矶国昭内阁 (1944. 7. 22—1945. 4. 7)
1945	昭和二十年			铃木贯太郎内阁 (1945. 4. 7—1945. 8. 17)
1945	昭和二十年			东久迩宫稔彦内阁 (1945. 8. 17—1945. 10. 9)
1945	昭和二十年			币原喜重郎内阁 (1945. 10. 9—1946. 5. 22)
1946	昭和二十一年			第一次吉田茂内阁 (1946. 5. 22—1947. 5. 24)

续表

公 元	年 号	天 皇	将 军	内 阁
1947	昭和二十二年			片山哲内阁 (1947. 5. 24—1948. 3. 10)
1948	昭和二十三年			芦田均内阁 (1948. 3. 10—1948. 10. 15)
1948	昭和二十三年			第二次吉田茂内阁 (1948. 10. 15—1949. 2. 16)
1949	昭和二十四年			第三次吉田茂内阁 (1949. 2. 16—1952. 10. 30)
1952	昭和二十七年			第四次吉田茂内阁 (1952. 10. 30—1953. 5. 21)
1953	昭和二十八年			第五次吉田茂内阁 (1953. 5. 21—1954. 12. 10)
1954	昭和二十九年			第一次鸠山一郎内阁 (1954. 12. 10—1955. 3. 19)
1955	昭和三十年			第二次鸠山一郎内阁 (1955. 3. 19—1955. 11. 22)
1955	昭和三十年			第三次鸠山一郎内阁 (1955. 11. 22—1956. 12. 23)
1956	昭和三十一年			石桥湛山内阁 (1956. 12. 23—1957. 2. 25)
1957	昭和三十二年			第一次岸信介内阁 (1957. 2. 25—1958. 6. 12)
1958	昭和三十三年			第二次岸信介内阁 (1958. 6. 12—1960. 7. 19)
1960	昭和三十五年			第一次池田勇人内阁 (1960. 7. 19—1960. 12. 8)
1960	昭和三十五年			第二次池田勇人内阁 (1960. 12. 8—1963. 12. 9)
1963	昭和三十八年			第三次池田勇人内阁 (1963. 12. 9—1964. 11. 9)
1964	昭和三十九年			第一次佐藤荣作内阁 (1964. 11. 9—1967. 2. 17)

续表

公　元	年　号	天　皇	将　军	内　阁
1967	昭和四十二年			第二次佐藤荣作内阁 （1967. 2. 17—1970. 1. 14）
1970	昭和四十五年			第三次佐藤荣作内阁 （1970. 1. 14—1972. 7. 7）
1972	昭和四十七年			第一次田中角荣内阁 （1972. 7. 7—1972. 12. 22）
1972	昭和四十七年			第二次田中角荣内阁 （1972. 12. 22—1974. 12. 9）
1974	昭和四十九年			三木武夫内阁 （1974. 12. 9—1976. 12. 24）
1976	昭和五十一年			福田赳夫内阁 （1976. 12. 24—1978. 12. 7）
1978	昭和五十三年			第一次大平正芳内阁 （1978. 12. 7—1979. 11. 9）
1979	昭和五十四年			第二次大平正芳内阁 （1979. 11. 9—1980. 6. 12）
1980	昭和五十五年			伊东正义（临时代理） （1980. 6. 12—1980. 7. 17）
1980	昭和五十五年			铃木善幸内阁 （1980. 7. 17—1982. 11. 27）
1982	昭和五十七年			第一次中增根康弘内阁 （1982. 11. 27—1983. 12. 27）
1983	昭和五十八年			第二次中增根康弘内阁 （1983. 12. 27—1986. 7. 22）
1986	昭和六十一年			第三次中增根康弘内阁 （1986. 7. 22—1987. 11. 6）
1987	昭和六十二年 昭和六十三年			竹下登内阁 （1987. 11. 6—1989. 6. 3）
1989	平成一年			宇野宗佑内阁 （1989. 6. 3—1989. 8. 10）
1989	平成一年			第一次海部俊树内阁 （1989. 8. 10—1990. 2. 28）

续表

公　元	年　号	天　皇	将　军	内　阁
1990	平成二年			第二次海部俊树内阁（1990. 2. 28—1991. 11. 5）
1991	平成三年			宫泽喜一内阁（1991. 11. 5—1993. 8. 9）
1993	平成五年			细川护熙内阁（1993. 8. 9—1994. 4. 28）
1994	平成六年			羽田孜内阁（1994. 4. 28—1994. 6. 30）
1994	平成六年			村山富市内阁（1994. 6. 30—1996. 1. 11）
1996	平成八年			第一次桥本龙太郎内阁（1996. 1. 11—1996. 11. 7）
1996	平成八年			第二次桥本龙太郎内阁（1996. 11. 7—1998. 7. 30）
1998	平成十年			小渊惠三内阁（1998. 7. 30—2000. 4. 5）
2000	平成十二年			第一次森喜朗内阁（2000. 4. 5—2000. 7. 4）
2000	平成十二年			第二次森喜朗内阁（2000. 7. 4—2001. 4. 26）
2001	平成十三年			第一次小泉纯一郎内阁（2001. 4. 26—2005. 9. 13）
2005	平成十七年			第二次小泉内阁（2005. 9. 13—2006. 9. 20）
2006	平成十八年			安倍晋三内阁（2006. 9. 20—　）
2006	平成十八年			安倍晋三内阁（2006. 9. 26—2007. 9. 12）
2007	平成十九年			福田康夫内阁（2007. 9. 23—2008. 9. 24）
2008	平成二十年			麻生太郎内阁（2008. 9. 24—2009. 9. 16）

续表

公　元	年　号	天　皇	将　军	内　阁
2009	平成二十一年			鸠山由纪夫内阁 （2009. 9. 16—2010. 6. 2）
2010	平成二十二年			菅直人 （2010. 6. 8—2011. 8. 29）
2011	平成二十三年			野田佳彦内阁 （2011. 8. 30—2012. 12. 25）
2012	平成二十四年			安倍晋三内阁 （2012. 12. 26—　）
2013	平成二十五年			安倍晋三内阁

大事年表

绳文时代

约1万2千年前—公元前3世纪	

弥生时代

公元前250年左右	水稻技术和使用铁器的方法传入。公元前1世纪左右，小国林立。
公元57年	倭奴国王向东汉朝贡，并获得汉光武帝印绶。
107年	倭国王帅升朝贡东汉，献生口160人。
147年	倭国开始大乱。
239年	女王卑弥呼朝贡魏国，魏王赐卑弥呼“亲魏倭王”，并授金印紫绶。
248年	卑弥呼死，继任男王不能控制国家，后立女王壹与。

古坟时代

266年	壹与向西晋朝贡。3世纪末古坟时代开始。

369 年	倭王得七支刀。
391 年	倭渡海与百济、新罗战，胜。
400 年	倭与高句丽战。
404 年	与高句丽战，大败。
413 年	倭王谠遣使东晋。
	此时盛行建造前方后圆坟，文献记载大陆传入汉字。
421 年	倭王谠向宋朝贡，被授予“安东将军倭国王”称号。
438 年	倭王珍遣使宋，被授予“安东将军倭国王”称号。
443 年	倭王济遣使宋，被授予“安东将军倭国王”称号。
460 年	倭王世子向宋献宝。
462 年	倭王兴，遣使宋朝贡，被授予安东“安东将军倭国王”称号。
478 年	倭王武（雄略天皇）向宋上表。
512 年	大伴金村割让任那四县，筑紫国造磐井之乱。
538 年	佛教公传（从百济，一说为 552 年）。
562 年	新罗灭任那。
587 年	苏我马子灭物部氏。
592 年	建造飞鸟寺，推古天皇即位。
593 年	厩户太子（圣德太子）执政，约在此时古坟时代结束。

飞鸟时代

603 年（推古十一年）	制定冠位十二阶。
604 年（推古十二年）	制定十七条宪法。
607 年（推古十五年）	小野妹子为遣隋使。
608 年（推古十六年）	小野妹子率留学生再次赴隋。
623 年（推古三十一年）	3 月，法隆寺金堂释迦三尊像落成。
630 年（舒明二年）	第一次遣唐使。

640 年（舒明四年）	南渊请安、高向玄理由唐归国。
643 年（舒明七年）	苏我入鹿迫山背大兄王等自杀。
645 年（大化元年）	苏我氏灭亡（乙巳之变）。轻皇子即位，立中大兄皇子为皇太子。
646 年（大化二年）	颁布“大化改新诏书”、“薄葬令”。
663 年（天智二年）	白江村之战，日本大败。
664 年（天智三年）	制定冠位二十六阶。
670 年（天智九年）	制定户籍（庚午年籍）。
672 年（弘文元年）	壬申之乱。
684 年（天武十二年）	制定八色姓。
694 年（持统八年）	迁都藤原宫。
701 年（大宝元年）	制定“大宝律令”。
708 年（和铜元年）	铸造“和同开珍”银币和铜币。
710 年（和铜三年）	迁都平城京。

奈良时代

712 年（和铜五年）	《古事记》编成。
718 年（养老二年）	制订“养老律令”。
720 年（养老四年）	《日本书纪》编成。
723 年（养老七年）	制定“三世一身法”。
729 年（天平元年）	长屋王之变。
740 年（天平十二年）	藤原广嗣之乱。迁都恭仁京。
741 年（天平十三年）	颁布建立国分寺、国分尼寺诏书。
743 年（天平十五年）	公布“垦田永世私财法”。颁布建造大佛诏书。
747 年（天平十九年）	开始建造东大寺大佛。
749 年（天平感宝元年）	东大寺大佛建成。
754 年（天平胜宝六年）	鉴真到达日本。
757 年（天平宝字元年）	实施“养老律令”，橘奈良麻吕之乱。
759 年（天平宝字三年）	建唐招提寺。

764年（天平宝字八年）	藤原仲麻吕之乱。封道镜为大臣禅师。
765年（天平神护元年）	禁止私垦田私有。《万叶集》编完。
784年（延历三年）	迁都长冈京。
792年（延历十一年）	废止军团士兵，设健儿。
794年（延历十三年）	迁都平安京。

平安时代

802年（延历二十一年）	坂上田村麻吕征讨虾夷，胜。筑胆泽城，支配虾夷地方。
805年（延历二十四年）	最澄从中国回国，创立天台宗。
806年（大同元年）	空海从中国回国，创立真言宗。
810年（弘仁元年）	新设藏人所。药子之变。
820年（弘仁十一年）	制定弘仁格式。
842年（承和九年）	承和之变。
858年（天安二年）	太政大臣藤原良房摄政。
866年（贞观八年）	应天门之变。
887年（仁和三年）	藤原基经任关白。
894年（仁和六年）	停止派遣遣唐使。
901年（延喜元年）	菅原道真被贬职。
902年（延喜二年）	延喜庄园整理令下达。
905年（延喜五年）	《古今和歌集》完成。
907年（延喜七年）	制定“延喜格”。
927年（延长五年）	“延喜式”编成。
935年（承平五年）	平将门之乱。
939年（天庆二年）	藤原之友之乱。
969年（安和二年）	安和之变。
985年（宽和元年）	《往生要集》完成。
988年（永延二年）	尾张国郡司、农民状告国司。
1017年（宽仁元年）	在此时《枕草子》、《源氏物语》完成。 藤原道长任太政大臣，藤原赖通摄政。

1019 年（宽仁三年）	刀伊（女真族）侵入日本。
1028 年（长元元年）	平忠常之乱。
1031 年（长元三年）	甲斐守源赖信讨平平忠常。
1051 年（永承六年）	前九年之役爆发（　—1062）。
1069 年（延久元年）	延久庄园整理令，设记录庄园券契所。
1083 年（永保三年）	后三年之役爆发（　—1087）。
1086 年（应德三年）	白河上皇开始院政。
1129 年（大治四年）	鸟羽院政开始。
1156 年（保元元年）	保元之乱。
1159 年（平治元年）	平治之乱。
1167 年（仁安二年）	平清盛任太政大臣。
1175 年（安元元年）	法然创立净土宗。
1179 年（治承三年）	平清盛软禁后白河法皇。
1180 年（治承四年）	源赖政、源赖朝、源义仲先后举兵，设侍所。
1183 年（寿永二年）	源义仲进京。
1184 年（寿永三年）	源义仲败死，源赖朝设公文所、问注所。
1185 年（文治元年）	平氏败亡，设守护地头。
1191 年（建久二年）	荣西由宋归国，创临济宗。

镰仓时代

1192 年（建元三年）	源赖朝被封征夷大将军。
1203 年（建仁三年）	北条时政任执政。
1213 年（建保元年）	和田义盛之乱，《金槐和歌集》完成。
1219 年（承久元年）	源实朝被暗杀。
1221 年（后堀河三年）	承久之乱，设六波罗探题。
1224 年（元仁元年）	北条泰时任执权，亲鸾著《教行信证》。
1225 年（嘉禄元年）	设评定众、镰仓番役。
1226 年（嘉禄二年）	道元由宋归国，传曹洞宗。
1230 年（宽喜二年）	大饥荒。

1232年（贞永元年）	制定“御成败式目”，此时《平家物语》完成。
1249年（建长元年）	设引付众。
1253年（建长五年）	日莲在镰仓广传法华宗。
1274年（文永十一年）	文永之役。
1281年（弘安四年）	弘安之役。
1297年（永仁五年）	幕府颁发“永仁德政令”。
1321年（元亨元年）	废院政，后醍醐天皇亲政，再建记录所。
1324年（正中元年）	正中之乱。
1331年（元弘元年）	元弘之乱。
1333年（元弘三年）	镰仓幕府灭亡，开始建武新政。

室町时代

南北朝

1336年（延元元年/建武三年）	楠木正成败亡，室町幕府建立，制定“建武式目”，后醍醐天皇逃往吉野，南北朝对立开始。
1338年（历应元年/延元三年）	足利尊氏任征夷大将军。
1350年（观应元年/正平五年）	这时倭寇活动猖獗。
1352年（文和元年/正平七年）	颁布半济令。
1392年（明德三年/元中九年）	南北朝统一。

战国时代

1397年（应永四年）	足利义满建金阁，遣使明朝。
1399年（应永六年）	应永之乱。
1401年（应永八年）	派出遣明船。
1404年（应永十一年）	开始勘合贸易。
1428年（正长元年）	正长“土一揆”。
1429年（永享元年）	琉球王国建立。
1467年（应仁元年）	应仁之乱。

1482 年（文明十四年）	足利义政建银阁。
1485 年（文明十七年）	山城国一揆。
1488 年（长享二年）	加贺一向一揆。
1491 年（延德三年）	北条早云进攻伊豆。
1497 年（明应六年）	莲如创建石山本愿寺。
1543 年（天文十二年）	葡萄牙人漂流到日本，传来枪支。
1549 年（天文十八年）	萨比尔来鹿儿岛传播天主教。
1560 年（永禄三年）	桶狭间之战。
1568 年（永禄十一年）	织田信长拥足利义昭进京，足利义昭被封将军。
1573 年（天正元年）	室町幕府灭亡。

安土·桃山时代

1576 年（天正四年）	织田信长建安土城。
1582 年（天正十年）	本能寺之变，丰臣秀吉开始太阎检地。
1583 年（天正十一年）	秀吉开始建大阪城。
1585 年（天正十三年）	秀吉任关白（翌年任太政大臣，改姓丰臣）。
1587 年（天正十五年）	禁止天主教。
1588 年（天正十六年）	颁布“刀狩令”（兵农分离）。
1590 年（天正十八年）	秀吉统一全国，德川家康被移封关东。
1592 年（文禄元年）	入侵朝鲜（文禄之役），开始朱印船贸易。
1597 年（庆长二年）	再次入侵朝鲜（庆长之役）。
1600 年（庆长五年）	关原之战。

江户时代

1603 年（庆长八年）	德川家康任征夷大将军，在江户开设幕府。
1604 年（庆长九年）	开始丝割符制度。
1612 年（庆长十七年）	幕府在直辖领地禁止天主教，翌年全国禁止。

1615 年（元和元年）	大阪之阵，丰臣氏灭亡，制定武家诸法度、禁中并公家诸法度、诸宗诸本山法度。
1624 年（宽永元年）	禁止西班牙船只来航、贸易。
1630 年（宽永七年）	将基督徒放逐吕宋。
1635 年（宽永十二年）	严禁出船海外和归国，外国船只进港限于长崎一地，设参觐交代制。
1636 年（宽永十三年）	日光东照宫落成。
1637 年（宽永十四年）	岛原之乱（　—1638）。
1639 年（宽永十六年）	禁止葡萄牙人来航。
1641 年（宽永十八年）	荷兰商馆被移至长崎出岛（完成锁国）。
1643 年（宽永二十年）	颁布田地永久买卖禁止令。
1649 年（庆安二年）	颁布“庆安御触书”。
1673 年（延宝元年）	颁布“分地限制令”。
1687 年（贞享四年）	发布怜悯生物令。
1692 年（元禄五年）	井原西鹤的《世间胸算用》发行，松尾芭蕉完成《奥州小路》。
1696 年（元禄九年）	《农业全书》完成。
1709 年（宝永六年）	起用新井白石（　—1716）（正德之治）。
1716 年（享保元年）	德川吉宗任将军，享保改革开始（　—1747）。
1720 年（享保五年）	允许基督教以外对日进口。
1722 年（享保七年）	对大名课以上米（上米令），缓和参觐交代制（　—1730）。
1755 年（宝历五年）	安藤昌益完成《自然真营道》。
1772 年（安永元年）	田沼意次任老中（田沼时代开始，—1786）。
1778 年（安永七年）	俄国船到虾夷，要求通商。
1783 年（天明三年）	天明大饥馑开始（　—1788）。
1787 年（天明七年）	松平定信为老中，宽政改革开始（　—1793）。
1790 年（宽政二年）	禁止异学。
1791 年（宽政三年）	创立“七分金积立制度”。
1792 年（宽政四年）	俄国使节拉克斯曼来根室要求通商。
1799 年（宽政十一年）	幕府将虾夷地方作为直辖领地。

1804 年（文化元年）	俄国使节列扎诺夫来长崎要求通商，翌年遭拒。
1815 年（文化十二年）	《兰学事始》完成。
1818 年（文政元年）	英国人来浦贺要求通商，幕府拒绝。
1825 年（文政八年）	颁布驱逐异国船只令。
1830 年（天保元年）	萨摩藩调所广乡开始藩政改革。
1832 年（天保三年）	天保大饥馑（ —1837）。
1837 年（天保八年）	大盐平八郎暴动。
1838 年（天保九年）	长州藩村田清风开始藩政改革。
1839 年（天保十年）	蛮社之狱。
1841 年（天保十二年）	水野忠邦开始天保改革。
1843 年（天保十四年）	发布上知令。
1853 年（嘉永六年）	培理率黑船进浦贺港。
1854 年（安政元年）	缔结日美、日英、日俄和亲条约。
1858 年（安政五年）	井伊直弼任大老，缔结日美、日荷、日俄、日英、日法修好通商条约，安政大狱（ —1859）。
1860 年（万延元年）	樱田门之变。
1862 年（文久二年）	坂下门之变、寺田屋事件、生麦事件，朝廷决定攘夷。
1863 年（文久三年）	长州藩炮击外国船只、萨英战争、八一八政变。
1864 年（元治元年）	禁门之变，第一次长州征伐，四国联合舰队炮击下关。
1866 年（庆应二年）	萨长密约缔结，第二次长州征伐。
1867 年（庆应三年）	明治天皇即位，倒幕密敕下达，大政奉还。王政复古大号令。

明治时代

1868 年（明治元年）	鸟羽・伏见之战，戊辰战争开始，发布五条誓约，江户无血开城，颁布政体书。
1869 年（明治二年）	版籍奉还，戊辰战争结束。
1871 年（明治三年）	废藩置县，日清友好条约缔结，派遣岩仓使节团。

1872年（明治四年）	解除禁止田地永久买卖，颁布学制，新桥横滨间铁路通车，公布国立银行条例。
1873年（明治六年）	公布征兵令，颁布地租改正条例，明六社成立，征韩论失败（明治六年政变）。
1874年（明治七年）	民选议院建白书提出，佐贺之乱，立志社成立，台湾出兵。
1875年（明治八年）	江华岛事件。
1876年（明治九年）	日朝修好条规缔结（江华岛条约），废刀令，秩禄处分，神风连之乱，秋月·荻之乱。
1877年（明治十年）	减租诏书，西南战争。
1878年（明治十一年）	公布3新法。
1879年（明治十二年）	处理琉球问题，设冲绳县。
1880年（明治十三年）	爱国社改称国会期成同盟，颁布工厂处理概则。
1881年（明治十四年）	明治十四年政变，自由党建立。
1882年（明治十五年）	颁布军人敕谕，伊藤博文赴欧调查宪法问题（—1883），立宪改进党建立，壬午事变，福岛事件。
1884年（明治十七年）	自由党解散。加波山事件。秩父事件。甲申事变。
1885年（明治十八年）	缔结《天津条约》。创立内阁制度。
1886年（明治十九年）	井上馨外相召开条约修改会议。
1887年（明治二十年）	三大事件建白运动。
1888年（明治二十一年）	颁布市制町村制。设枢密院。
1889年（明治二十二年）	颁布大日本帝国宪法、皇室典范。公布众议院议员选举法。大陆政策的提出。
1890年（明治二十三年）	第一次众议院议员选举。颁布教育敕语，第一次帝国议会开会。
1894年（明治二十七年）	东学党之乱。日英通商航海条约缔结。中日甲午战争爆发。
1895年（明治二十八年）	缔结下关条约。三国干涉还辽。自由党与伊藤内阁合作宣言。
1897年（明治三十年）	建设八幡制铁所。
1898年（明治三十一年）	宪政党成立。隈板内阁成立。

1900 年（明治三十三年）	镇压义和团。伊藤博文建立政友会（1900 年体制）。
1901 年（明治三十四年）	八幡制铁所开工。
1902 年（明治三十五年）	日英同盟建立。
1903 年（明治三十六年）	平民社成立。
1904 年（明治三十七年）	日俄战争爆发（ —1905）。
1905 年（明治三十八年）	第二次日英同盟。朴次茅斯媾和条约缔结。日比谷烧掠事件。
1906 年（明治三十九年）	南满洲铁道株式会社（满铁）成立。设关东都督府。
1907 年（明治四十年）	日俄战后经济危机。
1910 年（明治四十三年）	大逆事件。日韩合并条约（吞并朝鲜）。
1911 年（明治四十四年）	完成条约修改。
1912 年（明治四十五年 / 大正元年）	明治天皇死。友爱会成立。第一次护宪运动开始。

大正时代

1913 年（大正二年）	大正政变。废除军部大臣现役武官制。
1914 年（大正三年）	西门子事件。参加第一次世界大战，提出“二十一条”。
1918 年（大正七年）	出兵西伯利亚。米骚动爆发。原敬内阁成立。
1919 年（大正八年）	凡尔赛条约缔结。朝鲜三·一运动。中国五四运动。友爱会改称大日本劳动总同盟友爱会。
1920 年（大正九年）	第一次日本庆祝五一劳动节。
1921 年（大正十年）	大日本劳动总同盟友爱会改称日本劳动总同盟。参加伦敦会议。
1922 年（大正十一年）	全国水平社成立。缔结伦敦海军裁军条约。日本共产党建立。
1923 年（大正十二年）	关东大震灾。虎门事件。
1924 年（大正十三年）	第二次护宪运动。护宪三派内阁成立。

昭和时代

1925 年（大正十四年）	公布治安维持法。公布普选法。
1926 年（昭和元年）	大正天皇死。
1927 年（昭和二年）	金融危机。第一次山东出兵。立宪民政党成立。东方会议。
1928 年（昭和三年）	三・一五事件。济南事件。皇姑屯事件。修改治安维持法。
1929 年（昭和四年）	四・一六事件。世界经济大危机爆发。
1930 年（昭和五年）	参加伦敦海军裁军会议，缔结条约。樱会成立。滨口雄幸首相遭暗杀。
1931 年（昭和六年）	三月事件。九一八事变。十月事件。
1932 年（昭和七年）	八・一三事变。李顿调查团组成，赴当地调查。伪“满洲国”建立。五・一五事件（政党政治终结）。
1933 年（昭和八年）	退出国联。泷川事件。
1934 年（昭和九年）	通告美国废除伦敦条约。
1935 年（昭和十年）	天皇机关说事件，对国体明证的政府声明。
1936 年（昭和十一年）	退出伦敦裁军会议。二・二六事件。恢复军部大臣现役武官制。缔结日德防共协定。
1937 年（昭和十二年）	七七事变爆发。日德意三国防共协定签署。
1938 年（昭和十三年）	近卫声明（不以国民政府为对手）。制定国家总动员法。张鼓峰事件。
1939 年（昭和十四年）	诺门坎事件。第二次世界大战爆发。
1940 年（昭和十五年）	新体制运动。日本军队侵入北部印度支那。日德意三国同盟成立。大政翼赞会成立。
1941 年（昭和十六年）	日美谈判开始。日本军队侵入南部印度支那。珍珠港事件，太平洋战争爆发。
1942 年（昭和十七年）	日本军队占领东南亚及南太平洋。翼赞政治会成立。中途岛海战。
1943 年（昭和十八年）	日本军队从瓜岛撤退。开罗宣言。

1944 年（昭和十九年）	塞班岛失陷。美军登陆菲律宾。
1945 年（昭和二十年）	雅尔塔会议。美军空袭本土白热化。广岛被投掷原子弹。苏联参战。接受波茨坦宣言（无条件投降）。联合国最高统帅总司令部（GHQ）在日建立，GHQ 五大指示。开始解散财阀。公布工会法。
1946 年（昭和二十一年）	天皇“人格宣言”。日本农会建立。远东国际军事审判开庭（东京审判）。（第二次）农地改革。公布日本国宪法。
1947 年（昭和二十二年）	二·一大罢工被禁。公布教育基本法、反垄断法（过度经济力量集中排除法）。
1948 年（昭和二十三年）	经济安定九原则。
1949 年（昭和二十四年）	道奇路线公布。单一兑换率。松川事件。夏普劝告。中华人民共和国成立。汤川秀树获得诺贝尔物理学奖。
1950 年（昭和二十五年）	朝鲜战争爆发。总评成立。成立警察预备队。
1951 年（昭和二十六年）	缔结旧金山和平条约·日美安全保障条约。
1952 年（昭和二十七年）	占领终结。GHQ 废止。
1953 年（昭和二十八年）	朝鲜停战协定签署。
1954 年（昭和二十九年）	防卫厅·自卫队法实施。MSA 协定缔结。
1955 年（昭和三十年）	社会党统一。自民党成立（一九五五年体制）。
1956 年（昭和三十一年）	日苏共同宣言（日苏邦交正常化）。日本加入联合国。
1957 年（昭和三十二年）	当选联合国非常任理事国。
1959 年（昭和三十四年）	“岩户景气”。阻止安保修改国民会议成立。
1960 年（昭和三十五年）	缔结日美新安保条约。反对新安保条约运动高涨。
1961 年（昭和三十六年）	公布农业基本法。
1962 年（昭和三十七年）	东京人口突破 1000 万。古巴导弹危机。
1964 年（昭和三十九年）	东京奥林匹克运动会。公明党成立。
1965 年（昭和四十年）	缔结日韩基本条约。伊奘诺景气。
1967 年（昭和四十二年）	公布公害对策基本法。
1968 年（昭和四十三年）	大学斗争激化。国民生产总值超过西德，居西方世界第二位。

1969 年（昭和四十四年）	佐藤、尼克松声明（1972 年美国返还冲绳）。
1970 年（昭和四十五年）	日美安保条约自动延长。
1971 年（昭和四十六年）	尼克松冲击。建立环境厅。
1972 年（昭和四十七年）	尼克松访问中国。田中角荣访问中国。中日邦交正常化。
1973 年（昭和四十八年）	日元向自由浮动汇率转换。第一次石油危机。
1976 年（昭和五十一年）	洛克希德事件。越南统一。
1978 年（昭和五十三年）	缔结中日和平友好条约。
1979 年（昭和五十四年）	第二次石油危机。
1980 年（昭和五十五年）	社会党和公明党达成“联合政权构想”共识。众参两院同时选举，自民党大胜。
1982 年（昭和五十七年）	中曾根内阁成立。
1983 年（昭和五十八年）	中曾根首相明确表示“日美共同体”。
1985 年（昭和六十年）	男女雇佣平等法公布。广场协议引发日元升值。
1987 年（昭和六十二年）	国铁分割民营化。防卫费突破 GDP 1%。
1988 年（昭和六十三年）	利库路特案件。决定出台消费税。

平成时代

1989 年（平成元年）	昭和天皇死。参议院在野党胜。泡沫经济开始。
1991 年（平成三年）	海湾战争。泡沫经济破灭。
1992 年（平成四年）	佐川急便事件。日本新党建立。公布 PKO 合作法。
1993 年（平成五年）	细川护熙内阁成立（一九五五年体制崩溃）。首相承认：“太平洋战争是侵略战争。”大米市场部分开放。
1994 年（平成六年）	村山富市内阁成立。实行小选举区比例代表制并立制。
1995 年（平成七年）	阪神・淡路大地震。奥姆真理教事件（地铁沙林事件）。迎来战后 50 年。

1997年（平成九年）	消费税上升为5%。山一证券自主破产。
1998年（平成十年）	金融改革开始。参议院民主党席位上升。小渊惠三内阁成立。公明党再次建立。
2000年（平成十二年）	民主党为第一在野党。森喜朗内阁成立。
2001年（平成十三年）	第一次小泉内阁成立。
2006年（平成十八年）	小泉在8月15日坚持第六次参拜靖国神社，引起各国的强烈批评。安倍晋三内阁成立。
2006年（平成十八年）	10月，安倍于内阁成立13天后，正式访问中国，称为“破冰之旅”。
2007年（平成十九年）	中国总理温家宝于4月访问日本，称为“融冰之旅”。9月，安倍首相正式辞职；同月，福田康夫内阁成立。12月，福田首相访问中国，称为“迎春之旅”。
2008年（平成二十年）	中国国家主席胡锦涛于5月访问日本，称为“暖春之旅”，5月7日，发表《中日关于全面推进战略互惠关系的联合声明》。5月和6月，中国四川汶川和日本岩手县先后发生大地震，双方互相援助 。8月，福田首相出席第29届北京奥运会开幕式。9月，福田首相辞职；麻生太郎就任日本第92届首相。10月，麻生首相访华，出席“纪念中日和平友好条约缔结30周年”招待会并致辞。12月，中日韩领导人会议在日本福冈举行，三国正式签署《三国伙伴关系联合声明》，并发表《中日韩合作行动计划》等。
2009年（平成二十一年）	4月，麻生首相正式访华。8月，日本众议院选举，在野民主党获胜，执政自民党落败。9月，民主党代表鸠山由纪夫组阁，就任首相。10月，鸠山首相出席在北京召开的第二次中日韩领导人会议，会议发表了《中日韩合作十周年联合声明》、《中日韩可持续发展联合声明》。12月，中国国家副主席习近平正式访问日本。

2010 年（平成二十二年）	5 月，第三次中日韩领导人会议在韩国举行，会议发表《2020 中日韩合作展望》等文件。5 月 30 日—6 月 1 日，中国总理温家宝正式访问日本。6 月，鸠山首相辞职；菅直人组阁，任首相。9 月，日本在钓鱼岛海域抓扣中国渔船和船长、船员。12 月，日本通过新《防卫计划大纲》。
2011 年（平成二十三年）	3 月 11 日，东日本福岛县发生特大（里氏 9 级）地震，引发海啸，使福岛核电站受到破坏，发生核泄漏。中国向日本派出国际救援队、提供救灾物资。8 月，日本政府批准 2011 年度《防卫白皮书》；菅直人内阁辞职，野田佳彦当选第 95 任、第 62 位首相。9 月 2 日，野田佳彦内阁正式成立。12 月，野田佳彦首相访问中国。
2012 年（平成二十四年）	2 月，日本驻华大使馆主办的 2012“中日国民交流友好年”启动。9 月，日本政府决定，从钓鱼岛“所有者”处购岛，将其“国有化”，并正式签订合约书、办理土地登记手续，导致中日关系极度恶化。12 月，野田内阁下台，自民党安倍晋三内阁上台。
2013 年（平成二十五年）	2 月，安倍首相访问美国，与总统奥巴马会谈。4 月，安倍晋三内阁审议并通过 2013 年版《外交蓝皮书》，该书强调，日本的领海、领空“正在面临更多的威胁”。4 月 10 日，日本与台湾地区在台北签署围绕钓鱼岛周边海域渔业权的协议。中国外交部对此回应称“表示关切”，要求日方审慎处理涉台问题。5 月 8 日，安倍抛出“侵略未定义论”。6 月 25 日，日本公布 2013 年新版《防卫白皮书》概要，渲染“中国威胁论”。7 月，日本自民党在参议院选举中大胜。安倍公开提出要修改日本和平宪法第 9 条。9 月 7 日日本东京申办 2020 年奥运会获通过。

主要参考书目

一、日文部分

1. 通史类

《岩波讲座日本历史》23卷，岩波书店，1964年。

日本史研究会等编：《讲座日本史》10卷，东京大学出版会，1971年。

《日本的历史》26卷，别卷5卷，中央公论社，1976年。

《岩波讲座日本历史》26卷，岩波书店，1977年。

《日本史》10卷，有斐阁，1978年。

《日本的历史》23卷，别卷1卷，小学馆，1981年。

《日本的历史》（入门版）4卷，读卖新闻社，1984年。

《岩波讲座日本通史》21卷，别卷4卷，1993年。

铃木公雄等编：《新视点日本的历史》7卷，新人物往来社，1993年。

《岩波讲座日本考古学》9卷，岩波书店，1991年。

《日本民众的历史》11卷，三省堂，1975年。

《大系·日本国家史》5卷，东京大学出版会，1976年。

《图说日本文化的历史》13卷，小学馆，1981年。

朝尾直弘等编：《日本的社会史》8卷，岩波书店，1988年。

速水侑等编：《日本佛教史》4卷，吉川弘文馆，1998年。

森浩一等编：《日本民俗文化大系》15卷，小学馆，1987年。

家永三郎：《日本文化史》第二版，岩波新书，岩波书店，1982年。

《日本的古代》15卷，别卷1卷，中央公论新社，文库版1997年。

《新版古代的日本》10卷，角川书店，1993年。

佐藤进一：《日本的中世国家》，岩波书店，1983年。

纲野善彦等编:《讲座日本庄园史》10 卷，吉川弘文馆，1989 年。

《讲座日本近世史》10 卷，有斐阁，1992 年。

《日本的近世》18 卷，中央公论新社，1994 年。

伊藤隆等编:《日本的近代》16 卷，中央公论新社，1998 年。

升味准之辅:《日本政党史论》7 卷，东京大学出版会，1980 年。

历史学研究会编:《太平洋战争史》6 卷，青木书店，1973 年。

2. 工具书、史料

《日本史辞典》，角川书店第二版，1991 年。

《日本史大辞典》7 卷，平凡社，1994 年。

《岩波日本史辞典》，岩波书店，1999 年。

《日本史年表》（增补版），岩波书店，1993 年。

《史料中的日本步伐》4 卷，吉川弘文馆，1990 年。

《日本史史料》中世、近代、现代，岩波书店，1997 年。

外务省编:《日本外交年表及主要文书》上下卷，原书房，1965 年。

远山茂树、安达淑子:《日本近代政治史必携》，岩波书店，1961 年。

3. 日本史入门书

井上光贞、永原庆二编:《日本史研究入门》5 卷，东京大学出版会，1977 年。

中村隆英、伊藤隆编:《近代日本研究入门》，东京大学出版会，1977 年。

（1）古代

井上光贞:《日本古代国家的研究》，岩波书店，1960 年。

石母田正:《日本的古代国家》，岩波书店，1971 年。

笹山晴夫:《日本古代史讲义》，东京大学出版会，1977 年。

平野邦雄编:《思考古代　邪马台国》，吉川弘文馆，1998 年。

近藤义郎:《前圆后方坟的时代》，岩波书店，1983 年。

原秀三郎:《日本古代国家史研究》，东京大学出版会，1980 年。

吉川真司:《律令官僚制的研究》，塙书房，1998 年。

阿部猛:《摄关政治》，教育社，1977 年。

目崎德卫:《贵族社会和古典文化》，吉川弘文馆，1995 年。

井上光贞:《日本净土教成立史的研究》，山川出版社，1956 年。

木村茂光：《“国风文化”的时代》，青木书店，1997年。

（2）中世

元木泰雄：《武士的成立》，吉川弘文馆，1994年。
元木泰雄：《院政期政治史研究》，思文阁出版，1996年。
美川圭：《院政的研究》，临川书店，1996年。
上横手雅敬：《源平的盛衰》，讲谈社，文库版，1997年。
石母田正：《中世国家成立史的研究》，岩波书店，1989年。
石母田正：《中世世界的形成》，岩波书店，文库版，1983年。
黑田俊雄：《日本中世的国家和宗教》，岩波书店，1975年。
河内祥辅：《赖朝的时代》，平凡社，1990年。
上横手雅敬：《镰仓时代政治史研究》，吉川弘文馆，1991年。
永原庆二：《庄园》，吉川弘文馆，1998年。
海津一朗：《蒙古袭来》，吉川弘文馆，1998年。
赤松俊秀：《镰仓佛教的研究》，平乐寺书店，1957年。
赤松俊秀：《续镰仓佛教的研究》，平乐寺书店，1966年。
佐藤和彦：《南北朝内乱史论》，东京大学出版会，1979年。
今谷明：《室町的王权》，中央公论社，1990年。
今谷明：《室町幕府解体过程的研究》，岩波书店，1985年。
胜俣镇夫：《一揆》，岩波书店，1982年。
宇田川武久：《铁砲传来》，中央公论社，1990年。
永原庆二：《战国期的政治经济结构》，岩波书店，1997年。
藤木久志：《丰臣和平令和战国社会》，东京大学出版会，1985年。
高良仓吉：《琉球王国》，岩波书店，1993年。
北岛万次：《丰臣政权的对外认识和朝鲜侵略》，校仓书房，1990年。
黑田俊雄：《日本中世的国家和宗教》，岩波书店，1975年。
佐藤弘夫：《日本中世的国家和佛教》，吉川弘文馆，1987年。
平雅行：《日本中世的社会和佛教》，塙书房，1992年。
横井清：《东山文化》，教育社，1979年。
横井清：《中世民众的生活文化》，东京大学出版会，1975年。
林屋辰三郎：《中世艺文史的研究》，岩波书店，1960年。
朝尾直弘：《将军权力的创出》，岩波书店，1994年。

北岛正元:《江户幕府的权力结构》，岩波书店，1964 年。

高木昭作:《日本近世国家史的研究》，岩波书店，1990 年。

安良城盛昭:《太阁检地和石高制》，日本放送出版协会，1969 年。

佐佐木润之介:《幕藩制国家论》，上下卷，东京大学出版会，1984 年。

深井雅海:《德川将军政治权力的研究》，吉川弘文馆，1991 年。

菊池勇夫:《幕藩体制和虾夷地》，雄山阁，1984 年。

辻达也:《享保改革的研究》，创文社，1963 年。

大石慎三郎:《田沼意次的时代》，岩波书店，1991 年。

藤田宽:《天保的改革》，吉川弘文馆，1989 年。

加藤佑三:《黑船异变》，岩波书店，1988 年。

井上胜生:《幕末维新政治史的研究》，塙书房，1994 年。

岩田浩太郎:《砸毁和民众世界》(《日本都市史入门》 Ⅱ 町)，东京大学出版会，1990 年。

仓地可直:《近世的民众和支配思想》，柏书房，1996 年。

塚田孝:《近世日本身份制的研究》，兵库部落问题研究所，1987 年。

塚田孝:《身份制和市民社会》，柏书房，1992 年。

胁田修:《元禄的社会》，塙书房，1980 年。

大石慎三郎:《近世村落的结构和家制度》，御茶水书房，1968 年。

今田洋三:《江户的书店》，日本出版放送协会，1977 年。

岩生成一:《朱印船和日本的町》，至文堂，1966 年。

吉田伸之:《近世巨大都市的社会结构》，东京大学出版会，1991 年。

山口启二:《锁国和开国》，岩波书店，1993 年。

中田易直:《近世对外关系史的研究》，吉川弘文馆，1984 年。

荒野泰典:《近世日本和东亚》，东京大学出版会，1988 年。

守屋毅:《元禄文化》，吉川弘文馆，1987 年。

高尾一彦:《近世的庶民文化》，岩波书店，1968 年。

大桑齐:《日本近世的思想和佛教》，法藏馆，1989 年。

衣笠安喜:《近世儒学思想的研究》，法政大学出版局，1976 年。

杉本勋:《近世日本的学术》，法政大学出版局，1982 年。

原口清:《戊辰战争》，塙书房，1963 年。

下山三郎:《近代天皇制研究序说》，岩波书店，1976 年。

远山茂树:《明治维新和天皇》，岩波书店，1991 年。

大石嘉一郎:《自由民权和大隈、松方财政》。

江村荣一:《自由民权革命的研究》，法政大学出版局，1984 年。

坂本一登:《伊藤博文和明治国家形成》，吉川弘文馆，1991 年。

梅村又次、中村隆英编:《松方财政和殖产兴业政策》，东京大学出版会，1983 年。

稻田正次:《明治宪法制定史》，上下卷，有斐阁，1960 年。

坂野润治:《明治宪法体制的确立》，东京大学出版会，1971 年。

原口清:《日本近代国家的形成》，岩波书店，1966 年。

有泉贞夫:《明治政治史的基础过程》，吉川弘文馆，1980 年。

室山义正:《近代日本的军事和财政》，东京大学出版会，1984 年。

石井宽治:《日本的产业革命》，朝日新闻社，1997 年。

田中彰:《“脱亚”的明治维新》，吉川弘文馆，1998 年。

田中彰编:《世界中的明治维新》，吉川弘文馆，2001 年。

中村正则:《天皇制国家和地方支配》，东京大学出版会，1985 年。

鹤卷孝雄:《近代化和传统的民众世界》，东京大学出版会，1992 年。

鹿野政直:《日本近代化的思想》，讲谈社，1986 年。

藤村道生:《日清战争》，岩波书店，1973 年。

信夫清三郎:《日俄战争史研究》，河出书房新社，1972 年。

大江志乃夫:《日俄战争和日本军队》，立风书房，1986 年。

宫地正人:《日俄战后政治史研究》，东京大学出版会，1973 年。

小林一美:《义和团战争和明治国家》，汲古书院，1985 年。

山本四郎:《初期政友会的研究》，清文堂出版，1975 年。

永井和:《近代日本的军部和政治》，思文阁出版，1993 年。

井上清、渡部彻编:《米骚动的研究》，5 卷，有斐阁，1962 年。

三谷太一郎:《日本政党政治的形成》，东京大学出版会，1967 年。

松尾尊兑编:《大正民主》，岩波书店，1974 年。

山本四郎:《大正政变的基础研究》，御茶水书房，1970 年。

坂野润治:《大正政变》，米内尔瓦书房，1982 年。

伊藤之雄:《大正民主和政党政治》，山川出版社，1987 年。

松尾尊兑:《普通选举制度成立史的研究》，岩波书店，1989 年。

角田顺:《满洲问题和国防方针》，原书房，1967 年。

细谷千博:《西伯利亚出兵的历史研究》，新泉社，重刻版，1976 年。

北冈伸一:《日本陆军和大陆政策》，东京大学出版会，1978 年。

森山茂德:《日韩合并》，吉川弘文馆，1991 年。

川田稔:《原敬——转换期的构想》，未来社，1995 年。

原敬:《原敬日记》，6 卷，原书房，1972 年。

生松敬三:《大正期的思想和文化》，青木书店，1971 年。

酒井哲哉:《大正民主体制的崩溃》，东京大学出版会，1992 年。

佐藤元英:《昭和初期对中国政策的研究》，原书房，1992 年。

江口圭一:《十五年战争小史（新版)》，青木书店，1991 年。

木隆史:《日本帝国主义和满洲 1900—1945》下卷，塙书房，1992 年。

石岛纪之:《中国抗日战争史》，青木书店，1982 年。

古屋哲夫编:《日中战争史研究》，吉川弘文馆，1984 年。

伊藤隆:《近卫新体制》，中央公论社，1983 年。

入江昭:《日本的外交》，中央公论社，1966 年。

藤原彰:《太平洋战争史论》，青木书店，1982 年。

波多野澄雄:《大东亚战争的时代》，朝日出版社，1988 年。

荒井信一:《通向投下原子弹的道路》，东京大学出版会，1987 年。

原田熊雄述:《西园寺公和政局》，8 卷，别卷，岩波书店，1950 年。

三谷太一郎:《近代日本的战争和政治》，岩波书店，1997 年。

中村隆英:《昭和经济史》，岩波书店，1986 年。

粟屋宪太郎编:《资料日本现代史》，第 2、3 卷，大月书店，1981 年。

五十岚武士等编:《战后日本——占领和战后改革》，6 卷，岩波书店，1995 年。

东京大学科学研究所编:《战后改革》，8 卷，东京大学出版会，1975 年。

竹前荣治:《占领战后史》，岩波书店，1992 年。

古关彰一:《新宪法的诞生》，中央公论新社，1989 年。

历史学研究会编:《日本同时代史》(1—4 卷)，青木书店，1990 年。

藤原彰等:《日本现代史　1945—1985》，大月书店，新版 1995 年。

中村隆英:《昭和史》Ⅱ，东洋经济新报社，1993 年。

坂野润治等编:《日本近现代史》，4 卷，岩波书店，1994 年。

森武麿等编著:《现代日本经济史》，有斐阁，1993 年。

吉川洋:《二十世纪的日本》，读卖新闻社，1997 年。

历史学研究会编：《日本同时代史》，第 3、4 卷，青木书店，1990 年。

安在邦夫等著：《日本的现代——和平和民主主义》。

中村正则：《学习现代史》，吉川弘文馆，1997 年。

日本家政学会编：《日本人的生活——50 年的轨迹和对 21 世纪的展望》，建帛社，1998 年。

山口二郎、生活经济政策研究所编：《联合政治同时代的检证》，朝日新闻社，1997 年。

历史学研究会编：《日本同时代史》，5 卷，青木书店，1991 年。

渡边治：《企业支配和国家》，青木书店，1991 年。

二、中文部分

中国社会科学院编：《简明日本百科全书》，中国社会科学出版社，1994 年。

吴杰主编：《日本史辞典》，复旦大学出版社，1992 年。

王金林：《简明日本古代史》，天津人民出版社，1984 年。

吕万和：《简明日本近代史》，天津人民出版社，1984 年。

汤重南、汪淼、强国、韩文娟等主编：《日本帝国的兴亡》，上中下三卷，世界知识出版社，1996 年。

叶渭渠主编：《日本文明》，中国社会科学出版社，1999 年。

叶渭渠主编：《樱花之国》，上海文艺出版社，2002 年。

胡令远、邱岭、朱静雯主编：《世界文化史故事大系·日本卷》，上海外语教育出版社，2003 年。

伊文成、马家骏主编：《明治维新史》，辽宁教育出版社，1987 年。

军事科学院军事历史研究部著：《中国抗日战争史》，上中下卷，解放军出版社，1991 年。

关南、赫赤、姜孝若著：《战后日本政治》，航空工业出版社，1988 年。

王新生：《现代日本政治》，经济日报出版社，1997 年。

王新生：《政治体制与经济现代化》，社会科学文献出版社，2002 年。

王振锁：《日本战后五十年》，世界知识出版社，1996 年。

刘德有：《时光之旅》，商务印书馆，1994 年。

李嘉：《蓬莱谈古说今》，吉林文史出版社，1986 年。

刘江永:《彷徨中的日本》，天津人民出版社，2000 年。

三、翻译著作、工具书

[日] 竹内里三等编:《日本历史辞典》，沈仁安、马斌等译，天津人民出版社，1988 年。

[日] 井上清:《日本历史》三卷，天津历史研究所校译，天津人民出版社，1976 年。

[日] 坂本太郎:《日本史概说》，汪向荣、武寅、韩铁英译，商务印书馆，1992 年。

[日] 信夫清三郎:《日本政治史》4 卷，周启乾等译，上海译文出版社，1989 年。

[日] 升味准之辅:《日本政治史》4 卷，董果良译，商务印书馆，1997 年。

[日] 信夫清三郎:《日本外交史》，天津社会科学院日本问题研究所译，商务印书馆，1992 年。

[日] 远山茂树等:《日本近现代史》三卷，邹有恒等译，商务印书馆，1992 年。

[日] 村上专精:《日本佛教史纲》，杨曾文译，商务印书馆，1992 年。

[日] 木宫泰彦:《日中文化交流史》胡锡年译，商务印书馆，1980 年。

[日] 近代日本思想史研究会:《近代日本思想史》三卷，那庚臣等译，商务印书馆，1992 年。

[日] 内藤湖南:《日本文化史研究》，储元熹、卞铁坚译，商务印书馆，1997 年。

[日] 井上清:《日本军国主义》，尚永清等译，商务印书馆，1985 年。

[日] 服部卓四郎:《大东亚战争史》，张玉祥等译，商务印书馆（内部发行），1984 年。

[日] 井上清:《天皇的战争责任》，吉林大学日本研究所译，商务印书馆，1983 年。

[日] 小林义雄:《战后日本经济史》，孙汉超、马君雷译，商务印书馆，1992 年。

[日]《朝日新闻》东京审判记者团:《东京审判》，吉佳译，河北人民出版社，1988 年。

[日] 粟屋宪太郎:《东京审判秘史》，里寅译，世界知识出版社，1987 年。

[日] 弥津正志:《天皇裕仁和他的时代》，李玉、吕永和译，世界知识出版社，1988 年。

[加拿大] 诺曼:《日本维新史》，姚曾廙译，商务印书馆，1992 年。

[美] 赖肖尔:《日本人》，孟胜德、刘文涛译，上海译文出版社，1980 年。

[美] 赫伯特·菲斯:《通向珍珠港之路》，周颖如、李家善译，商务印书馆，1983 年。

[美] 格鲁:《使日十年》，蒋湘泽译，商务印书馆，1992 年。

[英] 琼斯、博顿、皮尔恩:《国际事务概览·1942—1946 年的远东》，复旦大学外语系英语教研组译，上海译文出版社，1979 年。

责任编辑：杨美艳
封面设计：石笑梦

图书在版编目（CIP）数据

日本史 / 王仲涛 汤重南 著 . 2 版（修订本）
－北京：人民出版社，2014.1（2022.4 重印）
（国别史系列）
ISBN 978－7－01－012791－0

I. ①日… II. ①王…②汤… III. ①日本－历史 IV. ① K313

中国版本图书馆 CIP 数据核字（2013）第 265076 号

日本史（修订本）
RIBEN SHI (XIUDINGBEN)

王仲涛 汤重南 著

人民出版社 出版发行
（100706 北京市东城区隆福寺街 99 号）

北京盛通印刷股份有限公司印刷 新华书店经销

2014 年 1 月第 2 版 2022 年 4 月北京第 2 次印刷
开本：710 毫米 ×1000 毫米 1/16 印张：37.5 插页：4
字数：642 千字

ISBN 978－7－01－012791－0 定价：116.00 元

邮购地址 100706 北京市东城区隆福寺街 99 号
人民东方图书销售中心 电话（010）65250042 65289539